Sylvia Scheu

Effiziente NATURAL-Programmierung

Zielorientiertes Software-Development

Herausgegeben von Stephen Fedtke

Die Reihe bietet Programmierern, Projektleitern, DV-Managern und der Geschäftsleitung wegweisendes Fachwissen.

Die Autoren dieser Reihe sind ausschließlich erfahrene Spezialisten. Der Leser erhält daher gezieltes Know-how aus erster Hand. Die Zielsetzung umfaßt:

- Entwicklungs- und Einführungskosten von Software reduzieren

- Zukunftsweisende Strategien für die Gestaltung der Datenverarbeitung bereitstellen

- Zeit- und kostenintensive Schulungen verzichtbar werden lassen

- effiziente Lösungswege für Probleme in allen Phasen des Software-Life-Cycles aufzeigen

- durch gezielte Tips und Hinweise Anwendern einen Erfahrungs- und Wissensvorsprung sichern

Ohne Wenn und Aber kommen die Autoren zur Sache. Das Resultat: praktische Wegweiser von Profis für Profis. Für diejenigen, die heute anpacken, was morgen bereits Vorteile bringen wird.

Bisher erschienen:

Qualitätsoptimierung der Software-Entwicklung
Das Capability Maturity Model (CMM)
von Georg Erwin Thaller

Effizienter DB-Einsatz von ADABAS
von Dieter W. Storr

Objektorientierte Softwaretechnik
Integration und Realisierung in der trieblichen DV-Praxis
von Walter Hetzel-Herzog

Effizienter Einsatz von PREDICT
Informationssysteme entwerfen und realisieren
von Volker Blödel

Vieweg

Sylvia Scheu

Effiziente NATURAL-Programmierung

Herausgegeben von Stephen Fedtke

ISBN 978-3-528-05291-1   ISBN 978-3-322-96188-4 (eBook)
DOI 10.1007/978-3-322-96188-4

Vorwort

Vor gut zweieinhalb Jahren wurde ich angesprochen, ob ich nicht ein Buch über NATURAL verfassen wollte. Gerne sagte ich zu, ohne zu wissen, was alles auf mich zukam. Es ist schon ein Unterschied, ob man ein betriebsinternes Handbuch, Schulungsunterlagen oder ein Buch erstellt. Bei einem Buch ist ein Feedback nicht direkt persönlich möglich, alles sollte so formuliert sein, daß die auftretenden Fragen weitestgehend vollständig beantwortet sind.

Ich habe das Buch geschrieben, weil es in dieser Art noch keine Publikation im deutschsprachigen Raum gab. Bei meiner praktischen Arbeit hatte ich die seltene Gelegenheit, NATURAL und seine angrenzenden Produkte sowie deren Verknüpfungen untereinander sehr umfassend kennenzulernen und die Materie sowohl von der Entwickler- als auch der Administratorenseite zu beleuchten. Dabei fand ich heraus, daß es sehr wichtig ist, die internen Zusammenhänge zu kennen und von der einen zur anderen Seite hinüberzuschauen.

Für die Akzeptanz eines Softwaresystems ist es sehr wichtig, daß die verschiedensten daran beteiligten Gruppen zusammenarbeiten und sich in ihrem Wissen ergänzen. Dieses Buch richtet sich aus diesem Grund auch an diese unterschiedlichen Gruppen, an Anwendungs- und Systementwickler, Projektleiter, Systemadministratoren und -Analytiker und an alle an NATURAL Interessierten.

Bei der Entstehung des Buches erfuhr ich sehr große Unterstützung seitens der Software AG. Ich hatte die Möglichkeit, die Tests auf einem der Software AG-Rechner durchzuführen und wurde mit sämtlichen gewünschten Unterlagen versorgt, ebenso standen mir viele Software AG-Mitarbeiter mit Rat und Unterstützung zur Seite.

Mein besonderer Dank gilt den Herren Hans-Joachim Neuber, Dieter Keßler und Andreas Schütz, die mir in den unterschiedlichen Entstehungsphasen des Manuskripts entscheidende Hilfe gewährt haben. Mit Herrn Neuber habe ich mehrere sowohl anstrengende als auch produktive Diskussionen über die Gliederung, Vorgehensweise und Sinn des Buches geführt. Er hat mir verschiedene Ansprechpartner zur Seite gestellt und nahm sich trotz allem Streß immer für mich Zeit. Als meine Nachforschungen und Tests an einem Totpunkt angelangt waren, übergab Herr Schütz mir wichtiges Informationsmaterial und damit die Zuversicht, ein abgerundetes Manuskript erstellen zu können. Herr Keßler letztendlich war fast über die gesamte Entstehungszeit des Buches ein unersetzlicher Ansprechpartner. Er vollzog die Tests nach, gab weitere Tips und Hinweise, las das Manuskript vollständig Korrektur und hatte für die Beantwortung meiner Fragen immer ein offenes Ohr.

Danken möchte ich auch allen Software AG-Mitarbeitern der Bereiche NATU-RAL-Entwicklung und -Training, ADABAS-Entwicklung und Central Field Support, insbesondere Herrn Harald Sonnemann, Herrn Achim Lotz, Herrn Karlheinz Kronauer (NATURAL-Entwicklung), Herrn Dr. Dietmar Freiburg, Herrn Roland Böndgen, Frau Dr. Agathe Kilian-Momm, Herrn Dr. Jürgen Hoffmann, Herrn Lothar Friedrich, Frau Antje Lindenau, Herrn Klaus Best, Herrn Reinhard Bayer (NATURAL-Training), Herrn Lindsay Peat (ADABAS-Entwicklung) und Herrn Friedhelm Müller (CFS).

Auch außerhalb der Software AG wurde ich von vielen Personen unterstützt und mit Informationen versorgt. Nennen und danken möchte ich Herrn Robert Mohr, Deutsche Girozentrale Frankfurt, Frau Gudrun Detert, Bosch Telekom AG, Herrn Helmut Neuber, Datenzentrale Schleswig-Hostein, Herrn Rolf Noe, TDS Heilbronn, Herrn Eggert Gotthard, MaK DATA SYSTEMS Kiel GmbH, sowie Herrn Kurt Haag, Frau Maria-Christina Katzler, Herrn Walter Postl, Herrn Reinhold Rettig und Herrn Hans-Otto Weisbrod.

Mein Dank gilt auch den Arbeitskreisen NATURAL Mitte, NATURAL Alt, PREDICT, Security und Administration und dem Unterarbeitskreis C/E-Requests.

Am Ende nicht vergessen möchte ich den großen Dank an meine Familie, an meinen Mann Hagen Scheu, unsere Kinder Sven und Fenja und meine Eltern Rolf und Anni Würtele, die mich so gut es ging bei der Entstehung dieses Buches unterstützt haben und teilweise starke Einschränkungen dafür in Kauf nehmen mußten.

Dem Leser wünsche ich für die Arbeit mit dem vorliegenden Buch viel Spaß und Erfolg. Verbesserungs- und Erweiterungsvorschläge nehme ich gerne an.

Sandhausen, 29. November 1994   Sylvia Scheu

1 Einleitung 1

2 NATURAL-Komponenten 17

Kapitel 1

Einleitung

1.1 Leistungssteigerung in der Softwareentwicklung

1.2 DV-Projekte mit NATURAL

1 Einleitung

Das vorliegende Buch ist gedacht als Nachschlagewerk mit gezielt aufbereiteten Informationen über NATURAL für Anwendungs- und Systementwickler, Projektleiter, Systemadministratoren und Systemanalytiker. Es gibt Anworten auf die Fragen

- Wie werden Programme effizient realisiert?

- Wann ist ein Programm effizient?

- Wie und womit kann Effizienz im NATURAL-Umfeld gemessen und verbessert werden?

Aus den drei Fragen ergibt sich die Gliederung des Buches. Hinter der ersten Frage verbergen sich sinnvoller Werkzeugeinsatz, Gebrauch von Bausteinen und Qualitätsaspekte. Programme können optimiert werden durch Verwendung günstiger Codesequenzen, weniger I/O-intensiver Datenbankzugriffe und passender Variablentypen. Die Einsatzfähigkeit und Akzeptanz einer NATURAL-Umgebung kann durch passende Parametereinstellungen verändert werden. Hilfsprogramme können Laufzeittests unterstützen.

Die Sprache NATURAL ist eine höhere Programmiersprache mit prozeduralen und nichtprozeduralen, sowie objektorientierten Sprachelementen. Sie ist Teil eines Gesamtsystems, das in eine Betriebssystem- und Monitorumgebung eingebunden ist und Datenbankzugriffe ebenso umfaßt wie Betriebssystemzugriffe. Dieses Buch beschäftigt sich überwiegend mit der Hostkomponente eines NATURAL-Systems. Mit einer Erweiterung (ENTIRE CONNECTION) des Host-NATURAL können Zugriffe auf PC-Umgebungen vorgenommen werden. Die PC- und Workstation-Versionen von NATURAL, beispielsweise für die Betriebssysteme UNIX, OS/2 und WINDOWS, die unter dem Sammelbegriff NATURAL C zusammengefaßt werden und eine etwas veränderte Architektur besitzen, werden nur in Verbindung mit der Client-/Serverarchitektur behandelt.

Kapitel 2 ist keine Pflichtlektüre, bietet aber einen Überblick über die verschiedenen Bestandteile eines NATURAL-Systems und die zugehörigen Werkzeuge. Beschrieben werden die einzelnen Komponenten einer NATURAL-Host-Umgebung und die NATURAL-Modularisierungselemente.

Ein NATURAL-System mit der Sprache NATURAL ist sehr mächtig, daher ist es für die effiziente Programmerstellung wichtig, eine NATURAL-Umgebung organisatorisch sinnvoll zu gestalten. Im Kapitel 3 werden verschiedene Kriterien aufgelistet und kurz beschrieben, die für die NATURAL-Softwareproduktions-umgebung eines Unternehmens von Bedeutung sind. Eine zentrale Rolle spielt die Dokumentation der Programme, Variablen, Systemkomponenten einschließlich der nötigen Namenskonventionen und Hilfen. Die Vor- und Nachteile der schon in Kapitel 2 vorgestellten Modularisierungstechniken werden aufgezeigt, auch im Hinblick auf Dialogverarbeitung und asynchrone Prozesse sowie für Client-/Server-Umgebungen. Kapitel 3 enthält außerdem Vorschläge und Vorgehensweisen für das Layout von Programmen und Masken mit Sprach- und Strukturelementen. Möglichkeiten zur Einhaltung und Überprüfung getroffener Unternehmensstandards sowie Revisionsanforderungen werden dargestellt, Vorschläge für Standardbausteine und eine Checkliste zum Datenbankdesign runden das Kapitel ab.

Die Frage danach, wann ein Programm effizient ist, steht hinter den Untersuchungen zu den Kapiteln 4 und 5. NATURAL bietet mehrere, auch außergewöhnliche, Datentypen an, deren Einsatz im Hinblick auf effiziente Programmerstellung sinnvoll sein kann. Diese besonderen Datentypen und ihre Anwendungsmöglichkeiten werden in Kapitel 4 behandelt. Dazu gehören Systemvariablen, logische Variablen, Datum-/Zeitvariablen und -Konstanten sowie Kontrollvariable. Um Berechnungen möglichst optimal durchführen zu können, werden die NATURAL-Rechenformate beschrieben. Ebenso enthält dieses Kapitel verschiedene Alternativen für Formatprüfungen.

Im 5. Kapitel werden Optimierungsmöglichkeiten auf Anweisungsebene und hinsichtlich der Datenbankzugriffe dargestellt, Druckbefehle beschrieben. Die Empfehlungen zur Codeoptimierung beziehen sich auf Tests zu arithmetischen Operationen und Datenübertragungen, Feldinhaltsabfragen, Entscheidungen, Schleifen- und Tabellenverarbeitungen. Ausgewählte Befehle und Gruppenwechselverarbeitungen werden vorgestellt. Die Datenbankzugriffe werden in ihrer internen Arbeitsweise verglichen als Erweiterung zu den Aussagen der Kapitel 2 und 3.

Besondere NATURAL-Techniken zur Lösung unterschiedlichster Problemstellungen, wie Terminalkommandos, Fenstertechnik, Cursorpositionierung, Bildschirmfarben, Ausgaben- und Bildschirmsteuerung sind Thema von Kapitel 6.

In Kapitel 7 wird die dritte Frage beantwortet, es beschäftigt sich mit Effizienzmessung und Tuning. Dargestellt werden ADABAS Automatic Prefetch und kostenpflichtige Zusatzprodukte wie ADABAS FASTPATH und der NATURAL-Swappool. Tuningmöglichkeiten des NATURAL-Bufferpool und sinnvolle Einstellungen der NATURAL-Parameter werden aufgezeigt. Zum Abschluß wird in Kapitel 8 die Pflege der Systemumgebung mit den Punkten Wartung, Nutzung der Aktiven Referenzen, Userexits und Fehlerbehandlung erläutert.

1.1 Leistungssteigerung in der Softwareentwicklung

Ziel eines jeden Unternehmens ist es, eine Leistungssteigerung in der Softwareentwicklung zu erreichen. Dies kann einerseits erfolgen durch die Anwendung verschiedener Vorgehensmodelle beim Softwareentwicklungsprozeß und andererseits durch eine Programmiersprache der 4. Generation zur Realisierung der entworfenen Module.

Die Kosten, die in den einzelnen Designphasen anfallen, stellen ein Gleichgewicht zwischen Entwicklungs- und Wartungskosten dar. Die Entwicklungskosten schlecht designter Anwendungssysteme sind anzusehen als die Spitze des Wartungskosteneisbergs. Neben primären Wartungskosten wie Kosten für Fehler- und Mängelbehebung sowie Funktionalitätsverbesserung und-erweiterung können durch unterlassene oder zeitverzögerte Softwarewartung strategische Wartungskosten entstehen [*ProgII*]. Ziel ist es, qualitativ hochwertige Anwendungssysteme zu entwickeln und damit den Wartungsaufwand zu reduzieren.

1.1.1 Vorgehensmodelle

Zur Erstellung eines Programmsystems mit seinen Komponenten gibt es mehrere Wege unterschiedlichster Zielsetzung und Gewichtung. In diesem Abschnitt wird das am häufigsten verwendete Modell vorgestellt, das Phasen- oder auch Wasserfallmodell. Die Systementwicklung wird in Phasen eingeteilt mit speziellen Aktivitäten innerhalb jeder Phase. Es werden Funktionen und Daten modelliert. Jedes Phasenmodell hat eine eigene Sichtweise und einen speziellen Detaillierungsgrad, in der ersten Modellierungsphase entsteht beispielsweise das betriebliche Modell, das die Sicht einer Fachabteilung auf Funktionen und Daten abbildet:

Analyse

Funktionen	Daten
betrieblich	betrieblich konzeptionell

betriebliches Modell

Design

Funktionen		Daten
Systemfunktionalität		Sicht der Anwendung logisch
Verarbeitungs-algorithmen	Oberfläche (Dialoge)	3. NF

Modell der Anwendung

Implementierung

Funktionen		Daten	
Steuerung Prozeduren Funktionen Programme	Masken Hilfen Navigation	DB Zugriffe Transaktionen	physisches DB-Design

Welt der Programme und Dateien

Abbildung 1.1: Phasen beim Entwurf von Anwendungen [AnwDsgn]

1) *Analysephase*

In der Analysephase wird festgelegt, was zu tun ist. Die Aufgabe wird, mit ihren ein- und ausgehenden Größen und deren Verknüpfung, global beschrieben. Es werden der Informationsbedarf und die zu erbringenden Leistungen ermittelt und zusammen mit den Objekten, an denen sie erbracht werden sollen, dargestellt. Am Ende dieser Phase liegt eine Abbildung der realen Welt für die geplante Anwendung vor. Die qualitative und quantitative Analyse wird durch Techniken und Hilfsmittel der Systemanalyse unterstützt.

2) *Designphase*

In der Designphase wird gefragt, womit die Aufgabe gelöst werden soll, Datenstrukturen und Algorithmen werden offengelegt. Die Aufgabenstellung wird in weniger umfangreiche Aufgabenstellungen zerlegt. Den Teilaufgaben zugeordnete Programmteile werden spezifiziert (siehe Kapitel 3).

Die Informationsstruktur wird erkannt und im Datenmodell datenbankunabhängig formalisiert. Danach wird das Datenmodell auf Widersprüche und Unvollständigkeiten gegenüber der fachlichen Realität geprüft. Als nächstes werden die logischen externen Sichten (userviews) abhängig von den funktionalen Anforderungen wie Zugriffshäufigkeit und -art sowie Mengengerüst ermittelt und gegen das formale Modell geprüft.

3) *Implementierungsphase*

In der Implementierungsphase wird bestimmt, wie die gestellte Aufgabe gelöst werden soll. Der funktionale Entwurf wird in die Programmiersprache umgesetzt, bereits vorhandene Programmteile werden mit eingefügt.

Das Datenmodell wird in physische Speicherstrukturen nach den technischen Möglichkeiten des Datenbankmanagementsystems umgesetzt. Dabei werden die relevanten Designziele berücksichtigt [*ADA_DBdes*].

Den Abschluß der Implementierungsphase bilden Systemtest und Übergabe in den Produktivbetrieb.

Im Systemtest wird geprüft, ob die in Analyse und Design konzipierten Funktions- und Datenmodelle korrekt umgesetzt und das Zusammenspiel aller Komponenten richtig funktioniert. Der Systemtest wird mit von der Fachabteilung vorgeschlagenen, konsistenten Testfällen durchgeführt.

Methodik

Beim Übergang zwischen Phasen und auch innerhalb der Phasen des Wasserfallmodells wird meist nach der Top-down-Methode vorgegangen. Bei der *Topdown-Methode* (von oben nach unten) wird durch schrittweise Verfeinerung modelliert, man beginnt bei der Top-Funktion und endet in den einzelnen Detailfunktionen. Die Funktionen jeder Ebene werden durch die Funktionen der unmittelbar darunterliegenden Ebene realisiert. Es entsteht eine Hierarchie von Verfeinerungsstufen [*Inf_Dud*].

Mit der *Bottom-up-Methode* (von unten nach oben) wird von Funktionen auf der untersten Ebene ausgegangen, die Funktionen jeder weiteren Ebene werden aus den Funktionen der darunterliegenden Ebene zusammengesetzt. Es wird von den Basisfunktionen in Richtung auf die Aufgabenstellung vergröbert.

Die Ergebnisse der beiden Methoden unterscheiden sich meist. Jeder Entwurfs- prozeß oszilliert in beide Richtungen. Top-down erstellten Funktionen können bottom-up entwickelte Funktionen entgegengebaut werden.

PREDICT-Einsatz bei der Datenmodellierung

Die einzelnen Schritte der Datenmodellierung können von PREDICT teilweise unterstützt werden:

Phase	Ergebnis	PREDICT-Einsatz	Hilfsmittel
❑ Projekt- initialisierung	Projektdefinition	↑↑↑	Systembeschreibung
❑ Analyse	Anforderunganalyse, fachlicher Entwurf	↑↑↑↑↑	Systembeschreibung
❑ Design	systemtechnischer Entwurf	↑↑↑↑↑↑↑↑	Systembeschreibung, Dateibeschreibung
❑ Implemen- tierung	technischer Entwurf und Realisierung	↑↑↑↑↑↑↑↑↑↑↑	DDM-Generierung, Programmbeschreibung
	Übergabe, Produktion, Betrieb	↑↑↑↑↑↑↑↑↑↑↑↑↑↑	Hilfetexte,Aktive Referenzen
❑ Wartung	Wartung	↑↑↑↑↑↑↑↑↑↑↑↑↑↑↑	Aktive Referenzen

Abbildung 1.2: PREDICT in den Phasen der Software-Entwicklung

Prototyping

In den Phasen Entwurf, Realisierung, Test und Einführung kann als Entwurfs- hilfsmittel das Prototyping eingesetzt werden, um die Benutzeroberfläche zu si- mulieren. Ein *Prototyp* ist ein vorführfähiges, testbares Modell, mit dem der Be- nutzer in die Systemanalyse und in den Systementwurf miteinbezogen werden kann [*AnwDsgn*]. Mit einem Prototyp besteht eine Diskussionsgrundlage mit der Fachabteilung. Die gesamte Entwicklungszeit kann durch das frühe Erkennen konzeptueller Fehler verkürzt werden.

Beim Prototyping werden zuerst einzelne Funktionen in ein lauffähiges Modell umgesetzt. Danach wird die Funktionsanalyse verfeinert und eine Benutzerober- fläche erarbeitet. Der Prototyp wird in das Gesamtsystem integriert und zum end- gültigen System weiterentwickelt. Voraussetzungen für den Einsatz des Prototyping sind die permanente Beteiligung der Mitarbeiter des Fachbereichs und die Existenz eines Maskengenerators. Prototyping wird vereinfacht, wenn eine Sprache der 4. Generation und ein flexibles Datenbanksystem vorliegen.

1.1.2 Qualität eines Anwendungssystems

Die Qualität eines Anwendungssystems wird beeinflußt durch die Faktoren:

❒ Projektmanagement

❒ Vorgehenskonzepte und Methoden

❒ Programmdesign und Programme

Innerhalb des *Projektmanagements* werden in der Projektinitialisierung die strategischen Ziele eines Projekts festgelegt und erstmalig auf grobem Niveau die Aufgaben und Leistungen eines Projekts zur Anwendungsentwicklung definiert.

Die Auswahl des passenden *Vorgehensmodells* hängt wesentlich vom durchzuführenden Projekttyp ab. Die Einführung einer Standardsoftware erfolgt mit anderen Aktivitäten als die Neukonzeption und -erstellung eines individuellen Anwendungssystems.

Ergänzend gibt es auch im Programmdesign qualitätsrelevante Einflußfaktoren, die auch von den teilweise konkurrierenden Zielen des Programmdesigns abhängen:

* *Effizienz* gegen *Wartbarkeit, Wiederverwendbarkeit* und *Verständlichkeit*

  Effiziente Programme können schlechter wartbar sein und so die Resourceneinsparung durch erhöhte Wartungskosten (z. B. schlecht lesbarer, selbstmodifizierbarer Code) wieder ausgleichen. Oft besteht ein Ungleichgewicht von Nutzen durch Effizienzverbesserung zu Programmierkosten.

* *Performance* (Zeiteffizienz) gegen *Portierbarkeit* und *Flexibilität*

  Zum Erhalt performanceoptimaler Programme mit kleinstmöglicher Verarbeitungszeit und größtmöglichem Durchsatz muß das Programm an das zugrundeliegende Datenbanksystem und die Systemumgebung spezifisch angepaßt werden. Damit wird das Qualitätsmerkmal der Portabilität unterlaufen.

Die Qualität eines Anwendungssystems hängt auch ab von der Qualität der einzelnen Programme. Gute Programme sollten verschiedene Qualitätsmerkmale erfüllen, die nachfolgend definiert werden [*Prog_Meth*]:

* Programme müssen *korrekt* sein. Das bedeutet, daß das Modul zu jedem zulässigen Eingabewert die gewünschte Ausgabe liefern soll. Die gewünschte

Ausgabe wird extern im Pflichtenheft festgelegt. Gegen innere Fehler sind korrekte Module sicher, gegen Fehler des Grundsystems tolerant.

- Ein Programm ist *robust*, wenn es tolerant gegen falsche Eingaben oder Fehler in der Umgebung ist. Falsche Eingaben müssen erkannt und beispielsweise mit einer Fehlermeldung abgewehrt werden. Bei unbeabsichtigtem Absturz des Programms darf nicht alles, was schon eingeben und verarbeitet wurde, verloren gehen (sehr wichtig auch im Dialog). Die Programme müssen verarbeitungssicher sein und parallel von Benutzern gleichzeitig aufgerufen werden können. Ein robustes Programm ist restart- und recoveryfähig.

- *Zuverlässige* Programme müssen korrekt und robust sein. Die Verfügbarkeit des Rechners darf nicht eingeschränkt werden. Zur Erlangung der Zuverlässigkeit von Programmen sind Tests notwendig.

- Qualitativ hochwertige Programme müssen *verfügbar* sein, sie sollten nur selten und kurz ausfallen.

- *Wartbar* sind Programme, die an neue Grundsysteme oder Benutzerwünsche angepaßt werden können und bei denen Fehlerkorrekturen möglich sind. Programmwartung kann auch als verschobene Fehlerbeseitigung interpretiert werden. Voraussetzungen für gute Wartbarkeit von Programmen sind modulare Programm- und Systemaufbauten ("Baukastenprinzip") und qualitativ hochwertige, für den Benutzer lesbare, interne und externe Dokumentationen. Hilfreich sind Richtlinien für die formale Gestaltung und allgemeine Kommentierung von Programmen in Bezug auf die Vergabe von Namen und Bezeichnungen für Datenobjekte und Module (siehe dazu Kapitel 3).

- *Adaptierbare* Programme können an veränderte Aufgabenstellungen oder "Umweltbedingungen" mit vergleichsweise geringem Aufwand angepaßt werden. Voraussetzungen dafür sind eine gute Wartbarkeit und eine aufgabenorientierte, modulare Gliederung der Programme (siehe auch Kapitel 3).

- Die Programme sind *portabel*, wenn sie mit verhältnismäßig kleinem Einsatz in anderen Grundsystemen oder "Maschinenumgebungen" implementiert werden können. Um dies zu erreichen, müssen die Programme den Funktionen des Grundsystems so gegliedert sein, daß grundsystemabhängige Elemente und Eigenschaften in gesonderten Programmteilen benutzt werden und damit leicht zu finden und zu ändern sind (siehe Kapitel 3).

- Module sind *kompatibel*, wenn sie zwischen verschiedenen Teilsystemen oder Umgebungen gegeneinander ausgetauscht oder gemeinsam zu einem System zusammengesetzt werden können. Zwischen den einzelnen Teilsystemen stehen Schnittstellen zur Verfügung. Die Benutzungsschnittstelle eines

Programms wird gebildet aus den Dienstleistungen ("Was" und "Wie") und
den Abrufmodalitäten. Durch die Schnittstelle können die Dienste des Programms entweder von menschlichen Benutzern unmittelbar oder von anderen
Programmen beansprucht werden. Für bestimmte zentrale Programme ist es
erforderlich, daß sie bei Änderungen kompatibel bleiben. Bei neu zu erstel-
lenden Programmen kann es notwendig sein, daß die von einem neuen Programm erzeugte Ausgabe zu der von bereits bestehenden Programmen erstellten Ausgabe kompatibel ist (siehe Kapitel 3). Das Modul sollte möglichst
von der Abspeicherung der Daten unabhängig sein.

- Programme sollten *benutzungsfreundlich* sein. Dazu gehört eine nach psy-
chologischen Erkenntnissen (Ergonomie) gestaltete Benutzerschnittstelle, die
unterschiedlich erfahrene Benutzer berücksichtigt. Erster Hauptaspekt ist der
"Mensch-Maschine-Dialog", der als Grundlage für den Entwurf und die Realisierung eines Programms gesehen werden kann. Wichtig ist die Art und
Weise, wie ein Programm die Auswahl der möglichen Dienstleistungen an-
bietet, zur Dateneingabe auffordert und seine Ergebnisse präsentiert. Ein un-
zuverlässiges Programm ist auch nicht benutzungsfreundlich. Zweiter Hauptaspekt ist die Nutzung eines Programms innerhalb eines Systems. Wichtig ist
die Benutzerdokumentation, aus der Zweck des Programms, möglicher Kon-
text, Vorraussetzungen für den Einsatz, Bedeutung der Parameter und zulässige Werte hervorgehen sollten.

- *Effiziente* Module lösen ein vorgegebenes Problem in möglichst kurzer Zeit
und/oder mit möglichst geringem Aufwand; die vorhandenen Hilfsmittel zur
Erfüllung der Aufgabenstellung werden bestmöglich genutzt. Materielle
(Speichereffizienz) und immaterialle (Zeiteffizienz) Ressourcen werden vom
Programm selbst und den zu verarbeitenden Dateien möglichst gering beansprucht. Die Effizienz eines Programm hängt entscheidend von der Auswahl
der Algorithmen und Datenstrukturen ab. Schnelle Programme sind meistens
einfach. In einem zeitaufwendigen Codestück muß jede Instruktion auf ihre
Notwendigkeit überprüft werden, bei speicheraufwendigen Datenstrukturen
jede Variable.

Qualitativ gute Programme sind nicht immer effizient. Eine verkürzte Antwortzeit wirkt sich auch auf die Benutzungsfreundlichkeit eines Programms
aus. Daneben müssen äußere Gegebenheiten wie die Forderung nach Nachvollziehbarkeit der Programme zur Kontroll- und Revisionsfähigkeit oder
Schutzmechanismen beim Entwicklungsprozeß mitberücksichtigt werden.

1.1.3 Effizienz eines Anwendungssystems

Wichtig für die Zufriedenheit und Akzeptanz der Benutzer eines Systems ist sein Freiheitsgrad. Als *Freiheitsgrad* bezeichnet man, wie stark sich ein Benutzer frei in einem System bewegen kann, ohne dabei starren Strukturen und Vorgaben des Systems folgen zu müssen [*AnwDsgn*]. Psychologische Untersuchungen über den Zusammenhang zwischen den Freiheitsgraden und der Effizienz eines Systems haben ergeben, daß die Effizienz der zu erledigenden Arbeit durch in gewissem Maße selbst gewählte organisatorische Abläufe in keiner Weise hinter starren und dadurch weniger fehlergefährdeten Vorgehensweisen zurücksteht. Die Akzeptanz beim Benutzer ist höher.

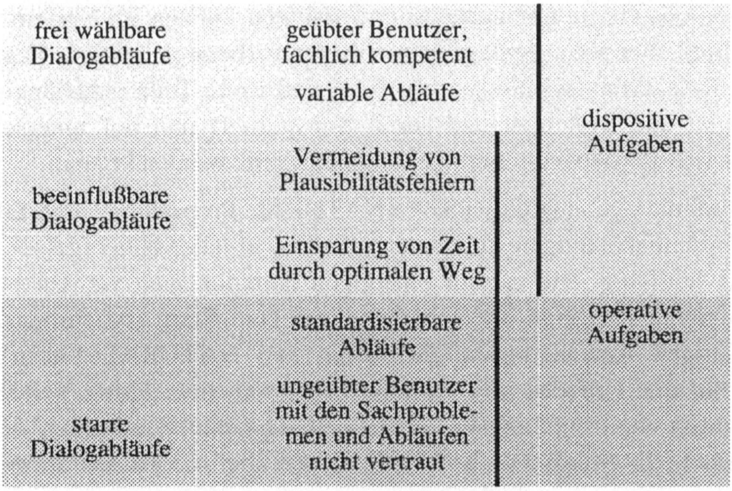

Abbildung 1.3: Freiheitsgrade

Abbildung 1.3 zeigt den Zusammenhang zwischen dem Freiheitsgrad eines Dialogablaufs, der Ausbildung und Übung des Benutzers und der Aufgabenstellung. Optimal für die meisten Benutzer eines Anwendungssystems ist ein System, das sowohl standardisierte Abläufe vorgibt, als auch variable Abläufe ermöglicht.

1.2 DV-Projekte mit NATURAL

Ein NATURAL-System enthält vielfältig Komponenten zur effektiven Entwicklung und zum optimalalen Betrieb von Anwendungssystemen. Die Entwicklung wird zum einen unterstützt durch den Einsatz vielfältiger Editoren, die optimal auf ihre spezifischen Einsatzgebiete ausgerichtet sind. Parallel dazu gibt es zu NATURAL ergänzende Produkte für die weitere Verbesserung der Programmentwicklung, wie beispielsweise PREDICT CASE. In einer modernen Entwicklungsumgebung, wie NATURAL sie darstellt, können aber auch andere Gesichtspunkte wie die Wiederverwendbarkeit von Modulen und Systemen berücksichtigt werden. Programmbausteine und -rahmen können im System hinterlegt, auch die Implementierungsphase somit weiter verbessert werden. Ergänzend ist ein NATURAL-Grundsystem so aufgebaut, daß weite Teile unabhängig sind von Umgebungen und Systemen und somit transportiert und auf unterschiedlichen Hardware- und Betriebssystemumgebung eingesetzt werden können.

In einer Systemumgebung entwickelte NATURAL-Programme sind, falls sie keine direkt systemabhängigen Elemente enthalten, in jeder beliebigen NATURAL-Umgebung lauffähig. Die systemabhängigen Komponenten werden benötigt für alle abhängigen Vorgänge wie Drucken oder zum Start asynchroner Prozesse. Die vielfältigen Anwendungsmöglichkeiten von NATURAL bieten nicht nur Chancen für eine einfache und schnelle Programmentwicklung, sondern bergen auch Gefahren wie Programmwildwuchs und schlechte Wartbarkeit des Systems in sich, falls nicht grundsätzliche Überlegungen über die Organisation einer NATURAL-Umgebung in einem Unternehmen vorangestellt werden.

1.2.1 Aufbau eines NATURAL-Systemumfeldes

Um von neuen NATURAL-Versionen oder von unterschiedlichen Entwicklungsständen im laufenden Produktionsbetrieb unabhängig zu ein, empfiehlt es sich, zu
jeder Produktionsumgebung verschiedene weitere NATURAL-Umgebungen zu
erstellen:

1) *Systemtestumgebung*

   In eine Systemtestumgebung werden zuerst alle neuen NATURAL-Versionen, System-Maintenance-(SM-)Levels, Updates, Installationen und ADD-
   ON-Produkte eingespielt. Eine Systemtestumgebung ist die erste Adresse für
   jegliche Wartungsarbeiten. In dieser Umgebung werden Parametereinstellungen vorgenommen und getestet, und es wird die grundsätzliche Lauffähigkeit
   des NATURAL-Systems bestimmt. Je größer und komplexer die Entwicklungsumgebung, desto wichtiger ist das Vorhandensein einer Systemtestumgebung.

2) *Entwicklungsumgebung*

   NATURAL-Module und verbundene PREDICT-Objekte neuer Anwendungssysteme und Erweiterungen bereits bestehender Anwendungssysteme
   werden in der Entwicklungsumgebung erstellt und primär getestet. Anwender
   haben weder Zugriff auf die Systemtest-, noch auf die Entwicklungsumgebung.

3) *Trainings-, Schulungs-* oder *Qualitätssicherungsumgebung*

   Als Vorstufe zur Produktionsumgebung kann mindestens eine Umgebung zur
   Ausbildung der Anwender und zum Systemtest unter Produktionsbedingun-
   gen gesehen und eingeführt werden. Fertige Releasestände der erstellten Programme werden zuerst in diese Umgebung überspielt und dort unter Produk-
   tionsbedingungen mit speziellen Datenbeständen getestet. Editoren werden in
   dieser Umgebung nicht benötigt. Da diese Umgebung nur bereinigte Bestände
   der Anwendungen enthalten sollte, bietet es sich an, hier auch Qualitätssicherungsmaßnahmen wie Konsistenzprüfungen der Programmsysteme
   durchzuführen.

4) *Produktionsumgebung*

   Die Produktionsumgebung ist eine reine Anwenderumgebung. Programmentwickler sollten zur Produktionsumgebung aus Datenschutz- und Revi-

sionsgründen keinen Zugang besitzen. Sourcen der Programme und zugehörige PREDICT-Objekte müssen gegen jede Veränderung geschützt werden.

5) *Wartungsumgebung*

Die Wartungsumgebung wird benötigt bei größeren Appliktionen, die sich teilfertig in der Produktion befinden oder bei Releasewechseln. Sie besitzt in allen Teilbereichen den gleichen Releasestand wie die Produktionsumgebung. Hier werden aufgetretene Programmierfehler bereinigt.

Die Übergabe der Programmsources und notwendigen Metadatenbestände (DDMs, Programmbeschreibungen, ...) erfolgt in einem Kreislauf zwischen den Systemen, wie Abbildung 1.4 darstellt. Bei Vorhandensein einer Wartungsumgebung sollte eine Übergabemöglichkeit von der Produktion in die Entwicklung nur bestehen für geplante Systemerweiterungen.

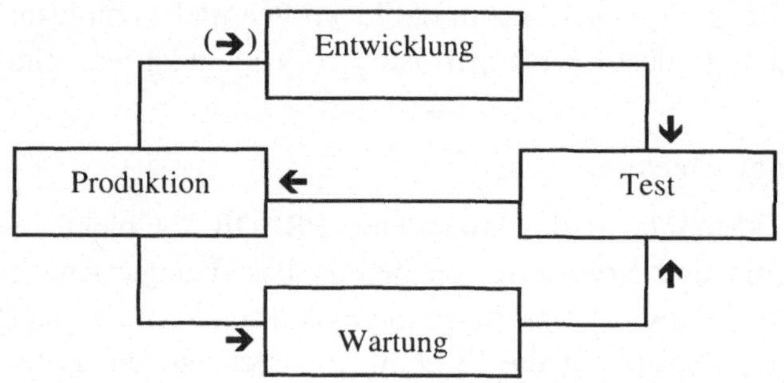

Abbildung 1.4: PREDICT in der Einsatzumgebung

Welche Programm- und Metadatenbestände sich in den verschiedenen Umgebungen befinden, ist stark von der Firmenphilosophie abhängig. Es hat sich aus Wartungsgesichtspunkten bewährt, immer nur eine aktuelle Source in der jeweiligen Entwicklungsstufe vorzuhalten. Falls ein System fertiggestellt ist und sich nach erfolgtem Test auf Produktion befindet, werden die zugehörigen Sourcen in einem gesicherten System ohne Editiermöglichkeiten gehalten.

1.2.2 Erhalt eines effizienten NATURAL-Umfeldes

Beim Tunen der Programme und Systeme muß der Aufwand in einem vertretbaren Verhältnis zum Nutzen stehen. Performanceengpässe können teilweise durch entsprechende Hardwareaufrüstungen abgedeckt werden. Bestehen bereits Performanceengpässe, sollte beim Tuning systematisch vorgegangen werden, um diese herauszufinden und um zwischen Symptomen und Ursachen zu unterscheiden. Durch entsprechende Programmierung und Datenstrukturierung sollten Performanceengpässe weitestgehend vermieden werden, ohne um jede Maschineninstruktion zu feilschen. An die durchschnittlichen Anwortzeiten sollten Anforderungen formuliert werden. Die geforderte Antwortzeit in der Massendatenerfassung kann sich durchaus von der einer selten benötigten Statistik unterscheiden. Aus den Problemen und Zielen ergibt sich ein Kreislauf zur Aufrechterhaltung einer guten Performance:

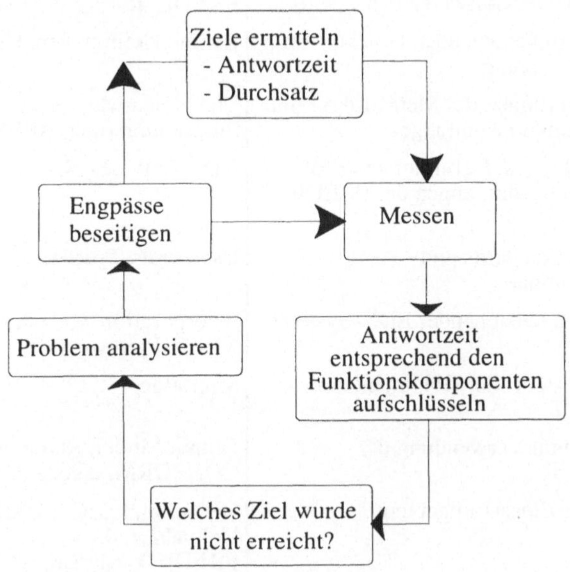

Abbildung 1.5: Performancekreislauf

Zur näheren Bestimmung des Tuningbedarfs ist es hilfreich, die durchschnittlichen Antwortzeiten in ihre einzelnen Zeitkomponenten aufzusplitten (siehe Kapitel 7). Anwendungsunabhängige Tuningmaßnahmen sollten vom DBA oder Systemverwalter durchgeführt, anwendungsabhängige Maßnahmen zusätzlich mit der Anwendungsentwicklung abgesprochen werden.

Die ADABAS- und NATURAL-Umgebungen können flexibel an die gegeben Hardwarebedingungen angepaßt werden. Durch bestimmte Parametereinstellungen, kombiniert mit NATURAL-Zugriffsbefehlen in den Programmen, können Lasten zwischen ADABAS und NATURAL verschoben werden. Beispielsweise führt eine zur Hauptspeichereinsparung durchgeführte Verkleinerung des NATURAL-Bufferpool zum Anstieg der ADABAS-Call-Rate. Unter Beibehaltung der Bufferpoolgröße kann durch eine andere Speicheraufteilung die Anzahl der im Bufferpool zwischengespeicherten NATURAL-Programme erhöht werden. Kleinere Slots im NATUARL-Bufferpool (Parameter BPTEXT) führen in der Regel zu einer intensiveren Hauptspeichernutzung (siehe Kapitel 7).

Aktionen	technische Unterstützung
❏ Festlegen von Zuständigkeiten und Verantwortlichen	NATURAL SECURITY
❏ Diverse Phasen des Softwarelebenszyklus	PREDICT
❏ Festlegen der zu benutzenden Objekte und der Art der Benutzung	Rahmendefinitionen, User-Exits
❏ Eigene Erweiterungen der Metastruktur und des Standardfunktionsumfanges	Meta-Data-Maintenance, NATURAL-Programmierung, API-Schnittstelle
❏ Defaulteinstellungen, Definition der Profile und der Rahmenbedingungen der PREDICT- ❏ Benutzung	DDA-Services, Special Functions
❏ Festlegen von Standards und Namenskonventionen	User-Exits, Profile
❏ Dokumentation berstehender EDV-Systeme	Incorporation, Redocument Program, XREF, Preprozessor
❏ Übernahme bestehender Dokumentation nach PREDICT	Migration
❏ Aufbereitung und Verwendung der Dokumentation	Output Model, Retrieval Model, CONFORM, eigene Programme
❏ Festlegung der Einsatzumgebung	Definition FDIC, FUSER, ..., Migration, Unload/Load, PREDICT APPLICATION CONTROL
❏ Definition der Benutzer und deren Berechtigungen	User-Definition, NATURAL SECURITY, User-Exits.
❏ Maßnahmen zur Qualitätssicherung	User-Exits, Comparison.
❏ Planung routinemäßiger Pflege- und Wartungsarbeiten	Batch-Jobs mit Standardauswertungen, Special Functions.
❏ Bedarfsgerechte Ausbildung aller Benutzer	

Abbildung 1.6: Checkliste zur Einsatzplanung [PRD_Einsatz]

2 NATURAL-Komponenten

Bei der Programmentwicklung mit NATURAL stellt sich die Frage, was sich hinter NATURAL verbirgt. NATURAL ist ein Entwicklungswerkzeug der 4. Generation mit prozeduralen und nichtprozeduralen Sprachelementen mit vielen Möglichkeiten, die andere kommerzielle Programmiersprachen nicht in diesem Maße bieten. Daneben ist NATURAL [*IM*]:

* ein aus zusammengelinkten Assemblerprogrammen bestehendes Lademodul,

* als Lademodul eine Standardtransaktion im aktuellen aktiven TP-Monitor.

Eine NATURAL-Arbeitsumgebung (hostorientiert) besteht aus:

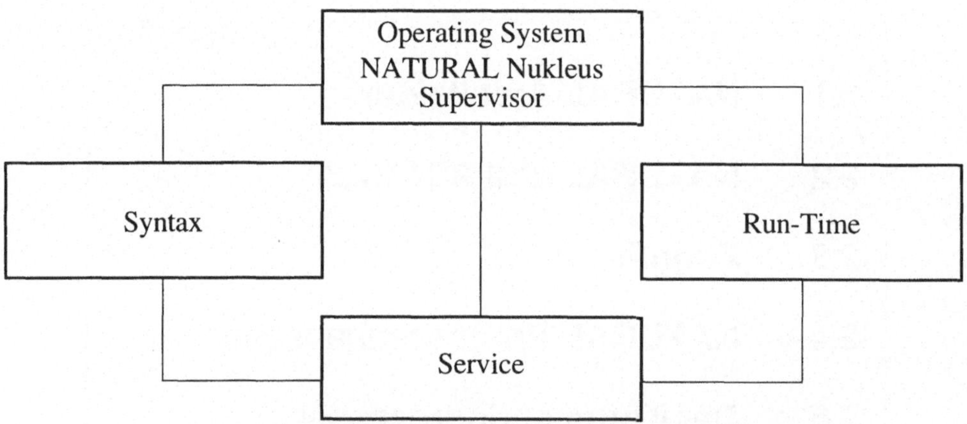

Abbildung 2.1: Die NATURAL-Arbeitsumgebung

In diesem Kapitel werden Aufbau und Umfeld des Lademoduls NATURAL und die verschiedenen von NATURAL angebotenen Modularisierungselemente beschrieben. Der Abschnitt 2.1 NATURAL Architektur ist sehr technisch gehalten mit vielen Details für alle an den Hintergründen von NATURAL Interessierten. Für NATURAL wichtige ADABAS-Grundlagen enthält Abschnitt 2.2. Zugriffsschutzmechanismen werden in Abschnitt 2.3 beschrieben. Die Grundlagen für Kapitel 3 (Design von Anwendungssystemen) werden in den Abschnitten 2.4 bis 2.8 bereitgestellt (NATURAL-Programmbausteine, Kommandoprozessor, Datendefinitionen, Werkzeuge zur Programmerstellung und Testverfahren).

2.1 NATURAL-Architektur

2.1.1 NATURAL-Bausteine

Das Lademodul NATURAL (im folgenden nur NATURAL) besteht aus verschiedenen Bausteinen, die in Gruppen je nach Abhängigkeit von anderen Systemen eingeteilt werden können:

Abhängigkeit	NATURAL Baustein
systemabhängig	NATURAL Treiber (TP und OP), Workfile- und Druckhandler (TP und OP), Sortierroutinen.
datenbankabhängig	Datenbankzugriffsroutinen.
benutzerabhängig	Parametermodul, Textmodule, Übersetzungstabellen, I/O-Feldbenutzerexits und allgemeine Userexits.
system- und benutzerunabhängig	NATURAL-Prozessor, Terminalconverter, Editor.
sonstiges	Externe Benutzerprogramme, Gelinkte NATURAL-Programme, Subkomponenten für zusätzliche NATURAL-Produkte.

Abbildung 2.2: NATURAL-Komponenten

Die Assemblerprogramme sind aus Portierbarkeitsgründen für verschiedene Runtimeumgebungen in mehrere Komponenten aufgeteilt. Ein Teil der Assemblerprogramme von NATURAL muß durch Übersetzen der auf die aktuelle Umgebung angepaßten Sourcen erstellt werden.

Die systemabhängigen (TP-Monitor und Betriebssystem) und datenbankabhängigen Komponenten sind als Treiber für die Verbindungen zu Betriebssystem, TP-Monitor und Datenbanken zuständig und übernehmen damit verschiedene Aufgaben [*IM*]:

- *Initialisierung*

  Beim Start von NATURAL erhält der Treiber die Kontrolle, initialisiert die ersten internen Pufferbereiche wie den IOCB, die Bildschirmpuffer und alle direkt von TP-Monitor und Betriebssystem abgeleiteten Felder wie *COM, *DEVICE, *INIT-ID, *INIT-PROGRAM, *INIT-USER, *LINESIZE, *OPSYS, *PAGESIZE, *TPSYS.

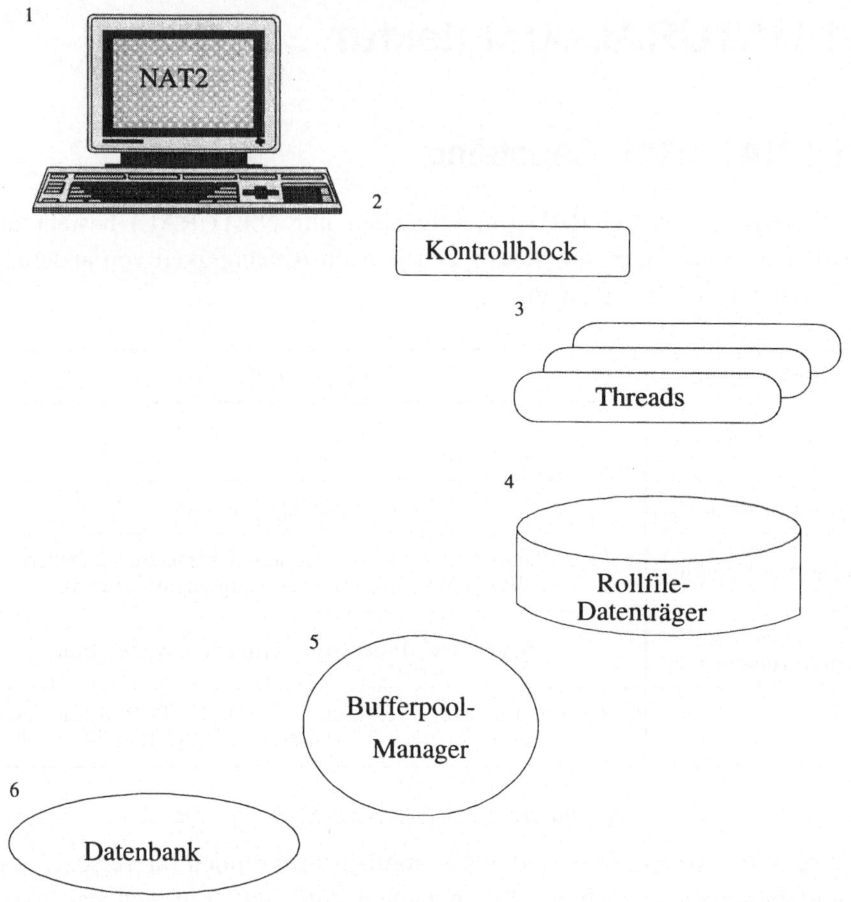

Abbildung 2.3: NATURAL-Initialisierung

- *Verarbeitung dynamischer Parameter*

  Beim NATURAL-Aufruf können von den meisten TP-Monitoren aus Parameter mitgegeben werden, in einigen Umgebungen über eine spezielle Logik. Dabei müssen die Treiber Parameter vom aufrufenden Programm akzeptieren. In einigen Fällen unterscheidet sich die Parameterübergabe über CALL von der Übergabe über Transaktionscode.

- *Bildschirmein-/ausgabe*

  Die Treiber für die Bildschirmein- und -ausgabe haben die Aufgaben, Hardcopies zu schließen, Daten zu senden, Eingabedaten zu lesen und bei Bedarf die Kontrolle an das TP-System abzugeben und die Puffer zu handeln. Für spezielle Terminals gibt es weitere Funktionen.

- *Laden und Aufrufen externer Programme*

  Ein Programm wird geladen und seine Anfangsadresse zurückgegeben, die in NATURAL gesichert und zur Aufrufzeit benutzt wird. Außerdem werden bei Bedarf (CICS, MVS/XA oberhalb 16 MB) Parameter an das rufende Programm übertragen (siehe dazu Kapitel 8).

  Nur für COM-PLETE können die Threadwechselmimik (Parameter RELO) unterbunden und der COM-PLETE-Speicherschutz (Parameter SKEY: Storage Protection Key) für die Sitzung aufgehoben werden.

- *ADABAS-Aufrufe*

  Da ADABAS von den verschiedenen TP-Systemen unterschiedlich aufgerufen wird, erfolgen die ADABAS-Aufrufe über die Treiber, die die Übergabe der Kontrolle zwischen den Transaktionen überwachen.

- *Bufferpoolaufrufe*

  Der Bufferpool ist normalerweise ein separater Pufferbreich in der gleichen TP-Monitorumgebung. Deshalb ist eine TP-spezifische Logik zum Erhalten der Bufferpooladdresse und zur -initialisierung notwendig. Es wird überprüft, ob ein Globaler Bufferpool besteht. Bei Existenz eines Globalen Bufferpool wird dessen Adresse gesichert und später benutzt, ansonsten wird versucht, auf den lokalen Bufferpool zuzugreifen.

- *Funktionstastenzuweisungen für COM-PLETE*

  Die unter COM-PLETE gültigen Funktionstasten können direkt und gleichzeitig von NATURAL benutzt werden.

- *Hardcopyfunktionen*

  Einige TP-Umgebungen bieten die Möglichkeit an, Drucker zu bedienen und Bildschirmausgaben oder Listen direkt zu den Druckern zu leiten

- *Speicherverwaltung*

  Der beim NATURAL-Aufruf angelegte Arbeitsspeicher ist systemabhängig und das Anlegen dieses Speichers deshalb eine Funktion der Treiber.

- *NATURAL-Endeverarbeitung*

  Der Treiber überprüft, ob NATURAL einen Returncode gesetzt hat und gibt eine Fehlermeldung aus, sonst werden die verbleibenden Puffer freigegeben und das im Parameter PROGRAM angegebene Folgeprogramm gerufen.

- *Relokation*

  NATURAL übernimmt anstelle des TP-Monitors die Pufferverwaltung selbst. Alle NATURAL-Puffer werden in den Threads der TP-Monitore angelegt, bei einem Bildschirm-I/O gesichert und falls wieder benötigt, in einen beliebigen freien Thread zurückgeladen.

- *Komprimierung*

  Um den herauszurollenden Platzbedarf möglichst gering zu halten, können die benutzten NATURAL-Puffer beim Schreiben auf das NATURAL-Rollfile komprimiert werden.

- *Rollverarbeitung*

  Da einige TP-Monitore die große, von NATURAL benötigte Datenmenge, nicht verwalten können, übernimmt dies NATURAL für die benutzerorientierten Puffer selbst und komprimiert und sichert diese für die weitere Benutzung, während der Benutzer Resourcen außerhalb von NATURAL wie Datenbanken oder Workfiles nutzt.

- *Abbruchverarbeitungsroutinen (SPIE, STAE, STXIT,...)*

  Bei einem Systemfehler (NAT0954, NAT0955, NAT0956, entsprechend den Systemabbruchcodes S0C1, S0C7,...) sichert NATURAL die Abbruchinformation in einen internen Kontrollblock, stellt die zerstörte Umgebung wieder her und gibt die Kontrolle an den Benutzer zurück.

- *WTO-Unterstützung*

  Alle Treiber bieten in ihrem systemabhängigen Teil an, Texte an den Operator über den Befehl CALL 'CMWTO' zu übergeben. Anfallende Meldungen werden direkt auf die Konsole ausgegeben.

- *Asynchrone Verarbeitung*

  Die Möglichkeit zum Start asynchroner Prozesse zum Beispiel zum Drucken im Batch ist systemabhängig und in verschiedenen TP-Treibern enthalten.

- *Meldungen und Listen senden*

  Mit den Handlern MESSAGE und BROADCAST können von einem NATURAL-Programm aus Meldungen oder Listen an andere Benutzer im gleichen Netzwerk verschickt werden.

Die benutzerabhängigen Komponenten werden in Source- und Objektformat ausgeliefert und können an die Benutzerumgebung angepaßt werden:

- NATPM

  Das NATPM-Lademodul enthält die von NATURAL zur I/O-Zeit bei Feldern mit den Attributen PM=I gerufene Exitroutine. Änderungen dieser Übersetzungstabelle sollten mit Vorsicht vorgenommen werden, da nicht alle Hardwaresysteme die Assemblerinstruktion zur Zeichenumsetzung kennen und deshalb mit einem Systemabbruchcode S0C1 reagieren.

- NATTXT2

  Das NATTXT2-Modul enthält sprachabhängige Daten und Meldungen wie die Standardausgabetexte für More, Top, Bottom, Page, Wochentage und Monatsnamen, Abschlußmeldungen und die Tabelle der zusätzlichen List-handler mit Definitionen. Es ist möglich, sowohl die sprachabhängigen Teile zu erweitern, als auch neue Kennungen und Adressen von Handlern zu hinterlegen, die von NATURAL im DEFINE PRINTER-Statement aktiviert und als normale zusätzliche Drucker behandelt werden können.

- NATTEXT

  Im NATTEXT-Modul sind alle Befehlsnamen und Kommandos hinterlegt. Durch ändern, deaktivieren oder neuhinzufügen von Befehlen oder Kommandos kann der zulässige NATURAL-Sprachschatz verändert werden; von dieser Möglichkeit sollte jedoch Abstand genommen werden.

- NATCONFG

  Das NATCONFG-Modul enthält benutzermodifizierbare Tabellen, die selten benutzt oder verändert werden (sollten) wie Tabellen zur Zeichendarstellung, zum Laserdruckersupport oder zur Zuordnung des Sprachcodes zum Modulnamen. Einige können auch in Makros überschrieben werden (siehe Abschnitt 7.3). Dies bietet sich vor allem an für die vom NATTXT2-Modul benutzten Terminaltypspezifikations- und Druckersteuerzeichentabellen (Makros NTDVCE und NTCC) und die Liste der statisch zum NATURAL-Nukleus gelinkten Programme (NTSTAT-Makro, CSTATIC-Parameter).

Die verschiedenen NATURAL-Teilkomponenten spielen bei der Initialisierung einer NATURAL-Sitzung zusammen:

- Die NATURAL-Treiber sammeln alle Informationen vom TP-Monitor und geben die Kontrolle an die NATURAL-Initialisierungsroutinen weiter.

- Die NATURAL-Initialisierungsroutinen verarbeiten die Informationen im I/O-Kontrollblock, die dynamischen Parameter und Profilzuweisungen (siehe Abschnitt 7.3) und allokieren sowie initialisieren alle benötigten Pufferbereiche.

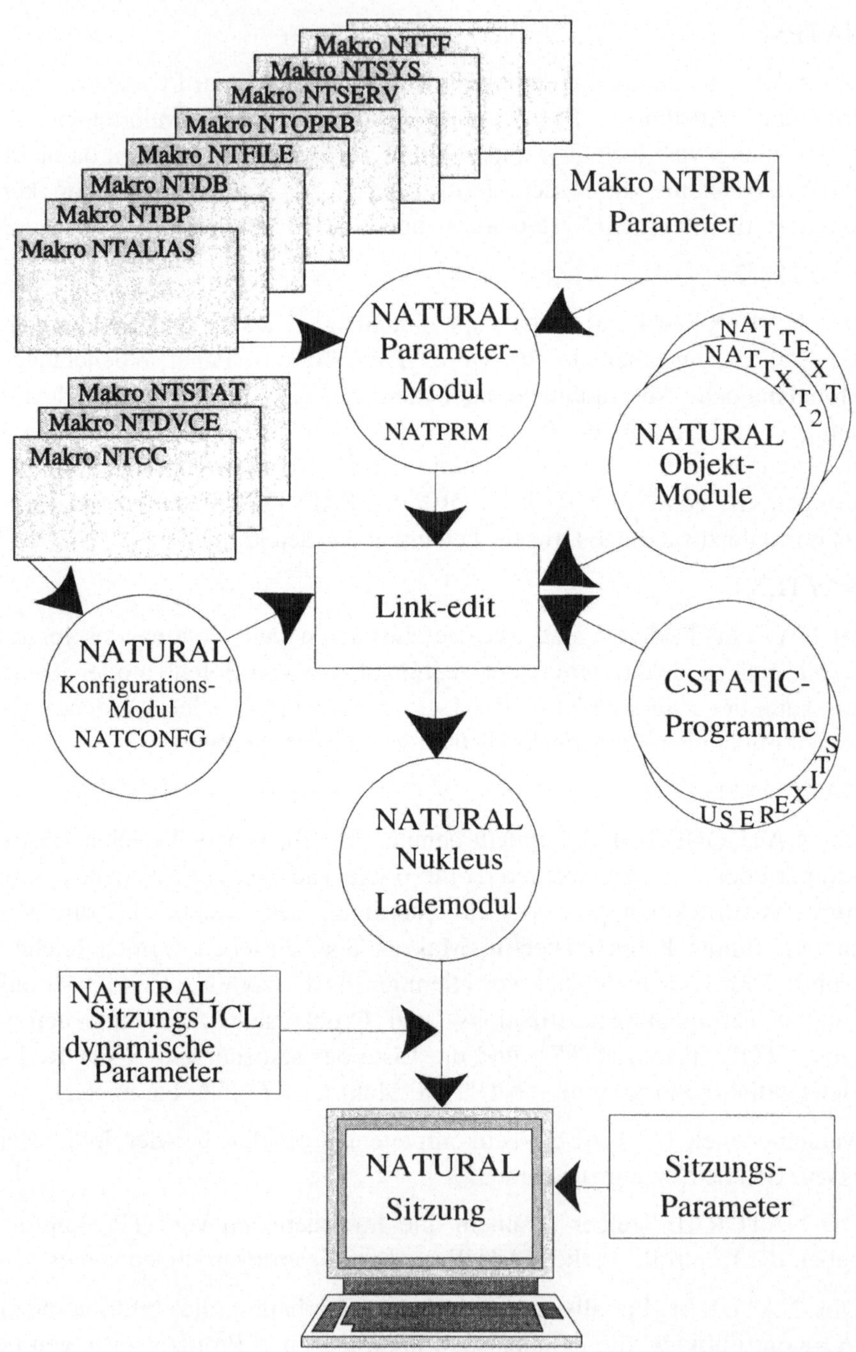

Abbildung 2.4: Parameter einer NATURAL-Sitzung

Danach laufen die NATURAL-Sitzungen in einer entsprechenden Umgebung ab:

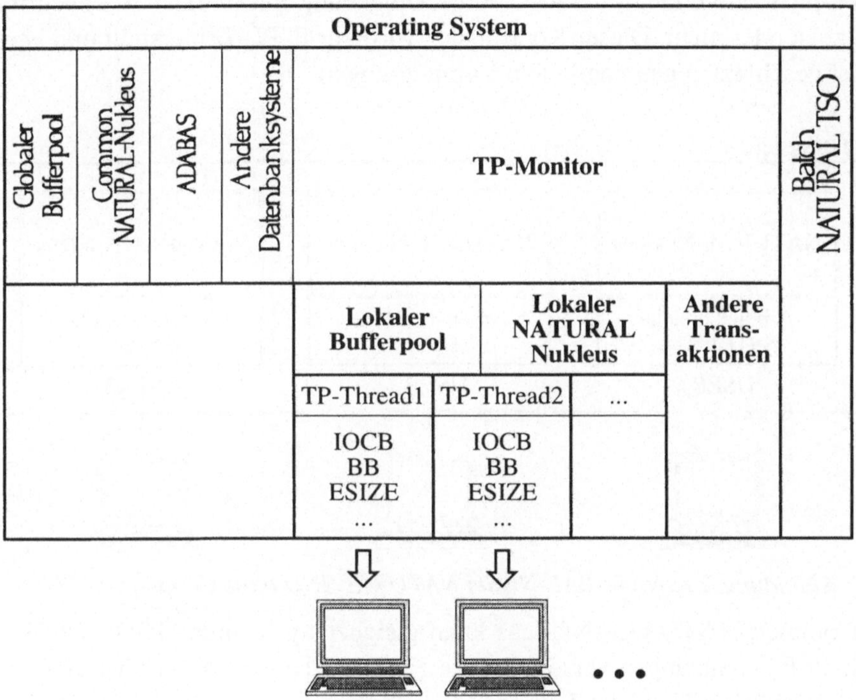

Abbildung 2.5: Die Umgebung des NATURAL-Nukleus

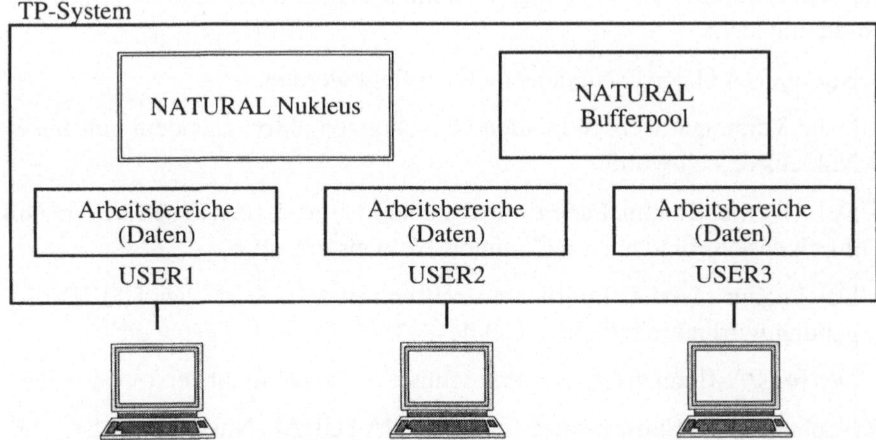

Abb. 2.6: NATURAL-Nuklei unter COM-PLETE mit lokalem Bufferpool

Beim Start einer NATURAL-Sitzung liest NATURAL den Kontrollsatz des
FNAT-Files und erkennt daraus, ob die Umgebung mit NATURAL Security geschützt ist oder nicht. Dieser Kontrollsatz wird zur INPL-Zeit erstellt und gepflegt
und ist geschützt gegen unerlaubte Veränderungen.

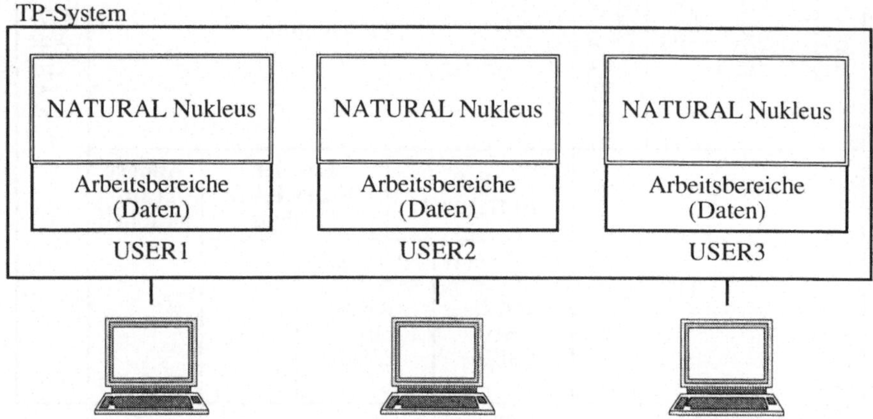

Abbildung 2.7: NATURAL-Nuklei NATURAL TSO ohne Common-Nukleus

Ein Common NATURAL-Nukleus kann gleichzeitig mehrere TSO-, CICS- oder
COM-PLETE-Sitzungen versorgen. Die Kommunikation erfolgt über einen allgemein verfügbaren Codeteil. In einer MVS-Umgebung muß dieser Codeteil in der
LPA oder in der ELPA liegen, um von allen Partitions angesprochen werden zu
können. Das bedeutet, daß der Code des NATURAL-Nukleus reentrant und XA-
fähig sein muß. Der Einsatz eines Common NATURAL-Nukleus bringt mehrere
Vorteile mit sich:

- Nur ein NATURAL-Nukleus muß gepflegt werden.

- Neue Versionen werden in allen Umgebungen aktiv, nachdem nur dieser eine
  Nukleus ersetzt wurde.

- Der Overhead beim Laden wird reduziert, das Laden eines neuen Nukleus
  durch das Verbinden zum Common-Nukleus ersetzt.

- Der Paging-Overhead wird drastisch vermindert. Statt über 500KB pro Umgebung wird nur ein kleiner Teil des E/LPA-Speichers gepaged.

- Der E/LPA-Bereich ist schreibgeschützt und kann nicht zerstört werden.

Ein Nachteil beim Einsatz eines Common NATURAL-Nukleus ist aber, daß dieser ohne entsprechende Pflegemodule nach Wartungsarbeiten nur über einen IPL
des Systems ausgetauscht werden kann.

2.1.2 Pufferbereiche

Bereich	Parameter	Inhalt	Größe
Benutzer-bereich	USIZE	Laufzeit: Alle Kontrollinfomationen (Tabellen, usw.) zur Ausführung von NATURAL-Programmen (interne Verwaltungsinformationen). Compilierzeit: Das übersetzte Objekt (generiertes Objektprogramm). Der nicht für Programmdaten zur Verfügung stehende interne Teil für Kontrollinformationen des Compilers beträgt 2KB. Die Größe des Benutzerbereichs kann in der Produktionsumgebung auf 10KB begrenzt werden.	10 - 64 KB interne Informationen: etwa 2 KB
Erweiterer Benutzer-bereich	ESIZE	gerade aktive GDA-Daten, Editor-Arbeitsbereich mit Programmsourcen, NATURAL-Stackbereich, Funktionstasten-, diverse andere interne Tabellen.	2 - 128KB
Datenbereich	DATSIZE	alle lokalen Daten eines NATURAL-Objektes. Ein lokaler Datenbereich kann bis zu 32KB groß sein, bis zu 256KB können insgesamt für LDAs benutzt werden.	32 - 256KB
Bereich für Files, Symboltabellen und NATURAL OPTIMIZER COMPILER	FSIZE	Compilierzeit: DDMs und die Symboltabelle. DDMs bleiben bis zur Ausführug von CLEAR, LOGOFF oder LOGON in diesem Bereich. Laufzeit: Nichts, kein Platz wird in diesem Puffer angelegt. Dieser Bereich wird vom NATURAL OPTIMIZER COMPILER benutzt zum Generieren der Maschinencodeteile von NATURAL-Programmen. Dabei können die bestehenden DDMs gelöscht werden. Mit der Option MCG=ON werden durchschnittlich 18 Byte pro Sourcecodezeile benötigt.	2 - 64 KB 0 KB
I/O-Bereiche	LS, PS, AVERIO	Bildschirminhalte.	
DBLOG Arbeitsbereich	DSIZE	Testausgaben von TEST DBLOG und TEST DEBUG.	2 - 64 KB 0 KB
Sortier-bereich	SORTSZE	Sortierte Sätze.	10 - 64 KB

Abbildung 2.8: Inhalte der NATURAL-Bereiche

Da der NATURAL-Nukleus reentrant ist, kann in ihm nichts modifiziert werden und er kann keine veränderbaren Daten enthalten. NATURAL gilt innerhalb des TP-Monitors als eine Benutzeranwendung, der vom TP-Monitor Arbeitsbereiche (Puffer) zur Verfügung gestellt werden. In CICS, SHADOW, IMS und UTM werden diese Arbeitsbereiche durch die NATURAL-Treiber kontrolliert, COM-PLETE verwaltet diese Bereiche in COM-PLETE-Threads. NATURAL legt für jeden Benutzer eigene Puffer an, um seine Daten zu verwalten, ohne direkt den TP-Monitor zu benutzen. Das Anlegen fast aller Puffer erfolgt über einen Treiberaufruf, bei dem Größe und Art des Puffers angegeben wird. Den Ein-/Ausgabekontrollpuffer (IOCB), den physische Terminal-I/O-Puffer, dessen Größe aus der physischen Bildschirmgröße abgeleitet wird, und einen TP-monitorabhängigen TP-spezifischen Speicherbereich allokiert NATURAL bei der Initialisierung. Die Größe des IOCB-Puffers kann nicht verändert werden.

Je kleiner die NATURAL-Pufferbereiche sind, desto besser ist die Performance. Die Größen der änderbaren Pufferbereiche werden im NATPARM-Modul durch Parameter festgelegt, die dynamisch beim NATURAL-Aufruf überschreibbar sind und entsprechend den benötigten Werten angepaßt werden sollten. Der Platzbedarf für NATURAL setzt sich zusammen aus der Summe der benötigten Pufferbereiche. Die wichtigsten veränderbaren Pufferbereiche sind in Abbildung 2.8 dargestellt.

Der wichtigste Pufferbereich im NATURAL-System ist der Benutzerbereich (USIZE). Da sich alle Routinen auf diesen Bereich beziehen, führt seine Zerstörung sofort zum NATURAL-Absturz ohne Recoverymöglichkeiten.

Der erweiterte Benutzerbereich (ESIZE) enthält außer 256 Byte fixen Teilbereich für den ENTIRE-Puffer nur variable Größen (siehe Abbildung 2.9).

Die aktuellen Größen und Auslastungen der Pufferbereiche können mit dem BUS-Kommando angezeigt werden.

Der logische Ein-/Ausgabebereich enthält Seiten-, Overlay- und Bildschirmpuffer, jeweils mit zugehörigen Attributpuffern. Alle WRITE-, DISPLAY-, PRINT- und INPUT-Befehle werden zuerst in den Seitenpuffer ausgeführt, dessen Größe durch die Parameter LS und PS definiert wird. Zur aktuellen I/O-Zeit wird der Seitenpuffer in den Bildschirmpuffer überführt. Dieser Prozeß beinhaltet automatisch die Bildschirmoptimierung und die Fensterfunktionen.

Inhalt des erweiterten Benutzerbereichs	Größenbedarf
GDA für SYSLIB-Programme.	benutzerabhängig, für den Editor ca. 3KB.
GDA-Daten des Benutzers.	benutzerabhängig.
PA/PF-Key-Tabelle. Die Einträge in der Tabelle sind variabel lang. Ein Eintrag kann sich verlängern, falls ein Kommando auf der entsprechenden Taste liegt. Mit SET KEY ALL werden alle (24) Funktionstasten und die ENTER-Taste gesetzt (24+1 Einträge), dazu kommen Einträge für die CLEAR, PA1, PA2 und PA3-Taste, Magnetkartenident, -leser und Lichtstift.	pro PF-KEY-Eintrag mindestens 16 Byte (davon 10 Byte für NAMED). pro neuem Programmlevel wird ein neuer Tabellensatz angelegt. mindestens 2 PF-KEY-Sätze für die Funktionstastenbelegung der NEXT-Ebene und für die kommandosensitiven Tasten.
Editor-Arbeitsbereich.	640 Byte.
RETAIN-CID-Tabelle.	pro RETAIN AS *setname* 44 Byte für Setname, CID, DBID/FNR.
Sourcebereich. Zum Übersetzungszeitpunkt des Programms wird die GDA in den Bufferpool geladen, die vom Programm benötigten Informationen werden in die Symboltabelle kopiert.	benutzerabhängig, wird zum Übersetzungszeitpunkt der Programme benötigt.
Source-Seitenpuffer. Enthält Programmsourcen und temporär Compilerinternas externer Objekte (Regeln, Copycode, LDA, PDA).	benutzerabhängig zur Übersetzungszeit.
Directory. Pro aktivem Programmlevel werden Informationen gehalten: Bufferpoolzeiger, Verweissatz auf interne Tabellen.	pro aktivem Programmlevel Element mit Länge 208 Byte.
Zentrale Druckertabelle und Bereich für Standardsystemfunktionen für AT END OF PAGE etc., die mit DISPLAY ... GIVE SYSTEM FUNCTIONS erzeugt werden.	pro definiertem Drucker (0 - 31) 22 Byte, pro benutzter Standardsystemfunktion 8 Byte.
NATURAL Stack (Kommandos und Daten).	benutzerabhängig.
Subroutine-Stack. Sicherungsbereiche für einzelne Subroutinen, andere Unterprogramme.	2KB fixed.
Bereich für applikationsunabhängige Variablen (AIVs).	Variablenname, Format und Länge der Daten und die Daten selbst.

Abbildung 2.9: Aufteilung des erweiterten Benutzerbereichs (ESIZE)

Der Overlay-Puffer enthält die Hinweis-, Funktionstasten- und Statistikzeilen (erhältlich mit dem Terminalkommando "%X") und wird bei der Kopie des Seitenpuffers in den Bildschirmpuffer mit hinzugefügt. Die Größe des Bildschirmpuffers wird für eine Onlineumgebung wie in Abbildung 2.10 aus den beim Aufruf der

NATURAL-Sitzung mitgegebenen Parameters PS und LS berechnet. Nach der Berechnung der Bildschirmpuffergröße werden die Werte von PS und LS dem physischen Ein-/Ausgabemedium angepaßt. In einer Batchumgebung werden die aktuellen physischen Terminalkonstanten durch die Werte von PS und LS festgelegt.

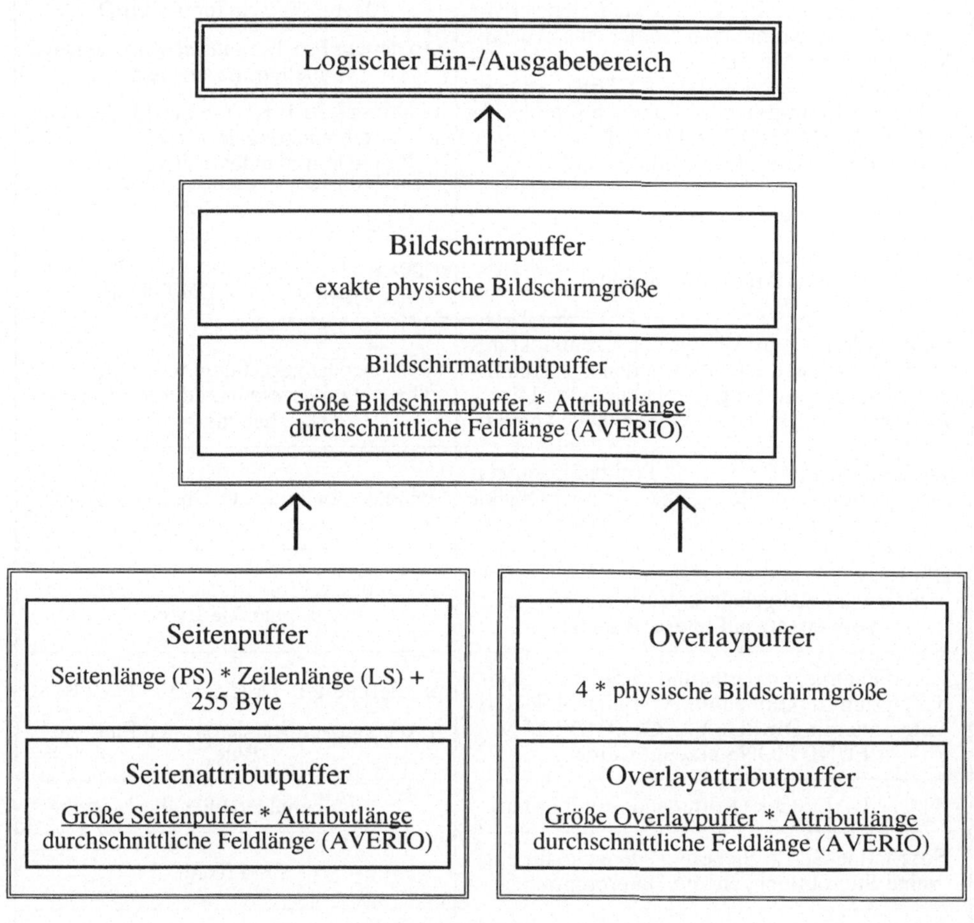

Abbildung 2.10: Logischer Ein-/Ausgabebereich

NATURAL führt bei der Bildschirmausgabe eine Übertragungsoptimierung dahingehend durch, daß nur Veränderungen und bei Zeichenwiederholung nur ein Zeichen übertragen werden.

Ein NATURAL-Programmobjekt kann maximal 32K globale und 32K lokale Daten adressieren. Speziell für jeden Benutzer werden zur Laufzeit die lokalen Daten in der DATSIZE, die globalen Daten in der ESIZE gehalten und bei Unterprogrammtechnik gestapelt. Für jede in einem Befehl angesprochene Variable wird intern ein 4-Byte-langes Adreßelement generiert, das Variablentyp, Länge (je 1 Byte) und Adresse (2 Byte) enthält. Mit dem 2-Byte-Adreßteil des Adreßelements kann NATURAL genau 32K adressieren. Dabei werden negative Adreßangaben für die Adressen in der GDA benutzt [*In_NAT2/4*]. Die Begrenzung der Unterprogrammverzweigung ergibt sich aus der jeweiligen Größe der lokalen Daten, die für eine eventuelle Rückkehr gehalten werden müssen. Die Summe darf die Größe der DATSIZE nicht überschreiten. In gleicher Weise wirkt sich die Größe der GDA bzw. die Summe der gehaltenen GDAs (nur bei CALLNAT) auf die maximale Größe der ESIZE aus.

Aus Performancegesichtspunkten sollten die benötigten und verwendeten Pufferbereiche so klein wie möglich gehalten werden.

2.1.3 Der NATURAL Bufferpool

Die generierten Programme (Objektprogramme) von den NATURAL-Objekten Programm, Subprogramm, externe Subroutine, Maske, Hilferoutine und GDA (nur zum Übersetzungszeitpunkt) werden, falls kein Kontrollblockeintrag (directory entry) existiert, beim Aufruf (auch mit dem RUN-Befehl) als Kopie vom NATURAL-Systemfile in den NATURAL-Bufferpool geladen und vom NATURAL-Nukleus dort ausgeführt. Jedes Objektprogramm im Bufferpool erhält einen Kontrollblockeintrag mit Applikationskennung, Objektname, Datenbankident, Systemfilenummer, Systeminformationen (Adressen von erstem Textpoolblock, Freiplatztabelle und Objektprogramm), Benutzungszähler und andere Statistikinformationen sowie einen Löschschalter und einen Ladeschalter (siehe Abbildung 2.11). Zum Übersetzungszeitpunkt wird die Symboltabelle der GDA in den Bufferpool geladen.

Die Objektprogramme werden in den Textpool geladen, der in 4K Blöcke unterteilt ist und dessen Standardgröße vom Systemadministrator verändert werden kann (siehe Abschnitte 7.3 und 8.2).

Die Daten werden speziell für jeden Benutzer in dessen Benutzerbereich gehalten. Die benutzerspezifischen Tabellen werden zur Laufzeit in dessen Benutzerbereich (USIZE) und in den erweiterten Benutzerbereich (ESIZE) geladen. Dieser enthält zur Laufzeit auch die globalen Daten, die lokalen Daten befinden sich dagegen im Datenbereich (DATSIZE) des Benutzers.

Der NATURAL-Bufferpool ist nichts weiter als ein Speicherteil, auf das mehrere NATURAL-Benutzer gleichzeitig Zugriff haben. Die Objektprogramme enthalten im Bufferpool keine aktuellen Daten und sind unabhängig von den zum Ausführungszeitpunkt aktuellen Benutzerdaten. Die NATURAL-Objektprogramme sind reentrant, sie existieren als einmalige Kopie im Bufferpool und können gleichzeitig von mehreren Benutzern ausgeführt werden; die benötigten Resourcen werden vermindert. Der Bufferpoolmanager versucht, durch Haltung häufig benutzter Programme, das physische Nachladen vom Systemfile zu minimieren. So verbleiben auch nicht mehr benutzte Objektprogramme - solange noch Platz ist - im Bufferpool.

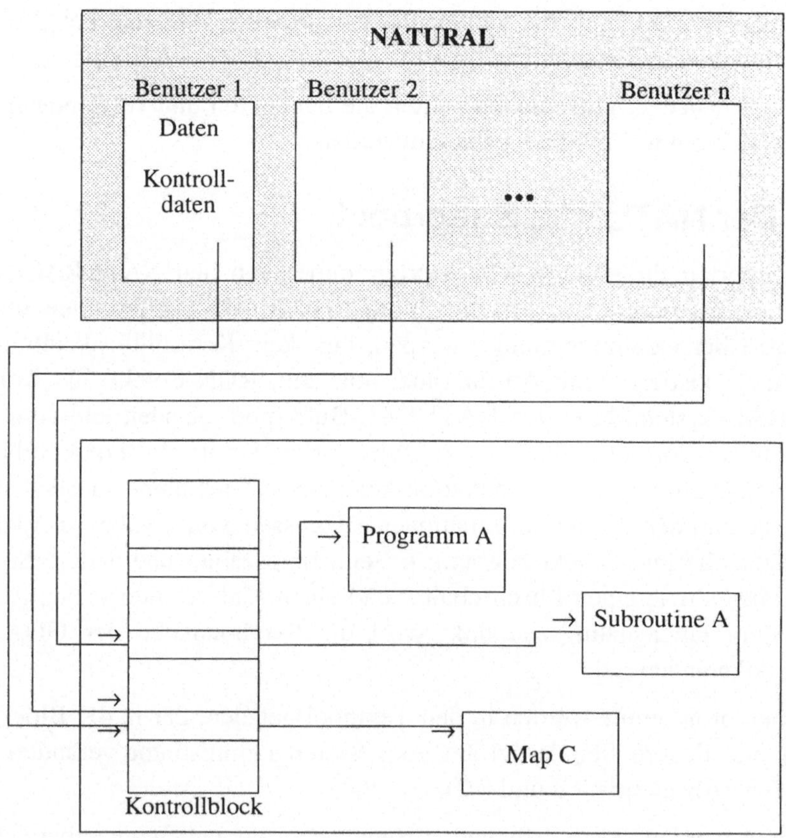

Abbildung 2.11: Der NATURAL Bufferpool [ProgII]

Wenn ein neues Objektprogramm Platz anfordert, werden ein oder mehrere Objektprogramme ausgewählt und aus dem Bufferpool gelöscht:

- Ein Objektprogramm wird nur aus dem Bufferpool gelöscht, wenn sein aktueller Benutzungszähler auf Null steht.

- Die Priorität eines Objektprogramms wird bei der Ausführung eines INPUT-Befehls hochgesetzt, da die Wahrscheinlichkeit, daß das Objekt nochmals benötigt wird, sehr hoch ist.

- Bei jeder Ausführung eines Objektprogramms wird sein Benutzungszähler erhöht.

- Der Benutzungszähler wird bei jeder Ausführungsunterbrechung wie Bildschirm-I/O, Aufruf eines externen Objekts, Programmende, Programmabsturz, heruntergesetzt

NATURAL bietet einen Globalen Bufferpool und einen lokalen Bufferpool an. Beim ersten Aufruf irgendeiner NATURAL-Sitzung versucht der TP-Treiber, den Globalen Bufferpool mit seinem angegebenen Bufferpoolident (Parameter BPID) zu laden. Ist BPID=0 oder ist der Ladeversuch mißlungen, legt der TP-Treiber einen lokalen Bufferpool an. Mißlingt auch dies, bricht die NATURAL-Initialisierung ab [*IM*].

Ohne Globalen Bufferpool teilen sich mehrere NATURAL-Nuklei, die im Adreßraum desselben TP-Monitors laufen, denselben lokalen Bufferpool. Für jeden Batchaufruf und für jede NATURAL-TSO-Sitzung wird in diesem Fall ein extra lokaler Bufferpool in der Partition angelegt.

Der Globale Bufferpool ist eine NATURAL-Wahlkomponente und verfügbar für verschiedene Betriebssysteme (bisher MVS, MSP, BS2000). Mit einem Globalen Bufferpool können sich mehrere NATURALs unter verschiedenen TP-Monitoren sowie Batch- und TSO-NATURALs einen gemeinsamen Bereich teilen und müssen sich nicht jeweils eigene Speicherbereiche (lokale Bufferpoole) anlegen.

Unter MVS und MSP ist der Globale Bufferpool ein Speichersegment im allgemeinen Systembereich (CSA) des MVS unterhalb der 16 MB-Linie und oberhalb dieser Linie bei Bedarf in MVS/XA. Er wird behandelt wie ein gewöhnlicher Job, der das Lademodul NATGBPM (NATURAL Global Buffer Pool Manager) aus der NATURAL-Ladebibliothek ausführt. Dieses Lademodul besteht aus den Komponenten [*OM*]:

- NATBPNUC: NATURAL-Bufferpool Nukleus,

- NATBP: NATURAL-Bufferpool,

- NATBPMG2: NATURAL-Bufferpool Manager,

- NATBPIOR: NATURAL-Bufferpool Input/Output-Routinen, enthält alle benötigten Ein-/Ausgaberoutinen und Meldungen und kann vom Benutzer angepaßt werden.

Unter BS2000 stellt der Globale Bufferpool einen allgemeinen Speicherteil dar, der entweder unterhalb der 16 MB-Linie oder im erweiterten Adreßraum oberhalb 256 MB liegt. Er wird aktiviert durch den Start des Batchprogramms NAT-BGPB2 (NATURAL Global Buffer Pool BS2000), wobei die Einflußgrößen und -parameter im Job mit angegeben werden.

Falls im 31-Bit-Modus adressiert wird, schaltet NATURAL automatisch auf den 24-Bit-Modus um, bevor sequentielle I/O-Operationen ausgeführt werden.

Der Globale Bufferpool sollte automatisch mit dem Maschinen-IPL gestartet werden, er kann auch resident geladen werden. Der Globale Bufferpool muß vor dem Start der ersten NATURAL-Sitzung aktiviert werden.

Parameter	Beschreibung	Angabe
ADASVC	ADABAS SVC-Nummer des Globalen Bufferpools.	mögliche Werte: installierte ADABAS-SVC-Nummer, Default: 0
BPID	Ident des Globalen Bufferpools. Darf nicht mit einem ADABAS-Datenbankident übereinstimmen.	mögliche Werte: 0 - 255, Default: 0

Abbildung 2.12: Parameter für den Globalen Bufferpool

Bei Benutzung eines Globalen Bufferpools müssen die zwei Parameter ADASVC und BPID angegeben werden. Es ist auch möglich, mehrere Globale Bufferpools mit verschiedenen Bufferpoolidents zu nutzen.

Um den Globalen Bufferpool zu deaktivieren, beziehungsweise um auf den lokalen Bufferpool umzuschalten, werden die Parameterwerte von ADASVC und BPID auf 0 gesetzt.

Mit dem NATURAL-Utility SYSBPM können allgemeine und individuelle (nach Objekt/Library/DBID/FNR) Statistikinformationen über den aktuellen Zustand des Bufferpools abgerufen werden. Bei Bedarf können die den Bufferpool bestimmenden Parameter BPTEXT und BPSIZE (nur bei lokalem Bufferpool) auch verändert werden (siehe Abschnitt 8.3).

Die Bufferpoolstatistik enthält auch Informationen darüber, wie oft ein Objektprogramm benutzt wird. Für sehr häufig benutzte Programme bietet es sich an, deren Objekte zum NATURAL-Nukleus zu linken, oder besser diese im Bufferpool als nicht löschbar zu markieren. Während bei der Markierung eines Objektprogramms im Bufferpool namensgleiche Programme weiter nach Datenbankident und Filenummer unterschieden werden, muß der Objektname beim Link des Objekts zum NATURAL-Nukleus systemweit eindeutig sein.

Um ein Objekt zum NATURAL-Nukleus zu linken, muß es vorher mit dem Programm ULDOBJ entladen und im NTSTAT-Makro eingetragen werden. Neben dem schon erwähnten Nachteil der systemweiten Namenseindeutigkeit, wirken sich Programmänderungen erst nach erneutem Linken des NATURAL-Nukleus aus und der Nukleus wird größer. Als Vorteile sind zu nennen:

(a) Das Programm wird selbst dann ausgeführt, wenn der Bufferpool oder das FUSER-File nicht verfügbar sind.

(b) Der Bufferpool wird entlastet. Das Programm muß nicht aus der Datenbank geladen und der Bufferpoolmanager nicht aufgerufen werden.

2.1.4 Der NATURAL-Stack

Der NATURAL-Stack ist ein Teil des erweiterten Benutzerbereichs, in dem Daten und Kommandos abgelegt werden können. Mit

```
STACK [TOP] COMMAND kommando [daten...]
```

werden Kommandos und bei Bedarf die zugehörigen Daten dem Stack hinzugefügt, mit TOP an die erste Stelle geschoben. Bei

```
STACK [TOP] [DATA] [FORMATTED] operand2...
```

erfolgt eine Ablage der Daten auf den Stack. Die Daten können sowohl unformatiert (default) als auch formatiert über den Zusatz FORMATTED an den Stack übergeben werden. Bei unformatierter Datenablage werden Begrenzungszeichen (Zeichen entsprechend der Angabe beim Parameter ID) und Zuweisungszeichen (Zeichen entsprechend der Angabe beim Parameter IA) innerhalb der Datenwerte als Begrenzungen verarbeitet und als Daten an das nächste INPUT-Statement in einem NATURAL-Programm übergeben. Erfolgt eine formatierte Übergabe, werden alle Daten feldweise an den nächsten INPUT-Befehl weitergereicht, ohne daß Zuweisungs- oder Begrenzungszeichen interpretiert werden.

Die Datenübergabe zusammen mit einem Kommando erfolgt immer unformatiert. Werden die Daten an den Stack als Zusatz bei einem Programmaufruf mit

```
FETCH [{REPEAT, RETURN}] programm [daten...]
```

übergeben, so erfolgt eine formatierte Datenablage an der Spitze des Stack. Ein Programmaufruf mit FETCH wird intern umgesetzt in die Befehlsfolge

```
STACK TOP DATA      daten
STACK TOP COMMAND  'EXEC programm'
```

Beim ersten INPUT-Befehl im aufgerufenen Programm werden die Feldwerte aller Parameter in die angegebenen Felder übertragen. Der empfangende INPUT-Befehl muß eine Vorzeichenangabe (Parameter SG=ON) für numerische Parameterfelder haben, da jedes numerische Parameterfeld im FETCH-Befehl ein Vorzeichen erhält. Werden mehr Parameter übergeben als eingelesen, werden die zusätzlichen Parameter ignoriert. Die Anzahl der Parameter ist in der Systemvariablen *DATA enthalten, die über die Auswertung des Begrenzungszeichens ermittelt wird.

Generell werden die Daten auf dem Stack so konvertiert, daß sie für ein INPUT-Statement erscheinen, als wären sie über die Tastatur eingegeben worden:

Typ	Konversion
A	nicht
P	entpackt
B	Hex
F	E-Notation
D/T	entsprechend dem Parameter DTFORM

Abbildung 2.13: Konversion der Daten auf dem NATURAL Stack

Die Daten werden bei der Übergabe komprimiert, nichtrelevante Daten entfernt. Bei numerischen Feldern sind dies die Nullen nach einem Dezimalpunkt, der Dezimalpunkt selbst und führende Nullen, eventuell auch das Vorzeichen, bei alphanumerischen Feldern nachlaufende Leerzeichen. Nachlaufende Nullen alphanumerischer Felder werden in nachlaufende Leerzeichen umgesetzt.

Bei unformatierter Angabe wird der Stack byteweise interpretiert, wobei das Begrenzungszeichen (delimiter) die Zeichenketten (token) einfaßt. Jeder Stackeintrag hat ein Kennzeichen (header), in dem der Typ des Eintrags vermerkt ist:

- 3F: Kommando.

- 3E: Unformatierte Daten mit Begrenzungszeichen (delimited data).

- 3D: Formatierte Daten. Es folgen Längenbyte und Feld.

Der Stack kann als Rundspeicher angesehen werden [*In_NAT2/4*]. Immer wenn etwas vom Stack geholt wurde, kann es ans Ende des Stacks angefügt werden. Auf diese Weise können Daten an andere Programme übergeben werden. Das Programm, das jeden "Satz" vom Stack liest und verarbeitet, kann ihn unverzüglich ans Ende des Stacks anfügen, auch mit veränderten oder zusätzlichen Daten. Diese neue Datenauswahl kann nun an ein anderes Programm oder wieder zurück zum Originalprogramm gegeben werden.

Mit dem Terminalkommando %.S werden im auf die Anweisung folgenden IN-PUT-Befehl die obersten Daten vom Stack gelesen, aber nicht daraus entfernt. Das Kommando %.P löscht das oberste Stackelement.

Die Daten auf dem Stack und die Argumente als Teil des INPUT-Statements müssen in Format und Länge zueinander passen. Maximal können 2K Byte übertragen werden.

2.1.5 NATURAL-Systemfiles

Die Programme (Sourcen und Objekte) und Metadaten einer NATURAL-Umgebung werden in Systemfiles abgelegt, von denen sich NATURAL bei Bedarf die entsprechenden Informationen holt und in seine Pufferbereiche oder den Bufferpool lädt:

- *FNAT:*

  NATURAL-Systemfile. Enthält NATURAL-Systemprogramme, NATURAL-Utilities, NATURAL-Hilfsinformationen/Hilfeprogramme, NATURAL-Fehlermeldungen, interne NATURAL-Daten, Profile und Devices, sowie alle Bibliotheken, die mit "SYS" beginnen.

- *FUSER:*

  NATURAL-Benutzerfile. Enthält Sourcen und Objekte von Benutzer- und privaten Bibliotheken sowie der SYSTEM-Bibliothek und Benutzerfehlermeldungen.

- *FDIC:*

  PREDICT-Systemfile. Enthält Metadaten des Datendiktionärs PREDICT, Aktive Cross-Referenz-Daten, Datendefinitionsmodule (DDMs) und PREDICT Sets.

- *FSEC:*

  NATURAL-Securityfile. Enthält Securitydaten, das Logging der Logonsätze und das Logging der Fehlersätze sowie interne Felder und Deskriptoren.

Die Felder SRCID und OBJID teilen sich nochmals auf in Libraryname (A8), Objektname (A8) und Folgenummer (B2). Das multiple Feld SRCTX hat maximal 60, OBJCHUNK maximal 9 Occurences.

```
TYL   DB   NAME                                          F LENG   S D
---   --   --------------------------------------------  - ----   - -
 *         ****************************************
 *         *** SYSTEM FILE DEFINITION *****
 *         ****************************************
 *         DDMs:
 *         -----
   1   LA   FILENAME                                     A   33     D
   1   LB   FILENR                                       B    2     D
M  1   LC   FILECHUNK                                    A  250
 *         ****************************************
 *         Fehlermeldungen:
 *         ----------------
   1   LE   ERRNR                                        N  4.0     D
P  1   LF   ERROR
   2   LG   ERRTXT                                       A   65
 *         ****************************************
 *         Programmsource:
 *         ---------------
   1   LJ   SRCID                                        A   18
M  1   LK   SRCTX                                        A   90   N
 *         ****************************************
   1   LL   OBJID                                        A   18     D
M  1   LM   OBJCHUNK                                     A  250
```

Abbildung 2.14: Aufbau eines NATURAL-Systemfiles

Die Files FNAT, FUSER, FDIC und FSEC könnten theoretisch zu einem Systemfile zusammengefaßt werden. Davon ist aus Pflege- und Sicherheitsgründen abzuraten. Beispielsweise müssen die Benutzerprogramme im FUSER-File bei Systempflegearbeiten nicht mit berücksichtigt werden. Es kann sinnvoll sein, das NATURAL Security Systemfile (FSEC) mit speziellen Passwörtern und Ciphercodes zu schützen.

Neben den vorgenannten gibt es ein weiteres Systemfile:

- *FSPOOL:*

  NATURAL-Spoolfile. Enthält von NATURAL ADVANCED FACILITIES benutzte Spooldaten. Das NATURAL-Spoolfile muß ein eigenes Systemfile sein.

Die Applikation SYSTEM befindet sich sowohl auf FNAT als auch auf FUSER. FNAT enthält die Editorprofile, die nach einem Refresh von FNAT neu erstellt werden müssen. Dies kann beispielsweise nach dem INPL eines neuen NATURAL-Releases der Fall sein.

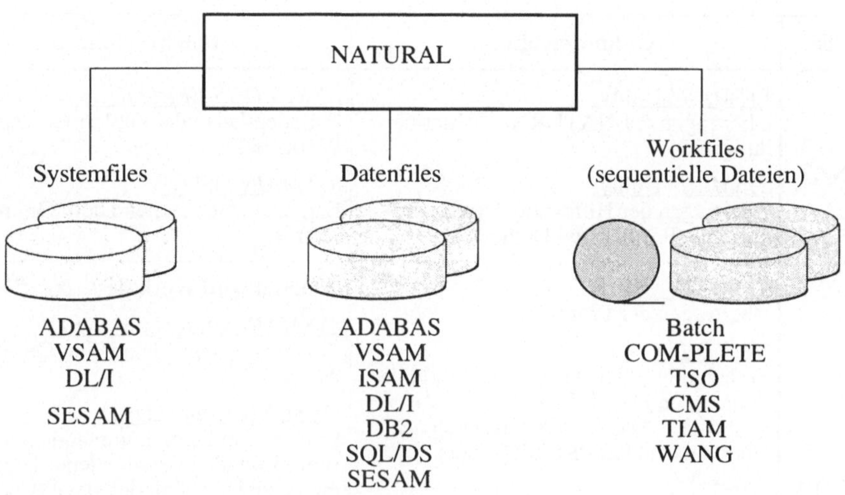

Abbildung 2.15: NATURAL-Files

Die Systemfiles werden im NATURAL-Parametermodul mit verschiedenen Parametern definiert (siehe Abbildung 2.16).

Parameter	Beschreibung	Angabe
DBID	Generelle Datenbanknummer für NATURAL-Systemfiles	mögliche Werte: 1 - 254, Default: 0 DBID=*DBID*
FDIC	PREDICT-Systemfile.	FDIC=(*DBID,filenummer,passwort, cipher-key*)
FNAT	NATURAL-Systemfile für Systemprogramme.	FNAT=(*DBID,filenummer,passwort, cipher-key*)
FNR	Generelle Filenummer für NATURAL-Systemfiles.	mögliche Werte: 1 - 255 FNR=*filenummer*,DBID=*DBID*
FSEC	NATURAL SECURITY-Systemfile.	FSEC=(*DBID,filenummer,passwort, cipher-key*)
FSPOOL	Spoolfile für NATURAL ADVANCED FACILITIES.	FSPOOL=(*DBID,filenummer,passwort, cipher-key*)
FUSER	NATURAL-Systemfile für Benutzerprogramme.	FUSER=(*DBID,filenummer,passwort, cipher-key*)

Abbildung 2.16: Parameter für die NATURAL-Systemfiles

Die Angabe von Passwort und Cipherkey bei den einzelnen Files kann entfallen.

File	Onlineverfahren	Batchverfahren
FNAT	*SYSMAIN*-Utility: Übertragen der NATURAL-Fehlermel- dungen. *SYSMAIN*-Utility: Übertragen der Hilfetexte, Systempro- gramme, Profiles und Devices.	*ERRULDUS/ERRLODUS:* Entladen/laden der Fehlermeldungen auf Workfile 2. *SYSMAIN*-Utility: Eingaben entsprechend dem Online- Aufruf.
FUSER	*SYSMAIN*-Utility: Übertragen der Programme, Masken,... *NATUNLD:* Entladen NATURAL-Objekte und/oder Sourcen und NATURAL-Views auf Workfile 1. Das Entladen ist auch nach einer Auswahl in PREDICT-Sets möglich. *NATLOAD:* Laden ... auf Workfile 1. *NATUNLD/NATLOAD* kann nach Objekttyp, Userid, Datum/Zeit und Terminalid selektieren. *INPL:* Interner Aufruf von NATLOAD. Selektionen sind nicht möglich.	Benötigt wird Workfile 1. *SYSMAIN*-Utility oder *INPL:* Eingaben entsprechend dem Online- Aufruf. *NATUNLD, NATLOAD:* Eingaben in Direktkommandosyntax. Beim Entladen verschiedener Program- me ist zu beachten, daß das Workfile 1 nach jedem Kommando zurückgesetzt und durch das folgende überschrieben wird. Um dies zu umgehen, müssen bei jedem Aufruf von NATUNLD mehrere Direktkommandos angegeben werden.
FDIC	*SYSDDM*-Utility: Umgeht PREDICT zum Übertragen der DDMs. *NATUNLD:* Entladen NATURAL-Views und PRE- DICT-Objekte (Metadaten) aus mit Cross-Referenz-Daten erstellen Sets *NATLOAD:* Laden NATURAL-Views und PREDICT-Objekte aus mit Cross- Referenz-Daten erstellen Sets *SYSMAIN*-Utility: Um die Aktiven Referenzen zu über- tragen, wird beim Kopieren der ent- sprechenden FUSER-Objekte die Option XREF=Y gesetzt.	Benötigt werden Workfile 1 (Beschreibungen) und 3 (Meldungen). *UNLOAD/LOAD:* Entladen/Laden Metadaten und DDMs auf/von Workfile 1. *NATUNLD, NATLOAD.* *SYSMAIN*-Utility. *NATUNLD/NATLOAD* und *UNLOAD/LOAD:* Jeweils mit Angabe der Option XREF=Y.
FSEC	Nicht möglich.	Benötigt wird Workfile 5. *SECULD/SECLOAD:* Entladen/Laden NATURAL SECURITY-Daten auf/von Workfile 5.

Abbildung 2.17: Pflege der NATURAL-Systemfiles

Falls die Parameter für FNAT, FUSER, FDIC und FSEC nicht angegeben werden, wird das File mit der im Parameter FNR angegebenen Filenummer auf der im Parameter DBID angegebenen Datenbank verwendet.

Der Austausch der Programme und zugehörigen Einträge in die verschiedenen Systeme erfolgt getrennt nach Felddefinitionstabellen (FDTs) (siehe Abbildung 2.17).

Bei Anwendung der NATUNLD-Direktkommandosyntax im Batch kann eine DELETE-Funktion aufgerufen werden, die bestimmte Objekte aus der Zielumgebung löscht. Direktkommandos können unterschiedlich eingegeben werden:

1) Die Eingabe folgt nach dem NATUNLD-Kommando in einer Zeile. Die Parameter im Kommando können durch Leerzeichen oder Begrenzungszeichen (entsprechend dem Parameter ID) getrennt werden. Eingaben in mehreren Zeilen hintereinander, die jeweils mit NATUNLD beginnen, gelten als verschiedene Eingaben (Achtung: Workfile 1 wird zurückgesetzt).

2) Werden die Parameter in den dem NATUNLD-Kommando folgenden Zeilen eingegeben, müssen die Parameter durch Begrenzungszeichen getrennt sein.

2.1.6 Programmausführung und Suchreihenfolgen

Wenn NATURAL sich im NEXT-Modus befindet, wird der in der NEXT-Zeile eingegebene String beim Bildschirm-I/O gelesen. Dieser String wird nach dem ersten Leerzeichen durchsucht. Mit dem ersten Teilwort vor dem Leerzeichen wird im NATTEXT-Modul gesucht, ob es vorhanden ist. Wenn ja, ist es ein NATURAL-Kommando, ansonsten wird es als Name eines Benutzerprogramms betrachtet. Die nachfolgenden Teilwörter werden, falls vorhanden als Parameter für das Benutzerprogramm angesehen und im NATURAL-Stack gesichert. Danach geht die Kontrolle an den Programmadministrator, der Teil NATURAL ist und nichts anders darstellt als einen internen Kommandoprozessor. Dieser verwaltet eine Tabelle im Benutzerthread, deren Einträge aus Programmnamen, Zeiger auf den Eintrag des Programms im Bufferpool-Kontrollblock und Zeiger auf das generierte Objektprogramm im Bufferpool bestehen. In dieser Tabelle sucht der Programmadministrator nach dem Benutzerprogramm. Wird es gefunden, kann der Bufferpoolmanager mit der bestehenden Adresse aktiviert werden (quick locate). Wurde das generierte Programm oder sein Eintrag im Bufferpool in der Zwischenzeit überschrieben, wird der Bufferpool-Kontrollblock sequentiell nach dem angeforderten Objekt durchsucht (normal locate).

Kann das Benutzerprogramm nicht gefunden werden, werden zwei leere Zeiger in der Programmtabelle erzeugt und der Bufferpoolmanager mit der Anforderung aufgerufen, das Programm im Bufferpool normal anzulegen. Dazu muß es vom NATURAL-Systemfile gelesen werden.

Das NATURAL-Laufzeitsystem erhält die Kontrolle und interpretiert einen Befehl nach dem anderen, bis ein Befehl gefunden wird, der entweder die Kontrolle an den Benutzer (über ein INPUT-Statement oder eine Bildschirm-I/O-Operation) beziehungsweise über CALLNAT, PERFORM, FETCH RETURN, INPUT USING MAP oder andere Aufrufmechanismen an andere NATURAL-Objekte weitergibt. Der Benutzungszähler im Bufferpool des aktuellen Objektprogramms wird heruntergezählt. Damit wird dieses Objekt aus dem Bufferpool freigegeben. Erhält das Objekt die Kontrolle zurück, wird das Programm im Bufferpool reallokiert, wobei der Zeitstempel nochmals überprüft wird um sicherzugehen, daß NATURAL mit einer identischen Kopie arbeitet. Ist alles in Ordnung, wird die Adresse des generierten Objektprogramms erneut gebildet und die Adresse der Tabelle der lokalen Variablen vom TP-Treiber umgerechnet.

Gibt ein NATURAL-Objekt die Kontrolle an ein anderes weiter, werden alle programmrelevanten Daten und einige globale Informationen wie das Dezimalzeichen und das Begrenzungszeichen gesichert. Alle programminternen Tabellen, wie die Tabelle der lokalen Daten, werden gestackt, das Programm wird freigegeben.

Der interne Lader lädt Programme von mit SYS* beginnenden Applikationen vom FNAT-File, außer die Programme der SYSTEM-Biblithek, die vom FUSER-File geladen werden. Dabei werden erst die statisch gebundenen Programme nach dem Objekt durchsucht, danach die Applikationsbibliothek und dann die angegebene Alternativbibliothek (steplib). Mit dem Einsatz von NATURAL SECURITY können zu einer Bibliothek oder, bei einem speziellen Link, bis zu acht Alternativbibliotheken angegeben werden. Ohne NATURAL SECURITY werden fehlende aufgerufene Programme nur in der im Parameter STEPLIB angebenen Bibliothek des FUSER-File gesucht, standardmäßig ist dies die SYSTEM-Bibliothek.

Bei entsprechenden Modularisierungen bietet es sich an, Steplibs als Modulbibliotheken zu verwenden:

Lib A	Lib B	Modul-Lib 1	Gesamtmodul-Lib
Programme	Programme	Module zu Lib A und Lib B	allgemeine Module

Abbildung 2.18: Steplibs als Modulbibliotheken

Mit der Angabe von Steplibs kann eine Applikation nun leichter über verschiedene Bibliotheken verteilt werden.

Lib A	**Lib B**	**Lib C**	**Lib D**
Steuerprogramme, Systemeinstiegs- programme	Programme der Hauptanwendung	Programme Neben- anwendung 1	Programme Neben- anwendung 2

Abbildung 2.19: Alternativbibliotheken (Steplibs) einer Applikation

Bei der Verwendung von Alternativbibliotheken ist für den Einstieg in diese kein LOGON erforderlich. Um im Fehlerfall die Ursachenforschung nicht zu erschweren, sollten die Modulnamen über alle Alternativbibliotheken einer Applikation eindeutig sein. Da NATURAL nacheinander alle angegebenen Bibliotheken nach den gerufenen Programmen durchsucht, sollte der Einsatz von Alternativbibliotheken genau organisiert werden, um durch deren Benutzung entstehende Performancenachteile zu minimieren (siehe auch Kapitel 3).

Die Reihenfolge der Suche in den einzelnen Bibliotheken stellt sich wie folgt dar: Ein NATURAL-Programm wird unter dem Kommandonamen gesucht

1. in der aktuellen Bibliothek.

2. in der aktuellen Alternativbibliothekskette (siehe vorherige Seite).

3. in der SYSTEM-Bibliothek.

Können Kommando und Programm nicht gefunden werden, wird die Fehlermeldung NAT0082 ("Ungültiges Kommando; kein Objekt dieses Namens gefunden") ausgegeben.

2.1.7 Modulerstellung

Die Erstellung der ablauffähigen NATURAL-Objektmodule wird mit den NA-TURAL-Kommandos CAT oder STOW angestoßen. Das STOW-Kommando entspricht einem um das Wegsichern der Source erweiterten CAT-Kommando. Ein Katalogisierungsvorgang besteht aus mehreren Schritten (siehe Abbildung 2.20).

Zuerst wird der NATURAL-Kompiler aufgerufen, der die Befehle in einen Zwischencode mit Adreßzuweisungen umsetzt. Dazu wird die Symboltabelle in die FSIZE geladen, die Source und der Sourceseitenpuffer in die ESIZE. Das Objektprogramm wird in der USIZE erstellt, die auch die Kontrollinformationen enthält. Während der NATURAL-Inlineoptimizer immer aktiv ist und Codeteile in einen optimaleren Zwischencode überführt, werden je nach Einstellung des MCG-Parameters (siehe nächster Abschnitt) weitere NATURAL-Befehle mit dem NATURAL OPTIMIZER COMPILER in Maschinencode umgesetzt.

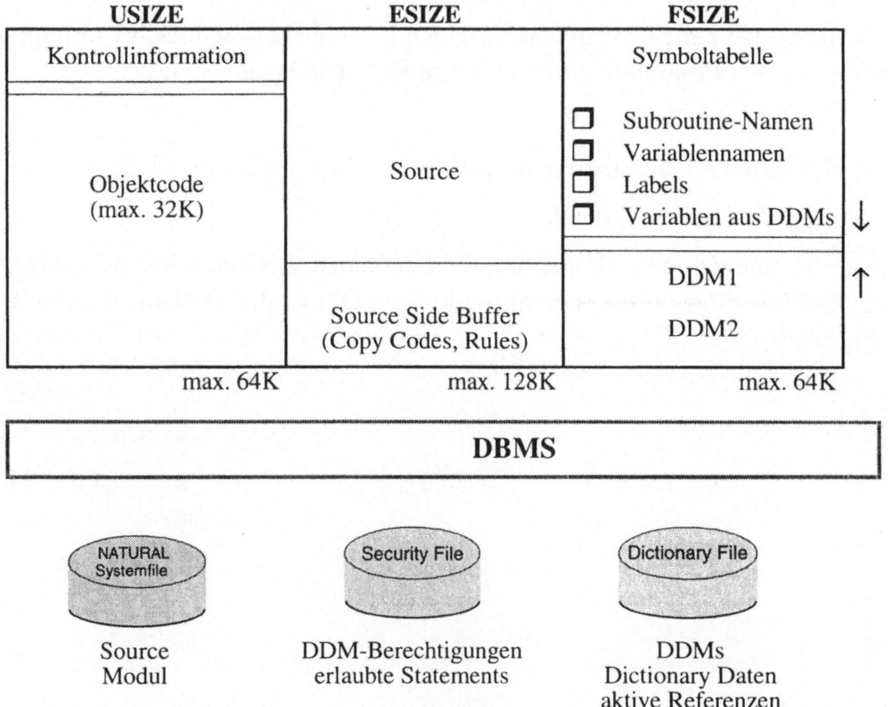

Abbildung 2.20: Das Erstellen eines Objektmoduls

Nach abgeschlossenem Übersetzungsvorgang werden auf Wunsch aktive Referenzdaten (Parameter XREF) erzeugt. Zum Abschluß wird das erstellte Modul auf der Datenbank gespeichert. Lokale Datenbereiche und Parameterdatenbereiche werden nicht kompiliert, sondern als Teilsources in der Objektbibliothek abgelegt.

2.1.8 Der NATURAL OPTIMIZER COMPILER

NATURAL stellt neben einer Inline-Optimierung als Zusatzprodukt den NATURAL OPTIMIZER COMPILER (NOC) zur Verfügung, um spezielle NATURAL-Befehle durch die Generierung von Maschinencode zu optimieren.

Die Kompilierung des Maschinencodes erfolgt nach Abschluß der Adreßzuweisungen. Die Eingabe für den NATURAL OPTIMIZER COMPILER ist das generierte Objektprogramm. Erzeugt wird ein 370-Maschinencode (beispielsweise für Zuweisungen und arithmetische Operationen). Dieser wird im Filepuffer abgelegt und nach dem erfolgreichen Abschluß der Optimierung mit dem generierten Objektprogramm auf die Datenbank geschrieben. Anweisungen, die nicht optimiert werden (siehe Abbildung 2.24) werden erst zum Programmausführungszeitpunkt vom Nukleus interpretiert.

Bei der Katalogisierung fest in den Objektcode integriert werden die Struktur extern angelegter lokaler und Parameter-Datenbereiche, Copy Codes, alle für einen Datenbankzugriff notwendige Informationen aus den DDMs und alle betroffenen Automatic-Rules und Free-Rules bei Masken. Mit RUN ausgeführte Programme werden nicht in Maschinencode übersetzt.

Ein NATURAL-Programm ist in Objektform ohne Zugriff auf Sourceobjekte oder DDMs für den NATURAL-Nukleus ausführbar. Nicht statisch in ein NATURAL-Objekt eingebunden werden extern definierte NATURAL-Objekte, die ein NATURAL-Programm aufruft (Masken, Subroutinen, Subprogramme, Hilferoutinen, Programme) und die GDA. Zur Laufzeit eines Programms wird die GDA für die RESET- und INITIAL-Zuweisungen ausgeführt.

Mit dem Systemkommando DUMP ZAPS NOC können alle die speziell für den NATURAL OPTIMIZER COMPILER angebrachten Zaps aufgelistet werden.

Der Einsatz des NOCSTAT-Utility kann hilfreich sein bei der Entscheidung, ob ein Programm für die Übersetzung mit dem OPTIMIZER COMPILER geeignet ist. Es bietet eine Statistik der mit dem NATURAL OPTIMIZER COMPILER übersetzten Programme. Aufgelistet werden:

- Alle nicht optimierten Befehle aufgeteilt nach Datenbankschleifen, einfache Datenbankzugriffe, Sort/Workfiles, FOR- und REPEAT-Schleifen, I/O-Statements, Textmanipulation, Arithmetik/Logik, Programmaufrufe.

- Anzahl der optimierten Befehle, falls das Programm mit dem Optimizer Compiler übersetzt wurde.

- Anzahl der zusammenhängend optimierten Befehle in einem Programm. Je größer der zusammenhängende Block, je weniger fragmentiert, desto besser ist die Performance.

Die Anwendung des NOCSTAT-Utilitys kann in einigen Punkten irreführend sein. Es ist durchaus möglich, daß die Anzahl der optimierten Befehle nicht mit der Befehlszahl des Sourceprogramms übereinstimmt, da die Statistik zum Objektcode erstellt wird. Wichtig für die Entscheidung über die Optimierung eines Programms ist hauptsächlich der Programmablauf. Ein Programm mit ständig wechselnden Befehlen und mit einem hin und her zwischen NOC-optimierbaren Statements und nicht NOC-optimierbaren Statements bietet sich nicht gerade für eine NOC-Übersetzung an.

Die Größe des generierten Maschinencodes kann mit dem Systemkommando LIST DIR *objektname* angezeigt werden. Die Bytezahl des Maschinencodes ist enthalten in der Größe, die das Programm im Bufferpool benötigt.

Die Vorteile durch den NATURAL OPTIMIZER COMPILER werden verstärkt durch Einsatz von ADABAS PREFETCH oder ADABAS HPE (High Performance Environment). ADABAS PREFETCH minimiert den durch die Interregionkommunikation erzeugten Overhead. ADABAS HPE reduziert die Prozeßzeit, die durch optimierte Programme nochmals verringert wird (siehe Abschnitt 8.2).

Zur Installation des NATURAL OPTIMIZER COMPILER wird zum NATURAL-Nukleus das entsprechende Lademodul gelinkt [*NOC_Rel, NOC_Man*].

Der NATURAL-Inline-Optimizer des Nukleus hat eine Standardoptimierung für alle Programme, bei der Teile von einfachen arithmetischen Anweisungen, Zuweisungen und Vergleichsbefehlen automatisch in einen Zwischencode übersetzt werden. In der Regel sind dies Befehle, die zur Ausführung nur eine Maschineninstruktion benötigen. Alle Befehle müssen zur Laufzeit interpretiert werden, Zwischencode wird verkürzt interpretiert.

Der NATURAL OPTIMIZER COMPILER überträgt auch komplexe Befehle und Befehlsfolgen (siehe Abbildungen 2.23 und 2.24) in Maschinencode. Welche Befehle übersetzt werden, wird mit dem Parameter MCG (Machine Code Generator, siehe Abbildung 2.25) bestimmt. Je nach Einstellung wird zur Programmübersetzung (STOW oder CATALOG-Kommando) entsprechender Objektcode mitgeneriert. Die Objektprogramme werden dadurch etwas größer als nicht-optimierte.

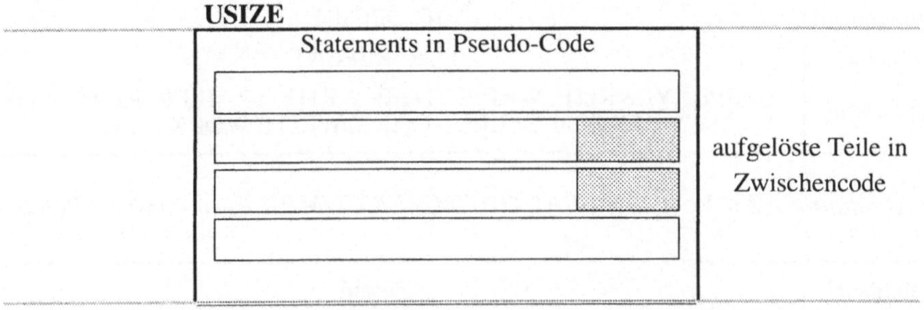

Abbildung 2.21: Codeumsetzung des Inline-Optimizer

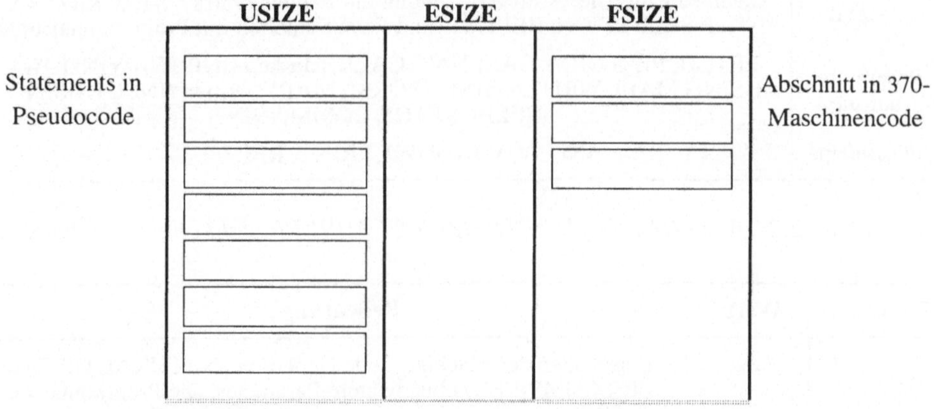

Abbildung 2.22: Codeumsetzung des NATURAL OPTIMIZER COMPILER

Der MCG-Parameter kann sowohl im NATPARM-Modul, als auch dynamisch beim Aufruf der NATURAL-Sitzung, innerhalb der NATURAL-Sitzung mit dem GLOBALS-Systemkommando oder direkt im NATURAL-Programm mit dem OPTIONS-Befehl angegeben werden.

Der NATURAL OPTIMIZER COMPILER versucht, möglichst viele aufeinan-derfolgende Statements zusammenfassen. Er ist besonders für statistische und mathematische Anwendungen geeignet.

Für die verschiedenen Programme können unterschiedliche Optionen vorteilhaft sein. Am schnellsten für Programme ohne I/Os ist die Option MCG=ON.

Befehlsart	Befehl
Zuweisungen	RESET, MOVE
Arithmetik	COMPUTE, ADD, SUBTRACT, MULTIPLY, DIVIDE
Bedingungen	IF, DECIDE
Schleifen	FOR, REPEAT
I/O-Befehle	DISPLAY, WRITE, WRITE TITLE, WRITE TRAILER, READ WORK FILE mit SELECT-Option, WRITE WORK FILE

Abbildung 2.23: Vom NATURAL OPTIMIZER COMPILER optimierte Befehle

Befehlsart	Befehl
komplex, speziell	MOVE INDEXED, EXAMINE, SEPARATE, COMPRESS, COMPOSE, Datenbankzugriffe, Arrayverarbeitung mit Parameterarray, STACK DATA, SET, IF SELECTION, REPEAT- und FOR-Schleifen mit Programmaufrufen.
Programm-aufrufe	FETCH, PERFORM, CALLNAT, CALL, Masken (INPUT [[WINDOW] USING MAP], WRITE USING {FORM, MAP}), Hilfen (INPUT USING HELP), STACK COMMAND.
I/O-Befehle	INPUT [WINDOW], PRINT, REINPUT

Abbildung 2.24: Vom NATURAL OPTIMIZER COMPILER nicht optimierte Befehle

Parameter	Wert	Bedeutung
MCG	ON	❏ Einschalten des Machine Code Generator (NATURAL OPTIMIZER COMPILER) ohne weitere Parameter. Die Programme werden (teilweise) in Maschinencode umgewandelt, Zusätzliche Schalter sind nicht gesetzt.
	OFF	❏ NATURAL OPTIMIZER COMPILER ausschalten.
	OVFLW	❏ Alle katalogisierten Programme werden auf numerische Überläufe geprüft.
	INDX	❏ Überprüfen aller katalogisierten Programme auf Indexüberläufe.
	MIX	❏ Für alle katalogisierten Programme wird ein zu IBM, Siemens und Wang Mainframes kompatibler Objektcode erzeugt.
	IO	❏ Die I/O-Statements DISPLAY, WRITE, WRITE TITLE, WRITE TRAILER, READ WORK FILE mit SELECT-Option, WRITE WORK FILE werden in Maschinencode übersetzt.
ZD	ON	❏ Fehlermeldung, falls NATURAL eine Nulldivision feststellt.
	OFF	❏ Bei Nulldivisionen liefert NATURAL als Ergebnis Null zurück.

Abbildung 2.25: Parameter zum NATURAL OPTIMIZER COMPILER

Programme, die hauptsächlich Datenbankzugriffe und nichtoptimierbare Ein-/ Ausgabebefehle enthalten, sollten nicht mit dem NATURAL OPTIMIZER COMPILER übersetzt werden, da der Objektcode sehr stark fragmentiert werden würde (Ein Fragment wird angelegt, sobald im Programmfluß ein Befehl erscheint, der nicht optimiert werden kann).

Abschließend ist zu bemerken, daß in die MCG-übersetzten Programme das durch den Parameter ZD bestimmte Verhalten bei Nulldivision bei der Objekterstellung fest reinkatalogisiert wird (siehe Abbildung 2.25).

2.1.9 Sortieren in NATURAL

NATURAL bietet zum Sortieren von Daten unterschiedlichste Ansätze an:

- Für Sortierfolgen, die vor allem im Dialogbetrieb öfter benötigt werden, kann am einfachsten eine Sortierung erzielt werden, indem das Sortierkriterium als Deskriptor in der Datenbank definiert wird.

- Größere Sortieranforderungen im Batchbetrieb können mit Datenbankmitteln oft insgesamt günstiger erfüllt werden. Die zu sortierende Datei wird nach dem Sortierkriterium entladen und neu geladen, so daß die Datei nach diesem Vorgang sortiert vorliegt und physisch sequentiell bearbeitet werden kann (unter Berücksichtigung der möglichen Anomalien).

- Eine andere Möglichkeit für die Sortierung von Daten im Batchbetrieb ist das Sortieren eines von NATURAL erstellten Workfiles in einem gesonderten Jobstep. Die zu sortierenden Sätze werden auf ein Workfile geschrieben, danach wird die NATURAL-Sitzung beendet und das Workfile in einem extra Jobstep sortiert. Zuletzt wird eine neue NATURAL-Sitzung zum Einlesen des sortierten Workfiles gestartet. Dieses Vorgehen ist zeitaufwendiger als die Anwendung des SORT-Befehls und die gesamte Abarbeitung in einem Jobstep. Die Sortierung in einem extra Jobstep dauert, relativ unabhängig vom LRECL-Wert, 43 % (bei IBM-Sort) länger als mit dem SORT-Kommando, wobei bei den 43 % auch das Starten der zwei zusätzlichen Jobs enthalten ist.

- Nach ein- oder mehreren Datenbankfeldern und Nichtdatenbankfeldern kann mit dem NATURAL-Befehl SORT sortiert werden.

- Nach ein- oder mehreren Datenbankfeldern und Nichtdatenbankfeldern kann mit dem NATURAL-Befehl SORT sortiert werden.

• Intern sehr aufwendig und ebenfalls nur über ein Deskriptorfeld möglich ist die Sortierung von mit FIND selektierten Daten durch den Zusatz SORTED BY.

Die ersten zwei genannten Sortieransätze stellen keine eigentliche Sortierung im Sinne von NATURAL da, es sind teilweise sehr performante Lösungsansätze, die anstelle einer Sortierung eingesetzt werden, um eine Datei in einer bestimmten Reihenfolge bearbeiten zu können.

Für Sortieranforderungen können von NATURAL entweder eigene Sortierverfahren, Arbeitsbereiche und Puffer benutzt werden (incore sort), oder es erfolgt der Aufruf des Betriebssystemsorts mit außerhalb liegenden Sortdateien. Die Auswahl wird unabhängig vom Programm gesteuert über mehrere, nachfolgend aufgeführte Parameter.

Parameter	Beschreibung	Angabe
SORTN	Name des von NATURAL genutzten externen Sortierprogramms.	mögliche Werte: 1 - 8 Zeichen, Default: SORT
SORTOPT	Zusätzliche Parameter für das externe Sortierprogramm.	Beispiel [*OM*]: SORTOPT=(SIZE=E2000000,NOEQUALS)
SORTSZE	Parameter für den Incore-Sort. Für das Sortierprogramm reservierter Speicherplatz, wird bei der NATU-RAL-Programmausführung geprüft.	mögliche Werte: 10 - 64 (KB), Default: 10 Keine Sortierung bei nicht ausreichendem Platz.

Abbildung 2.26: Parameter für Sortierprogramme (Dialog und Batch)

Parameter	Beschreibung	Angabe
SORTEOJ	Verhalten bei Fehler während eines NATURAL Sorts.	mögliche Werte: ON/OFF, Default: OFF Nur für NATURAL-Batch.
SORTMAX	Maximale Speicherbelegung für Sortierprogramme. Ohne Angabe gibt NATURAL kein Limit weiter.	mögliche Werte: 12 - 8192 (KB) Nur für NATURAL-Batch.
SORTMIN	Mindestspeicherbelegung für Sortierprogramme. NATURAL initiiert den Sortierauftrag nur, falls der verfügbare Speicher > SORTMIN.	mögliche Werte: 12 - 8192 (KB), Default: 30 Nur für NATURAL-Batch.
XSORT	Zusätzliche Parameter für das systemabhängige Sortierprogramm.	Nur für NATURAL-Batch.

Abbildung 2.27: Parameter für Sortierprogramme (nur NATURAL-Batch)

Der in einem Programm enthaltene SORT-Befehl wird in drei Phasen ausgeführt. Zuerst werden die zu sortierenden Daten ausgewählt und in einen Zwischensortierbereich geschrieben. Danach werden die Datensätze sortiert. Nach dem Sortiervorgang werden alle im Zwischensortierbereich befindlichen Sätze in der angegeben Sortierfolge abgearbeitet. Die Befehle SORT und FIND SORTED BY werden in den Abschnitten 5.1 und 5.2 näher beschrieben.

Nachfolgend abgebildet sind die Aufbauten des internen (Abbildung 2.28) und externen Sorts (Abbildung 2.29).

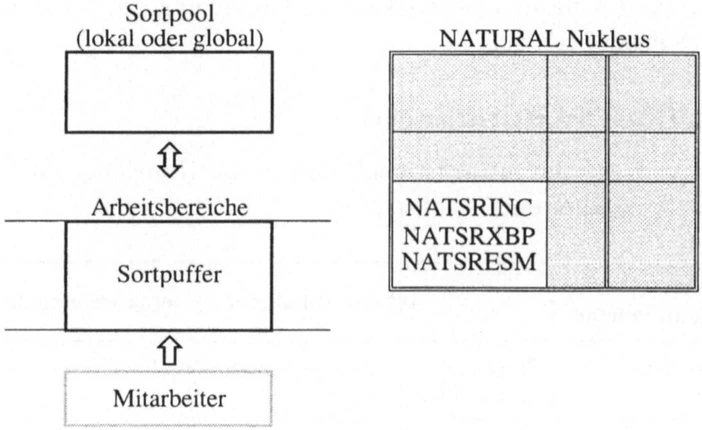

Abbildung 2.28: NATURAL Incore Sort

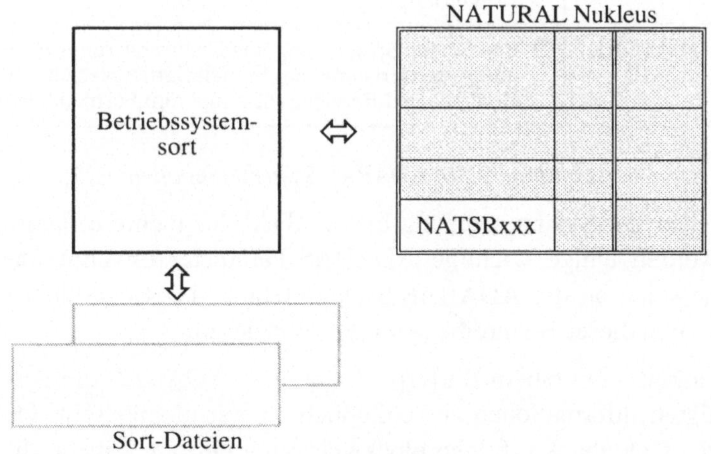

Abbildung 2.29: Externer Sort

2.2 NATURAL und ADABAS

Datenbankzugriffe sind teuere Befehle, die die Laufzeit eines NATURAL-Programms hauptsächlich bestimmen. Die Komplexität, die sich hinter einem Datenbankzugriff verbirgt, setzt sich zusammen aus der datenbankinternen Umsetzung des NATURAL-Befehls und der Art und Menge der zu verarbeitenden Daten, oft werden 80% der Zeit in NATURAL und nicht in ADABAS verbraucht. In diesem Abschnitt wird die datenbankinterne Umsetzung der NATURAL-Befehle in ADABAS näher betrachtet.

2.2.1 ADABAS-Grundlagen

Ein ADABAS-Benutzersystem ist gegliedert in die Komponenten Nukleus, Datenspeicher, Assoziator und Arbeitsdatei:

ADABAS-Systemkomponente	Art und Inhalt der Systemkomponente
Nukleus	❏ Datenbankverwaltungsprogramm. Parallelverarbeitung von Befehlen. Bufferpool.
Datenspeicher (DATA)	❏ Benutzerdaten. Dateien, Blöcke, Sätze, komprimierte Felder.
Assoziator (ASSO)	❏ Verwaltungsinformation. Adresskonverter (AC), invertierte Listen (IL).
Arbeitsdatei (WORK)	❏ Zeitweilige Speicherung von Datensicherungsinformation und Arbeitsergebnissen. Enthält Sortierbereiche, I/O-Bereiche und Bereiche für temporäre Formatübersetzungen.

Abbildung 2.30: ADABAS-Systemkomponenten

Zum Einstellen der Sytemumgebung bietet ADABAS mehrere Parameter an. Im weiteren werden einige wichtige ADABAS-Parameter erwähnt, darüberhinaus Interessierte seien an die ADABAS-Systemliteratur des Herstellers oder an das ADABAS-Buch dieser Buchreihe [*ADA_Eff*] verwiesen.

ADABAS arbeitet mit einem Bufferpool, über den ADABAS die von den Benutzern benötigten Informationen ausschließlich zu Verfügung stellt. Physische Zugriffe auf die Datenbank erfolgen blockweise und nur dann, wenn die benötigten Informationen sich noch nicht im Bufferpool befinden. Jede Veränderung der Informationen durch die Benutzer erfolgt ausschließlich im Bufferpool und wird sofort für alle Benutzer wirksam (schon vor einem erfolgreichen Transaktionsende). Das Überschreiben von Blöcken im Bufferpool wird durch einen Alterungsalgorithmus gesteuert. Beim zeitweise durchgeführten Bufferflush werden die veränderten Blöcke vom ADABAS Bufferpool in die Datenbank zurückgeschrieben. Die Synchronisation (SYNC) ist durch Logging sichergestellt.

Die ADABAS-Schnittstelle wird von NATURAL intern ebenso versorgt wie ein Direktaufruf von ADABAS mit den in Abbildung 2.31 beschriebenen Parametern.

Parameter	Inhalt
Kontrollblock (Definition der Befehle)	❐ Befehl (Befehlscode), Datensatz (ISN, Datenbanknummer, Dateinummer), Rückmeldung (Response-Code)?
Formatpuffer (I/O-Bereich)	❐ Zu lesende Felder spezifiziert durch die NATURAL Viewdefinition (ADABAS-Kurzname, Länge, Format). Die Größe des Puffers hängt von DEFINE DATA ab.
Satzpuffer	❐ Platz für Feldwerte. ADABAS übergibt dekomprimiert alle in der NATURAL View definierten Felder und alle dort angeforderten Ausprägungen von multiplen Feldern und Periodengruppen in der dort festgelegten Reihenfolge mit der im DDM definierten Länge und dem im DDM definierten Format.
Suchpuffer	❐ Suchkriterium (Felder und Operatoren). Das Suchkriterium wird zusammengesetzt aus den ADABAS-Kurznamen der Felder, nach denen selektiert werden soll, Vergleichsoperatoren (GT, LT, GE, LE) und Verknüpfungsoperatoren (D - und, O - oder, S - von/bis, N - jedoch nicht).
Wertepuffer	❐ Platz für die Suchwerte.
ISN-Puffer	❐ Platz für die ISN-Ergebnisliste.

Abbildung 2.31: CALL-Parameter der ADABAS-Schnittstelle

Nicht jeder ADABAS-Aufruf benötigt Werte in allen Puffern. So sind für das sequentielle Lesen in ADABAS ohne Startwert beispielsweise weder Einträge im Suchpuffer noch im Wertepuffer erforderlich.

2.2.2 Die ADABAS-Kommandokennung (CID)

Für jeden Datenbankaufruf in einem NATURAL-Programm erzeugt NATURAL nach einem bestimmten Algorithmus eine 4-Byte-Kommandokennung (CID):

Byte	Inhalt	Generierungszeitpunkt
1 - 2	Zeilennummer im NATURAL-Programm	Kompilezeit
3	Aufruftiefe (level)	Laufzeit
4	Laufnummer für FINDs mit komplexen Kriterien	Kompilezeit

Abbildung 2.32: Aufbau der Kommandokennung (CID)

Die CID für gespeicherte identifizierte Treffermengen wird nach einem anderen Verfahren aufgebaut. Für NATURAL-Befehle, die keine Schleife eröffnen und falls der Formatpuffer einen variablen Index enthält, wird eine CID Null erzeugt. In ADABAS selbst gibt es keine Schleife. Damit wird ADABAS gezwungen, intern mit jedem Aufruf den Formatpuffer neu aufzubauen, oder die globale Formatkennung (GLOBAL FORMAT ID) zu verwenden.

NATURAL kontrolliert die CIDs der aktiven FIND- und READ-Schleifen mit einer internen Tabelle. Die Freigabe einer CID erfolgt erst bei einem mit dieser CID durchgeführten Freigabebefehl (RC-Kommando).

ADABAS erwartet, daß die Benutzerprogramme alle Resourcen wieder freigeben, wenn sie sie nicht mehr benötigen. Damit ADABAS nicht jedesmal den Formatpuffer neu aufbauen muß, wenn eine beendete Datenbankschleife wieder aufgebaut wird, gibt NATURAL für die Programme der Aufrufstufe 1 nicht alle benötigten Resourcen mit einem RC (release command) wieder frei, sondern nur die Position in der logischen Sequenz oder die ISN-Liste der identifizierten Sätze, falls nicht schon eine Freigabe von ADABAS wegen einem aufgetretenen Fehler erfolgt ist. Die Freigabe aller verwendeten Resourcen mit einem RC-Befehl für alle aktiven Datenbanken erfolgt von NATURAL am Programmende. Bei Programmen mit Aufruftiefe größer als 1 gibt NATURAL die Formatpuffer auch bei noch aktiver Applikation frei, damit eine anderes gerufenes Objektprogramm auf der gleichen Stufe die CID wiederverwenden kann.

2.2.3 ADABAS-Feldstrukturen

ADABAS unterscheidet mehrere Feldtypen. Die kleinste Einheit der Datendefinition stellt das *Elementarfeld* dar. Ein *multiples Feld* kann innerhalb eines Datensatzes in bis zu 191 Ausprägungen vorkommen. Die verschiedenen Ausprägungen werden hintereinander abgespeichert, ihre Reihenfolge sollte grundsätzlich keine Bedeutung für die Interpretation des jeweiligen Wertes haben. Eine *Feldgruppe* besteht aus einem Feld oder einer Reihe unmittelbar hintereinanderliegender Felder. Feldgruppen können geschachtelt werden. Eine *Periodengruppe* ist eine Feldgruppe, die innerhalb eines Datensatzes in bis zu 191 Ausprägungen vorkommen und deren Ausprägungsreihenfolge für die Interpretation der Feldwerte wichtig sein kann. Periodengruppen können multiple Felder enthalten, aber nicht geschachtelt werden.

Neben physischen Felder kennt ADABAS *virtuelle Felder*, die nicht real existieren, sondern aus physischen Feldern abgeleitet werden. Sie können in einem ADABAS-Aufruf wie physische Felder gelesen werden. Ein *Subfeld* ist ein virtuelles Feld, das als beliebiger Ausschnitt eines realen Feldes definiert werden kann. Mehrere Felder oder Feldausschnitte können zu einem virtuellen *Superfeld* zusammengefaßt werden. Virtuelle Felder können nur gelesen, nicht verändert werden.

Für die Abspeicherung der Felder auf der Datenbank verwendet ADABAS eine Standardkompression oder Wahlkompressionen. Die jeweilige Option wird beim Feld angegeben. Ohne Angabe wird die *Standardkompression* angewandt. Diese entfernt bei numerischen Feldern führende Nullen und packt ungepackte Felder. Nachlaufende Leerzeichen alphanumerischer Felder werden unterdrückt. Mit der *Null-* oder *Leerwertunterdrückung* (*NU*-Option) werden leere Felder durch einen Leerfeldzähler (Countbyte) repräsentiert, Leerfeldzähler am Satzende unterdrückt. Eine NU-Option multipler Felder führt zu einer Unterdrückung des Leerfeldzählers mit möglicher Indexverschiebung. Leerfeldzähler am Ende nullwertunterdrückter Periodengruppen werden unterdrückt, gegebenenfalls wird der höchste belegte Index heruntergezählt. Eine *fixe Feldwertabspeicherung* (*FI*-Option) unterbindet die Kompression des Feldes. Nullwertunterdrückte Felder, ungepackte numerische Felder und Deskriptorfelder in einer Periodengruppe können nicht mit fixem Feldwert abgespeichert werden.

2.2.4 Deskriptoren in ADABAS

NATURAL verwendet zum Lesen und Suchen in ADABAS verschiedene Schlüssel, die ADABAS-Deskriptoren entsprechen. Bei der Definition des Files oder DDMs werden die ausgewählten Schlüsselfelder mit der gewünschten Deskriptoroption gekennzeichnet.

Besitzt ein Feld eine *DE-Option* (Deskriptoroption), wird eine invertierte Liste mit allen unterschiedlichen Werten des Feldes in der Datei aufgebaut. Das Feld kann damit zum logisch sequenziellen Lesen, als Suchschlüssel oder Sortierkriterium verwendet werden. Durch die DE-Option ohne weitere Angabe wird die einfachste Form eines Deskriptors festgelegt. Zusätzlich zur DE-Option kann ein Feld mit der *UQ-Option* (Eindeutigkeitsoption) belegt werden. Diese Option bewirkt eine automatische Kontrolle der Feldwerte dieses Feldes auf Eindeutigkeit in der Datei durch ADABAS. Für ADAM-Deskriptoren (ADABAS Direct Access Method), die in Dateien mit Direktadressierung Verwendung finden, muß die UQ-Option angegeben werden.

Deskriptoren können auch nullwertunterdrückt werden durch die zusätzliche Angabe der NU- zur DE-Option. Für nullwertunterdrückte Deskriptorfelder, die den Leerwert enthalten, werden keine Leerwerteinträge in die invertierte Liste vorgenommen. Sätze mit Leerwerten von (DE, UQ, NU)-Feldern können nicht auf Eindeutigkeit geprüft werden.

Neben Deskriptoren, die aus genau einem Feld bestehen und somit physisch einem Feld entsprechen, gibt es auch logische Deskriptoren ohne physische Felddarstellung in der Datenbank. Für die logischen Deskriptoren werden nur nach bestimmten Kriterien invertierte Listen aufgebaut. Die einfachsten logischen Deskriptoren sind solche, die aus Feldteilen (Subdeskriptoren) oder der Kombination von Feldern oder Feldteilen (Superdeskriptoren) gebildet werden. Die Feldteile werden in von-Byte-/bis-Bytepositionen angebeben. Diese zählen bei alphanumerischen Feldern von links nach rechts, bei numerischen Feldern von rechts nach links.

Subdeskriptoren übernehmen für den Deskriptorwert vom Referenzfeld das Datenformat einschließlich dem Vorzeichen, die Kompressionsart, die PE/MU-Eigenschaft und die NU-Option. Ist der Referenzfeldausschnitt leer, wird ohne NU-Option des Referenzfeldes ein Eintrag des Subdeskriptors mit Leerwert in die invertierte Liste vorgenommen.

Deskriptor	Vorteile	Nachteile
Normaler Deskriptor	Gezielter Satzzugriff, logisch sequentielle Verarbeitung, Sortierkriterium.	Teilweise zusätzlicher Platzbedarf, hoher Änderungsaufwand.
Unique-Deskriptor ohne NU-Option	Entity-Integrität ist gewährleistet.	Für jeden Deskriptor wird eine invertierte Liste aufgebaut, die Platz benötigt und zusätzlich gepflegt werden muß.
Subdeskriptor	Statt der Selektion über einen Wertebereich kann auf Wertegleichheit selektiert werden (mit Algorithmus 1).	
Superdeskriptor	Selektion auf Wertegleichheit möglich (Algorithmus 1), komplexes Suchkriterium unnötig. Logisch sequentielle Verarbeitung in Sortierreihenfolge möglich.	Dies erfolgt bei jedem schreibenden Zugriff, in dem der entsprechende Deskriptor mitangesprochen wird.
Hyperdeskriptor	Deskriptorwerte können über benutzerdefinierte Algorithmen gebildet werden. Multiple Werte.	Eventuell kaum höherer Änderungsaufwand.
Deskriptor in PE	Gezielter Satzzugriff in N $\rightarrow$ 1 Richtung möglich.	Noch höherer Platzbedarf. Eine logisch sequentielle Verarbeitung ist nicht sinnvoll, Deskriptoren in PE können nicht als Sortierkriterien verwendet werden.
Deskriptor mit NU-Option	Spart Platz. Unterscheidung von Satzarten ohne Satzartkennzeichen möglich. Restartmöglichkeit ohne ET-Daten.	Nach DE-Leerwerten kann nicht gesucht werden. Die Entityintegrität für Leerwerte ist nicht gewährleistet.
ISN als Primärschlüssel der Anwendung	Schneller Zugriff über den Adresskonverter.	ISNs müssen bei der Dateiorganisation erhalten werden, was teilweise zusätzliche Maßnahmen erfordert.
ADAM-Deskriptor	Schnellster Zugriff bei Suchkriterien mit Wertegleichheit, benutzertransparent.	Höherer Platzbedarf, längere Lade- und Reorderzeit.

Abbildung 2.33: Vor- und Nachteile des Einsatzes eines bestimmten Deskriptortyps

Der Wert eines *Superdeskriptors* hat alphanumerisches Format (A), wenn mindestens ein Referenzfeld alphanumerisches Format besitzt, sonst Binärformat (B). Ein Superdeskriptor wird gebildet über eine Verkettung der Bytefolgen in der Reihenfolge der angegebenen Felder. Beim alphanumerischen Format wird der Superdeskriptor links ausgericht, nachfolgende Nullen unterdrückt und als Leerwert Leerzeichen angenommen. Das Binärformat wird behandelt wie eine Nummer ohne Vorzeichen, rechtsausgerichtet mit Unterdrückung führender

Nullen und dem Nullwert als Leerwert. Ist nicht mindestens ein Referenzfeld nullwertunterdrückt (NU-Option), gilt die Standardkompression, sonst wird die NU-Option übernommen. Enthält ein Referenzfeld mit NU-Option den Nullwert, erhält der Superdeskriptor den Nullwert und wird nicht in die invertierte Liste eingetragen. Bei Feldkombinationen mit verschiedenen Formaten ist Vorsicht geboten. Der zusammengesetzte Wert kann aus leeren Teilen bestehen und trotzdem kein Leerwert sein. Ein einzelner Superdeskriptor darf maximal 253 Byte lang sein.

Die invertierte Liste phonetischer Deskriptoren enthält für gleichklingende Inhalte des Referenzfeldes (RF) gleiche Zahlenwerte als Deskriptorwerte. Phonetische Deskriptoren können nur über alphanumerische Referenzfelder gebildet und zur Suche auf Gleichheit verwendet werden.

Dem *ADAM-Deskriptor* liegt eine besondere Organisationsform der ADABAS-Datei zugrunde. Ein ADAM-Deskriptor kann nur für eine ADAM-organisierte ADABAS-Datei definiert werden. Die Zugriffe werden nach dem ADAM-Algorithmus durchgeführt, auf jeden Datensatz wird direkt zugegriffen. Dabei wird der Block berechnet, in dem der Datensatz liegt:

$$\text{Block für Datensatz} \quad \frac{\text{Wert(ADAM-DE)}}{P} = X \text{ Rest } R$$

$$\begin{aligned} \text{DS-RABN} &= \text{Datei-Beginn} + R \\ P &= \text{größte Primzahl} \le \text{Dateigröße} \end{aligned}$$

Abbildung 2.34: Bildungsgesetz des ADAM-Algorithmus

Der Zugriff über einen ADAM-Deskriptor stellt den schnellsten Zugriff dar bei der Selektion über einen Wert mit Wertegleichheit. Für den Anwender ist der Einsatz des ADAM-Verfahrens transparent, I/Os können eingespart werden. Mit dem ADAM-Algorithmus wird eine gestreute, nahezu gleichverteilte Datensatzabspeicherung erreicht. Die Datensätze sind normalerweise nicht in der logischen Sortierfolge des ADAM-Schlüssels abgelegt. Eine ADAM-Datei benötigt längere Lade- und Reorderzeiten.

Nicht im NATURAL-Umfeld definiert wird ein weiterer spezieller, einem ADABAS-Benutzerexit entsprechender Deskriptortyp, der *Hyperdeskriptor.* Format, Länge und Optionen des Hyperdeskriptors sind benutzerdefiniert und werden nicht von den Referenzfeldern abgeleitet. Die Verantwortung für die korrekte Bildung und Prüfung der Hyperdeskriptorwerte liegt beim Benutzer. ADABAS prüft die Hyperdeskriptorwerte auf Formatverträglichkeit, falls der Hyperdeskriptor mit Format P oder U definiert ist. Die Vorzeichen für gepacktes Format A, C,

E, F (positiv), B, D (negativ) werden von ADABAS in F beziehungsweise D umgewandelt. Enthält ein File mehrere Hyperdeskriptoren, werden die zugehörigen Benutzerexits in alphabetischer Reihenfolge der Hyperdeskriptornamen aufgerufen.

2.2.5 Suchen in ADABAS

Ein NATURAL-Suchbefehl erzeugt in ADABAS immer eine normalerweise nach ISN aufsteigend sortierte ISN-Ergebnisliste mit der Anzahl der Treffer-ISNs (ISN-Quantity = *NUMBER). Zur Erstellung der Liste(n) verwendet ADABAS abhängig vom in NATURAL angegebenem Suchkriterium vier verschiedene Suchalgorithmen, deren Arbeitsaufwand mit wachsender Algorithmusnummer ansteigt. Außer bei der Nichtdeskriptorsuche wird das Suchergebnis immer aufgrund der Einträge in der invertierten Liste ermittelt.

Algorithmus	Suchkriterium	Beispiel
Algorithmus 1	Deskriptor mit Gleichheit.	Deskriptor = Wert
Algorithmus 2	Deskriptor mit Wertebereichen.	OR =, THRU, BUT NOT
Algorithmus 3	Zwei bis fünf Deskriptoren, je mit Gleichheit und UND verknüft. Der Aufwand entspricht der Anzahl der ISN-Ergebnislisten.	Deskriptor1 = Wert AND Deskriptor2 = Wert ...
Algorithmus 4	Alle anderen Fälle, z. B.:	DE1 = Werta THRU Wertb AND DE2 = Wert

Abbildung 2.35: ADABAS-Suchalgorithmen

Der *Suchalgorithmus 1* baut aus dem Eintrag in der invertierten Liste eine ISN-Ergebnisliste auf, die nicht im Workpool sortiert werden muß, da die ISNs in der invertierten Liste schon sortiert sind. Um I/Os auf den WORK-3-Bereich zu vermeiden, sollte der ADABAS-Parameter NSISN (Anzahl der ISNs im Hauptspeicher pro Suchergebnis) genügend groß sein.

Mit dem *Suchalgorithmus 2* wird eine ISN-Ergebnisliste aus verschiedenen Einträgen der invertierten Liste zu einem Deskriptor im Workpool erstellt. Zur Vermeidung von I/Os auf den WORK-2-Bereich, sollte der ADABAS-Parameter LS (Obergrenze in Byte für den internen Sort) ausreichend groß sein. Reicht der interne Sortbereich für die Ergebnismenge des Suchalgorithmus 2 nicht aus, verwendet ADABAS den Suchalgorithmus 4 mit negativen Auswirkungen auf die Performance.

Beim *Suchalgorithmus 3* werden die Einträge aus den invertierten Listen verschiedener Deskriptoren miteinander kombiniert. Die Ergebnismenge wird unsortiert im Workpool durch den Abgleich der ISNs in den invertierten Listen aufgebaut. Durch die Benutzung von ISN-Listen werden Suchbefehle mit bis zu fünf Stufen werden effizient durchgeführt.

Der *Suchalgorithmus 4* erstellt im Workpool ISN-Zwischenergebnislisten, die bei zu kleinem Sortbereich (ADABAS-Parameter LS) auf WORK-2 ausgelagert werden. Der Abgleich erfolgt über Bitlisten. Trotz des internen Aufwands des Suchalgorithmus 4 kann dessen Einsatz die nötigen Lesezugriffe in Verbindung mit der Nichtdeskriptorsuche reduzieren und so zu Performanceverbesserungen führen.

Mit NATURAL können Datenbankzugriffe programmiert werden, die die Datenbank nicht optimal unterstützt. Diese Zugriffe sind immer zeitaufwendiger als datenbankeigene Zugriffe. So ist eine NATURAL Oder-Verknüpfung zwischen zwei oder mehr Deskriptoren in ADABAS nicht vorgesehen und muß mit dem Algorithmus 4 behandelt werden.

2.2.6 NATURAL-Datenzugriffe

Die in den Programmen angegebenen NATURAL-Datenbankzugriffsbefehle werden vom NATURAL-Nukleus in die in Abbildung 2.36 angegebenen ADABAS-Befehle ohne besondere Zusatzoptionen umgesetzt. Eine Kenntnis zumindest des Grobablaufs einer Befehlsbehandlung in der Datenbank ist sehr hilfreich zum besseren Verständnis des internen Aufwands. Dies wird in Kapitel 5.2 weiter vertieft.

Wie kommuniziert NATURAL mit ADABAS? Beim ersten Aufruf auf eine Datenbank meldet sich NATURAL mit einem OP-Befehl bei ADABAS an. Dauert das Anmeldeverfahren so lange, daß in der Zwischenzeit das ADABAS-Zeitfenster geschlossen wurde, schickt ADABAS an NATURAL einen Antwortkode 9. NATURAL wiederholt daraufhin den OP-Befehl beim erneuten Ansprechen der betroffenen Datenbank.

Die Anmeldung bei der Datenbank erfolgt für jeden Benutzer mit einer logischen Benutzerkennung, die zugleich die Restart-Kennung darstellt und die Verwendung von Transaktionsendedaten (ET-Daten) erlaubt. Die Benutzerkennung, mit der der Benutzer in ADABAS angemeldet wird, wird von NATURAL erzeugt. In einer securityfreien NATURAL-Umgebung wird die ADABAS-Benutzerkennung mit *INIT-USER gleichgesetzt.

Befehl	Beschreibung	NATURAL-Statement
S1/S4	Suchen von Sätzen einer Datei aufgrund des Suchkriteriums/... mit Hold.	FIND, FIND NUMBER
S2	wie S1/S4, jedoch mit Sortierung der ISN-Ergebnisliste.	FIND ... SORTED BY
S8	Mischen von ISN-Ergebnislisten.	FIND mit Verknüpfungen, die ADABAS nicht ablegen kann.
S9	Sortieren von ISN-Ergebnislisten.	FIND ... SORTED BY mit Verknüpfungen, die ADABAS nicht ablegen kann
L1/L4	Lesen direkt in ISN-Reihenfolge auf Feldebene einer Datei/...mit Hold.	GET, READ BY ISN, FIND (ohne/mit Hold)
L2/L5	Lesen physisch sequentiell auf Feldebene einer Datei/... mit Hold.	READ PHYSICAL (ohne/mit Hold)
L3/L6	Lesen logisch sequentiell nach Deskriptor auf Feldebene einer Datei/... mit Hold.	READ LOGICAL (ohne/mit Hold)
L9	Lesen in der invertierten Liste nach Deskriptorwert und Ausprägungszahl.	HISTOGRAM
N1	Neuhinzufügen eines Satzes in einer Datei auf Feldebene.	STORE
N2	Neuhinzufügen eines Satzes mit einer vom Programm vergebenen ISN in einer mit USERISN geladenen Datei.	STORE USING NUMBER
A1/A4	Ändern von Datenfeldwerten einer Datei. Der Satz muß dazu im Hold stehen.	UPDATE
E1/E4	Löschen eines Satzes einer Datei.	DELETE
ET	Markieren Transaktionsende zur transaktionsbezogenen Datensicherung (Schreiben von Benutzerinformationen auf die Datensicherungsdatei der Datenbank).	END OF TRANSACTION
BT	Zurücksetzen einer abgebrochenen Transaktion im laufenden Datenbankbetrieb.	BACKOUT TRANSACTION
RE	Lesen von Benutzer-Datensicherungsinformationen für Restart.	GET TRANSACTION DATA
RC	Freigeben zwischengespeicherter Systeminformation eines Benutzers (Rückbezüge, Lesesequenzen, ISN-Listen).	Wird von NATURAL selbst gesetzt beim Schleifenende oder ESCAPE.
OP	Open auf Benutzerebene für Datensicherung und Datenschutz.	Erfolgt beim ersten Ansprechen einer Datenbank.
CL	Close auf Benutzerebene für Datensicherung und Datenschutz.	Erfolgt beim Beenden der NATURAL-Session.
RI	Sätze aus Hold freigeben, die in der Schleife nicht geändert worden sind.	falls RI=Y angegeben war und der Satz die WHERE-Bedingung nicht erfüllte.

Abbildung 2.36: ADABAS-Umsetzung der NATURAL-Befehle

Ist die NATURAL-Umgebung mit NATURAL SECURITY geschützt, kann die Restartfähigkeit durch die Angabe von RESTART=NO im Securityprofil außer Kraft gesetzt werden. In diesem Fall wird kein Transaktionsendeident (ETID) erzeugt. Dies ist möglich für eine Applikation oder einen bestimmten Benutzerkreises einer Applikation über speziellen Link. Die Angabe von RESTART=YES erhält die Restartfähigkeit aufrecht.

Als ADABAS-Benutzerkennung wird der in der Securitydefinition des Benutzers eingetragene Benutzerident (ETID) übergeben. Dieser kann wahlweise fest vergeben oder von NATURAL nach einem bestimmten Schema generiert werden.

1. Stelle *DEVICE	interne Usernummer	interne Applikationsnummer
1	2 - 5	6 - 8

Abbildung 2.37: Generierungsschema der ETID

Durch den dynamischen Parameter ETID kann die automatische Vergabe eines Transaktionsendeidents überschrieben werden.

Die Benutzung der Transaktionsendelogik kann zusätzlich durch den Parameter OPRB (Database Open/Close Processing, siehe Abschnitt 7.3) oder das Makro NTOPRB gesteuert werden.

Beim regulären Ende einer NATURAL-Sitzung meldet NATURAL den Benutzer mit einem Schließbefehl (CL-Befehl) bei allen Datenbanken ab.

2.3 Zugriffsschutz

Informationssysteme mit ihren Komponenten sollten und werden vor Zerstörung, Beschädigung und unerlaubtem Zugriff geschützt. Der Schutz erfolgt über Infrastruktur- und organisatorische Maßnahmen, Datensicherungsverfahren und als Diebstahl- und Katastrophenschutz gegen physische Manipulationen. Die Daten und Systeme werden personenbezogen geschützt durch Legitimation des Anwenders. Die Betriebssysteme bieten Schutzmechanismen an, und in den Applikationen werden Verfahren zum Daten- und Funktionsschutz abgebildet. Am Ende steht der Versicherungsschutz. Um die Auflagen für einen umfassenden Versicherungsschutz zu erfüllen, müssen die Systemschutzmechansimen normalerweise weitestgehend ausgenutzt und erfüllt werden. Darüberhinaus gibt es Anforderungen der Revision und Innenrevision zur Nachvollziehbarkeit bestimmter Datenmanipulationsvorgänge oder zum offenlegen von Zugriffsmöglichkeiten. Die verschiedenen Schutzmechanismen müssen in teilweise sehr unterschiedlichen Systemen gepflegt werden.

Schutzebene	Sicherheitssystem
Ebene der Datenelemente und -werte	ADABAS SECURITY, automatische Regeln und direkte Abfrage in NATURAL-Programmen
Ebene der Programme und Funktionen	NATURAL SECURITY und eigengeschriebene Berechtigungssysteme
Applikationsebene	NATURAL SECURITY
NATURAL-Laufzeitsystem	NATURAL SECURITY, COM-PLETE SECURITY, Schutzsysteme der eingesetzten TP-Monitore, Schutz des Batchjobs
TP-Monitor- und Datenbanksystemebene	Schutzmechanismen des TP-Monitors, RACF, ACF2, TOP SECRET und weitere
Betriebssystem- und Netzwerkebene	RACF, ACF2, TOP SECRET und weitere

Abbildung 2.38: Schutzebenen und deren Sicherheitssysteme

Für eine NATURAL-Umgebung sind vor allem die Schutzmechanismen interessant, die den Zugang zu NATURAL ermöglichen und die in NATURAL verfügbaren Daten gegen unerlaubten Zugriff schützen.

NATURAL wird in den Systemumgebungen als gestartete Task oder Job definiert und mit den Schutzsystemen der Systemebene gegen unerlaubten Zugriff abgeschirmt. Ein NATURAL-Benutzer muß im Trägersystem bekannt und zur Eröffnung einer NATURAL-Sitzung (Ausführung des entsprechenden Jobs / der Task) berechtigt sein. Der Schutz innerhalb eines NATURAL-Systems erfolgt applikationsbezogen mit NATURAL SECURITY, die Daten können mit ADA-BAS SECURITY geschützt werden. Zum Übersetzungszeitpunkt der Programme wirkt der Zugriffsschutz auf DDMs und der Schutz einzelner NATURAL-Befehle, zur Laufzeit werden die mit nicht erlaubten Module geschützt. Weitergehende Schutzmechanismen wie Funktionsschutz sind nur im Umfeld des Kommandoprozessors in NATURAL SECURITY enthalten. Zugriffe auf darüberhinausgehende schützenswerte Informationen oder Tätigkeiten müssen mit eigenen Programmsystemen abgewehrt werden.

Zur Pflege und Verwaltung von Zugangsberechtigungen kann man zwei Hauptaufgaben unterscheiden. Die Sicherheitsverwaltung (security administration) ist für die Definition der Benutzer, Benutzergruppen und der Ressourcen, die sie verwenden dürfen, zuständig. Sie weist die verschiedenen Berechtigungen zu. Die Berechtigungsprüfung (authorization verification) wertet die vergebenen Beziehungen und Berechtigungen aus und bereitet Antworten zu Berechtigungsanfragen auf.

2.3.1 ENTIRE SECURITY SERVER

Der ENTIRE SECURITY SERVER ist ein Produkt der Software AG und basiert auf dem Referenzmonitormodell. Danach sollte es ein zentralisiertes System geben, mit dem Zugriffe von einem Subjekt auf ein Objekt überprüft werden. Im Sicherheitsspeicher (Security Repository, SR) des ENTIRE SECURITY SER-VER sind sicherheitsrelevante Daten mit Sicherheitsregeln gespeichert, die in drei Klassen eingeteilt werden können [*ESS_Conc*]:

- Entities (Benutzer, Gruppen, Software AG Produkte),

- Ressourcen (applikationsabhängige Objekte),

- Berechtigungen (zum Zugriff auf die Ressourcen).

Da es aus Performance- und Verfügbarkeitsgründen nicht sinnvoll ist, alle Sicherheitsdaten in einem Datentopf zu halten, bietet der ENTIRE SECURITY SERVER Schnittstellen zur Pflege in mehrerer lokaler Sicherheitsspeicher und zum Austausch zwischen einzelnen Sicherheitsspeichern an. NATURAL SECU-RITY ist einer davon.

2.3.2 NATURAL SECURITY

In einer mit NATURAL Security geschützten Umgebung werden während des Starts einer NATURAL-Sitzung geprüft, ob NATURAL mit einem gültigen Systemfile aufgerufen wird, die einzelnen Komponenten zu dem gleichen System Maintenance Level gehören, und ob alle Unterprodukte richtig initialisiert sind. Daneben laufen die Autologonverarbeitung und das Initialisierungsuserexit ab. Pro Benutzer kann ein Parametermodul in NATURAL Security definiert werden.

Mit NATURAL SECURITY geschützt werden Benutzer, Bibliotheken und Datensichten (DDMs, Files). Benutzer (*user*) nutzen Bibliotheken (*libraries*), die Zugriff auf Datensichten (*files*) haben [*NSC*]:

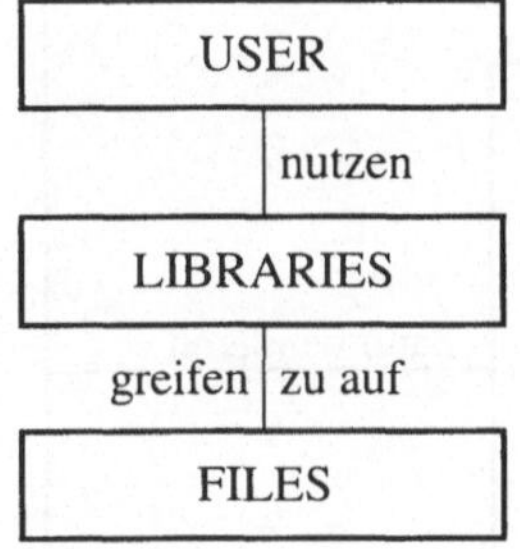

Abbildung 2.39: vereinfachte Zugriffsstruktur NATURAL SECURITY

Benutzer können Personen im Sinne von Benutzerkennungen (*user*) sein, die den Status Person (*person*), Administrator (*administrator*) oder Gruppenmitglied (*member*) haben, oder Terminals (*terminal*) als Mitglieder einer Benutzergruppe (*group*). Pro Benutzer kann eine Transaktionsendekennung (ETID) eingetragen werden, die für die Restartfähigkeit einer abgebrochenen Transaktion bedeutend ist.

Für jeden Benutzer kann eine Standardbibliothek (*default library*) definiert werden, in die der Benutzer bei einem NATURAL-Aufruf ohne Bibliotheksangabe angemeldet wird. Anwender mit Status Person oder Administrator können eine eigene, private Bibliothek (*private library*) besitzen. Private Bibliotheken sind schwerer verwaltbar, da ihr Inhalt normalerweise nur dem privaten Besitzer zugänglich ist und private Bibliotheken bei vielen Suchanfragen nicht mitangezeigt werden. Die verschiedenen Benutzer werden durch einen Link zu einer Bibliothek für diese berechtigt. Dabei kann ein Benutzer mit mehreren Linkprofilen an eine Bibliothek gebunden werden. Es ist nicht notwendig, einen Benutzer direkt

an eine Bibliothek zu linken, ein Link über eine Gruppenzugehörigkeit genügt
[*NSC*].

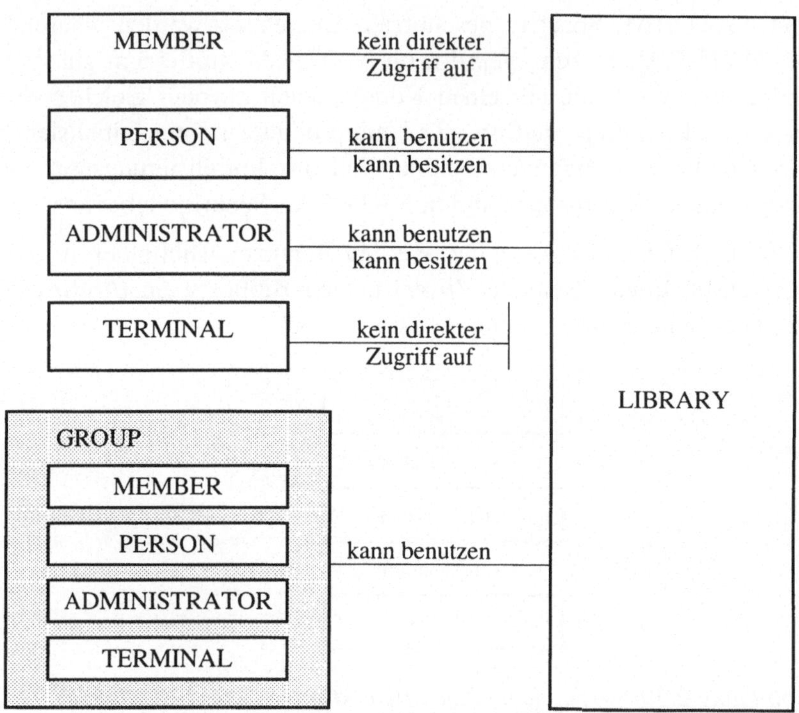

Abbildung 2.40: Zugriffsstruktur Benutzer auf Bibliotheken

Wichtiger ist der Benutzerstatus. Um für die Applikation SYSSEC, in der die
Pflege der NATURAL SECURITY-Einträge vorgenommen wird, Zugang erhalten zu können, muß der Benutzer den Status Administrator besitzen.

Bei einer Neuorganisation der Struktur in NATURAL SECURITY kann die
Gruppeneigenschaft in den Vordergrund gestellt werden. Es ist durchaus sinnvoll,
Benutzer ausschließlich über Benutzergruppen zu Bibliotheken zu berechtigen.
Im Extremfall kann dies eine 1:1-Abbildung Benutzer zu Gruppe bedingen; dafür
kann bei Tätigkeits- oder Verantwortlichkeitsverschiebungen leichter reagiert,
Revisionsanforderungen bezüglich Nachvollziehbarkeit bestimmter Berech-
tigungsvorgänge können einfacher erfüllt werden.

Falls ein Benutzer über mehrere Links an eine Bibliothek gebunden ist, hängt die
Wahlmöglichkeit des Links vom Parameter AUTO (automatisches Logon, siehe
Abschnitt 7.3) ab. In einer mit AUTO=OFF gestarteten NATURAL-Sitzung gibt
der Benutzer beim Anmelden in die Bibliothek den gewünschten Linkpfad mit.

Dies kann über die Angabe des Gruppennamens erfolgen. In einer Sitzung mit AUTO=ON kann eine Auswahl nur über den Aufruf "LOGON *" erzwungen werden. Ohne Angabe des Linkpfades wird der direkte Link zwischen dem Benutzer und der Bibliothek verwendet. Existiert kein direkter Link, wird der Link der beim Benutzer eingetragenen vorrangigen Gruppe (*priviledged group*) benutzt. Ohne Eintrag einer vorrangigen Gruppe wird der alphabetisch erste Link des Benutzers zu der gewünschten Bibliothek verwendet.

Zusammenfassend kann über die Benutzerdefinition gesagt werden:

- Es ist sinnvoll, Benutzer nur über Gruppen zu berechtigen.

- Beim einzelnen Benutzer sollte anstelle einer Startapplikation eine vorrangige Gruppe eingetragen werden. Der Benutzer wird automatisch in die bei der Gruppe angegebene Bibliothek geführt.

Die Bibliotheken können nicht nur allgemein zugänglich (*public*) oder für einen Benutzer bestimmt (*private*) sein, sondern auch geschützt (*protected*) oder ungeschützt (*unprotected*) definiert werden. Private Bibliotheken erhalten als Bibliothekenkennung die Benutzerkennung des Besitzers und sind nur diesem zugänglich. Allgemeine Bibliotheken können personen- (*people protected*) und/oder terminalbezogen (*terminal protected*) geschützt sein. Auf geschützte Bibliotheken kann nur von Benutzern zugegriffen werden, denen zu diesen Bibliotheken über einen Link Zugriff eingeräumt wurde.

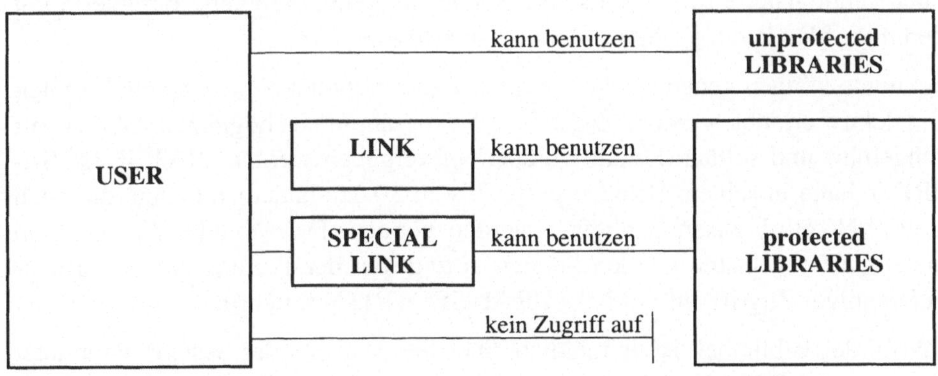

Abbildung 2.41: Links zwischen Benutzern und Bibliotheken

Mögliche Linktypen der Verbindung zwischen Benutzer(gruppe) und Bibliothek sind ein normaler Link oder ein spezieller Link. Beim normalen *Link* erhält der Benutzer das Profil der Bibliothek, das bei der Bibliothek selbst hinterlegt ist. Ein spezieller Link (*special link*) enthält ein besonderes, von der Bibliotheksdefinition abweichendes Profil. In einer NATURAL-Umgebung (Entwicklung, Produktion,

Test, Wartung, ...) sollte das Profil als Standardprofil bei der Bibliothek hinterlegt werden, das für die meisten Benutzer ausreicht. Weitergehende Profile sollten danach mit speziellen Links zu Benutzergruppen abgebildet werden. In der Entwicklung ist das Standardprofil einer Bibliothek das der Entwickler, in der Produktion das der Anwender.

Das Profil einer Bibliothek enthält Angaben zum Systemfile (Datenbankident und Filenummer), in dem sich diese Bibliothek befindet. Für einen durchgängigen Schutz auch in Verbindung mit dem SYSMAIN-Utility sollten diese Felder gefüllt werden. Damit wird vermieden, daß durch falsche Vorgabe des Securityfiles im SYSMAIN-Utility mit anderen Berechtigungen gearbeitet wird.

Im Profil ebenfalls eingetragen werden die Alternativbibliotheken einer Bibliothek, die durchsucht werden, falls ein Programm von der Bibliothek aus aufgerufen wird, das sich nicht in dieser befindet. Es können bis zu acht Alternativbibliotheken in einem Profil hinterlegt werden. Falls für eine Bibliothek nur der Strukturmodus erlaubt sein soll, muß dieser beim Profil bei der Auswahl Report-/Strukturmodus hinterlegt werden. Eine Protokollierung der mit dem Profil ausgeführten Anmeldungen in die Bibliothek kann wahlweise erfolgen. Im Profil ausserdem angegeben werden die Programme zum Start-Up, Restart und die im Fehlerfall ausgeführte Fehlertransaktion (ERROR-TA). Der Kommandomodus kann vollständig verboten, Kommandos und Befehle können selektiv untersagt werden. Die Einschränkung der in den Programmen verwendeten Befehle gilt nur für neu katalogisierte Module. Es ist durchaus möglich, verbotene Befehle in mit anderen Profilen katalogisierten Modulen auszuführen.

Programme können generell erlaubt und selektiv verboten oder generell verboten und selektiv erlaubt werden. Zugriffe auf Programmberechtigungen müssen oft durchgeführt und sollten deshalb gutüberlegt vergeben werden. NATURAL SE-CURITY kann in seinem Benutzerpuffer bis zu 10 Modulnamen halten, die auch mittels *-Notation zusammengefaßt werden können. Für Module, die nicht im Benutzerpuffer gehalten werden können, erfolgt bei der Prüfung ein performanceaufwendiger Zugriff auf das NATURAL SECURITY Datenfile.

Im Profil der Bibliothek ist es möglich, über die Auswahl der Session Parameter bestimmte NATURAL-Parametereinstellungen, hauptsächlich zur Ein-/Ausgabensteuerung und -Aufbereitung, zu erzwingen. Die Verwendung bestimmter Editoren kann durch das Editorprofil (editing restrictions), Zeit- oder Befehlsobergrenzen über die Securitygrenzen (security limits) eingeschränkt werden. Zum Lesen und Schreiben von Bibliotheksdaten und Daten von speziellen Links stehen vordefinierte Benutzerschnittstellen zur Verfügung, die über einen Schalter im Bibliotheksprofil aktiviert werden können.

Soll die Benutzung der Bibliothek nur zugelassen werden für bestimmte Terminaltypen oder Ausführungsmodi, kann dies über den Parameter DEVICE in den Security-Optionen gesteuert werden. Damit ist es möglich, eine Bibliothek beispielsweise nur für die Batchverarbeitung zuzulassen. In den Security-Optionen kann unter anderem eingestellt werden, ob der Editorsourcebereich beim Bibliothekswechsel gelöscht oder aufrechterhalten werden soll.

Die Datenzugriffe der Module in Bibliotheken in einer mit NATURAL SECURITY geschützten Umgebung können nur über im Security-Umfeld bekannte Datensichten (*files*) erfolgen (siehe Abbildung 2.42). Diese Sichten können in PREDICT als DDMs zu Files generiert und entweder bei der Generierung automatisch oder manuell im NATURAL SECURITY-System eingetragen werden. Der Fileschutz greift zum Übersetzungszeitpunkt der NATURAL-Module. In NATURAL SECURITY werden drei Filetypen unterschieden. Öffentliche Datensichten (*public files*) sind nicht geschützt und können von jeder Bibliothek aus gelesen und verändert werden. Schreibgeschützte Datensichten (*access files*) können von allen Bibliotheken aus gelesen und nur von verbundenen Bibliotheken aus verändert werden. Jegliche Zugriffe über private Datensichten (*private files*) sind nur von verbundenen Bibliotheken aus möglich.

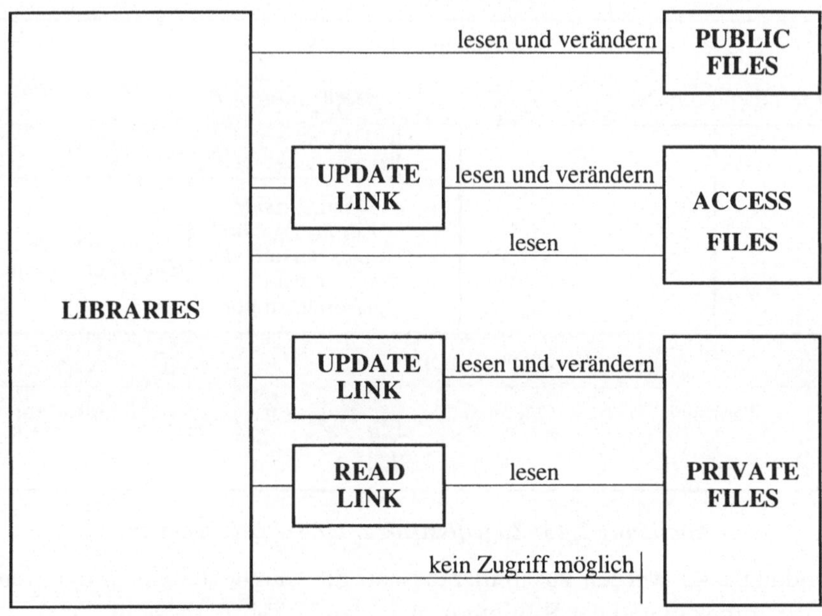

Abbildung 2.42: Links zwischen Bibliotheken und Datensichten

Zur Unterstrukturierung der Verwaltungshierarchie in NATURAL SECURITY ist es sinnvoll, den Security-Objekten Besitzer (*owner*) zuzuweisen. Owner-geschützte Security-Objekte und ihre Beziehungen können nur von einem erstrangigen Owner oder zusammen mit den elektronischen Unterschriften (*countersignature*) der weiteren Mitbesitzer (*co-owner*) verändert werden.

Die Profile der Security-Objekte können mit Zeitfenstern (time windows) belegt werden, innerhalb denen das Profil Gültigkeit besitzt.

Sowohl beim Benutzer als auch bei der Bibliothek können spezifische Informationen zum Funktionsschutz für SYSNCP hinterlegt werden. Weitergehend ist das funktionale Security im Abschnitt 2.5 beschrieben.

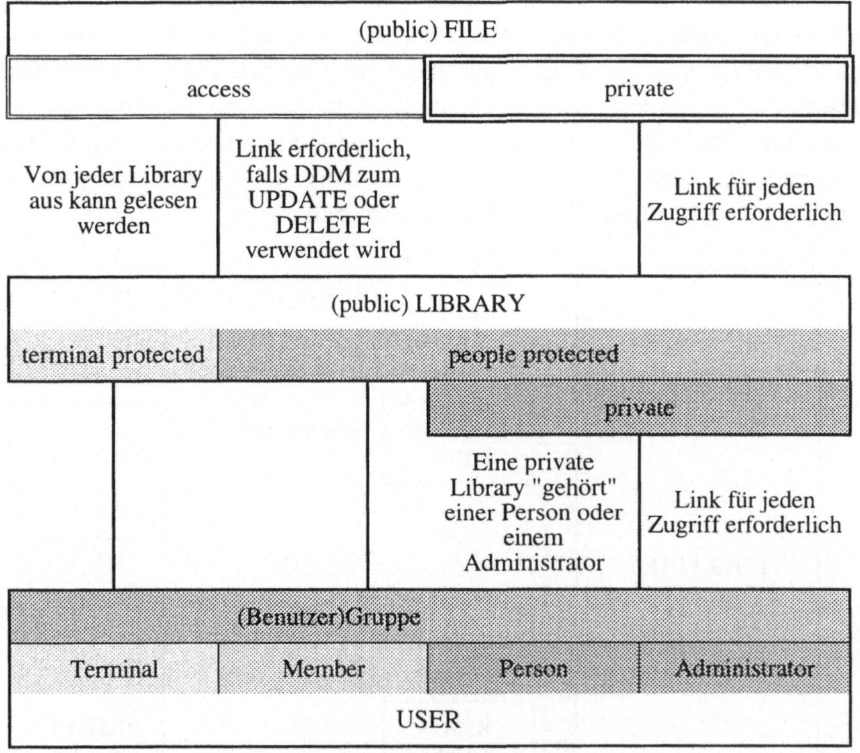

Abbildung 2.43: Zugriffsstruktur NATURAL Security

In Abbildung 2.43 werden zusammenfassend die möglichen Links der Benutzer zu den Bibliotheken und der Bibliotheken zu den DDMs dargestellt.

Zusätzlich können in NATURAL SECURITY den Security-Objekten Benutzer und Bibliothek in ihrem Profil bis zu fünf Briefkästen (*mailbox*) zugewiesen werden. Ein Briefkasten kann von Administratoren eröffnet werden und wird bestimmt durch seinen Namen. Die Pflege der im Briefkasten hinterlegten Information obliegt den eingetragenen Briefkastenbenutzern (*mailer*). Die hinterlegten Informationen werden beim erfolgreichen Anmelden in eine neue Bibliothek in Fenstern eingeblendet.

2.3.3 ADABAS Datenschutz

ADABAS kennt mehrere Schutzmechanismen, die einen Zugriff erlauben, falls der jeweilige Berechtigungscode mindestens dem Schutzcode entspricht.

- Beim *paßwortgesteuerten Datei-* und *Feldschutz* wird die Zugriffsberechtigung über zwei Tabellen eingeschränkt. Ein Zugriff ist erlaubt, wenn gilt: Berechtigungscode $\geq$ Schutzcode. Die *Datenschutztabelle* enthält nach Lesen und Verändern getrennte Schutzcodes (0 bis 15) für jede Datei und deren Felder [*ADA_Dsgn*]. Die Schutzcodes werden in den nachfolgenden Beispielen kursiv dargestellt (*Lesen/Verändern*).

Datei	Datenfelder	
1	AA	BB
2/3	*0/0*	*4/5*
2	LL	MM
6/6	*0/0*	*0/9*
3	XX	YY
4/5	*0/0*	*0/0*
4	FF	GG
0/1	*0/0*	*0/15*

Abbildung 2.44: ADABAS-Datenschutz

Im Beispiel Abbildung 2.44 darf die Datei 4 prinzipiell von allen Benutzern gelesen und von denen mit Berechtigungscode $\geq$ 1 verändert werden. Ein Benutzer mit 1 $\leq$ Berechtigungscode < 15 kann aber nur Feld FF und nicht Feld GG ändern. Die Felder AA, LL, XX, YY und FF können von allen Benutzern gelesen oder verändert werden, unabhängig von den Schutzcodes der zugehörigen Datei.

Die Funktionsberechtigungstabelle (Beispiel siehe Abbildung 2.45) enthält mit Paßwörtern verbundene Berechtigungscodes (0 bis 14), getrennt für Lesen und Verändern. Das Paßwort wird bei jedem ADABAS-Call angegeben.

Der Satz muß zur Berechtigungsprüfung intern gelesen werden. Die Funktion wird ausgeführt, falls das Kriterium erfüllt ist. Der Suchbefehl liefert keine ISQ (*number) zurück. Die Funktion wird nicht ausgeführt, wenn das Kriterium nicht erfüllt ist. In diesem Fall ist ein Zugriff auf den Satz nicht möglich.

gültige Passwörter	erlaubte Dateien	
HUGO	1 2/3	3 4/5
DELPHIN	1 4/3	2 6/7

Abbildung 2.45: ADABAS-Funktionsberechtigung [ADA_Dsgn]

- Durch ein zusätzliches Kriterium auf Feldwertebene wird der *Satzschutz* gesteuert. Die Zugriffsberechtigung wird über Passwörter und weitere Kriterien eingeschränkt und kann sich auf ein oder mehrere Datensatzfelder beziehen. Intern muß der Datensatz zur Berechtigungsprüfung gelesen werden.

Eine *Chiffierung* der Daten auf Dateiebene erfolgt nur im Datenspeicher, nicht im Assoziator.

2.3.4 Schutz der PREDICT-Metadaten

Ein Security-System zum Schutz der PREDICT-Daten existiert bisher nicht. Doch bietet PREDICT mehrere Benutzerschnittstellen an, mit denen Schutzmechanismen abgebildet werden können. Es ist damit möglich, die Metadaten oder einzelne Objekte vor unberechtigtem Zugriff oder vor unberechtigter Veränderung zu schützen. Der PREDICT-Funktionsumfang kann für verschiedene Benutzergruppen in NATURAL SECURITY auf Programmebene eingeschränkt werden. Das Metadatenfile kann vor unberechtigtem Zugriff über ADABAS mit File-Security geschützt werden.

2.4 NATURAL-Programmbausteine

2.4.1 Programmbausteine und deren Anwendung

Beim Modularisieren werden größere Verarbeitungssequenzen in abgeschlossene Teile (Module) mit definierten Schnittstellen zerlegt. Module erwarten bestimmte Eingaben und produzieren festgelegte beziehungsweise gewünschte Ausgaben. Die Art der Modularisierung und des Aufrufs eines Moduls wirken sich auf Datenverfügbarkeit, Fehlerbehandlung und Anordnung der Prüfungen aus. NATURAL bietet zur Modularisierung verschiedene Modultypen an. Alleine lauffähig und damit aufrufbar über RUN, EXEC oder STACK COMMAND, sind nur Module vom Typ "Programm" oder "Kommandoprozessor". Neben Modulen kann man in NATURAL auch extern definierte Codeteile, die direkt zum Modul gebunden werden, als Bausteine verwenden.

Die Modularisierungstiefe des aktuellen Moduls ist als Zahlenwert in der Systemvariablen *LEVEL enthalten, bis zu sieben Aufrufstufen (levels) sind möglich. Direkt mit RUN, EXEC, STACK COMMAND oder FETCH ausgeführte Programme und Kommandoprozessoren erhalten die Aufrufstufe 1. Für alle gerufenen Module wird die Aufrufstufe um eins erhöht, solange diese Module aktiv sind. Werden Programme über EXEC aufgerufen, gehen die lokalen Daten und Pfade vorher ausgeführter Programme verloren und sind nicht mehr verfügbar.

Für alle Module auf Aufruftiefen größer als 1 gilt generell, daß NATURAL bei den Ausgaben (PRINT, WRITE) die aktuell geöffnete Ausgabeseite nicht schließt sondern annimmt, daß die folgenden (Unter)Programme auf der Ausgabeseite fortfahren. Da eine noch offene Ausgabeseite nur nach der Ausführung eines END-Statement abgeschlossen wird, erfolgt keine Seitenendeverarbeitung bei mit FETCH verlassenen Programmen.

In der Abbildung 2.46 sind die möglichen Bausteintypen mit ihren Datenbereichen und Übergabebereichen aufgeführt. Nicht eigenständig lauffähige Bausteintypen sind unterlegt dargestellt. Datenbereiche der Module sind Bereiche, die in den einzelnen Modultypen definiert werden können. Unter Übergabebereichen werden die Ein-/Ausgabebereiche der Module verstanden. Übergabebereiche sind Datenbereiche, die rufendes und gerufenes Modul gemeinsam haben (können).

Baustein	Typ	Aufruf	Rückkehr	Datenbereiche	Übergabe-bereiche
Programm (program)	P	FETCH FETCH RETURN RUN	END, STOP END, ESCAPE ROUTINE STOP	$GDA^{(1)}$, LDA	$GDA^{(1)}$, Stack
Subprogramm (subprogram)	N	CALLNAT	END ESCAPE ROUTINE	$GDA^{(2)}$, PDA, LDA	PDA
Subroutine extern	S	PERFORM	END-SUBROUTINE ESCAPE ROUTINE	$GDA^{(3)}$, PDA, LDA	GDA, PDA
Subroutine inline		PERFORM	END-SUB-ROUTINE ESCAPE ROUTINE	Alle Programmvariablen	nicht extra eingeschränkt
Maske (map)	M	INPUT USING MAP	automatisch beim Verlassen der Maske	Alle Maskenvariable, mitgegebene Parameter, LDAs innerhalb Rules	Alle auf der Maske angezeigten Variablen, mitgegebene Parameter
Hilferoutine (Helproutine)	H	? (RE)INPUT USING HELP, INPUT variable (HE= 'name-help-routine') SET KEY xxx = HELP, ⇒ Definition von HE= 'na-me-helproutine' in der Maske.	END ESCAPE ROUTINE	$GDA^{(3)}$, PDA, LDA	Übergabeparameter (HE= parameter), GDA
Copycode	C	INCLUDE	Ja	Alle Variablen innerhalb des Programms	Unbeschränkt, alle Variablen verfügbar.
Kommando-prozessor	O	PROCESS COMMAND	möglich	Stack, GDA-Variablen bleiben erhalten	Definierte Variablen, Stack

Abbildung 2.46: Programmbausteine

(1) Mit FETCH RETURN gerufene Programme müssen die gleiche GDA (global data area) wie das rufende Programm besitzen, sonst kommt es zum Fehler NAT0933. Ein GDA-Wechsel ist nur bei mit FETCH angesteuerten Programmen möglich. Dabei geht die alte GDA verloren.

(2) Die in Subprogrammen definierte GDA entspricht nicht der GDA des rufenden Programms, selbst wenn sie gleichen Namen und gleiche Struktur besitzt. Auf die GDA des rufenden Programms kann nicht zugegriffen werden. Die GDA in Subprogrammen kann mit vom Subprogramm aufgerufenen Subroutinen oder Hilferoutinen oder Programmen geteilt werden. Beim Aufruf eines Subprogramms über CALLNAT wird die aktuelle GDA des rufenden Programms im Benutzerpuffer (ESIZE) aufbewahrt und eine neue GDA für das Subprogramm initialisiert.

(3) Externe Subroutinen und Hilferoutinen können über die GDA mit dem aufrufenden Programm kommunizieren und neben eigenen lokalen Daten nur die gleiche GDA wie das rufende Programm verwenden. Sie können die GDA-Daten des Hauptprogramms verändern.

Übergabe über Datenstack

Die Übergabe von Datenwerten kann bei FETCH und FETCH RETURN auch über Datenstack erfolgen. Den Aufruf FETCH *programm daten* setzt NATURAL in die Folge

```
STACK TOP DATA      daten
STACK TOP COMMAND 'EXEC programm'
```

um und gibt dann die Kontrolle an den Monitor zurück. Dieser führt das erste Kommando aus. Die Daten werden beim ersten INPUT-Statement des ausgeführten Programms vom Stack geholt. Der Umfang der übergebbaren Daten ist durch den Stack auf 2KB begrenzt. Die Daten auf dem Stack und die Argumente als Teil des INPUT-Statements müssen in Format und Länge zueinander passen.

Globale Datenbereiche

Die bessere Alternative zum Datentransfer über den Stack ist die Definition einer gemeinsamen GDA für die Kommunikation zwischen den Programmen und zum Aufbewahren der wichtigsten Daten. Eine GDA bietet sich vor allem dann an, wenn ihre Struktur für die gesamte Applikation feststeht und nicht mehr geändert werden muß. Während der globale Datenbereich der am häufigsten benutzte Übergabebereich zum Datenaustausch zwischen einem mit FETCH (RETURN) gerufenen Programm oder einer mit PERFORM gerufenen Subroutine darstellt, kann ein mit CALLNAT aufgerufenes Subprogramm mit dem rufenden Modul keine globalen Daten teilen.

Parameterbereiche

Ist als Übergabebereich zwischen den Modulen ein Parameterbereich vom Typ PDA (parameter definition area) angegeben, müssen im gerufenen Unterpro-

gramm die Ein-/Ausgabedaten mit DEFINE DATA PARAMETER definiert werden. Das Unterprogramm muß mit Daten aufgerufen werden, die in Struktur
(Format, Länge) und Anzahl den Daten in der Parameterleiste der USING-Klausel entsprechen, sie brauchen nicht gleich heißen. Für lokale Unterprogrammaufrufe mit Parameterübergabe (CALLNAT, PERFORM) werden die Parameter nur
als Adressen weitergegeben und die übergebenen Variablen im Unterprogramm
indirekt adressiert ("call by reference"). Parameterdaten von Unterprogrammen,
für deren Aufruf NATURAL die Kontrolle abgibt, wie mit RPC (remote procedure call) gerufene NATURAL-Unterprogramme oder Drittgenerationsunterpro-
gramme unter CICS, werden in Zwischenvariable übergeben ("call by value").

Programme

Bei einem Programmaufruf mit FETCH legt NATURAL intern das Kommando
EXEC *programm* auf dem Stack ab und gibt die Kontrolle an den Monitor
weiter, der das Kommando vom Stack entfernt und ausführt. Aufgrund dieser
Mimik werden intern keine lokalen Daten aufbewahrt, alle bis zu diesem
Zeitpunkt aufbewahrten Daten gehen verloren.

Ein FETCH-Befehl kann die interne Ausführung eines Transaktionsendes bedingen, falls dies im NATURAL-Profil mit dem Parameter OPRB (open record
buffer) gesetzt wurde. Der Parameter OPRB sollte vor allem für logische
Transaktionen über mehrere Programme überprüft werden (siehe Abschnitt 7.3).
Nach dem Ende eines mit FETCH gerufenen Programme wird die Kontrolle nicht
an das rufende Objekt zurückgegeben.

Subprogramme

Ein Subprogramm kann mit einer variablen Anzahl von Wiederholungen eines
Arrays aufgerufen werden. Dies bietet sich besonders für statistische Auswertungen an. Dazu muß neben dem Array auch die Anzahl der Wiederholungen
an das Subprogramm mitübergeben werden. Um im Subprogramm einen Seitenüberlauf zu verhindern, sollten Ausgaben nur mit konstanter Angabe des
Arrayausschnitts erfolgen (siehe Abschnitt 7.2).

Normalerweise können die beim Subprogrammaufruf mitgegebenen Parameter im
Subprogramm alle geändert werden. Mit der Angabe von (AD=O) wird nur noch
ein lesender Zugriff auf diese Parameter in dem gerufenen Subprogramm erlaubt,
eine Veränderung in weiter geschachtelten Subprogrammen wird allerdings nicht
geprüft und verhindert.

Mit CALLNAT gerufene Subprogramme und das rufende Modul sind voneinander unabhängig. Speziell in Client/Serverumgebungen ist dies ein wichtiges Ge-

staltungselement, ebenso wie Hilferoutinen oder Masken, die als Sonderfälle der Subprogramme angesehen werden können.

Subprogramme sollten immer dann als Strukturelemente gewählt werden, wenn Code von vielen verschiedenen Stellen im System oder von außerhalb benötigt wird.

Verschiedene Unterprogramme

Ein beendetes Modul der Art Subprogramm, Subroutine oder ein mit FETCH RETURN gerufenes Programm gibt nach Beendigung die Kontrolle an das rufende Objekt zurück. Dort wird mit dem auf den Aufruf folgenden Befehl fortgefahren und die Aufruftiefe um eins hochgezählt. Die vor dem Modulaufruf gerade bearbeiteten Ausgabeseiten werden nicht geschlossen. Datenfelder aus lokalen Datenbereichen, die als Übergabeparameter in einem Parameterdatenbereich verwendet werden, können vom Unterprogramm aus verändert werden (Subprogramm, Subroutine). STOP beendet sofort alle Programmstufen einschließlich dem Programm auf Stufe 1.

Der "unechte" Modultyp Inline-Subroutine wird mit PERFORM gerufen und besitzt keine eigenen lokalen Daten. Copycode ist nur Codebestandteil des jeweiligen Programms und nicht alleine ablauffähig.

Eine mit PERFORM gerufene externe Subroutine ist nichts anderes, als eine Mischung aus einem mit CALLNAT aufgerufenen Subprogramm und mit FETCH RETURN gerufenen Programm. Damit ist ein Zugriff sowohl auf globale Daten als auch über die Parameterleiste auf lokale Daten des rufenden Programms möglich. Der einzig sinnvolle Einsatz für eine externe Subroutine ist, ähnliche sehr große Programme zu haben, die eine gemeinsame riesige Subroutine benutzen. Berechnungen, die von verschiedenen Sourcen aus benötigt werden, und deren Arbeitsdaten sich in der gemeinsamen GDA befinden, können gut über mit FETCH RETURN gerufene Programme gelöst werden.

Werden Masken implizit aufgerufen über INPUT USING MAP *maskenname,* müssen beim Maskenaufruf noch weitere Parameter mitgegeben werden.

Aufrufe von Masken, Hilferoutinen und Hilfetexte werden intern durch CALLNAT durchgeführt.

Programmende

Unterprogramme und Programme können durch Endebefehle (siehe Abbildung 2.47), Kommandos, Terminalkommandos oder durch aufgetretene Fehler beendet werden [*IM*].

Endebefehl	Bedeutung
END	Das aktuelle (Unter)programm wird beendet.
STOP	Alle laufenden (Unter)programme werden beendet, auch die Programme der Aufrufstufe 1.
FETCH	Das laufende Programm wird mit dem Befehl verlassen, das gerufene auf Aufrufstufe 1 begonnen.
TERMINATE	Die NATURAL-Session wird beendet.
RETURN	Das aktuelle (Unter)programm wird verlassen.
REINPUT	Die aktuelle Verarbeitung wird beendet, aufgesetzt wird beim letzten aktiven INPUT-Befehl.
RUN	Ein neues Programm auf Aufrufstufe 1 wird begonnen.
ESCAPE ROUTINE	Das aktuelle Unterprogramm wird verlassen.

Abbildung 2.47: Programmendebefehle

Terminalkommandos und Kommandos können als Programmende über das Betätigen einer entsprechend belegten Funktionstaste oder der CLEAR-Taste aktiviert werden. Zum Programmende führen die Terminalkommandos "%%" und "%.". Falls das laufende Programm eine mehrseitige Ausgabe liefert und die STAY-Option ausgeschaltet ist, kann ein Kommando oder Terminalkommando auch in der MORE-Zeile eingegeben werden.

Bei der Beendigung wird der Bufferpoolmanager aufgerufen, um den Benutzungszähler herabzusetzen. Für Programme auf Aufrufstufe 1 prüft NATURAL, ob die globalen Variablen und externen Programme freigegeben werden können. Danach werden der Ein-/Ausgabepuffer geleert, Workfiles und Printfiles geschlossen (nicht bei FETCH), Kommand-IDs freigegeben und dynamisch geladene externe Routinen (COBOL, Assembler) gelöscht (nur bei Einstellung des Parameters DELETE=ON). Das Dialogsystem erhält die Kontrolle und prüft den Stack auf mögliche Kommandos. Befinden sich keine Kommandos auf dem Stack, aktiviert NATURAL ein Startupprogramm oder geht in den NEXT-Modus, das heißt, NATURAL wartet auf die nächste Kommandoeingabe.

2.4.2 Hilferoutinen

Hilferoutinen können entweder reine Hilfemasken sein, die mit dem Maskeneditor angelegt und getestet werden, oder Hilfsprogramme. Diese werden mit dem Programmeditor erstellt und wie externe Subroutinen behandelt. Ein Zugriff auf die GDA des rufenden Programms ist möglich, der Parameterbereich wird bei der Auswahl der Hilferoutine mit angegeben.

An die Hilferoutine können ein impliziter Parameter (Feld, für das die Hilferoutine aufgerufen wurde) als auch explizite (maximal 20) Parameter übergeben werden:

```
HE=name-der-hilferoutine,parameterleiste
```

wobei *name-der-hilferoutine* eine alphanumerische Variable oder Konstante mit maximal 8 Stellen ist. Bei Angabe einer Konstanten muß diese mit Apostrophen angegeben werden. Bei *parameterleiste* kann anstelle des ersten expliziten Parameters auch ein Gleichheitszeichen (=) angegeben werden. Wird die Hilferoutine ohne Gleichheitszeichen aufgerufen, werden die Parameter in der Hilferoutine angegeben in der Art:

```
DEFINE DATA
  GLOBAL Aufruf-GDA        /* bei Bedarf
  PARAMETER
  1 PARMEX01 (format)      /* Liste der expliziten Parameter
 ...
  1 PARMEX20 (format)      /* kann auch kürzer sein
  1 PARMIMPL (format)      /* kann weggelassen werden
```

Beim Aufruf der Hilferoutine mit Gleichheitszeichen in der Parameterleiste beginnt die Hilferoutine mit:

```
DEFINE DATA
  GLOBAL Aufruf-GDA        /* bei Bedarf
  PARAMETER
  1 FELD      (A65)        /* Feld- oder Maskenname
  1 PARMIMPL (format)      /* kann weggelassen werden
```

Je nach Aufruf enthält die (A65)-Variable entweder den Masken- oder den Feldnamen. Steht der Cursor auf einem Feld und ist zu diesem der Name einer Hilferoutine hinterlegt, wird diese aufgerufen, sonst wird die bei der Maske angegebene Hilferoutine ausgewählt. Diese Option kann benutzt werden zum Erstellen einer allgemeinen Hilferoutine, die den Feld- oder Maskennamen liest und die entsprechende Hilfsinformation über den Zugriff auf das PREDICT-File oder auf andere Informationsquellen zur Verfügung stellt.

Wenn das zur Hilfe ausgewählte Feld ein Element aus einem Array ist, werden die Arrayindizes (abhängig von der Dimension 1 - 3) noch als implizite Parameter im Format I2 angefügt [*PG*]:

```
DEFINE DATA
  GLOBAL Aufruf-GDA        /* bei Bedarf
  PARAMETER
  1 FELD       (A65)       /* Feld- oder Maskenname
  1 PARMIMPL (format)      /* kann weggelassen werden
  1 INDEX1     (I2)        /* Index 1. Dimension
  1 INDEX2     (I2)        /* Index 2. Dimension
  1 INDEX3     (I2)        /* Index 3. Dimension
```

Liegt die Hilferoutine als Hilfemaske vor, berechnet NATURAL die Position der Hilfemaske automatisch aus der Position des Feldes, von dem aus Hilfe angefordert wird und versucht, das Hilfefenster so nah wie möglich an das Feld zu setzen ohne es zu überdecken. Diese Berechnung führt NATURAL auch für Masken aus, die in Hilfeprogrammen definiert wurden, sofern im Hilfeprogramm keine manuelle Positionierung mit dem DEFINE WINDOW-Befehl oder mit Terminalkommandos (%W) erfolgt.

Wie schon erwähnt, steht bei dem Aufruf der Hilferoutine mit "=" in dem (A65)-Parameter entweder der Maskenname oder der Name des Feldes, für das die Hilfe benötigt wurde. Die Länge des Parameters von 65 Byte ist abgeleitet aus der maximal möglichen Namenslänge sowohl für Viewnamen als auch für Feldnamen oder Gruppennamen von jeweils 32 Byte. Der Feldname eines Maskenfeldes kann je nach Herkunft aus *viewname.feldname* oder *gruppenname.feldname* zusammengesetzt sein, also aus zwei Teilen mit jeweils maximal 32 Byte Länge und einem Punkt in der Mitte.

Hilferoutinen können in NATURAL nicht geschachtelt werden. So ist ein Hilfeaufruf aus einer Hilferoutine heraus nicht möglich.

Wird die Hilferoutine nach einem Fehler aufgerufen (Fehlertextzeile gefüllt) und ein Feldwert übergeben so daß der Fehler behoben ist, bleibt die Fehlermeldung trotzdem nach Rückkehr von der Hilferoutine bestehen. Dies kann umgangen werden durch die Ausgabe einer Erfolgsmeldung (REINPUT mit Meldung) mit vorherigem Unterdrücken des nächsten INPUT-Befehls (%Q) und der Simulation der Hilfetaste (%K1). Das Senden einer leeren Fehlermeldung ist zwar auch möglich, aber speziell wenn die Darstellung der Fehlertextzeile revers video gewählt wurde (Hintergrund), erscheint dann ein langer Balken.

Die Anzahl der Parameter in der Hilferoutine sollte mit der Anzahl der rufenden Parameter übereinstimmen, sie darf auch kleiner sein (sonst Fehler NAT0936). Bei ungleichen Parameterzahlen kann es zu unbeabsichtigten Feldwertüberschreibungen kommen, falls Felder in der Hilferoutine verändert wurden.

Hilferoutinen werden systemweit dynamisch vom Runtimesystem aufgerufen, außer beim REINPUT HELP-Befehl, bei dem der Aufruf der Hilferoutine vom Kompiler generiert wird.

Der Aufruf einer Hilferoutine ist auch über das Terminalkommando *%Jname-der-hilferoutine* möglich. Die gerufene Hilferoutine eignet sich nur für Texte, da sie, falls überhaupt notwendig, nur lokal definierte Variablen enthalten darf. Hilfe für Terminalkommandos allgemein ist mit dem Kommando %? erhältlich.

NATURAL prüft vor dem Einlesen des Bildschirmpuffers, ob eine Hilferoutine aufgerufen wird. Wenn Hilfe für mehrere Felder angeboten werden soll, abhängig von den bereits gemachten Eingaben, muß NATURAL erst den Bildschirmpuffer einlesen, bevor die Hilfe ausgeführt wird. Diese Funktionalität kann mit verschiedenen Terminalkommandos (siehe Kapitel 6, %CCL) erhalten werden.

Die Hilfeverarbeitung ist abgeschlossen, bevor die Kontrolle nach dem INPUT-Befehl an das Programm zurückgeht. In Hilferoutinen ausgeführte Terminalkommandos werden nach Beendigung der Routine zurückgesetzt.

2.4.3 Verarbeitungsregeln (Processing Rules)

NATURAL unterscheidet drei Typen von Verarbeitungsregeln, automatische, freie und interne Regeln (siehe Abbildung 2.48). In PREDICT werden automatische und freie Regeln hinterlegt. Diese Prüfregeln können als erster Schritt zur objektorientierten Programmierung angesehen werden.

Verarbeitungsregeln werden intern gleichbehandelt wie Copycode und in der Maskensource von den internen Befehlen INCDIC, INCDIR und RULEVAR angesprochen. Die Regeln sind je nach Ansprechart im Maskenlisting sichtbar:

- RULEVAR

  Die Source der Regel ist in PREDICT gespeichert als Free Rule und kann für verschiedene Felder benutzt werden. Anstelle des Feldnamens steht ein "&"-Zeichen bei der Regel.

- INCDIR

  Für das gleiche Feld existieren mehrere Regeln. Der INCDIR-Befehl wird in mehrere INCDIC-Befehle aufgelöst.

- INCDIC

  Ohne Feldname ist die Source in der Maskensource integriert, mit Feldname ist sie in PREDICT hinterlegt.

Regeltyp	Speicherung	Beschreibung
automatic	PREDICT	Eine automatische Regel gehört zu einem Datenbankfeld und gilt anwendungsunabhängig. Sie wird immer ausgeführt, wenn das Datenbankfeld in einer Maske zur Eingabe verwendet wird. Der Status "automatic" wird nur in PREDICT vergeben beim Erstellen des zugehörigen DDMs. Eine bestehende automatische Regel wird mit der Funktion "Maintenance verification" geändert. Nach der Änderung muß die Regel mit "Generate verification" in allen zugehörigen DDMs angepaßt und alle Masken, die die geänderten Felder beinhalten (mit XREF ersichtlich), neu katalogisiert werden. .
conceptual	PREDICT	Der Regeltyp der konzeptuellen Regel dient dem Regelentwurf.
free	PREDICT	Eine freie Regel wird in PREDICT (bei Bedarf auch in NATURAL) erstellt und kann je nach in PREDICT gesetztem Schalter nur in PREDICT oder auch in NATURAL gepflegt werden. Wenn eine Pflege aus NATURAL erlaubt ist, kann dies zu Berechtigungs- und Abstimmungsproblemen führen (Wer pflegt?).
inline	NATURAL	Nur in NATURAL bekannt ist der Regeltyp inline. Eine Inlineregel wird direkt beim Feld einer Maske oder zur Maske selbst abgelegt und gilt nur für diese speziellen Fälle.

Abbildung 2.48: Regeltypen

Automatische Regeln sind an DDM-Felder gebunden. Damit diese Prüfregeln wirksam werden, müssen die DDM-Felder in den Masken verwendet werden. Die automatischen Regeln für Ausgabefelder werden als Kommentare mit in die Masken aufgenommen und können durch Eingabe von "p*" beim Maskenfeld angezeigt werden.

Die Verarbeitungsregeln können nach einem Rangsystem abgelegt werden (ruleranking), mit dem die Verarbeitungsreihenfolge der Regeln festgelegt wird (siehe dazu Kapitel 3.3). Der Rang der automatischen Regeln steht standardmäßig auf 1, kann und sollte aber bei den Maskeneinstellungen umgesetzt werden.

Die Regeln verschiedener Typen können mit NATURAL- oder PREDICT-Mitteln ineinander umgewandelt werden:

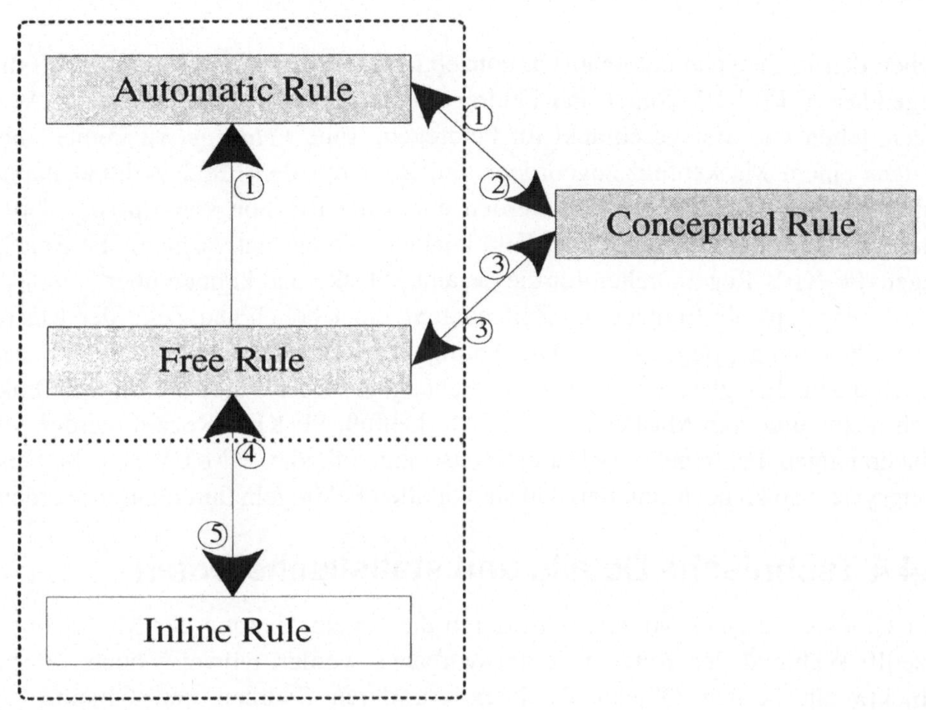

Abbildung 2.49: Umwandlung der Regeltypen

(1) Beim Generieren des DDMs zum Datenbankfeld wird aus einer konzeptuellen Regel oder einer freien Regel eine automatische Regel.

(2) Eine automatische Regel wird zu einer konzeptuellen Regel, falls das Datenbankfeld in PREDICT, dem die automatische Regel zugeordnet ist, aus dem generierten File (DDM) entfernt wird.

(3) Durch die Funktion "Rename verification" (Umbenennung Regel) kann eine konzeptuelle Regel in eine freie Regel und umgekehrt verwandelt werden..

(4) Eine NATURAL-Inline-Regel wird durch den Eintrag des PREDICT-Regelnamens beim Editieren der Regel in der Maske zu einer freien Regel.

(5) Eine freie Regel wird umgewandelt in eine Inline-Regel durch Löschen des PREDICT-Regelnamens beim Editieren der Regel in der Maske.

Neben den Regeltypen automatisch, konzeptuell, frei und inline werden noch die Regelklassen PF-KEY-Regel und Feldregel unterschieden. Die vorherigen Aussagen gelten nur uneingeschränkt für Feldregeln. Eine *Feldregel* ist immer mindestens einem Maskenfeld zugeordnet. Sie kann mit dem Feld verbunden und teilweise über das Feld gepflegt werden durch die Eingabe von ".p$_{rang}$", ".p*" oder ".p" beim Feld. Hinter einem Feld können mehrere unterschiedliche Regeln liegen. PF-KEY-Regeln gelten für die gesamte Maske und können über "..p$_{rang}$", "..p*" oder "..p" als Eingabe am Zeilenanfang einer beliebigen Zeile der Maske zugeordnet und gepflegt werden. Die Abfolge der Regeln erfolgt aufsteigend nach Regelrängen, bei gleichen Rängen in Abhängigkeit der Feldposition von links nach rechts und vom Maskenkopf zum Maskenfuß. PF-KEY-Regeln werden vor gleichrangigen Feldregeln wirksam. Es ist sinnvoll, die PF-KEY-Regeln beim Rangsystem so zu positionieren, daß sie vor allen Feldregeln durchlaufen werden.

2.4.4 Technische Details und statistische Daten

Der Objektcode eines Moduls wird durch die Katalogisierung der Modulsource erstellt. Während des Katalogisierungsvorgangs werden teilweise auch externe Objekte mit in den Objektcode integriert, deren Sourcen und Objekte zur Programmausführung nicht mehr verfügbar sein müssen. Dazu gehören

- die Struktur extern angelegter lokaler Datenbereiche und Parameterdatenbereiche,

- Copycodes,

- Alle für einen Datenbankzugriff notwendige Informationen aus den DDMs

- Alle betroffenen Automatic Rules und Free Rules bei Masken.

Für jeden INCLUDE-Befehl in der Programmsource wird der Copycode gelesen und daraus Objektprogrammbefehle generiert.

Daneben werden in den Modulen Referenzen auf externe Objekte angelegt, die zur Übersetzungszeit nicht aufgelöst und statisch eingebunden, sondern zur Laufzeit in den Bufferpool geladen werden, wie Masken, Subroutinen, Subprogramme, Helproutinen, Programme und GDAs.

Die Struktur des benutzten globalen Datenbereichs (Parameter RECAT=ON) oder sogar der globale Datenbereich selbst (Parameter RECAT=OFF), muß mit dem im Modul referenzierten globalen Datenbereich übereinstimmen (Zeitstempelvergleich).

Der Kompiler legt für Programme, in denen eine Maske mit INPUT USING MAP *'maske'* aufgerufen wird, Maskenparameter ab und generiert einen CALL-NAT *'maske' parameterliste* Befehl daraus. Diese Kommentarzeilen werden auch vom Programmeditor bei ".I(*maske*)" generiert.

Interne und externe Subroutinen werden vom Compiler unterschiedlich aufgelöst. Für jeden PERFORM-Aufruf bildet der Compiler ein Symboltabelleneintrag. Die interne Subroutine wird statisch zum Programm gebunden. Aus den am Sourceende noch verbleibenden Symboltabelleneinträgen wird ein externer Aufruf für die dynamisch gebundene externe Subroutine generiert.

Zum Test über die Aufrufhäufigkeit eines Objekts im Programmsystem kann eine Statistik über die TEST-Funktion angefordert werden mit der Kommandosequenz TEST / SET CALL ON / DISPLAY FULL.

Die Anzahl der möglichen Unterprogrammaufrufen zwischen zwei Terminal-I/Os wird durch den NATURAL-Parameter MAXCL begrenzt (siehe Kapitel 7.3).

Eine weitere Begrenzung der Unterprogrammverzweigung kann sich aus den festgelegten Puffergrößen ergeben. So darf die Summe der lokalen Daten, die für eine eventuelle Rückkehr gehalten werden müssen, die Größe der DATSIZE nicht überschreiten.

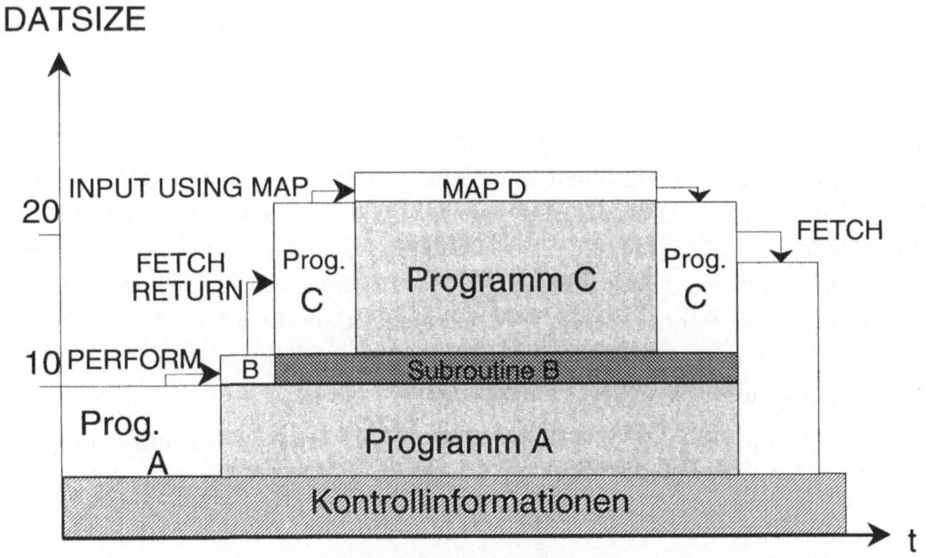

Abbildung 2.50: Inhalt der DATSIZE während der Programmausführung

Die Größe der ESIZE muß die Größe einer einzelnen GDA und die Summe der gehaltenen GDAs übersteigen. GDAs werden bei Subprogrammaufrufen in der ESIZE gestackt.

Auswertungen über die benötigten Speichergrößen sind mit dem BUS-Kommando (SYSDBA Buffer Usage Statistics) möglich (siehe Kapitel 8.2).

Durch Benutzen der NO ERASE-Option beim INPUT oder REINPUT oder über einheitlichen Maskenaufbau kann die Übertragung der Bildschirmausgabe optimiert werden. Es ist günstig, nur Veränderungen zu übertragen. Sich wiederholende Zeichen sollten als Zeichen mit Wiederholungsfaktor angegeben werden. Informationen zur Übertragung der Bildschirmausgabe enthält die Statistikzeile (%X) (siehe Kapitel 6). Die relevanten NATURAL-Parameter PS, LS, AVERIO und RM werden im Abschnitt 7.3 erläutert.

2.4.5 Dynamische Sourcegenerierung

Für einige Anwendungssysteme, in denen selten angestoßene Programme desselben Typs unterschiedlichste Datenausschnitte bearbeiten sollen, kann es sinnvoll sein, diese Programme für jeden Programmlauf neu generieren zu lassen. Die Programmbibliothek wird dabei nicht unnötig mit Mehrfachcode belastet. NATURAL bietet zur programmgesteuerten Modulerstellung die Möglichkeit einer dynamischen Sourcegenerierung in Verbindung mit anwendungsunabhängigen Variablen an.

Das zu generierende Programm wird mit RUN interpretiert und ausgeführt, dazu muß die Tabelle der applikationsunabhängigen Variablen (AIV) oder die die applikationsunabhängigen Variablen enthaltende GDA aktiv sein (AIV: siehe Abschnitt 2.6.3). Die dynamische Sourcegenerierung wird aktiviert, wenn der Sourcetext oder die GDA eine *&variable* enthält. Zur Generierung wird der String *&variable* durch den Inhalt der Variablen *+variable* ersetzt, der aus der AIV-Tabelle überführt wird. Danach wird ein temporäres Objektmodul erstellt. Für den Sourcetext sind die NATURAL-Kommandos CHECK, CAT und STOW nicht zu verwenden, sie führen zu einem Error.

Sind die AIVs in einer GDA definiert, muß ein mit RUN ausgeführtes Programm im DEFINE DATA-Teil die GDA mit GLOBAL USING referenzieren.

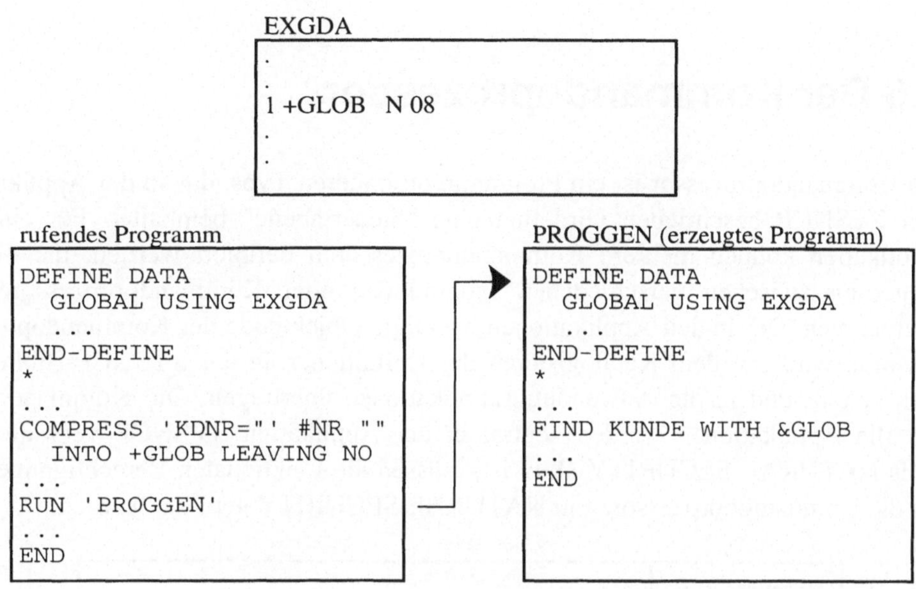

Abbildung 2.51: Dynamische Sourcegenerierung

2.5 Der Kommandoprozessor

Ein Kommandoprozessor ist ein Programm besonderen Typs, das in der Applikation SYSNCP beschrieben wird und eine "Steuertabelle" beinhaltet. Für eine Applikation können mehrere Kommandoprozessoren definiert werden, die die Steuerung zwischen verschiedenen Programmen oder Kommandoprozessoren übernehmen. Der in den Applikationen benötigte Objektcode der Kommandoprozessoren wird mit dem Katalogisieren der Definitionen in der SYSNCP-Bibliothek erstellt und in die Anwendungsapplikationen übertragen. Die Kommandos für alle Applikationen werden zentral in der Applikation SYSNCP verwaltet. Falls NATURAL SECURITY aktiv ist, müssen die funktionalen Berechtigungen für die Kommandoprozessoren in NATURAL SECURITY gepflegt werden.

Charakteristik	
Objekttyp	❏ PROCESS COMMAND Prozessorname, sonstige Parameter einheitlich für alle Kommandoprozessoren.
Aufruf	❏ PROCESS COMMAND Prozessorname, sonstige Parameter einheitlich für alle Kommandoprozessoren.
Rückkehr	❏ Möglich.
Datenbereiche	❏ Stack, GDA-Variablen bleiben erhalten.
Übergabebereich	❏ Definierte Variablen, Stack.
Ablaufbar	❏ Alleine.

Abbildung 2.52: Kennzeichen eines Kommandoprozessors

Kommandos können applikationsweit (global) oder eingeschränkt (lokal) gelten, bis zur jeweiligen Eindeutigkeit abgekürzt werden und/oder mehrsprachig sein. Je nach Einstellung können Synonyme und private Synonyme für Kommandos innerhalb einer Applikation vergeben werden.

Ein Kommandoprozessor prüft die Eingabe in die Kommandozeile syntaktisch auf Abkürzungen, Synonyme und Mehrsprachigkeit entsprechend der Definitionen aus der Applikation SYSNCP. Die eingegebenen Kommandos werden in Steuerinformationen umgesetzt, eventuelle Eingabedaten weitergeleitet. Ein Kommandoprozessor bietet Schnittstellen für Fehlerroutinen und Hilfen an. Er besteht aus einem Entwicklungsteil (einer Pflegeoberfläche) und einem Laufzeitteil.

Zur Laufzeit wird von den Kommandoprozessoren der NCPWORK-Puffer benutzt. Der NCPWORK-Puffer ist ein eigener Pufferbereich, der bei Bedarf in 2K-Blöcken angelegt und erweitert wird. Die Größe des NCPWORK-Bereichs kann nicht über einen Parameter bestimmt werden.

Mit Hilfe der Kommandoprozessoren können Programme implementiert werden, die dem Endbenutzer eine Navigation im System mit Eingaben in leicht verständlicher Sprache ermöglichen, ohne sich über Menuebäume zu hangeln. Zusätzlich zur Menüstruktur wird auf der Applikationsoberfläche eine Kommandozeile angeboten, die vorrangig abgearbeitet wird und in der der Anwender die Aufgabe(n) an das System (das Ziel) formuliert. Der Kommandoprozessor analysiert das Kommando, prüft Berechtigungen und führt die Aktion aus, der Weg zum Ziel ist für den Anwender unwichtig. Die Kommandoprozessoren unterstützen die objektorientierte Programmierung (siehe Anhang 1), dazu sollten die Applikationsprogramme modularisiert werden. Die Programmsteuerung kann durch Aufruf von Kommandoprozessoren standardisiert werden, so daß sich eine unterschiedliche Auslösung durch den Benutzer über Direktkommandos, Cursorsteuerung oder Funktionstasten nicht auf den Programmsteuerungsfluß auswirkt.

2.5.1 Grundgedanke

Die mit dem NATURAL-Kommandoprozessor implementierten Applikationen unterstützen eine aufgabenorienterte Arbeitsweise. Das Design einer Applikation hängt nur von dem Ergebnis ab, das erreicht werden soll und nicht vom Weg, mit dem ein Ergebnis erreicht werden kann. Jedes Programm stellt einen abgeschlossenen Baustein dar. Die einzelnen Bausteine werden voneinander unabhängig, da physische Direktaufrufe zwischen den Programmen durch logische Verknüpfungen über den Kommandoprozessor ersetzt werden. Ausbau und Wartung einer Applikation werden dadurch leichter, schneller und effizienter. Durch eine standardisierte Steuerung in den einzelnen Programmen entfällt ein Teil des Programmieraufwands. Die Phasen Analyse und Design sind mit dem Kommandoprozessor wichtiger geworden. In der Designphase einer Applikation fällt Mehraufwand an durch die Verschiebung eines Teil des Aufwands von der Programmierung zum Design.

Generell ist es nicht ratsam, in eine bestehende (und funktionierende) Applikation nachträglich einen Kommandoprozessor einzubauen. Im Sinne der Objektorientierung und Modularisierung ist eine strenge Kapselung der standardisierbaren Funktionalität notwendig. der NATURAL-Kommandoprozessor (NCP) unterstützt die Navigation in Anwendungen, die wie folgt aufgebaut sind [*KommPro*]:

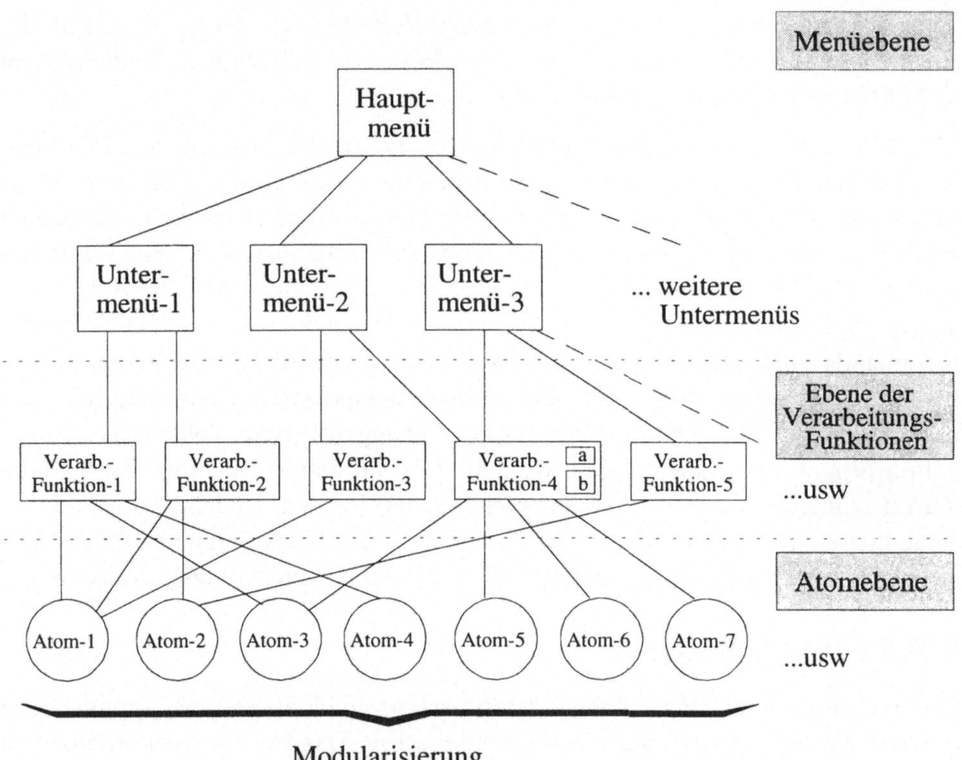

Abbildung 2.53: Aufbau einer kommandoprozessorgerechten Anwendung

Das *Menü* stellt eine Eingabehilfe dar, zur schrittweisen Navigation in einer Applikation. Es ist eine spezielle Funktion, die dazu dient, eine andere Funktion zu starten, die wiederum ein (Unter-)Menü sein kann. Ein Menü kann auch als Spezialfall einer Verarbeitungsfunktion angesehen werden, da es die Menge aller erreichbaren Verarbeitungsfunktionen, nach bestimmten Regeln sortiert, anzeigt. Menüs diesen ausschließlich zu Navigationszwecken. Am Ende der Navigation startet man genau eine Verarbeitungsfunktion.

Eine *Verarbeitungsfunktion* ist eine in sich abgeschlossene Einheit zur Anzeige und/oder Pflege der Daten. Jede Verarbeitungsfunktion kann direkt über ihren Namen aufgerufen werden. Von der Verarbeitungsfunktion benötigte Parameter werden gegebenenfalls über eine Parameterschnittstelle von der Verarbeitungsfunktion nachgefordert. In der Ebene der Verarbeitungsfunktionen wird die Funktionalität der Applikation realisiert.

Atome sind gekapselte Grundfunktionen, die eine genormte Schnittstelle besitzen und kleine Informationseinheiten verarbeiten können. Wenn möglich, sollte eine Verarbeitungsfunktion auf vorhandenen Atomen aufbauen. Atome sind auch zentrale Kommandoabarbeiter für die Behandlung von Standardfunktionen wie beispielsweise EXIT, SAVE, HELP. Der Einsatz von Atomen bietet mehrere Vorteile. Die Korrektheit der Anwendung ist leichter nachzuweisen, Datenbankzugriffe können zentralisiert werden, gleiche Funktionalität ist wiederverwendbar (siehe Kapitel 3).

Ein Einsatz des NATURAL-Kommandoprozessors bietet mehrere Vorteile. Steuerungscode kann durch einen PROCESS COMMAND-Befehl ersetzt werden, der Codierungsaufwand wird geringer. Durch den Einsatz einer standardisierten Vorgehensweise und mit verbesserter Performance können die Kommandos von NATURAL schneller und flexibler verarbeitet werden.

Um diese Vorteile nutzen zu können und sie nicht durch erhöhten Verwaltungsaufwand ins Gegenteil zu verkehren, müssen die betroffenen Objekte die zu lösenden Teilaufgaben und die Verknüpfungen zwischen den daraus sich ergebenen Modulen feststehen. Alle Informationen werden systematisch in der Applikation SYSNCP hinterlegt und die zugehörigen Berechtigungen in NATURAL SECURITY vergeben. Es ist nicht empfehlenswert, mit dem NATURAL-Kommandoprozessor "einfach mal so drauf los" ein Programmsystem zu entwickeln. Bei einer Programmierung ohne Struktur steigt der Aufwand überproportional an. Hat man zu der zugrundeliegenden aufgabenorientierten Denkweise Zugang gefunden und ein Vorgehenskonzept entwickelt, können die auf das Pilotprojekt folgenden Projekte einfach entwickelt und allgemein alle Systemerweiterungen leicht vorgenommen werden.

Der Einsatz des NATURAL-Kommandoprozessors wirkt sich auf die verschiedenen Phasen eines Projektes unterschiedlich aus. Abbildung 2.54 zeigt, welche Überlegungen und Tätigkeiten in den einzelnen Phasen durchgeführt werden müssen. Die Definitionsphase wird in Abschnitt 2.5.3 genauer beschrieben.

In der Analysephase ist ein Konzept besonders wichtig, das Informationen darüber enthält, wie die Applikation zur Laufzeit auf ein gültiges Kommando reagieren soll. Dazu gehören Standards für Funktionswechselmechanismen, Datenbanktransaktionen und interne Programmabläufe. Für die Implementierung wichtig sind Programmstandards und Programmrahmen, die Prüfungen auf zulässige Kommandos und Verzweigungen nach Aktionen enthalten. Immer wieder zu codierende Teile können in Subprogramme und Subroutinen ausgelagert oder als Copycode zugänglich gemacht werden.

Phase	Überlegungen, Tätigkeiten	Ziel	Hilfsmittel
Planungs- und Analysephase	Grundsätzliche Überlegungen	Vollständige Liste aller im System vorgesehenen Objekte, Aktionen, Kurzkommandos und deren Auswirkungen.	Planungstool
Definitions-phase	❏ Schlüsselwörter definieren, ❏ zugelassene Funktionen eintragen, ❏ Aktionen zu jeder Funktion angeben, ❏ sonstige Eigenschaften des Prozessors benennen.	Prozessorsource anlegen, Prozessor erstellen.	Editoren der Applikation SYSNCP
Securityphase	❏ Berechtigungen pro Benutzer(gruppe) eintragen.	Prozessor erlauben	NATURAL SECURITY, Funktionales Security
Implemen-tierung	❏ PROCESS COMMAND-Befehl in die Programme eintragen (Copycode).	Aufruf des Kommando-prozessors	Anwendungs-entwicklung
Produktion	❏ Befehle in die Kommando-zeile eingeben (Endbenutzer).	Programmsteuerung vornehmen.	Oberfläche
Laufzeit	❏ Eingabe gemäß den vereinbarten Regeln prüfen (NATURAL).	Reaktion entsprechend den Definitionen.	Nukleus

Abb. 2.54: Der NATURAL-Kommandoprozessor in den Projektphasen [KommPro]

2.5.2 Begriffe

Die im Zusammenhang mit dem Kommandoprozessor verwendeten und wichtigen
Begriffe sind im folgenden Beispiel dargestellt:

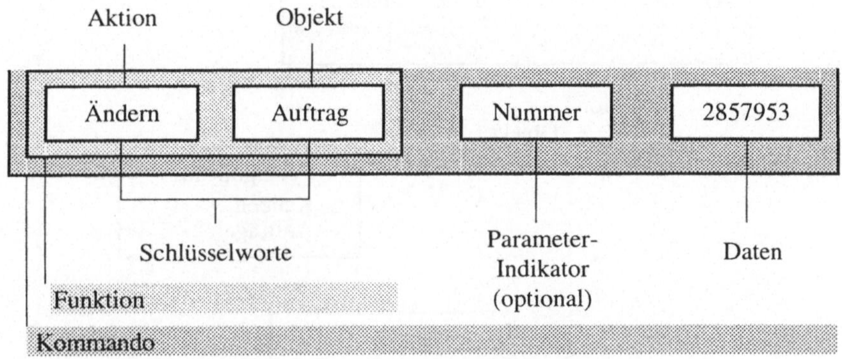

Abbildung 2.55: Kommandozeile

Ein *Kommando* ist eine Sequenz von Werten in der Kommandozeile und besteht
aus dem gesamten Inhalt der Kommandozeile. Es besteht mindestens aus einem
Schlüsselwort oder dessen Synonym, durch das eine Funktion angegeben wird.
Wahlweise können Daten (Parameter) an die in den Schlüsselwörtern angegebene
Funktion übergeben werden. Schlüsselwörter und Synonyme können bei Bedarf
abgekürzt werden.

Ein *Schlüsselwort* hat einen Schlüsselworttyp. Es gibt die *Schlüsselworttypen*
Objekt (O), Aktion (A), Synonym für darüberstehendes Wort (S) und Parameter-
wort (P). Für die nächste NATURAL-Version ist ein zusätzlicher Schlüsselworttyp Einwortkommando (E) geplant. Die verwendeten Schlüsselworttypen und die
Reihenfolge der Schlüsselwörter werden in der Definition der Kopfdaten (*Header*) festgelegt. In den Schlüsselwortkopfdaten können bis zu drei Schüsselwort-
typen und zu diesen jeweils eine Überschrift für den Funktionseditor angegeben
werden. Die Schlüsselworttypen werden eingetragen unter 1., 2. und 3. Wort. Im
Schlüsselworteditor wird jedem einzelnen Schlüsselwort ein Schlüsselworttyp in
der Spalte "E" zugeordnet, und zwar P, S oder die Nummer des Schlüsselwort-
typs in der Definition der Schlüsselwortkopfdaten, außerdem die minimale und
maximale Länge des Schlüsselworts.

Eine *Aktion* beschreibt, was getan werden soll, ein *Objekt* womit. Eine *Funktion*
ist die Kombination aus Objekt und Aktion.

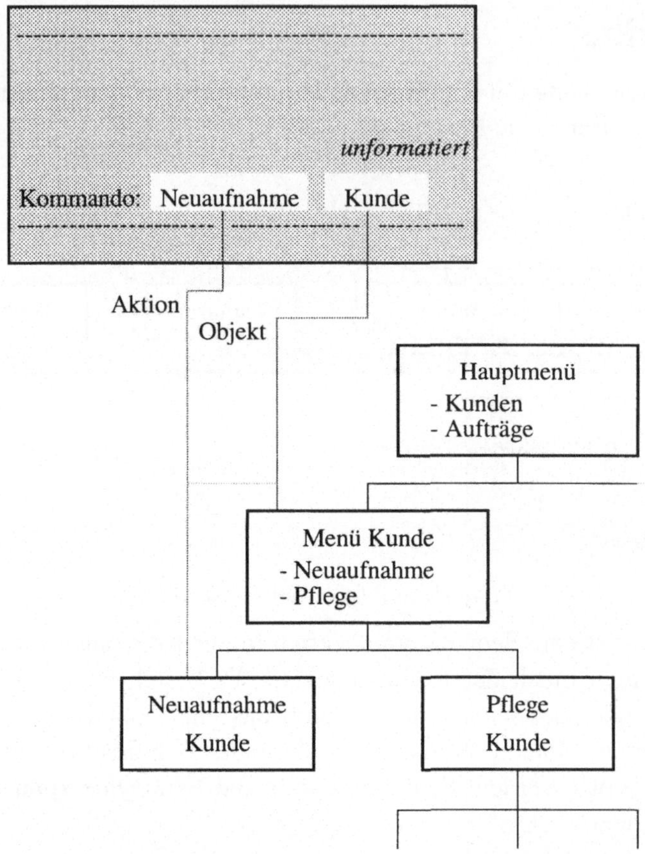

Abbildung 2.56: Dialogansteuerung mit Direktkommandos

Der *Parameteranzeiger* ist ein Schlüsselwort für einen zu übergebenden Parameter, wie beispielsweise NUMMER oder NAME. Auf den Parameteranzeiger folgen die Eingabedaten. In einer Zeile können mehrere Daten mit Parameteranzeiger eingegeben werden. Es ist auch möglich, Daten ohne Parameteranzeiger zu übergeben. *Daten* sind Eingaben an die ausgewählte Funktion.

Im Funktionseditor kann für jede Schlüsselwortkombination (*Funktion*) eine Funktionsklasse (*Location* (Platz, Stelle)) angegeben werden. Damit wird die Art der Einstiegsstelle und der Gültigkeitsbereich der Funktion bestimmt. Eine Kombination wird erst durch den Eintrag einer Location gültig. Mit globaler Location definierte Funktionen können von jeden beliebigen anderen Funktionen aus aufgerufen werden. Anders ausgedrückt heißt das, daß ein globales Kommando von jeder Stelle (Location) des Systems aus ausgeführt werden kann. Eine Funktion

kann gleichzeitig global und lokal zugelassen werden, Vorrang hat das lokale
Kommando vor dem globalen.

Eingabe	Aktion
1 - 9	Freitext. Der hier eingetragene Wert wird in Feld(er) RESULT-FIELD übertragen und an das aufrufende Programm übergeben.
*	Kommentarzeile.
C	Auf die Spitze des Stack gelegt (intern wie STACK TOP COMMAND) wird das eingegebene Kommando oder, falls als Laufzeitaktion "*" gesetzt ist, der Name des Programms, das den Befehl PROCESS COMMAND abgesetzt hat.
D	Die Einträge dieser Zeile werden als Daten ohne Überprüfung auf die Spitze des Stack gelegt (STACK TOP DATA).
E	Der Wert in dieser Zeile wird direkt in die NATURAL Systemvariable *ERROR-NR eingetragen.
F	Der Kommandoprozessor veranlaßt ein FETCH auf das angegebene Programm.
M	Die Einträge dieser Zeile werden über die Kommandozeile (COMMAND-LINE (1)) als Daten an das rufende Programm übertragen.
R	Über das Feld "RETURN-CODE" wird der Returncode an das Programm zurückgegeben.
S	Der NATURAL STOP-Befehl wird zur Laufzeit durchgeführt.
T	Mit der TEXT-Option des PROCESS COMMAND-Befehls kann der angegebene Text gelesen werden.
V	Keine Verarbeitung (Dummy-Aktivierung).

Abbildung 2.57: Laufzeitaktionen Kommandoprozessor

Ein Eintrag der Laufzeitaktion FETCH ist nur ratsam aus einem Menü heraus,
ansonsten kann dies zu Fehlern in noch offenen Transaktionen führen. Beispiel:
Der Anwender befindet sich in der Funktion "Ändere Kunde", der Kundensatz ist
gesperrt und Änderungen sind auf der Maske eingetragen. Danach entschließt
sich dieser Anwender, eine neue Funktion "Drucke Artikel" aufzurufen. Diese
darf nicht über FETCH gerufen werden, da die logische Transaktion "ändere
Kunde" noch nicht abgeschlossen war. Vor dem Verlassen der ersten Funktion
muß die Transaktion erst verifiziert und abgeschlossen werden. Als Lösung dieses Problems kann der Kommandoprozessor anstelle der Laufzeitaktion FETCH
einen Arbeitsplan zurückliefern, aus dem der Name der nächsten Funktion her-
vorgeht. Das aktuelle Programm reagiert intern auf den Funktionswechsel, nach
Verlassen des aktuellen Programms wird die Kontrolle an die nächste Verarbeitungsfunktion abgegeben.

Nicht alle Kommandos müssen zu einem Location-Wechsel führen. Kommandos
können auch dazu verwendet werden, Schalter umzusetzen wie beispielsweise

Trace-Ende, Druckerangabe, keine Warnung. Zu diesem Zweck können Kommandos mit "Keep Location" definiert werden, das heißt, nach dem Ausführen des Kommandos werden die Kommandos der Ausgangsfunktion akzeptiert, die Kontrolle geht an diese zurück. Eine "Keep Location"-Option eignet sich vor allem für Funktionen, die als Fenster in die Hauptfunktion eingeblendet werden.

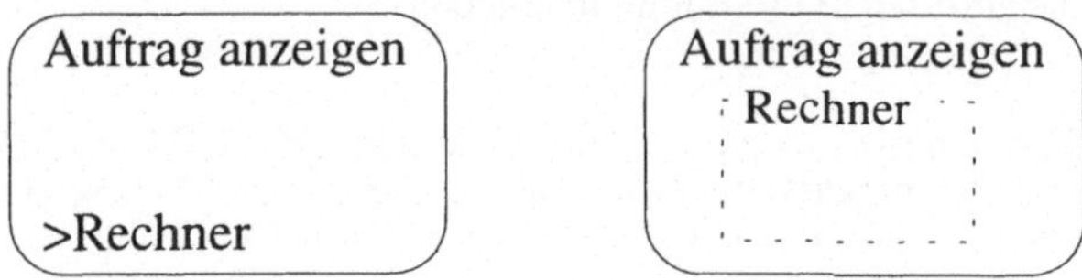

Abbildung 2.58: Beispiel für das Beibehalten der Hauptfunktion (keep location)

Durch die Angabe von "Set Location" wird nach dem Ausführen des Kommandos die Zielfunktion aktiviert, die Kontrolle geht an diese über.

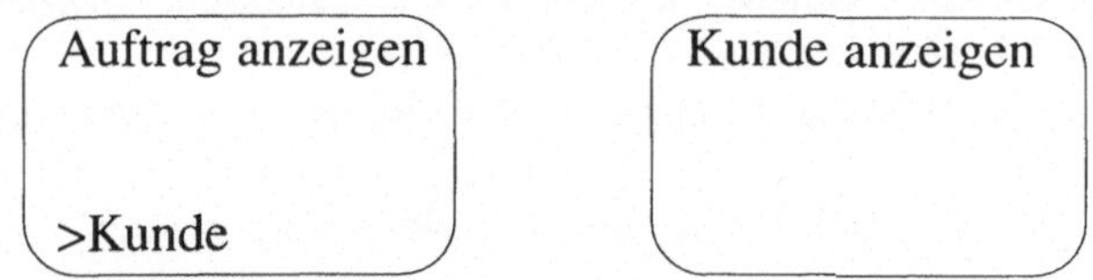

Abbildung 2.59: Beispiel für das Weitergeben der Kontrolle (set location)

Der Funktionseditor kann aufgerufen werden zur Bestimmung globaler Funktionen und für jede einzelne Funktion, um die von ihr aus erreichbaren lokalen Funktionen einzutragen. Im Funktionseditor können aus allen theoretisch möglichen Kommandos und Lokationen die gewünschten ausgewählt werden. Wird eine angezeigte Funktion schon von einer anderen als der aktuellen Einstiegsfunktion aus aufgerufen, ist dies in der Spalte "Any Location" mit "Yes" gekennzeichnet.

Die Ergebnisse aus den Funktions- und Locationsdefinitionen können im Ergebniseditor angesehen und bei Bedarf verändert werden. Der Ergebniseditor zeigt die definierten Funktionsaufrufe von einer Location aus an und abgekürzt die Aktionen, die ablaufen, falls das bei der Location angegebene Kommando abgesetzt wird.

Die erste Stelle in der Anzeige der Abläufe in der Spalte "Result" gibt an, ob die aktuelle Location aktiv bleibt (K) oder ob die Kontrolle, nachdem die Aktionen durchgeführt wurden, an die Folgefunktion abgegeben wird.

2.5.3 Definitionen

Bei der Pflege eines NATURAL-Kommandoprozessors in der Applikation SYS-NCP können Schlüsselwörter, Schlüsselworttyp sowie minimale und maximale Länge des Schlüsselworts unterschieden werden. Es kann angegeben werden, ob *PF-KEY oder *PF-NAME als Schlüsselwörter erscheinen dürfen und Kleinschrift in Großschrift umgesetzt wird. Ebenso können die interne Schlüsselwortnummer (IKN) und ein Kommentar (Text) zum Schlüsselwort angezeigt werden.

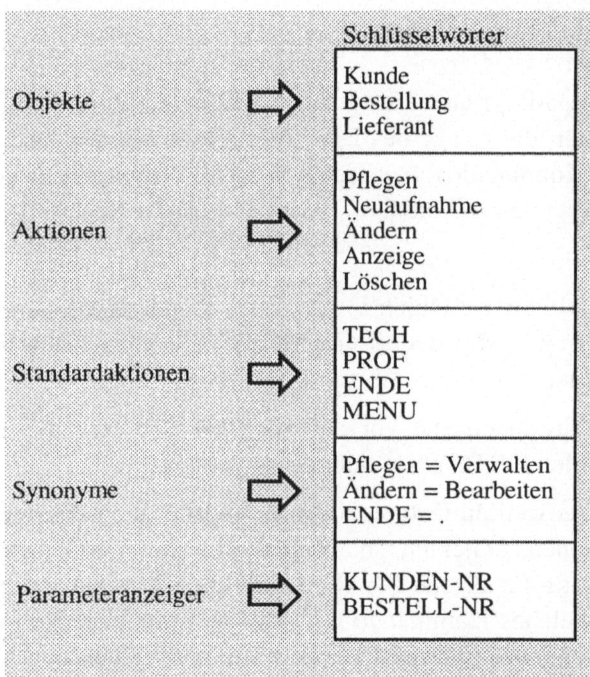

Abbildung 2.60: Schlüsselwortdefinitionen

Die Schlüsselwörter können mit SAVE oder STOW gesichert und mit CHECK überprüft werden. Der SCAN-Befehl ermöglicht die Suche nach einem Schlüsselwort.

Der Gültigkeitsbereich der Funktionen (global oder lokal) wird im Funktionseditor festgelegt. Die Angabe der möglichen Kommandos einer Funktion hängt von deren Gültigkeitsbereich ab. Alle globalen Funktionen werden im Global-Modus angelegt über die Aktion "VG" (validiere als Globalfunktion). In den Global-Modus kann umgeschaltet werden über die Angabe von "+G", in den Lokal-Modus mit "+L". Die lokalen, von der angezeigten (globalen oder lokalen)

Location aus erreichbaren Funktionen werden aktiviert über eine Markierung mit "VL" (validiere als Lokalfunktion).

Nachfolgend werden die einzelnen Schritte, die zur Prozessorerstellung notwendig sind, zusammenfassend aufgeführt:

1. Zu Beginn muß der Name des Prozessors festgelegt und zusammen mit der Bibliothek, für die der Prozessor erstellt werden soll, in der Applikation SYS-NCP angegeben werden.

2. Danach wird der Sourceteil des Kommanodprozessors erstellt durch die Definitionen von

    Prozessorkopfdaten (Header)

    In den Prozessorkopfdaten festgelegt werden die Reihenfolge und Art der Schlüsselwörter, die Länge des Eingabebereichs und die Reihenfolge lokaler und globaler Kommandos. Außerdem wird die Verwendung von Synonymen generell erlaubt oder verboten.

    Schlüsselwörter

    Die Schlüsselwörter für Objekte, Aktionen, Standardaktionen und Parameter werden eingetragen. Bei Bedarf und Möglichkeit können für diese Synonyme vergeben werden.

3. Nach den Definitionen und vor den nächsten Schritten muß die Schlüsselwortsource mittels "STOW" katalogisiert werden.

4. Die *Funktionen* werden festgelegt durch Angabe der zulässigen Kombinationen aus Aktionen, Objekten und Parametern als globale oder lokale Kommandos. Wichtig für diesen Punkt ist eine klare Kommandostruktur. Es muß offenliegen, welches Kommando wo und von wem eingegeben werden kann, wohin man von einer bestimmten Stelle aus verzweigen und ob man zurückkehren möchte.

5. Zuletzt werden die Laufzeitaktionen (runtime actions) für alle Funktionen eingetragen.

Nach dem Erstellen des Prozessorobjekts müssen in einer geschützten Umgebung noch NATURAL SECURITY Berechtigungseinträge (siehe Abschnitt 2.5.5) vorgenommen werden. Danach kann man das Prozessorobjekt wie ein Programm verwenden und mit besonderen Befehlen aufrufen.

2.5.4 Aufruf des Kommandoprozessors

Damit Programme mit dem Kommandoprozessor kommunizieren können, müssen sie die Prozessorschnittstelle enthalten. Diese wird durch eine View auf das File COMMAND definiert.

```
T L DB Name                          F Leng S D Remarks
- - -- ------------------------      - ---- - - --------------------
  1 AA PROCESSOR-NAME                A    8 N D DE      USING
M 1 AB COMMAND-LINE                  A   80 N D MU/DE   USING
  1 AC PRIVATE-MODE                  A    8 N D DE      USING
  1 AD PRIVATE-SYNO                  A   16 N D DE      USING
  1 AE PRIVATE-KEYWORD               A   50 N D DE      USING
  1 AF GETSET-FIELD-NAME             A   32 N D DE      USING
  1 BA NATURAL-ERROR                 N  4.0 N           GIVING
  1 BB RETURN-CODE                   A    4 N           GIVING
M 1 BC RESULT-FIELD                  A   80 N     MU    GIVING
  1 BD GETSET-FIELD-VALUE            A   32 N D         USING, GIVING
```

Abbildung 2.61: View COMMAND

In PREDICT existiert eine View COMMAND vom Typ "C", deren Datenbankident und Filenummer ignoriert werden.

Programme können in geschützten Umgebungen Kommandoprozessoren nur verwenden, wenn diese im NATURAL SECURITY-System bekannt gemacht und zugelassen wurden. Neben der Angabe der COMMAND-View im Definitionsteil des Programms muß zum Aufruf des Prozessors im Programmcoding ein PROCESS COMMAND-Statement verwendet werden:

```
DEFINE DATA LOCAL
01 COMMAND VIEW OF COMMAND
   02 PROCESSOR-NAME
   02 COMMAND-LINE (1:10)
   ...
END-DEFINE
*
PROCESS COMMAND ACTION subkommando
   PROCESSOR-NAME='BEISPRO'
   COMMAND-LINE (1) = #COMMAND
```

Abbildung 2.62: Codestück Definition und Aufruf Kommandoprozessor

Der Aufruf des Kommandoprozessors erfolgt mindestens mit den Parametern Prozessorname (PROCESSOR-NAME) und Kommandozeile (COMMAND-LI-

NE) und einer Aufgabenstellung, die über das *Subkommando* nach dem Schlüsselwort ACTION definiert wird:

PROCESS COMMAND ACTION *subkommando* [*parameter*]

Im Strukturmodus setzt sich der PROCESS COMMAND-Befehl folgendermaßen zusammen:

PROCESS COMMAND ACTION *subkommando*
  {CLOSE,
  {CHECK, EXEC, TEXT, HELP}
      USING   PROCESSOR-NAME = *prozessorname*
              COMMAND-LINE(*startindex*[:*endindex*])=*kommandozeilen*,
  PRIVATE
      USING   PROCESSOR-NAME = *prozessorname*
              PRIVATE-MODE =*zugriffsart* /* lesen, ändern, hinzufügen, löschen
              PRIVATE-SYNO =*synonym*
              PRIVATE-KEYWORD =*schluesselwort*,
  GET
      USING   PROCESSOR-NAME = *prozessorname*
              GETSET-FIELD-NAME =*betroffene_variable*, /* zu lesende Variable
  SET
      USING   PROCESSOR-NAME = *prozessorname*
              GETSET-FIELD-NAME =*betroffene_variable* /* zu veränderndes Feld
              GETSET-FIELD-VALUE =*neuer_Feldwert*}

Außer beim Subkommando CLOSE müssen abhängig von den einzelnen Unterbefehlen mindestens zwei weitere Parameter mitgegeben werden:

Subkommando Parameter	CLOSE	CHECK EXEC TEXT HELP	PRIVATE	GET	SET
PROCESSOR-NAME		E	E	E	E
COMMAND-LINE		E			
PRIVATE-MODE			E		
PRIVATE-SYNO			E		
PRIVATE-KEYWORD			E		
GETSET-FIELD-NAME				E	E
GETSET-FIELD-VALUE				A	E
RETURN-CODE		A			
NATURAL-ERROR	(A)	(A)	(A)	(A)	(A)
RESULT-FIELD		A	A		

Abbildung 2.63: Erwartete Parameterangaben je nach Prozessoraufruf

Die mit "E" gekennzeichneten Felder bedeuten Mußeingabefelder für die jeweiligen Aufrufarten, Mußausgabefelder sind mit "A" angegeben. Mit "(A)" markierte Felder werden als Ausgabefeld verwendet, falls sie definiert sind.

In der folgenden Übersicht werden die Tätigkeiten des Kommandoprozessors je nach angegebenem Subkommando aufgelistet:

Subkommando	Aufgabe des Kommandoprozessors
CLOSE	Die Verwendung des Kommandoprozessors wird beendet, der Kommandoprozessorpuffer freigegeben. Der NCPWORK-Puffer im Thread bleibt bestehen, bis er mit CLOSE gelöscht wird. Durch ein auf den CLOSE-Befehl folgendes PROCESS COMMAND-Statement wird der Puffer wieder eröffnet.
CHECK	Prüfungen: ❑ Existiert der Prozessor in der aktuellen Bibliothek oder Alternativbibliothek? ❑ Sind die Eingabe in der Kommandozeile akzeptabel? Das Feld NATURAL-ERROR enthält den Fehlercode, falls es im DDM oder in der GIVING-Klausel (Reportmodus) angegeben ist. Ansonsten tritt das normale NATURAL Fehlerhandling in Kraft.
EXEC	Nach Durchführung der Prüfungen wie bei CHECK, wird die angegebene Laufzeitaktion ausgeführt. Je nach Laufzeitaktion kann das aktuelle Programm verlassen werden.
TEXT	Abrufen der abgelegten Hilfetexte zu Prozessor (Headereinträge), Funktionen und Schlüsselwörtern. Auf die bei Schlüsselwörtern und Funktionen hinterlegten Texte kann nur zugegriffen werden, wenn das Katalogisieren der Benutzertexte in der Prozessorkopfdefinition erlaubt wurde.
HELP	Aufblättern einer Liste der gültigen Schlüsselwörter, Synonyme und Funktionen. Die Übergabe erfolgt in die Ergebnisfelder. Zum Aufruf muß die erste Kommandozeile mit dem Suchkriterium gefüllt werden. Die Zeilen zwei und drei enthalten bei Bedarf den Start- oder Suchwert und den Startwert.
PRIVATE	Lesen (R), löschen (D), hinzufügen (A) oder ändern (M) benutzerspezifizierter Synonyme für Schlüsselwörter.
GET	Lesen interner Kommandoprozessorinformationen aus dem NCPWORK-Puffer.
SET	Ändern interner Kommandoprozessorinformationen im NCPWORK-Puffer.

Abbildung 2.64: Subkommandos des PROCESS COMMAND-Befehls

Der NCPWORK-Puffer enthält die Prozessorkopfdaten und Informationen zum aktuellen Prozessorzustand. Mit PROCESS COMMAND ACTION SET überschrieben werden können die in Abbildung 2.65 angegebenen Felder.

Feld	Länge	Bedeutung
C-DELIMITER	A1	Delimiter für Kommandos
PF-KEY	A1	Schalter zur möglichen Belegung von Funktionstasten mit Kommandos
IMPLICIT-KEYWORD	A1	Schalter, ob Schlüsselwörter implizit sein können
KEYWORD-SEQ	A8	Schlüsselwortreihenfolge
ALT-KEYWORD-SEQ	A8	Alternative Schlüsselwortreihenfolge
CURR-LOCATION	N10	Aktuelle Location (interne Funktionsnummer IFN)
LOCAL-GLOBAL-SEQ	A8	Gültigkeitsbereich lokaler/globaler Funktionen
ERROR-HANDLER	A8	Generelles Fehlerprogramm

Abbildung 2.65: Veränderbare Daten des NCPWORK-Puffers

Abbildung 2.66 [*AnwDsgn*] stellt die Arbeitsweise eines Kommandoprozessors zur Laufzeit dar. Beim ersten Aufruf eines Kommandoprozessors wird sein Objekt vom FNAT oder FUSER-File in den Bufferpool geladen. Der Kommandoprozessor arbeitet intern mit dem NCPWORK-Puffer, weitere Programmaufrufe erfolgen über den NATURAL Stack. Nach einer Anfrage an den Prozessor vom Programm werden die notwendigen, im Securityfile FSEC abgelegten Berechtigungen geprüft.

Zur Eingabe eines Kommandos in Masken oder Fenstern empfiehlt sich die Verwendung der NATURAL-Systemvariablen *COM. Da diese in einer Maske immer aktiv bleibt können Eingaben auch vom kleineren Fenster aus in voller Zeilenlänge erfolgen. Die Verwendung der Systemvariablen *COM im PROCESS COMMAND-Befehl ist allerdings nicht direkt möglich, ihr Inhalt muß in ein Zwischenfeld übertragen werden.

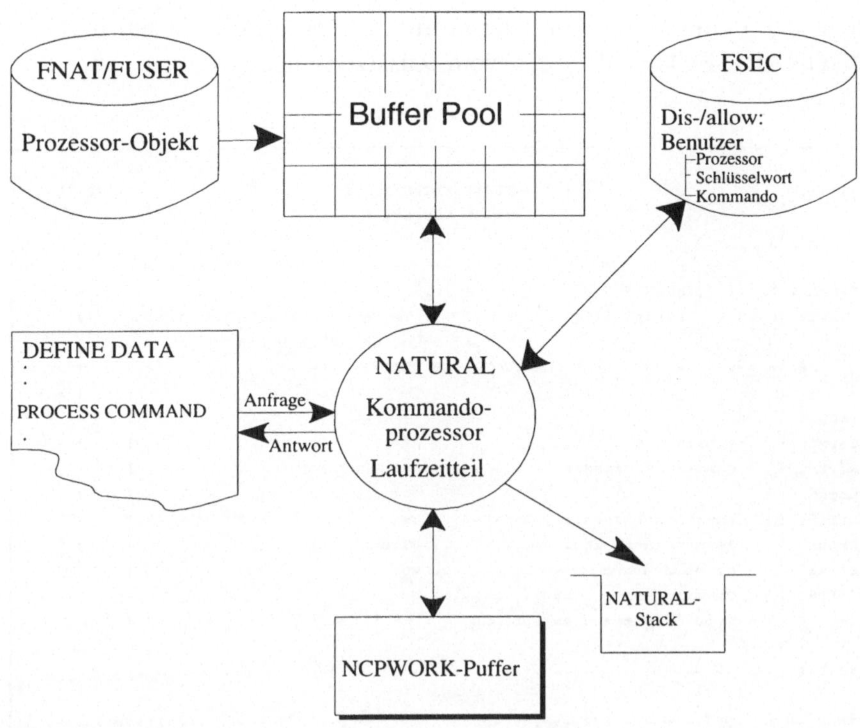

Abbildung 2.66: Arbeitsweise des NATURAL Kommandoprozessors zur Laufzeit

In der Applikation SYSNCP werden Test- und Beispielprogramme in Sourceform ausgeliefert, diese beginnen mit EXAM*.

2.5.5 Funktionsschutz

In einer mit NATURAL SECURITY geschützten Umgebung muß jeder Kommandoprozessor vor seiner Anwendung im Securitysystem eingetragen werden. Der Eintrag erfolgt für die Bibliothek, in der sich das Prozessorobjekt befindet. Jedes im Prozessor definierte Schlüsselwort sowie die einzelnen Schlüsselwortkombinationen (Objekte und Aktionen) können im Bibliotheksprofil und benutzerspezifisch erlaubt oder verboten werden. Der Zugriffsschutz erfolgt damit über zwei Ebenen. Daraus folgt, daß sich die Mengen der möglichen Kommandos zweier Benutzer, die beide über das Standardprofil mit einer Bibliothek verbunden und deren benutzerspezifische Funktionsberechtigungsprofile ungleich sind, voneinander unterscheiden.

Die Pflege der Funktionsberechtigungsprofile erfolgt jeweils in einem Fenster "FUNCTIONAL SECURITY", das vom Zusatzoptionsfenster aus angefordert werden kann:

```
14:47:07                    *** NATURAL SECURITY ***              94-02-25
                             - Modify Library -


                                      +----------ADDITIONAL OPTIONS----------+
  Library ID ..... APPLIB__            I                                      I
  Library Name ... Beispiellib         I   _  + Maintenance Information       I
                                       I   _    Security Notes                I
      SS +--------------------FUNCTIONAL SECURITY--------------------+        I
      ------- I                                                      I   I -
  People I                    .                                      I   I _
  Termin I    Library ID .................. APPLIB                   I   I
  Restri I    Command Prozessor ........... BEISPRO_                 I   I _
  Logon  I                                                          I   I _
  Utilit I    Functional security defined .. Yes                    I   I
  Progra I _ Keyword default ............. Allowed                   I   I _
  Cross- I _ Keyword exceptions .......... No                       I  ----+
  Restar I _ Command exceptions .......... No                       I
         I    Type of command exceptions ...                        I
         I                                                          I
  Additi +----------------------------------------------------------+


  Enter-PF1---PF2---PF3---PF4---PF5---PF6---PF7---PF8---PF9---PF10--PF11--PF12---
         Help  PrevM Exit  AddOp       Flip                          Canc
```

Abbildung 2.67: Schutz eines Kommandoprozessors im Bibliotheksprofil

Das Funktionsberechtigungsprofil eines Kommandoprozessors im Bibliotheksprofil gilt für alle Anwender des Kommandoprozessors, die über dieses Bibliotheksprofil mit der Bibliothek verbunden sind. Ein eventuell vorhandenes Funktionsberechtigungsprofil des Benutzers selbst, hat Vorrang vor dem Funktionsberechtigungsprofil der Bibliothek oder des speziellen Links.

In den Vorschlagswerten zur Pflege des NATURAL SECURITY-Systems kann die Standardeinstellung für die Funktionsberechtigungen geändert werden. Im Originalzustand sind alle Schlüsselwörter und deren Kombinationen für den Prozessor gesperrt.

Durch die zusätzlichen Möglichkeiten in NATURAL SECURITY mit den Funktionsberechtigungsprofilen ist eine saubere Gruppenstruktur im Securitysystem unverzichtbar geworden. Direkt und nicht über Gruppen an einzelne Benutzer gebundene Funktionsberechtigungsprofile sind ab einem gewissen Punkt einfach nicht mehr wartbar.

Zum Abschluß dieses Abschnitts werden die Bestandteile des NATURAL-Kommandoprozessors in einer Übersicht zusammengefaßt:

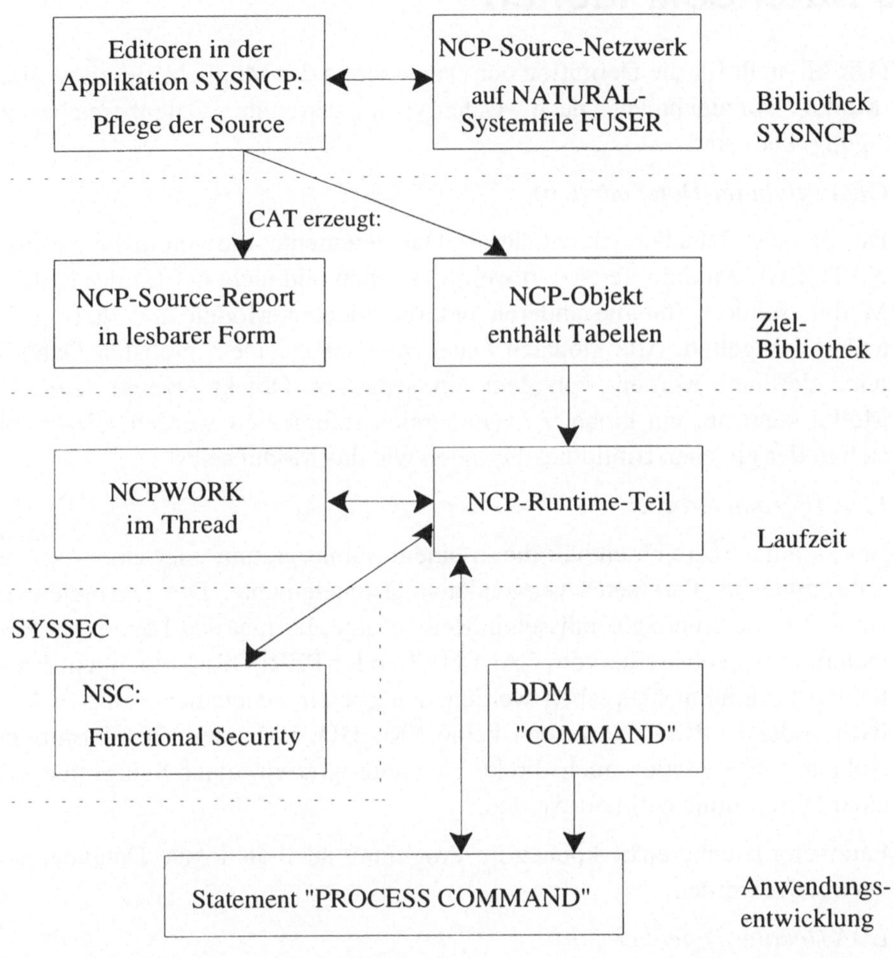

Abbildung 2.68: Bestandteile des NATURAL-Kommandoprozessors

2.6 Datendefinitionen

NATURAL stellt für die Definition der Daten neben der Möglichkeit, diese direkt
im Modul vorzunehmen, nach Datentypen getrennte Datenbereiche zur
Verfügung. Dies sind:

- *GDA (globaler Datenbereich)*

  Der globale Datenbereich enthält die Datenelemente, die von mehr als einem
  NATURAL-Modul referenziert werden können und nicht nur für das laufende
  Modul, sondern für alle anderen untergeordneten Module mit diesem Datenbereich gelten. Alle globalen Daten müssen in einem globalen Datenbereich definiert werden, von dem ein separates Objekt erzeugt wird. Pro
  Modul kann nur ein globaler Datenbereich referenziert werden, dieser muß
  sich in der gleichen Bibliothek befinden wie das Modul selbst.

- *PDA (Parameterbereich)*

  Ein Parameterbereich enthält die in einem Subprogramm oder einer externen
  Subroutine als Parameter verwendeten Datenelemente. Die Datenelemente
  eines Parameterbereichs müssen in Reihenfolge, Format und Länge den Parametern entsprechen, die vom CALLNAT- oder PERFORM-Statement im rufenden Programm übergeben werden. Parameterdatenelemente dürfen keine
  INIT- oder CONST-Werte und keine EM, HD, PM oder Viewdefinitionen
  enthalten. Sie können auch direkt im Subprogramm, einer Subroutine oder
  einer Hilferoutine definiert werden.

  Parameterdatenbereiche können im Programm auch als lokale Datenbereiche
  verwendet werden.

- *LDA (lokaler Datenbereich)*

  Die Datenelemente eines lokalen Datenbereichs gelten nur in dem sie refe-
  renzierenden Modul. Darüberhinaus ist die direkte Definition lokaler Daten
  im Modul möglich.

Alle drei Typen von Datenbereichen (GDA, PDA, LDA) können mit dem NA-
TURAL-Dateneditor (siehe Abschnitt 2.7) erzeugt und gepflegt werden. Beim
Katalogisieren werden die Datenbereiche auf Doppelwortgrenzen ausgerichtet.
Alle Felder innerhalb dieser Datenbereiche werden zusammenhängend angelegt;
auf Stufe 1 beginnende Strukturen beginnen auf der nächsten Vollwortgrenze.

Die Definition der für das Modul notwendigen Daten erfolgt im DEFINE DATA-
Block, in dem auch Datenbereiche angegeben werden können:

DEFINE DATA
    [GLOBAL USING *globaler_bereich* [WITH *block* [.*block*]...]]
    [PARAMETER {USING *parameter_bereich, parameter_definition*}]...
    [LOCAL {USING {*lokaler_bereich, parameter_bereich*}, *lokale_definition* ...}]...
    [INDEPENDENT *AIV_definition* ...]
END-DEFINE

Enthält der DEFINE-DATA-Block mehr als eine Klausel, müssen diese in der
Reihenfolge GLOBAL, PARAMETER, LOCAL und INDEPENDENT spezifiziert werden. Ein Datendefinitionsblock ohne Angabe einer Klausel oder mindestens eines Feldes ist unzulässig.

Die in einem globalen oder lokalen Datenbereich direkt im Modul definierten lokalen Daten können über einen INIT-Zusatz mit Grundstellungswerten belegt
werden. Die Grundstellungswerte können sein Konstanten oder Systemvariable
oder Zeichenfolgen in voller oder vorherbestimmter Feldlänge (weiterer Zusatz:
(FULL) LENGTH).

Ein Datenelement kann unabhängig seines Typs je nach Angabe im Datenbereich
oder Modul redefiniert werden durch eines oder mehrere Felder, deren Summe
der Feldlängen seine Feldlänge nicht übersteigt. Vorsicht ist geboten bei numerischen Redefinitionen alphanumerischer Felder oder alphanumerischen Redefinitionen numerischer Felder, da alphanumerische Felder die Werte links-, numerische Felder rechtsbündig enthalten.

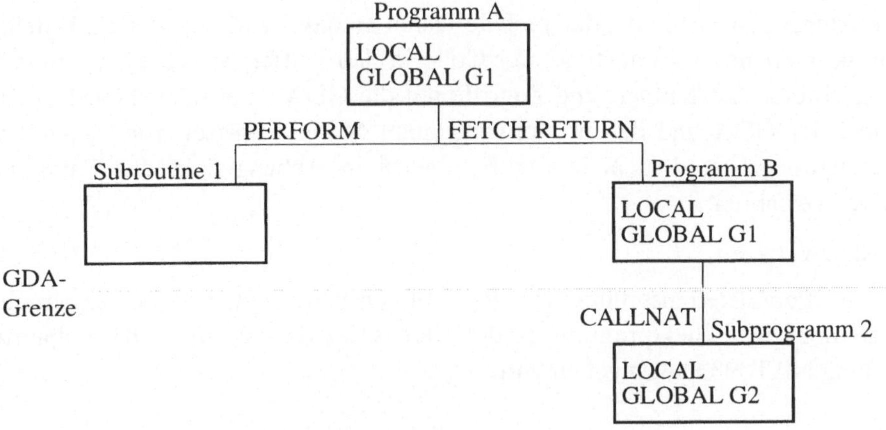

Abbildung 2.69: Beispiel einer Aufrufhierarchie

Zur Modullaufzeit werden die Daten der verschiedenen Typen im Datenbereich (DATSIZE, lokale Daten und Parameterdaten) oder erweiterten Benutzerbereich (ESIZE, globale Daten) abgelegt und bei Unterprogrammtechnik dort bei Bedarf gestapelt (siehe Abbildungen 2.69 und 2.70).

DATSIZE	USIZE	ESIZE	
lokale Daten Programm A	interne Kontrolldaten	G1	
lokale Daten Programm B			
lokale Daten Subprogramm 2		G2	

Abbildung 2.70: Einfrieren und Stapeln von Daten unterschiedlichen Typs

Da mit FETCH aufgerufene Programme auf Aufrufstufe 1 beginnen und keine Hierarchie erzeugen, werden die lokalen und globalen Daten der aufrufenden Module nicht gestapelt.

2.6.1 Globale Daten

Globale Daten können nur über die Referenzierung eines als ausführbares Objekt generierten globalen Datenbereichs einem Programm zur Verfügung gestellt werden. Die Initialisierungswerte der globalen Daten sind allein im generierten GDA-Objekt vorhanden.

Beim Aufruf eines Moduls, das globale Daten enthält, wird der globale Datenbereich aktiviert und sein ausführbarer Code in den Bufferpool geladen, um einen Vergleich des Zeitstempels und Zugriffe auf die GDA zu ermöglichen. Die Zeitstempel der GDA und der sie verwendenden Module müssen zur Laufzeit zusammenpassen. Ist dies nicht der Fall, wird in Abhängigkeit des Parameters RECAT verfahren.

- RECAT=OFF

  Eine Parametereinstellung von RECAT=OFF bedingt, daß bei einem Zeitstempel des Objektprogramms, der älter ist als der der GDA, die Fehlermeldung NAT0933 ausgegeben wird.

- RECAT = ON

  Bei eingeschalteter automatischer Rekatalogisierung wird im Fall unpassender Zeitstempel die Symboltabelle der GDA vom Systemfile gelesen. Alle Einträge in der Symboltabelle des Objektprogramms für die GDA-Variablen werden mit den Symboltabelleneinträgen der GDA verglichen. Stimmen diese überein und haben sich die Formate und Längen nicht verändert, werden die neuen Offsets übergeben, der Zeitstempel verändert und das Programm auf das Systemfile zurückgeschrieben. Danach erhält das NATURAL-Laufzeitsystem die Kontrolle zurück.

```
Global    BEISPG    Library SSDEMO                          DBID 228 FNR  39
Command                                                                  > +
I T L Name                                F Leng Index/Init/EM/Name/Comment
- - - --------------------------------    - ---- --------------------------------
  B   PERSYS                                     /* Hauptblock
  *
    1 G-PROGRAMM                          A    8 /* gerade aktives Programm
    1 G-MSG                               A   78 /* letzte Hinweiszeile
    1 G-FUNKTIONEN                        A   10 (1:20)
    1 G-LETZTE-FUNKTION                   A   10 /* letzte Funktion
  *
  B   AUTOS                                      PERSYS
  *                                              /* Unterblock zu "PERSYS"
  *
    1 KENNZEICHEN                         A    8 /* Autokennzeichen
    1 PERS-NR                             A    8 /* Personalnummer
  *
  B   GEHALT                                     PERSYS
  *                                              /* Unterblock zu "PERSYS"
    1 GEHALT-AKTUELL                      P    9 /* aktuelles Gehalt
    1 GEHALT-GEPLANT                      P    9 /* geplantes Gehalt
  *
  B   HALTER                                     AUTOS
  *                                              /* Unterblock zu "AUTOS"
    1 HALTER-NACHNAME                     A   20 /* Nachname Halter
    1 HALTER-VORNAME                      A   20 /* Vorname Halter
  *
  B   KOSTEN                                     AUTOS
  *                                              /* Unterblock zu "AUTOS"
    1 WAEHRUNG                            A    3 /* Währungskennzeichen
    1 WARTUNG-SUMME                       P  7.2 /* Summe Wartungskosten
```

Abbildung 2.71: Beispiel einer geblockten GDA [ProgII]

Ein globaler Datenbereich steht nicht für eine Einbahn-Kommunikation. Im globalen Datenbereich kann das rufende Modul vom gerufenen Modul genutzte Daten hinterlegen. Umgekehrt sind im gerufenen Modul die im globalen Datenbereich enthaltenen Datenelemente verfüg- und veränderbar. Daher sollte jedes Element eines globalen Datenbereichs genau geprüft werden. In einem globalen Datenbereich können auch Views auf Files enthalten sein. Dies bietet sich besonders an für zentrale Stammdaten einer Applikation, auch im Hinblick auf die Wiederverwendbarkeit des Viewaufbaus in ADABAS über die globale Formatkennung.

Die Struktur eines Programmsystems mit dem unterschiedlichen Datenbedarf kann durch die Blockung einer GDA abgebildet werden (siehe Abbildung 2.71). Wird im Modul eine geblockte GDA verwendet, muß für den Zugriff auf Daten der Blöcke der Blockname mitangegeben werden (siehe Abbildung 2.72). Blöcke können anderen untergeordnet werden und sich auch überlagern. Ein Programm kann auf jeder Stufe jeweils nur einen Block referenzieren. Die Blockung von globalen Datenbereichen ist notwendig, wenn der maximal verfügbare Platz von 32 KB pro globalem Datenbereich ohne AIVs oder die Größe des erweiterten Benutzerbereichs (ESIZE, 128 KB) nicht mehr ausreicht. Während der Programmausführung können sich Datenblöcke überlagern und damit Speicherplatz sparen. Mit dem Hauptblock darf eine GDA höchstens acht Unterblöcke enthalten.

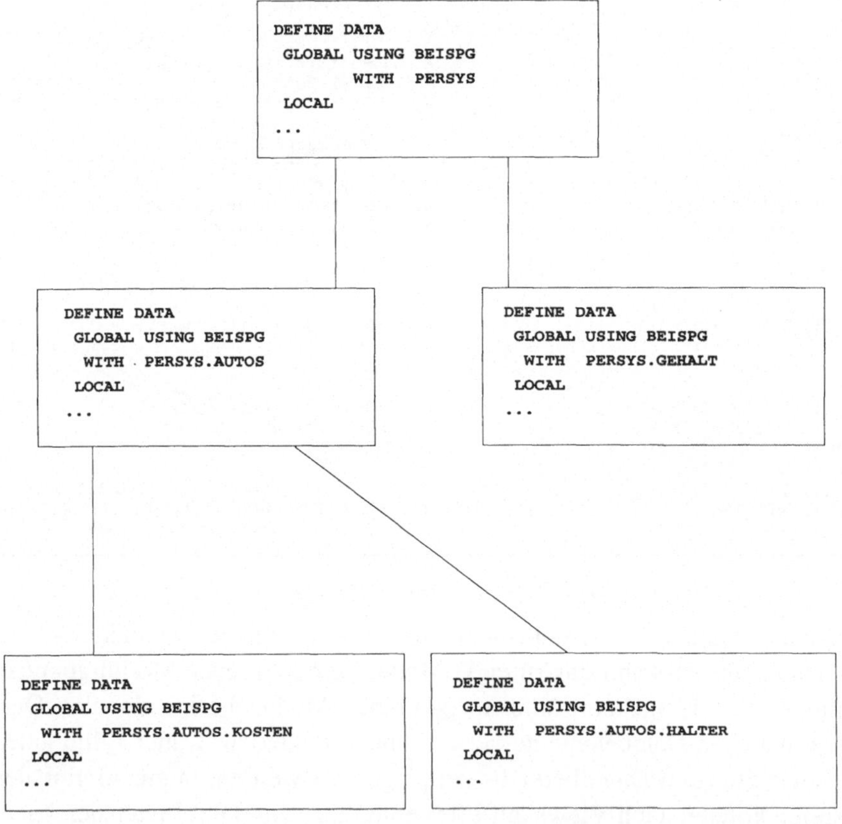

Abbildung 2.72: Definitionen von GDA-Blöcken in den Modulen [ProgII]

2.6.2 Lokale Daten und Parameterdaten

Lokale Datenelemente gelten nur für das Modul, innerhalb dessen sie definiert sind. Beim Aufruf dieses Moduls werden sie auf ihre Initialwerte gesetzt. Darüberhinaus können lokale Datenelemente, wie auch globale Datenelemente, als Parameter für Subprogramme und externe Subroutinen oder als (zusätzliche) Maskenparameter verwendet werden.

Parameterdaten stellen Eingabedaten für Subprogramme und Subroutinen dar und werden mit DEFINE DATA PARAMETER als Parameter gekennzeichnet.

Die Datenbereiche, in denen lokale Datenelemente und Parameterdatenelemente definiert werden, werden vom Compiler gleichbehandelt. Beim Katalogisieren eines lokalen Datenbereichs oder Parameterdatenbereichs wird ein (Pseudo)Objekt erzeugt, das nichts anderes ist als eine Source, die vom Syntaxprüfer interpretiert werden kann und der eine Symboltabelle beigefügt wird. Die Symboltabelle wird für die Aktiven Referenzen (Parameter XREF=ON) und für dynamisches Rekatalogisieren benötigt. Die Datenelemente eines lokalen- oder Parameterdatenbereichs können über das Editorkommando (.i) in die Programmsource mitaufgenommen werden.

Alle im Programm in der DEFINE DATA-Anweisung mit LOCAL bezeichneten Datenbereiche werden zur Übersetzungszeit zu einem großen programminternen lokalen Datenbereich zusammengefaßt, der die Größe von 32 KB nicht übersteigen darf. Pro in der PARAMETER-Klausel definierter Variablen müssen von der maximal verfügbaren Größe für den lokalen Datenbereich 4 Byte abgezogen werden, da diese für die Zeiger der Parameterdaten benötigt werden.

2.6.3 Applikationsunabhängige Variable

Alle applikationsunabhängigen Variablen (+-Variable) werden in der Tabelle der applikationsunabhängigen (application independent) Variablen (AIV-Tabelle) hinterlegt, die sich zur Programmlaufzeit im erweiterten Benutzerbereich befindet. Ein Eintrag in der AIV-Tabelle besteht aus Name, Format, Länge und Inhalt der Variablen und wird gebildet, wenn ein Objekt ausgeführt wird, das die applikationsunabhängige Variable enthält. Werden die AIVs in einer GDA definiert, reduziert sich der maximal verfügbare Platz für die GDA von 32 KB pro AIV um 4 Byte zuzüglich der Variablenlänge. Für im Modul referenzierte applikationsunabhängige Variable wird beim Kompilieren ein Eintrag in der Symboltabelle erzeugt. Die Namen der applikationsunabhängigen Variablen werden mit den Einträgen in der AIV-Tabelle im erweiterten Benutzerbereich abgeglichen. Kann eine

Variable nicht in der AIV-Tabelle gefunden werden, ist sie noch nicht aktiv und der Kompiler muß die Informationen über Format und Länge dem Programmtext entnehmen [*IM*].

Eine GDA für die applikationsunabhängigen Variablen kann erzeugt werden über die Eingabe des Kommandos CREATE GLOBAL im Dateneditor. Dadurch wird eine Suche nach AIVs in allen Objekte der gerade aktiven Bibliothek angestoßen. Die gefundenen AIVs werden als globale Variable in diese GDA generiert. Am Ende kann die GDA unter dem Namen COMMON gesichert und katalogisiert werden.

2.6.4 Datendefinitionsmodule

Datenbankfelder werden in Datendefinitionsmodulen (DDM) in den Applikationen SYSDDM oder SYSDIC (PREDICT) abgelegt. Für jedes Feld werden im DDM mehrere Informationen bereitgehalten:

Information	Bemerkungen
Typ	❐ Besonderer Feldtyp wie Gruppe, Periodengruppe, multiples Feld oder Redefinitionen.
Level	❐ Stufennummer des Feldes, wird benutzt zur Anzeige von Feldgruppen und Redefinitionen.
Kurzname	❐ ADABAS-Kurzname, muß in der zugehörigen FDT enthalten sein, wird im Formatpuffer und Suchpuffer verwendet.
Langname	❐ Langbezeichnung des Feldes, muß eindeutig sein.
Format	❐ Feldformat. Datum und Zeit werden gepackt dargestellt.
Länge	❐ Feldlänge.
Optionen	❐ Zusätzliche Optionen wie Nullwertunterdrückung oder fixe Feldwertabspeicherung.
Deskriptor	❐ Deskriptoroption.
Header	❐ Listenkopf für DISPLAY, WRITE und INPUT.
Editiermaske	❐ Ein-/Ausgabedarstellung für DISPLAY, WRITE und INPUT.
Anmerkungen	❐ Kommentare, Indizes, Rückbezüge.

Abbildung 2.73: Informationen eines DDM-Feldes

Ein DDM enthält außerdem zum Kompilieren von NATURAL-Modulen benötigte Angaben über Datenbankfiles oder -Views wie Kopplungsinformationen (DBID, FNR) zu gekoppelten Files und die Standardlesequenz zum logischen Lesen (READ LOGICAL) ohne Deskriptor. Zur Kompilierung werden DDMs im Filepuffer (FSIZE) abgelegt und teilen sich diesen mit der Symboltabelle. Für alle

Datenbankzugriffsbefehle werden der Kontrollpuffer und der Such- und Wertepuffer aus den DDM-Informationen generiert, zu denen auch die Einträge von Datenbankkennung und Filenummer aus dem Datenbankkontrollblock gehören.

Zu jedem DDM-Feld können Editiermasken und Titel erfaßt werden, die bei Programmausgaben mit DISPLAY oder WRITE bei den DDM-Feldern Verwendung finden. Bei der Übersetzung eines NATURAL-Moduls werden alle Informationen über referenzierte DDMs mit in das Objektprogramm aufgenommen. Nach der Kompilierung verbleiben die DDMs im Filepuffer, bis der Benutzer ein CLEAR- oder LOGON-Kommando eingibt.

Erfolgt eine Viewdefinition in einem globalen Datenbereich, werden die Symboltabelleneinträge aus den im DDM enthaltenen Informationen zum Katalogisierungszeitpunkt der GDA erzeugt. Wird ein DDM geändert, nachdem die GDA und bevor das sie referenzierende Modul katalogisiert wird, wirken sich die Veränderungen daher nicht auf das referenzierende Modul aus. Zur Fehlervermeidung empfiehlt sich die Überprüfung solcher Konstellationen mit den Aktiven Referenzen.

Zur Laufzeit werden DDMs nur für VSAM-Dateien und das LIST FILE-Kommando benötigt, mit dem die globalen Anmerkungen zu DDMs angezeigt werden können.

2.6.5 Globale Formatkennung

Die Wiederverwendung von Formatpuffern wird durch die Benutzung einer Globalen Formatkennung erreicht, die aus der Viewdefinition in Datenbereichen oder Programmen abgeleitet wird. Ein globales Format wird gebildet für Views, die keine variablen Felddimensionen enthalten. Die Kennung eines globalen Formats ist eindeutig und wird ermittelt aus Viewdefinition, Objekt und Zeitstempel.

Globale Formate haben den Vorteil, daß ein von mehreren Benutzern und/oder von einem Benutzer mehrfach verwendetes Format nur einmal übersetzt werden muß und von nachfolgenden Benutzern mitbenutzt werden kann (siehe Abbildung 2.74). Aus diesem Grund ist die Definition mehrfach benötigter Views in lokalen oder globalen Datenbereichen der direkten Viewdefinition im Programm vorzuziehen.

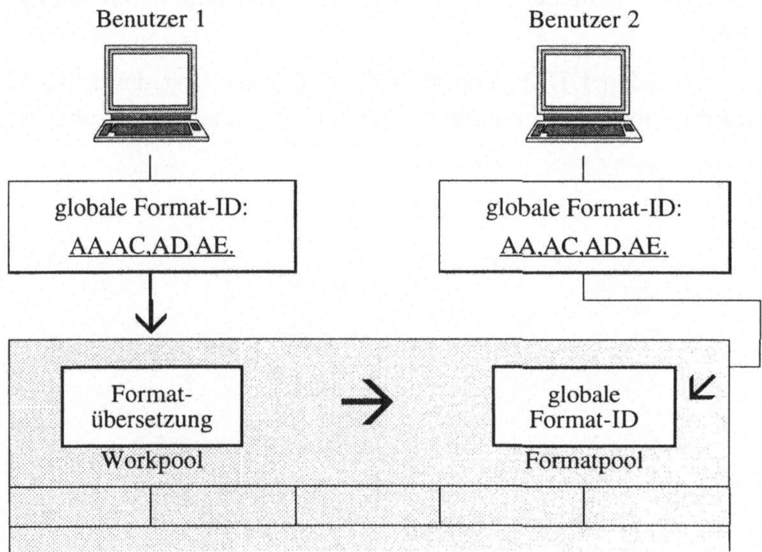

Abbildung 2.74: Globale Formatkennung

2.7 Werkzeuge zur Programmerstellung

In einer NATURAL-Umgebung stehen standardmäßig für Programme, Masken und Datenbereiche Editoren zur Verfügung. Dazu kommen Editoren in PREDICT und, falls vorhanden, der NATURAL ISPF-Editor als zentraler Editor. Daneben bietet NATURAL Kommandos zum Listen von Sourcen und internen Abläufen an und verschiedene Testwerkzeuge, die im nächsten Abschnitt vorgestellt werden. Dieser Abschnitt beschäftigt sich mit dem Handling und den Besonderheiten der verschiedenen Editoren und dem LIST-Befehl.

2.7.1 Allgemeine Einstellungen und Profile

Beim Aufruf einer NATURAL-Sitzung können durch Sitzungsparameter Voreinstellungen vorgenommen werden, die auch Editierfunktionen betreffen. Ein Teil dieser Voreinstellungen kann mit dem GLOBALS-Kommando verändert werden.

```
15:23:38               *** NATURAL GLOBALS COMMAND ***            94-03-07
Database ........ 137    File Number ..... 42
Version ......... 22     SM Level ........ 06     INPL Update Level ... 1
User Area (USIZE) 32  K  Ext. Area (ESIZE) 48  K  System Buffer (FSIZE) 16 K
Available Printers .... 01 02 03 04 05 06 07 09


Available Work Files .. 01 02 03


Dec. Character ..(DC)    , Input Delimiter ..(ID)    ; Input Assign ......(IA)  =
Line Size .......(LS)  80 Page Size ........(PS)   23 Input Mode .......(IM)   F
Sound Alarm .....(SA) OFF Dump Generation ..(DU)  OFF Zero Printing ....(ZP)  ON
Control .........(CF)   % Page Eject .......(EJ)   ON Wait on Hold .....(WH) OFF
Zero Division ...(ZD)  ON Source Line Length(SL)   72 Spacing Factor ...(SF)   1
Default Format ..(FS) OFF Page Dataset .....(PD)   50 Limit Error ......(LE) OFF
Machine Code Generator ..(MCG) OFF              Limit ........(LT) 99999999
   Function-Key Settings in Command Mode .. ON   Library .. BSPLIB
PA1              PA2              PA3              PF1              %R
PF2            E PF3            C PF4          RUN PF5          LOGOFF
PF6              PF7          -20 PF8          +20 PF9
PF10             PF11             PF12             PF13
PF14             PF15             PF16             PF17
PF18             PF19             PF20             PF21
PF22             PF23             PF24
```

Abbildung 2.75: Globals

Die im GLOBALS-Schirm (siehe Abbildung 2.75) angezeigten Werte gelten übergreifend für die aktuelle NATURAL-Sitzung und können innerhalb des Programms nur weiter eingeschränkt oder im Reportmodus direkt verändert werden.

Neben dem generellen Profil mit der Standardfunktionstastenbelegung können generelle- und Editordefaultprofile abgelegt werden, die spezielle Informationen und Schalter enthalten:

- Mit dem NATURAL-Sitzungsparameter LC oder dem Terminalkommando %L wird *Editieren in Kleinschrift* ermöglicht und Kleinbuchstaben als solche akzeptiert.

- Im Sourcetext enthaltene *Kleinbuchstaben können automatisch in Großbuchstaben umgesetzt werden.*

- Die *Rückmeldungszeile wird ausgerichtet* am Bildschirmanfang (TOP), -ende (BOT) oder an einer beliebigen Zeilen von oben (*nn*) oder unten (*-nn*).

- Nach Änderung der Source und Bestätigen mit der ENTER-Taste *kann der Cursor in die Kommandozeile gesetzt werden.*

- Das Verhalten nach Betätigen der ENTER-Taste kann gesteuert werden. Analog dem SET STAY ON-Kommando wird über den *Verbleib auf dem aktuellen Bildschirmausschnitt* entschieden.

- *Vor dem Verlassen des Editors kann ein Fenster eingeblendet werden,* in dem nochmals abgefragt wird, ob die Änderung der Source beim Beenden abgespeichert werden soll.

- Falls NATURAL ISPF installiert ist, *kann generell anstelle des NATURAL-Programmeditors der NATURAL ISPF-Editor verwendet werden.*

- Mit dem *Steuerzeichen für Zeilenkommandos* können Zeilen markiert oder Zeilenkommandos eingegeben werden. Das Standardzeichen ist ".", möglich sind alle Sonderzeichen.

- Durch das Zeilenkommando Einfügen (.i) erzeugte *leere Zeilen im Sourcetext können unterdrückt werden* (bei Betätigung der ENTER-Taste entfernt).

- *Informationen zur Sourcegröße können angezeigt werden* wie die aktuelle Größe des editierten Objekts und noch verfügbarer Platz. Im Programmeditor erscheint der Programmiermodus.

- *Bei Bedarf wird der Sourcestatus angezeigt* nach jedem Ändern, Sichern oder Katalogisieren der Source im Programmeditor.

- Die im Sourcetext mit SCAN/CHANGE zu suchende Zeichenkette kann ohne Anführungszeichen angegeben werden und muß im Text nicht von Leer- oder Sonderzeichen begrenzt sein *(absoluter Modus)*.

- Die im Sourcetext gefundenen Werte in einem bestimmten Bereich werden angezeigt oder verändert *(Rangemodus)*.

- Die Richtung, in der die verschiedenen Editierkommandos arbeiten, wird mit dem *Richtungsanzeiger* (+/-) bestimmt.

Daneben können für verschiedene Benutzer unter deren Benutzerkennung Editordefaultprofile definiert werden:

```
15:11:27              ***** NATURAL PROFILE MAINTENANCE *****              94-03-07
                         - Global Editor Profile -


Profile Name .. SSPROF __
PF and PF Keys
   PF1 ... CHECK_________      PF2 ... STOW_________      PF3 ... EXIT_________
   PF4 ... *=___________      PF5 ... *x___________      PF6 ... *y
   PF7 ... EDIT_________      PF8 ... LIST_________      PF9 ... SPLIT________
   PF10 .. SC=__________      PF11 .. STRUCT_______      PF12 .. CANCEL_______
   PF13 .. ____________      PF14 .. ____________      PF15 .. MENU_________
   PF16 .. ____________      PF17 .. ____________      PF18 .. ____________
   PF19 .. --__________      PF20 .. ++__________      PF21 .. ____________
   PF22 .. ____________      PF23 .. ____________      PF24 .. ____________
   PA1 ... ____________      PA2 ... ____________      PA3 ... ____________


Automatic Functions
   Auto Renumber .. Y     Auto Save Numbers .. 5__   Source Save into .. EDITWORK


Additional Options .. N


Command ===>
ENTER-PF1---PF2---PF3---PF4---PF5---PF6---PF7---PF8---PF9---PF10--PF11--PF12---
      Help        Exit  AddOp Save  Flip                          Del   Canc
```

Abbildung 2.76: Editorprofil

Das Editorprofil kann vom Programmeditor aus mit dem PROFILE-Kommando aufgerufen werden. Wichtig sind die Funktionstastenbelegung für den Editor, die Autorenumber und Autosave-Einstellung und die EDITWORK-Angabe. Nach der bei Autosave angegebenen Wiederholungszahl wird der Sourcebereich automatisch unter dem in EDITWORK spezifizierten Arbeitstitel abgelegt. Es ist sinnvoll, diesen Namen so zu wählen, daß alle Arbeitsdateien einer Bibliohtek hintereinander aufgelistet werden können, beispielsweise WORK*userid*.

Vom Editorprofil aus können über PF4 (AddOp) zusätzliche Optionen aufgeblättert und verändert werden, wie die generellen und die Defaultwerte der Editoren sowie Farbdefinitionen.

Unter NATURAL ISPF sind die aktuellen Editierprofilparameter in einem Fenster erhältlich, das mit dem SET-Kommando angezeigt wird. Die Profilparameter können in diesem Fenster auch mit dem aktuellen Wert überschrieben werden.

2.7.2 Der Programmeditor

Die im Programmeditor verfügbaren Kommandos sind ausführlich in [*UM*] beschrieben. Hier werden nur ein Teil der gewöhnlich seltener verwendeten oder neueren Kommandos vorgestellt, die sehr hilfreich sein können.

- Der Editor kann ohne Sichern auch mit den Befehlen "." oder CANCEL verlassen werden. Falls der Editor nicht über Standardeditorbefehle verlassen wird, unterbleibt die Frage an den Benutzer, ob die Source gesichert werden soll. Die Source geht dann eventuell verloren.

- Beim Verlassen des Programmeditors über EXIT wird ein Fenster mit Bestätigungsmöglichkeit eingeblendet, falls dies im Profile eingeschaltet ist.

- mit GLOBALS *parameter=wert* können globale Parameter direkt aus dem Programmeditor heraus verändert werden. Damit ist beispielsweise ein Umschalten der Strukturmodi möglich, falls für die aktuelle NATURAL-Bibliothek ein Editieren in verschiedenen Modi erlaubt ist.

2.7.3 Der Maskeneditor

Die in NATURAL-Programmen aufgerufenen Masken werden mit einem speziellen Editor, dem Maskeneditor, entwickelt, und zwar sowohl deren Layout als auch deren Coding.

In einer Maske können die vom rufenden Programm übergebenen und dort definierten Variablen und darüberhinaus die direkt in der Maske oder in einer Verarbeitungsregel bestimmten Variablen verwendet werden. Ein auf der Maske angezeigtes Feld gehört automatisch zum Kommunikationsbereich Programm / Maske. Mit der Funktion "Parameterdefinition", die von den Feld- und Variablendefinitionen aus aufgerufen wird (PF9), können diese verändert oder neue Parameter hinzugefügt werden. Die in den Parameterdefinitionen enthaltenen Variablen gelten für die gesamte Maske. Ebenfalls für die gesamte Maske gültig, zum Austausch von Informationen zwischen den Verarbeitungsregeln, sind lokal definierte Variable, die von den Felddefinitionen aus mit der Funktion "Lokale Datendefinitionen" angegeben werden können (PF10). Direkt in den Verarbeitungsregeln in einer DEFINE DATA-Anweisung angegebene Variable gelten nur für die bestimmte Regel.

Felder, die aus externen Datenbereichen oder aus dem rufenden Programm in die Maske mitaufgenommen werden sollen, können im oberen Fenster links angezeigt werden durch die Angabe von Datenbereichstyp (Buchstabencode) und Datenbereichname. Das Feld kann bei angezeigtem Datenbereich in die Maske durch die Angabe der Sequenznummer eingefügt werden.

Welche Felder im Kommunikationsbereich Programm/Maske eingetragen sind, kann vom Programm mit dem Zeilenkommando .i(*maskenname*) kontrolliert werden. Die übergebenen Felder werden alphabetisch aufgelistet.

Maskenformat und -Ausrichtung, Trennzeichen, Groß-/Kleinschreibung, Standardhilfe, Füllzeichen und weitere generelle Maskendefinitionen werden in dem "Map Settings" oder bei der Definition eines Maskenprofils gesetzt:

```
14:53:57                   ADD      Profile BSP1                        94-03-07


Delimiters                 Format                       Context
----------------------     -------------------------    --------------------------------
Cls Att CD Del             Page Size ....... 23         Device Check ......  ________
 T   D      BLANK          Line Size ....... 79         WRITE Statement ... _
 T   I      ?              Column Shift .... 0 (0/1)    INPUT Statement ... X
 A   D      _              Map Layout ......  ________
 A   I      )              Help Layout .....  ________  Help Map   Line        Col
 A   N      `                dynamic ........ N         Automatic Rule Rank ... 50
 M   D      &              Zero Print ...... N (Y/N)    Control Character ...... .
 M   I      :              Case Default .... LC         Enforce ..............
 O   D      +              Manual Skip ..... N (Y/N)
 0   I      (              Standard Keys ... N (Y/N)    Filler Characters
                           Justification ... L/L/R)     --------------------------------
                           Print Mode ......  __        Optional, Partial .....
                                                        Required, Partial .....
                                                        Optional, Complete ....
                                                        Required, Complete ....


 ENTER-PF1---PP2---PF3---PF4---PF5---PF6---PF7---PF8---PF9---PF10--PF11--PF12---
       Help        Exit                                                    Let
```

Abbildung 2.77: Maskenprofil

Trennzeichen (*Delimiters*) sind Sonderzeichen, die gültige Attributdefinitionen für Maskenfelder beeinhalten und möglichst nicht in einem festen Text verwendet werden. Interessant ist die Funktion "Column Shift", mit der die editierte Maske zu Test und Laufzeit um eine Stelle nach links geschoben werden kann.

Damit kann die Anzahl Spalten pro Zeile bei Standardbildschirmen auf 80 Stellen festgelegt werden. Für die Hilfeverarbeitung sinnvoll ist der Eintrag einer Standardhilfe für die Maske, die auch als Felddefaulthilfe definiert werden kann. Die Standardhilfe wird dann aufgerufen, wenn zu einem Feld keine Hilfe existiert oder in jedem Fall, falls der Cursor beim Hilfeaufruf nicht auf einem Maskenfeld steht. Der gesendete Hilfetext kann in eine bestimmte Zeile und Spalte positioniert werden. Interessant ist außerdem die Einstellmöglichkeit für das Ranking der automatischen Prüfregeln. Der vorgeschlagene Wert von 1 sollte auf jeden Fall verändert werden, damit alle PF-KEY-Regeln und eventuelle Mußfeldprüfungen vor den automatischen Regeln ausgeführt werden.Die Einhaltung wichtiger Maskendefinitionen kann mit durch die Angabe eines "Device Check" sichergestellt werden. Ebenfalls zur Maskendefinition gehört ein *Maskenprofil*, das als Standardprofil und -layout für ein Unternehmen erstellt werden kann. Das Maskenlayout kann als dynamisch definiert werden und wird damit nicht fest zum Übersetzungszeitpunkt in die Maske eingebunden, sondern zur Laufzeit ausgeführt. Standardmaskenprofile und -Devices werden in einer gesonderten Funktion gepflegt, die vom Maskeneditor aus aufgerufen wird und mit NATURAL SECURITY geschützt werden kann über die Konfiguration eines speziellen Maskeneditormenüs. Im Profil kann auch eine Standardmaske angegeben werden

NATURAL stellt für die Definition des Standardausgabeformats variabel definierter Felder den Sitzungsparameter DY (Dynamic Attributes) zur Verfügung. Im Maskeneditor kann die variable Aufbereitung einer Zeichenkette erreicht werden durch eine Folge von Steuerzeichen für DY in der erweiterten Felddefinition:

```
---------------Extended Field Editing --------------------------------
   Field #EIN_AUSGABE
   Format=A55       AL=                                      RULES
                    ZP=OFF      SG=OFF          PM=     HE=
     AD=MD'+'       CD=         CV=                     DY= $N<I>D/
   EM=                                                  MODE USER

----------------------------------------------------------------------
```

Abbildung 2.78: Angabe eines Dynamischen Feldattributs im Maskeneditor

In der DY-Definition folgt auf ein Trennzeichen, das auch als Hexadezimalwert angegeben werden kann und sollte, mehrere Definitionen, die von einem Trennzeichen (oder Hexadezimalwert) abgeschlossen werden:

$$\{\{s_{beginn}, 'xx'\}[\{cd\}][P][\{ad\}]\{s_{ende}, 'yy'\}\}$$

Dabei stehen *cd* und *ad* für die entsprechend den Sitzungsparametern CD (colour definition) und AD (attribute definition) möglichen Farb- und Attributdefinitionen, P für den Schreibschutz eines Teilfeldes. Die Codesequenz

```
MOVE '$passwort<Name intensiv,> Zusatz dunkel,/ Rest normal' TO #EINGABE
INPUT USING MAP 'BEISP'
```

führt zu folgender Ausgabe des Feldes auf der Maske:

Name intensiv,   Rest normal

Neben der Angabe variabel gestalteter Felder in Teilfelder, kann die Attributdefinition eines Feldes dynamisch mit einer Kontrollvariablen verändert werden:

```
--------------------Extended Field Editing --------------------------
   Field #EIN_AUSGABE
   Format=A55      AL=                                       RULES
                   ZP=OFF      SG=OFF          PM=     HE=
      AD=MD'+'     CD=         CV= #ATTR               DY=
      EM=                                              MODE USER

---------------------------------------------------------------------
```

Abbildung 2.79: Angabe einer Kontrollvariablen im Maskeneditor

Die in der Maske angebene Kontrollvariable muß im rufenden Programm bekannt sein und dort gesetzt werden. Einer Kontrollvariablen können Farben und Feldattribute zugewiesen werden, die auch während des Programmlaufs verändert werden können (siehe dazu auch Abschnitt 4.4).

Tabellen können in Masken mit zwei Kommandos editiert werden. Die reine Tabellendefinition eines Feldes erfolgt über das Feldkommando .a (siehe Abbildung 2.80), eine bis zu dreidimensionale Spaltenangabe mit dem Zeilenkommando ..a (siehe Abbildung 2.81).

Von der Maske oder einzelnen Feldern aus kann die zugeordnete Hilferoutine aufgerufen werden. Die Parameterübergabe erfolgt entsprechend dem Schema:

$$HE=name\_der\_helproutine[,\{parm\_1, =\}[,parm\_n]_{...19}]$$

Der aufgerufenen Hilferoutine können bis zu 20 Parameter mitgegeben werden. Parameter, die sich nicht auf der Maske befinden, werden über die Funktion Parameterdatenpflege hinzugefügt. Falls kein Parameter mitgegeben wird, geht die Hilferoutine davon aus, einen Parameter des Formats N7 übergeben zu bekommen. Die Angabe des Gleichheitszeichens anstelle eines Parameters impliziert einen an die Hilferoutine übergebenen Parameter des Formats A65.

```
Name BELEGUNG                                    Upper Bnds 4_____  2_____  5_____
----------------------------------------------------------------------------------
Dimensions                      Occurrences    Starting from     Spacing
3 . Index vertical              5__            _______           1   Lines
1 . Index horizontal            2__            3_______          1   Columns
2 . Index (h/v) V               2__            _______           0   Cls/Ls


001   --010---+----+----+---030---+----+----+---050---+----+----+---070---+----
(XXXXXXX             * * *  Personal-Verwaltungs-System  * * *            (XXXXXXX
(XXXXXXX                                                                  (XXXXXXX


                              Raumbelegung


                   RAUM 3                              Raum 4


Mon      vor     .AXXXXXXXXXXXXXXXXXXXXXXXXXXXXXXX(XXXXXXXXXXXXXXXXXXXXXXXXXXXXXXXXX
         nach    (XXXXXXXXXXXXXXXXXXXXXXXXXXXXXXXX(XXXXXXXXXXXXXXXXXXXXXXXXXXXXXXXXX

Die      vor     (XXXXXXXXXXXXXXXXXXXXXXXXXXXXXXXX(XXXXXXXXXXXXXXXXXXXXXXXXXXXXXXXXX
         nach    (XXXXXXXXXXXXXXXXXXXXXXXXXXXXXXXX(XXXXXXXXXXXXXXXXXXXXXXXXXXXXXXXXX


ENTER-PF1---PF2---PF3---PP4---PF5---PF6---PF7---PF8---PF9---PF10--PF11--PF12---
      Help  Mset  Exit                  --    -    +              <    >    Let
```

Abbildung 2.80: Tabellenpräsentation im Maskeneditor [ProgII]

```
15:40:04                 ***** NATURAL MAP EDITOR *****              94-03-07
                          - Array Table Definition -


Main   Index:  Ver. Occur.  5     Starting from _______    Spacing 1  Lines
Second Index:  Direction(H/V) H                 3_______           1  Cls/Ls
Third  Index   Direction(H/V) V                 _______           0  Cls/Ls
----------------------------------------------------------------------------------
Name of Variable           Col  Dimension Size      Order   2.Ind  3.Ind
(truncated)                Pos  Ind1  Ind2  Ind3    M S T   Occ.   Occ.
----------------------------------------------------------------------------------
BELEGUNG                   17    4     2     5       3 1 2    2      2












ENTER-PF1---PF2---PF3---PF4---PF5---PF6---PF7---PF8---PF9---PF10--PF11--PF12---
      Help  Mset  Exit                  --    -    +                     Let
```

Abbildung 2.81: Definition dreidimensionaler Tabellen im Maskeneditor [ProgII]

In Verarbeitungsregeln angesprochene Viewfelder können auch angegeben werden mit &.feldname. Der Viewname wird in diesem Fall dynamisch ersetzt. Damit wird eine Regel auf ein bestimmtes DDM vom Viewnamen unabhängig.

Zum Abschluß werden noch einige interessante Kommandos, die für die gesamte Maske gelten, aufgeführt:

- SCAN '*suchwert*', SCAN +/-

  In allen Verarbeitungsregeln der Maske kann nach bestimmten Strings gesucht (vorwärts oder rückwärts) und diese bei Bedarf ersetzt werden.

- TEST

  Die Lauffähigkeit der Maske kann überprüft werden.

- SAVE *name*

  Aus der Verarbeitungsregel wird ein NATURAL-Objekt vom Typ COPY-CODE erzeugt.

2.7.4 Der Dateneditor

Alle NATURAL-Datenbereiche werden mit dem Dateneditor bearbeitet. Der Dateneditor unterscheidet zwischen am Beginn einer Datenzeile eingegebenen Punktkommandos und normalen Kommandos (Eingabe in der Kommandozeile).

Kommando	Bedeutung
.C	❐ Für multiple Felder und Periodengruppen können C*-Felder (höchster belegter Index) generiert werden.
.E	❐ Zum Datenfeld können erweiterte Initwerte eingetragen werden, falls die vorgesehende Spalte nicht ausreicht.
.I	❐ Mit .i(*maskenname*) oder .i(*programmname*) können Felddefinitionen aus Masken oder Programmen in die Datenbereiche übertragen werden.
.V	❐ Der Dateneditor testet, ob PREDICT installiert ist. Wenn ja, liest der Dateneditor aus PREDICT die Definitionen und eventuellen Redefinitionen der Felder und für multiple Felder und Periodengruppen die maximale Occurrence.

Abbildung 2.82: Punktkommandos des Dateneditors

Verwirrung stiften oft die Kommandos CHECK, SAVE, CAT und STOW, die sich nicht nur in ihrem internen Ablauf und im Aufwand unterscheiden:

- Mit dem SAVE-Kommando werden die Sourcen der Datenbereiche aus dem Datenbereichseditor in ihrem internen Format auf das Systemfile geschrieben.

- Für die Befehle CAT und STOW wird das interne Layout überprüft und ein der Source entsprechender DEFINE DATA-Befehl generiert. Danach untersucht der Kompiler die erweiterte Source.

- Beim CHECK-Kommando wird nur die Gültigkeit des Datenbereichs für den Editor geprüft.

Aus einer Viewdefinition in einem lokalen Datenbereich wird, wie schon in Kapitel 2.4 beschrieben, ein globales Format erzeugt. Dieses globale Format kann im Programm über das Aufnehmen des lokalen Datenbereichs in die Programmsource mit dem Editorkommando ".i" sichtbar gemacht werden.

2.7.5 Editor-Systemkommandos

Für alle oder die meisten NATURAL-Editoren gibt es rein cursor-sensitive Kommandos wie SPLIT (Bildschirm teilen) und gemischte Kommandos wie SCAN (String suchen), EDIT (neuen Editor aufrufen), und LIST (NATURAL-Member auflisten). Die gemischten Kommandos können vollständig oder teilweise in die Kommandozeile eingegeben oder über Funktionstaste aktiviert werden. Bei nur teilweiser Eingabe wird das Schlüsselwort eingetragen und der String oder Membername über die Cursorposition bestimmt.

Außerhalb des Editors oder vom Editor aus können Name und/oder Typ von Sourcen (und Objekten) mit der Funktion

> RENAME *alter_name neuer_name* [*neuer_Typ*]

geändert werden.

Das Umsetzen des Membertyps ist vom Daten- und Programmeditor aus möglich mit dem Befehl

> SET TYPE {PROGRAM, HELPROUTINE,...}

Der Zieltyp muß dabei mit dem jeweiligen Editor bearbeitet werden können. Diese Funktion ist sehr hilfreich beim Testen von eigentlich nicht alleine ablauffähigen Objekten. Subprogramme, Subroutinen und Helproutinen können zunächst als Programm entwickelt und selbstständig getestet werden. Bei Fehlerfreiheit brauchen vor dem Einbinden dieser Objekte in die Applikationen nur der entsprechende Zieltyp gesetzt und eventuell Datenbereichsaufrufe von LOCAL in PARAMETER verändert werden.

2.7.6 Das LIST-Kommando

Das LIST-Kommando ist vor allen sinnvoll zum Trockentest von Teilen einer Applikation.

Kommando	Bedeutung
LIST COUNT	Ermitteln der Gesamtzahl der NATURAL-Objekte in der Bibliothek.
LIST COUNT *name**	Listet nach Typ Anzahl und Größe aller Objekte und Sourcen, die mit *name** beginnen.
LIST DIR *name*	Die Directoryeinträge (für Source und Objekt) des ausgewählten Members werden angezeigt.
LIST [*typ*] *name* DIR	Zuerst wird der Directoryeintrag für das Member angezeigt, dann seine Source. Weitere Unterauswahlen sind - wie nachfolgend beschrieben - möglich.
LIST *sourcetyp sourcename*	Erweitertes Listing der ausgewählten Source *sourcename* des *sourcetyps* (P, S, N, M).
EXPAND *unterauswahl*	Die als *unterauswahl* (Einschränkung über Typ und Name - auch mit *-Notation - möglich) angegebenen Datenbereiche, Copycodes,... werden mit angelistet, falls sie in der aktuellen Bibliothek vorhanden sind.
ZOOM {G, A, L} *datenbereich*	Der ausgewählte *datenbereich* wird in die Liste eingeblendet.
FORMAT	Für das Listing von Masken wird mit der Zusatzoption FORMAT ein Auswahlfenster für die Maskenoptionen eingeblendet.
SETTINGS	Für das Listing von Masken werden mit der Zusatzoption SETTINGS die Maskeneinstellungen eingeblendet.
LAYOUT	Anzeige des Maskenlayouts.
FIELDS	Aufblättern der Felddefinitionen der Maske.
EXTEND	Felder mit erweiterten Felddefinitionen (AD, ZP, SG, HE, Regeln, AL, CD, CV, Feldtyp) anzeigen.
RULES	Anzeige der Verarbeitungsregeln.
LIST SEQ {P,..} name*	Listet ohne störende Selektionsliste alle Programme name* nacheinander auf. Bei Beenden der Anzeige einer Programmliste mit "." oder PF3 gelangt man direkt in die nächste Programmliste.
LIST XREF	Aufruf der Aktiven Referenzen für die aktuelle Bibliothek.

Abbildung 2.83: Das Systemkommando LIST

Eine Übersicht über alle Sourcen und Objekte einer Applikation oder nach Na-
men(steilen) und/oder nach Membertypen eingeschränkt kann mit dem einfachen
LIST-Kommando angefordert werden:

$$\text{LIST } [object\_typ][objekt\_name]$$

Aufgeblättert werden in einer Selektionsliste die Kopfdaten aller ausgewählten
Sourcen und Objekte. Unterscheiden sich die Sourcen und Objekte im Zeitstem-
pel voneinander, wird dies durch eine intensivierte Anzeige, beispielsweise der
Version, sichtbar gemacht. Aus der erhaltenen Übersicht heraus können weitere
Funktionen aufgerufen werden, unter anderem die Editoren. Dies sollte aber aus
Zeitgründen vermieden werden, da intern alle Systemkommandos gestapelt wer-
den müssen. Die Selektionsliste kann durch die Zusatzoption SEQ ausgeschaltet
werden (siehe Abbildung 2.83).

2.7.7 Der NATURAL ISPF-Editor

Zusätzlich zu den Standardeditoren steht mit dem kostenpflichtigen Zusatzprodukt NATURAL ISPF ein leistungsfähiger Editor zur Verfügung, der NATURAL
ISPF-Editor. Die folgende Abbildung zeigt die Struktur von NATURAL ISPF.

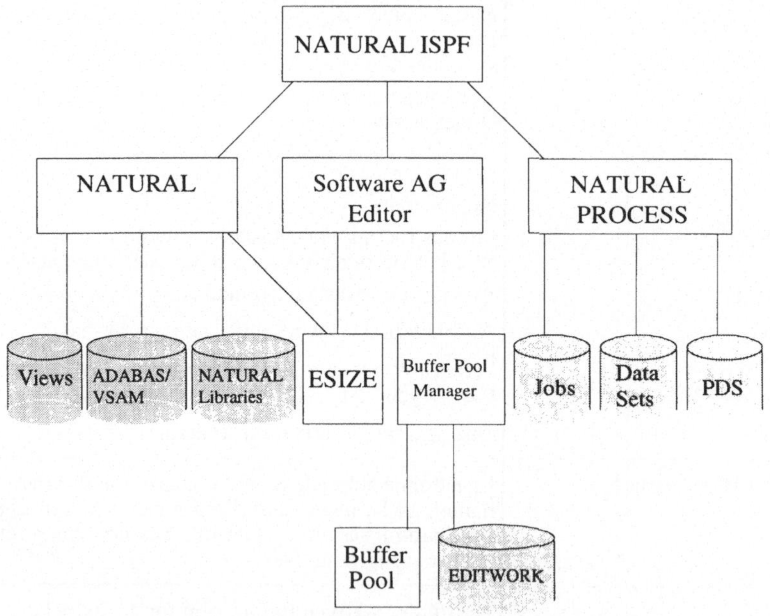

Abbildung 2.84: Struktur von NATURAL ISPF [ISPF_TRAIN]

NATURAL ISPF ist eine NATURAL PROCESS-Anwendung, mit der nicht nur auf NATURAL-Daten, sondern auch auf Betriebssystemdaten und PS-und PO-Dateien außerhalb von NATURAL/ADABAS zugegriffen werden kann. Dazu wird NATURAL auch um einige Sprachelemente erweitert.

Der NATURAL ISPF-Editor ist an den TSO-Editor angelehnt und vereint dessen Vorzüge mit denen der anderen NATURAL-Editoren. Die Editoren für Masken, Regeln und Datenbereiche sind die gleichen wie im Standard-NATURAL. Sehr einfach ist die Handhabung der SPLIT SCREEN-Funktion zum Bildschirmteilen mit Aufruf einer beliebigen anderen Funktion und Kopiermöglichkeit von einem Bildschirmteil zum anderen. Groß-/Kleinschrift sind mit CAPS ON/OFF leicht umschaltbar. Die INCLUDE-Funktion kann flexibel gehandhabt werden, auch mit Eingabe einer Parameterleiste. So kann von einem NATURAL-Programm in ein PDS-Member oder umgekehrt kopiert oder verschoben werden. Das konkurrierende Editieren von NATURAL-Objekten ist dahingehend gelöst, daß für eine gleichzeitig von mehreren Benutzern veränderte Source nur die erste Änderung wirksam wird und alle anderen folgenden Benutzer einen Hinweis auf den Veränderer erhalten. Als einfache Zusatzfunktion wird mit CALCULAT eine Rechnerfunktionen angeboten.

Im Editor ist es möglich, Ausschnitte oder den gesamten Editorinhalt alphabetisch auf- (Defaultreihenfolge) oder absteigend zu sortieren:

☐ SORT *spalte1 spalte2 label1 label2* {a, d}

> Die Daten von *spalte1* bis *spalte2*, die zwischen den mit *label1* und *label2* markierten Zeilen liegen, werden auf- (a) oder absteigend (d) sortiert.

☐ SORT :C

> Die Listanzeige wird nach der Spalte sortiert, auf der der Cursor steht.

☐ SORT <*spaltenueberschrift*> {a, d}

> Sortiert wird die Listanzeige nach der Spalte mit der Überschrift *spaltenueberschrift*.

Darüberhinaus gibt es verschiedene Listfunktionen, die teilweise nur in Verbindung mit weiteren NATURAL-Komponenten verfügbar sind:

☐ LIST NAT *lib**(*

> Alle unter NATURAL SECURITY verfügbaren Bibliotheken werden aufgelistet.

❏ LIST NAT SET=nn
    LIST NAT SET=*

Aufgeblättert wird die Liste aller NATURAL-Objekte in einem bestimmten oder in allen mit den Aktiven Referenzen erzeugten Sets.

Außerdem kann von NATURAL ISPF aus mit

> APP[LICATION] *<bibliothek><startup-programm><parameter>*

eine definierte NATURAL-Applikation aufgerufen werden.

Die wichtigste Erweiterung, die mit NATURAL ISPF angeboten wird, sind die Makros. Makros werden eingesetzt mit dem Ziel, einen beliebigen Text zu generieren. Die Verwirklichung von Makros ist sinnvoll zum Erstellen verschiedener Sourcen gleicher Struktur unterschiedlichen Inhalts wie beispielsweise Programmrahmen oder -generatoren. Makros unterstützen das Editieren von Programmen und anderen Sourcen. Um die Makroverarbeitung zur ermöglichen, wird die Sprache NATURAL um zwei Befehlstypen erweitert, die in der NATURAL-Source durch das Makrozeichen gekennzeichnet werden: (Das Makrozeichen kann eingestellt werden, Default ist "§".)

- *Verarbeitungsbefehle*

  Die Verarbeitungsbefehle werden während der Makroauflösung ausgeführt. Dabei werden dem NATURAL-Befehl das Makrozeichen und ein Leerzeichen vorangestellt.

- *Textzeilen*

  Textzeilen werden in die generierte Makroausgabe kopiert. Sie können Variablen(teile) enthalten, die während der Makroaufläsung durch ihre aktuellen Werte ersetzt werden. Variablen(teile) in Textzeilen werden durch das Makrozeichen gekennzeichnet, ohne folgendes Leerzeichen. Das Ende der zu ersetzenden Teile eines Textes wird innerhalb einer Variablen durch "|" markiert, ansonsten durch ein Leer- oder Trennzeichen. Falls das im Text angegebene Makrozeichen in der Makroausgabe vorkommen soll, muß es doppelt geschrieben werden.

NATURAL unterscheidet *Makroobjekte* und *Inlinemakros*.

Makroobjekte

Ein Makroobjekt ist ein NATURAL-Objekt vom Typ MACRO. Es kann als dieses mit dem Editor bearbeitet werden.

Befehl	Auswirkung
CHECK	❏ Die Verarbeitungsbefehle werden überprüft und zu ersetzende Variablen auf syntaktische Korrektheit untersucht. Die Gültigkeit der NATURAL-Source wird nicht geprüft, dies ist nur möglich über die Ausführung des Makroobjekts und sichern der im Benutzerarbeitsbereich (user workpool) gehaltenen Ausgabe als NATURAL Programm.
CATALOG / STOW	❏ Die Makrosource wird compiliert, das Makroobjekt erzeugt.
RUN / EXECUTE	❏ Das Makro wird ausgeführt. Innerhalb von NATURAL ISPF wird das Ergebnis der Makroausführung unter dem Namen des Makros im Benutzerarbeitsbereich gesichert und kann editiert werden.
COPY / SUBMIT	❏ SUBMIT MAC *library(makro)*,TARGET=*node* COPY MAC *library(makro),neuelib(pgmname)* Das Makro *makro* in der Bibliothek *library* wird ausgeführt, der Job über Node *node* gestartet (SUBMIT) oder das Makroergebnis als NATURAL-Objekt *pgmname* in der Bibliothek *neuelib* gesichert (COPY). Daneben kann in den aktuellen Editortext eingefügt werden.

Abbildung 2.85: Kommandos für Makros

Ein Makroobjekt darf keinen END-Befehl enthalten. Auf die verschiedenen Kommandoeingaben reagiert ein (editiertes) Makroobjekt wie in Abbildung 2.77 beschrieben.

Editmakros

Editmakros werden hauptsächlich angewandt zum Generieren von NATURAL-Programmen und JCL.

Die Eingabeschirme verschiedener NATURAL ISPF-Objekte enthalten ein Feld "Editmakro". In dieses Feld kann der Name eines Makros eingegeben werden, das als Modell für das zu editierende Objekt genommen wird. Damit dies möglich wird, muß mit MACRO=*schlüsselwortparameter* bei Funktionskommandosyntax gestartet werden. Nach der Makroausführung erscheint die Ausgabe im Editierbereich des neuen Objekts. Alle vom Makro erzeugten Zeilen sind geschützt und können nicht verändert werden.

Editmakros bieten verschiedene Zusatzfunktionen an:

- Variablenwerte in der generierten Source können gesichert werden.

- Es ist möglich, eigene (benutzereditierte) Codeblöcke in der generierten Source zu definieren.

- Die Syntax der vom Makro generierten Informationszeilen kann geändert werden.

Die während der Ausführung eines Makroobjekts für die Editmakrooption (beispielsweise über einen PROMPT der Eingabewerte) angegebenen Variablenwerte können gesichert und mit REGENERATE überschrieben werden. Eine Neugenerierung des Textes erfolgt jedesmal, wenn das Makro mit der Edit-Makro-Option zum Editieren herangezogen wird.

Feldinhalte von Variablen können mit dem GET-DATA-Befehl auf die Werte der letzten SAVE-DATA-Anweisung der Zielsource zurückgesetzt werden:

§ GET-DATA {USING *lda-name,var-name...*}... END-GET

Dabei werden die Feldwerte aus den Datenbereichen entnommen oder explizit eingetippt.

Bezüglich der Variablen im Editmakro gibt es folgende Einschränkungen: Maximal möglich sind 128 Felder mit der Länge 32 (Skalarfeld), 27 (1-dim. Array), 23 (2-dim. Array) oder 19 (3-dim. Array). Aus Datenbereichen entnommen werden nur die Felder auf Stufe 1, zulässig sind Skalare oder Arrays beliebiger Dimension. Ein Variablenname mit *-Notation ist ungültig.

Die Variableninhalte der generierten Source werden mit der SAVE-DATA-Anweisung gesichert:

§ SAVE-DATA ALL

oder

§ SAVE-DATA {USING *lda-name,var-name...*}... END-SAVE

Die SAVE-DATA ALL-Option bezieht sich auf die Variablenliste des vorangegangenen GET-DATA-Befehls und gilt nur, falls sich der GET-DATA-Befehl im selben Makroobjekt befindet.

In einem Makro können Blöcke angegeben werden, zum Schreiben von eigenem Coding:

§ BEGIN BLOCK *block-identifier*
§   *textzeile ...*
§ END-BLOCK

Der mit *block-identifier* angegebene Name des Blocks ist eine im Makroobjekt eindeutige alphanumerische Konstante oder Variable mit höchstens acht Zeichen. Nach der Makroausführung können eigene Codezeilen an die vorherbestimmten Stellen geschrieben werden.

Mit dem Kommando

EDIT N NATLIB(*natprog*) MACRO=*macmodel*

wird das Makroobjekt *macmodel* ausgeführt und dessen Ausgabe in die Editorsitzung mit dem NATURAL-Programm *natprog* geschrieben [*ISPF*]:

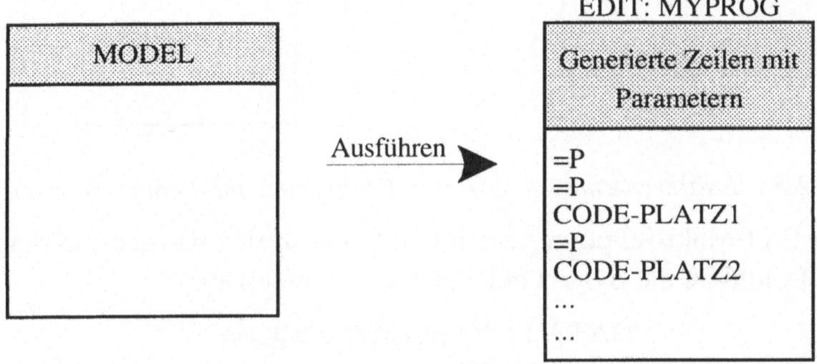

Abbildung 2.86: Editieren eines mit Editmakros erzeugten Programms

Die für den Benutzercode reservierten Zeilen können editiert werden. Danach wird das Kommando SAVE abgesetzt:

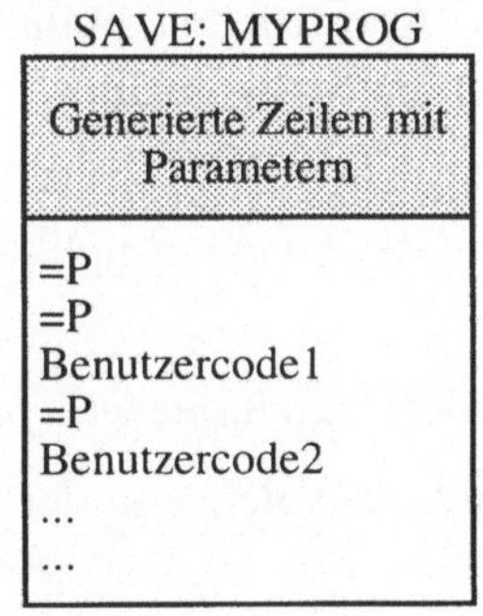

Abbildung 2.87: Sichern eines generierten und geänderten Programms

Wenn nun das Kommando

EDIT N NATLIB(*natprog*) MACRO=*modelmac*

eingegeben wird, wir das Makroobjekt *modelmac* erneut ausgeführt, aber enthält den benutzereditierten Code:

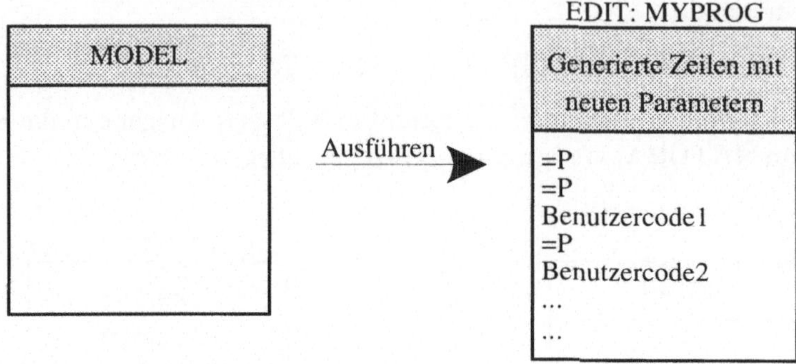

Abbildung 2.88: Editieren eines generierten Programms mit benutzereditiertem Code

Die mit der Edit-Makro-Option generierten Sourcezeilen werden mit dem DATA-FORMAT-Befehl an die Syntax der Zielsprache angepaßt.

$$\text{DATA-FORMAT}=[ssssss][,yyy]$$

ssssss: Prefix, max. 6 Stellen, default: ***M.
yyy: Suffix, max. 3 Stellen, default: < >

Der DATA-FORMAT-Befehl muß der erste ausführbare Makrobefehl im Makroobjekt sein und darf höchstens eine Zeile lang sein. Prefix oder Suffix dürfen keine Leerzeichen, Kommata oder Apostrophen enthalten. Benötigt wird er vor allem zum Erstellen von JCL, um die Steuerzeichen ("//*") am Textanfang einzufügen.

Makroobjekte können in anderen NATURAL-Applikationen benutzt werden über den Aufruf

FETCH RETURN *'macname' macparameter*

Das aufgerufene Makroobjekt muß als solches in der SYSTEM- oder Alternativbibliothek katalogisiert sein.

     § SET -MACRO
     §   *parameter-definition* ...
     $ END-SET

parameter-definition: {NAME=*objektname* /* Name des generierten Codes,
                          SMODE={S,R},
                          TYPE={P, C, S, N, A, L, M, G, H, T}}

Jede Zeile dieses Befehls muß vom Makrozeichen angeführt werden. Das Schlüsselwort muß der erste Befehl der betreffenden Zeile sein.

Falls das aufgerufene Makro GET-DATA oder SAVE-DATA-Befehle benutzt, muß das NATURAL-Subprogramm "ISP--RVU" gerufen werden, das Daten aus dem Sourcebereich entnimmt und diesen leert. Der Aufruf muß vor der Makroausführung erfolgen mit den Parametern:

Stufe	Parameter	Format	I/O	Beschreibung	
1	#MACRO	A8	I/O	'-empty-',	falls der Sourcebereich beim Aufruf leer ist.
				' ':	In der Source kann kein entsprechender Text gefunden werden.
				'name':	Makroprogramm, das die Source generierte.
1	#ERROR-CODE	N3	O	$\neq 0$, falls Fehler.	
1	#ERROR-TEXT	A75	O	Fehlererklärung.	

Abbildung 2.89: Parameter für Makroaufrufe

Für externe Benutzung müssen die Objekte "ISP--RVU" und "ISP--RVN" in die Steplib kopiert werden.

Inlinemakros

Durch das Einbinden von Inlinemakros können auch andere Sourcen als Makroobjekte, wie PDS-Member oder NATURAL-Programme die Makromöglichkeiten nutzen. Inlinemakros sind in einem Member enthaltene Verarbeitungsbefehle und Variable.

Mit Inlinemakros kann ein spezieller INCLUDE-MACRO-Befehl verwendet werden, der ein Makroobjekt aufruft und dessen Ausgabe dem Member hingefügt:

INCLUDE-MACRO *macname*[*macparameter*]

macname ist eine alphanumerische Variable oder Konstante mit höchstens acht Stellen, *macparameter* sind die dem INPUT-Befehl entsprechenden Eingaben.

Das aufgerufene Makroobjekt muß in der aktuellen NATURAL-Bibliothek oder in der Alternativbibliothek katalogisiert sein.

Inlinemakros und INCLUDE-MACRO-Befehle werden für NATURAL-Programme bei den Funktionskommandos CHECK, RUN, CATALOG, STOW und SUBMIT und für alle anderen Sourcen durch SUBMIT aufgelöst, nachdem die Makroverarbeitung mit dem Kommando MACRO ON oder über die MACRO EXPAND-Option im Benutzerprofil gesetzt wurde.

Falls die Makroverarbeitung beispielsweise mit MACRO OFF ausgeschaltet ist, wird die Funktion direkt auf der Source durchgeführt.

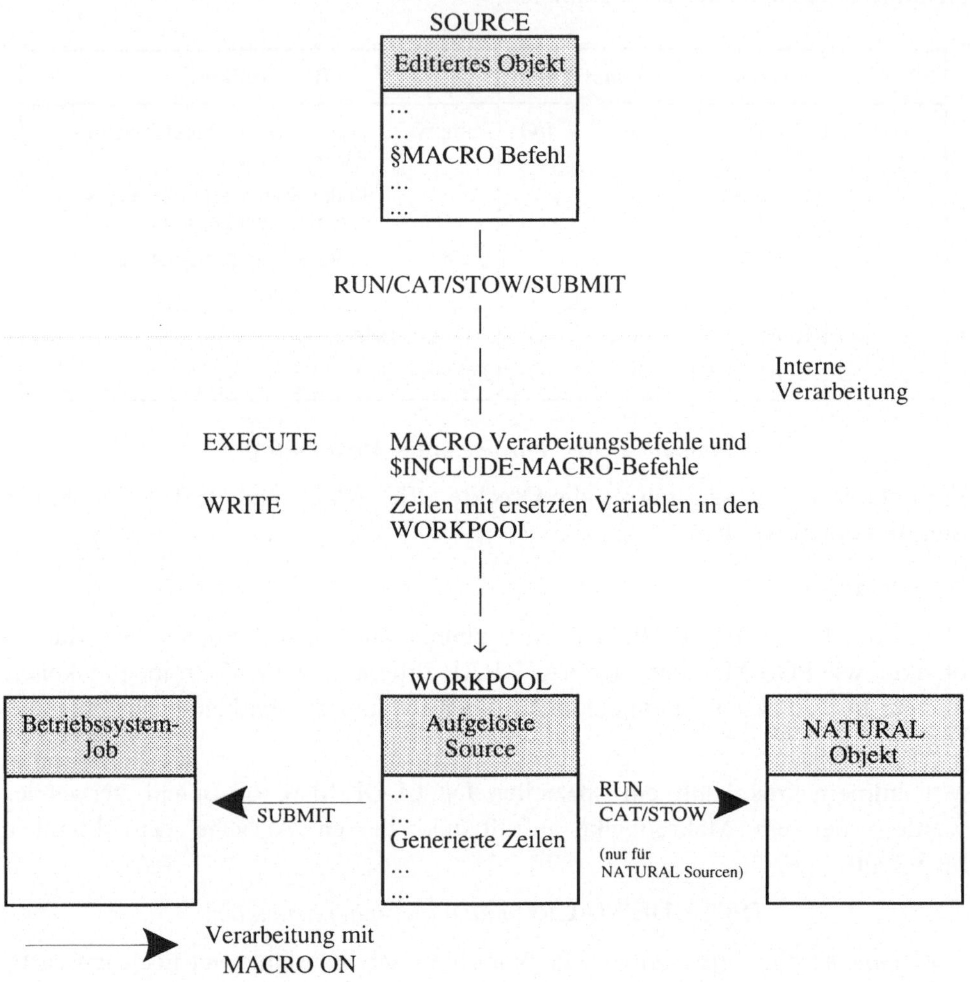

Abbildung 2.90: Erzeugen eines NATURAL-Objektes/Jobs mit Inlinemakros [ISP]

Die Ausgabe von Objekten, die die NATURAL ISPF Makroverarbeitung nutzen, wird zur Ausführungszeit unter vom Objekttyp abhängige Namen in den Benutzerarbeitsbereich geschrieben (siehe Abbildung 2.90). Je nach Objekttyp können zum Schreiben in den Benutzerarbeitsbereich unterschiedliche Kommandos verwendet werden:

Objekttyp	Kommando	Name der Ausgabe
MACRO	RUN/EXECUTE	*macname*
NATURAL Programm mit Inlinemakros	STOW/CAT/RUN	##INLINE
MACRO und andere Objekte mit Inlinemakros	SUBMIT	##SUBMIT

Abbildung 2.91: Kommandos für Objekttypen und deren Ausgabe

Neben den Makros bietet NATURAL ISPF eine Reihe von Userexits an, unter anderem für den Im- und Export von PC-Files. Diese müssen angepaßt werden, falls der Austausch zum PC nicht über Workfile 5 erfolgt.

Mit dem LOGOFF-Kommando wird NATURAL ISPF selbst dann beendet, wenn mehrere Sitzungen offen sind. Es erfolgt ein Rücksprung NATURAL-Nextmodus.

2.8 Testverfahren

NATURAL bietet zur Durchführung von Tests mehrere Werkzeuge an, die auf
Programmebene oder auf Applikationsebene verwendet werden können. In diesem Abschnitt werden zunächst die Testverfahren auf Programmebene mit ihren
Testmöglichkeiten und -grenzen vorgestellt wie TEST DBLOG und TEST DE-
BUG. Danach wird auf die Testverfahren auf Applikationsebene wie Applika-
tionstestpfadstatistik, SCREEN PAGING und NATURAL RECORDING einge-
gangen. Am Ende dieses Abschnitts wird kurz eine kostenpflichtige Testhilfe
beschrieben, der ENTIRE TEST CLIENT. Die verschiedenen Testverfahren
setzen mehrere Schwerpunkte und unterscheiden sich unter anderem in den
Punkten Nachvollziehbarkeit und Wiederholbarkeit eines Testlaufs. Je nach
Problemstellung bieten sich deshalb unterschiedliche Testmethoden an. Auf die
Testarten ohne zugrundeliegendes Verfahren wie beispielsweise entsprechende
Codeänderungen wird nicht eingegangen.

2.8.1 TEST DBLOG

Mit der TEST DBLOG-Funktion kann kontrolliert werden, welche ADABAS-Kommandos oder DL/I-Aufrufe ein NATURAL-Programm absetzt. Die Funktion wird aktiviert über die Eingabe von

TEST DBLOG [{A, D}][{ON, OFF, SHOW, CONT, ?, *}]

im NATURAL Nextmodus.

Parameter	Bedeutung
A	ADALOG
D	DLILOG
ON	Start Tracefunktion
OFF	Logende
SHOW	Logende und Anzeige Log
CONT	Logging fortsetzen und anzeigen
?, *	Selektionsschirm

Abbildung 2.92: Parameter TEST DBLOG

Sie ist gültig für die aktuelle NATURAL-Sitzung und die aktuelle NATURAL-Bibliothek. Die Daten gehen am Logende verloren. Zielsetzung ist die Optimierung der Datenbankzugriffe eines Programms.

Das Logging für DLI-Kommandos (DLILOG) läuft ähnlich zum Logging von ADABAS-Kommandos (ADALOG) und kann unter CICS, IMS/DC oder im Batch zum Loggen von DL/I und SYNC/ROLB-Aufrufen benutzt werden.

Die TEST DBLOG-Funktion kann für ADABAS auch mit dem gebräuchlichen Aufruf ADALOG mit den bekannten Parametern angefordert werden. TEST DBLOG ohne weitere Zusätze ruft immer die ADALOG-Funktion auf.

In einem Selektionsschirm, der mit

TEST DBLOG ? / TEST DBLOG * oder ADALOG ? / ADALOG *

angefordert wird, kann die Testauswahl genauer eingeschränkt werden:

```
 16:26:05                     ***** NATURAL DBA Utility *****                    94-04-21
 User SS                          - DBLOG Menu -                           Library SSLIB


                     Code   Function
                     ----   ------------------------------------------
                      B     Begin Logging of ADABAS Commands
                      E     End and Display Log Records
                      S     Snapshot of Specific ADABAS Commands
                      .     Exit
                     ----   ------------------------------------------
              Code .. b


         Command ..  __        Skip .......  _____      Program ....  _________
         DBID .....  _____     FNR .......   _____      Line from .. 0000
         Low Resp .  _____     High Resp .. 999__       Line to .... 0000


         Optional Buffers for Code B
            FB .. x RB .. x SB .. _ VB .. _ IB .. _


 Command ===> ___________________________________________________________________
 Enter-PF1---PF2---PF3---PF4---PF5---PF6---PF7---PF8---PF9---PF10--PF11--PF12--
       Help        Exit  Top   Posi        -      +                        Canc
```

Abbildung 2.93: Selektionsschirm TEST DBLOG

Gelogged werden der ADABAS-Kontrollblock CB und je nach Selektion die ersten 80 Byte der weiteren ADABAS-Puffer.

Bei dem Auswahlcode "S" (Schnappschuß) wird das Logging unterbrochen und angezeigt, wenn die Selektionskriterien erfüllt sind.

Unterkriterium	Bedeutung
Command	Kommando.
Skip	Start Log nach n Kommandos.
Program	Loggen der ADABAS-Aufrufe des angegebenen Programms.
DBID	Datenbankident der Datenbank, deren Zugriffe geloggt werden sollen.
FNR	Fileident des Files, dessen Zugriffe geloggt werden sollen.
Line from / Line to	Zeilenbereich im Programm, innerhalb dessen die ADABAS-Befehle aufgezeichnet werden sollen.
Low Resp / High Resp	Responsecodes, innerhalb denen aufgezeichnet werden soll.
ADABAS-Puffer	Die ersten 80 Byte der angegebenen ADABAS-Puffer FB, RB, SB, VB oder IB (Formatpuffer, Satzpuffer, Suchpuffer, Wertepuffer oder ISN-Puffer) werden geloggt.

Abbildung 2.94: Weitere Einschränkungen des ADALOG-Aufrufs

```
16:13:17                  ***** NATURAL DBA Utility *****               94-04-21
User SS                         - DBLOG Trace -                    Library SYSDBA
M  No Cmd DB  FNR Rsp      ISN          ISQ      CID  CID(Hex) OP   Pgm     Line
_     1 L3   5  18              68              ??? 00100101 HV  SSTEST  0010 Frst
_     2 L3   5  18             380              ??? 00100101 HV  SSTEST  0010
_     3 L3   5  18             598              ??? 00100101 HV  SSTEST  0010
_     4 RC   5  18                              ??? 00100101 SI  SSTEST  0010
_     5 RC   5                                      00000000 F   SSTEST  0030 Last
_
_
_
_
_
_
_
_
_
_
_
_
Command ===>
Enter-PF1---PF2---PF3---PF4---PF5---PF6---PF7---PF8---PF9---PF10--PF11--PF12--
       Help           Exit Top  Posi           -       +                 Canc
```

Abbildung 2.95: *Standardausgabeschirm DBLOG Tracefunktion ohne Unterauswahl*

```
16:13:17                  ***** NATURAL DBA Utility *****               94-04-21
User SS                         - DBLOG Trace -                    Library SYSDBA
M  No Cmd DB  FNR Rsp      ISN          ISQ      CID  CID(Hex) OP   Pgm     Line
_     1 L3   5  18              68              ??? 00100101 HV  SSTEST  0010 Frst
_  +--------------------------------------------------------------------------+
r  !           Seq No ..     3    Record Buffer                               !
_  ! 0000 * F9F4F4F0 F2F1E2C3 C8C5E440 40404040 * 944021SCHEU      * 0000 !
_  ! 0010 * 40404040 40404040 40400000 00000000 *                  * 0010 !
_  ! 0020 * 00000000 00000000 00000000 00000000 *                  * 0020 !
_  ! 0030 * 00000000 00000000 00000000 00000000 *                  * 0030 !
_  ! 0040 * 00000000 00000000 00000000 00000000 *                  * 0040 !
_  !                                                                          !
_  +--------------------------------------------------------------------------+
_
_
_
_
_
_
Command ===>
Enter-PF1---PF2---PF3---PF4---PF5---PF6---PF7---PF8---PF9---PF10--PF11--PF12--
       Help           Exit Top  Posi           -       +                 Canc
```

Abbildung 2.96: *Ausgabeschirm DBLOG Tracefunktion mit Anzeige Satzpuffer*

Geloggte Kommandos werden im NATURAL-Debugpuffer gehalten (Parameter DSIZE). Falls der Debugpuffer nicht ausreicht, enthält dieser nur die häufigsten Kommandos.

Je nach Angabe werden bei der Tracefunktion die Inhalte der anderen Puffer vorhanden und können über eine Selektion in der Spalte M eingeblendet werden (siehe Abbildung 2.96).

Spalte	Erklärung	
M	**Funktionscode**	
	C	Kontrollblock
	F	Formatpuffer
	R	Satzpuffer
	S	Suchpuffer
	V	Wertepuffer
	I	ISN-Puffer
No	Sequenznummer. Die Kommandos werden in der Reihenfolge angezeigt, in der sie ausgeführt werden.	
Cmd	ADABAS-Kommando.	
DB	Datenbankident.	
FNR	Filenummer.	
Rsp	ADABAS-Rückmeldungscode.	
ISN	Interne Satznummer.	
ISQ	Anzahl der ISNs.	
CID	ADABAS-Kommandoident (Command-ID).	
CID(Hex)	Command-ID (hexadezimales Format).	
OP	Kommando-Optionen 1 und 2.	
Pgm	Programmname.	
Line	Sourcecodezeilennummer.	

Abbildung 2.97: Informationen des Traceausgabebildschirms

2.8.2 TEST DEBUG

Die TEST DEBUG-Funktion dient zum Testen einzelner Programme und deren Aufrufstrukturen. Dazu können die Programme an vorher festgelegten Stellen (Breakpunkte, Watchpunkte) während ihrem Lauf unterbrochen werden. Eine Unterfunktion des NATURAL-Debugging stellt daneben die im nächsten Abschnitt vorgestellte Applikationspfadstatistik dar, die statistische Informationen zu einer Applikation liefert. In diesem Abschnitt wird auf die Bedeutung und Unterscheidung der Unterbrechungsmöglichkeiten Breakpunkt und Watchpunkt eingegangen.

Der NATURAL-Debugger hilft, Laufzeitfehler zu finden. Dies ist möglich für Programme, deren Sourcen noch in der Bibliothek vorhanden sind. Während der Programmausführung können alle Variableninhalte kontrolliert und/oder verändert werden. Da der gesamte Programmfluß schrittweise kontrolliert werden kann, ist der Einsatz des NATURAL-Debuggers auch nützlich zur Qualitätskontrolle und -Sicherung. Er hilft, schlecht strukturierte und/oder dokumentierte Programme zu verstehen und redundante (oder nicht benutzte) Teile zu finden [*ProgII*].

Die Testumgebung kann benutzer- als auch bibliotheksbezogen erstellt und gesichert werden. Solange die Sourcen der getesteten Programme nicht verändert werden, können die eingestellten Unterbrechungen beliebig oft ausgeführt werden.

Der NATURAL-Debugger ist nicht immer aktiv, sondern muß explizit gestartet werden. Die Debuggingfunktionalität wird gestartet vor der Programmausführung mit dem Kommando TEST oder während der Programmausführung mit %<TEST.

Bei gesetztem Testmodus (SET TEST MODE ON) können Testläufe gestartet werden. Alle aktiven Break- und Watchpunkte führen zur Unterbrechung der Programmausführung. Ist der Testmodus deaktiviert (SET TEST MODE OFF), wird die NATURAL-Debuggingfunktionalität bei der Programmausführung nicht benutzt.

Das TEST-Kommando, und somit die gesamte Testumgebung, kann mit NATURAL SECURITY geschützt werden. Individuelle Funktionen innerhalb des NATURAL-Debugging können nicht geschützt werden. Mit NATURAL SECURITY müssen der Pufferbereich für die lokalen Daten (DATSIZE-Parameter) vergrößert und die Zahl für Programmaufrufe zwischen zwei Bildschirmein-/ausgabeoperationen auf die Höchstzahl (Parameter MAXCL=0) gesetzt werden.

Nach dem Start des NATURAL-Debuggers werden der Debugpuffer mit einer Defaultgröße von 4KB angelegt und das Debug-Hauptmenü angezeigt.

```
14:00:00                    *** NATURAL TEST UTILITIES***              94-04-27
Test Mode ON                    -  Debug Main Menu  -              Object


                      Code Function
                      ____ ____________________________________

                       T   Set Test Mode OFF
                       E   Debug Environment Maintenance
                       S   Spy Maintenance
                       B   Breakpoint Maintenance
                       W   Watchpoint Maintenance
                       C   Call Statistic Maintenance
                       L   List Object Source
                       V   Variable Facility
                       ?   Help
                       .   Exit
                      ____ ____________________________________

         Enter Code ..  _   Object Name ....  __________




  Command ===> _________________________________________________________________
  Enter-PF1---PF2---PF3---PF4---PF5---PF6---PF7---PF8---PF9---PF10--PF11--PF12--
        Help        Exit  Top   Posi        -     +                      Canc
```

Abbildung 2.98: Selektionsschirm TEST DBLOG

Das NATURAL-Debugging kann nur auf in NATURAL gesicherte und katalogisierte Objekte durchgeführt werden.

Debugumgebungen werden in der Bibliothek hinterlegt, in der sie erstellt wurden, und unter dem Umgebungsnamen auf dem FUSER-File gesichert. Sie können mit SYSMAIN kopiert werden (Typ "D"). Wirksam sind die Umgebungen nur im Testmodus.

Vor jedem Testlauf sollte die Debugumgebung mit dem RESET ENVIRON-MENT-Kommando oder dem Funktionscode "R" im Pflegemenü der Debugumgebung zurückgesetzt werden. Alle Debugeinträge werden in ihre Initialzustände gebracht, alle Informationen zu vorher unterbrochenen NATURAL-Modulen, alle Ereignisaufrufe und der Tracepuffer gelöscht.

Während eines Testlaufs können bei Programmunterbrechungen die in Abbildung 2.99 aufgeführten Kommandos abgesetzt werden (und weitere).

Listfunktionen

Zum Gebrauch der List Objektsource-Funktion muß sich das entsprechende NA-TURAL-Sourceprogramm in der aktuellen Bibliothek befinden.

Die Variablenanzeige (DIS VAR) erfolgt mit Angabe von Levelnummer, Variablenname, Format, Länge und Inhalt angelehnt an die Ausgabe des Dateneditors und nur bei einer Programmunterbrechung. Systemvariable dürfen nicht mit dem MODIFY VARIABLE-Kommando eingegeben werden.

PF-Taste	Kommando	Auswirkung
PF3	EXIT	❏ Vom Debug-Hauptmenü aus gibt der NATURAL Debugger die Kontrolle an das unterbrochene NATURAL-Programm ab, das dann fortgesetzt wird, oder an den NATURAL NEXT-Modus, falls der Debugger mit dem TEST-Kommando oder mit %<TEST aufgerufen wurde. Außerhalb des Debug-Hauptmenüs wird die aktuelle Funktion verlassen und zum vorhergehenden Schritt in der Debugsitzung zurückgekehrt.
PF13	NEXT	❏ Nächstes Kommando für den aktuellen Break-/Watchpunkt.
PF14	GO	❏ Die Kontrolle geht zum nächsten Break-/Watchpunkt. Noch verbleibende Kommandos des aktiven Break-/Watchpunktes werden nicht ausgeführt.
	RUN	❏ Der Testmodus wird ausgeschaltet, das unterbrochene Programm wird ohne Testmodus fortgeführt.
PF2	STEP	❏ Das unterbrochene NATURAL-Programm wird in *n* Befehlszeilen fortgeführt. Defaultwert für *n* ist 1.
	STOP	❏ Der NATURAL Debugger und das unterbrochene NATURAL-Programm werden beendet. Man kommt zum NATURAL NEXT-Modus.
	DIS VAR	❏ Variableninhalt anzeigen.

Abbildung 2.99: Kommandos zum Debugger-Testlauf

Debugeinträge (spies)

Beim Erfassen über die Zuordnung zu einer Befehlzeile des Programms, erhält jeder Debugeintrag (spie) einen Namen und eine aufsteigende Eintragsnummer. Werden einer Befehlszeile des Programms mehrere Debugeinträge (Break- und Watchpunkte) zugeordnet, erfolgt deren Ausführung in aufsteigender Reihenfolge der Eintragsnummern. Jeder Debugeintrag erhält einen Namen, der entweder defaultmäßig vom NATURAL-Debugging generiert, oder vom Benutzer vergeben wird. Ein Debugeintrag kann aktiviert oder deaktiviert werden und besitzt infolgedessen den Status "A" (aktiv) oder "P" (wartend). Deaktivierte Debugeinträge werden nicht ausgeführt und deren Benutzungszähler wird nicht hochgezählt.

Der Benutzungszähler jedes aktiven Debugeintrags wird jedesmal erhöht, wenn der Debugeintrag erreicht wird. Die Anzahl der Ausführungen eines Debugeintrags können begrenzt werden [*UM*]:

- Bevor der Debugeintrag ausgeführt wird, kann er eine eingetragene Anzahl mal übersprungen werden (number of skips). Der Debugeintrag wird erst ausgeführt, wenn der Benutzungszähler die Anzahl der Übersprünge übersteigt.

- Bei Angabe einer Höchstzahl von Ausführungen für den Debugeintrag wird dieser übergangen, sobald die Höchstzahl erreicht ist.

```
+--------------------------------------------+
!         >>> Debugging Facility <<<         !
!                                            !
! Break by Breakpoint breakpoint             !
! at line    nnn of module modulname         !
!                                            !
!         G  Go                              !
!         L  List Break                      !
!         M  Debug Main Menu                 !
!         R  Run (Test Mode Off)             !
!         V  Variable Facility               !
!                                            !
! Enter Code ..: c                           !
!                                            !
+--------------------------------------------+
```

Abbildung 2.100: Debugfenster

Code	Auswirkung
G	☐ Ausführung des NATURAL-Programms wird fortgesetzt (bis zum nächsten Break- oder Watchpoint).
L	☐ listet den Source Code des Programms auf und markiert die aktuelle Verarbeitungszeile.
M	☐ Debugging Hauptmenü wird aufgerufen.
R	☐ beendet Testmodus und setzt Programmausführung fort.
V	☐ listet die aktuellen Werte aller Variablen des Programms auf.

Abbildung 2.101: Auswahlmenü bei Break- bzw. Watchpoint

Für jeden Debugeintrag (Break- oder Watchpunkt) können bis zu sechs Debugkommandos angegeben werden, die zur Ausführungszeit des Break- oder Watchpunktes durchgeführt werden. Defaultkommando ist das BREAK-Kommando. Bei Programmunterbrechung wird dann ein Auswahlfenster (siehe Abbildung 2.100) eingeblendet. Wenn das Debugfenster erscheint, hat der NATURAL-Debugger die Kontrolle über die Sitzung.

 Wird beim Setzen eines Debugeintrags das BREAK-Kommando gelöscht und nicht durch ein anderes, einen Dialog auslösendes Kommando ersetzt, gibt es keine Möglichkeit, die Kontrolle während der Programmunterbrechung zu erhalten [*UM*].

Breakpunkte

Ein Breakpunkt unterbricht den Programmablauf an einer bestimmten Stelle, das bedeutet, bei einer markierten Zeile. Bei einer Breakpunktunterbrechung können sämtliche Programmvariablen angezeigt oder geändert werden.

Breakpunkte werden gesetzt mit dem Befehl SET BREAKPOINT und können sich direkt auf eine bestimmte Programmzeile oder auf allgemeine Stellen beziehen:

Option	Break bei
nnnn	Befehl, der auf Zeile *nnnn* beginnt
BEG	Programm-Aufruf
END	Programm-Ende
ALL	jeder Programmzeile

Abbildung 2.102: Optionen zum Setzen eines Breakpunktes

Die Angabe einer Programmzeile kann erfolgen über die Zeilennummer oder über ein Label. Sind zu einem Breakpunkt Einträge sowohl bei der Zeilennummer, als auch beim Label enthalten, wirkt nur der Labeleintrag.

 Beim Gebrauch von INCLUDE-Befehlen, können Abweichungen auftreten zwischen den Zeilennummern in Source- und Objektcode.

Watchpunkte

Ein Watchpunkt unterbricht den Programmablauf wie beim Breakpunkt an einer bestimmten Stelle, aber mit der Einschränkung, daß die Unterbrechung nur erfolgt, falls sich der Wert einer Variablen ändert oder einen definierten Wert annimmt. Auch bei einer Watchpunktunterbrechung können sämtliche Programmvariablen angezeigt oder geändert werden. Watchpunkte werden mit verschiedenen Operatoren definiert:

Option	Break
MOD	bei jeder Änderung.
GE, EQ, LT, GT, NE	falls Bedingung erfüllt.

Abbildung 2.103: Optionen zum Setzen eines Watchpunktes

Die Defaulteinstellung für einen Watchpunkt ist die Wirksamkeit bei jeder Änderung (MOD). Ansonsten kann die geprüfte Variable mit den verschiedenen Vergleichsoperatoren gegen einen Wert abgeglichen werden.

Ein Watchpunkt bietet sich vor allem an zur Prüfung, ob der Variableninhalt sich in einem bestimmten Bereich befindet (beispielsweise EQ 9 THRU 15).

2.8.3 Applikationstestpfadstatistik

Die NATURAL-Applikationstestpfadstatistik stellt eine Unterfunktion des NA-TURAL-Debugging dar, die von der Aufrufstatistikpflegefunktion des NATU-RAL-Debuggers aus aufgerufen werden kann. Sie bezieht sich auf die gesamte Applikation (Bibliothek).

```
 21:07:13                    *** NATURAL TEST UTILITIES ***                94-04-21
 Test Mode ON                    - Call Statistics -              Object
                                                                      Top of Data
   Name       Type        SM S/C Vers Level User ID  Time  Date       Calls
   --------   ----------- -- --- ---- ----- -------- ----- -------- -----

   AAA        Program     S  S/C 2.2  0006  SS       17:18 93:11:25
   BBB        Subprogram  S  S/C 2.2  0004  SS       10:20 93:04:25
   CCC        Subprogram  S  S/C 2.2  0004  SS       10:21 93:04:30
   DEMO--P    Program     S  S/C 2.2  0006  SS       12:50 94:04:25
   DEMO--G    Global Data S  S/C 2.2  0006  SS       12:00 94:04:25
   DEMO2-P    Program     S  S/C 2.2  0006  SS       12:30 94:04:25
   GGG        Program     S  S/C 2.1  0006  SS       18:25 90:07:04
   HHH        Parameter A S   /C 2.1  0006  SS       17:38 90:07:04
   III        Program     S  S/C 2.1  0006  SS       18:00 90:07:04
   JJJ        Subprogram  S  S/  2.2  0006  SS       12:55 93:04:25
   KKK        Recording   R  S/  2.2  0004  SS       13:18 92:08:09
   LLL        Subprogram  S  S/C 2.2  0004  SS       10:38 92:08:09


 Starting with Object ,,,, *________


 Command ===> ___________________________________________________________
 Enter-PF1---PF2---PF3---PF4---PF5---PF6---PF7---PF8---PF9---PP10--PF11--PF12--
        Help        Exit  Last        Flip        +                    Canc
```

Abbildung 2.104: Standardausgabeschirm Applikationstestpfadstatistik

Mit der NATURAL-Applikationstestpfadstatistik werden statistische Informationen über Programme, Subprogramme, Subroutinen, Masken, Datenbereiche, usw. ermittelt, die während der Ausführung einer Applikation aufgerufen werden. Daneben wird festgestellt, wie oft ein Objekt angesprochen wurde. Die erhobenen Informationen sind in der Aufrufspalte der Aufrufstatistik und der Schirme der gerufenen Objekte enthalten und können angezeigt oder gedruckt werden ähnlich aufbereitet wie mit dem NATURAL-Systemkommando LIST.

Code	Direktkommando	Auswirkung
C	SET CALL ON	❏ Einschalten der Aufrufzählung.
C	SET CALL OFF	❏ Ausschalten der Aufrufzählung.
1	DISPLAY FULL	❏ Anzeige der Aufrufstatistik. Alle (ausgewählten) Objekte der Applikation werden mit der Anzahl ihrer Aufrufe angezeigt.
2	DISPLAY CALL	❏ Auswahl aus der Aufrufstatistik. Angezeigt werden nur die gerufenen Objekte.
3	DISPLAY NOCALL	❏ Auswahl aus der Aufrufstatistik. Angezeigt werden nur die nicht aufgerufenen Objekte.
4	PRINT FULL	❏ Hardcopyausgabe der Aufrufstatistik.
5	PRINT CALL	❏ Selektiver Ausdruck aus der Aufrufstatistik. Hardcopyausgabe der gerufenen Objekte.
6	PRINT NOCALL	❏ Selektiver Ausdruck aus der Aufrufstatistik. Hardcopyausgabe der nicht gerufenen Objekte.

Abbildung 2.105: Eingabemöglichkeiten zur Aufrufstatistik

Um die Statistikerstellung zu aktivieren, muß entweder der Funktionscode "C" im Aufrufstatistikpflegemenü oder das Direktkommando SET CALL ON eingegeben werden. Alle ab dem Einschalten durchgeführten Aufrufe auf einzelne Objekte werden gezählt. Die Ergebnisstatistik kann am Ende angezeigt oder gedruckt werden. Ausgeschaltet wird die Aufrufstatistik durch erneute Eingabe des Funktionscodes "C" im Aufrufstatistikmenü oder durch das Kommando SET CALL OFF.

Die Statistikinformationen sind sinnvoll zur Überprüfung, wie oft ein Modul gerufen wurde und daraus folgend behilflich bei der Suche nach "Dateileichen".

2.8.4 SCREEN PAGING (NATPAGE)

Ursprünglich nur als Teil von COM-PLETE und der NATURAL ADVANCED FACILITIES vorhanden, ist die SCREEN PAGING-Funktion (NATPAGE) in NATURAL integriert. Mit NATPAGE können Bildschirmfolgen (Screens) in einer NATURAL-Sitzung auf Applikationsebene aufgezeichnet werden.

Unter einem Screen wird der Inhalt des Seitenpuffers verstanden, was einer logischen NATURAL-Ausgabeseite entspricht. Die Screens werden auf das Systemfile FNAT geschrieben. Mit dem Profilparameter PD (Größe des NATPAGE-Seitenpuffers) wird die Anzahl der möglichen Screens festgelegt. Defaultmäßig werden 50 Seiten gespeichert, maximal ist dies möglich für 250 Seiten. Reicht die gesetzte Zahl nicht aus, erfolgt ein Überschreiben im "wrap around"-Modus.

Die Steuerung der NATPAGE-Funktion erfolgt über Terminalkommandos:

Kommando	Bedeutung
%P	❐ Screen Paging einschalten.
%I	❐ Einzelkopie.
%E	❐ Anzeige gespeicherter Screens. Die normale Verarbeitung wird suspendiert, der Anzeigemodus von NATPAGE aktiviert.
%O	❐ Screen Paging abschalten.
%S	❐ An die letzte vorhandene Sequenz ansetzen.

Abbildung 2.106: Screen-Paging-Funktionen

Technisch gesehen, wird eine Momentaufnahme des Pagepuffers erstellt, nur als Anzeige, nicht als aktive Maske. Realisiert wird NATPAGE als eine "pop up"-Hilfe. Nach dem Schließen des NATPAGE-Fensters ist die ursprüngliche Applikation wieder vollständig aktiv.

In der Anzeigefunktion der gespeicherten Bildschirme (%E) kann vielfältig auf die Schirme positioniert werden (siehe Abbildung 2.107).

Der Einsatz von NATPAGE ist vor allem sinnvoll zum Aufbewahren von Zwischenergebnissen oder als Notizblockfunktion, teilweise auch für die Revision. Möglich ist mit NATPAGE das Blättern in Online-Listen oder der Einsatz in der Testphase zum Vergleich von Ergebnissen oder zur Fehlerrekonstruktion.

Eingabe	Anzeige
TOP / T	1. Schirm
BOT / B	letzter Schirm
nnn	Schirm Nr. *nnn*
+ *nnn*	*nnn* Schirme vorwärts
- *nnn*	*nnn* Schirme zurück
	Anzeige beenden

Abbildung 2.107: Eingabemöglichkeiten für die Anzeige gespeicherter Screens

2.8.5 NATURAL RECORDING

Mit NATURAL RECORDING werden Dialogabläufe und getätigte Eingaben einer NATURAL-Sitzung aufgezeichnet. Die Aufzeichnungen können zu einem späteren Zeitpunkt wiederausgeführt werden und erfolgen unabhängig vom Terminaltyp über alle Aktionen während der normalen, manuellen Bedienung des Systems für:

- alle Eingabedaten und Kommandos (Steuerungsfunktionen),

- alle gedrückten Funktionstasten und deren zugewiesenen Kommandos (*PF-KEY).

- die aktuelle Cursorposition (*CURSOR).

Die aufgezeichneten Daten werden in Sourceform als NATURAL-Objekt vom Typ "Recording" gespeichert. Wird beim Start des NATURAL RECORDING keine Zielbibliothek für die Aufzeichnung angegeben, erfolgt die Speicherung des Recording in der Bibliothek *INIT-USER, ansonsten in der angegebenen Bibliothek. Die Zielbibliothek für die Aufzeichnungen eines Benutzers bleibt auch beim Anmelden in andere Bibliotheken gleich.

Eine Aufzeichnung kann verdeckt (wie im Film), teilweise verdeckt und/oder während des Ablaufs unterbrechbar abgespielt werden. Es ist möglich, einen unterbrochenden Ablauf zu korrigieren und manuell fortzusetzen. Die Programme werden nicht simuliert, sondern laufen tatsächlich ab, auch mit Datenbankzugriffen und der vollständigen ET-Logik. Zur Sicherstellung einer sauberen BT-Logik, sollte ein Scratchpadfile benutzt werden, das nicht mit den Files FNAT oder FUSER identisch sein darf.

Die Eingaben und Steuerinformationen erfolgen nicht über die Tastatur, sondern kommen vom Recording. Der Ablauf des Recording kann über NATURAL-Terminalkommandos gesteuert werden (siehe Abbildung 2.108), er wird mit der CLEAR-Taste unterbrochen. Alle anderen Tasten schalten den Ablauf einen Schritt weiter. Die Aufzeichnung ist ablauffähig online oder batch.

Terminalkommando	Auswirkung
%A*name*	❐ Ablauf des Recording. Recordings können auch konkatiniert, jedoch nicht geschachtelt werden.
%B	❐ Ende und automatisches Sichern der Aufzeichnung. Es ist möglich, eine Sequenz hinzuzufügen.
%B*name*	❐ Start der Aufzeichnung. *name* muß innerhalb der Bibliothek eindeutig sein.
%B=*libname*	❐ Die Aufzeichnungen werden in der Bibliothek *libname* gesichert.
%G	❐ Hin- und herschalten zwischen Film- und Hintergrundmodus.
%GON	❐ Filmmodus. Der Ablauf erfolgt sichtbar und schrittweise, über die ENTER-Taste.
%GOFF	❐ Defaultablaufmodus. Die gesamte Aufzeichnung läuft unsichtbar ab.
%J	❐ Aufruf einer Hilferoutine.
%R	❐ Öffnen einzelner Schirme im sonst unsichtbaren Modus (z. B. Schirm für Passwordeingabe). Sichtbare Schirme werden während der Aufzeichnung mit %R markiert. Ändern des nächsten Schrittes.

Abbildung 2.108: Terminalkommandos für NATURAL RECORDING

☞ Aus Sicherheitsgründen ist es wichtig zu wissen, daß NATURAL RECOR-DING auch die Eingaben für Benutzerident und Passwort aufzeichnet. In der Testeinheit und im Testlog sind Benutzerident und Passwort von jedem lesbar, der Passwortschutz ist aufgehoben.

Mit NATURAL RECORDING können benutzerspezifische Dialogabläufe und wiederkehrende Eingaben aufgezeichnet, zu anderen Dialogfunktionen auch in starren hierarchischen Systemen und über Library-Grenzen (direktkommando-ähnliche Steuerung) verdeckt durchgeschaltet werden. Sinnvoll ist der Einsatz von NATURAL RECORDING hauptsächlich für Demonstrationszwecke und zur Benutzerschulung. Für Tests (und Qualitätskontrollen) können auch bestimmte Programmsequenzen ein- und umgebaut werden.

2.8.6 ENTIRE TEST CLIENT

Der ENTIRE TEST CLIENT ist ein Zusatzprodukt zu ENTIRE CONNECTION, mit dem Testsequenzen (Bildschirmabläufe, Eingaben) aufgezeichnet und wiedergegeben sowie automatische Testläufe durchgeführt werden können.

Es ist möglich, die abgespeicherten Schirme und die zugehörigen Eingaben zu editieren und Testsequenzen zu modifizieren. Einzelne, zu einer Anwendung (Applikation) erfaßte Testabläufe (Modultests) können zu großen Testplänen zusammengefaßt (Systemtests) werden. Mit den Testplänen kann bei Änderung der Applikation leicht festgestellt werden, ob die laufenden Funktionen noch fehlerfrei ausgeführt werden oder ob durch eine Änderung Abweichungen auftreten.

Zur NATURAL RECORDING-Funktion gibt es mehrere Unterschiede:

- Der abgespeicherte und der aktuelle Ablauf werden automatisch verglichen, ein Testlog dokumentiert das Testergebnis.

- Schirme und deren Belegungsdaten sind in einer PC-Datei gespeichert, sie werden als Sollsequenz herangezogen.

- Testlaufunrelevante Parameter wie beispielweise Systemdatum und -zeit können durch das Belegen ihres Platzes auf dem Bildschirm mit einer IGNORE-Box aus dem Testlauf ausgeblendet werden.

- Die Tests sind unabhängig von Plattform (IBM, Siemens,...), Anwendung (NATURAL, CON-NECT,...) und TP-/Betriebssystem (BS2, CICS, COMPLETE).

- Ebenso sind die Tests benutzerunabhängig, Benutzerident und Passwort geschützt.

- Die Daten des Testtools werden in PC-Dateien abgespeichert:

  - *.QAU (quality assurance unit).

  - *.QAL (quality assurance logfile).

Die *.QAU-Dateien enthalten die Originaltestläufe, die zugehörigen *.QAL-Dateien werden bei Testwiederholung angelegt und enthalten zu den Vergleichstestläufen noch Statistikdaten und des Protokoll des Testlaufs. Mit der SWAP-Option kann zwischen dem Test- und dem Originalschirm hin- und hergeschaltet werden. Zu einem Originallauf sind mehrere Vergleichsläufe möglich. Die Vergleichsläufe erfolgen immer nur gegen den zugehörigen Originallauf. Der Originallauf kann auf Wunsch durch den gerade aktuellen Testlauf ersetzt werden.

Testeinheiten in der Mainframeemulation werden mit "Crtl Q" aufgezeichnet.

Automatische Tests und das Erstellen eines Testplans aus mehreren Testeinheiten sind mit dem NTCQA-Testeditor möglich. Bildschirme und Eingaben können innerhalb einer Testeinheit oder aus einer anderen Testeinheit kopiert werden. Hilfreich ist das Erstellen vom Profilen für Bildschrim- und Boxenfarben, Testpfade, Fehlertoleranzgrenzen und die Wartezeit auf dem Bildschirm. Die Fehlerbehandlung kann eingestellt werden. Es ist möglich, auf den korrekten Bildschirm zu warten (Delay-Einstellung im Profil) oder neu zu starten (Retry-Einstellung im Profil). Die ENTIRE CONNECTION-Prozedur QAERROR erkennt und überspringt unerwartete Bildschirme.

Das Testlog wird mit der Funktion NTCLOG bearbeitet. Im Testlog kann auf Bildschirme mit Vergleichsfehler, Beschreibungen und Statistikinformationen positioniert werden. Ebenso ist es möglich, das Fehlerprotokoll anzuzeigen oder zu drucken, und zwar die Statistikinformationen und eine Liste der Fehlerbildschirme, Positionen und Zeichen [*NTCTrain*].

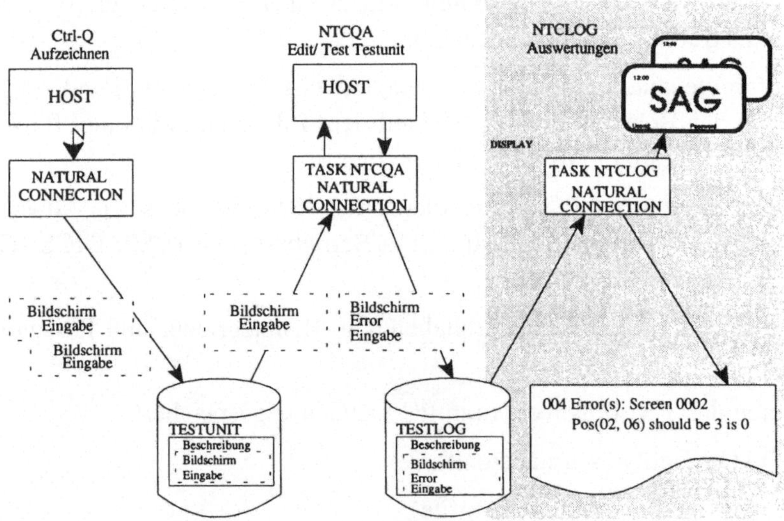

Abbildung 2.109: Kurzübersicht Funktionalität ENTIRE TEST CLIENT [NTCTrain]

Abschließend können für den ENTIRE TEST CLIENT verschiedene Testregeln zusammengestellt werden [*NTCTrain*]:

- Innerhalb des Tests sollten der *Start- und Endebildschirm gleich* sein, um einen Restart jederzeit zu ermöglichen. Andernfalls ist ein Restart nur bei einem Fehler in der ersten Testeinheit möglich. Die Wiederholbarkeit von

Testeinheiten sind innerhalb des Testplans wiederholbar (Schleife), der Testplan ist einfacher zu bauen.

- Eine Testeinheit sollte *nicht mehr als 20 Bildschirme* beinhalten.

- Es ist sinnvoll, *Testeinheiten zu Plänen zusammenzufassen.*

- Die Einrichtung von *IGNORE-Boxen für Testpläne* ist vorteilhaft, doch sollten in einer Testeinheit nur wenige IGNORE-Boxen enthalten sein.

- *Benutzerident und Passwort* sollten nicht als konstante Texte, sondern *mit *USER-ID und *PASSWORD* angegeben werden.

- Der *Test* sollte *mittels Pfade* für Versionen, Sprachen und Produkte *gliedern.*

Kapitel 3

Aufbau einer effizienten NATURAL-Entwicklungsumgebung

3 Aufbau einer effizienten NATURAL-Entwicklungsumgebung

Die an die Funktionalität von Anwendungs- und Entwicklungssystemen gestellten Anforderungen wachsen mit deren Möglichkeiten. Anwendungs- und Entwicklungssysteme sollten daher unabhängig von einer beliebigen Netzwerktopologie, flexibel und erweiterbar sein. Ein transparenter und modularer Aufbau erleichtert Verständnis und Wartbarkeit und spielt eine zentrale Rolle beim Design verteilter Anwendungen. Notwendig für eine Client-/Server-Architektur ist die Einhaltung des Kapselungsprinzips von Funktionen und Objekten als gemeinsam genutzte Services der Anwender.

Eine gut aufgebaute Entwicklungsumgebung entspricht auch wirtschaftlichen Interessen. Besonders wichtig sind die Qualitätsmerkmale Standardisierung und Wiederverwendbarkeit der erstellten Software. Durch ingenieurmäßiges Vorgehen beim Software-Erstellungsprozeß können Entwicklungsproduktivität, Leistungsfähigkeit und Effizienz des Betriebs gesteigert werden. Unterstützt werden kann dieser Prozeß durch Standards, Standardbausteine und Programmrahmen.

Standards werden aufgestellt, um Fehlerquellen zu vermeiden und Transparenz zu schaffen. Ihre Einhaltung erfordert Disziplin. Wiederverwendbare (Standard)-Einzelbausteine gewährleisten eine redundanzfreie Programmierung und reduzieren den Wartungs- und Pflegeaufwand. (Standard)Programmrahmen vereinfachen die Anwendungsentwicklung.

Zielsetzung dieses Kapitels ist es, einen Katalog unterschiedlichster Vereinbarungen zusammenzustellen, aus denen jedes Unternehmen für sich Standards für eine einheitliche System- und Programmierumgebung entwickeln kann, die sich direkt auf Art, Aufbau und Layout der Komponenten eines Programmsystems auswirken.

Am Anfang stehen Richtlinien für einheitliche Dokumentation und Namenskonventionen, danach wird auf das Design von Anwendungssystemen und das Programmdesign unter NATURAL eingegangen. Sinnvolle Standardprogramme werden zusammengestellt, Designmöglichkeiten im Datenbankbereich angedacht. Den Abschluß dieses Kapitels bilden Kriterien der Qualitätssicherung und Revisionsanforderungen sowie PREDICT-Einsatzmöglichkeiten.

3.1 Dokumentation und Namenskonventionen

Das Ziel einer einheitlichen Anwendungs- und Systemumgebung kann nur erreicht werden, wenn die aufgestellten Standards und Normen eingehalten und angewandt werden. Wichtig dafür ist eine gute, durchgängige und aktuelle Dokumentation, die durch entsprechende Namenskonventionen unterstützt wird.

3.1.1 Dokumentation

In einem Programmsystem und bei der Entstehung eines solchen gibt es vielfältige Objekte, die dokumentiert werden müssen und mehrere Arten geforderter Dokumentation. Jede Dokumentation sollte einen vorzugebenden Standard erfüllen und nach den Informationsbedürfnissen der verschiedenen Benutzergruppen gestaltet sein. Aus der gesamten Dokumentationsmenge muß jede Untermenge einfach, schnell und sicher gefunden werden können. Die drei wichtigsten Dokumentationsteile sind [*Inf_Dud*]:

- *Benutzerdokumentation*

  Die Benutzerdokumentation wird vom Programmbenutzer gelesen und dient als Gebrauchsanweisung für das Programmsystem. Sie kann unter anderem die möglichen Kommandos, Fehlermeldungen und Korrekturregeln enthalten. Eine Unterteilung in Einführungshandbuch und Nachschlagebuch ist sinnvoll.

- *Entwicklungsdokumentation*

  Die Entwicklungsdokumentation ist das Begleitwerk der Projektbeteiligten und enthält den inneren Aufbau und die Arbeitsweise des Systems mit allen Entwicklungsschritten. Sie beinhaltet das Projekttechnikhandbuch und die Systementwicklungsbeschreibung. Das *Projekttechnikhandbuch* enthält organisatorische Projektinformationen mit Programmierrichtlinien und einem Verzeichnis der projektinternen Fachbegriffe. Die *Systementwicklungsbeschreibung* enthält alle phasenabschließenden Dokumente wie Anforderungsdefinitionen und Spezifikationen mit Ergebnissen und Entstehungsprozessen.

  In der Entwicklungsdokumentation enthalten ist die *externe Dokumentation* eines Programms, die mit der *Entwurfsdokumentation* gleichzusetzen ist [*Prog_Meth*]. Diese umfaßt die Darstellung des Weges von der Aufgabenstellung zum fertigen Programm, die Begründung der Programmgliederung (Programmstruktur) und der Repräsentation eines Datenobjekts sowie des angewandten Verfahrens (Algorithmus) zur Manipulation der Datenobjekte. Eine Problembeschreibung sollte mindestens enthalten das Format der Ein- und Ausgabe, zulässige und unzulässige Bereiche, auszugebende Berichte, Programm- und Fehlerbotschaften, eine vollständige Beschreibung der Abbildung aller Eingabedaten auf die jeweiligen Ausgabedaten und signifikante Beispiele.

- *Technische Dokumentation*

  Die Technische Dokumentation enthält die für spätere Wartungsarbeiten notwendigen Teile der Entwicklungsdokumentation.

Ein Teil der Dokumentation, wie beispielsweise die technische Programmbeschreibung, kann in PREDICT abgelegt und verwaltet werden. Die für den Benutzer ansprechende Aufbereitung der Benutzerdokumentation kann mit Hilfsmitteln außerhalb des NATURAL-Umfeldes erfolgen, zum Beispiel mit geeigneten PC-Tools. Es ist nicht notwendig, jegliche Dokumentation mit nur einem Werkzeug zu erstellen, für die unterschiedlichen Dokumenttypen bieten sich verschiedene Werkzeuge an. Wichtig ist die Zusammenführung der Dokumente eines Systems an einer zentralen Stelle mit entsprechenden Verweisen, zum Beispiel in CON-NECT.

Mit den Systemen ENTIRE CONNECTION, CON-NECT, NATURAL PROCESS, PREDICT, PREDICT CASE und NATURAL können Dokumentationen jeweils auf dem günstigsten Medium erstellt auf diesem archiviert oder in eines der anderen Systeme verschickt und dort weiterverarbeitet werden.

Die Anforderungen an ein Programmsystem, das Funktions- und das Datenmodell können in PREDICT abgebildet werden. Die Standardisierung der Daten wird über die Nutzung des Standardfileangebots erreicht. In PREDICT gespeichert werden die Dateibeschreibungen (Datenbankident, Filenummer) und die Feldliste einer Datei mit den Feldattributen sowie die zur Generierung verwendeten Benutzersichten (Userviews). Außerdem abgelegt werden Prüfregeln (freie und automatische), Programmbeschreibungen mit Implementierungszeigern, die Aufrufstruktur der Programme und die in den Programmen benutzten Userviews.

Nach erfolgter Generierung von Userviews und Prüfregeln und nach Übersetzung der die PREDICT-Objekte verwendenden NATURAL-Module muß die PREDICT-Dokumentation nicht notwendig mit der NATURAL-Wirklichkeit übereinstimmen. Die PREDICT-Objekte werden statisch zu den NATURAL-Objekten gebunden. Eine nachträgliche Veränderung der PREDICT-Daten ist möglich ohne

Auswirkungen auf die bereits katalogisierten Programme. Abweichungen können nur mit den Aktiven Referenzen aufgedeckt werden, die den Ist-Zustand (NATURAL) mit dem Soll-Zustand (PREDICT) vergleichen.

Die in den einzelnen NATURAL-Programmen enthaltene interne Dokumentation oder Programmdokumentation [*Prog_Meth*] kann und sollte die unterstützenden Elemente der Selbstdokumentation wie sprechende Namen, Typvereinbarungen und Kontrollstrukturen ausnutzen. Es ist günstig, Kommantare gezielt und standardisiert zu verwenden. In einem Unternehmen abgestimmt werden sollte, welche Angaben direkt im Programm oder in der erweiterten Programmbeschreibung in PREDICT oder in einem anderen Medium hinterlegt werden. Wichtig für größere Programme und Module ist die Angabe der nachfolgend aufgeführten Informationen, teilweise in deren Prolog oder außerhalb der Module.

Benötigte Information	verfügbar über/mit
❐ Was macht das Programm?	Programmbeschreibung (PREDICT).
❐ Wie wird das Programm aufgerufen?	<u>Physische Struktur:</u> Aktive Referenzen. <u>Logische Struktur:</u> PREDICT - Eltern des Moduls.
❐ Wichtigste Variablen und deren Bedeutung?	Beschreibung der Datenbereiche und Userviews und deren Elemente.
❐ Muß- und Kanneingabe, erzeugte Ausgabe?	Programmbeschreibung.
❐ Verwendete (externe) Dateien?	Beschreibung der Userviews.
❐ Verwendete Unterprogramme	<u>Physische Struktur:</u> Aktive Referenzen. <u>Logische Struktur:</u> PREDICT - Kinder des Moduls.
❐ Spezielle Verfahren mit Literaturangaben?	Programmbeschreibung (PREDICT).
❐ Laufzeit- und Speicherplatzanforderungen?	Liste der Workfiles (PREDICT), Sizes.
❐ Autor?	Programmbeschreibung.
❐ Erstellungsdatum?	Programmbeschreibung.

Abbildung 3.1: Angaben, die zu jedem größeren Modul existieren sollten

3.1.2 Namenskonventionen

Sowohl für die Dokumente und Bibliotheken eines Programmsystems als auch für die verwendeten Variablen, Label- und Modulnamen sind Namenskonventionen zur besseren Übersicht, Verständlichkeit und Wiederauffindbarkeit unverzichtbar. Die jeweils vergebenen Namen sollten die richtigen Assoziationen auslösen und eindeutig sein. Sprechende Namen schaffen Transparenz. Namen zur Bezeichnung verschiedener Dinge sollten sich genügend voneinander unterscheiden, dabei erleichtern Präfixe eine genauere Abgrenzung. Wenn möglich, sollten Standardnamen, Konventionen und Abkürzungen verwendet werden.

Zu beachten sind für die verschiedensten Namenstypen Mindest- und Maximallängen, Umlaute sowie Groß- und Kleinschreibung. So dürfen Modul und Regelnamen in NATURAL höchstens acht Stellen haben, in PREDICT 32 Stellen. Für Felder dürfen maximal 32stellige Namen vergeben werden. Mit den Aktiven Referenzen können nur 30 Stellen des PREDICT-Objektnamens angezeigt werden. Namen dürfen keine Leerzeichen enthalten, nachfolgende Leerzeichen sind erlaubt. Labelnamen in NATURAL-Modulen sollten nicht mehr als 10 Stellen haben. Je nach dem an NATURAL angeschlossenen Teilsystem müssen engere oder weitere Rahmenbedingungen für die Konventionen als in NATURAL beachtet werden.

In NATURAL sind für Processing Rules auch Sonderzeichen an der ersten Stelle des Regelnamens erlaubt, in PREDICT verboten. Die kürzeste erlaubte Namenslänge in NATURAL beträgt zwei Byte, für NATURAL SQL/DS sind so kurze Namen nur mit einem speziellen Zap möglich. Unter NATURAL SQL/DS gelten weitere Restriktionen. Jedes in DB2 als Eingabe erlaubte Sonderzeichen darf nicht im Feldnamen vorkommen. Delimited identifiers können als NATURAL-View oder -Feldnamen nur benutzt werden, wenn sie bei der Angabe im NATURAL-Programm in Apostrophen eingeschlossen sind. Bindestriche in Feldnamen werden nicht unterstützt, sie müssen durch Unterstriche ersetzt werden.

Die standardmäßig verwendeten ADABAS-Kurznamen in einer NATURAL-/ADABAS-Umgebung folgen den in Abbildung 3.2 dargestellen Konventionen.

Die zugehörigen PREDICT- und NATURAL-Namen sind frei wählbar, doch ist es hilfreich, Super- und Subdeskriptorfelder mit einem kennzeichnenden Präfix zu versehen.

Kurzname	Feldtyp
AA - N9	❏ veränderbares Nichtschlüsselfeld.
OA - O9	❏ Primärschlüsselfeld.
PA - P9	❏ veränderbares aufsteigendes Schlüsselfeld.
QA - Q9	❏ veränderbares absteigendes Schlüsselfeld.
RA - X9	❏ nichtveränderbares Nichtschlüsselfeld.
YA - Y9	❏ nichtveränderbares aufsteigendes Schlüsselfeld.
ZA - Z9	❏ nichtveränderbares absteigendes Schlüsselfeld.

Abbildung 3.2: Namenskonventionen für ADABAS-Kurznamen im NATURAL-DDM

Ebenso günstig ist es, wenn die Herkunft einer Variablen (LDA, GDA, PDA, DDM) klar durch ihre Namensgebung erkennbar ist. Um Fehler zu vermeiden, sollten Variablen aus DDMs im Programm nur voll qualifiziert angesprochen werden. Variablen aus lokalen, globalen oder Parameterdatenbereichen könnte zur besseren Unterscheidung der Datenbereichstyp (A für PDA, L für LDA, G für GDA, P für im Programm definiert) vorangestellt werden. Eventuell werden Redefinitionen gekennzeichnet. Mit einer einheitlichen Vorgehensweise ist es möglich, Variablennamen systemweit oder projektübergreifend zu vergeben, so daß sich Variablen gleicher Bedeutung und gleichen Typs nur durch ihre Präfixe unterscheiden (DDM-Felder, Arbeitsfelder aus einem Datenbereich).

Beschreibung	Bildungsgesetz	Typ
❏ Einzelfeld	*Feldname* ohne Zusatz	
❏ Kennzeichen	KZ-*feldname*	A
❏ Schalter	SR-*feldname*	L
❏ Superdeskriptoren	SP-*feldname* (*feldname*=Feld aus Superdeskriptor)	
❏ sonstige Felder	*Zugehörigkeit-feldname*	
❏ Datum normal	*Feldname*-DTM	D
❏ Datum invertiert	*Feldname*-DTM-I (:= 9999999 - Datum)	P7
❏ Datum normal	*Feldname*-DTM-A	A8
❏ Datum normal	*Feldname*-DTM-P	P7

Abbildung 3.3: Vorschlag für ein Feldnamenbildungsgesetz

PREDICT bietet mit dem Standardfilekonzept oder mit benutzerdefinierten Objekttypen (UDEs) Möglichkeiten zur Abspeicherung an. Mit PREDICT RETRIE-VAL ELEMENT kann nach einem Feldnamen gesucht werden. Auch ohne PRE-

DICT sollten Feldnamen zur besseren Wartbarkeit der Systeme in einem zentralen System verwaltet werden. Unverzichtbar zum Wiederfinden von Feldern ist ein Bildungsgesetz für Feldnamen, das an die jeweiligen Bedürfnisse angepaßt sein muß. Abbildung 3.3 enthält einen Vorschlag für solch ein Bildungsgesetz. Im Vorschlag enthalten ist auch ein eigens zum Rückwärtslesen eingerichteter Feldtyp "invertiertes Datum".

Bei der Erstellung von Namenskonventionen für die NATURAL- und PREDICT-Objekte können die nachfolgenden Vorschläge und Rahmenbedingungen helfen. Die Namen aller NATURAL-Objekte sind höchstens achtstellig. Der achtstellige Name kann das Kürzel eines Membertyp enthalten, der weitestgehend dem NATURAL-Membertyp entspricht:

Kürzel	Membertyp
A	Parameterbereich
C	Copycode
D	Beschreibung
E	Recording
F	Formular
G	Globaler Datenbereich
H	Hilferoutine
L	Lokaler Datenbereich
M	Maske
N	externes Subprogramm
O	Kommandoprozessor
P	Programm
R	Free Rule (PREDICT)
S	Subroutine
T	Text
V	View (NATURAL)

Abbildung 3.4: Kürzel für Membertyp im NATURAL-Namen

Der Name der freien Regel in PREDICT sollte acht Stellen nicht überschreiten. Ebenso hat es sich bewährt, in PREDICT höchstens siebenstellige DDM-Namen zu vergeben und die 1:1-Kopie des PREDICT-DDMs zur NATURAL-View in NATURAL durch eine Kombination des DDM-Namens mit einem bestimmten Kürzel zu benennen (z. B. MEN01V für die NATURAL-View des DDMs

MEN01 zum ADABAS-File MEN). Auf diese Weise können die in einem System benötigten Benutzersichten leicht aufgefunden werden.

In multilingualen Systemen sollte eine Stelle des Modulnamens für den Sprachcode reserviert werden. Beim Modulaufruf wird die beim Aufruf mit "&" gekennzeichnete Stelle durch den aktiven Sprachcode ersetzt und das Modul mit dem passenden Sprachcode aufgerufen.

Werden Module auch aus anderen Bibliotheken aufgerufen, ist es hilfreich, eine Bibliothekskennung oder ein Projektkürzel mit in den Modulnamen aufzunehmen. Falls es der Platz erlaubt, kann außerdem eine Standardabkürzung mit kombiniert werden, die anzeigt, was das Modul macht oder wofür der Datenbereich verwendet wird.

3.2 Design von Anwendungssystemen

Dem Design von Anwendungsystemen kommt mit wachsender Verteilung immer größere Bedeutung zu. In diesem Abschnitt werden deshalb die Punkte

1. Modularisierung

2. Verteilte Anwendungen (Client-/Server)

3. Dialogdesign

4. Asynchrone Prozesse

5. Möglichkeiten des Druckens

näher betrachtet, die sich auf das Design von NATURAL-Anwendungen beziehen. Die Komplexität schon eines einfachen NATURAL-Dialogprogramms zeigt sich in der folgenden Abbildung.

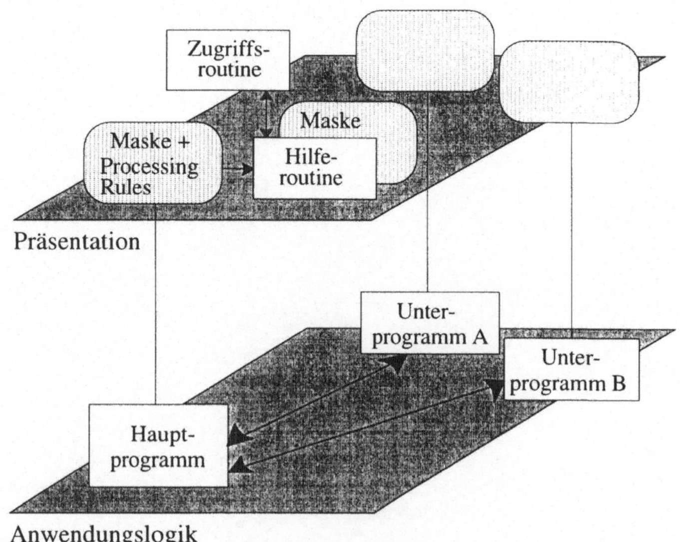

Abbildung 3.5: vertikale und horizontale Modularisierung

3.2.1 Modularisierung

Modularisieren heißt, bestimmte Verarbeitungsfolgen physisch aus einem Programm auszulagern. Dies kann beispielsweise erfolgen durch eine Trennung von Bildschirmbearbeitung und Datenbankzugriff und gewinnt an Bedeutung mit der Einführung von Client-/Server-Modellen (siehe nächster Abschnitt). Ein Programmsystem wird in Einzelmodule zerlegt, die Schnittstellen haben, Eingaben erwarten und Ausgaben produzieren. Ein Modul (Programm) kann aus mehreren Untermodulen (internen Subroutinen) oder Codefragmenten (Copycode) bestehen, die statisch zum Modul gebunden werden und außerdem externe Untermodule dynamisch aufrufen. Zu beachten und festzulegen bei der Benutzung und Erstellung einzelner Module sind die Art des Aufrufs und die Verfügbarkeit der Daten. Außerdem muß eine Vorgehensweise für den Fehlerfall und die Fehlerbehandlung gefunden werden. Die Datenverfügbarkeit hängt in NATURAL von der Art des Modulaufrufs (Befehl, Datenbereiche) ab.

Ein Nebeneffekt der Modularisierung kann die Vereinheitlichung der Programmgrößen sein. Je stärker modularisiert wird, desto kleiner sind die einzelnen Module. Das Wachstum durch Programmwartung ist begrenzt. Modular aufgebaute Programmsysteme sind wartungsfreundlich und einfach zu testen. Die Entwicklungszeit wird verkürzt. Das Fehlen fester Programm- zu Programmverbindungen bürgt für eine hohe Wiederverwendbarkeit der Module.

Modularisieren hilft, gleiche Fälle auszunutzen und damit Code einzusparen. Für alle gleich oder gemeinsam zu behandelnden Fälle wird nur ein Unterprogrammaufruf nötig. Die Unterprogramme werden je nach Verwendungszweck typisiert. NATURAL bietet zur Modularisierung verschiedene Programmobjekttypen an, zu denen im weitesten Sinne auch die Prüfregeln (NATURAL und PREDICT) gehören. Häufig benötigte Verarbeitungsfolgen wie Blättermechanismen, Ausgabensteuerung, Hilfeaufrufe, Berechnungen, Berechtigungsprüfungen, Programm- und Systemsteuerung und -Navigation können in Module ausgelagert und teilweise auch zentral durchgeführt werden.

Vertikale und horizontale Modularisierung

In NATURAL wird unterschieden zwischen vertikaler und horizontaler Modularisierung [*AnwDsgn*]. Die Schichten bei der *vertikalen Modularisierung* sind weitestgehend voneinander unabhängig.

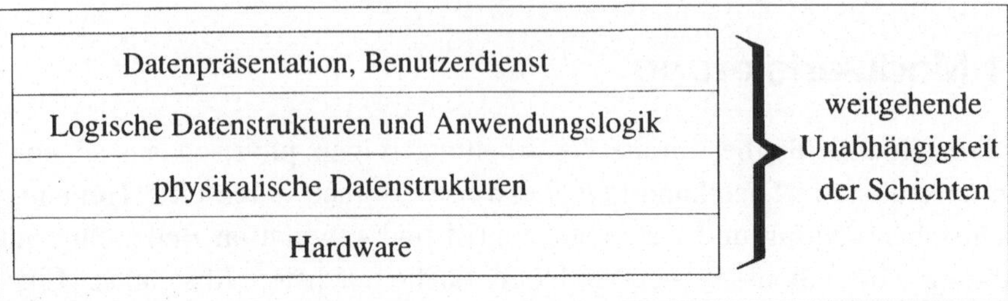

Abbildung 3.6: vertikale Modularisierung

Für die Datenpräsentationsschicht bietet NATURAL verschiedene Modularisie-
rungsobjekte an, die teilweise (Verarbeitungsregeln und Hilferoutinen) sinnvoll
mit Techniken der horizontalen Modularisierung kombiniert werden können.

Objekt	Aufruf	Anwendung
Maske	INPUT USING MAP	"intelligente" Präsentation sowie Ein- und Ausgabesteuerung
Verarbeitungsregel	in die Maske integriert, wird je nach Rang von der Maske aktiviert	Plausibilitäten, Eingabekontrolle
Hilfemaske	?, Hilfetaste Verbindung Parameter HE	Ausgabe von kontext-abhängigen Hilfstexten als "pop up", Realisierung von Expert- und Novice-Modus
Hilferoutine	?, Hilfetaste Verbindung Parameter HE	Ausgabe von programmlogik-gesteuerten, kontextabhängigen Hilfstexten als "pop up" Realisierung von Expert- und Novice-Modus

Abbildung 3.7: Objekte zur vertikalen Modularisierung [AnwDsgn]

Eine Maske kann Prüfregeln enthalten, die in der Maske oder in PREDICT definiert und zum Übersetzungszeitpunkt der Maske fest hinzugefügt werden. Eine
nähere Betrachtung der Objekte zur vertikalen Modularisierung erfolgt in Kapitel
3.3 (Programmdesign).

Die horizontale Modularisierung stellt die traditionelle Art Modularisierung dar,
mit dem Aufruf von Programmen und Unterprogrammen.

Objekt	Aufruf	Anwendung
Subprogramm	CALLNAT	applikationsneutrale Modularisierung Prinzip der Datenkapselung z. B. Aufbau von Modulbibliotheken
Subroutine extern inline	PERFORM	applikationsgebundene Modularisierung Modularisierung einer geschlossenen Anwendung hierarchisch orientiert
Programm	FETCH STACK FETCH RETURN	gut für transaktionsorientierte Pro- grammstrukturen (Eingabe von Funk- tions- und Transaktionscodes) hierarchisch orientiert, eignet sich für offene Anwendungen, Anwendungen mit verschiedenen Ein- stiegspunkten

Abbildung 3.8: Objekte zur horizontalen Modularisierung [AnwDsgn]

Vor- und Nachteile der einzelnen Aufrufarten und Zeitmessungen werden in diesem Kapitel eingehend erläutert.

Modulbibliotheken

Alle Module, mit denen einheitliche Systemservices zur Verfügung gestellt werden wie bestimmte Standardfunktionalitäten oder Hilfen, sollten in zentrale Modulbibliotheken mit klar definierten Schnittstellen abgelegt werden. Der Benutzer erhält damit eine einheitliche Oberfläche für Standardfunktionen. Mit dem Steplibkonzept (Alternativbibliothekskonzept) können zentrale Module in einer Modulbibliothek gehalten und für alle Programmsysteme zugreifbar gemacht werden. Die Standardmodule müssen nicht mehrfach erstellt und getestet werden, sie sind als "Black Box" mit Schnittstelle verfügbar. Der Modullink erfolgt dynamisch zum Aufrufzeitpunkt des Moduls. Routinen zum Formatieren und Prüfen werden fast immer von allen Komponenten eines Projektes benötigt. Der Aufruf eines Subprogramms sichert die Unabhängigkeit von der jeweiligen Systemumgebung (und deren globalen Variablen). Bei einer Änderung der Systemumgebung muß nur das Subprogramm und nicht alle es rufenden Module angepaßt werden.

Performanceüberlegungen für Modulaufrufe

Diese Vorgehensweise ist für alle nichtzeitkritischen Funktionen zu empfehlen. Eine Vorschlagssammlung für Standardmodule enthält Kapitel 3.6 (Standardprogramme).

Auf zeitkritische Funktionen sollte der Zugriff schnellstmöglich erfolgen. Dazu ist es am besten, wenn die Codesequenz direkt im Programm vorhanden ist, eventuell auch als interne Subroutine oder Copycode. Bei Zeitmessungen der Unterprogrammaufrufzeiten werden große Unterschiede für die reine Aufrufzeit von Subroutinen, Subprogrammen oder Programmen sichtbar.

Die schnellste Aufrufart eines Unterprogramms neben dem Einbinden von Copycode mit INCLUDE ist eine interne Subroutine, die mit PERFORM aktiviert wird. Interne Subroutinen besitzen keine Datenkapsel, sie können auf alle Daten des rufenden Programms zugreifen. Um den Faktor elf langsamer ist der Aufruf eines Subprogramms über CALLNAT. Nur etwas verzögert ist die Ausführung einer externen Subroutine mittels PERFORM oder ein Unterprogrammaufruf mit FETCH PERFORM ohne Daten. Ein FETCH RETURN mit USING-Klausel oder die Datenübergabe über den Stack benötigen nochmals die halbe Zeit länger. Die Anzahl der beim Unterprogrammaufruf mit CALLNAT oder PERFORM übergebenen Parameter spielt zeitlich nur eine sehr untergeordnete Rolle.

```
DEFINE DATA
   GLOBAL      USING SPIELGDA
   PARAMETER USING SPIELPDA
   LOCAL       USING SPIELLDA
END-DEFINE
*
CALLNAT "SPIEL-N" USING PAR
CALLNAT "SPIEL-N" USING PAR21 PAR22
CALLNAT "SPIEL-N" USING PAR51 PAR52 PAR53 PAR54 PAR55
*
PERFORM    SPIELINL
*
PERFORM    SPIELEXT USING PAR21 PAR22
PERFORM    SPIELEXT USING PAR51 PAR52 PAR53 PAR54 PAR55
*
FETCH RETURN SPIELRET
FETCH RETURN SPIELRET      USING DAT21 DAT22
END
```

Abbildung 3.9: Verschiedene Unterprogrammaufrufe (Beispiel 3.1)

Subroutinen - auch externe-, die nur von einer Stelle aus aufgerufen werden, sollten vermieden werden, sofern dadurch nicht die Lesbarkeit des Programms leidet. Enthalten die (externen) Subroutinen aufwendigen Code, wird der für den Unterprogrammaufruf benötigte Overhead im Vergleich zur Ausführungsdauer des Codes kleiner.

Interne Subroutinen können benutzt werden, um den Wartungsaufwand zu reduzieren, wenn der gleiche Code in mehreren Stellen im Programm benötigt wird.

| Aufrufart | Dauer in Mikrosekunden | | | Datenübergabe |
Parameteranzahl	1	2	5	erfolgt über
PERFORM inline	9,68			-
CALLNAT	111,76	113,33	114,46	Parameterbereich
PERFORM extern	114,46	116,82	122,64	PDA (oder GDA)
FETCH RETURN	119,84			GDA
FETCH RETURN USING	141,66			USING-Klausel
FETCH RETURN Stackdaten	314,00		555,00	Stack

Abbildung 3.10: Befehlsdauern verschiedener Unterprogrammaufrufe

Externe Subroutinen haben ihren Sinn, wenn ein Programm viele Verarbeitungen durchführen muß, die in der Summe für NATURAL ein Problem darstellen oder bei einem wartungsanfälligen Algorithmus. Ansonsten sind aus Gründen der Datenkapselung, Test- und Wartungsvereinfachung Subprogramme vorzuziehen.

In Systemen, in denen ein verteilter Aufruf (siehe nächster Abschnitt) zu aufwendig ist oder zur Reduzierung der Modulhierarchie, bietet sich in den Programmen die Verwendung von Kopierstrecken (Copycodes) an. Der Sourcecode wird vom Modul getrennt aufbewahrt und in das Objekt mit eingebunden. Ein klassischer Anwendungsfall ist die Definition der Funktionstasten. An mehreren Stellen im Programm und/oder von mehreren Programmen benötigte Copycodes werden am einfachsten wie interne Subroutinen gestaltet und ihr Aufruf im Programm gekennzeichnet. Einige oder alle Subroutineaufrufe können damit durch "inline-code" ersetzt werden. Gegenüber externen Subroutinen ergibt sich ein Laufzeitvorteil durch das statische Einbinden des Copycodes.

```
. . .
PERFORM BLAETTERN
. . .
* * * * * * * * * * * * * * * * * * * * * * * * * * * * * * * * * * * * * * * * * * * * * * * * * * * * * * * * *
INCLUDE COPY-C /* SUBROUTINE BLAETTERN
* * * * * * * * * * * * * * * * * * * * * * * * * * * * * * * * * * * * * * * * * * * * * * * * * * * * * * * * *
. . .
END
```

Abbildung 3.11: Copycode als interne Subroutine

Zum Unterprogrammaufruf können hinsichtlich Performance verschiedene Überlegungen getroffen werden.

Regel 3.1
Modulstruktur

☞ Aufgerufene Module müssen eventuell aus der Datenbank (NATURAL-Programme) oder der Lademodulbibliothek (Nicht-NATURAL-Programme) geladen werden. Dieser Vorgang kostet Zeit. Deshalb sollten die Module nicht zu klein gestückelt werden.

Regel 3.2
Datenübergabe beim Unterprogrammaufruf

☞ Die Datenübergabe kostet Zeit. Deshalb sollten nur benötigte Daten übergeben, der Datentransport über den NATURAL-Stack minimiert werden.

In einigen Anwendungen wird die Datenübergabe über den Stack benötigt, die eine Konvertierung der Daten ermöglicht. Die Daten müssen nicht, wie bei der Parameterübergabe, formatidentisch, sondern nur inputkompatibel übergeben werden müssen. Datenänderungen werden nicht auf dem Stack zurückgeschrieben, da der Aufruf intern über "call by value" realisiert ist.

Daten(definitions)bereiche

Die Datendefinitionsbereiche (außer GDA) und DDMs können als gesonderte Objekte erstellt und mehreren (Unter)Programmen statisch zugeordnet werden.

Die GDA stellt einen Sonderfall da, sie wird zum Übersetzungszeitpunkt des Programms in die Symboltabelle (FSIZE) geladen, die vom Programm benötigten Informationen werden in die Symboltabelle kopiert. In der GDA enthaltene Daten- und Viewfelder werden bei der Programmübersetzung nicht nochmals geprüft. Es kann zu einem Laufzeitfehler kommen, wenn eine GDA ein Viewfeld enthält, das aus dem DDM nach der GDA-Generierung aber vor der Programmgenerierung entfernt wurde und vom Programm benutzt wird. Zur Laufzeit wird eine GDA wie ein externes Unterprogramm behandelt.

Für die Nutzung der Datenbereiche gibt es weitere Optimierungsüberlegungen. Mehrfach benötigte Benutzersichten ohne variable Indizierung sollten in einer LDA nur für diese Benutzersicht definiert werden. Für die benötigte Benutzersicht wird damit nur eine globaler Formatident erstellt, der beim ADABAS-Zugriff von mehreren Programmen benutzt werden kann. Die wiederholte Nutzung des globalen Formatidents führt zu Performanceverbesserungen.

Platzbedarf der Datenbereiche

Um den Platzbedarf der GDA-Bereiche im erweiterten Benutzerpuffer (ESIZE) möglichst gering zu halten, sollten die globalen Datenbereiche geblockt werden. Die benötigten GDA-Blöcke können damit nicht weiter genutzte Blöcke im Puffer überschreiben.

Bei komplexen Programmsystemen können die Benutzerbereiche durch eine hohe Schachtelungstiefe vollständig gefüllt sein. Dann sollte ab einem bestimmten Punkt neu aufgesetzt werden und ein Programmaufruf mit FETCH als Alternative zu PERFORM, CALLNAT, FETCH RETURN erfolgen. NATURAL beginnt den Strukturaufbau neu, eine automatische Rückkehr zum vorhergehenden Modul ist nicht mehr möglich. Je nach Notwendigkeit in der Anwendung muß die Rückkehrmöglichkeit von der Dialogsteuerung angeboten werden.

Der Einsatz von zentralen Steuerungselementen oder vom NATURAL Kommandoprozessor kann die physische Schachtelungstiefe zugunsten einer logischen herabsetzen und weitestgehend aufheben. Dabei werden die Anwendungen "geflattet", die logische Schachtelungstiefe wird größer als die physische.

Unnötige Felder können mit Hilfe der aktiven Referenzen ausfindig gemacht werden (Verify Application Integrity, List Variables not used), ebenso Felder, die im Programm zwar definiert aber nicht benutzt werden.

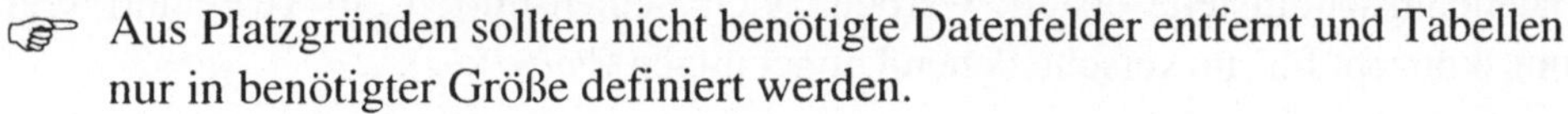

Regel 3.3

Nur benötigte Felder definieren

☞ Aus Platzgründen sollten nicht benötigte Datenfelder entfernt und Tabellen nur in benötigter Größe definiert werden.

3.2.2 Verteilte Anwendungen (Client/Server)

Mit steigendem Wunsch nach Dezentralisierung der Anwendungen und Ablösung von Mainframes in den Unternehmen verändern sich die Anforderungen an die Anwendungssysteme. Um vom Hardware- und Datenbankhersteller unabhängig zu werden, müssen Hardwareabhängigkeiten und Datenbankabhängigkeiten weitestgehend isoliert werden. Die neuen Systeme sollen flexibel einsetzbar und mit benutzerfreundlichen graphischen Oberflächen ausgestattet sein. Dazu eignen sich sich sehr gut verteilte Systeme, bei denen Funktionen aus einer Anwendung herausgelöst und auf einem entfernten Rechner (Server) ausgeführt werden.

Die Aufgabe von Plattformabhängigkeiten führt zu einer Verschlechterung der Performance und teilweise zu einem Komfortverlust des Anwenders. Dieser Nachteil kann aufgefangen werden durch einen modularen Aufbau der Anwendungssysteme, bei dem plattformabhängige Zugriffe gekapselt und bei einem Plattformwechsel ersetzt werden. Unabhängige Schnittstellen beispielsweise für I/Os verringern den Anpassungsaufwand an neue Systeme und den Wartungsaufwand auf allen Plattformen.

Bei der Planung einer Portierung von Anwendungssystemen müssen zuerst die Entwicklungsumgebung und die Ablaufumgebung festgelegt sowie Checklisten für den technischen Ablauf und die Realisierung erstellt werden. Wichtig ist die Definition von Standards für die Anforderungen der Umgebung und die Implemenation. Dazu gehören die Netzwerkprotokolle, die Directorystrukur für einen übereinstimmenden Aufbau über alle Plattformen und die NATURAL-Startupprozeduren, um einen einheitlichen Einstieg in die Anwendungen zu gewährleisten. Daneben müssen Implementationsstandards festgelegt und Zugriffsroutinen oder externe Unterprogrammaufrufe für Systemfilezugriffe und eine einheitliche Datenbankschnittstelle erstellt werden. Nicht fehlen dürfen ein Test- und Wartungskonzept für die verschiedenen Umgebungen [*Port_Prog*].

Bei verteilten Anwendungen gibt es drei Problemstellungen, verteiltes Management, verteilte Sicherheit und verteiltes Monitoring. Es muß geklärt werden, welche Module, Daten, Definitionen, kurzum was wo ist und warum es dort ist. Um den Sicherheitsbestimmungen gerecht zu werden ist festzulegen, wer wo bekannt ist und was er darf. Die Last innerhalb des Gesamtsystems muß automatisch verteilt werden, es ist zu bestimmen, wo was am sinnvollsten gemacht wird und wer was kontrolliert.

Beim Design einer verteilten Anwendung stellt sich die Frage, wo Teile der Anwendung herausgelöst und in einem anderen System bearbeitet werden können. Dazu ist es hilfreich, eine Anwendung in Schichten zu unterteilen.

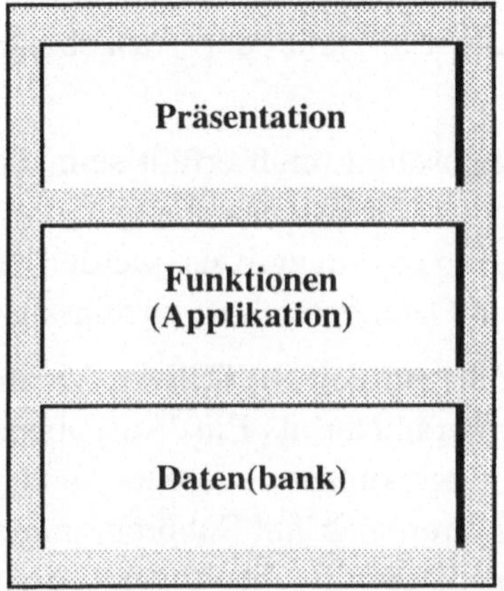

Abbildung 3.12: Komponenten eines Anwendungssystems

Die Trennung der Anwendung erfolgt jeweils zwischen den Schichten Präsentation und Applikation/Daten (dezentrale Präsentation), Präsentation/Applikation und Daten (dezentraler Datenbankzugriff) oder innerhalb der Applikationsschicht (cooperative Verarbeitung).

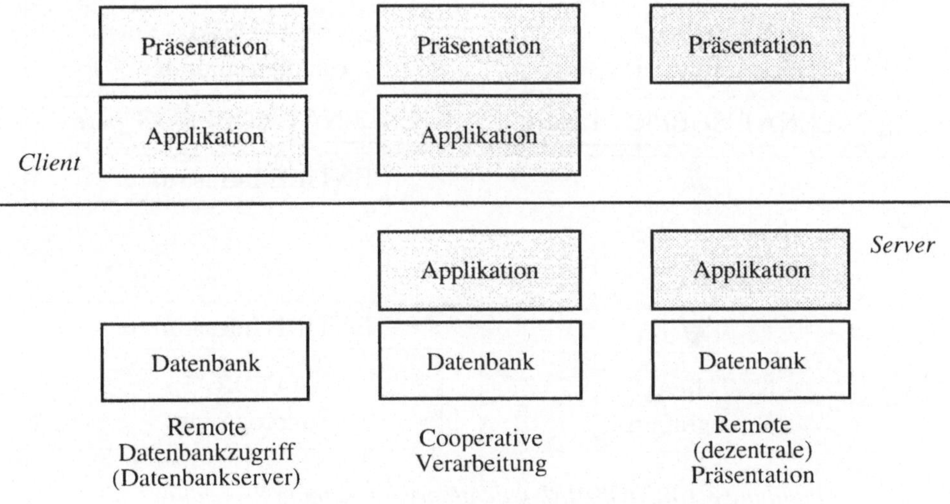

Abbildung 3.13: Client/Server-Modelle

Um einzelne Funktionen als remote gerufene Funktionen aus einer Anwendung herauslösen zu können, müssen verschiedene Voraussetzungen erfüllt werden:

1. Die Anwendung muß an die Funktion alle benötigten Ein-/Ausgabeparameter übergeben. Die Parameter müssen in einem oder mehreren Parameterbereichen definiert und als Ein- und/oder Ausgabeparameter gekennzeichnet sein.

2. Das Prinzip der Datenkapselung muß erfüllt sein. So darf von der Funktion und deren untergeordneten Funktionen nur auf die übergebenen Parameter und eigene lokale Variablen zugegriffen werden, eine Parameterübergabe über Stack oder globalen Datenbereich ist unzulässig.

Diese Voraussetzungen erfüllt nur der NATURAL-Modultyp Subprogramm, wobei die Kennzeichnung der Parameter als Ein-/Ausgabeparameter nicht zwingend vorgeschrieben ist, aber vorgenommen werden kann. Intern können sowohl Maskenaufrufe als auch Hilferoutinen mit Subprogrammen gleichgesetzt werden. In Client-/Server-Systemen sollten als echte Unterprogramme nur mit CALLNAT gerufene Subprogramme verwendet werden.

Der Aufruf von Subprogrammen kann in einer Client-/Serverumgebung lokal oder remote (über verschiedene Rechner hinweg) erfolgen. Remote-Aufrufe werden durch die ENTIRE-Infrastruktur ermöglicht.

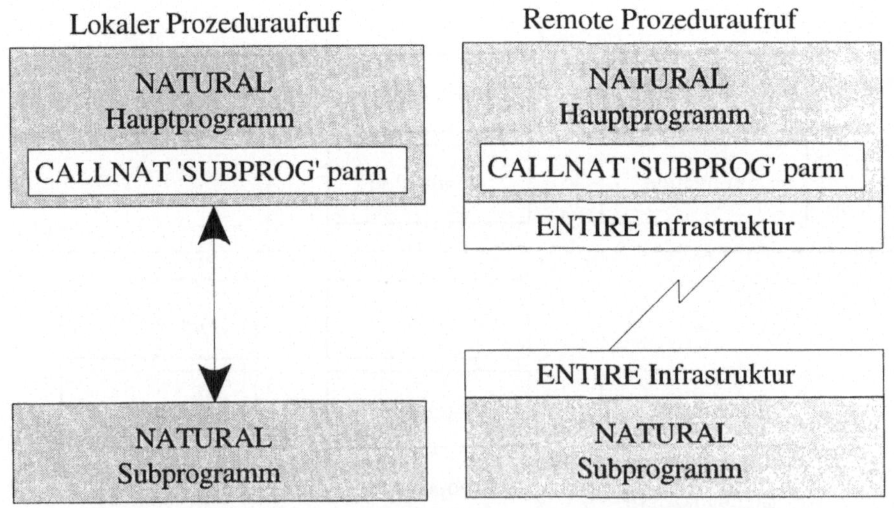

Abbildung 3.14: NATURAL Client/Server - Remote Procedure Call

Unterprogrammaufrufe

Intern unterscheiden sich die Aufrufe einer lokalen und einer remote Prozedur. Ein lokaler NATURAL-Prozeduraufruf erfolgt über Referenzparameter (*call by reference*), ein remote Prozeduraufruf über Wertparameter (*call by value*) (siehe Anhang 1). Beim lokalen Prozeduraufruf erfolgt der Datenzugriff über Adressen, an das Unterprogramm werden nur die Adreßzeiger übergeben. Die Verwendung von Parametervariablen ist vor allem für remote gerufene Unterprogramme zeitaufwendig, da die benötigten Daten über die Leitung geschickt werden.

Um Fehler bei der Umstellung von lokaler auf remote Verarbeitung zu vermeiden und aus Gründen der Wartbarkeit und leichteren Portierbarkeit der Unterprogramme, sollte eine veränderbare Variable nicht mehrfach an das Subprogramm übergeben werden. Taucht ein Parameter in einer Parameterleiste mehrfach als veränderbar auf, können sich die Ergebnisse der lokalen und remote Aufrufe unterscheiden. Dieser Aspekt soll mit dem folgenden Beispiel verdeutlicht werden.

```
/* Hauptprogramm
...
MOVE   3 TO VAR1
CALLNAT 'CALL-N' VAR1 VAR1 VAR3
```

```
/* gerufenes Subprogramm CALL-N
DEFINE DATA PARAMETER
1 PARM1 (N2)
1 PARM2 (N2)
1 PARM3 (N2)
END-DEFINE
*                               /* Zustand 0
PARM1 := PARM1  + PARM1         /* Zustand 1
PARM3 := PARM1  + PARM2         /* Zustand 2
WRITE PARM1 PARM2 PARM3
END
```

Abbildung 3.15: Parameterübergabe Haupt- zu Unterprogramm (Beispiel 3.2)

Im Beispiel 3.2 [*RemCNAT*] wird beim Aufruf die veränderbare Variable VAR1 zweimal übergeben. Das Subprogramm nimmt die Variable VAR1 als PARM1 und als PARM2 an. Bei einem lokalen Prozeduraufruf mit Adreßübergabe bedeutet eine Veränderung von PARM1 automatisch auch die Änderung von PARM2. PARM2 erhält den gleichen Wert wie PARM1, da intern dieselbe Adresse verwendet wird. Für einen remote Prozeduraufruf werden die Variableninhalte in Zwischenvariablen überführt, mit denen der Aufruf ausgeführt wird. Dies bedingt für das obige Beispiel, daß zwar die Anfangswerte von PARM1 und PARM2 identisch sind, aber nicht deren Werte im Unterprogrammverlauf.

<table>
<tr><td colspan="4" align="center">lokal</td><td></td><td colspan="4" align="center">remote</td></tr>
<tr><td></td><td>PARM1</td><td>PARM2</td><td>PARM3</td><td></td><td></td><td>PARM1</td><td>PARM2</td><td>PARM3</td></tr>
<tr><td>0</td><td>3</td><td>3</td><td>-</td><td></td><td>0</td><td>3</td><td>3</td><td>-</td></tr>
<tr><td>1</td><td>6</td><td>6</td><td>-</td><td></td><td>1</td><td>6</td><td>3</td><td>-</td></tr>
<tr><td>2</td><td>6</td><td>6</td><td>12</td><td></td><td>2</td><td>6</td><td>3</td><td>9</td></tr>
<tr><td colspan="4" align="center">call by reference</td><td></td><td colspan="4" align="center">call by value</td></tr>
</table>

Abbildung 3.16: Call by reference und Call by value

Das hat zur Folge, daß das Ergebnis von der Aufrufart abhängt. Nach dem Aufruf enthalten die Parameter VAR1 und VAR3 die Werte 6 und 12 für den lokalen Aufruf, die Werte 6 und 9 für den remote Aufruf.

Kommunikation zwischen Client und Server

Für die Kommunikation zwischen Client und Server gibt es zwei Ansätze, die verbindungslose und die verbindungsorientierte Kommunikation. Bei einer *verbindungslosen Kommunikation* besteht zwischen Client und Server keine direkte Verbindung. Die Anforderungen vom Client an den Server werden über eine Client-/Server-Kommunikationsschnittstelle abgewickelt, in der Literatur wird dies auch mit RPC (remote procedure call) bezeichnet. Es wird jeweils ein Request bearbeitet, genau eine Antwort zum Client zurückgeschickt.

In einer *verbindungsorientieren Kommunikation* werden Client und Server miteinander verbunden. Der Client erhält für jeden Request genau eine Antwort. Im Unterschied zur verbindungslosen Kommunikation, sind der von der Client-/Server-Schnittstelle vergebene Serverident und der Verbindungsident eindeutig. Eine verbindungslose Kommunikation kann beliebig viele Requests beinhalten, die Verbindung bleibt bis zum CLOSE-Request des Clients erhalten. An vordefinierten Stellen kann der Server die Verarbeitung unterbrechen, weshalb die Synchronisationspunkte bei Client und Server sorgfältig zu programmieren und zu testen sind. Jedem Client muß genau ein Server zugeordnet sein [*Client_NRW*].

Um ein NATURAL-Modul auf den Server auslagern zu können, dürfen - unabhängig von der Kommunikationsart - keine Bildschirmein-/ausgaben über INPUT, DISPLAY oder WRITE (Screen) erfolgen und im Fehlerfall müssen dem Client per Reply alle Fehlerinformationen übertragen werden. [*Client_NRW*].

In einer *verbindungslosen Kommunikation,* wie sie mit NATURAL RPC realisiert ist, kann ein NATURAL-Modul nur dann eingesetzt werden, wenn es genau eine Antwort an das rufende Programm zurückgibt und Workfiles und Reports geschlossen sind.

Bei einer *verbindungsorientierten Kommunikation* bleibt der Server zwischen zwei Requests im NATURAL-Programmablauf stehen und verhält sich damit identisch zu einem INPUT-Befehl. Deshalb können Funktionen mit unbeschränkter Ergebnismenge auf den Server ausgelagert werden. Der Client kann beliebig viele Ausgabeblöcke vom Server abfragen, die eigentliche Verarbeitung der auszulagernden NATURAL-Programme muß nicht verändert, die Anwendung kann beliebig geteilt werden (siehe Abbildung 3.13). Diese, von NATURAL nicht standardmäßig zur Verfügung gestellte Funktionalität kann mit Hilfe der NATURAL-Userexits NATCPI und NATSPI realisiert werden [*Client_NRW*].

Portierung von NATURAL-Anwendungen

Von einer Host- zu einer PC-Umgebung (und umgekehrt), eventuell über UNIX oder VMS, können nur Sourcen übertragen werden. Die Portierung erfolgt mit spezifischen Transportmedien und mit der NATURAL-Utility SYSTRANS. Daneben können mit SYSTRANS alle NATURAL Objekte, NATURAL Masken, DDMs, ADABAS FDTs und Fehlermeldungen auf andere Medien portiert werden. Nicht portiert werden können Programme, die auf NATURAL-Zusatzprodukte bezogene Sprachelemente enthalten, falls diese Zusatzprodukte nicht auf jeder Plattform verfügbar sind und vom Betriebssystem abhängige Komponenten wie Druckhandler und Batchsteuerungen. Die Portierung von graphischen in zeichenorientierte Benutzeroberflächen kann sich schwierig gestalten [*DownRight*].

Zeichensätze

Zu beachten in einer Client-/Server-Umgebung sind die verschiedenen Zeichensätze ASCII (0, 1,...,9, A,...Z) und EBCDIC (A,...Z, 0,...,9), die sich auf die Sortierreihenfolge bei Datenzugriffen, hexadezimale Konstanten und darstellbare Zeichen auswirken. Die Belegung der ASCII-Zeichensätze ist nur normiert für die Stellen 00...127, die Stellen 128...255 sind von den verschiedenen Herstellern frei vergebbar. Um Fehler in verteilten Umgebungen zu verhindern, sollten Konstanten anstelle fester Zahlen, hexadezimale Werte anstelle nichtdarstellbarer Zeichen angewandt und Datenbereiche in Zugriffen so gesplittet werden, daß sie von der Sortierreihenfolge unabhängig sind. ('AA' THRU '99' durch 'AA' THRU 'ZZ' OR '00' THRU '99' ersetzen, nie bis EOF lesen, immer durch die ENDING AT-Klausel begrenzen.)

3.2.3 Dialogdesign

Für die Dialogverarbeitung ist eine einheitliche Navigation im System und damit ein gutes Dialogdesign sehr wichtig. Dazu gehören Benutzerführung, Dialogansteuerung sowie Präsentation und Verarbeitung der Steuerungsalternativen. Zur Vereinfachung des Designs können die Systemfunktionen und Dialoge eingeteilt werden in:

- operative Dialoge   (Verwaltungsdialoge, anzeigen, ändern),

- Auswertungsdialoge (Tabellen, Listen),

- Servicedialoge   (Hilfen, Selektionen, Standardfunktionalitäten) und

- Navigationsdialoge   (Menüs, Kommandoauswahlen).

Dialogsteuerung

von nach	Einstiegs- menü	Menü	Funktions maske	Dialog- fenster	Zoom
Einstiegs- menü	-	Menü	Menü	Menü	Menü
Menü	DirektK Auswahl	DirektK Auswahl	DirektK	DirektK	DirektK
Funktions- maske	DirektK Auswahl	DirektK Auswahl	DirektK	DirektK	DirektK
Dialog- fenster	DirektK	DirektK	DirektK	DirektK	DirektK
Zoom	Cursor DirektK System	Cursor DirektK System	Cursor DirektK System	Cursor DirektK System	Cursor DirektK System

Abbildung 3.17: ISA-Standard für die Navigation im Dialogsystem

Für die Navigation im Dialogsystem gibt es einen ISA-Standard, der zwischen den Steuerungstechniken Direktkommando (DirektK), Cursor- oder Zeichenauswahl (Auswahl), reine Cursorauswahl (Cursor) und ausschließliche Systemaktivierung (System) unterscheidet (siehe Abbildung 3.17).

In der *Direktkommando*-Technik enthalten sind die Eingabe über die Kommandozeile und die Aktivierung einer Funktionstaste. Die Elemente der Menüebene können über eine Eingabe in die Kommandozeile oder mit der Funktionstaste PF15 (Menü) aufgerufen werden.

Dialogschritte und -techniken

Die Bearbeitung eines Vorgangs erfolgt in *Dialogschritten* (technische Transaktionen). Diese können unterschieden werden in [*AnwDsgn*]:

- *unbedingte Dialogschritte,*

  die für die Bearbeitung nur einmal benötigt werden (Kopfdatenpflege),

- *bedingte Dialogschritte,*

  die für sporadische Zusatzinformationen erforderlich sind (Hilfe, Schlüsselauswahl, besondere Einschränkungen),

- *zyklische Dialogschritte,*

  die je nach Aufgabenstellung und Bedarf mehrfach wiederholt werden müssen (Positionspflege) und

- *alternative Dialogschritte,*

  wenn die Vorgangsbearbeitung mit mehreren verschiedenen Dialogschritten erfolgen kann (Pflege oder Neuaufnahme Kopfdaten, um in Positionsdaten zu gelangen).

Je nach Initiator des Dialogs werden die *Dialogtechniken* weiter aufgeteilt [*AnwDsgn*]. Beim *rechnerinitiierten Dialog* geht die Initiative vom Rechner aus. Dem Benutzer stehen in jedem Dialogschritt fest umrissene Auswahlmöglichkeiten zur Verfügung. Die Auswahl erfolgt vorzugsweise über Menüs mit Funktionstasten oder bestimmten vorgegebenen Zeicheneingaben. *Benutzerorientierter* (nicht benutzerfreundlicher) *Dialog* heißt, daß der Benutzer die Verarbeitung durch ständiges Eingeben von Befehlen und Kommandos steuert. Dazu gehört auch die Anwendung einer reinen Direktkommandosyntax. *Hybride Dialogtechniken* stellen eine Mischform benutzerinitiierter und rechnerinitiierter Dialogtechniken dar mit ständig wechselner Initiative und sind am benutzerfreundlichsten.

Die Wahl der Dialogtechnik wird beeinflußt durch Arbeitsaufgabe, Benutzerprofil, technische Möglichkeiten, Restriktionen und gesamtorganisatorische Wirtschaftlichkeit. Eine ideale Dialogtechnik in Reinform (rechnerinitiiert, benutzerorientiert) gibt es nicht. Für jede einzelne Umgebung muß als den verschiedenen teils widersprüchlichen Anforderungen ein optimales System erarbeitet werden.

Dem Systembenutzer kommt es entgegen wenn die verwandte Dialogtechnik und -steuerung gleichbleibend und durchgängig ist. Die reine Eingabe über die Kommandozeile ist vor allem für Nichtexperten schwer zu durchschauen, deshalb sollten Direkteingabe und Funktionstastensteuerung nebeneinander geführt und die verwendeten Direktkommandos und Funktionstasten einheitlich belegt werden. Sowohl für die Fensterdefinition als auch für die Funktionstastenbelegung gibt es einen CUA- und einen ISA-Standard.

Die Steuerung im System kann jeweils direkt in den Programmen erfolgen oder zentral über ein Steuermodul wie beispielsweise den Kommandoprozessor. Eine Steuerung direkt im Programm bedingt starre Programm- zu Programmverbindungen, die zu schlecht erweiterbaren Systemen und zu redundantem Steuerungscode führen. Sinnvoller ist, die Steuereinheiten zu kapseln und aus den Programmen auszulagern.

Unabhängig von Art und Anordnung der Dialogsteuerung muß diese bei einer Update-Funktion unter Beachtung der Transaktionslogik realisiert werden. Integritäten sollten sichergestellt, im Falle eines gewollten oder durch Fehler bedingten Abbruchs ein Rückgängigmachen möglich sein. Dies kann mit den in NATURAL zur Verfügung stehenden Mitteln mit Unterprogrammtechnik, Hilfemechanismen oder der Datenbanktransaktionslogik erreicht werden.

> **Regel 3.4**
>
> **Unnötige Terminal-I/Os vermeiden**

 Unnötige Terminal-I/Os kosten Zeit. Sie können vermieden werden durch Überspringen unnötiger Dialogschritte, Anzeige zusätzlicher Hilfen nur auf Wunsch und Reduzierung der Fehlermöglichkeiten.

Dialogobjekte

Die einzelnen *Dialogobjekte* können in abhängige und unabhängige Objekte unterschieden werden [*AnwDsgn*]. *Unabhängige Dialogobjekte* sind in sich abgeschlossen. Sie unterstützen als Hauptfunktionen betriebliche Funktionen oder stellen Standard- und Servicefunktionen dar. Im allgemeinen sind diese kontextunabhängig wie Profilpflege, Drucken, spezielle Berechnungen, Hilfe, allgemeingültige Selektionen, Auswahlen und Menüs. *Abhängige Dialogobjekte* sind gewöhnlich kontextabhängig. Sie bilden spezielle Funktionen einer Hauptfunktion ab wie Zusatzinformationen und Beschreibungen.

Mit steigender Verteilung der Anwendung über verschiedene Rechner hinweg wächst die Bedeutung einer sinnvollen Modularisierung. Prüfungen mit Rückmeldungen an den Benutzer können nur ausgeführt werden, wenn der Benutzer gerade aktiv mit einem Eingabesystem kommuniziert. Alle einfachen Plausibilitätsprüfungen können in Masken durchgeführt werden. Der Aufruf von Hilferoutinen aus den Masken ist ebenso sinnvoll.

Hilfen

Ein Hilfesystem hat die Aufgabe, online eine Anwendung zu dokumentieren. Dazu gehören eine Datei zum Speichern der Hilfetexte, eine Standardhilferoutine und ein System zur Eingabe/Pflege der Hilfetexte. Eventuell kann aus den Hilfetexten mit Sonderroutinen ein Benuterhandbuch herausgefiltert werden. Hilfen können eingeteilt werden in Hilfen zur Bearbeitung und Hilfen zur Steuerung/Navigation:

- *Hilfen zur Bearbeitung*

  Die Hilfetexte der Bearbeitungshilfen enthalten fachliche Erläuterungen und sind funktions- oder feldbezogen. Aktive Hilfe leisten feldbezogene Auswahlhilfen, die ein zulässiges Datenangebot zur Verfügung stellen.

- *Hilfen zur Steuerung/Navigation*

  Die Möglichkeiten der Steuerung und Navigation im System allgemein sind Inhalt der als Steuerungshilfe angebotenen Hilfetexte. Auswahlhilfen werden über alle Kommandos und kontextabhängige Kommandos angeboten.

Sinnvoll zur Bereitstellung der Hilfetexte ist die Verwendung von Standardhilferoutinen, die die angeforderten Hilfetexte von einer Hilfetextdatei lesen und ausgeben. In einer NATURAL/PREDICT-Umgebung sind Vorschläge für solche Standardhilferoutinen enthalten, die auf die in PREDICT hinterlegten Texte (Kurzkommentare und Langbeschreibungen) für Masken, Felder und erlaubte Feldwerte zurückgreifen. Es ist auch möglich, in PREDICT eine Hilfetextdatei mit einfachem Aufbau und standardisiertem Schlüssel zu hinterlegen. Die Funktionshilfe wird in einem standardisierten Fenster der Größe (20*74), das immer auf Position (4/1) beginnt, dargeboten, die Feldhilfe in einem standardisierten Fenster der Größe (15*30) mit dynamischer Position. Besteht der Hilfetext aus mehreren Seiten, wird ein Blättern über Funktionstasten sowie eine direkte Seitenauswahl realisiert. Beispiele für die Möglichkeiten der PREDICT-Hilferoutinen für NATURAL sind im PREDICT Referenzhandbuch beschrieben und unter SYSHLP* in der Applikation SYSDICH zu finden.

Felddarstellung

Neben der Navigation im Dialogsystem sollten auch Felddarstellung und -farben vereinheitlicht werden. Im ISA-Standard werden Eingabefelder mit Unterstrichen aufgefüllt, nach CUA-Standard sind Füllzeichen nicht notwendig. In beiden Standards wird nicht zwischen Muß- und Kannfeld unterschieden, dies kann je nach Maske jedoch sinnvoll sein.

Die Umsetzung von Anführungszeichen (") in Textkonstanten kann mit dem Profilparameter TQ eingestellt werden. Unabhängig von der Einstellung des TQ-Parameters werden zwei einzelne Hochkommata (' ') immer in einzelne (') umgesetzt.

Zur besseren Lesbarkeit der Masken sollten diese mit Groß-/Kleinschreibung dargestellt werden. Für die Ausgabe ist es günstig, numerische Felder aufzubereiten und variabel lange Felder zusammenziehen. In Eingabemasken ist bei Gruppenbildung der Cursorweg zu bedenken.

Variabel lange Eingabefelder können mit dem NATURAL-Parameter DY begrenzt werden. Angezeigt werden die begrenzten Felder nur in der geduldeten Eingabelänge. Zu lange Eingaben sind nicht mehr möglich und werden direkt von der Maske verweigert, nicht erst nach Datenfreigabe oder durch REINPUT.

3.2.4 Asynchrone Prozesse

Eine reine Dialogverarbeitung, wie sie in den vorangegangenen Abschnitten vorgestellt wurde, eignet sich nur für ein begrenztes Datenvolumen. Das Management großer Datenmengen (viele Sätze und Variablen) ist sehr schwierig und langlaufende Verarbeitungen wie Statistiken über große Datenbestände oder umfangreiche Listverarbeitungen sprengen den Dialogbetrieb und beeinflussen die Dialogstruktur. Sowohl im Dialog- als auch im Batchbetrieb müssen die begrenzenden NATURAL-Parameter MT, MADIO, LT und LE sehr hoch angesetzt werden, was ungewünschten Endlosverarbeitungen gerade im Dialogbetrieb führen kann (siehe Abschnitt 7.3).

Zur Lösung dieses Problems können asynchrone Prozesse eingesetzt werden, die primär unbeeinflußt voneinander ablaufen. Im Idealfall hat der Anwender die Möglichkeit, asynchrone Prozesse aus dem Dialog anzustoßen oder über eine Selektion die Aufträge weiterzugeben. Vorteil dabei ist, daß das Onlineterminal nicht weiter blockiert und die Dialogsitzung für längere Zeit unterbrochen wird, die langdauernde läuft Verarbeitung asynchron ab. Die für die asynchrone Verarbeitung notwendigen Laufzeitvariablen können schon im Dialog geprüft werden. Der asynchrone Prozeß muß keine weitere Parameterprüfung mehr durchführen.

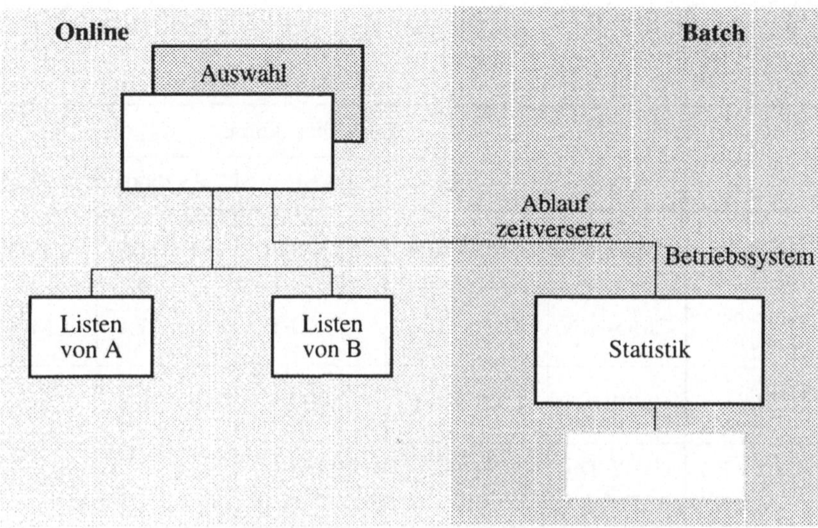

Abbildung 3.18: Asynchrone Prozesse

Die Batchjobs werden aus den NATURAL-Onlineprogrammen heraus generiert und abgeschickt. Der Submit erfolgt über einen Aufruf von NATRJE (NATU-RAL-Parameter RJESIZE), wie im Programm SUBMIT in der Bibliothek SYS-EXTP beschrieben, oder mit Hilfe von NATURAL PROCESS-Zugriffen.

Parameter	Format	Inhalt		
parm1		❏ Tabelle bzw. String, der eine oder mehrere JCL-Karten in Länge 80 enthält.		
parm2	(B4)	❏ Enthält die Anzahl der 80 Stellen langen JCL-Karten, die bei diesem CALL übertragen werden.		
parm3	(A1)	L	❏ alle bis zu diesem Zeitpunkt eingetroffenen JCL-Karten sollen submitted werden.	
		B	❏ erst nachdem nocheinmal die ENTER-Taste gedrückt wurde, wird submitted.	
			❏ es folgen noch weitere Karten.	
parm4	(B2)	❏ Return-Code des Moduls NATRJE		

Abbildung 3.19: NATRJE-Parameter

NATRJE überträgt die vom NATURAL-Programm erstellte JCL zur Ausführung an das Betriebssystem. Der Aufruf von NATRJE erfolgt über Parameter:

```
CALL 'NATRJE' parm1 parm2 parm3 parm4
```

Die in den Batchprozeduren einzutragenden Dateizuweisungen für NATURAL im Batch sind betriebssystemabhängig:

Datei	Logischer Name				
	MVS	**CMS**	**VSE**	**BS2000**	**WANG**
Kommando-eingabe	CMSYNIN	CMSYNIN	SYSRDR	SYSDTA	CMSYNIN
Dateneingabe (optional)	CMOBJIN	CMOBJIN	SYSIPT	SYSDTA	CMOBJIN
NATURAL Systemausgaben	CMPRINT	CMPRINT	SYSLST	SYSOUT	CMPRNT
Reports (01 - 31)	CMPRT*nn*	PRINTER=***	SYSLST*	P*nn*	PRINTER=***
NATURAL Work-files (01 - 32)	CMWKF*nn*	WORK=***	CMWKF*nn***	W*nn*	WORK=***

Abbildung 3.20: Dateizuweisungen für NATURAL im Batch [OrgVerw]

*   physische Einheiten ab SYS041 (Default).
**   physische Einheiten ab SYS001 (Default).
*** NATURAL Sessionparameter.

In einem Job müssen nicht immer alle Dateiangaben vorgenommen werden. Allgemein zwingend sind nur die Angabe der Kommandoeingabedatei und der Datei für die NATURAL-Systemausgaben, die auch als Dummyeingabe erfolgen kann. Für jede in einem READ/WRITE WORK FILE-Befehl im Programm angegebene Referenznummer muß das entsprechende Workfile definiert werden, für jede Ausgabeanweisung (DISPLAY, WRITE, ...) das Printfile. Beim Start des NATURAL-Batchnukleus können dynamisch Parameter mitgegeben werden, beispielsweise zum Umsetzen des Eingabemodus.

```
//NATBATCH     JOB CLASS=N,MSGCLASS=X
//NATURAL      EXEC PGM=NAT26BA,REGION=1200K,
// PARM='MADIO=0,MT=0,MAXCL=0,INTENS=1,IM=D'
//STEPLIB      DD DISP=SHR,DSN=OPS.SYSH.PROD.LOAD
//             DD DISP=SHR,DSN=TFS.LIBS.ADA5.LOAD
//SYSUDUMP     DD SYSOUT=X
//DDCARD DD *
ADARUN PROG=USER,SVC=249
//DDPRINT      DD SYSOUT=X
//CMPRINT      DD SYSOUT=X
//CMSYNIN      DD *
LOGON SAGTOURS
VERTRAG
U
B
E
FIN
/*
```

Abbildung 3.21: Batchverarbeitung ohne Security (Beispiel MVS)

Hintergrundprozesse

Langlaufende Verarbeitungen können auch als Hintergrundprozeß in der TP-Umgebung ablaufen. Dazu wird von einem NATURAL-Programm aus eine Taskanforderung an das TP-System abgesetzt:

TP-System	CALL-Aufruf	Beispiel
COMPLETE	CALL 'CMTASK' USING TRANSID LAENGE DATEN	ASYNCOMP in SYSEXTP
CICS	CALL 'CMTASK' USING TRANSID LAENGE DATEN TERMID TIME	ASYNCICS in SYSEXTP
UTM	CALL 'NATASYN' ASPARM	STARTAS in SYSUTM)
IMS	CALL 'CMQUEUE' USING DESTINATION MESSAGE LAENGE	

Abbildung 3.22: Asynchrone NATURAL-Sessions im TP-System

Die langlaufenden Verarbeitungen im TP-System können über Prioriäten und Klassen gesteuert werden. Beispielprogramme für eine Prioritätensteuerung unter CICS und UTM befinden sich unter den Namen TRANSET und STARTAS in den Bibliotheken SYSEXTP und SYSUTM.

Parallelbetrieb

In einer NATURAL/ADABAS-Umgebung mit einem ADABAS-Bufferpool für Dialog- und Batchanwendungen führt ein hoher Batchanteil parallel zum Onlinebetrieb zu schlechteren Onlineantwortzeiten, da der ADABAS-Bufferpool für die Onlineumgebing durch die sehr hohe ADABAS-Callrate eines Batchjobs logisch zerstört wird. Die Onlineblöcke im Bufferpool werden mit einem LRU-Algorithmus (least recently used) zugunsten der Batchblöcke verdrängt. Dabei werden die Blöcke des Bufferpools überschrieben, auf die verglichen mit den anderen Blöcken früher am wenigsten zugegriffen wurde. Durch dieses Verhalten steigen Puffereffizienz und CPU-Verbrauch an. Um dies zu vermeiden, sollten die Resourcen durch ein Klassenkonzept mit Prioritätensteuerung im Betriebssystem vergeben werden.

Zeitliche Trennung

Bei getrennten Batch- und Onlinezeiten sollten für die Datenbanken unterschiedliche ADARUN-Parameter festgelegt werden. Für die Batchverarbeitung kann der Bufferpool (ADABAS-Parameter LBP) vergrößert werden.

Programmstrukturen

Für Batchprogramme sind andere Richtlinien günstig als für Dialogprogramme. Im Batch kann der Benutzer im Gegensatz zum Dialog nicht eingreifen, Dialogsteuerung und Hilfeverarbeitung entfallen. Wegen der unterschiedlichen Anforderungen sind gemeinsame GDAs für Online und Batch wenig sinnvoll. Wichtig ist festzulegen, wo die vom Batchprogramm benötigten Parameter geprüft werden. Erfolgt das Erstellen und Submitten des Batchjobs vom Dialog aus über Aufbereitungsprogramme, kann die Variablenprüfung im Dialog erfolgen und im Batchprogramm entfallen, die Variablen können vom Batchprogramm bei Bedarf angefordert werden. Werden Batchjobs manuell zusammengestellt und ausgeführt, müssen die Übergabedaten am Beginn des Batchprogramms geprüft werden.

3.2.5 Möglichkeiten des Druckens

Langlaufende Drucke werden meist über Batchprozeduren abgewickelt. Die Druckprozeduren sind als Sonderfall der Batchprozeduren anzusehen, die zusätzlichen sicherheitstechnischen Aspekten genügen müssen und mit druckerspezifischen Details versehen sind.

Die verschiedene Drucker (Matrix-, PC-, nicht AFP-fähige und AFP-fähige Laserdrucker) besitzen die unterschiedlichsten Formate. Das Druckgut muß entsprechend aufbereitet werden. In einem Dokument können mehrere Schriftarten verwendet werden. Aus Sicherheitsgründen muß gewährleistet sein, daß nicht jedes Druckgut auf jedem Drucker ausgedruckt werden kann. Die Zuordnung von Druckgut, Druckern und Escapesequenzen kann durch zentrale Module erfolgen.

Es ist die Frage zu klären, was bei einem Druckerausfall zu tun ist. Oft können alle Anforderungen nicht von einem Spoolingsystem erfüllt werden, ein logisches Spoolingsystem ist gefordert.

Von NATURAL-Programmen aus kann direkt in die Druckspool des Trägersystems gedruckt werden, ohne einen asynchronen Prozeß anzustoßen. Dazu müssen die im Programm verwendeten, mit Nummern bezeichneten Ausgabeeinheiten im Trägersystem angegeben werden. Drucker können auch über die NATURAL-Parameter PRINTER und BPRINTD zugewiesen beziehungsweise überschrieben werden. Die Abbildung 3.23 enthält die notwendigen Angaben zum Drucken der Listen 1 und 3.

Systemumgebung	Angabe
MVS (batch)	//CMPRT01 DD //CMPRT03 DD
VSE (batch)	printer CMPRT01, CMPRT03 SYS041, SYS043
TSO	ALLOC F(CMPRT01) DA(...) ALLOC F(CMPRT03) DA(...)
COM-PLETE	PRINTER=(101,102,103)
IMS	TP-PCBs
TIAM	/FILE datei,LINK=P01 /FILE datei, LINK=P03
CMS	FILEDEF CMORT01 DISK NATURAL REPORT1 A NAT215 PRINTER=(OS,LISTING,AUSG3,UEX4) NATURAL REPORT1 A1 CMPRT03 AUSG3 A1 (2: CMPRT02 LISTING wird direkt gedruckt) (4: CMS-Programm UEX4 erhält Kontrolle)
WANG	PRINTER=(EGAL00A1) ENTER CMPSZ03 FILE=PRNT03

Abbildung 3.23: Angaben zum Drucken

Weitere Informationen zum Drucken mit genauer Darstellung der Syntax und der verschiedenen Möglichkeiten enthält Abschnitt 5.3.

3.3 Programmdesign

Bei der Gestaltung der Benutzeroberfläche helfen Standards, für den Anwender ergonomische Programmsysteme aufzubauen als Kompromiß zwischen den Benutzerwünschen und den technischen Möglichkeiten. Standards unterstützen die Wiederverwendbarkeit von Modulen sowie den Lern- und Wiedererkennungseffekt beim Benutzer [*AnwDsgn*].

Ergonomische Programmsysteme implizieren gute Anwortzeiten und strukturierte Informationen. Die Anwortzeit wirkt sich auf Arbeitsgeschwindigkeit und Benutzermotivation und damit auf die Effizienz eines Dialogsystems aus. Eine ergonomische Anwendung muß nicht gleichzeitig performant sein. Die ergonomische Gestaltung der Benutzeroberfläche, performante Programme und geringer Projektaufwand sind teilweise konkurrierende Ziele, die mit geeigneten Standards leichter erreicht werden können.

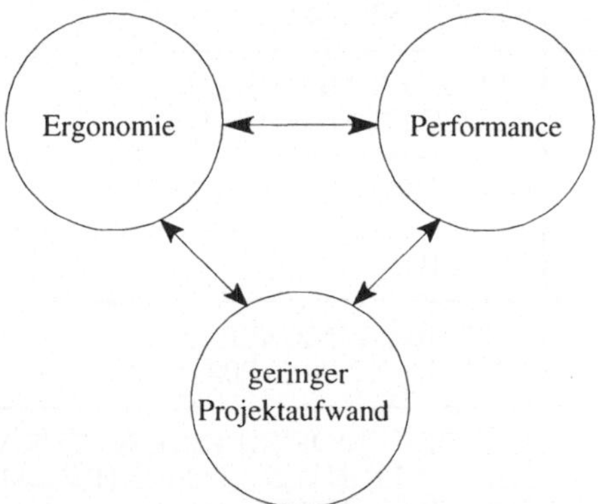

Abbildung 3.24: Zielkonflikte, die durch Standardisierung kompensiert werden können

Um Performanceansprüchen gerecht zu werden, ist meist ein zusätzlicher Programmieraufwand nötig, der teilweise durch Standardisierung sowie den Einsatz von Rahmenprogrammen und Programmgeneratoren abgefangen werden kann. Dazu gehören auch zentrale Verarbeitungsroutinen und standardisierte Schnittstellen. Nicht vergessen werden dürfen Standards und Performanceaspekte schon in der Designphase von Dialogaufbau, Funktionen und Datenbankstruktur.

In den nachfolgenden Abschnitten werden allgemeine Programmierregeln und Standards zum Programmierstil im engeren Sinne (Prolog, Kommentare, Layout) sowie zu Masken und Verarbeitungsregeln zusammengetragen.

3.3.1 Programmiermodi

NATURAL kennt zwei verschiedene Entwicklungsmodi, den Reportmodus (reporting mode) und den Strukturmodus (structured mode), die sich primär nur in der Syntaxprüfung (CHECK, STOW) und beim Erstellen der NATURAL-Source unterscheiden:

- *Schleifen und funktionale Blöcke* werden im Strukturmodus mit einem sich auf die Blöcke bezogenen END-Befehl abgeschlossen, beispielsweise END-REPEAT, END-ERROR, END-DECIDE, END-TOPPAGE. Das Schleifenende bezeichnet im Reportmodus die (CLOSE) LOOP-Anweisung, Blöcke werden mit DO ... DOEND geklammert.

- *Benutzerdefinierte Variablen* können im Reportmodus an jeder beliebigen Programmstelle oder in einer Routine erzeugt werden. Alle im Strukturmodus benutzten Datenelemente müssen explizit am Programmanfang im DEFINE DATA-Block direkt oder über die Referenzierung einer GDA, PDA oder LDA definiert werden.

- *Datenbankfelder und -views* können im Reportmodus angesprochen werden, ohne daß diese in einem DEFINE DATA-Befehl oder implizit angegeben wurden.

Der durch das Compilierung des Sourcecodes (STOW, CAT) entstehende Objectcode ist unabhängig vom Programmiermodus.

Im Reportmodus gibt es einige Befehle wie UPDATE SAME oder SET GLOBALS, die im Strukturmodus verboten sind. Trotzdem bringt der Strukturmodus aufgrund der erzwungenen Gliederung und Definitionen Vorteile für die Lesbarkeit und daraus folgend auch für die Wartbarkeit eines NATURAL-Sourceprogramms.

3.3.2 Programmlayout

Die Lesbarkeit von Programmen ist nicht nur eine wichtige Voraussetzung für eine hohe Flexibilität, sondern auch eine Forderung, die sich aus dem Bundesdatenschutzgesetz ableitet, nach dem Datenschutzbeauftragten Einsicht in die Programme gewährt werden muß [*Einf_SE*]. Das Zurechtfinden in den Programmen wird durch ihre Gliederung in logische Abschnitte erleichtert und ein entsprechendes optisches Layout unterstützt.

Logische Programmgliederung

Ein im Strukturmodus (siehe nächsten Unterpunkt) erstelltes NATURAL-Programm ist automatisch in die Blöcke Datendefinitionen und Verarbeitung unterteilt. Vorangestellt wird mindestens die Programmidentifikation (Prolog), der END-Befehl stellt die letzte Programmzeile dar. Dazwischen eingeordnet werden müssen interne Subroutinen.

1. *Programmidentifikation*

   Der Prolog enthält mindestens Angaben zur Programmerstellung wie Datum und Autor, Umgebung, und eine Kurzbeschreibung. Wahlweise können die aufgerufenen Module angelistet werden. Die Wartung und Fehlerbehebung wird vereinfacht durch entsprechende Angaben zu den Veränderungen. Bei Programmen, die häufiger geändert werden oder an denen auch logisch aufwendigere Änderungen vorgenommen werden, empfiehlt es sich, diese Angaben nicht im Programm selbst sondern in einem zugehörigen Textbaustein oder in der PREDICT-Programmbeschreibung zu führen.

```
* Programm...............: Beispiel
* Umgebungen.............: Batch / CICS / COMPLETE / TSO
* NATURAL-Objekte........: Masken, GDA, ... ???
* Programmkurzbeschreibung:
*
* Autor..................:
* Datum                  :
* ----------------------------------------------------------------
* Änderungen
* ----------------------------------------------------------------
* am          von        Kurzbeschreibung der Änderung
* XX.XX.XXXX  USERID      ..........................................
```

Abbildung 3.25: Programmidentifikation

Um ohne Programmrahmen oder -generatoren einen einheitlichen Programmkopf zu erhalten, kann dieser in einem Copycode verfügbar sein.

2. *Datendefinitionen*

   Auf den Programmkopf im Strukturmodus der mit DEFINE DATA beginnende Datendefinitionsblock (siehe dazu Kapitel 2.6.4). Dieser enthält alle fürs Programm notwendigen Variablen, entweder indirekt über die Nennung der Datenbereiche oder lokal definiert. Im Programm angegeben werden sollten nur Variablen, die auch verwendet werden. Die Definition überflüssiger Variablen erhöht unnötig den Platzbedarf im Benutzerbereich (DATSIZE) und kann durch Auslagern nichtbelegter Speicherbereiche zu Performanceverlusten führen.

3. *Festlegung des Programmumfelds*

Nach den Datendefinitionen können die Grundeinstellungen für das Programmumfeld vorgenommen werden, indem die programmweit gültige Parameter (beispielsweise für WRITE, DISPLAY und INPUT) gesetzt und die Funktionstasten belegt werden. Dieser Teil kann auch im Initialisierungsabschnitt der Verarbeitung enthalten sein.

```
SET KEY PA1 PF1   PF2  ...          /* Funktionstastenbelegung
        PA2 PF13 PF14 ...
*
FORMAT (0) LS=79  PS=31 ...          /* Listendefinition Screen
FORMAT (1) LS=132 PS=66 ...          /* Listendefinition Report1
```

Abbildung 3.26: Festlegung des Programmumfelds

4. *Verarbeitung*

Der eigentliche Verarbeitungsblock sollte wegen der leichten Übersichtlichkeit optisch weiter untergliedert werden in die Blöcke

- Umgebung prüfen (bei Bedarf, falls noch nicht erfolgt),
- Initialisierung,
- Verarbeitung,
- Endeverarbeitung.

Bei größerem Platzbedarf kann die Verarbeitung in eine Programmsteuerung und mehrere interne Subroutinen aufgeteilt werden.

5. *Interne Subroutinen*

Falls zur weiteren Strukturierung interne Subroutinen eingesetzt werden, erfolgt deren Einordnung nach dem eigentlichen Verarbeitungsblock. Eine alphabetische Sortierung erleichtert das Wiederfinden der Subroutinen. Bei der Vergabe der Subroutinenamen ist es sinnvoll, auf interne Abläufe zu achten, um ständiges Springen im Programm zu vermeiden.

6. *Programmende*

Am Programmende erfolgen abschließende Verarbeitungen wie das Schreiben von Accountingdaten und das Beenden aller offenen Transaktionen.

Aus Übersichtlichkeitsgründen können aus den Abschnitten Initialisierung und Programmende interne Subroutinen gebildet werden.

Optisches Layout

Kommentare werden gekennzeichnet durch die Angabe "**" oder "* " in den ersten beiden Spalten einer Programmzeile oder durch "/* " an jeder beliebigen Stelle in der Zeile. Da NATURAL in vielen Teilen selbsterklärend ist, sollten Kommentare nur kurz und prägnant sowie optisch dem Programmtext zugeordnet sein. Hilfreich zur besseren Programmgliederung ist das Einschieben von Leerzeichen und Leerzeilen

Die einzelnen NATURAL-Befehle können mit dem STRUCT-Direktkommando automatisch eingerückt werden, da in der Kommandozeile des Programmeditors eingegeben wird. Eine Hilfe ist über STRUCT? erhältlich.

3.3.3 Masken

So unterschiedlich wie die Verwendungsmöglichkeiten der Masken (Systemsteuerung, Bearbeitung sowie Hilfen und Services) sind deren Darstellungsformen, die in erster Linie in Primärmaske und Pop up (Fenster) eingeteilt werden können. Primärmasken werden hauptsächlich verwendet zur Systemsteuerung (Menü, Aktionsauswahl) und zur Bearbeitung von Daten. Fenster sind immer der aktueller Primärmaske zugeordnet und können nur von dort aus aufgerufen werden. Alle Fenster-Typen werden einheitlich behandelt. Meist werden Fenster für aktive und passive Hilfen verwendet [AnwDsgn].

Maskenaufbau

Für Ergonomie und Performancehinweise gleichermaßen wichtig ist ein einheitlicher Maskenaufbau. Die Übertragung jedes einzelnen Zeichens kostet Zeit. Daher ist es wichtig, die Menge der übertragenen Bilder zu optimieren und auf unnötige Menüfolgen und Masken zu verzichten, wofür sich Direktkommandos und direkte Funktionsauswahl anbieten. Außerdem sind nicht überfüllte und unmißverständlich beschriftete Bildschirmmasken lesbarer. Bei der einheitlichen Gestaltung und Positionierung immer wiederkehrender Informationen helfen Standardmasken. Im normalen Arbeitsablauf selten benötigte Masken und Felder sollten nur auf Wunsch angezeigt werden (Hilfsinformation, Schlüsselauswahl, Folgemasken je nach Mengengerüst). Maskenveränderungen können durch die ausschließliche Übertragung der geänderten Felder optimiert werden. Dazu werden Bestätigungsschirme nur mit anderen Feldattributen neu gesendet, Hinweise und Fehlermeldungen in die bereits vorhandenen Masken eingeblendet [AnwDsgn].

Der Maskenkopf dient unter anderem zur Identifikation einer Ausgabeeinheit. Im Verarbeitungsbereich werden Daten angezeigt und verändert, Funktions- oder Objektauswahlen (Menüs) und Serviceleistungen (Hilfen, Selektionen) angeboten. Der Kommandobereich besteht aus dem Steuerteil, der der Bestimmung des Dialogfortgangs dient (Kommandos, Funktionstasten) und einem Meldeteil, der Eingabe- und Systemfehler, Benutzer- und Programmeldungen sowie durchzuführende und durchgeführte Aktionen anzeigt.

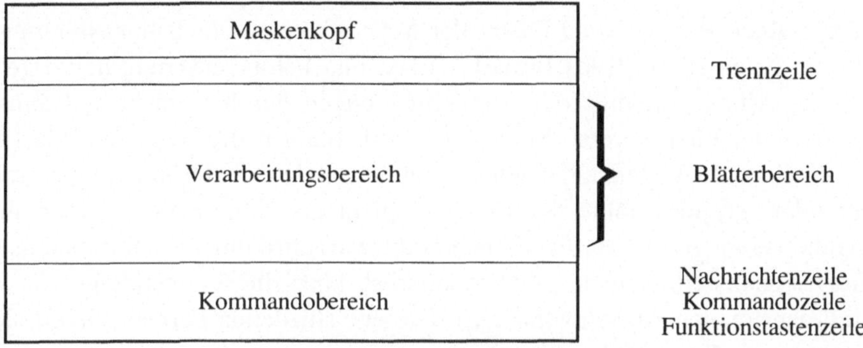

Abbildung 3.27: Standardteile einer Maske

Maskenteil	Maskenelement	Farbe	Attribut
Maskenkopf	Aktionszeile: Hintergrund	schwarz	
	Aktionszeile: Auswahltexte	weiß	intensiviert
	Pull down Window	türkis	normal
	Applikationsname	grün	intensiviert
	Funktionsname	gelb	intensiviert
	andere Werte (Datum,...)	grün	normal
Verarbeitungsteil	Überschriften, Instruktionen	gelb	intensiviert
	Feldbezeichnungen, Ausgabefelder	türkis	normal
	Eingabefelder	weiß	intensiviert
	fehlerhafte Eingabefelder	rot	intensiviert
	Blätterinformationen (+,-,>,<)	grün	intensiviert
Kommandobereich	Text "Befehl ===>"	türkis	normal
	Funktionstasten Zeile 1, 2 und CUA-Form	grün	normal
Nachrichten	Bestätigungen/Hinweise	türkis	intensiviert
	Fehlermeldungen	gelb	intensiviert
	Warnungen	rot	intensiviert

Abbildung 3.28: ISA-Standard der Hervorhebungen

Um den Bildschirmbereich möglichst vollständig ausnutzen zu können, ist es nicht sinnvoll, Primärmasken mit Rahmen zu belegen, zur besseren Abgrenzung für Pop up-Fenster jedoch durchaus erwünscht. Das Layout von Fenster und Primärmaske, die Fenstergröße und -plazierung sollten in einem Standard festgelegt werden.

Die einzelnen Bereiche und Felder der Maske können durch Intensivierung oder Blinken (Monochrom-Bildschirme), Farben und Feldinvertierung hervorgehoben, kritische Arbeitsvorgänge oder Fehlermeldungen durch Blinken und akustische Signale unterstützt werden. Für die Hervorhebungen der einzelnen Maskenteile gibt es einen ISA-Standard (siehe Abbildung 3.28). Statusänderungen von Feldern oder -gruppen sollte der Benutzer nicht erst wahrnehmen, wenn ihm die Eingabe verweigert wird. Sie können durch Farbattribute oder Normaldarstellung (dark) signalisiert werden (implementierbar über die Verwendung von bis zu dreidimensionalen Attributvariablen). Die verschiedenen Farben wirken sich dabei unterschiedlich auf den Benutzer aus:

Farbe	Wirkung
schwarz	hemmend, beschwerend
grün	sehr beruhigend
blau	dämpfend, beruhigend
grau	neutral
gelb, orange	anregend
rot	anregend, alarmierend
violett	aggressiv, entmutigend, beunruhigend
weiß	enthemmend, überreizend

Abbildung 3.29: Bedeutung von Farben [AnwDsgn]

Zusätzliche Bestätigungen, beispielsweise für Änderungen oder Löschungen, sollten vermieden und besser mit der Bildschirmsteuerung kombiniert werden (besondere Funktionstaste zum Bestätigen der Veränderungen/Löschungen, nicht die ENTER-Taste).

Funktionstastenbelegung

Im Programm können mit dem SET KEY-Statement bis zu 24 Funktions- sowie die ENTER- und PA-Tasten gesetzt werden. Falls für verdeckte Abläufe oder interne Steuerungen mehr Funktionstasten nötig sind, kann eine Belegung von bis zu 48 Funktionstasten (24 physische plus 24 logische (für PC)) mit dem Terminalkommando %K*nn* erfolgen.

Welche Daten an das NATURAL-Programm weitergegeben werden bei Betätigung von nicht mit SET KEY definierten Tasten, wird mit dem Profilparameter IKEY festgelegt.

IKEY	Bedeutung
ON	❐ Der Inhalt der NATURAL-Systemvariablen *PF-KEY wird durch "ENTR" ersetzt. NATURAL verhält sich, als wäre die ENTER-Taste betätigt worden.
OFF	❐ Es wird eine REINPUT-Meldung generiert und der Benutzer wird aufgefordert, eine gültige Taste zu drücken.

Abbildung 3.30: Bedeutung des Profilparameters IKEY

Verarbeitungsregeln

Um den Umgang von Verarbeitungsregeln in Masken zu standardisieren, können die Regeln mit Gültigkeitsrängen (ranks) belegt werden. Durch die Regelränge wird die Reihenfolge der Regelabarbeitung festgelegt. Regeln mit geringerem Rang vorrangig bearbeitet. Gleichrangige Regeln werden intern so geordnet, daß die PF-KEY-Regeln vorgeht, danach die Anordnung des Feldes auf der Maske die Regelausführung bestimmt. Feldregeln werden von links oben nach rechts unten bearbeitet. Ränge sollten festgelegt werden für:

- allgemeine Maskenprüfungen (PF-KEY-Regel),
- funktionale Plausibilitäten,
- Mußfeldprüfungen,
- einfache Abhängigkeitsprüfungen,
- komplexe Abhängigkeitsprüfungen und
- automatische Regeln.

Der Rang automatischer Regeln steht standardmäßig auf "1", er kann in den Maskeneinstellungen verändert werden.

Um ein Springen zwischen Programm und Maske zu vermeiden, sollten Plausibilitätsprüfungen in Masken durchgeführt werden.

Verarbeitungsregeln können kleine Programme darstellen, deren Komplexität begrenzt werden sollte. Es ist sinnvoll, in Verarbeitungsregeln Befehle wie "STOP" generell zu verbieten, da ansonsten jede automatische Endeverarbeitung abgebrochen wird und ungewollte Fehler auftreten können.

3.4 Standardbausteine

Der Einsatz wiederverwendbarer (Standard)Einzelbausteine gewährleistet eine redundanzfreie Programmierung und reduziert damit den Wartungs- und Pflegeaufwand. Einzelbausteine können als Module in einer zentralen Modulbibliothek abgelegt und damit physisch nur einmal vorhanden sein oder, falls die Einbindung der GDA für bestimmte Applikationen erforderlich ist, in Sourceform vorliegen. Dabei muß sichergestellt sein, daß die Sourcemodule in jedem Anwendungssystem gleich sind und vom Entwickler nicht verändert werden können.

Häufig eingesetzte Standardbausteine sind Steuerungsmodule zur Navigation im Anwendungssystem, Verwaltungsroutinen zur Pflege bestimmter Grundeinstellungen, Fehlerroutinen und Hilferoutinen, die in den folgenden Abschnitten vorgestellt werden.

Durch die Verwendung standardisierter Schnittstellen können Hardwareabhängigkeiten isoliert werden. Dazu gehören der Zugriff auf sequentielle Dateien (Workfiles öffnen und schließen, Batchjobs starten (Abschnitt 3.4.5), Betriebssystemdateien kopieren oder löschen), die Bearbeitung von Druckaufträgen (Reports öffnen und schließen) und die Ausführung externer Unterprogramme (Assembler, C, COBOL) [*PortProg*].

Bausteine oder Codesequenzen können außerdem für die Datenaufbereitung, Datenbankzugriffe oder Plausibilitäten eingesetzt werden. Wichtig bei den Datenbankzugriffen ist die Einhaltung der ET-Logik innerhalb einer einfachen Transaktionsverwaltung im Konkurrenzbetrieb, gerade auch im Client-/Server-Umfeld.

Die Programmrahmen müssen mit einer bestimmten Grundfunktionalität ausgestattet sein (siehe Abschnitt 3.4.6). Dazu gehören Steuermechanismen, Funktionstastenbelegung, Rückkehrmöglichkeiten und Verzweigungen.

Den Abschluß dieses Kapitels bildet eine kurze Sammlung sinnvoller und nützlicher Module. Standardbausteine, Programmrahmen und Programmgeneratoren sind in sehr vielen Ausprägungen auf dem Markt erhältlich, auch über einige der im Vorwort erwähnten Firmen.

3.4.1 Steuerungsmodule

Unter dem Begriff Steuerungsmodule können Module und Modulbausteine sowohl zur Navigation im Anwendungssystem, als auch für die Navigation innerhalb eines Moduls selbst zusammengefaßt werden.

Die Steuerungsmodule zur Navigation im Anwendungssystem übernehmen vielfältige Aufgaben:

- Das *Startupprogramm* läuft als erstes Programm der Anwendung und initialisiert die benutzer- und anwendungsbezogenen Daten. Beim Anwendungsstart wird das Systemprofil gelesen und gesetzt, systemweite Parameter geladen. Falls vorhanden, werden benutzerspezifische Transaktionsendedaten (ET-Daten) eingelesen und verarbeitet.

- *Dialogsteuerungsmodule* wie Menüprozessoren und Kommandointerpreter sorgen für eine einheitliche Kommandostruktur bei Funktions- und Menüwechsel. In komfortablen Menüsystemen werden die Anwendungsmenüs benutzerbezogen aufgebaut. Menüs werden zentral gesteuert und verwaltet, die Menüstruktur kann angezeigt werden.

- Am *Anwendungsende* werden benutzerbezogene Daten für den Neustart des Benutzers gespeichert, bei Systemausfall sorgen *Fehlerabfangmechanismen* für Datenkonsistenz.

- Die Navigation im Anwendungssystem wird erleichtert durch den Einsatz eines *Memorysystems*, in dem beispielsweise die letzten 10, 50 oder 200 ausgeführten Transaktionen pro Benutzer vom System automatisch protokolliert werden und über Navigationskommandos vom Benutzer jederzeit wieder aufrufbar sind.

- Für den Anwender sehr nützlich ist die nicht einfach zu realisierende Möglichkeit unvollständige Objekte, die noch nicht allen Plausibilitäten genügen, im System abzustellen, um andere Tätigkeiten auszuführen, und bei Bedarf wieder zu holen.

- Werden Datenbankzugriffe zentral durchgeführt oder treten häufig Transaktionen über mehrere Bildschirme auf, ist eine *Sperrverwaltung* unverzichtbar, die pro Objekt die bei Veränderungsprozessen notwendigen Satzsperrungen verwaltet und durchführt.

3.4.2 Verwaltungsroutinen

Zur Verwaltung der Kommandos, Funktionen und Anwendermenüs, sowie zur Pflege vielfältiger Profile, Berechtigungen und Texte werden Verwaltungsroutinen benötigt.

Je nach Aufbau des Steuerungssystems können dort benutzerspezifische, anwendungsspezifische und programmbezogene Daten abgelegt werden. Teilweise können die Einstellungen sowohl benutzerspezifisch als auch anwendungsspezifisch oder programmbezogen vorgenommen werden.

- Die *benutzerspezifischen* Einstellungen beeinhalten spezielle Layoutwünsche des Anwenders wie die Position der Meldezeile, eine spezielle Belegung der Funktionstasten und bestimmte Feldfarben. Ebenso gepflegt wird eine auf den Benutzer abgestimmte Kommandostruktur mit von ihm vergebbaren Synonymen und die Benutzerberechtigungen, deren Pflege sowohl in NATURAL Security als auch in einem speziellen Berechtigungssystem erfolgen kann.

- Zu den *anwendungsspezifischen* Einstellungen gehören Kurz- und Langname der Anwendung, Position der Meldezeile, die Kommandostruktur mit Erlaubnis/Verbot der Kommandoeingabe und einem Kommandoprotokoll, ein zentrales Fehlerprogramm mit Fehlerprotokoll, Restartmodule und ET-Datenverwaltung, und eine zentrale passive Hilferoutine.

- *Programmbezogen* können eingestellt werden aktive und passive Hilferoutinen und eine dynamische Funktionstastenbelegung,

3.4.3 Fehlerroutinen

Im normalen NATURAL-Sprachgebrauch werden unter dem Begriff Fehlerroutine Module oder Codesequenzen verstanden, die im Fehlerfall automatisch aktiviert werden. Den einfachsten Fall stellt die im ON ERROR-Block eingetragene Codesequenz dar. Die Systemvariable *ERROR-TA enthält den Namen der für die Applikation aktiven Fehlertransaktion. Wie dieser Name ermittelt wird und die Abfolge der Fehlerbehandlung mit ON ERROR, ERROR-TA und ETA wird in Kapitel 8.4 näher erläutert.

Für Dialog- und Batchbetrieb ist es günstig, je eine Fehlertransaktion zu erstellen, da diese unterschiedlichen Anforderungen genügen müssen. Aufwendiger gestaltet sich die Dialog-Fehlertransaktion. Anwendungsprogramm, Fehlertransaktion und Dialogsteuerung spielen beim Auftreten eines Fehlers folgendermaßen zusammen:

1) Rekursiv (von innen nach außen) werden alle Programme und Unterprogramme *nach* einem *ON ERROR-Block durchsucht.*

2a) *Existiert ein ON ERROR-Block,* wird die darin beschriebene Fehlerverarbeitung durchgeführt. Diese kann nur mit den NATURAL-Befehlen FETCH, STOP, TERMINATE und RETRY verlassen werden. Außer RETRY bedingen alle Befehle die Beendigung des aktiven NATURAL-Programms. Ein FETCH sollte auf die Dialogsteuerung erfolgen.

2b) Existiert kein ON ERROR-Block, werden alle Programme und Unterprogramme von innen nach außen geschlossen.

3a) Falls die Systemvariable *ERROR-TA* mit dem *Namen einer Fehlertransaktion* gefüllt ist, wird diese aufgerufen. (Mit NATURAL SECURITY entspricht *ERROR-TA der im Applikationsprofil hinterlegten ETA, falls ETA nicht gefüllt ist oder ohne Security dem Wert des beim NATURAL-Aufruf übergebenen Sitzungsparameters ETA.) Die gerufene Fehlertransaktion stellt ein eigenständiges Programm dar. Von der Fehlertransaktion aus können Protokollsätze weggeschrieben, die Dialogsteuerung aufgerufen oder bei schweren Fehlern die NATURAL-Sitzung beendet werden.

3b) Ist die Systemvariable *ERROR-TA nicht belegt, wird die Ausführung der Applikation mit einer NATURAL-Fehlermeldung unterbrochen.

4) Die von der Fehlertransaktion mit FETCH aufgerufene Dialogsteuerung regelt den Neueinstieg des Anwenders in das abgebrochene Anwendungsprogramm.

Fehlerverwaltung

Die Fehler, bei denen eine Anwendungsfunktion abgebrochen ist, sollten in einer Fehlerdatei protokolliert werden, die Herkunft, Art und Zeitpunkt der aufgetretenen Fehler enthält. Pflege und Anzeige der Fehlerdatei werden in einem Fehlerverwaltungssystem durchgeführt, in dem der Anwender eine Fehlerbeschreibung eintragen kann und die Fehlerbehebung beschrieben wird.

Vom NATURAL-System werden im Fehlerfall in den entsprechenden Systemvariablen alle notwendigen Grundinformationen zur Verfügung gestellt wie Fehlernummer, -text, Name der NATURAL-Bibliothek und des NATURAL-Moduls, Zeilennummer, Status, Level und Katalogisierungsdatum. Darüberhinaus sollten Systemumgebungsdaten protokolliert werden wie Datenbankident, Filenummer und Versionsnummern der Systemdateien, Betriebssystem, TP-Monitor, Datenbanksystem, aktives Hostprogramm, NATURAL-Steplib, die ebenfalls im System verfügbar sind.

Fehlertextverwaltung

Standardmäßig werden Fehlermeldungen über die NATURAL-Applikation SYSERR (siehe [AM]) gepflegt. Dabei empfiehlt sich die Vergabe von Nummernkreisen für Standardbausteine und Programmrahmen sowie für anwendungsspezifische Fehler. Im Fall eines Benutzerfehlers kann dem Anwender die vergebene Fehlermeldung mit REINPUT *fehlernummer* in der Fehler-/Hinweiszeile angezeigt werden. Fehlerlangtexte werden über ein Benutzerexit (siehe Applikation SYSEXT) zur Verfügung gestellt.

3.4.4 Allgemeine Hilfeprogramme

Für die Ebenen Feld, Maske, System ist eine Zugriffsmöglichkeit auf ein Hilfesystem erforderlich. Die Mindestanforderung, Hilfetextinformation als rein passive Hilfe zur Verfügung zu stellen, kann für alle Ebenen zentral verwirklicht werden. Aktive Hilfe mit Auswahl von Feldwerten oder zur Programmverzweigung ist anwendungsspezifisch oder sogar nur programm- oder feldspezifisch möglich.

Passive Hilfe (Programmtyp: Helproutine)

Die passive Hilfe gestaltet sich als reine Textanzeige und besteht aus den Komponenten Hilfetextverwaltung und Anzeige der Hilfe zum Feld oder zur Maske. Über die zu einer Maske hinterlegte Hilferoutine können Hilfetexte zum Programm, System oder zur Funktionstastenbelegung aufgeblättert werden. Reine Textanzeigen eignen sich sehr gut für die Implementierung als zentrale Module.

Sie werden als besondere Programme vom Typ Helproutine mit dem Programmeditor gepflegt.

Aktive Hilfe (Programmtyp: Helproutine)

Eine aktive Hilfe stellt feldspezifische Auswahlwerte zur Verfügung, sie kann daher nur über Umwege zentral implementiert werden. Normalerweise wird aktive Hilfe angeboten für Felder, die Deskriptoren sind. In diesem Fall können Rahmenprogramme die Einheitlichkeit der Hilferoutinen unterstützen.

Die Anzahl und Art der beim Aufruf der Helproutine mitzugebenden Parameter reicht oft nicht aus, alle benötigten Daten für eine aktive Hilfe zur Verfügung zu stellen, es werden zusätzlich Daten aus der GDA gebraucht. Um trotzdem einheitliche Module zu ermöglichken, können Standardmodule in Sourceform vorliegen, womit die Einbindung der GDA für bestimmte Applikationen möglich wird.

Ein Feld, bei dem eine aktive Hilferoutine hinterlegt ist, muß in der Originalmaske modifizierbar sein. Über eine Auswahl in der Hilferoutine kann ein Wert in das Felder übernommen werden.

Hilfetexte (Programmtyp: Helpmap)

Hilfetexte enthalten Testinformationen zu dem Feld, bei dem sie hinterlegt sind und werden als eigener Maskentyp über den Maskeneditor gepflegt. Ein Hilfetext kann maximal ein einfaches Eingabefeld enthalten. Der dort eingetragene Wert wird in das Originalfeld übertragen, falls dieses modifizierbar ist.

Hilfetexte können höchstens in ihrem Aufbau standardisiert werden, eignen sich jedoch keineswegs für eine zentrale Verwendung. Wie auch Hilferoutinen (passive und aktive) können sie sprachabhängig gestaltet und angegeben werden.

3.4.5 Batchaufrufschnittstelle

Täglich werden viele Batchprozeduren aus dem Dialog heraus gestartet. Dieser Start kann weitestgehend parametrisiert ablaufen oder festverdrahtet im Programm vorgegeben sein. Zum Start eines Batchjobs aus NATURAL heraus müssen spezifische Schnittstellen aufgerufen werden. Um von der verwendeten Schnittstelle und von der Systemumgebung im Dialogmodul unabhängig zu werden, empfiehlt es sich, ein zentrales Modul einzuführen, das den Job zusammenstellt und startet.

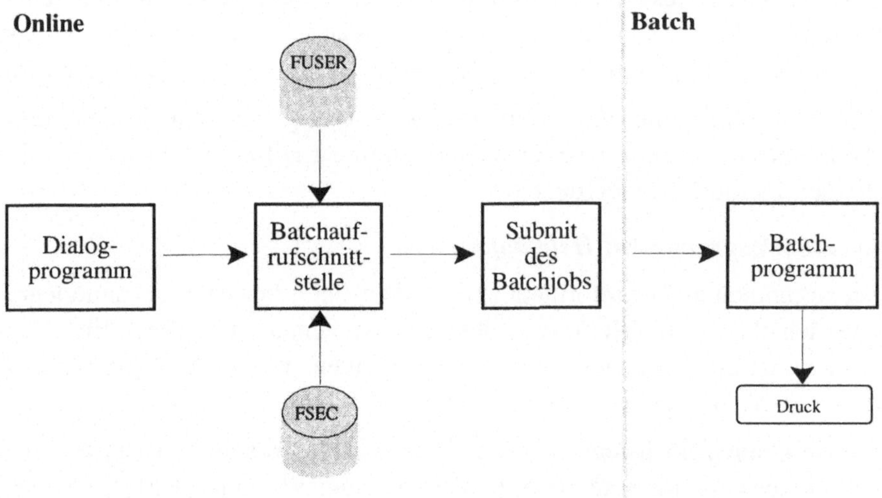

Abbildung 3.31: Erzeugen eines Batchjobs

Eine zentrale Batchaufrufschnittstelle kann entweder direkt vom Dialogprogramm aus mit Daten versorgt werden, oder die notwendigen Daten werden in einer Zwischendatei mit fest vorgegebenem Format abgelegt, dabei muß die Einhaltung bestimmter Konventionen sichergestellt werden. Aus den übergebenen Daten und eventuell unterschiedlichen Defaultwerten für dasselbe Programm wird der Job automatisch generiert.

Die Aufgabe der zentralen Batchaufrufschnittstelle ist es, aus den übergebenen Daten und den Umgebungseinstellungen die JCL eines Jobs zusammenzustellen und den Job abzuschicken (an den Internal Reader zu übergeben). Dies kann erfolgen über den Aufruf der NATRJE-Schnittstelle oder über NATURAL PROCESS. Falls der Benutzerexit NATUEX1 (siehe Abschnitt 8.3) eingesetzt wird, besteht freie Auswahl beim Jobnamen. Im Jobnamen kann somit ein Kennzeichen für die Applikation enthalten sein. Die Jobs können mit unterschiedlichen Klassen und Prioritäten versehen werden.

3.4.6 Programmrahmen, -Generatoren

Die Anwendungsentwicklung kann vereinfacht werden durch den Einsatz von Programmrahmen für Dialogprogramme, -unterprogramme, Masken und Batchprogramme (Listen). Dabei können Programmgeneratoren als Weiterentwicklung der Programmrahmen angesehen werden.

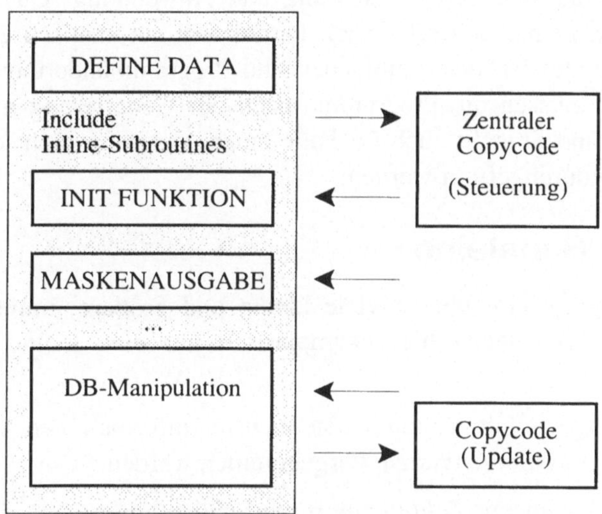

Abbildung 3.32: Programmrahmen Anwendungsfunktion

Benötigt werden Programmrahmen in erster Linie für

- die Stammdatenpflege und Teilfunktionen mit 1 oder 2 Masken,

- Übersichtsfunktionen,

- aktive Hilfe.

Mit Hilfe eines Programmrahmens wird ein Programm in logische Blöcke mit festen und veränderbaren Teilen untergliedert. Größere Teile der Programmrahmen sind so allgemein, daß Kopierstrecken (Copycode) eingesetzt werden können, vor allem für die Teile mit Steuerungsfunktionen. Dazu gehört auch eine Blättersteuerung, mit der ohne Programmieraufwand selbst mehrdimensionale Blätterlogik abgebildet werden kann.

Programmrahmen für Masken können in Form von Layoutmasken erstellt werden. Die Pflege erfolgt mit dem Maskeneditor. Im Standardlayout gesetzt werden unter anderem Feldattribute, Füllzeichen (filler characters) und auf der Maske immer an einer festen Stelle befindliche Felder. Zum Standardlayout kann ein Prüfmodul (device check) abgelegt werden, um die Einhaltung der Konventionen (Attribute, Farben, Seiten- und Zeilengröße) sicherzustellen..

Durch den Einsatz von Programmrahmen und Programmgeneratoren wird das Prototyping zum schnellen Erstellen eines Anwendungsprototyps stark vereinfacht.

Programmgeneratoren für Dialogfunktionen und Listprogramme können sehr aufwendig sein, doch lohnt sich deren Erstellung und Anwendung. Das Masken- und/oder Listlayout wird manuell oder nach Parametern automatisch erstellt. Je ausgereifter ein Generator ist, desto einfacher sind Programmänderungen vorzunehmen. Im Idealfall müssen die Programme nach der Generierung nicht mehr von Hand verändert und braucht auch im Falle einer Änderung nicht der ganze Generierungsvorgang durchgeführt werden.

3.4.7 Nützliche Bausteine

In einem Anwendungssystem gibt es viele kleine und größere, immer wieder benötigte Bausteine, von denen hier exemplarisch nur eine kleine Auswahl genannt wird:

- Die Abspeicherung vielfältiger unterschiedlichster Informationen und Kenndaten kann in einem *Tabellensystem* vorgenommen werden.

- Viele Projekte arbeiten mit *Zählnummern* und *Nummernkreisen,* deren Verwaltung zentral erfolgen kann. Kleine Module suchen zu einem übergebenen Feld eines Projekts die nächste freie Nummer und zeigen diese an. Je nach Ausbaugrad der Verwaltung können die Nummern auf- oder absteigend mit einem beliebigen Increment und innerhalb eines bestimmten Nummernkreises vergeben werden.

- Wenn auch der Einsatz der Datum-/Zeitvariablen eine große Vereinfachung für die meisten Datum-/Zeitprüfungen darstellt, kann auf *Kalenderprogramme* vielfach nicht verzichtet werden. Dazu gehören Betriebskalenderpflegemodule, Fristenprüfungen, und verschiedene spezielle Umrechnungen und Anzeigen.

- Sehr komfortabel für den Anwender sind *Suspendfunktionen,* mit denen ein laufendes NATURAL-Programm für unbestimmte Zeit und unter Sicherstellung der Transaktionlogik unterbrochen werden kann.

3.5 Datenbankdesign

An das Datenbanksystem werden in der Dialogverarbeitung spezielle, teilweise konkurrierende Anforderungen gestellt, die nur über einen abgestimmten Kompromiß gelöst werden können und sich auf das Datenbankdesign auswirken:

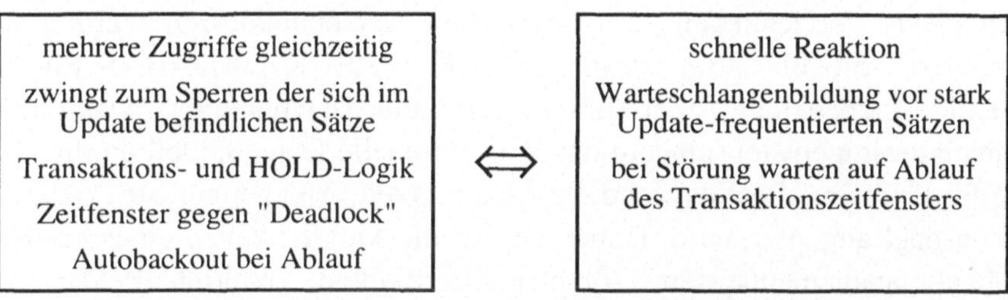

Abbildung 3.33: Konkurrierende Datenbankziele [AnwDsgn]

Wichtigste Anforderung an das Datenbankdesign ist der Erhalt gezielter Informationen unter Sicherstellung der Datenintegrität. Designfehler führen zu ungünstigen Zugriffen und verlängern die Antwortzeiten durch Suchen mit zu vielen Kriterien, oft ohne präzisen Schlüssel.

Das Datenbankdesign wird in drei Schritten vollzogen. Zuerst wird ein *konzeptionelles/logisches Datenmodell* erstellt. Dazu werden die Daten analysiert (Abschnitt 3.5.1) und normalisiert (Abschnitt 3.5.2). Ergebnis ist ein redundanzfreies, vom Datenbankmanagementsystem unabhängiges Modell ohne Datenanomalien, das auf einen definierten Aufgabenbereich zutrifft.

Danach erfolgt der Übergang vom konzeptionellen Datenmodell zum physischen Datenbankschema, unterstützt durch das Durchführen einer Zugriffsanalyse (Abschnitt 3.5.3), die Auswahl eines Dateikonzepts (Abschnitt 3.5.4) und das Festlegen von Deskriptoren und besonderen Datenfeldern (Abschnitt 3.5.5).

Ergebnis des letzten Designschritts ist das *physische Datenbankschema*, das einen Kompromiß darstellt zwischen dem bedeutenden Wunsch nach der idealen Datenhaltung und dem in der Praxis, unter den technischen Umständen und bei Erfüllung der Aufgabenanforderungen, Machbaren.

Eine *ideale Datenhaltung* liegt vor, wenn die Programme unabhängig von der physischen und logischen Datenorganisation ablaufen und die Daten vollständig integriert sind. Das bedeutet, daß im Programm weder die physische Organisation (Datensatzformat, Blockungsfaktor) noch die Zugriffspfade oder

Datenstrukturen beschrieben werden. *Daten* sind *integer*, wenn sie über den durch sie abgebildeten Sachverhalt der Realität wahre Aussagen machen [*AnwDsgn*]. Dies wird erreicht durch redundanzfreie Abspeicherung und das Fehlen transitiver (indirekter) Abhängigkeiten (siehe Abschnitt 3.5.2). Für eine ideale Datenhaltung werden Daten von Zugriffspfaden getrennt, Datensichten (Views) eingeführt, Normalisierungen durchgeführt, sowie konkurrierende Updates und Sperrmaßnahmen zusammengefügt und serialisiert. Dies kann das Datenbanksystem übernehmen.

Verschiedene Überlegungen zum physischen Datenbankdesign werden in den Abschnitten 3.5.6 bis 3.5.8 zusammengefaßt (PREDICT/ADABAS Filedesign, Transaktionsmanagement, zentrale und dezentrale Datenhaltung). Das physische Datenbankdesign entsteht, indem das konzeptionelle Datenmodell an die speziellen Anforderungen einer Anwendung (Antwortzeit, Mengengerüste, Gewichtung der Wünsche) angepaßt wird. Dabei werden die Möglichkeiten eines bestimmten Datenbankmanagementsystems (diverse Zugriffspfade, multiple Felder, Satzarten) berücksichtigt. Das physische Modell enthält bewußt Redundanzen und Abhängigkeiten, die mit Nutzung aller Vorteile und Bewältigung aller Nachteile inkauf genommen werden.

3.5.1 Datenanalyse

Zur Entwicklung der logischen Datenstruktur gibt es verschiedene Methoden, die meist auf dem Entity-Relationship-Modell (ER-Modell) basieren. Die ER-Modellierung erfolgt in vier Schritten:

(1) Im ersten Schritt werden die Objekte (Entities, Entitäten) bestimmt (beispielsweise Kunde, Lieferant, Artikel).

(2) Danach werden dem Objekt identifizierende Eigenschaften (Attribute) zugeordnet (Kundennummer, Artikelnummer), die das Objekt eindeutig kennzeichnen.

(3) Zwischen den Objekten werden einfache oder komplexe Beziehungen hergestellt (Lieferant liefert (mehrere) Artikel).

(4) Zuletzt werden den Objekten noch beschreibende Eigenschaften (Attribute) zugeordnet (Anschrift).

Objekte sind Gegebenheiten der realen oder der Vorstellungswelt, über die Informationen gespeichert werden sollen. Sie sind immer etwas Ganzheitliches (eine Menge einzelner Dinge). Es muß unterschieden werden zwischen der Gesamtheit und den einzelnen Ausprägungen.

Der Bedarf an Informationen über ein Objekt wird durch die *Eigenschaften* beschrieben. Jede Eigenschaft nimmt für jede Ausprägung des Objekts einen bestimmten Wert aus einem definierten Wertbereich (Domain) an. Jede Ausprägung eines Objektes ist individuell und eindeutig identifizierbar. Es gibt mindestens eine Eigenschaft oder eine Kombination von Eigenschaften, bei denen die Objekte verschiedene Werte haben. Unterschieden wird in *identifizierende* und *beschreibende Eigenschaften.*

Eine *Beziehung* beschreibt qualitativ und quantitativ den fachlichen Zusammenhang zwischen den Objekten. Der *Beziehungstyp* (Kardinalität) kennzeichnet den quantitativen Zusammenhang zwischen den Ausprägungen der an der Beziehung beteiligten Objekte. Die Beziehungen enthalten wesentliche Aussagen über die Integritätsbedingungen zwischen den Objekten des Datenmodells.

In der Datenanalyse *[ADA_Dsgn]* wird das ER-Modell auf Vollständigkeit und sachliche Richtigkeit überprüft. Dies erfolgt durch die Bestimmung von zu speichernden Eigenschaften und Wertemengen, die Zuordnung der Eigenschaften zu den Objekten und das Erkennen funktionaler Abhängigkeiten (siehe nächster Abschnitt).

3.5.2 Normalisierung

Objekte in unnormalisierter Form können noch Redundanzen und unerwünschte funktionale Abhängigkeiten enthalten, die bei Änderungen zu Inkonsistenzen führen können. Mit einer *Normalisierung* werden Redundanzen und unerwünschte funktionale Abhängikeiten innerhalb jedes Objekts systematisch eliminiert. Die Eigenschaften der Objekte werden auf Synonyme überprüft. Eigenschaften und Beziehungen, die sich aus anderen Eigenschaften und Beziehungen ermitteln lassen, werden als objektübergreifende Redundanzen erkannt und beseitigt. Konsequent angewandt, führt diese Vorgehensweise führt zu normalisierten Strukturen. Mit den folgenden Normalisierungsregeln (1., 2., 3. Normalform) kann dies überprüft werden. Danach kann das Datenmodell eventuell entsprechend korrigiert werden.

Die Datenstruktur befindet sich in der *1. Normalform,* falls ein Attribut bei einem Objekt nicht mehrfach vorkommt: *Keine Eigenschaft mit multiplen Werten.* Die Eigenschaften (Attribute) eines Objektes müssen so zugeordnet werden, daß sie für jede Objektausprägung jeweils nur einen bestimmten Wert aufweisen.

Eine Datenstruktur liegt in der *2. Normalform* vor, falls alle beschreibenden Attribute vom ganzen Schlüssel abhängen: *Keine partiellen Abhängigkeiten.* Ein Objekt darf keine beschreibende Eigenschaft haben, die nur von einem Teil der identifizierenden Eigenschaft(en) (Attributkombinationen!) abhängt. Objekte mit einer einfachen (nicht zusammengesetzten) identifizierenden Eigenschaft sind in 2. Normalform.

Wenn es zwischen den beschreibenden Attributen keine Abhängigkeiten gibt, befindet sich eine Datenstruktur in der *3. Normalform: Keine transitiven Abhängigkeiten.* Objekten darf keine beschreibende Eigenschaft zugeordnet werden, deren Wert von einer anderen beschreibenden Eigenschaft bestimmt wird.

3.5.3 Zugriffsanalyse

Die *Zugriffsanalyse* kann durchgeführt werden, wenn konzeptionelles Datenmodell, Funktionsmodell und Mengengerüst vorliegen:

- Aus dem konzeptionellen Datenmodell werden die externen Sichten (user-views) des Funktionsmodells ermittelt.

- Die Zugriffe und Zugriffshäufigkeiten werden für jede einzelne Anwendungsfunktion mit Zugriffs- und Zugriffsaufwandsanalyse bestimmt als Entscheidungsgrundlage für die Umsetzung in physische Speicherstrukturen.

Am Ende der Zugriffsanalyse sind die externen Sichten, Zugriffsarten und Zugriffshäufigkeiten bekannt.

Die *externen Sichten* können bestimmt werden, wenn für jede Anwendungsfunktion festgestellt ist, welche Objekte benötigt werden.

Zugriffsarten

Zugriffe auf relationale Datenbanken können im Relationenmodell nach der Relationenalgebra durchgeführt werden. Die Operationen in der Relationenalgebra umfassen klassische Mengenoperationen (Vereinigung, Durchschnitt, Differenz), die ihre übliche Bedeutung behalten, und Relationenoperationen (Projektion, Join, Selektion) [*DBSys_Mod*].

In der Relationenalgebra dient die *Projektion* dazu, Spalten (Attribute) aus Tabellen zu entfernen. Durch eine Projektion werden Eigenschaften eines Objekts ausgewählt.

Ein *Verbund* (*Join*) dient dazu, zwei Relationen, die bezüglich eines Attributes einen gemeinsamen Wertebereich besitzen, zu einer Relation größeren Grades zu verbinden. Wird eines der gemeinsamen Attribute (eines von beiden ist redundant) nachträglich durch Projektion entfernt, spricht man von natürlichem Verbund (*natural join*).

Bei der *Selektion* werden aus einer Relation alle Tupel ausgewählt, die eine gegebene Bedingung erfüllen. Einfacher ausgedrückt, werden Objektausprägungen nach einem einfachen oder komplexen Kriterium selektiert (beispielsweise (Wohnort $\neq$ Arbeitsort) oder (Geburtsjahr $>$ 1961)).

Mit Hilfe der genannten Operationen können beliebig komplizierte Ausdrücke gebildet werden, deren Abarbeitung jeweils von links nach rechts erfolgt; andere Reihenfolgen werden durch Klammerung erzwungen.

Für jede Anwendungsfunktion muß festgestellt werden, auf welche Eigenschaften der benötigten Objekte zugegriffen wird und mit welchen Zugriffsarten und Selektionskriterien.

Zugriffshäufigkeiten

Bestimmt wird, wieviele Objektzugriffe verursacht werden bei einmaliger Ausführung jeder Funktion und bei Ausführung jeder Funktion in einer vorgegebenen oder sinnvoll gewählten Zeiteinheit.

3.5.4 Dateikonzepte

An der Grenze zum physischen Datenbankdesign steht die Entscheidung für ein Dateikonzept, in der folgenden Tabelle sind die wichtigsten Ansätze beschrieben:

Konzepte	Merkmal	Vorteile	Nachteile	Sonstiges
Satzarten-konzept	Mehrere Dateien werden als verschiedene Satzarten in einer Datei zusammengefaßt.	Geringere Systembelastung durch geringeren Verwaltungsaufwand	(mehr I/Os) Reorganisa-tionszeit, Redundanzen.	Dateiorga-nisation, Datenschutz, Wartung und Pflege
Folge-satzmimik	Ein Objekt wird durch mehrere Datensätze repräsentiert. Die wichtigsten Ausprägungen werden in den Originalsatz übernommen, andere in Folgesätze.	Schnellere Zugriffe auf wichtigste Ausprägungen, weniger interner Aufwand durch Konvertierungen (wenn Folgesätze zusammen bleiben).	Pflege mehrerer Sätze zum gleichen Objekt. Datenän-derungen komplexer.	
gezielte Redundanz	Redundante Speicherung wichtiger Daten, die schnell verfügbar sein müssen.	Reduzierung des Zugriffsaufwands	komplexere Daten-änderung	Daten-integrität

Abbildung 3.34: Dateikonzepte

3.5.5 Deskriptoren und besondere Datenfelder

Datenstrukturen in der 3. Normalform sind oft so klein gesplittet, daß eine direkte physische Umsetzung nicht performant genug ist. Beim physischen Datenbankdesign werden deshalb teilweise Normalisierungsanforderungen aufgehoben und Wiederholungsgruppen in Datensätze aufgenommen. ADABAS bietet dazu zwei Ansätze an, multiple Felder und Periodengruppen.

Multiple Felder und Periodengruppen

Mulitple Felder sind einfache Felder mit bis zu 191 Wiederholungen, zu einer Periodengruppe können mehrere Felder zusammengefaßt werden, die Gruppe kann 199 Wiederholungen besitzen (siehe dazu Abschnitt 2.2.3). Periodengruppen bewahren im Gegensatz zu multiplen Feldern auch nullwertunterdrückt ihre Positionstreue. In der folgenden Tabelle werden die wichtigsten Unterscheidungsmerkmale zwischen multiplen Feldern und Periodengruppen nochmals aufgelistet.

	MU	PE
Möglichkeit der Schachtelung	Nein	ja, MU
max. Anzahl der Wiederholungen	191	199
Occurrence-Zähler mit NU	Anzahl belegter Occurrences. Wird heruntergezählt.	Höchster derzeit belegter Index. Wird nur beim Löschen der letzten Ausprägung heruntergezählt.
Occurrence-Zähler ohne NU	Nummer der höchsten mit Werten belegten Occurrence. Wird nicht heruntergezählt.	Nummer des höchsten mit Werten belegten Index. Wird nicht heruntergezählt.
NU wirkt sich auf die Position des Inhaltes aus	Ja	Nein

Abbildung 3.35: Merkmale von MU/PE in DATA

Deskriptoren

	FIND	FIND SORTED BY	READ logisch	HISTOGRAM
Normaler Deskriptor	einfaches Feld, MU-Feld, PE-Feld.	einfaches Feld, MU-Feld.	einfaches Feld, MU-Feld.	einfaches Feld, MU-Feld, PE-Feld.
UQ Deskriptor	einfaches Feld.	einfaches Feld.	einfaches Feld.	einfaches Feld.
Subdeskriptor	einfaches Feld, MU-Feld, PE-Feld.	einfaches Feld, MU-Feld.	einfaches Feld, MU-Feld.	einfaches Feld, MU-Feld.
Super-deskriptor	einfaches Feld, MU-Feld, PE-Feld.	einfaches Feld, MU-Feld.	einfaches Feld, MU-Feld.	einfaches Feld, MU-Feld.
Phonetischer Deskriptor	einfaches Feld, MU-Feld: max. 12.			

Abbildung 3.36: Verwendbarkeit von Deskriptoren

	MU	PE
Adressierungsmöglichkeiten beim Lesen und Ändern (nicht Selektieren)	Jede Occurrence einzeln/bereichsweise. Bei NU und Leerwert beim Update Verschiebung der nachfolgenden Indices möglich.	Jede Occurrence einzeln oder bereichsweise. Index bleibt erhalten.
Suche	allgemein	allgemein oder indexspezifisch
Platzaufwand im Datensatz mit NU	kein Leerfeldzähler	Leerfeldzähler
Platzaufwand im Datensatz ohne NU	Zwei Bytes nach Leerwert, auch am Ende soweit nach dem Laden durch Update angesprochen.	
Vewendbar als Sortierbegriff für Suchergebnisse	Ja, aber ISN wird nur einmal ausgewertet: Ergebnis willkürlich	Nein
Auswirkung der Definition als fixes Feld	darf DE sein	darf nicht sein
Verwendbar als Sortierbegriff beim logisch sequentiellen Lesen	Ja, aber ISN kommt mehrfach vor	Nein
Verwendbar als phonetischer Deskriptor	Ja, aber nur max. 12 (beliebige) Einträge	Nein
Lesbar mit HISTOGRAM	Ja	Allgemein oder indexspezifisch

Abbildung 3.37: Merkmale von MU/PE-Feldern als Deskriptoren

In Kapitel 2.2.4 wurden die verschiedenen Deskriptorarten bereits vorgestellt. Die vorstehenden Tabellen zeigen, welche Feldtypen für welche Datenbankzugriffe als Deskriptoren verwendet werden können (Abbildung 3.36), und wie sich die Verwendung von multiplen Feldern oder Periodengruppen als Deskriptoren auswirkt (Abbildung 3.37).

☞ Ein Deskriptorwert kann bei einem multiplen Feld als Deskriptor in einem Satz mehrfach vorkommen. Dies kann zu einer fehlerhaften Verarbeitung mit einer Sortierfolge führen.

Für Dateien mit Satzartenkonzept, in der Historienführung oder zur Kennzeichnung noch zu bearbeitender Sätze kann die Nullwertunterdrückung bei Deskriptoren sehr gut ausgenutzt werden. Die zur Unterscheidung verwendeten Deskriptoren sind disjunkt und nullwertunterdrückt. Ein nullwertunterdrückter Deskriptor, der den Leerwert enthält, bedeutet logisch, daß die Angabe nicht vorhanden ist. Der zugehörige Satz wird bei logisch sequentieller Verarbeitung nach dem betreffenden Deskriptor nicht verarbeitet. Noch zu bearbeitende Sätze können mit einem nullwertunterdrückten Verarbeitungskennzeichen als Deskriptor(bestandteil) versehen werden. Die invertierte Liste enthält dann nur noch die zu bearbeitenden Sätze.

Phonetische Deskriptoren

Zugriffe über phonetische Deskriptoren sind ausschließlich mit dem FIND-Befehl zulässig. Ein von/bis-Wertebereich kann nicht mitgegeben werden.

Hyperexits

Hyperdeskriptoren sind ADABAS-Benutzerexits und für NATURAL verwendbar wie erweiterte phonetische oder eingeschränkte Superdeskriptoren. Im einzelnen werden folgende Zugriffe unterstützt:

- HISTOGRAM *view* FOR *hyperdesc*
- READ *view* BY *hyperdesc* FROM *wert*
- FIND *view* WITH *hyperdesc* = *wert*

Der Hyperdeskriptor darf, außer bei HISTOGRAM, nicht im NATURAL-View definiert werden. In der PREDICT-Filedefinition wird der Hyperdeskriptor mit Deskriptortyp "H" eingetragen:

```
T L   DB   NAME                                          F Leng  S D   Rem
- -   --   -----------------------------------------     - ----  - -   -----
  1   AA   PERSONAL-NR                                    A    8    D
G 1   AB   NAME
  2   AC   VORNAME                                        A   20  N N
  2   AE   NACHNAME                                       A   20    D
G 1   A3   URLAUBS-DATEN
  2   AU · JAHRESURLAUB                                   N  2.0
  2   AV   GEN-URLAUB                                     N  2.0  N
  *
  1   H1   REST-URLAUB                                    B    4    H
  *        --------- SOURCE FIELD(S)  ---
  *        JAHRESURLAUB
  *        GEN-URLAUB
```

Abbildung 3.38: Angabe eines Hyperdeskriptors in der Filedefinition

Hyperexits werden immer dann benötigt, wenn ein Zugriff mit den Standarddes-
kriptoren nur schwer oder nicht zu realisieren ist. Eine Reihe von Hyperexits
kann bei verschiedenen Softwareherstellern erworben werden. Hyperexits bieten
sich vor allem an für:

- Aufwendige Deskriptoren

  - Deskriptoren aus variabel vielen Feldern / mit mehr als 20 Mutterfeldern
  - Kombination/Komprimierung verschiedener Superdeskriptoren
  - Spezielle Deskriptoren für Satztypenbildung
  - Spezielle phonetische Deskriptoren

- Wertebildung

  - Umkehrung numerische Werte
  - Komplementärwerte bilden (rückwärts lesen)
  - Wertegruppen bilden
  - Summen von anderen Feldern bilden
  - Kalkulationsroutinen (verschiedene Berechnungen)

- Datenzugriffe

  - Deskriptoren für mehrfache File-/Feldsituationen
  - Bildung vcn Datenüberprüfungstabellen
  - Datenintegritätsüberprüfungen vornehmen
  - Sortierreihenfolge ändern (EBCDIC/ASCII, deutsche Umlaute)
  - Fuzzy matching

- Felddarstellungen

  - Umsetzung von Klein-, Großschrift und Umlauten
  - Worttrennungen vornehmen
  - Werteunterdrückung vornehmen

Prinzipiell können mit Hyperexits nach Belieben Indexwerte generiert werden, die nicht in den Datensätzen vorhanden sind.

3.5.6 PREDICT/ADABAS File-Design

Die Kommunikation eines NATURAL-Programms mit der zugrundeliegenden Datenbank erfolgt über eine spezielle NATURAL-Benutzersicht (userview). Die Benutzersicht enthält Felder eines in PREDICT oder SYSDDM definierten DDMs. Ein DDM enthält alle oder eine Auswahl von Felder eines Datenbankfiles. In einer ADABAS-Datenbank können bisher noch höchstens 255 Files (Dateien) definiert werden, mit je maximal 16,7 Millionen Sätze. Der Aufbau der Files, DDMs und Benutzersichten wirkt sich auf die Datenbankzugriffszeit aus, nicht notwendigerweise auf die Programmlogik. In diesem Abschnitt werden die verschiedenen Möglichkeiten und deren Auswirkungen herausgearbeitet.

Der DDM-Aufbau kann sich vom ADABAS-Fileaufbau unterscheiden durch die:

- Anordnung der Felder im File und logischen Sortierung der Felder,

- Nullwertunterdrückung und

- Anzahl Deskriptoren.

Im DDM können zu den Feldern zusätzliche Optionen und, wenn nötig, andere Feldnamen vergeben werden. Gemeinsam sind die ADABAS-Kurznamen der Felder. Eine Änderung der ADABAS-Kurznamen zwingt zum Abgleich DDM/File und zur Neugenerierung von DDM und Benutzersicht. Auf ADABAS-Ebene sind abweichend von den Attributen eines Objektes Feldteilungen (Subdeskriptoren) und Feldzusammenfassungen (Superdeskriptoren) möglich.

Aus der Feldorientiertung von ADABAS ergeben sich Konsequenzen für die Reihenfolge und Kompression der Felder in ADABAS-Files:

- Alle bei einem Datenbankzugriff benutzten (im verwendeten DDM angegebenen) und alle im Datenbankfile davor- oder dazwischenliegenenden Felder müssen dekomprimiert und komprimiert werden. Die insgesamt nötige Komprimierungszeit kann verkürzt werden, wenn im File die für wichtige Funktionen häufig benutzten Felder vorne angeordnet sind, wie beispielsweise die Auftragspositionen zu einem Auftrag.

- Nullwertunterdrückte Felder, die Nullwerte enthalten, werden weniger aufwendig behandelt, hintereinanderliegende nullwertunterdrückte Felder mit Leerwert im Block verarbeitet. Liegen diese am Satzende, werden sie unterdrückt. Felder, deren Nullwert fachlich bedeutungslos ist, sollten nullwertunterdrückt, nullwertunterdrückte, häufig leere Felder, ans Satzende gestellt werden.

- Felder, die (fast) immer benutzt und in voller Länge gespeichert werden, sollten vor nullwertunterdrückten Feldern im File fixed definiert werden.

Für die Anordnung der Felder in logischen Files (DDM und Benutzersicht) gibt es ebensolche Performance- und Handhabungsrichtlinien:

- Format und Länge der Felder im DDM können von den physischen Definitionen im File abweichen, primär ohne weitere Auswirkungen. Vorsicht ist geboten beim Neuladen einer solche Felder enthaltenden Datei. Es können Fehler entstehen, vor allem, wenn die Felder im DDM länger definiert sind als im ADABAS-File, da die Felder nur mit der physisch angegebenen Länge wieder in die Datenbank geladen werden und eventuell Informationen verloren gehen.

- Obwohl die Reihenfolge der Felder im logischen File (DDM) sich von der im physischen File (FDT) unterscheiden kann, sollte sie, um eine schnellere Formatübersetzung zu erzielen, gleich sein.

- Um mögliche Fehlerquellen auszuschließen, sollte dasselbe ADABAS-Feld in einem DDM oder einer Benutzersicht nicht mehrmals redefiniert werden.

- Die Anzahl der Wiederholungen einer Periodengruppe oder eines multiplen Feldes sollte im DDM auf die notwendige Zahl beschränkt werden.

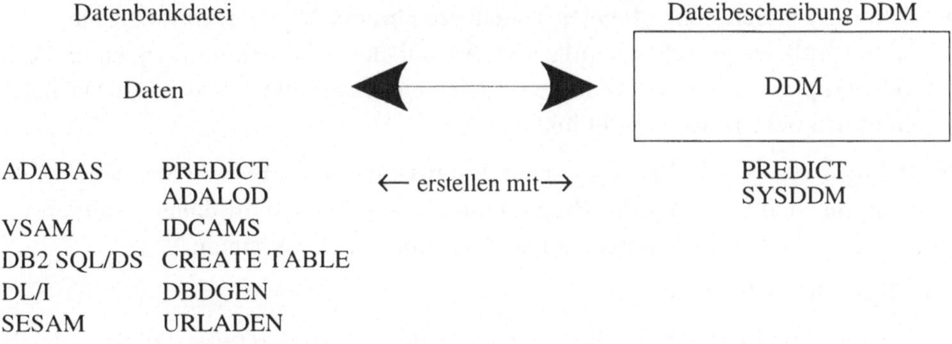

Abbildung 3.39: NATURAL-Datenzugriffe [OrgVerw]

Die physische Dateibeschreibung und -definition sowie die logische Dateibeschreibung im DDM erfolgen außerhalb von NATURAL. Änderungen an den DDMs erfordern ein Neugenieren mit PREDICT oder ein CATALOG in SYS-DDM (siehe Abbildung 3.39).

Aus den DDMs werden die für die Anwendungsprogramme notwendigen Felder in NATURAL-Userviews zusammengefaßt. Auch für die Bildung dieser Benutzersichten können Regeln aufgestellt werden:

- Um unnötigen Overhead bei den Datenbankzugriffen durch die Komprimierung/Dekomprimierung nicht benötigter Felder oder Fehlerquellen durch Anforderung nicht im Programm verarbeiteter Felder zu vermeiden, sollten die Userviews nur die jeweils in den Programmen benötigten Variablen enthalten und in gleicher Reihenfolge wie in DDM und FDT aufgebaut sein.

  Für die diversen Zugriffe auf die Daten können verschiedene Userviews mit entsprechend unterschiedlichen Namen definiert werden. Die Einteilung der verschiedenen Sichten kann schon über die Definition mehrerer DDMs vorgenommen werden. Dies kann bei der Entwicklung einer Applikation teilweise hinderlich sein, da mehrere Definitionen eingetragen werden müssen, doch können in Verbindung mit NATURAL SECURITY die einzelnen Views entsprechend ihrer Zugriffsart geschützt werden. Die Datenbankadministration kann Statistiken über die Benutzung der einzelnen View erstellen und so bei der Suche nach einem optimalen Filedesign behilflich sein.

- Performanceverbesserungen durch das Ausnutzen globaler Formatidents (bei hoher ADABAS-Aktivität bis etwa 50 %) können erzielt werden, wenn die Benutzersichten nicht in den Programmen direkt, sondern in lokalen oder globalen Datenbereichen definiert werden.

- Um die lokalen oder globalen Datenbereiche mit Viewdefinitionen nicht unnötig groß zu gestalten, sollte die Anzahl der Wiederholungen einer Periodengruppe oder eines multiplen Feldes eingeschränkt aus dem DDM übernommen oder weiter beschränkt werden.

Im Rahmen des physischen Datenbankdesigns gibt es darüberhinaus noch Maßnahmen, die sich nicht auf die Programmlogik auswirken und daher jederzeit als weitere Optimierungsmöglichkeiten durchgeführt werden können:

(1) Physische Datenverteilung

  Schon aufgeführt wurde die Bedeutung der *Feldreihenfolge* im Satz. Nicht weniger wichtig ist die *physische Satzreihenfolge* in einer Datei. Von Zeit zu Zeit können die Sätze einer Datei entladen und nach dem am häufigsten benötigten Schlüssel wieder geladen werden. Eine Direktzugriffsdatei kann als *ADAM-Datei* und mit ISNs organisiert werden.

Mit reinen ADABAS-Mitteln können ADABAS-Files auf bestimmte Blöcke (RABN) gelegt oder ADABAS-Datasets auf Platten verteilt werden.

(2) ADABAS-Parametergrößen

Über die Angabe von Devices oder Pseudodevices (logische Devices) können ADABAS-Datasets in zugriffsgünstigen *Blockgrößen* organisiert werden. Die Übertragung der gewünschten Daten vom externen Speicher (Platte) in den internen Speicher (Bufferpool) erfolgt blockweise. Ein ADABAS-Datenblock enthält komprimiert mehrere Datensätze. Welche Blockgrößen für die Performance günstig sind, hängt von der Art der Anwendung ab und der Organisation des Betriebssystems, nicht generell kann für möglichst große Blöcke plädiert werden.

Der *Paddingfaktor* bestimmt die Ausdehnungsmöglichkeit eines Datensatzes (DATA) oder einer invertierten Liste (ASSO). Für Dateien, die nur zum Lesen verwendet werden kann dieser Faktor sehr klein gehalten werden. Die Größe des benötigten Paddingfaktors hängt von der Wachstumscharakteristik eines Datensatzes ab. Normalerweise reichen auch für Dateien mit nachträglichen Satzerweiterungen geringere Paddingfaktoren, mit dem Vorteil, daß mehr Datensätze in einen Block passen, es kann höchstens sein, daß die Dateien öfters reorganisiert werden müssen. Nur bei Anwendungen, die Sätze immer mit mehreren Zugriffen erstellen (anlegen und sofortiges Erweitern), da beispielsweise die Daten nicht alle in einem Programm erfaßt werden können, benötigen höhere Paddingfaktoren. Ein zu hoher Paddingfaktor bedeutet zu viel unnötig vorgehaltener Platz in der Datei.

Auf die Verwendung der durch Satzlöschungen freigewordenen Plätze oder ISNs beziehen sich die Space Reusage und ISN Reusage-Angaben. Eine mit *Space Reusage* organisierte Datei belegt den freigewordenen Platz neu mit einem neuen Datensatz. In der Regel dehnt sich die Datei nicht so schnell aus. Die für die Freiplatzverwaltung benötigte zusätzliche Zeit kann vernachlässigt werden. Ähnlich verhält es sich mit der Option *ISN Reusage*. Die höchste erlaubte ISN (ADABAS-Paramater MAXISN) einer ADABAS-Datei wird weniger schnell erreicht, auch die Zeit für die Verwaltung der freigewordenen ISNs ist vernachlässigbar.

Nicht ohne Bedeutung für die Performance sind ausreichend große Puffer und Zeitscheiben. ADABAS kennt zwei Zeitscheiben, die Transaktionszeitscheibe (ADABAS-Parameter TT) und die Zeitscheibe für Nichtaktivität verschiedener Anwendertypen (ADABAS-Parameter TNA*x*), die bei Überschreitung zu einem Timeout (NATURAL-Fehler 3009) führen.

(3) Beschleunigende Verarbeitungsformen

Neben Einsparungsmöglichkeiten durch den Einsatz von High-Performance-Umgebungen (HPE) FASTPATH und PREFETCH (siehe Abschnitt 7.2) bietet ADABAS Verarbeitungsmodi mit entsprechend geringerem internen Aufwand an. Wird auf eine Datenbank nur lesenderweise zugegriffen, kann diese als *Readonly-Nukleus* gestartet werden. In der Batchverarbeitung benutzte Datenbanken, die zu einer Zeit nur von einem Benutzer (Job) angesprochen werden, können im Single-User-Mode (Einbenutzermodus) betrieben werden.

3.5.7 Transaktionsmanagement

Eine Transaktion ist ein in sich abgeschlossener Benutzerauftrag. Unterschieden werden physische und logische Transaktionen. In einer *physischen Transaktion* wird eine Datenbank von einem konsistenten in einen anderen konsistenten Zustand überführt. Während der Transaktion ist die Datenbank temporär in einem inkonsistenten Zustand. Das Datenbankmanagementsystem muß dafür sorgen, daß die Transaktion *atomar* ist, also ganz oder gar nicht ausgeführt wird [*DBSys_Mod*].

NATURAL kann in einer Sitzung bis zu 24 verschiedene Datenbanken unterstützen, in einer Transaktion bis zu acht. Die verschiedenen Datenbanken werden mit ihrem Datenbankident ausgewählt. Über das NTDB-Makro können den verschiedenen DBIDs unterschiedliche Datenbankhandler zugewiesen werden [IM].

Das Problem beim Transaktionsmanagement liegt in der *Synchronisation* begründet. Konkurrierende Zugriffe auf den gleichen Datenbestand müssen ebenso synchronisiert werden wie eine sich über mehrere Datenbanken und/oder Rechner erstreckende Transaktion.

Die Datenbanksätze, die in einer Transaktion verändert werden sollen, müssen gegen konkurrierendes Update gesperrt werden. ADABAS kennt dafür keinen speziellen Befehl. Zum Sperren von Datenbanksätzen müssen diese in einer Schleife gelesen werden, die einen UPDATE- oder DELETE-Befehl (Ändern oder Löschen) enthält. Die Sperrung erfolgt durch Aufnahme der Sätze in eine Holdliste, die Freigabe der Holdliste durch Zurücksetzen (BACKOUT TRANSACTION) oder Abschließen (END TRANSACTION) der Transaktion.

Intern wird die notwendige Kommandooption während des Kompilierungsvorgangs generiert. Anstelle von S1, L1, L2 oder L3-Befehlen (suchen, lesen direkt

(ISN)/physisch seriell/logisch sequentiell) werden bei Erkennen eines UPDATE-oder DELETE-Befehls S4, L4, L5 oder L6-Befehle in den Kontrollpuffer eingetragen (Zugriffe jeweils mit Hold).

ADABAS geht am Beginn einer Transaktion davon aus, daß die Transaktion erfolgreich zu Ende geführt und die Veränderungen wirksam werden. Deshalb wird ein noch gesperrter, aber schon veränderter Datensatz vor Abschluß oder Zurücksetzen der Transaktion einem gleichzeitig lesenden Benutzer mit dem veränderten Dateninhalt gezeigt. Dieses Verhalten ist nicht kritisch bei Anwendungssystemen, die nach der Annahme arbeiten, doch bei Dateien mit häufigem Backout und viel konkurrienden Zugriffen kann es zu Inkonsistenzen führen.

Für lange Transaktionen, die über mehrere Dateien gehen, muß ein *logisches Transaktionsmanagement* durchgeführt werden, das ADABAS unbekannt ist. Eine lange Transaktion kann aus vielen Basistransaktionen bestehen, die jeweils mit einem physischen Transaktionsende abgeschlossen werden. Der Programmknoten beendet eine lange Transaktion mit einem logischen Transaktionsende. Sätze, die von einem Benutzer bearbeitet werden, sind für andere logisch gesperrt und nicht mehr zu ändern. Die in einer logischen Transaktionen durchgeführten Hauptkommandos sollten in einem Kommandolog protokolliert werden, um ein Wiederaufsetzen im Fehlerfall und die Wiederausführung einer Hauptfunktion zu ermöglichen. Am Sitzungsbeginn können die offenen Kommandos gelesen und in einer Auswahl angeboten werden [*AnwDsgn*].

Das Verhalten der Datenbank bei einer Transaktion kann über mehrere ADABAS- oder NATURAL-Parameter gesteuert werden (siehe Abbildung 3.40).

Die Parameter beziehen sich auf die Größe der Holdlisten, Suchergebnislisten und verschiedene Puffer (ADABAS) sowie auf das Verhalten von NATURAL bei bestimmten Datenbankzuständen. An dieser Stelle falsch gesetzte Parameter können zu Performanceproblemen führen.

Parameter	Typ	Verwendung	Beschreibung
NH	ADABAS	sperren	❐ Größe der Holdqueue der gesamten Datenbank.
NISNHQ	ADABAS	sperren	❐ Elemente/Benutzer, max. Anteil eines Benutzers an der Holdqueue. Anzahl der Sätze, die eine Transaktion sperren darf.
TT	ADABAS	sperren	❐ Transaktionszeitfenster. Zeit, die zwischen dem Sperren des ersten und Freigeben des letzten Satzes einer Transaktion verstreichen darf.
LQ	ADABAS	lesen	❐ Größe der Tabelle zur Verwaltung der Suchergebnislisten (TBI-Größe).
NSISN	ADABAS	lesen	❐ Größe des ISN-Puffers im TBI-Element.
NQCID	ADABAS	lesen	❐ Anzahl aktiver Leseschleifen pro Benutzer (Falls überschritten, Responsecode 64).
RI	NATURAL	sperren	❐ Freigabe nicht benötigter ISNs. Mit RI=ON werden die ISNs bereits ins Hold gestellter und nachträglich (mit einer WHERE-Klausel oder einem ACCEPT/REJECT-Befehl) abgewiesener Sätze freigegeben.
WH	NATURAL	sperren	❐ ON: NATURAL wartet, bis der Satz frei ist (Batch). OFF: NAT3145 $\Rightarrow$ RETRY.

Abbildung 3.40: Parameter für Sperren/Lesen

Bei Datenbankänderungen immer wieder anzutreffende Performanceprobleme äußern sich in [*PerfAnaly*]:

- zu langem Warten auf gesperrte Sätze,

- zu vielen WORK-I/Os, die aus zu häufigem Setzen eines Transaktionsendes resultieren,

- zu vielen Deskriptorupdates.

Alle diese Performanceprobleme liegen im Datenbank- oder zu standardisierenden Zugriffsdesign begründet und werden deshalb in diesem Abschnitt besprochen, ansonsten sei auf Abschnitt 5.2 verwiesen.

Warten auf gesperrte Sätze

Im konkurrienden Dialog- oder Batchbetrieb kann es öfter vorkommen, daß zu oft auf gesperrte Sätze gewartet werden muß. Diesem Problem kann mit drei verschiedenen Ansätzen begegnet werden:

1) Die zum Sperren nötigen Parameter richtig einstellen.

Dialogprogramme sollten so geschrieben sein, daß auf einen Satz im Hold nicht gewartet wird (NATURAL-Parameter WH=OFF). Die Wahrscheinlichkeit, auf einen gesperrten Satz zuzugreifen, hängt ab von der Verteilung der Verarbeitung, nicht immer steigt sie mit der Anzahl der ISNs in der Holdqueue an. Diese kann über den NATURAL-Parameter RI=ON gesteuert werden, zum Preis zusätzlicher ADABAS-Zugriffe. Wird bei Einstellung des Parameters RI=OFF die Holdqueue überlastet, deutet dies auf eine ungünstig gewählte Nachselektion hin [*PerfAnaly*].

2) Nur die zu verändernden Sätze sperren.

Eine Sperrung nur der zu verändernden Sätze kann über den NATURAL-Parameter RI erreicht werden. Sein Einsatz ist wegen des relativ hohen internen Aufwands nur gut bei wenig zurückgewiesenen Sätzen. Werden in einer Verarbeitung viele Sätze zurückgewiesen, ist es besser, eine Nachlesetechnik einzusetzen. Diese Technik soll anhand eines kleinen Beispiels verdeutlicht werden:

Eine Datei wird logisch sequentiell gelesen. Nur ausgewählte Datensätze dieser Datei sollen verändert werden. Die Sequenz

```
R1. READ datei ...
      PERFORM ...
      UPDATE (R1.)
      END TRANSACTION
    END-READ
```

erzeugt pro Datenbankveränderung mehrere logische Lesezugriffe mit Sperren (L6), einen Updatebefehl (A1) und einen Transaktionsendebefehl (ET). Lesezugriffe mit gleichzeitigem Sperren sind intern aufwendiger als reine Lesezugriffe. Werden im Verhältnis zur Gesamtmenge der zu lesenden Sätze nur wenige verändert, lohnt es sich, die Datei ohne Sperren zu lesen, die zu verändernden Sätze nachzulesen und selektiv zu sperren. Die Folge

```
R2.   READ datei ...
        PERFORM ...
G2.     GET datei *ISN (R2.) ...
        UPDATE (G2.)
        END-TRANSACTION
      END-READ
```

erzeugt pro Datenbankveränderung mehrere logische Lesezugriffe ohne Sperren (L3), einen zusätzlichen Lesezugriff mit Sperren (L4), einen Updatebefehl (A1) und einen Transaktionsendebefehl (ET).

3) Sätze nicht unnötig lange und nicht über Dialogschritte hinweg sperren.

Die Änderung eines Datensatzes im Dialog erfolgt in der Regel nach dem Schema: Datensatz lesen, anzeigen, verändern. Wird diese Verarbeitung in nur einer Schleife durchgeführt, erfolgt das Lesen des zu pflegenden Satzes mit Hold und der Datensatz bleibt während der gesamten Anzeige und der Veränderung durch den Benutzer gesperrt. Diese Vorgehensweise kann nur für Einbenutzerbetrieb empfohlen werden, da der Satz sehr lange gesperrt ist und es leicht zur Überschreitung des Transaktionszeitfensters kommen kann.

In einem anderen Ansatz werden der Datensatz ohne Hold gelesen, angezeigt und durch den Benutzer verändert, nur der betroffene Satz mit Hold (wichtig: muß mit zweiter View erfolgen) erneut gelesen, die veränderten Daten in den gesperrten Datensatz übertragen und der Datensatz auf der Datenbank verändert. Bei diesem Ansatz ist der Datensatz nur sehr kurz gesperrt, doch könnte zwischen Anzeige/Pflege und Veränderung des Datensatzes auf der Datenbank dieser von einem anderen Benutzer unbemerkt verändert worden sein.

Die unbemerkte Fremdveränderung kann programm- und datentechnisch ausgeschlossen werden. Dazu wird in den Datensatz ein zusätzliches Feld zur Kennzeichnung des Veränderungsstandes aufgenommen (Updatenummer oder Zeitstempel). Vor einer Datenbankveränderung werden die beiden betroffenen Views desselben Datensatzes miteinander hinsichtlich dieses Feldes verglichen. Die Änderung wird nur durchgeführt, falls sich der Inhalt dieses Feldes nicht verändert hat. Vor der Änderung erhält das Feld einen neuen Wert. Nachteil: Diese Lösung baut auf der Verantwortung der Programmentwickler und der Güte der Qualitätskontrolle auf, da die Pflege des kennzeichnenden Feldes nicht automatisch über die Datenbank erfolgen kann, sondern programmiert werden muß.

Zu viele WORK-I/Os

Im ADABAS-Nukleus existiert ein Datensicherungsbereich in der Größe eines WORK-Blocks (hängt vom DEVICE-Typ ab), der bei jedem Transaktionsende und wenn er voll ist auf die WORK-I geschrieben wird. Um I/Os auf die WORK einzusparen, ist es vorteilhaft (insbesonders im Batch), nicht nach jedem geänderten Satz einen Transaktionsendebefehl abzusetzen. Werden mehrere Sätze zu einer Transaktion zusammengefaßt, muß nur auf die WORK-I geschrieben werden, wenn der Datensicherungsblock im Nukleus voll ist. Gepart mit einem großen WORK-Device lassen sich mit so einer Tuningstrategie wesentliche Performanceerfolge erzielen. Eine solche Transaktionsblockung kann auch für die Dialogverarbeitung erwogen werden, falls die ADABAS-Holdqueue nicht überlastet wird und keine Sperrprobleme auftreten [*PerfAnaly*].

Die Codesequenz

```
READ ... BY ISN ...
   UPDATE
   END TRANSACTION
END-READ
```

erzeugt eine Folge von Befehlen (L4, A1, ET), die so oft wiederholt werden, wie die Schleife durchlaufen wird. Durch Unterteilung der Transaktion in Blöcke können Zugriffe eingespart werden:

```
READ ... BY ISN
   ADD 1 TO satzzähler ...
   UPDATE
   IF satzzähler GE satzlimit
      END TRANSACTION
      RESET satzzähler
   END-IF
END-READ
END TRANSACTION
```

Erzeugt wird eine Folge von (L4, A1)-Befehlen und ein Transaktionsendebefehl nach Beendigung der Datenbankschleife, eventuell weitere Transaktionsendebefehle innerhalb der Schleife bei Überschreiten eines internen Limits. Das interne Limit kann eingeführt werden, um die Transaktionsdauer zu verkürzen.

Zu viele Deskriptorupdates

Viele Deskriptorupdates führen, da sie eine Änderung der ASSO-Blöcke nach sich ziehen, zu vielen Write-I/Os auf die Datenbank. Die Anzahl der Deskriptorupdates kann in der Programmierung kaum beeinflußt werden. Eine Beschränkung der Deskriptorupdates erfolgt in der Designphase, wenn darauf geachtet wird, daß nicht unnötige viele Deskriptoren verwendet werden. Oft werden Deskriptoren nur eingeführt, um Batchverarbeitungen oder größere Datenbankänderungen leichter durchführen zu können. Es lohnt zu untersuchen, ob die notwendigen Veränderungen auch mit ADABAS-Utilities (ADACMP, ADALOD LOAD/ UPDATE) vorgenommen werden können.

Restart unterbrochener/abgebrochener Transaktionen

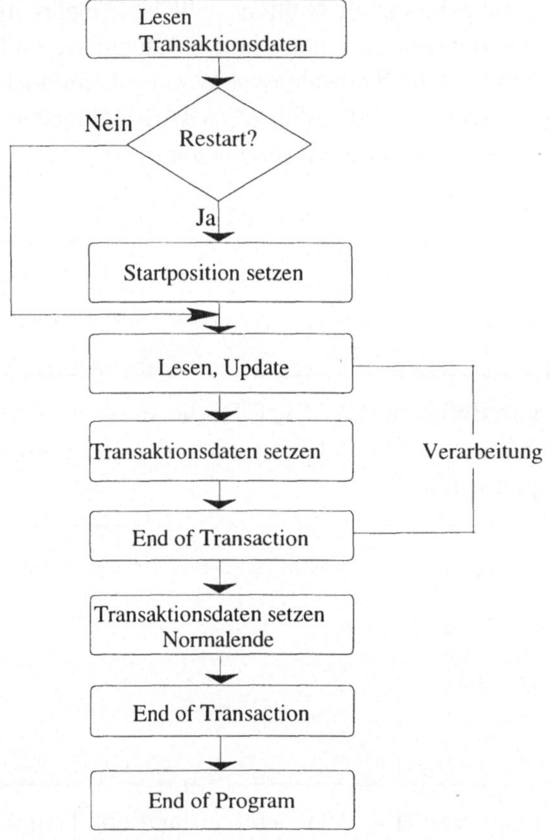

Abbildung 3.41: Transaktionsdaten

ADABAS speichert unter einem Transaktionsendeident (ETID) bis zu 2000 Bytes Informationen mit den Faktoren ADABAS-Parameter und Securityeinträge für Applikationen und Benutzer. Diese Transaktions(ende)daten (ET-Daten) können jedem Transaktionsendebefehl alphanumerisch oder numerisch (Format A oder N) mitgegeben und für einen Restart abgerufen werden. Die Angabe der Zielfelder muß in Reihenfolge und Format den abgespeicherten Informationen entsprechen. Nicht vorhandene, leere Transaktionsdaten werden formatunabhängig als Leerzeichen zurückgegeben. Die Abbildung 3.41 veranschaulicht die Mimik der Transaktionsdatenverarbeitung [*ProgII*].

3.5.8 Zentrale und dezentrale Datenhaltung

Die an die Anwendungssysteme gestellten Anforderungen wachsen stetig. Anwendungen sollen portierbar sein, multiple Datenbankmanagementsysteme unterstützen, sowie lokale und remote Datenzugriffe durchführen können. Daten werden nicht mehr nur zentral gehalten, sondern dezentral, sie sind auf eine Vielzahl von Datenhaltungssystemen und Rechnern verteilt. Parallel dazu steigen die Bedürfnisse bezüglich der Datenhaltung.

Auf multiple Datenbanken zugreifen bedeutet, vielfältige Unterschiede zwischen den Datenbanksystemen inkauf zu nehmen und auszugleichen. Die Hauptunterschiede liegen in den Teilen:

- *Datenbankorganisation,*

- *Satzformat:* Periodengruppen und multiple Felder werden nicht von allen Datenbanksystemen unterstützt.

- *Deskriptortypen:* Besondere Deskriptoren wie unique Deskriptoren, Superdeskriptoren, Subdeskriptoren und phonetische Deskriptoren sind in fast allen Datenbanksystemen verfügbar.

- *Systemvariablen:* Die Systemvariablen *ISN, *NUMBER und *COUNTER sind rein ADABAS-spezifisch.

- *Datenbankzugriffe:* Je nach Datenbanksystem gibt es verschiedene Restriktionen für aufwendigere oder besondere Datenbankzugriffe wie GET ..., FIND ... RETAIN AS ..., FIND NUMBER ..., und die Anwendung komplexer Suchkriterien.

Einen Lösungsansatz bietet die Kapselung der Datenbankzugriffe in Unterprogrammen und der Einsatz einer einheitlichen und portablen Datenbankschnittstelle, zur Bewahrung von Datenbankunabhängigkeit und Wartungsfreundlichkeit bei gleichzeitiger Ausnutzung datenbankspezifischer Funktionen. Leider zieht dies eine sinkende Performance und einen erhöhten Aufwand bei der Einbindung in bestehende Applikationen nach sich.

Gefordert sind ein stabiles und leistungsfähiges Netzwerk und ein umfassendes Datenpflege- und -sicherungskonzept. Das System muß flexibel auf Änderungen im Datenbestand reagieren können. Dazu ist eine Transaktionslogik nötig, die verteilte Transaktionen unterstützt unter Sicherstellung richtiger Datensynchronisation. Das Datenbanklayout sollte mit Rücksicht auf den Anwendungszugriff definiert, das Datendesign auf die Verteilung abgestimmt werden [*PortProg*].

3.6 Qualitätssicherung

Am Ende des Kapitels "Aufbau einer effizienten NATURAL-Entwicklungsumgebung" stehen hier, zusammengefaßt unter dem Punkt "Qualitätssicherung", ein
paar Anmerkungen zum Erhalt einer qualitativ hochwertigen NATURAL-Entwicklungsumgebung. Nach DIN/ISO-9000 werden unter *Qualitätssicherung* alle
geplanten und systematischen Tätigkeiten verstanden, die notwendig sind, um ein
angemessenes Vertrauen zu schaffen, so daß ein Produkt oder eine Dienstleistung
die gegebenen Qualitätsanforderungen erfüllt [*DIN/ISO_9000*]. Ergänzend gilt:
Solange die gegebenen Forderungen die Erfordernisse des Benutzers nicht in
vollem Umfang wiedergeben, wird die Qualitätssicherung nicht vollständig sein.

Daraus läßt sich ableiten, daß die Qualtität eines Produkts direkt an den Anforderungen des Benutzers gemessen wird. Qualitätssicherung ist deshalb in allen Phasen der Softwareentwicklung notwendig, insbesondere in den frühen Phasen eines
Softwareprojekts werden die Anforderungen der Benutzer definiert. Fehler in
diesen Phasen sind am teuersten. Je später diese (konzeptionellen) Fehler bemerkt
werden, umso aufwendiger ist ihre Korrektur. Qualitätssicherung muß
demzufolge zwei wesentliche Aspekte unterscheiden:

- Die Prozeßqualität muß sichergestellt werden durch die Durchführung der
  Softwareprojekte gemäß dem aktuellen Stand der Softwareentwicklungs-
  technik. Dazu gehören die Auswahl angemessener Phasenkonzepte, die Definition der Reviewtermine und das Festlegen der Aufgaben und Ziele des Projektmanagements.

- Von Ergebnisqualität kann gesprochen werden, falls die Qualität jedes Ein-
  zelergebnisses und die Qualitäten der Ergebnisse eines Projektabschnitts oder
  einer Projektphase den vorher definierten Standards genügen. Die Standards
  können in Normenhandbüchern, Projekthandbüchern oder beispielsweise
  Testkonzepten festgeschrieben werden. Sie werden nach Fertigstellung der
  Ergebnisse von der Qualitätssicherungsfunktion auf ihre Anwendung
  überprüft.

Zum Erreichen aller definierten Punkte ist ein funktionierendes Qualitätssiche-
rungssystem erforderlich [*DIN/ISO_9000*]. Dieses beinhaltet die Aufbauorganisa-
tion, Verantwortlichkeiten, sowie Verfahren und Mittel zur Verwirklichung des
Qualitätsmanagements.

Im folgenden wird das Thema Qualitätssicherung auf die Phasen DV-Konzeption und Realisierung und deren Ergebnisse beschränkt. Forderungen an die Qualitätssicherungsfunktion in den Phasen Anforderungsanalyse und Fachkonzeption werden nicht weiter beleuchtet.

Eine effiziente NATURAL-Entwicklungsumgebung kann nur aufgebaut und erhalten werden, wenn die Benutzung der Werkzeuge und Regeln sichergestellt ist und weitestgehend (auch automatisch) überprüft werden kann. Regeln für Wartung und Effizienzmessung von Programmsystemen werden in diesem Kapitel nicht behandelt, die verschiedenen Ansätze und Möglichkeiten sind ausführlich in den Kapiteln 7 und 8 - Effizienzmessung, Tuning und Pflege der Systemumgebung - beschrieben. Testhilfen werden in Kapitel 2.8 besprochen.

Neben den oben genannten Anforderungen können für die Qualität von Softwaresystemen ergänzende Maße definiert werden wie:

- Wartbarkeit und Effizienz eines Systems,

- Benutzerfreundlichkeit, Verständlichkeit, Portabilität, Wiederverwendbarkeit, Modularität und Flexibilität, sowie

- Korrektheit der Software.

Ein *korrektes* Programm erzeugt zu jeder zulässigen Eingabe die durch die Spezifikation geforderte Ausgabe. Dabei müssen Einschränkungen an die Zulässigkeit von Eingaben, vor Ausführung des Programms erfüllt sein und Programmvariablen nach der Programmausführung gegenüber den Werten vor der Programmausführung verändert sein [*Prog_Meth*].

Für die Projektphasen DV-Konzeption und Realisierung können und sollten Standards entwickelt werden. Tests, insbesondere Übergabe- und Abnahmetests werden dazu nach einem definierten, mit den Fachabteilungen entwickelten und abgestimmten Testkonzept durchgeführt. Das Testkonzept ist ein wesentlicher Maßstab für die Korrektheit eines Softwaresystems [*PortProg*]. Es enthält die Testinhalte und die Testsequenzen, beschreibt die notwendigen Testdaten sowie die Meßkriterien für das Laufzeitverhalten und dokumentiert Beschränkungen.

Beim Testen werden das Verhalten eines Programms oder Systems untersucht und Fehler, beziehungsweise Abweichungen vom erwarteten Verhalten, aufgedeckt. In der Debuggingphase werden die festgestellten Fehler lokalisiert und behoben.

Teststrategien und Testphasen

Der Durchlauf der einzelnen Testphasen kann grob in drei Teststrategien eingeteilt werden:

- Beim *externen Vorgehen* wird das Ein-/Ausgabeverhalten eines Programms oder Systems an ausgewählten Beispielen studiert. Die zugehörige Faustregel verlangt das Testen von Eingabewerten aus dem "normalen" Bereich, von Randwerten, und von Eingabewerten außerhalb des "normalen" Bereichs.

- Das *interne Vorgehen* beginnt mit der Codeinspektion. Testdaten werden gezielt ausgewählt, so daß jeder Programmzweig mindestens einmal durchlaufen wird. Die Eingabeprüfung erfolgt durch "echo-check" (sofortigen Ausdruck der eingelesenen Daten) und das Setzen von Marken.

- Beim *bottom-up-* oder *top-down-Verfahren* werden die Tests in abgeschlossenen Einheiten durchgeführt: Modultest, Integrationstest, Leistungstest und Installationstest.

3.6.1 Testverfahren

Im folgenden werden die gängigen Testverfahren kurz zusammenfaßt, unterteilt in manuelle Testverfahren wie beispielsweise Codeinspektion und automatische Testverfahren.

Ausführung	Verfahren
manuell	❏ Testplanung bereits in Entwurfsphase, ❏ gute Programmdokumentation, ❏ Testdokumentation, ❏ Codeinspektion, ❏ Testbibliothek.
(halb-) automatisch	<u>statische Analyse des Programms:</u> ❏ automatische Erstellung von Teilen der Dokumentation, ❏ Erstellen von Ablaufdiagrammen, Kreuzverweistabellen, <u>interaktive Testhilfen:</u> ❏ Setzen von Haltepunkten und Inspektion von Speicherinhalten an ❏ diesen Punkten, ❏ Setzen von Spuren (Tracing), <u>Speicherabzüge (Dump),</u> <u>Erstellen von Programmstatistiken,</u> <u>Laufzeitüberprüfungen:</u> ❏ Feldgrenzen, ❏ Zugriffsrechte, ❏ Parametergültigkeiten, <u>Künstliche Datenquellen und -senken:</u> ❏ Zufallszahlengenerator, ❏ temporär angelegte Datei, <u>Automatische Testdatengeneratoren:</u> ❏ Aus dem Programmtext werden Eingabedaten so generiert, daß ❏ "jeder mögliche Pfad" durch das Programm mindestens einmal ❏ durchlaufen wird.

Abbildung 3.42: Testhilfen

Softwareentwicklungsprojekte werden nach methodischen Gesichtspunkten in Projektphasen untergliedert. Im folgenden wird eine praxisorientierte Checkliste vorgestellt, gegliedert nach Projektphasen und deren Ergebnissen mit Tips für die einzusetzenden Testmethoden, Testzielen und Testdaten und den beteiligten Rollen mit Aufgaben.

Testobjekt	Phase Zeitpunkt nach	Testziel, Prüfung von Testmethode	Testdaten (Aufbau, Inhalt) Rollen (Erstellung und Auswertung)
Programm vorgabe	technischer Detailentwurf	❐ Verständniskontrolle formale und inhaltliche ❐ Vollständigkeit	repräsentative Fälle
	Erarbeitung des Inhalts	Durchsprechen "Was geschieht, wenn..." (Schreibtischtest)	Fachabteilung, Organisator, Chefprogrammierer, Programmierer
Programm entwurf	Realisierung	❐ Kontrolle der Programmstruktur/ Modularisierung ❐ Steuerung ❐ einsetzbare - vorhandene - Module	Steuerungsfälle, Standardfälle
	Fertigstellung des Programm-designs mittels des Funktions-baumes	Durchsprechen "Was geschieht, wenn..." (Schreibtischtest)	Chefprogrammierer, Programmierer
Modul statisch	Realisierung, Funktionstest	❐ Steuerung innerhalb des Moduls ❐ Funktionen	Steuerungsfälle für diesen Modul Standardfälle für diesen Modul
	fehlerfreier Umwandlung	Schreibtischtest	Programmierer
Modul dynamisch	Realisierung, Funktionstest	❐ alle Pfade dieses Moduls ❐ jede Funktion gegen den Modulentwurf	Sämtliche Kontrollfälle mit Hilfe der Entscheidungstabellentechnik Verwendung von Testbettes/Drivers
	erfolgreichem Schreibtischtest	Test auf der Anlage	Programmierer
Modul-integration	Realisierung, Integrationstest	❐ Steuerung des Programms ❐ Schnittstellen des zu testenden Moduls ❐ Zusammenwirken mehrerer Module	Sämtliche Kontrollfälle der Steuerung mit Hilfe der Entscheidungstabellentechnik Sämtliche Parameterdaten Verwendung von Dummy-Modulen/Stubs
	erfolgreichem Modultest	Test auf der Anlage	Chefprogrammierer, Programmierer

Abbildung 3.43a: Testphasen/Testmethoden - Teil 1

Testobjekt	Phase	Testziel, Prüfung von	Testdaten (Aufbau, Inhalt)
	Zeitpunkt nach	**Testmethode**	**Rollen (Erstellung und Auswertung)**
Programm	Realisierung, Integrationstest	❏ Programmfunktion gegen die -vorgabe ❏ Ausgabedaten	Repräsentative Fälle Sonderfälle Problemfälle
	erfolgreichem Integrationstest	Test auf der Anlage	Fachabteilung, Organisator, Chefprogrammierer, Programmierer
Programm-system	Systemtest	❏ Zusammenwirken sämtlicher Programme ❏ Schnittstelle zu den umliegenden Systemen ❏ Programmver-knüpfungen ❏ Überschreitung der Datenträgerkapazität (Massentest) ❏ Wiederanlaufverfahren	Repräsentative Fälle nach Testplan
	Fertigstellung der Programme	Test auf der Anlage	Fachabteilung, Organisator
Programm-system	Abnahmetest	❏ Leistungsfähigkeit ❏ Bedienbarkeit unter echten Bedingungen	Massendaten aus der Praxis Repräsentative Fälle
	allen anderen Tests, vor Übernahme der Programme in die Produktion	Test auf der Anlage	Fachabteilung, Organisator

Abbildung 3.43b: Testphasen/Testmethoden - Teil 2

3.6.2 Fehlerquellen

Nachfolgend beschrieben sind typische Fehlerquellen bei der Entwicklung von Programmsystemen. Die Tabellen können als Basis einer Qualitätssicherungs-checkliste für DV-Konzeption und Realisierung von Programmsystemen benutzt werden:

Typische Fehler	Ausprägung
Schleifen	❑ Initialisierung oder Terminierung nicht in Ordnung; ❑ Anzahl der Durchläufe stimmt nicht, unendliche Schleifen.
Variablen	❑ Initialisierung und Reinitialisierung bei erneuter Verwendung fehlt, ❑ fehlerhaftes Setzen redefinierender Variablen vor deren weiterer Benutzung, ❑ Verwechslung von Variablen(-namen), ❑ globale Variablen werden unbeabsichtigt verändert.
Felder (arrays)	❑ fehlende oder falsche Initialisierung, ❑ zu kleine Deklarierung und daraus folgend ❑ Bereichsüberschreitung.
Arithmetische Operationen	❑ falscher Variablentyp, ❑ Werte zu groß oder zu klein, ❑ Division durch Null, ❑ unbeabsichtiges Abschneiden von Dezimalstellen.
Tipp- und Übertragungsfehler	❑ Auslassungen/fehlerhaftes Einfügen eines zusätzlichen Zeichens, ❑ Ersetzen eines korrekten Zeichens durch ein falsches Zeichen, ❑ Vertauschen zweier benachbarter Zeichen.
Syntax	❑ Mißbrauch sprachlicher Möglichkeiten, ❑ fehlerhafter Gebrauch der Sprachkonstruktionen.
Umfeld	❑ Änderungen von Systemparametern

Abbildung 3.44: Typische Syntax- und Semantikfehler

Typische Fehler	Ausprägung
Programmlogik und -design	❑ fehlende oder falsche Fallunterscheidung, ❑ Sonderfälle oder unzulässige Werte nicht überprüft, ❑ inkorrekte Verzweigung des Kontrollflusses, ❑ falsche Algorithmenauswahl ❑ Algorithmen fehlerhaft implementiert.
Daten	❑ verschiedene Datentypen werden vergessen, ❑ zuviele Daten werden gelesen.
Unterprogramme	❑ falsche Parameterreihenfolge, ❑ unbeabsichtigte Seiteneffekte.
Besondere Fehler	❑ anlagenspezifische oder anlagenbedingte semantische Fehler, ❑ fehlerhafte Übersetzung durch den Compiler, ❑ Rundungsfehler, ❑ Situations- oder Zeitfehler, ❑ Koordinationsfehler, ❑ Recoveryfehler, ❑ Kontingentüberschreitung, ❑ Überlastfehler.

Abbildung 3.45: Typische allgemeine Fehler

Die Suche und Korrektur von *Design-*, *Kodierungs-* und *algorithmischen* Fehlern gestaltet sich oftmals als schwierig, der Compiler kann keine Unterstützung bieten. Dagegen werden *syntaktische* Fehler während der lexikalischen oder syntaktischen Analyse gefunden. (Die *Syntax* legt fest, welche Zeichenfolgen zugelassen sind). *Semantische* Fehler (typische sematische Fehler sind: fehlende oder mehrfache Variablendeklarationen, Typenunverträglichkeiten von Operanden und Operatoren, Überschreiten von Indexgrenzen, Erreichen eines nicht behandelten Falls in einer Verzweigung) werden während des Compilevorgangs oder zur Laufzeit entdeckt. (Die *Semantik* bestimmt, was die eingegebenen Zeichenfolgen auf dem Rechner bewirken.)

3.6.3 Einsatz von PREDICT

Das Datendictionär PREDICT kann als Hilfsmittel zur Dokumentation und Prüfung der getroffenen Konventionen Verwendung finden. Alle Abteilungen, die Metadaten erstellen oder verändern, benötigen Konventionen, die einen unternehmensweit einheitlichen Umgang mit Metadaten gewährleisten. Durch die Qualitätssicherung zwischen den einzelnen Phasen wird ein gleichmäßiger Qualitätsstandard erreicht [*PRDEins*].

Personen	Aufgaben
Fachabteilung	❑ Anforderungsentwurf mit Abbildung in PREDICT, ❑ Entwurf und Dokumentation der Benutzerschnittstelle.
Verantwortliche Methoden und Standards	❑ Sammlung betrieblicher Standards und Abbildung als Muster in PREDICT, Einhalten der Vorgehensweise bei der Dokumentation.
Anwendungs-entwicklung	❑ Abbildung des fachlichen Funktionsdesigns und der technischen Unterstützung, Realisierung und Integritätskontrolle.
Daten/ Datenbank-Administration	❑ Entwurf und Abbildung des konzeptionellen und physischen Datenbankdesigns, standardisierte Verwendung der Datenelemente, bestimmungsgemäße Benutzung der Datenbank.
Security-Administrator	❑ Entwurf und Implementierung des Security-Konzeptes.
Rechenzentrum	❑ Arbeitsvorbereitung, Unterstützung der Verwaltung
Data Dictionary Administrator	❑ Beratung und Ausbildung aller anderen Personenkreise, Unterstützung der Fachabteilung beim Erarbeiten und Überwachen der Standards, ❑ Unterstützung der Gruppen Methoden und Standards, Anwendungs-entwicklung, Daten-/Datenbank-Administration und Security-Administration beim Schaffen von Kontrollmechanismen, ❑ Koordination des Informationsaustausches mit anderen Abteilungen zwischen den Gruppen Fachabteilung, Anwendungsentwicklung, Daten-/Datenbankadministration und Security-Administration.

Abbildung 3.46: Aufgabenverteilung bei der Abbildung der Metadaten in PREDICT

PREDICT hilft bei der Auswahl der an die Produktion zu übergebenen Module. Die katalogisierten Programme werden erst bei kompletter Fertigstellung von Projekten, Teilprojekten oder Erweiterungen in die Produktion übergeben.

PREDICT-Festlegungen

Mit *Ownern* können Zusammenhänge dargestellt werden, deren Abbildung sonst nicht möglich ist. Ein Owner wird verstanden im Sinne eines Eigentümers. Nach Festlegen der zulässigen Owner können diese als zusätzliches Selektionskriterium verwendet werden.

Ein *Keyword* (Schlüsselwort) wird kontrolliert vergeben und gilt projektübergreifend.

Kurzkommentare enthalten die wichtigsten Informationen in den ersten Zeilen. Sie können in einer laufenden Anwendung (aktive Hilfen, Zugriff erfolgt zur Laufzeit) verwendet werden oder als Kommentar im DDM. Der Kurzkommentar wird beim Generieren eingebunden.

Die *Langbeschreibung* (extended description) ist für die detaillierte Beschreibung von Objekten vorgesehen. Sie enthält Information für verschiedene Benutzer wie Programmierer, Fachabteilung, Arbeitsvorbereitung. Der Inhalt der Langbeschreibung sollte pro Objekttyp/Untertyp eine fest vorgegebene Struktur haben mit Informationen für die Arbeitsvorbereitung und Programmierung, aktiver Hilfe und weiterem. Zur Arbeitserleichterung und Standardisierung sollen Rahmen vorgegeben oder vom Benutzer wählbar sein. Kurzkommentare und Langbeschreibungen können auch zur Erstellung von Handbüchern genutzt werden. Eine Aufbereitung des Fließtextes ist empfehlenswert.

Aktive Hilfen ermöglichen dem Benutzer, unterstützende Informationen zur Laufzeit aus dem Datendiktionär zu erhalten. Die Informationen zur aktiven Hilfe werden in Standardobjekttypen oder in selbstdefinierten Objekttypen abgelegt.

Mit *Meilensteinen* wird der Ressourcenplan (Verfügbarkeit der Mitarbeiter, Schulungsbedarf, Hardware/Software-Verfügbarkeit) festgelegt. Pro Projekt sollten eine Phase mit Zeit für die Konsolidierung eingeplant, phasenbezogene Reviews durchgeführt (Maskenprototyp, Datendesign) und Meilensteine dokumentiert werden.

Umgang mit Metadaten

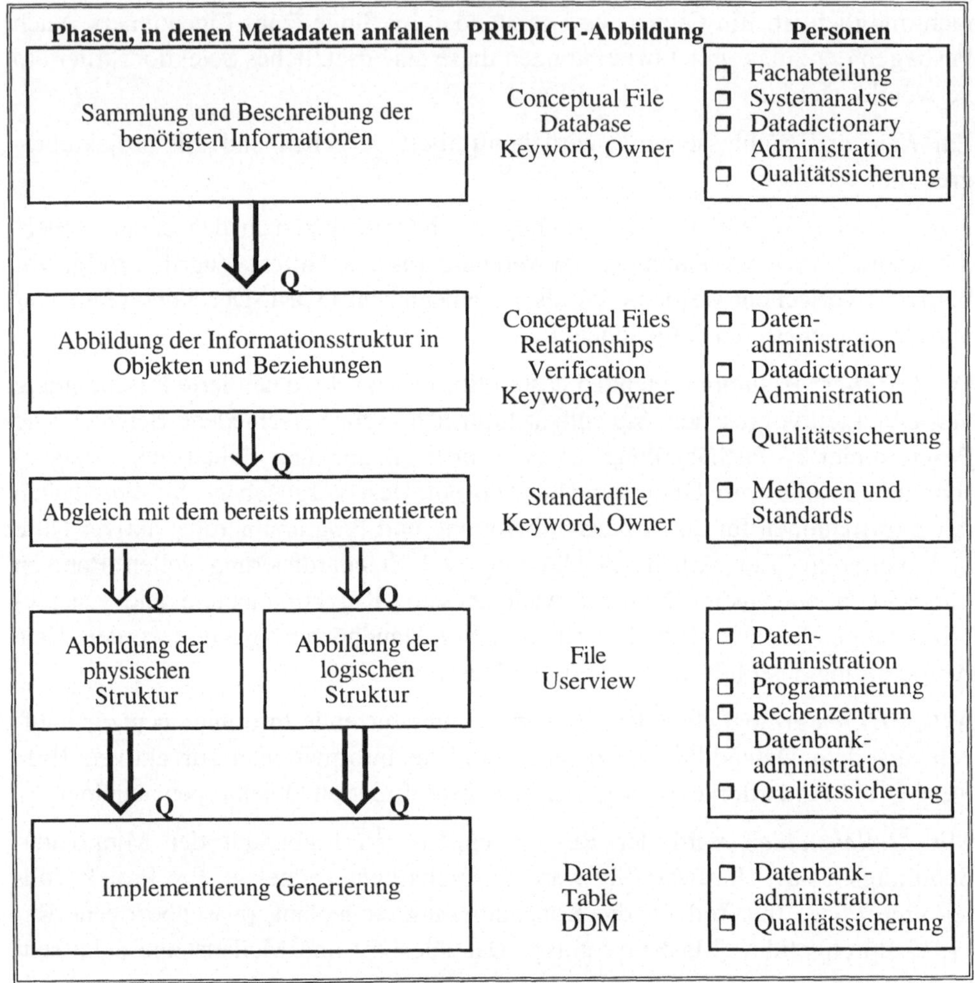

Abbildung 3.47: Umgang mit Metadaten [PRDEins]

Q - Qualitätssicherung

Qualitätssicherungsmaßnahmen sollen die Einhaltung der aufgestellten Unternehmensstandards sicherstellen. Dazu werden die zu prüfenden Punkte festgelegt und gewichtet. Maschinelle Prüfungen erfolgen bei der Eingabe. Prüfungen nach der Eingabe werden protokolliert. Die bestehenden Metadaten werden zyklischen Integritäts- und Konsistenzprüfungen unterworfen [*PRDEins*].

3.6.4 Kontrollierte Übergabe

Von der Entwicklungs-/Testumgebung müssen Programme, Datenbereiche, Fehlermeldungen, Dateistrukturen, Daten, DDMs und Beschreibungen in Produktion definiert übergeben werden. Für Einsatzumgebungen gibt es bestimmte Revisionsanforderungen. Danach müssen der Zustand einer Applikation in der Produktion für jeden beliebigen Zeitpunkt dokumentiert und die stattgefundenen Abläufe nachvollziehbar sein. Zur Revisionsfähigkeit gehören versionsgeführte Programmwartungen, kontrollierte und protokollierte Übergaben und nachvollziehbare Datenänderungen [*OrgVerw*].

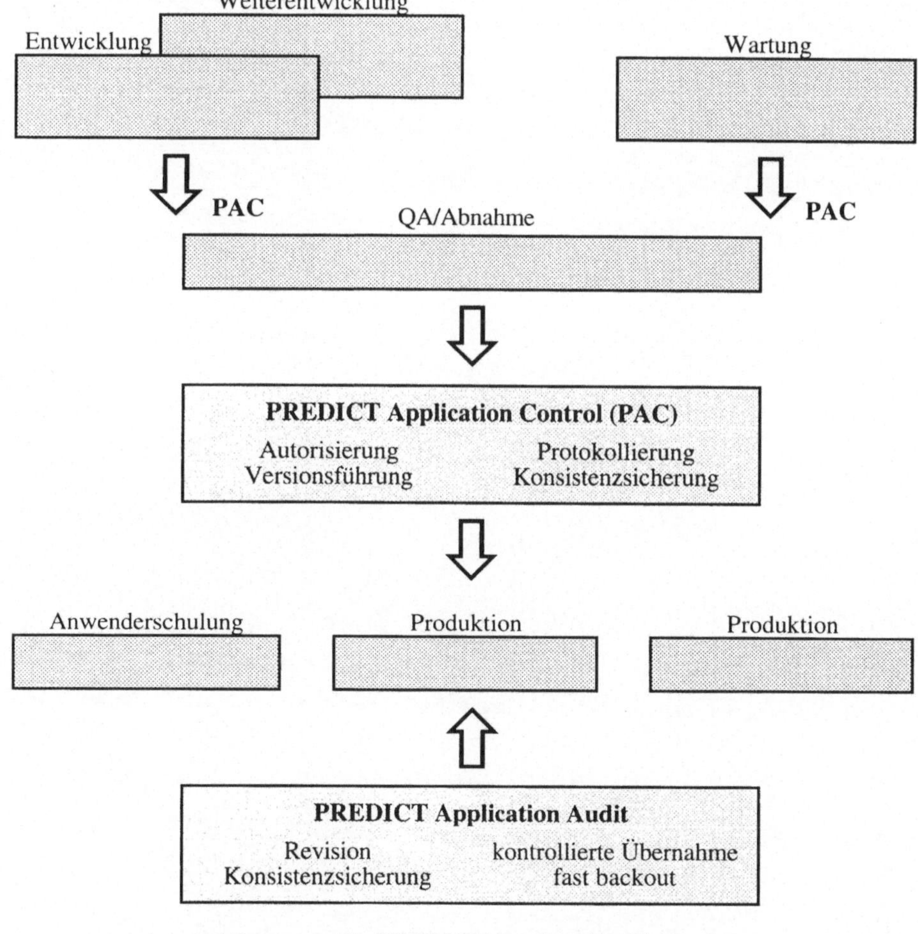

Abbildung 3.48: PREDICT Application Control

Kapitel 4

Besondere Datentypen

4 Besondere Datentypen

In diesem Kapitel besprochen werden ein Teil der NATURAL-Systemvariablen und alle Formate außer dem alphanumerischen, da viele der anderen Formattypen wie logische Variable, Datum-/Zeitfelder, Kontrollvariable und spezielle Rechenformate oft zu wenig in den Programmen eingesetzt werden.

Im letzten Abschnitt wird kurz auf die Möglichkeit der Überprüfung des Inhalts eines alphanumerischen Feldes auf ein bestimmtes Format eingegangen.

4.1 Systemvariable

Systemvariable in NATURAL können nur bedingt als echte Variablen angesehen werden. Sie werden von NATURAL zur Verfügung gestellt und können an jeder beliebigen Stelle in einem NATURAL-Programm angesprochen werden. Einige der Systemvariablen sind vom Programm aus veränderbar. In diesem Abschnitt werden ein Teil der veränderbaren und besondere nichtveränderbare Systemvariablen besprochen. Veränderbar sind *CURS-COL und *CURS-LINE (siehe Abschnitt 6.3), *ERROR-NR und *ERROR-TA (siehe Abschnitt 8.4), *COUNTER, *ISN und *NUMBER (siehe Abschnitt 5.2), *HARDCOPY und *PAGE-NUMBER (siehe Abschnitt 6.5) und die nachfolgend aufgeführten Systemvariablen.

Systemvariable	Format	Bedeutung
*COM	A128	❐ Kommunikationsbereich, der benutzt werden kann, um Daten von außerhalb eines offenen Fensters zu verarbeiten. Die vorgegebenen Füllzeichen werden übernommen, eine Übersetzung in Großschrift findet nicht statt. Befindet sich gleichzeitig ein Kommando auf dem Stack, bewirkt dies den Fehler NAT0082.
*LANGUAGE	I1	❐ Sprachanzeiger (Sprachcode). Dieser wird für Editiermasken von Datumsfeldern, Fehlermeldungen und mehrsprachige Module benutzt. Möglich sind bis zu 60 verschiedene Sprachcodes.
*STARTUP	A8	❐ Programm, das beim LOGON und/oder anstelle einer NATURAL NEXT-Aufforderung ausgeführt wird. Eine genauere, generelle Steuerung ist über NATURAL SECURITY möglich.

Abbildung 4.1: Veränderbare Systemvariable

Für alle veränderbaren alphanumerischen Systemvariablen erfolgt unabhängig von den verschiedenen Schaltern keine Umsetzung der Eingaben von Klein- auf Großschrift.

In Listen und Masken angezeigt oder in Berechtigungsprüfungen verwendet werden entweder die Systemvariablen *USER-ID/*USER-NAME oder *INIT-USER. Während *USER-ID immer die Benutzerkennung, *USER-NAME den Langnamen des aktiven NATURAL-Benutzers enthält, sind die Inhalte von *INIT-USER und *INIT-ID treiberabhängig

Treiber	*INIT-ID	*INIT-USER
batch (OS)	Stepname	Jobname
batch (VSE)	Phasenname	DOS-Jobname
TSO	TSO-User-ID	TSO-User-ID
COM-PLETE	[Stack-Level +] TID	COM-PLETE-User-ID
CICS	CICS-Term-ID (synchron), CICS-tsn (asynchron)	CICS-Operator-ID falls vorhanden, Term-ID sonst
IMS	LTERM	Sign ON-ID falls vorhanden, LTERM sonst
CMS	VM-TID	VM-User-ID
TIAM	Terminalname (PDN)	Terminal-ID
TIAM (batch)	tsn	Kennung
UTM	KCLOGTER	KCBENID
WANG	Task-Nummer	User-ID

Abbildung 4.2: Benutzeridentifizierung [OrgVerw]

4.2 Logische Variablen

Eine logische Variable wird im Format L definiert und kann die Werte "TRUE" (richtig) oder "FALSE" (falsch) annehmen. Die Länge beträgt immer 1 Byte, eine Längenangabe ist nicht möglich.

Logische Variablen werden innerhalb von logischen Bedingungen benutzt. Ihr Einsatz bietet sich an für Abfragen, die mehrfach durchgeführt werden müssen und für typische Schalterfelder.

Zum Übertrag eines logischen Wertes kann einer logischen Variable eine logische Konstante "TRUE" oder "FALSE" zugewiesen werden.

```
DEFINE DATA LOCAL
1 #SCHALTER (L)
END-DEFINE
...
IF #SCHALTER

    ...
    MOVE FALSE TO #SCHALTER
ELSE
    ...
    MOVE TRUE  TO #SCHALTER
END-IF
...
END
```

Abbildung 4.3: Zuweisung einer logischen Variablen

Logische Variablen können aus Masken ausgegeben oder verändert und mit Editiermasken belegt werden. Falls einer logischen Variable auf einer Ein-/Ausgabemaske keine Editiermaske zugewiesen wird, erhält sie defaultmäßig die Editiermaske b/X. Die Zuweisung einer Editiermaske zu einer logischen Variablen erfolgt über die Angabe zweier Zeichenketten:

(EM=[*falsch_bezeichnung/*]*wahr_bezeichnung*),

zum Beispiel (EM=0/1) oder (EM=falsch/wahr) oder (EM=wahr).

4.3 Datum/Zeit

NATURAL bietet zur Datums-/Zeitrechnung spezielle Variablentypen an, die auf der Datenbank intern in gepacktem Format abgespeichert werden:

Variablentyp	Verwendung	internes Format	Länge
D	Datum	P6	4 Byte
T	Zeit	P12	7 Byte

Abbildung 4.4: Datum-/Zeitvariable

Für Datums- und Zeitvariablen ist eine Längenangabe weder in PREDICT noch in NATURAL möglich. Die Zeitvariable enthält einen Datumsteil und hat als Grundstellung den Datum-/Zeitwert 2.1.0000, 00:00:00.0 Uhr. Eine Nullstellung für Datumsvariablen gibt es nicht, das erste zulässige Datum ist der Beginn des gregorianischen Kalenders.

Einer Datumsvariablen kann eine dem eingestellten Datumsformat entsprechende Konstante zugewiesen werden:

```
MOVE D'12.01.1993' TO L-DATE (D)
```

Die Einstellung eines Datumsformats erfolgt über den NATURAL-Profilparameter DTFORM, für den vier Einstellungen zur Auswahl stehen:

Ein-/Ausgabemaske	Datumsformat	Einstellung
DD/MM/YYYY	europäisch	E
DD.MM.YYYY	deutsch	D
YYYY-MM-DD	international	I
MM/DD/YYYY	amerikanisch	U

Abbildung 4.5: Datumsformate

Die Jahreskomponente der übertragenen Konstanten muß aus vier Ziffern bestehen.

Eine Zeitvariable kann mit einer Konstanten im Format T'HH:II:SS' gefüllt -

```
MOVE T'14:57:45' TO L-TIME (T)
```

oder mit einer erweiterten Zeitkonstante belegt werden, die auch Datumsinformationen enthält (Datumsteil analog der Einstellung des Parameters DTFORM):

```
MOVE E'12.01.1993 15:03:00' TO L-TIME (T)
```

Ein- und/oder Ausgabefelder vom Typ Datum oder Zeit können mit verschiedenen Ein-/Ausgabemasken versehen werden:

E-/A-Maske	Bezeichnung	Charakteristik
DD / ZD	Tag	❏ ohne / mit Nullwertunterdrückung,
N...N / N(n)	Tagesname	❏ sprachabhängig / in Länge n, (Parameter ULANG, Systemvariable *LANGUAGE).
MM / ZM	Monat	❏ ohne/mit Nullwertunterdrückung,
L...L / L(n)	Monatsname	❏ sprachabhängig / in Länge n, (Parameter ULANG, Systemvariable *LANGUAGE).
JJJ / ZZJ	julianischer Tag	❏ ohne / mit Nullwertunterdrückung.
WW / ZW	Woche	❏ ohne / mit Nullwertunterdrückung.
YYYY / YY / Y	Jahr	❏ (vierstellig / zweistellig / einstellig). Die einstellige Jahresmaske kann nicht zur Eingabe verwendet werden, einer zweistelligen Jahresmaske wird der Eingabe "19" vorangestellt.
R	Jahr	❏ römische Zeichen (maximal 13).
O	Tagesnummer	❏ Zahl zwischen eins und sieben.

Abbildung 4.6: Ein-/Ausgabemasken Datum

Eine Datumseingabe ohne Jahresangabe ist in der Maske nicht möglich. Fehlt die Eingabe von "DD" oder "MM", wird "01" eingesetzt. Bei der Anzeige einer zum vorhergehenden oder zum nächsten Jahr gehörenden Woche wird die Ausgabe für das Jahr entsprechend angepaßt.

In der Mask-Option sind "DD", "MM", "YY" ("Y", "YYYY") auch für Alpha-Felder möglich.

Einige Editiermasken sind nur für Zeitfelder zulässig:

E-/A-maske	Bezeichnung	Charakteristik
T	Zehntelsekunde	
SS / ZS	Sekunde	ohne/mit Nullwertunterdrückung,
II / ZI	Minute	ohne/mit Nullwertunterdrückung,
HH / ZH	Stunde	ohne/mit Nullwertunterdrückung,
AP		Element für vormittag ("am") und nachmittag ("pm").

Abbildung 4.7: Ein-/Ausgabemasken Zeit

4.3.1 Systemvariablen für Datum und Zeit

NATURAL stellt mehrere Systemvariablen für Datum und Zeit zur Verfügung, die in den Anweisungen ASSIGN, COMPUTE, DISPLAY, MOVE, PRINT und WRITE sowie in logischen Abfragen verwendet werden können:

System-variable	internes Format	Formattyp (Datum)	Ein-/Ausgabeformat	entsprechende Editiermaske
*DATD	(A08)	deutsch	TT.MM.JJ	DD.MM.YY
*DATE	(A08)	englisch	TT/MM/JJ	DD/MM/YY
*DATG	(A08)	gregorianisch	TTmonatsnameJJJJ.	
*DATI	(A08)	international	JJ-MM-TT	YY-MM-DD
*DATJ	(A05)	julianisch	JJTTT	YYDDD
*DATN	(N08)	numerisch	JJJJMMTT	YYYYMMDD
*DATU	(A08)	amerikanisch	MM/TT/JJ	MM/DD/YY
*DATX	(D)	intern (Parameter ULANG)	Ausgabe im Format (A8) mit zweistelliger Jahresangabe entsprechend dem Parameter DTFORM.	
*TIME	(A10)	Zeitausgabe	HH:MM:SS.T	HH:II:SS.T
*TIMN	(N07)	Zeit numerisch	HHMMSST	HHIISST
*TIMX	(T)	interne Zeit	HH:MM:SS	

Abbildung 4.8: Systemvariable Datum/Zeit

Die Inhalte der Datum-/Zeit-Systemvariablen können nicht vom Programm verändert werden. Alle System-Datumsvariablen und die aufgeführten Zeitvariablen beziehen sich auf das aktuelle Tagesdatum.

Darüberhinaus gibt es auf maschinennahe Zeiten basierende Zeitvariablen:

Systemvariable	Format	Inhalt
*TIMD(r)	(N07)	Zeitdifferenz zwischen der aktuellen Zeit (Format 'HHIISST') und einer mit SETTIME gesetzten Basiszeit. (r) stellt die Sourcecode-Zeilennummer der SETTIME-Anweisung dar, welche die Basis für *TIMD festlegt. *TIMD kann nur zusammen mit einer vorhergehenden SETTIME-Anweisung verwendet werden.
*TIMESTMP	(B08)	Hardware-interner Zeitzähler (in Nanosekunden), "Zeitstempel" für den Katalogisierungszeitpunkt von NATURAL-Objekten. Intern ist *TIMESTMP ein 64-Bit-Binärzähler mit den Bitpositionen 0 - 63, dessen 51. Bit jede Mikrosekunde um 1 erhöht wird mit dem Startwert 01.01.1900 / 00:00:00.0 h.
*TIMEOUT	(N05)	Anzahl verbleibender Sekunden vorm Timeout, verfügbar nur mit NATURAL Security. *TIMEOUT enthält den Wert 0, falls keine Transaktion offen ist und wird mit dem Ausführen eines Transaktionsendes oder beim "Backout" der Transaktion zurückgesetzt.

Abbildung 4.9: Spezielle Zeit-Systemvariable

Für NATURAL SQL/DS werden die Formate für Datum, Zeit und Zeitstempel umgesetzt in:

- DATE   (A10)

- TIME   (A08)

- TIMESTAMP (A26) (Editiermaske: 'YYYY-MM-DD-HH.SS.MMMMMM')

NATURAL SQL/DS läßt bisher noch keine Berechnungen für solche Felder zu. Das Subprogramm N2PISTMP bildet diese Funktionalität ab, das Beispielprogramm CALLSTMP zeigt, wie N2PISTMP aufgerufen wird [DB2] (siehe Abbildung 4.10).

Gelabelte Verweilzeiten sind Einheiten von Jahr, Monat, Tag, Stunde, Minute und Sekunde.

Eingabe	Berechnung	Ausgabe
DATE-TIME-STAMP	Addiere/subtrahiere gelabelte Verweilzeit zu gegebenem DATE-TIME-STAMP.	neuer DATE-TIME-STAMP
DATE-TIME-STAMP$_1$ DATE-TIME-STAMP$_2$	Bilde Differenz zwischen zwei gegebenen DATE-TIME-STAMPS.	gelabelte Verweilzeiten
DATE-TIME-STAMP	Teste gegebenen DATE-TIME-STAMP auf gültiges Format.	gelabelte Verweilzeiten
*TIMX	Generieren eines DATE-TIME-STAMP aus dem aktuellen Datum- und Zeitwerten der NATURAL-Systemvariablen *TIMX.	neuer DATE-TIME-STAMP
NATURAL-Zeit-variable (Format T)	Umsetzen Zeitvariable in DATE-TIME-STAMP und gelabelte Verweilzeiten.	DATE-TIME-STAMP, gelabelte Verweilzeiten
DATE-TIME-STAMP	Umsetzen DATE-TIME-STAMP in NATURAL Zeitvariable und gelabelte Verweilzeit.	NATURAL-Zeit-variable (Format T), gelabelte Verweilzeit.

Abbildung 4.10: Ein-/Ausgabe des Subprogramms N2PISTMP

4.3.2 Prüfungen auf Datum-/Zeitformat

Mit der Option

> *operand$_1$* IS (*format*)

können neben anderen Formatprüfungen (siehe Abschnitt 4.6) auch Datums- oder Zeitformate entsprechend den standardmäßigen Ausgabeformaten (Datum siehe Ausgabeformat von *DATX, Zeit: 'HH:II:SS') geprüft werden:

```
DEFINE DATA LOCAL
1 L-DATE   (A08)
END-DEFINE

INPUT L-DATE
IF L-DATE IS (D) /* Format entsprechend 'DTFORM'
    WRITE 'Datum ist o. k.'
ELSE
    REINPUT
    'Datum entspricht nicht dem eingestellten Format'
END-IF
END
```

Abbildung 4.11: Prüfung auf eingestelltes Datumsformat

4.3.3 Datentransfer

Beim Datentransfer mit Datums- und Zeitvariablen mittels MOVE oder ASSIGN
sind verschiedene Regeln zu beachten (+: Kompatibler Datentransfer):

Empfangsfeld Sendefeld	A	D	T
A	+	(1)	(1)
D	(2)	+	(3)
T	(2)	(4)	+

Abbildung 4.12: Datentransferregeln für Datums- und Zeitvariablen

(1) Mit

```
MOVE EDITED alphafeld TO datumsfeld  (EM=datumsmaske)
MOVE EDITED alphafeld TO zeitfeld    (EM=zeitmaske)
```

kann eine alphanumerische Datums-/Zeitangabe in ein Datums-/Zeitfeld eingetragen werden.

(2) Werden alphanumerischen Feldern Datums- oder Zeitwerte zugewiesen, erfolgt die Übertragung druckaufbereitet (Zeit: HH:II:SS, Datum entsprechend
*DATX) und linksbündig.

```
DEFINE DATA LOCAL
1     L-JULIAN   (A06)        INIT<93.020>
1     L-DATUM    (D)
END-DEFINE
*
MOVE EDITED L-JULIAN TO L-DATUM (EM=YY.JJJ)
WRITE L-DATUM   /* Ausgabe: 20.01.1993 bei DTFORM = 'G'
END
```

Abbildung 4.13: Beispiel einer druckaufbereiteten Datumsausgabe

(3) Bei Übertrag eines Datum in ein Zeitfeld wird die Zeitkomponente als
"00:00:00.0" angenommen.

(4) Wird eine Zeit in ein Datumsfeld übergeben, verbleibt nur die Datumsinfor-
mation. Die Zeitinformation wird abgeschnitten.

4.3.4 Arithmetische Operationen

Mit Datums- und Zeitvariablen sind nur einfache Operationen (+/−) erlaubt, Multiplikationen und Divisionen verboten.

Die Addition und Subtraktion von Datums- und Zeitfeldern wird in Zwischenfelder durchgeführt, aus denen die Zuweisung der Zwischenergebnisse zu den Datums- und Zeitfeldern erfolgt:

$$
\begin{array}{rclcl}
\text{COMPUTE} & \text{RES} & = & OP_1 & +/-\ OP_2 \\
\Rightarrow & \text{INTRES} & = & OP_1 & +/-\ OP_2 \\
& \textit{Zielfeld} & = & \text{INTRES}
\end{array}
$$

Abbildung 4.14: Interner Ablauf einer Addition/Subtraktion mit Datum-/Zeitfeldern

ADDITION			
OP_2 / OP_1	D	T	N/P/I
D	D_i	T_i	D
T	T_i	T_i	T
N/P/I	D_i	T_i	N/P/I

SUBTRAKTION			
OP_2 / OP_1	D	T	N/P/I
D	D_i	T	D
T	T	T	T
N/P/I	D	T	N/P/I

Abbildung 4.15: Zwischenergebnisse der Addition/Subtraktion mit Datum-/Zeitfeldern

D_i/T_i können in arithmetischen Datum-/Zeitoperationen weiter-, aber nicht als Ergebnis verwendet werden. Bei der Weiterverarbeitung werden sie angenommen als Datums- oder Zeitformat. Nicht alle Zuweisungen der Zwischenergebnisse zu den Endformaten sind möglich:

internes Resultat / Resultat	D	D_i	T	T_i	N/P/I
D	ja	nein	ja(1)	nein	nein
T	ja	ja(2)	ja	ja	ja
N/P/I	ja	ja	ja	ja	ja

Abbildung 4.16: Zuweisungen interner Datums-/Zeitformate zu Endformaten

(1) Verboten sind negative Ergebnisse (Fehler "Ungültige Datumsoperation"). Eine Zuweisung ist nur möglich, falls der Datumsteil des Zeitfeldes gültig ist. Ein Datum wird als gültig anerkannt, wenn sein Wert zwischen dem 01.01.1582 (Zahlenwert: 577813) und dem 31.12.2699 (Zahlenwert: 986153) liegt, sonst Fehler "Die Datumsangabe ist außerhalb des Gültigkeitsbereichs".

(2) Falls zwei Datumsfelder addiert werden, wird das Ergebnis zu groß und es kommt zum Fehler: "Numerischer Wert wurde beim MOVE/ASSIGN abgeschnitten", bei der Subtraktion zweier Datumsfelder kommt es zum Fehler "Datumsangabe ist außerhalb des Gültigkeitsbereichs". Beide Operationen sind nur in Verbindung mit einer Ausgleichsaddition/-Subtraktion eines Zeitfeldes möglich.

N/P/I-Werte werden bei der Addition und Subtraktion mit Datumsvariablen als Tage angenommen, bei den Operationen mit Zeitvariablen als Zehntelsekunden.

Die Datum-/Zeitlogik kann sinnvollerweise nur für Daten nach Einführung des gregorianischen Kalenders (1.1.1582) eingesetzt werden.

4.3.5 Programmbeispiele

Nachfolgend sind einige gängige Programmbeispiele zur Datums-/Zeitrechnung und -prüfung aufgeführt.

```
DEFINE DATA LOCAL
1 DAT-A (A08) /* 1. Eingabedatum
1 DAT-B (A08) /* 2. Eingabedatum
1 DATUM (D)
END-DEFINE
*
INPUT '1. Datum:' DAT-A
*
IF DAT-A NE MASK(DD'.'MM'.'YY)
   MOVE DAT-A TO DAT-B
   REINPUT 'Datum muß im Format (TT.MM.JJ) sein'
ELSE
   MOVE EDITED DAT-A TO DATUM (EM=DD.MM.YY)
END-IF
*
INPUT NO ERASE /  '1. Datum:' DATUM (AD=O)
               // '2. Datum:' DAT-B (AD=M)
*
IF DAT-B IS (D)
   DATUM := VAL(DAT-B)
ELSE
   REINPUT '2. Datumseingabe unzulässig'
END-IF
*
INPUT NO ERASE /// '2. Datum:' DATUM (nach Prüfung)'
END
```

Abbildung 4.17: Beispielprogramm zur Datumsprüfung

Im ersten Beispiel (Abbildung 4.17) wird ein eingegebenes Datum auf Zulässigkeit geprüft, wobei zu beachten ist, das das Beispielprogramm von einer Einstellung DTFORM=G (deutsches Datumsformat) ausgeht.

Beide in obigem Beispielprogramm aufgeführten Datumsprüfungen sind equivalent, vorausgesetzt das interne Datumsformat entspricht der Datumsmaske. Die Verwendung einer Maske hat den Nachteil, daß nur gegen das mit ihr festgelegte Format geprüft werden kann. Bei Nutzung unterschiedlicher Sprachen und verschiedener Datumsformate wird die Abfrage nicht dynamisch verändert. Die Prüfung mit der IS-Option ist variabler, sie hängt nur von der Einstellung des Profilparameters DTFORM ab.

Je nach gewünschtem Zeitformat (Stunden und Minuten oder Stunden, Minuten, Sekunden) führt das nachfolgende Beispielprogramm eine Gültigkeitsprüfung der Zeiteingabe durch:

```
DEFINE DATA LOCAL
1 ZEIT1 (A5)   /* 1. Eingabezeit
1 ZEIT2 (A8)   /* 2. Eingabezeit
1 ZEIT3 (A8)   /* 3. Eingabezeit
1 ZEIT  (T)
END-DEFINE
*
INPUT '1. Zeit:' ZEIT1 (AD=M)
*
IF ZEIT1 NE MASK(23':'59)
   MOVE ZEIT1 TO ZEIT2
   REINPUT '1. Zeiteingabe unzulässig'
ELSE
   MOVE EDITED ZEIT1 TO ZEIT (EM=HH:II)
END-IF
*
INPUT NO ERASE     /   '1. Zeit:' ZEIT  (AD=O)
                   //  '2. ZEIT:' ZEIT2 (AD=M)
*
IF ZEIT2 NE MASK(23':'59':'59)
   MOVE ZEIT2 TO ZEIT3
   REINPUT '2. Zeiteingabe unzulässig'
ELSE
   MOVE EDITED ZEIT2 TO ZEIT     (EM=HH:II:SS)
END-IF
*
INPUT NO ERASE     ////'2. Zeit:' ZEIT  (AD=O)
                   //  '3. ZEIT:' ZEIT3 (AD=M)
*
```

Abbildung 4.18a: Beispielprogramm zur Zeitprüfung - Teil 1

```
IF ZEIT3 IS (T)
   ZEIT := VAL (ZEIT3)
ELSE
   REINPUT '3. Zeiteingabe unzulässig'
END-IF
INPUT NO ERASE      //// '3. Zeit:' ZEIT (AD=O)
END
```

Abbildung 4.18b: Beispielprogramm zur Zeitprüfung - Teil 2

Wird in Eingabebildschirmen nur eine Zeitangabe auf Minutenbasis gewünscht,
bietet sich die erstgenannte Prüfung mit der MASK-Option für (A5)-Felder an,
zumal Zeitfelder sprachunabhängig sind.

In einigen Anwendungen muß in Fristen gerechnet werden, die sich nicht nach
Anzahl Tagen sondern nach Anzahl Monaten oder Jahresteilen bestimmen lassen.
Die zwei folgenden Programmbeispiele rechnen von einem gegebenen Datum aus
jeweils ein halbes Jahr vor oder zurück. Diese Problematik ist nicht trivial, da
beispielsweise die Halbjahresfrist für die Daten 28.08.1990, 29.08.1990,
30.08.1990 und 31.08.1990 am 28.02.1991 endet.

```
Parameter DTDIFFA
1 VON-DATUM (D)      /* Beginn der Frist
1 BIS-DATUM (D)      /* Ende der Frist
```

Abbildung 4.19: Parameter zur Fristenrechnung

```
DEFINE DATA PARAMETER USING DTDIFFA
   LOCAL
   1 TAG-A    (A2)
   1 MONAT-A  (A2)
   1 JAHR-A   (A2)
   1 REDEFINE JAHR-A
      2 JAHR (N2)
   1 SJAHR    (N2)
END-DEFINE
*
MOVE EDITED BIS-DATUM (EM=DD) TO TAG-A
MOVE EDITED BIS-DATUM (EM=MM) TO MONAT-A
MOVE EDITED BIS-DATUM (EM=YY) TO JAHR-A
*
```

Abbildung 4.20a: Ziehe von einem Datum ein halbes Jahr ab - Teil 1

```
DECIDE ON FIRST VALUE OF MONAT-A
  VALUE '01','02','09','11'      VON-DATUM := BIS-DATUM - 183
  VALUE '03','07'               VON-DATUM := BIS-DATUM - 180
  VALUE '04','06'               VON-DATUM := BIS-DATUM - 181
  VALUE '05'
    IF TAG-A = '31'
      VON-DATUM := BIS-DATUM - 181
    ELSE
      VON-DATUM := BIS-DATUM - 180
    END-IF
  VALUE '08'
    DECIDE ON FIRST VALUE OF TAG-A
      VALUE '31'    VON-DATUM := BIS-DATUM - 183
      VALUE '30'    VON-DATUM := BIS-DATUM - 182
      VALUE '29'    VON-DATUM := BIS-DATUM - 181
      NONE          VON-DATUM := BIS-DATUM - 180
    END-DECIDE
  VALUE '10','12'
    IF TAG-A = '31
      VON-DATUM := BIS-DATUM - 183
    ELSE
      VON-DATUM := BIS-DATUM - 182
    END-IF
  NONE VALUE IGNORE
END-DECIDE
*
MOVE EDITED VON-DATUM (EM=MM) TO MONAT-A
MOVE EDITED VON-DATUM (EM=YY) TO JAHR-A
*
DIVIDE 4 INTO JAHR REMAINDER SJAHR
*
IF SJAHR = 0
  DECIDE ON FIRST VALUE OF MONAT-A
    VALUE '03'
      IF TAG-A = '28'
        VON-DATUM := VON-DATUM - 1
      END-IF
    VALUE '01', '02' VON-DATUM := VON-DATUM - 1
    NONE IGNORE
  END-DECIDE
ELSE
  IF SJAHR = 3
    IF MONAT-A = '09' THRU '12'
      VON-DATUM := VON-DATUM - 1
    END-IF
  END-IF
END-IF
*
END
```

Abbildung 4.20b: Ziehe von einem Datum ein halbes Jahr ab - Teil 2

```
DEFINE DATA PARAMETER USING DTDIFFA
  LOCAL
  1 DATUM-A    (A6)
  1 REDEFINE DATUM-A
    2 TAG-A    (A2)
    2 MONAT-A (A2)
    2 JAHR-A   (A2)
    2 REDEFINE JAHR-A
      3 JAHR   (N2)
  1 SJAHR      (N2)
END-DEFINE
*
MOVE EDITED VON-DATUM (EM=DDMMYY) TO DATUM-A
*
DECIDE ON FIRST VALUE OF MONAT-A
  VALUE '01','02','09','11'     BIS-DATUM := VON-DATUM + 180
  VALUE '03','05','07'          BIS-DATUM := VON-DATUM + 183
  VALUE '04','06'               BIS-DATUM := VON-DATUM + 182
  VALUE '08'
    DECIDE ON FIRST VALUE OF TAG-A
        VALUE '31'              BIS-DATUM := VON-DATUM + 181
        VALUE '30'              BIS-DATUM := VON-DATUM + 182
        NONE                    BIS-DATUM := VON-DATUM + 183
    END-DECIDE
  VALUE '10','12'              BIS-DATUM := VON-DATUM + 181
  NONE VALUE IGNORE
END-DECIDE
*
MOVE EDITED BIS-DATUM (EM=MM) TO MONAT-A
MOVE EDITED BIS-DATUM (EM=YY) TO JAHR-A
*
DIVIDE 4 INTO JAHR REMAINDER SJAHR
*
IF SJAHR = 0
  DECIDE ON FIRST VALUE OF MONAT-A
    VALUE '02'
      IF TAG-A = '30' OR = '31' OR = '01' OR = '02'
        BIS-DATUM := BIS-DATUM + 1
      END-IF
    VALUE '03':'08'  BIS-DATUM := BIS-DATUM + 1
    NONE IGNORE
  END-DECIDE
END-IF
END
```

Abbildung 4.21: Addiere zu einem Datum ein halbes Jahr auf

In den Beispielen fehlt eine Abfrage zur 100-Jahr-Regelung für das Schaltjahr,
die erst für das Jahr 2100 relevant würde (Alle 100 Jahre ist kein Schaltjahr, alle
400 Jahre ist ein Schaltjahr). Die Programmbeispiele sind in den Entscheidungs-
zweigen nach Lesbarkeit geschrieben worden.

4.4 Kontrollvariable

Eine im Format C definierte Variable wird Kontrollvariable genannt und kann zur dynamischen Attributzuweisung eines Feldes in einem DISPLAY-, INPUT-, PRINT- oder WRITE-Befehl benutzt werden. Eine Längenangabe ist nicht möglich, doch können Kontrollvariablen bis zu dreidimensional definiert werden.

Einer Kontrollvariablen können Felddarstellungs- und -schutzattribute sowie Farbattribute zugewiesen werden, die auch während des Programmlaufs verändert werden können:

AD	
Attribut	**Felddarstellung**
B	blinkend
C	kursiv
D	default (normal)
I	intensiviert
N	unsichtbar
U	unterstrichen
V	invers
P	schreibgeschützt (protected)

CD	
Attribut	**Farbdarstellung**
BL	blau
GR	grün
NE	neutral/weiß
PI	pink
RE	rot
TU	türkis
YE	gelb

Abbildung 4.22: Dynamisch veränderbare Attribute

```
DEFINE DATA LOCAL
  1 #EIN_AUSGABE (A55)
  1 #ATTR        (C)
END-DEFINE
...
MOVE (AD=P)       TO #ATTR /* bewirkt, daß ein Feld gegen
                          /* Eingabe geschützt ist.
...
MOVE (AD=I CD=RE) TO #ATTR /* bewirkt, daß ein Feld rot
                          /* intensiviert dargestellt wird.
...
RESET #ATTR     /* bewirkt, daß das Attribut des Feldes auf
                /* den Defaultwert (AD=D) zurückgesetzt wird.
END
```

Abbildung 4.23: Zuweisung einer Kontrollvariablen im Programm

Einige Attribute sind hardwareabhängig und können nur mit bestimmten Terminals verwendet werden. Die Attributdefinition eines Maskenfeldes kann dynamisch mit einer Kontrollvariablen verändert werden, falls dem Feld im Maskeneditor eine Kontrollvariable zugewiesen wird (siehe Abschnitt 2.7.3):

```
----------------Extended Field Editing -----------------------------
   Field #EIN_AUSGABE
   Format=A55      AL=                                    RULES
                   ZP=OFF     SG=OFF           PM=     HE=
   AD=MD'+'        CD=        CV=  #ATTR                DY=
   EM=                                                 MODE USER

-------------------------------------------------------------------
```

Abbildung 4.24: Angabe einer Kontrollvariablen im Maskeneditor

Die in der Maske angebenen Kontrollvariablen müssen im rufenden Programm bekannt sein und dort gesetzt werden.

Mit der Option

> *kontrollvariable* [NOT] MODIFIED

kann bestimmt werden, ob sich der Inhalt eines Feldes mit dynamischer Attributzuweisung während der Ausführung des INPUT-Befehls verändert hat. Bei einer Feldveränderung wird es markiert und die Abfrage

> IF *kontrollvariable* MODIFIED

wird wahr. Beziehen sich mehrere Felder auf die gleiche Kontrollvariable, werden alle als verändert markiert, falls eines von ihnen verändert wurde. Ist die Kontrollvariable ein Array, werden alle Felder, die sich auf ein Element dieses Arrays beziehen, als verändert gekennzeichnet, sofern mindestens ein Arrayelement verändert wurde (Oder-Verknüpfung).

4.5 Rechenformate

Jede als Operand in einer arithmetischen Operation benutzte benutzerdefinierte Variable oder jedes so verwendete Datenbankfeld muß im numerischen Format (N, P, I, F, D, T) definiert sein. Beim Programmaufruf werden alle in DEFINE DATA angegebenen Variablen und Datenbankfelder mit Nullwert oder Leerwert initialisiert.

Numerische Konstanten

Numerische Konstanten können aus 1 bis 29 Zeichen bestehen. Eine mit COMPUTE, MOVE oder in einem arithmetischen Ausdruck benutzte numerische Konstante kann einen Dezimalpunkt und ein Vorzeichen enthalten. Intern werden numerische Konstanten im gepackten Format (Format P) repräsentiert. Um einen Teil möglicher Laufzeitfehler zu vermeiden, wird für eine in den Befehlen MOVE, COMPUTE, DEFINE DATA mit INIT-Option oder in einem arithmetischen Ausdruck benutzte numerische Konstante schon zur Übersetzungszeit von NATURAL geprüft, ob diese Konstante zum zugehörigen Feld paßt.

Fließkommakonstanten können von im Format F definierten Variablen benutzt werden. Beispiel [*RM*]:

    COMPUTE #FLT1(F4) = -5.34E+2

DB2 setzt Fließkommazahlen in FLOAT mit dem Format F8 um.

Editiermasken für numerische Felder

Eine mit den Formaten N, P, I oder F benutzte numerische Editiermaske muß mindestens eines der Zeichen "9" oder "Z" enthalten. Ist die Anzahl der Zeichen der Editiermaske größer als die angegebene Feldlänge, wird die Anzahl der Druckpositionen an die Anzahl der für den Feldwert definierten Ziffern angepaßt. Bei kleinerer Zeichenanzahl werden die ersten Zeichen vorm Komma und die letzten Zeichen danach abgeschnitten. Numerische Editiermasken können mit zwei Optionen benutzt werden. Die erste Option erlaubt das Einfügen eines speziellen Zeichens als erstes Zeichen der Editiermaske, die zweite Option erlaubt eine beliebige Anzahl führender Zeichen vor der ersten darstellbaren Position.

Zeichen	Funktion
9	❏ Darzustellende Position.
Z	❏ Nullunterdrückung für führende Nullen, darf nicht rechts vom Dezimalpunkt stehen. Falls die Editiermaske nur aus "Z"s besteht, wird der Nullwert mit Leerzeichen dargestellt.
+	❏ Ein Fließkommazeichen wird vor oder nach der Zahl angezeigt.
-	❏ Bei Feldern mit negativem Feldwert wird ein Fließkommaminus vor oder nach der Zahl angezeigt.
S	❏ Anzeige eines positiven (+) oder negativen (-) Vorzeichens links vom Feldwert.
N	❏ Für negative Felder wird links der Spalte ein Minuszeichen angezeigt.
.	❏ Falls ein Punkt als erstes Zeiche benutzt wird, stellt dieser die Dezimalstelle dar.
H	❏ Zeigt des Anfang einer hexadezimalen Editiermaske an. Falls ein "H" an erster Position erscheint, wird für alle anderen Nicht-"H"-Zeichen angenommen, sie seien Einfügezeichen.

Abbildung 4.25: Editiermasken numerischer Felder [RM]

Durch die Kombination von Editiermasken mit den Parametern IC und TC, können negative Zahlen in verschiedenen Formaten mit dem DISPLAY-Befehl angezeigt werden.

Datentransfer

Der Datentransfer von Datums- und Zeitvariablen wurde bereits in Abschnitt 4.3 besprochen. Numerische Variablen anderer Formate können nicht in Datums-/ Zeitvariablen übertragen werden, diese werden im folgenden nicht weiter behandelt.

Empfangsfeld Sendefeld	N/P	I	F	B<5	B>4	A
N/P/I		**+**		(1)	**-**	(2)
F						(3)
B<5	(4)			(5)		(2)
B>4		**-**				(6)
A				(7)		**+**

Abbildung 4.26: Datentransfer numerischer Variablen

(1) Variablen des Typs (N, P, I, F) werden in Binärvariablen der Länge 1 - 4 Byte übertragen, indem der numerische Wert in einen 4-Byte-Binärwert umgewandelt wird. Dezimalpunkte werden ignoriert. Abhängig vom Vorzeichen ist die resultierende Binärzahl positiv oder ein Zweierkomplement der Nummer.

(2) Der Wert von Variablen des Typs (N, P, I oder B<5) wird entpackt und linksbündig in alphanumerische Felder übertragen. Führende Nullen werden unterdrückt, das Feld mit nachlaufenden Leerzeichen aufgefüllt. Das Vorzeichen negativer numerischer Werte wird umgesetzt in die hexadezimale Notation "Dx".

(3) Werden Fließkommavariablen alphanumerischen Variablen zugewiesen, erfolgt dies links ausgerichtet, nachdem die Werte in ein darstellbares Format übertragen wurden. Ist das alphanumerische Feld zu klein, wird die Mantisse entsprechend reduziert.

(4) Ein- bis vierstellige Binärvariablen werden in numerische oder gepackte Felder übertragen, indem das Format umgewandelt und dem numerischen Wert rechtsbündig mit führenden Nullen übertragen wird. Ein Dezimalpunkt im Zielfeld wird ignoriert, alle Zeichen davor und danach als ein Integerwert angenommen.

(5) Der Werteübertrag zwischen Binärfeldern erfolgt byteweise von rechts nach links. Führende Binärnullen werden in das Empfangsfeld eingefügt.

(6) Binärvariablen mit mehr als vier Stellen werden byteweise von links nach rechts in alphanumerische Felder übertragen. Das Ergebnis kann abhängig von der definierten Länge und der Bytezahl abgeschnitten oder mit nachfolgenden Leerzeichen aufgefüllt werden.

(7) Alphanumerische Werte werden in Binärfelder byteweise von links nach rechts übertragen. Das Ergebnis kann abhängig von der definierten Länge und der Bytezahl abgeschnitten oder mit nachfolgenden Leerzeichen aufgefüllt werden.

Feldkürzungen und Rundungen

- Numerische Feldkürzungen sind nur möglich, falls die abgeschnittenen Stellen führende Nullen sind. Ebenso können Nachkommastellen abgeschnitten werden [*RM*].

- Nachlaufende Stellen alphanumerischer Felder werden abgeschnitten.

- Die letzte Stelle wird bei dem Zusatz ROUNDED aufgerundet, falls die erste abgeschnittene Dezimalstelle einen Wert größer oder gleich 5 enthält.

Format und Länge des Ergebnisses einer arithmetischen Operation

Das Format und die Länge des Ergebnisses einer arithmetischen Operation hängen ab von Format und Länge der einzelnen Operanden:

	I1	I2	I4	N/P	F4	F8
I1	I1					
I2		I2				
I4			I4			
N/P				P*		
F4					F4	
F8						F8

Abbildung 4.27: Format und Länge des Ergebnisses einer arithmetischen Operation

P* wird individuell für jede Operation aus der Integerlänge und der Genauigkeit der Operanden bestimmt:

Operation	Vorkommastellen	Nachkommastellen
Addition/Subtraktion	$\max(vork_1, vork_2) + 1$	$\max(nachk_1, nachk_2)$
Multiplikation	$vork_1 + vork_2 + 2$	$\min(nachk_1 + nachk_2, 7)$
Division	$vork_1 + nachk_2$	$\max(nachk_{erg}, nachk_1)$
Exponentalfunktion	$31 - nachk_1$	$nachk_1$
Quadratwurzel	$vork_1$	$nachk_1$

Abbildung 4.28: Ergebnislänge bei arithmetischen Operationen numerischer Werte

Günstige Formate

- Alle kaufmännischen Berechnungen sollten im Format P durchgeführt werden und die Anzahl der Dezimalstellen möglichst übereinstimmen.

- Die Operanden wissenschaftlicher Berechnungen sollten alle im Format F definiert sein.

- Gemischte Ausdrücke ((N,P) und F) sind ungünstig, da bei ihnen immer eine CPU-intensive Konvertierung zum Format F durchgeführt wird.

4.6 Formatprüfungen

Zur Gestaltung einer variablen Eingabe kann, anstatt bei einem einzelnen nicht alphanumerischen Feld direkt eine Editiermaske zu hinterlegen und damit eventuell Laufzeitfehler inkauf zu nehmen, ein alphanumerisches Feld für verschiedene Eingaben verwendet werden. Vor dem Transfer des Inhalts vom alphanumerischen Feld ins Zielfeld wird auf das Zielformat geprüft:

> *alphafeld* IS (*format*)

Bei der Überprüfung werden führende und nachlaufende Leerzeichen ignoriert. Getestet werden kann gegen die Formate [*RM*]:

Format	Beschreibung
N*vv.nn*	Numerisch mit *vv* Vor- und *nn* Nachkommastellen.
F*ll*	Fließkomma in der Länge *ll*.
D	Datum (entsprechend dem eingestellten Format).
T	Zeit (entsprechend dem Standard-Zeitformat).
P*vv.nn*	Gepackt numerisch mit *vv* Vor- und *nn* Nachkommastellen.
I*ll*	Integer in der Länge *ll*.

Abbildung 4.29: Prüfformate

Nach erfolgreicher Formatprüfung erfolgt der Übertrag vom alphanumerischen Feld in das Zielfeld mit der Systemfunktion VAL, die aus einem alphanumerischen Feld numerische Werte extrahiert:

> *zielfeld* := VAL(*alphafeld*)

Kapitel 5

Programmoptimierung

5 Programmoptimierung

Vor der Entscheidung, ein Programm oder -System zu optimieren, steht die Frage, wie der erwartete Nutzen ermittelt werden kann und ob er in einem vernünftigen Verhältnis zum Aufwand steht. Programme werden nach Kostenfunktionen bewertet, die üblicherweise von Platz- und Zeitbedarf abhängen. Die durch den Optimierungsaufwand von Programmen verursachten Kosten sollten kleiner sein als der Nutzen der zu erwartenden Gesamtzeitersparnis. Bei kleineren Rechnern können auch Platzeinsparungen notwendig werden.

Die im Anweisungsbereich durchgeführten Zeitmessungen basieren auf dem im Abschnitt 7.1 - Effizienzmessung beschriebenen Meßkonzept. Dabei wird die durchschnittliche Dauer eines Befehls in Mikrosekunden auf Basis seiner Verweilzeit gemessen. Neben der Befehlsdauer wird die Programmgröße im Bufferpool angegeben. Der Platzbedarf eines Programms im Bufferpool ist ein Maß für die Größe des generierten Codes. Aus der Codegröße können Rückschlüsse auf die Komplexität eines Befehls gezogen werden.

Die meisten der aufgeführten Messungen wurden alle sowohl ohne als auch mit dem NATURAL OPTIMIZER COMPILER (NOC) durchgeführt. Dabei zeigt sich daß Empfehlungen, die für den "Normalzustand" ohne NOC gelten, nicht oder nur teilweise auf Programme mit NOC angewandt werden können und umgekehrt. Mit dem NATURAL OPTIMIZER COMPILER werden einige Befehle, die normalerweise langsamer sind als andere, günstiger umgesetzt. NATURAL besitzt einen "Inlineoptimizer", der auch ohne NOC aus Befehlen, die zur Ausführung nur eine Maschineninstruktion benötigen, einen Operationscode generiert und somit die Umsetzung in Maschinencode vorbereitet. Wenn im weiteren Text von nichtoptimiert gesprochen wird, heißt dies nicht, daß NATURAL keine Inlineoptimierung durchgeführt hat, sondern daß die Programme nicht mit dem NATURAL OPTIMIZER COMPILER übersetzt wurden.

Von Bedeutung für die Dauer der Berechnungen ist das Format einer Variable. Nichtoptimiert werden mit den "alten" Formaten A, B, N und P (alphanumerisch, binär, numerisch und gepackt) in der Regel performancegünstigere Ergebnisse erzielt als mit den "neuen" Formaten D, T, I, F, L und C (Datum, Zeit, Integer, Gleitkomma, Logical und Kontrollvariable). Berechnungen und Schleifen sind nichtoptimiert mit Format P am schnellsten, der NATURAL OPTIMIZER COMPILER erzeugt mit Format I den performantesten Code.

5.1 Codeoptimierung

Mit einer reinen Codeoptimierung ohne Zugriffsoptimierung können bei rechen- und/oder druckintensiven (Unter-)Programmen, besonders in der Batchverarbeitung etwa 30 % der Programmdurchlaufzeiten eingespart werden. Es lohnt sich daher, einige grundsätzliche Codeuntersuchungen auch auf Befehlsebene vorzunehmen. Hauptansatzpunkte für Codeverbesserungen sind:

(1) *Arithmetische Operationen und Datenübertragungen:*

- Wo können teuere Befehle eingespart werden?

- Welche Variablentypen sind am laufzeitgünstigsten?

(2) *Test auf Feldinhalte:*

- IF gegen EXAMINE gegen SCAN und MASK.

- Bei welcher Datenstruktur gewinnt welcher Befehl?

(3) *Entscheidungen:*

- Welche Strukturen sind für Verzweigungen und Fallunterscheidungen günstiger: IF oder DECIDE ON oder DECIDE FOR?

(4) *Schleifen:*

- Wann sind FOR-Schleifen, wann REPEAT-Schleifen günstiger?
  Wie sollten die Schleifenabbruchbedingungen formuliert werden?

(5) *Tabellenverarbeitung:*

- Indexberechnungen in Arrays.

(6) *Ausgewählte NATURAL-Befehle*

- Untersuchen SUBSTRING-Option beim SEPARATE.

(7) *Gruppenwechselverarbeitung*

- PERFORM BREAK-Verarbeitung.

(8) *Sortieren*

- SORT USING.

(9) *Lesen/Schreiben eines Workfiles*

- READ/WRITE WORKFILE

5.1.1 Arithmetische Operationen & Datenübertragungen

NATURAL bietet für Rechenoperationen und Variablenzuweisungen mehrere Befehle an. Welcher Befehl jeweils verwendet wird, ist oft reine Geschmackssache, da die interne Umsetzung vieler Befehle identisch ist.

Befehl	Operandenzahl	Ergebnis	Bedeutung
ADD	zwei oder mehr	Summe	Operanden addieren.
COMPRESS	zwei oder mehr	Feldverkettung	Operanden verketten.
COMPUTE	unbeschränkt	arithmetisches Ergebnis oder Wert	Arithmetische Operationen / Wertezuweisungen durchführen.
DIVIDE	zwei (drei, vier)	Division	Operanden durch anderen teilen.
EXAMINE	zwei oder mehr (je nach Klausel)	Position und/oder Trefferzahl, neuer Wert	Feld nach spezifischem Wert durchsuchen und/oder dessen Trefferzahl bestimmen und/oder den Wert ersetzen.
MOVE	zwei oder mehr	neue(r) Wert(e)	Wert eines Operanden in ein oder mehrere Felder übertragen.
MOVE ALL	zwei oder mehr	neue(r) Wert(e)	Mehrere Wiederholungen eines Wertes in ein anderes Feld übertragen.
MULTIPLY	zwei oder mehr	Multiplikation	Zwei oder mehr Operanden multiplizieren.
RESET	eins bis unbeschränkt	Nullwert oder Initialwert	Wert eines Feldes auf Nullwert oder Initialwert setzen.
SEPARATE	zwei oder mehr	aufgeteilter Inhalt	Inhalt einer Benutzervariablen in zwei oder mehr Felder aufteilen.
SUBTRACT	zwei oder mehr	Differenz	Ein oder mehrere Operanden von einem anderen Operand abziehen.

Abbildung 5.1: Datenübertragungs- und arithmetische Operationen

Die Variablenzuweisungen

- MOVE *variable* TO *zielfeld*

- ASSIGN *zielfeld* = *variable*

- *zielfeld* := *variable*

sind gleichwertig. Es gibt im Laufzeitverhalten keine Unterschiede, der erzeugte Objectcode ist identisch.

```
DEFINE DATA LOCAL
1 NUM1 (format)
1 NUM2 (format)
END-DEFINE
*
MOVE NUM1 TO NUM2                /* Test 1
END
```

Abbildung 5.2: Übertrag zweier Operanden (Beispiel 5.1)

Beispiel 5.1	Kennzeichen	MCG	Format	Dauer in Mikrosek.	Platzbedarf Bufferpool	Platzbedarf MCG
Test 1	MOVE	OFF	N2	6	696	0
			P3	6	704	0
			I1	6	696	0
Test 1	MOVE	ON	N2	2	708	12
			P3	2	724	20
			I1	2	708	12

Abbildung 5.3: Befehlsdauern Übertrag zweier Operanden

Einfache Variablenzuweisungen sind unabhängig vom Format die "billigsten" Befehle. Durch den Einsatz des NATURAL OPTIMIZER COMPILER (kenntlich in den Tabellen durch MCG≠ON) läßt sich die Zeitdauer einer Variablenzuweisung auf ein Drittel des Zeitaufwands ohne NOC-Optimierung reduzieren.

Die Summe aus zwei Variablen kann auf verschiedene Arten gebildet werden:

- ADD *NUM1 NUM2* GIVING *NUM3*

- COMPUTE *NUM3 = NUM1 + NUM2*

- *NUM3 := NUM1 + NUM2*

Dies ist nichts anderes als

    MOVE *NUM1* TO *NUM3*
    ADD *NUM2* TO *NUM3*,

wobei MOVE und ADD hintereinander ungünstiger sind als die direkte Zusammenfassung im geeigneten Befehl.

Entsprechend sind die Additionen

- COMPUTE *NUM3 = NUM1 + NUM2 + NUM3*

- ADD *NUM1 NUM2* TO *NUM3*

gleichbedeutend.

```
DEFINE DATA LOCAL
1 NUM1 (format1)
1 NUM2 (format2)
END-DEFINE
*
ADD   NUM1 TO NUM2                    /* Test 2
END
```

Abbildung 5.4: Einfache Addition mit zwei Operanden (Beispiel 5.2)

Beispiel 5.2	Kenn-zeichen	MCG	Format 1	Format 2	Dauer in Mikrosek.	Platzbedarf Bufferpool	Platzbedarf MCG
Test 2	ADD	OFF	N2	N2	9	700	0
			P3	P3	7	708	0
			I1	I1	10	700	0
Test 2	ADD	ON	N2	N2	3	772	72
			P3	P3	2	740	32
			I1	I1	2	728	28

Abbildung 5.5: Befehlsdauern einer Addition mit verschieden Formaten

Nichtoptimiert ist offensichtlich eine einfache Addition zweier gepackter Variablen um ca 25 % schneller als die zweier numerischer und um ca. 30 % schneller als die zweier Integervariablen, optimiert sind Additionen mit Integervariablen und mit gepackten Variablen gleichschnell. Die Zeitersparnis optimiert (mit NOC) gegenüber nichtoptimiert liegt je nach Variablenformat bei 66 - 80 %.

```
...
MOVE NUM1 TO NUM3                     /* Test3
ADD   NUM2 TO NUM3                    /* Test3
*
ADD   NUM1 NUM2 GIVING NUM3   /* Test4
*
COMPUTE NUM3 = NUM1 + NUM2    /* Test5
*
NUM3 := NUM1 + NUM2                   /* Test6
END
```

Abbildung 5.6: Verschiedene Arten einer Addition (Beispiel 5.3)

Im Beispiel 5.3 sind die Werte für eine Addition mit drei Variablen im nichtoptimierten Zustand für das Format P (Format N) am günstigsten, NOC-optimiert im Integerformat.

Beispiel 5.3	Kennzeichen	MCG	Format	Dauer in Mikrosek.	Platzbedarf Bufferpool	Platzbedarf MCG
Test 3	MOVE, ADD	OFF	N2	11	716	0
			P3	9	728	0
			I1	12	716	0
Test 3	MOVE, ADD	ON	N2	3	796	80
			P3	3	776	48
			I1	2	752	36
Test 3	MOVE, ADD	INDX, OVFLW	N2	3	812	96
			P3	3	784	56
			I1	3	768	52
Test 4/5/6	ADD GIVING / COMPUTE / :=	OFF	N2	9	700	0
			P3	9	712	0
			I1	10	700	0
Test 4/5/6	ADD GIVING / COMPUTE / :=	ON	N2	3	772	72
			P3	2	744	32
			I1	2	728	28
Test 4/5/6	ADD GIVING / COMPUTE / :=	INDX, OVFLW	N2	3	788	88
			P3	2	748	36
			I1	2	740	40

Abbildung 5.7: Befehlsdauern verschiedener Additionen

Die Aussagen bezüglich der Additionen gelten analog für Subtraktionen mit COMPUTE, := und SUBTRACT. Alle diese Befehle können mehrere einfache Operanden gleichzeitig verarbeiten und einem Zielfeld zuweisen. Arrayoperationen können immer nur mit zwei Operanden und einem Zielfeld durchgeführt werden.

```
DEFINE DATA LOCAL
1 NUM1 (format)
1 NUM2 (format)
END-DEFINE
*
NUM2 := NUM1 + NUM1 + NUM2     /*    Test 7
*
NUM2 := NUM1 + NUM2 + NUM1     /*    Test 8
*
NUM2 := NUM2 + NUM1 + NUM1     /*    Test 9
*
ADD NUM1 NUM1 TO NUM2          /*    Test 10
END
```

Abbildung 5.8: Verschiedene Reihenfolgen in Additionen (Beispiel 5.4)

Kommen Operanden in einer Berechnung mehrfach vor, wird die Reihenfolge der Operanden wichtig.

Beispiel 5.4	Kennzeichen	MCG	Format	Dauer in Mikrosek.	Platzbedarf Bufferpool	Platzbedarf MCG
Test 5	B := A + A + B	OFF	N4	12,42	700	0
		ON	I4	3,50	732	32
Test 6	B := A + B + A	OFF	N4	15,47	700	0
		ON	I4	3,50	732	32
Test 7	B := B + A + A	OFF	N4	15,33	700	0
		ON	I4	3,50	732	32
Test 8	ADD A A TO B	OFF	N4	12,15	700	0
		ON	I4	3,50	732	32

Abbildung 5.9: Befehlsdauern verschiedener Reihenfolgen in Additionen

Nach den Testergebnissen zu Beispiel 5.4 sind nur die Befehle B := A + A + B und ADD A A TO B gleichwertig. Bei arithmetischen Operationen mit mehr als zwei Operanden werden jeweils Operandenpaare gebildet, von links beginnend. Im nichtoptimierten Zustand ist eine einfache Addition zwei gleicher Zahlen zu einer dritten etwa 20 % schneller bei linksgerichteter Zusammengruppierung der gleichen Operanden als wenn diese in der Auswertung nicht aufeinander folgen. Bei B := A + A + B können die letzten Operationen Addition zu B und Übertrag nach B in einem Befehl zusammengefaßt werden, B := A + B + A erfordert zwei interne Anweisungen. NOC-optimiert können keine Unterschiede festgestellt werden.

Multiplikationen/Divisionen können mit DIVIDE/MULTIPLY nur für zwei Operanden durchgeführt werden. Mit COMPUTE ist die Division/Multiplikation mehrerer Operanden möglich.

```
DEFINE DATA LOCAL
1 NUM1 (format1)
1 NUM2 (format2)
END-DEFINE
*
MULTIPLY NUM1 BY NUM2                /* Test 11
*
COMPUTE  NUM1 =  NUM1 * NUM2         /* Test 12
END
```

Abbildung 5.10: Einfache Multiplikation mit zwei Operanden (Beispiel 5.5)

Beispiel 5.5	Kenn-zeichen	MCG	Format 1	Format 2	Dauer in Mikrosek.	Platzbedarf Bufferpool	Platzbedarf MCG
Test 11	MULTIPLY	OFF	N2	N2	12,05	688	0
			P3	P3	11,31	696	0
			I4	I4	10,33	688	0
Test 12	COMPUTE	OFF	N2	N2	12,05	688	0
			N2,1	N2,1	12,26	688	0
			N2,1	N2,3	12,27	688	0
			P3	P3	11,00	696	0
			P3,1	P3,1	11,72	696	0
			P3,1	P3,3	11,63	696	0
			I4	I4	10,52	688	0
Test 12	COMPUTE	ON	N2	N2	4,50	740	52
			N2,1	N2,1	4,50	748	60
			N2,1	N2,3	4,50	748	60
			P3	P3	4,50	736	40
			P3,1	P3,1	4,50	736	40
			P3,1	P3,3	4,50	736	40
			I4	I4	3,50	712	24

Abbildung 5.11: Tabelle Befehlsdauern Multiplikation mit verschieden Formaten

Wie aus Beispiel 5.5 ersichtlich, hängt auch die Geschwindigkeit einer Multiplikation stark vom verwendeten Variablentyp ab.

Multiplikationen mit MULTIPLY und mit COMPUTE unterscheiden sich nicht, wenn die Operanden gleich angeordnet sind (vgl. Addition Beispiel 5.4). Das für Multiplikationen günstigste Variablenformat ist das Integerformat.

Operation	Vorkommastellen	Nachkommastellen
Addition / Subtraktion	$max(vorkomma_1, vorkomma_2) + 1$	$max(nachkomma_1, nachkomma_2)$
Multiplikation	$\Sigma(vorkomma_i + 1)$	$max(\Sigma nachkomma_i, 7)$
Division	$vorkomma_1 + nachkomma_2$	$max(nachkomma_{ergebnis}, nachkomma_1)$
Exponentbildung	$31 - nachkomma_1$	$nachkomma_1$
Wurzelbildung	$vorkomma_1$	$nachkomma_1$

Abbildung 5.12: Stellenzahl der Zwischenfelder arithmetischer Operationen

Intern wird auch eine COMPUTE-Division/-Multiplikation mit mehr als zwei Operanden in mehrere Teiloperationen mit jeweils zwei Operanden zerlegt. Für

die Teiloperationen werden dynamisch Arbeitsfelder angelegt, deren Format je
nach Operation, wie in Abbildung 5.12 dargestellt, ermittelt wird [RM].

```
DEFINE DATA LOCAL
01 ANZ       (N2)
01 MENGE     (N9,3)
01 PREIS     (N9,2/1:2)
01 GEWICHT   (N8,3)
01 NUM1      (N13,4)
01 NUM2      (N13,4)
01 GEW       (N13,4)
END-DEFINE
*
COMPUTE ROUNDED NUM1 = ANZ * MENGE * PREIS(1)      /* Test 13
COMPUTE ROUNDED NUM2 = ANZ * MENGE * PREIS(2)      /* Test 13
COMPUTE ROUNDED GEW  = ANZ * MENGE * GEWICHT       /* Test 13
END
```

Abbildung 5.13: Multiplikation mit drei Variablen (Beispiel 5.6)

```
DEFINE DATA LOCAL
...
01 ANZMEN    (N13,4)
END-DEFINE
*
COMPUTE ANZMEN          = ANZ    * MENGE           /* Test 14
COMPUTE ROUNDED NUM1 = ANZMEN * PREIS(1)           /* Test 14
COMPUTE ROUNDED NUM2 = ANZMEN * PREIS(2)           /* Test 14
COMPUTE ROUNDED GEW  = ANZMEN * GEWICHT            /* Test 14
END
```

Abbildung 5.14: Multiplikation in Zwischenvariable (Beispiel 5.7)

Divisionen und Multiplikation sind vergleichsweise teuere Operationen. Im Ein-
zelfall kann es sich deshalb lohnen, sichtbare und unsichtbare Operationen durch
das Einführen von Hilfsfeldern einzusparen.

Im Beispiel 5.6 wird die Multiplikation "ANZ * MENGE" insgesamt dreimal ausgeführt, mit einem Zwischenfeld muß sie nur einmal durchgeführt werden. Trotz
einer sichtbaren Multiplikation mehr, ist die nichtoptimierte Berechnung in ein
Zwischenfeld etwa 16 - 18 % schneller, der generierte Code geringer. Mit gepackten Formaten kann die Rechenzeit nochmals um etwa 8 - 10 % reduziert
werden. Für NOC-übersetzte Programme lohnt sich der Übertrag in ein Zwischenfeld nicht, die Multiplikation dauert sogar etwas länger.

Beispiel	Kennzeichen	MCG	Format	Dauer in Mikrosek.	Platzbedarf Bufferpool	Platzbedarf MCG
5.6 Test 13	Multiplikation mit 3 Variablen	OFF	N	50	784	0
			P	46	812	0
5.6 Test 13	Multiplikation mit 3 Variablen	ON	N	8,0	1096	312
			P	6,8	968	156
5.6 Test 13	Multiplikation mit 3 Variablen	OVFLW	N	10,0	1176	392
			P	7,0	1168	400
5.7 Test 14	Multiplikation in Zwischenfeld	OFF	N	42	768	0
			P	38	800	0
5.7 Test 14	Multiplikation in Zwischenfeld	ON	N	10,0	1112	344
			P	7,0	976	176
5.7 Test 14	Multiplikation in Zwischenfeld	OVFLW	N	11,0	1168	400
			P	8,0	1008	208

Abbildung 5.15: Befehlsdauern verschiedener Multiplikationen

Aus den in diesem Abschnitt gemachten Untersuchungen können zusammenfassend Regeln formuliert werden:

Regel 5.1

Möglichst einfache Operationen verwenden

☞ Komplizierte algebraische Ausdrücke sollten durch entsprechende einfache ersetzt werden.

Klammern wirken sich nicht negativ auf die Performance aus, können aber die Auswertungshierarchie sichtbar machen.

Regel 5.2

Ähnliches zusammenfassen

☞ Hintereinanderfolgende Berechnungen in das gleiche Zielfeld sollten zu einem Befehl zusammengefaßt werden.

Es ist günstig, ähnliche Berechnungen zusammenzufassen, da bei hintereinanderliegenden Strukturen weniger Befehle generiert werden müssen. Mit NOC werden Übertragungsoperationen benachbarter Felder mit aufeinanderfolgenden MOVE-oder RESET-Befehlen in einen einzelnen Befehl umgewandelt. Daher sollten

Datenstrukturen bei der Anordnung der Feldzuweisungen berücksichtigt und aufeinanderfolgende Datengruppen in einer Befehlsfolge bearbeitet werden. Der Übertrag von Datenstrukturen mit MOVE BY NAME wird ohne NOC in einzelne MOVE-Befehle umgewandelt.

> **Regel 5.3**
> ### Gleiche Variablenformate in einem Befehl verwenden

☞ Verschiedene Variablen innerhalb einer Berechnung sollten in Format und Länge gleich sein, ebenso Sende- und Empfangsfelder in Zuweisungen.

Je komplexer die mathematische Operation ist, desto geringer ist der anteilige Einfluß von Formatkonvertierungen. Formatübersetzungen zwischen gepackt numerischen Formaten (P), Integerformaten (I) und Fließkommadarstellung (F) sollten vermieden werden, auch beim optimierten Code erzeugt dies Overhead.

> **Regel 5.4**
> ### Variablenformate für Berechnungen

☞ Variablenformate sollten nach Art und/oder Komplexität der Operation ausgewählt werden. Komplexe arithmetische Operationen mit Variablen in gepacktem oder Integerformat sind günstiger als mit numerischen Variablen. Für wissenschaftliche Berechnungen sollten alle Operanden im Fließkommaformat definiert werden.

Die beste Performance erhält man mit dem NATURAL OPTIMIZER COMPILER durch den Gebrauch der Formate gepackt numerisch (P) oder integer (I) in arithmetischen Operationen. Die Performanceunterschiede zwischen P- und I-Formaten gegenüber N-Formaten sind mit optimiertem Code deutlicher als unoptimiert. Für Integervariablen werden mit dem NATURAL OPTIMIZER COMPILER direkt Register-/Speicheroperationen generiert. Berechnungen mit Variablen unterschiedlicher Formate zusammen mit Fließkommaformaten sollten vermieden werden, da die unpassenden Formate intern aufwendig in Fließkommaformat umgewandelt werden.

Für mit der Option MCG=MIX (Objektcode ist kompatibel für IBM, SNI (Siemens/Nixdorf) und WANG) übersetzte Programme ist Format I4 am günstigsten. Falls schnelle Voll-/Halbwortbefehle genutzt werden sollen, müssen in Siemens-Umgebungen die Speicherstellen auf Voll- oder Halbwortgrenze ausgerichtet werden, ansonsten werden intern andere, langsamere Instruktionen verwendet. Gepackte Operanden in WANG-Umgebungen müssen nachträglich bereinigt werden. Fließkommaformat ist in diesem Modus nicht möglich.

Regel 5.5

Konstanten definieren

☞ Alle Skalare, die konstant bleiben, sollten als Konstanten definiert werden.

Regel 5.6

Überflüssige Operationen einsparen

☞ Gemeinsame Teilausdrücke verschiedener Operationen sollten ohne NA-TURAL OPTIMIZER COMPILER nur einmal in Zwischenfelder ausgeführt werden, die in den Operationen die Teilausdrücke ersetzen.

NATURAL bietet für arithmetische Standardberechnungen mathematische Systemfunktionen an, durch deren Anwendung Extraprogrammierungen entfallen.

Funktion	Bedeutung
ABS	Absoluter Feldwert.
ATN	Arcus Tangens des Feldes.
COS	Cosinus des Feldes.
EXP	Exponent des Feldes.
FRAC	Fraktil des Feldes.
INT	Natürlicher Zahlenanteil des Feldes.
LOG	Natürlicher Logarithmus des Feldes.
SGN	Vorzeichen des Feldes (-1, 0, +1).
SIN	Sinus des Feldes.
SQRT	Quadratwurzel des Feldwertes. Ein negativer Wert des Argumentfeldes wird als positiv betrachtet. Maximal sind 22 Vorkommastellen möglich.
TAN	Tangens des Feldes.

Abbildung 5.16: Mathematische Funktionen

In den Statements ADD, COMPUTE, DIVIDE, MULTIPLY und SUBTRACT können die mathematischen Funktionen ABS, ATN, COS, EXP, FRAC, INT, LOG, SGN, SIN, SQRT und TAN benutzt werden. Diese werden gebildet mit *funktion(feld)*. Intern besitzen diese gleiches Format und Länge wie das Ausgangsfeld, wobei alle mathematischen Funktionen außer ABS, FRAC, INT und SGN zuerst in Format F8 abgebildet werden. (Bei den Sinus-/Cosinus und der Logarithmusfunktion (ATN, COS, LOG, SIN, TAN) erfolgt ein Übertrag des Argumentfeldes in das Format F8 und nach der Funktionsauswertung eine Rückkonvertierung in das Format des Argumentfeldes.)

Daneben gibt es noch die Funktion VAL*(feld)* (siehe Abschnitt 4.6 - Formatprüfungen). VAL*(feld)* hat gleiches Format und Länge wie das Ergebnisfeld und ermittelt den numerischen Wert eines alphanumerischen Feldes.

Die in mathematischen Funktionen benutzten Felder können eine Konstante oder ein Skalar sein. Sie müssen in der VAL-Funktion alphanumerisches Format, ansonsten eines der Formate N, P, I oder F besitzen. Der interne Übertrag der Argumentfelder zur Auswertung in das Format F8 erfolgt wie oben beschrieben.

5.1.2 Test auf Feldinhalte

Allgemein gibt es drei Grundfragestellungen für Tests auf Feldinhalte:

- Wie wird geprüft, ob ein Einzelfeld einen bestimmten Wert besitzt?

- Enthält ein Tabellenelement den gesuchten Wert? (Zusatzfrage: Welches?)

- Ist der Wert in einem Teil eines Einzelfeldes oder Tabellenelementes zu finden?

NATURAL bietet zur Prüfung, ob ein Einzelfeld oder ein Tabellenelement einen bestimmten Wert besitzt, mehrere Befehle an:

1. Abfrage *prueffeld* = SCAN (*suchwert*)

2. Abfrage *prueffeld* = MASK (*suchwert*)

3. EXAMINE *prueffeld suchwert*

4. Abfrage *prueffeld* = *suchwert*

    prueffeld ∈   {*einzelfeld, array(*), array(index), array(von:bis)*}

Wenn für ein Feld (Einzelfeld, Tabellenelement) nur ein kleiner in der Länge bekannter Teilstring untersucht werden soll, kann dies erfolgen mit:

3.1 EXAMINE SUBSTRING (*prueffeld,anfang,stringlaenge*) *suchwert*

In allen Fällen kann die Länge von *suchwert* kleiner sein als die zu durchsuchende *stringlaenge*, maximal darf sie gleichlang sein. Ist die Länge von *suchwert* gleich der *stringlaenge*, sollte nur die Abfrage *prueffeld = suchwert* verwendet werden.

1. SCAN-Option

Die SCAN-Option wird als Teil einer logischen Bedingung benutzt, um den Inhalt von *prueffeld* (Format A, N oder P) nach einem bestimmten alphanumerischen Wert (*suchwert*) zu durchsuchen (=, EQ, EQUAL TO) oder diesen auszuschließen (NE, NOTEQUAL). Der *suchwert* kann als Konstante oder Variable angegeben werden und darf auch Binärformat besitzen, falls *prueffeld* alphanumerisch ist.

prueffeld {=, EQ, EQUAL TO, NE, NOTEQUAL} **SCAN** *suchwert*

Nachlaufende Leerzeichen in *suchwert* werden ignoriert.

2. MASK-Option

Die Anwendung der MASK-Option ist nicht immer einfach und wird anhand von Beispiel 5.8 (Abbildung 5.17) veranschaulicht:

```
DEFINE DATA LOCAL
1 FELD (A5)
END-DEFINE
*
IF FELD = MASK(.37)        /* Variante 1
   IGNORE
END-IF
*
IF FELD = MASK(.00-37)   /* Variante 2
   IGNORE
END-IF
*
IF FELD = MASK(.0-30-7) /* Variante 3
   IGNORE
END-IF
*
IF FELD = MASK(.'37')    /* Variante 4
   IGNORE
END-IF
*
IF FELD = MASK(.37-37)   /* Variante 5
   ...
END-IF
END
```

Abbildung 5.17: Varianten der MASK-Option (Beispiel 5.8)

Die Varianten 1 und 2 sind gleichbedeutend. Mit ihnen wird geprüft, ob der Wert des Teilfeldes aus den Feldpositionen zwei und drei ≤ 37 ist.

Variante 3 testet, ob die Zahlen der zweiten Position zwischen 0 und 3, die der dritten Position zwischen 0 und 7 liegen.

Mit den Varianten 4 und 5 ist die Abfrage nur wahr, falls das Feld an der zweiten Position eine 3 und an der dritten Position eine 7 enthält.

Ebenso wie die SCAN-Option kann die MASK-Option Bestandteil einer logischen Bedingung sein, auch die Syntax unterscheidet sich kaum voneinander.

prueffeld {=, EQ, EQUAL TO, NE, NOTEQUAL}
MASK (*suchmaske*) [*maskeninhalt*]

Zeichen	Prüfung gegen Zeichentyp/Format	geprüfte Zeichen
*, %	entfällt	Unbestimmte Anzahl Zeichen, die <u>nicht</u> überprüft werden.
?, -, .	entfällt	Genau ein Zeichen wird <u>nicht</u> überprüft.
A	Buchstabe (groß oder klein)	Position.
L	Buchstabe in Kleinschrift (a - z)	Position.
U	Buchstabe in Großschrift (A - Z)	Position.
H	Hexadezimaler Inhalt (A-F, 0 - 9)	Position.
N	natürliche Zahl	Position.
Z	negative Zahl	Position.
n...	natürliche Zahl zwischen 0 und *n*	Ein oder mehrere Positionen.
n-m, n:m	$n \leq$ natürliche Zahl $\leq m$	Ein oder mehrere Positionen.
'*c*'	Buchstaben oder Ziffern	Ein oder mehrere Positionen.
C	Buchstabe (groß oder klein), Ziffer oder Leerzeichen	Position.
P	<u>darstellbares Zeichen:</u> Buchstabe (groß oder klein), Ziffer, Leerzeichen oder Sonderzeichen	Position.
S	Sonderzeichen	Position.
X	Wertegleichheit mit *maskeninhalt*	Entsprechende Position.
DD	gültige Tagesnotation des Datums.	Zwei Positionen.
MM	gültige Monatsnotation des Datums.	Zwei Positionen.
YY	gültige Jahresnotation des Datums.	Zwei Positionen.
YYYY	gültige Jahresnotation des Datums.	Vier Positionen.

Abbildung 5.18: Maskendefinitionszeichen

Die Maske kann bestimmt werden durch die Kombination verschiedener Definitionszeichen (siehe Abbildung 5.18).

Während mit der SCAN-Option nur gegen eine alphanumerische (oder binäre) Zeichenkombination geprüft werden kann, erlaubt die MASK-Option den Test gegen bestimmte (Editier)masken oder gegen Variablen, deren Inhalt als Maskendefinition angenommen wird.

prueffeld {=, EQ, EQUAL TO, NE, NOTEQUAL} **MASK** *maskenvariable*

Die MASK-Option bietet die gleichen Zusätze, wie die PATTERN-Klausel im EXAMINE-Befehl. MASK- und EXAMINE-Abfragen mit variabler Positionsangabe (*, %) sind teuerer als mit einer Prüfung auf ein festes Muster, bei der nicht-zuprüfende Stellen mit einem Punkt (.), Fragezeichen (?) oder Unterstrich (_) ausgeschlossen werden können.

3. EXAMINE

Mit dem EXAMINE-Befehl kann der Inhalt eines alphanumerischen Feldes oder eines Teiles davon nach einer Zeichenkette abgesucht und/oder Position und Anzahl der Zeichenkette bestimmt werden.

EXAMINE [FULL [VALUE [OF]]]
{*prueffeld*, SUBSTRING (*prueffeld,startposition,laenge*)}
[FOR] [FULL [VALUE [OF]]] [PATTERN] *suchwert*
{ABSOLUTE, WITH [DELIMITERS] [*trennzeichen*]}
{[[AND] {DELETE [FIRST],
REPLACE [FIRST] [WITH] [FULL [VALUE [OF]]] *ersatzwert*}
[GIVING] [{NUMBER, POSITION, LENGTH, INDEX}] [IN] *zahl*}

Prueffeld darf nur Konstante sein, falls die GIVING-Klausel verwendet wird, nicht in Verbindung mit der DELETE-/REPLACE-Klausel.

Operand	Struktur	Format
prueffeld	(Konstante), Einzelfeld, Tabelle	alphanumerisch
startposition	Konstante, Einzelfeld	numerisch, gepackt numerisch, integer
laenge	Konstante, Einzelfeld	numerisch, gepackt numerisch, integer
suchwert	Konstante, Einzelfeld	alphanumerisch
trennzeichen	Konstante, Einzelfeld	alphanumerisch
ersatzwert	Konstante, Einzelfeld	alphanumerisch
zahl	Einzelfeld	numerisch, gepackt numerisch, integer

Abbildung 5.19: Der EXAMINE-Befehl

Die Angabe der FULL-Option beim EXAMINE-Befehl bewirkt ein Durchsuchen des kompletten Feldes einschließlich nachlaufender Leerzeichen. Ohne FULL-Option werden nur führende und/oder eingeschlossene Leerzeichen beachtet, dies gilt auch für die Angabe von Leerzeichen im Suchwert. Besteht der Suchwert nur aus einem Leerzeichen, wird dies als führendes Leerzeichen betrachtet und so in jedem Fall eine Suche durchgeführt. Die Ergebnislänge aus der LENGTH-Option ist unabhängig von der FULL-Option. Mit LENGTH-Angabe wird die vollständige Länge des mit EXAMINE bearbeiteten Feldes am Ende der Bearbeitung (nach Auswertung der DELETE-/REPLACE-Option) ermittelt.

Wird eine Suche mit DELIMITER-Option angegeben, gelten Anfang und Ende des Textstrings als Trennzeichen, auch zusätzlich zu den genannten *trennzeichen*. Fehlt die *trennzeichen*-Angabe in der DELIMITER-Option, werden außerdem alle nichtnumerischen Zeichen und Nicht-Buchstaben sowie das Leerzeichen als Trennzeichen angesehen. EXAMINE mit DELIMITER-Option überprüft den Textstring nach einem von Trennzeichen eingeschlossenen *suchwert*. Die DELIMITER-Option wird benötigt, um eine bestimmte Zeichenkette als Einzelelement im Textstring zu erkennen, die nicht Teil einer größeren Zeichenkette sein darf.

```
DEFINE DATA LOCAL
01 TAB (A1/1:90)
01 REDEFINE TAB
   02 GESFELD (A90)
01 POS   (P3)
01 NUM   (P3)
END-DEFINE
*
MOVE 'A' TO TAB(occurence)
MOVE 'B' TO TAB(2)
MOVE 'C' TO TAB(3)
*
EXAMINE TAB      (*) FOR 'A' GIVING POSITION POS   /* Test 15
EXAMINE GESFELD(*) FOR 'A' GIVING NUMBER     NUM   /* Test 16
EXAMINE GESFELD(*) FOR 'A' GIVING POSITION POS   /* Test 17
*
IF TAB(*)  =         'A'      IGNORE END-IF       /* Test 18
IF GESFELD = SCAN    'A'      IGNORE END-IF       /* Test 19
IF GESFELD = MASK(*'A')       IGNORE END-IF       /* Test 20
*
END
```

Abbildung 5.20: Test auf Feldinhalte (Beispiel 5.9)

Die Klauseln GIVING NUMBER und GIVING POSITION ermitteln Trefferzahl und Treffermenge am Beginn der EXAMINE-Bearbeitung (vor Anwendung einer DELETE-/REPLACE-Klausel).

Beispiel 5.9	Kennzeichen	MCG	Dauer in Mikrosek. bei Occurrence			Platzbedarf Bufferpool	Platzbedarf MCG
			9	50	90		
Test 15	EX *array* POS	OFF	133,0	133,6	134,6	704	0
		ON	132,6	132,6	132,6		
		INDX, OVFLW	133,0	133,0	133,0		
Test 16 Test 17	EX *feld* NUM EX *feld* POS	OFF	15,7	16,2	17,2	704	0
		ON	15,7	16,2	17,2		
		INDX, OVFLW	15,7	16,2	17,2		
Test 18	IF *array* (*)	OFF	23,8	87,6	151,7	700	0
		ON	5,0	11,0	16,0	740	40
		INDX, OVFLW	5,0	11,0	16,0	740	40
Test 19	SCAN	OFF	11,6	18,7	26,8	700	0
		ON	10,6	18,3	26,0	732	32
		INDX, OVFLW	10,4	18,2	25,7	732	32
Test 20	MASK	OFF	18,78	59,88	100,46	700	0
		ON	16,15	57,85	98,00	732	32
		INDX, OVFLW	16,31	57,68	97,78	732	32

Abbildung 5.21: Befehlsdauern verschiedener Tests auf Feldinhalte

Es ist günstig, eine Tabelle (Array) als einzelnes Gesamtfeld zu redefinieren (maximal erlaubte Feldlänge: 253 Byte). Die Suche nach einem Feldwert ist mit EXAMINE auf Gesamtelemente billiger als über Einzelfelder. Die potentielle Zeitersparnis steigt mit der Anzahl Occurrences.

Soll nur geprüft werden, ob eine Tabelle gefüllt ist (IF ... GT ' ' ...), kann möglicherweise Zeit durch eine Redefinition in ein einzelnes Gesamtfeld eingespart werden. Wird die Tabelle immer ab dem Anfang nach Treffern untersucht, kann die *-Notation einer Bereicheinschränkung mit (1:*ende*) vorgezogen werden, falls es garantiert einen Treffer in der Tabelle gibt. NATURAL kann feste Indexierungen (auch *-Angaben) zur Übersetzungszeit vorbereiten, wogegen variable Indexangaben zur Laufzeit behandelt werden müssen. Dadurch kann ein leichter

Zeitvorteil erzielt werden. Falls es keinen Treffer in der Tabelle gibt oder die Suche nicht am Tabellenanfang beginnt, sollte der Bereich eingeschränkt werden.

Der EXAMINE-Befehl wird vom NATURAL OPTIMIZER COMPILER nicht optimiert, deshalb sind die erhaltenen bereinigten Meßwerte (fast) gleich. Bei den Befehlsoptionen SCAN und MASK ruft NATURAL intern externe Unterprogramme auf, die ebenfalls nicht NOC-optimiert werden. Die geringe Zeitersparnis mit/ohne NATURAL OPTIMIZIER COMPILER resultiert aus der Optimierung des internen Programmaufrufs.

Der Zeitbedarf für eine IF-Abfrage steigt linear mit der Position des Treffers im Feld an. Intern werden verknüpfte IF-Abfragen erzeugt, die nacheinander abgearbeitet werden, bis die erste Bedingung wahr ist.

Der SCAN-Befehl hört mit der Suche im String an der Stelle auf, an der die SCAN-Bedingung zutrifft. Nichtoptimiert ist der SCAN-Befehl in jedem Fall einer Abfrage mit IF (*) vorzuziehen. Da ein IF-Befehl vom NATURAL OPTIMIZER COMPILER ausgezeichnet umgewandelt werden kann, ist der SCAN-Befehl im optimierten Zustand schlechter.

Die Zeitdauer einer EXAMINE-Anweisung hängt kaum von der Feldgröße ab und nicht von der mitgegebenen Option (POSITION oder NUMBER), da der String immer bis zum Ende untersucht wird, unabhängig vom Treffer.

Regel 5.7

Suche in Textstrings

☞ Wird ein String durchsucht, bei dem keine Treffer erwartet werden, sollte nichtoptimiert der EXAMINE-Befehl vorgezogen werden, bei erwarteten Treffern der SCAN-Befehl. Dies ist umso wichtiger, je größer der zu untersuchende String ist.

Regel 5.8

Trefferzahl

☞ Bei der Frage nach der Trefferzahl ist

EXAMINE (mit GIVING NUMBER)

immer vorzuziehen, da mit IF ... diese nur in einer Schleife ermittelt werden kann.

Die oben vorgeschlagen Redefinitionen können zu Logikfehlern führen, falls die Tabellenelemente größer als 1 Stelle sind. Um beim EXAMINE über eine redefinierte Tabelle Fehler zu vermeiden, kann man sich behelfen, indem man die Originaltabelle mit Trennzeichen definiert und den zu suchenden String mit Trennzeichen angibt.

```
DEFINE DATA LOCAL
1 TAB          (30)
   1 ELEMENT   (A5)
   1 TRENNER   (A1)
1 REDEFINE TAB
   2 STRING (A180)
END-DEFINE
*
MOVE ';' TO TRENNER (*)
EXAMINE STRING FOR 'VWXYZ/'
```

Abbildung 5.22: Feldredefinition mit Trennzeichen (Beispiel 5.10)

5.1.3 Entscheidungen

Für verschiedengeartete Entscheidungen (Verzweigungen, Fallunterscheidungen) bietet NATURAL die Auswahl zwischen IF-Statements oder DECIDE-Konstrukten. Mit DECIDE-Konstrukten können auch komplexe Logikabfragen relativ transparent für den Programmleser gestaltet werden.

```
DEFINE DATA LOCAL
01 VERGLEICH (format)
01 WERT          (format)
END-DEFINE
*
DECIDE ON FIRST VERGLEICH      /* Test 21
   VALUE WERT  IGNORE          /* Test 21
   NONE            IGNORE      /* Test 21
END-DECIDE                     /* Test 21
*
IF RC = VERGLEICH              /* Test 22
   IGNORE                      /* Test 22
END-IF                         /* Test 22

END
```

Abbildung 5.23: Gleichheitsabfragen (Beispiel 5.11)

Intern wird eine DECIDE-Konstruktion in geschachtelte IF-Statements aufgelöst, die sämtliche ELSE-Zweige enthalten und außerdem die DECIDE-Fälle EVERY/ ALL oder ANY/NONE mitberücksichtigen. In laufzeitkritischen Fällen muß auch diese Verwendung geprüft werden. Eine einfache DECIDE-Konstruktion ist um etwa 50 % langsamer als ein bescheidenes IF-Statement.

Ein IF-Befehl ist bei den meisten Variablenformaten etwa 40 % schneller als die entsprechende DECIDE-Konstruktion, auch der generierte Code ist geringer. NOC-optimiert sind kaum Unterschiede zu erkennen, dazu sind die Meßintervalle zu grob gerastert. Aus dem jeweiligen Platzbedarf für den Objektcode läßt sich trotzdem hier ein Vorteil des IF gegenüber dem DECIDE ableiten.

Beispiel 5.11	Kennzeichen	MCG	Format	Dauer in Mikrosek.	Platzbedarf Bufferpool	Platzbedarf MCG
Test 21	DECIDE ON	OFF	N	10	732	0
			P	10	736	0
			I	10	732	0
			A	10	732	0
Test 21	DECIDE ON	ON	N	4	780	48
			P	4	776	40
			I	4	784	52
			A	4	772	40
Test 22	IF	OFF	N	6	704	0
			P	6	708	0
			I	10	704	0
			A	6	704	0
Test 22	IF	ON	N	4	736	32
			P	4	732	24
			I	4	740	36
			A	4	728	24

Abbildung 5.24: Befehlsdauern verschiedener Gleichheitsabfragen

```
DEFINE DATA LOCAL
01 WAHR (L)
END-DEFINE
*
DECIDE FOR FIRST CONDITION       /* Test 23
  WHEN WAHR    IGNORE            /* Test 23
  NONE         IGNORE            /* Test 23
END-DECIDE                       /* Test 23
END
*
IF WAHR                          /* Test 24
  IGNORE                         /* Test 24
END-IF                           /* Test 24
END
```

Abbildung 5.25: Abfragen Wahrheitsgehalt von logischen Variablen (Beispiel 5.12)

Gleichheitsabfragen mit logischen Variablen nur auf wahr und falsch sind schneller als Abfragen mit Vergleichswerten. Wird eine Abfrage in einem Programm öfters wiederholt, kann Zeit eingespart werden durch die einmalige Durchführung der Ursprungsabfrage mit anschließendem Übertrag des Wahrheitswertes in eine logische Variable. Bei den Abfragewiederholungen wird nicht mehr die Ursprungsaussage geprüft, sondern nur noch der Wahrheitswert der logischen Variablen.

Beispiel 5.12	Kennzeichen	MCG	Format	Dauer in Mikrosek.	Platzbedarf Bufferpool	Platzbedarf MCG
Test 23	DECIDE FOR	OFF	L	7,47	716	0
Test 23	DECIDE FOR	ON	L	4,00	752	36
Test 24	IF	OFF	L	5,57	668	0
Test 24	IF	ON	L	4,00	708	20

Abbildung 5.26: Befehlsdauern Wahrheitsgehaltsabfragen mit logischen Variablen

Auch für Entscheidungen ist das verwendete Variablenformat von Bedeutung. Werden in Abfragen numerische Konstanten verwendet, sollte das Format dieser auch in der Anzahl der Nachkommastellen mit den Vergleichsvariablen übereinstimmen.

```
DEFINE DATA LOCAL
01 WERT (format)
END-DEFINE
*
IF WERT = 0            /* Test 25
    IGNORE             /* Test 25
END-IF                 /* Test 25
END
*
IF WERT = 0.000        /* Test 26
    IGNORE             /* Test 26
END-IF                 /* Test 26
END
```

Abbildung 5.27: Abfragen Wahrheitsgehalt numerische Konstanten (Beispiel 5.13)

Bei Abfragen auf Wertegleichheit mit numerischen Konstanten ist es günstiger, die Konstante mit der gleichen Anzahl Nachkommastellen anzugeben wie die Prüfvariable, da interne Formatkonvertierungen eingespart werden können. Der aus Beispiel 5.13 erhältliche Unterschied beträgt etwa 37 %.

Beispiel 5.13	Kennzeichen	MCG	Format	Dauer in Mikrosek.	Platzbedarf Bufferpool	Platzbedarf MCG
Test 25	ungleiches Format	OFF	N7,3	10,57	696	0
			P7,3	10,61	696	0
Test 25	ungleiches Format	ON	N7,3	4,50	736	44
			P7,3	4,28	732	36
Test 26	passendes Format	OFF	N7,3	6,61	696	0
			P7,3	6,15	700	0
Test 26	passendes Format	ON	N7,3	4,44	728	32
			P7,3	3,92	724	24

Abb. 5.28: Befehlsdauern Wahrheitsgehaltsabfragen mit numerischen Konstanten

```
DEFINE DATA LOCAL
01 INT1 (N1)
01 INT2 (N1) INIT <3>
END-DEFINE
*
DECIDE FOR FIRST CONDITION                /* Test 27
  WHEN INT2 = 0    IGNORE                  /* Test 27
  WHEN INT2 <= 2 AND INT2 > 0             /* Test 27
    MOVE  2 TO INT2                        /* Test 27
  WHEN INT2 > 2                            /* Test 27
    MOVE  0 TO INT2                        /* Test 27
    ADD   1 TO INT1                        /* Test 27
  WHEN NONE        IGNORE                  /* Test 27
END-DECIDE
*
DECIDE FOR FIRST CONDITION                /* Test 28
  WHEN INT2 <= 0    IGNORE                 /* Test 28
  WHEN INT2 <= 2                           /* Test 28
    MOVE  2 TO INT2                        /* Test 28     (IGNORE)
  WHEN NONE                                /* Test 28
    MOVE  0 TO INT2                        /* Test 28     (IGNORE)
    ADD   1 TO INT1                        /* Test 28     (IGNORE)
END-DECIDE                                 /* Test 28
*
DECIDE FOR FIRST CONDITION                /* Test 29
  WHEN INT2 > 2                            /* Test 29
    MOVE  0 TO INT2                        /* Test 29     (IGNORE)
    ADD   1 TO INT1                        /* Test 29     (IGNORE)
  WHEN INT2 > 0                            /* Test 29
    MOVE  2 TO INT2                        /* Test 29     (IGNORE)
  WHEN NONE    IGNORE                      /* Test 29
END-DECIDE                                 /* Test 29
END
```

Abbildung 5.29: DECIDE gegen IF (Beispiel 5.14)

Zeitersparnis bringt bei DECIDE-Konstruktionen immer das Ausnutzen des NO-NE-Zweiges, dem der ELSE-Zweig im entsprechenden IF gegenübersteht und das Herausziehen gleicher Anweisungsblöcke.

Zur Codeersparnis können gleiche, vom Fall im DECIDE-Block unabhängige Anweisungen aus der DECIDE-Anweisung herausgezogen und der NONE-Zweig des DECIDE ausgenutzt werden:

Die Zuweisungen (MOVE, ADD) in Beispiel 5.14 wurden zur Messung durch Leeranweisungen ersetzt und damit die reine Abfragezeit ermittelt. Diese bereinigten Werte sind in der nachfolgenden Tabelle eingetragen. Mit den Originalanweisungen ergeben sich für INT2 = 3 Zeiten in Mikrosekunden von (24,73 / 19,68 / 10,83) ohne und (7,35 / 6,63 / 5,47) mit NATURAL OPTIMIZER COMPILER. Bei einem Wert von INT2 = 0 erhält man die Zeiten (in Mikrosekunden) (11,47/13,02/18,36) und (5,00/5,00/5,61).

Verknüpfte Bereichsabfragen sollten vermieden werden. Der Zeitunterschied zwischen Test 27 und den Tests 28/29 beruht zum einen auf einer verknüpften Bereichsabfrage, zum anderen auf einem ungenutzten NONE-Zweig in der DECIDE-Anweisung.

Beispiel 5.15	Kennzeichen	MCG	Format	Dauer in Mikrosek.	Platzbedarf Bufferpool	Platzbedarf MCG
Test 27	DECIDE, ≤, >	OFF	N1	17,57	840	0
		ON		5,76	1032	192
Test 28	DECIDE, ≤	OFF	N1	10,84	784	0
		ON		5,26	920	136
Test 29	DECIDE, >	OFF	N1	10,73	784	0
		ON		5,00	920	136

Abbildung 5.30: Befehlsdauern DECIDE gegen IF

Will man sehr performant programmieren, lohnt es sich, die Komplexität von IF-Statements zu untersuchen und zu beachten.

Ein mit AND verknüpftes IF-Statement ist ca. 20 % langsamer als ein geschachteltes IF. OR-verknüpfte IF-Statements sind, falls beide Bedingungen ausgewertet werden müssen, langsamer als zwei aufeinanderfolgende IF-Anweisungen und schneller, wenn nur eine Bedingung zu untersuchen ist.

Eine OR-verknüpfte IF-Anweisung ist nur langsamer als zwei aufeinanderfolgende IF-Statements, falls die erste der verknüpften Bedingungen falsch ist, ansonsten schneller. Die Unterschiede sind sehr gering und die Zeitvorteile der einen gegenüber der anderen Abfrageart hängen von den Treffern ab. Deshalb sollte aus Lesbarkeitsgründen die OR-verknüpfte IF-Anweisung vorgezogen werden.

```
DEFINE DATA
  LOCAL
  01 NUM1 (I1)        INIT <1>
  01 NUM2 (I1)        INIT <6>
  01 ALF1 (A1)
  01 ALF2 (A1)
END-DEFINE
*
IF NUM1 = NUM2 AND ALF1 = ALF2              /* Test 30
   MOVE NUM2 TO NUM1                        /* Test 30
END-IF                                      /* Test 30
*
IF NUM1 = NUM2                              /* Test 31
   IF ALF1 = ALF2                           /* Test 31
      MOVE NUM2 TO NUM1                      /* Test 31
   END-IF                                   /* Test 31
END-IF                                      /* Test 31
*
IF NUM1 = NUM2 OR ALF1 = ALF2               /* Test 32
   MOVE NUM2 TO NUM1                        /* Test 32
END-IF                                      /* Test 32
*
IF NUM1 = NUM2                              /* Test 33
   MOVE NUM2 TO NUM1                        /* Test 33
END-IF                                      /* Test 33
IF ALF1 = ALF2                             /* Test 33
   MOVE NUM2 TO NUM1                        /* Test 33
END-IF
END
```

Abbildung 5.31: AND- und OR-verknüpfte IF-Anweisungen (Beispiel 5.16)

Beispiel 5.16	Kennzeichen	MCG	Dauer in Mikrosek. wenn 1. Bedingung		Platzbedarf Bufferpool	Platzbedarf MCG
			falsch	wahr		
Test 29	AND-verknüpftes IF	OFF	8,0	9,4	756	0
		ON	4,0	9,4	848	92
Test 30	geschachteltes IF	OFF	6,2	8,1	764	0
		ON	4,0	8,1	856	92
Test 31	OR-verknüpftes IF	OFF	11,3	10,2	756	0
		ON	4,0	10,2	844	88
Test 32	Zwei IF	OFF	10,0	12,6	756	0
		ON	4,0	12,6	872	92

Abbildung 5.32: Befehlsdauern AND- und OR-verknüpfte IF-Anweisungen

Eine AND-verknüpfte IF-Anweisung dauert immer länger als ein geschachteltes IF-Statement, da NATURAL bei der AND-Verknüpfung intern die Adresse des nächsten zu berechnenden Ausdrucks ermitteln muß. Ist die erste Bedingung eines AND-verknüpften IFs falsch, wird der zweite Ausdruck nicht mehr berechnet. Intern muß danach die Adreßrechnung durchgeführt und eventuell das Ergebnis des ersten logischen Ausdrucks aufgehoben werden. Bei den geschachtelten IF-Anweisungen hat NATURAL die Sprungadressen für die Fälle TRUE/ FALSE direkt griffbereit, die Adreßrechnung entfällt.

Die Argumente einer IF-Anweisung werden von links nach rechts ausgewertet. Eine zusammengesetzte Bedingung ist erfüllt, falls der erste Vergleich in der Auswertungsreihenfolge wahr ist.

In OR-verknüften IF-Abfragen sollten diejenigen Argumente am weitesten vorne stehen, die am öftesten richtig sind. Für eine AND-verknüpfte IF-Abfrage heißt das, daß die Argumente, die am öftesten falsch sein können, am weitesten links stehen sollten, damit die Auswertung der Bedingung schneller erfolgen kann.

```
DEFINE DATA LOCAL
01 IND1 (format)
01 ALF1 (A5)
01 TAB (A5/1:4)
END-DEFINE
*
DECIDE ON FIRST IND1                              /* Test 34
   VALUE 5 MOVE TAB(IND1 - 1) TO ALF1            /* Test 34
   VALUE 4 MOVE TAB(IND1 - 1) TO ALF1            /* Test 34
   VALUE 3 MOVE TAB(IND1 - 1) TO ALF1            /* Test 34
   VALUE 2 MOVE TAB(IND1 - 1) TO ALF1            /* Test 34
   NONE       IGNORE                             /* Test 34
END-DECIDE                                        /* Test 34
*
IF IND1 = 2 THRU 5                               /* Test 35
   MOVE TAB (IND1 - 1) TO ALF1                   /* Test 35
END-IF                                            /* Test 35
END
```

Abbildung 5.33: Bereichseinschränkungen (Beispiel 5.17)

```
*
DECIDE ON FIRST IND1
   VALUE 2 : 5 MOVE TAB(IND1 - 1) TO ALF1
   NONE         IGNORE
END-DECIDE
END
```

Abbildung 5.33a: Bereicheinschränkungen (Beispiel 5.17)

Diskrete Werte in DECIDE-Blöcken können als Bereich in einer DECIDE-Klausel oder in einem IF-Statement mit THRU zusammengefaßt werden.

Durch den Ersatz des DECIDE-Blocks durch eine IF-Konstruktion mit THRU-Bereichseinschränkung kann in allen Fällen etwa eine Zeiterparnis zwischen 15 und 20 % erreicht werden. Von Bedeutung ist auch hier das Variablenformat der Indexvariablen, die gepacktes oder Integerformat besitzen sollte.

Beispiel 5.17	Kennzeichen	MCG	Format	Dauer in Mikrosek.	Platzbedarf Bufferpool	Platzbedarf MCG
Test 34	DECIDE	OFF	N1	15,0	964	0
			P3	13,6	964	0
			I1	13,3	964	0
Test 34	DECIDE	ON	N1	6,0	1248	284
			P3	5,1	1192	228
			I1	5,3	1232	268
Test 34	DECIDE	INDX, OVFLW	N1	6,1	1392	428
			P3	5,2	1336	372
			I1	5,6	1340	376
Test 35	IF mit THRU	OFF	N1	12,3	748	0
			P3	11,6	748	0
			I1	11,7	748	0
Test 35	IF mit THRU	ON	N1	4,8	848	100
			P3	4,0	824	76
			I1	4,0	844	96
Test 35	IF mit THRU	INDX, OVFLW	N1	4,9	872	124
			P3	4,6	848	100
			I1	4,7	860	112

Abbildung 5.34: Befehlsdauern Bereichseinschränkungen

Zusammenfassend können für Entscheidungen verschiedene Regeln formuliert werden:

Regel 5.9

IF statt DECIDE verwenden

☞ Kleine DECIDE-Blöcke sollten durch IF-Anweisungen ersetzt werden.

Regel 5.10

NONE verwenden

☞ NONE-Zweige in DECIDE-Konstruktionen sollten ausgenutzt werden.

Regel 5.11

Umordnung von Tests

☞ Tests sollten entsprechend der Trefferwahrscheinlichkeit geordnet sein.

Regel 5.12

Boolsche Variablen benutzen

☞ Wiederholte Abfragen sollten mit logischen Variablen ausgeführt werden.

Regel 5.13

Bereichseinschränkungen

☞ Auch aus Lesbarkeitsgesichtspunkten sollten Bereichseinschränkungen mit der THRU-Option vorgenommen werden.

5.1.4 Schleifen

NATURAL kennt zwei Arten von Prozeßschleifen: Datenbankprozeßschleifen und Nichtdatenbankprozeßschleifen. In diesem Abschnitt werden nur Nichtdatenbankprozeßschleifen betrachtet. Eine Prozeßschleife besteht aus einer Gruppe sich wiederholender Anweisungen. Diese werden solange wiederholt, bis eine bestimmte Bedingung erfüllt ist. Nichtdatenbankprozeßschleifen werden initiiert durch die Statements REPEAT, FOR, CALL FILE, CALL LOOP und READ WORK FILE. Darüberhinaus können sie durch einen SORT-Befehl erzeugt werden, der das Sortprogramm des Betriebssystems aufruft.

Zu einer Zeit können mehrere Prozeßschleifen aktiv sein. Eine Prozeßschleife kann zwischen anderen eingeschlossen oder in anderen aktiven Schleifen enthalten sein. Schleifen werden geschlossen mit den Anweisungen:

- (CLOSE) LOOP

  Die innerste aktive Prozeßschleife wird abgeschlossen und die Kontrolle an den Schleifenanfang zurückgegeben. Wenn eine Befehlsreferenznummer oder ein Label benutzt wird, werden alle inneren Schleifen der aktiven Prozeßschleife einschließlich der referenzierten Schleife geschlossen.

- END

  Am Programmende werden alle aktiven Prozeßschleifen durch das END-Statement abgeschlossen. Ein Programm darf nur eine END-Anweisung enthalten.

- SORT

  Alle aktiven Prozeßschleifen werden beendet und eine neue Prozeßschleife initiiert. In einem NATURAL Programm ist nur ein SORT-Statement erlaubt.

- ESCAPE

  Die Durchführung der aktiven Prozeßschleife wird beendet.

- TERMINATE

  Alle aktiven Prozeßschleifen und Programme werden abgeschlossen und die NATURAL-Sitzung beendet.

Nichtdatenbankprozeßschleifen beginnen und enden mit einer logischen Bedingung oder einer anderen Limit-Bedingung [*PG*]:

- REPEAT

  REPEAT zeigt an, daß ein Befehl oder eine Befehlsgruppe wiederholt wird. Zur REPEAT-Anweisung kann eine logische Bedingung angegeben werden. Die Befehle werden dann nur ausgeführt, bis (REPEAT UNTIL) oder solange (REPEAT WHILE) diese Bedingung zutrifft. Ohne eine Bedingung muß die REPEAT-Schleife mit einem ESCAPE- oder STOP-Befehl abgeschlossen werden. STOP beendet gleichzeitig die Programmausführung. Mit

  REPEAT *anweisung* ... [{UNTIL, WHILE}] *bedingung*] END-REPEAT

  werden die Anweisungen ein- oder mehrfach durchgeführt. Die Bedingung wird am Schleifenende geprüft. Wenn die Bedingung am Schleifenbeginn getestet wird:

  REPEAT [{UNTIL, WHILE} *bedingung*] *anweisung* ...END-REPEAT

  wird der Befehlsblock nicht oder wiederholt ausgeführt.

- FOR

  Ebenso wie REPEAT-Schleifen können FOR-Schleifen außer über ihre Abbruchbedingung nur mit ESCAPE (und STOP oder TERMINATE) verlassen werden. Die Anzahl der Schleifendurchläufe einer FOR-Schleife wird durch die Angabe von Schritt-, Laufvariable und Abbruchgrenzen bestimmt:

  FOR *lauf* [{=, EQ, FROM}] *grenze-anfang* [{TO, THRU}] *grenze-ende*
  [[STEP] *schrittweite*] *anweisung* END-FOR

Wenn *schrittweite* nicht angegeben ist, wird eine Schrittweite von +1 angenommen. Je nach Vorzeichen der Schrittweite (+ oder -) wird die Laufvariable von *grenze-anfang* bis *grenze-ende* hoch- oder runtergezählt. Vor jedem Durchlauf der FOR-Schleife wird die Laufvariable neu gesetzt und geprüft, ob *grenze-ende* über- (positive Schrittweite) oder unterschritten (negative Schrittweite) wird. Bei Grenzüberschreitung der Laufvariable wird die FOR-Schleife nicht weiter durchlaufen. Sind *grenze-anfang* und *grenze-ende* gleich, erfolgt genau ein Schleifendurchlauf. *grenze-anfang*, *grenze-ende* und *schrittweite* können Literale, Konstante oder Variable sein. Für die Durchlaufzeit der Schleifen ist es nicht relevant, ob *grenze-anfang* oder *grenze-ende* Konstante oder Variable sind, entsprechende Tests liefern widersprüchliche Werte. Werden sie als Konstanten definiert, sollte ihr Format dem der Laufvariablen entsprechen, um Formatübersetzungen zu vermeiden. Die Laufvariable sollte möglichst im Format P angegeben werden. Durch die CONST-Definition der Schrittweite formatentsprechend zum Laufindex kann eine leichte Zeitersparnis festgestellt werden.

Die Schleifeneröffnungen durch REPEAT oder FOR unterscheiden sich hauptsächlich darin, daß mit REPEAT eine Prozeßschleife auch ohne Kontrolle über
die Anzahl der Schleifendurchläufe eröffnet werden kann während mit FOR diese
Anzahl beschränkt ist und überprüft wird. Jede FOR-Schleife kann in einer RE-
PEAT-Schleife abgebildet werden. Die Kontrolle geht dann von NATURAL an
das Programm über. Es gibt Tests, bei denen eine in eine REPEAT-Schleife
übertragene FOR-Konstruktion bessere Zeiten liefert als der Originalbefehl. Das
liegt bisher noch an der internen Umsetzung mit dem Inlineoptimizer, wird aber
von der Software AG behoben, so daß es keine Unterschiede in diesem Fall mehr
gibt. Der NATURAL OPTIMIZER COMPILER löst die Schleifenkonstrukte intern ähnlich auf, so daß die FOR- und REPEAT-Schleifen etwa gleich schnell
sind. Aus Lesbarkeitsgründen sollte auch nichtoptimiert eine FOR-Schleife verwendet werden, wenn sie notwendig ist und nicht in einer REPEAT-Schleife manuell nachgebildet werden. Die folgenden Tests beziehen sich überwiegend auf
FOR-Schleifen.

```
DEFINE DATA LOCAL
01 UNTEN (format)  INIT <001>
01 OBEN  (format)  INIT <100>
01 LAUF  (format)  INIT <001>
END-DEFINE
*

FOR IND 1 100              /* Grenzen fest, Schrittweite fehlt
   IGNORE                  /* Grenzen fest, Schrittweite fehlt
END-FOR                    /* Grenzen fest, Schrittweite fehlt
*
FOR IND UNTEN OBEN         /* Grenzen variabel
   IGNORE                  /* Grenzen variabel
END-FOR                    /* Grenzen variabel
*
FOR IND UNTEN OBEN LAUF /* Grenzen, Schrittweite variabel
   IGNORE                  /* Grenzen, Schrittweite variabel
END-FOR                    /* Grenzen, Schrittweite variabel
END
```

Abbildung 5.35: Variationen einer FOR-Schleife (Beispiel 5.18)

Die Zeiten für den Overhead bei FOR-Schleifen sind am geringsten für Schleifen,
bei denen die Grenzen Literale (fest) sind und die Schrittweite fehlt (die somit als
eins angenommen wird). Während nichtoptimiert die Zeitersparnis bei etwa 20 %
gegenüber FOR-Schleifen mit variablen Angaben liegt, ergibt sich für NOC-
optimierte Schleifen eine Reduktion von circa 90 %. Der Grund für diesen gros-
sen Laufzeitunterschied ist, daß bei festen Werten die Prüfung schon zur Übersetzungszeit vorgenommen wird und die Kontrolle während dem Programmlauf

fest generiert werden kann. Bei variablen Werten muß dagegen vor jedem Schleifenaufruf überprüft werden, ob Grenzen und Schrittweite zueinander passen.

Kennzeichen	MCG	Format	Dauer in Mikrosek.	Platzbedarf Bufferpool	Platzbedarf MCG
Grenzen fest, $\emptyset$ Schrittweite	OFF	N3	807	748	0
		P3	628	752	0
		I4	892	760	0
Grenzen fest, $\emptyset$ Schrittweite	ON	N3	114	868	120
		P3	68	820	68
		I4	29	812	52
Grenzen fest, $\emptyset$ Schrittweite	OVFLW	N3	149	908	160
		P3	71	836	84
		I4	34	824	64
Grenzen CONST-Variable	OFF	N3	1063	776	0
		P3	900	788	0
		I4	886	780	0
Grenzen variabel	OFF	N3	1063	776	0
		P3	900	788	0
		I4	886	780	0
Grenzen variabel	ON	N3	832	920	144
		P3	766	868	80
		I4	716	840	60
Grenzen variabel	OVFLW	N3	866	976	200
		P3	770	880	92
		I4	720	904	124
Grenzen, Schrittweite variabel	OFF	N3	1073	792	0
		P3	876	808	0
		I4	864	792	0
Grenzen, Schrittweite variabel	ON	N3	834	976	184
		P3	744	904	96
		I4	693	864	72
Grenzen, Schrittweite variabel	OVFLW	N3	872	1048	256
		P3	750	920	112
		I4	699	952	160

Abbildung 5.36: Befehlsdauern Variationen einer FOR-Schleife

Es ist unbedeutend, ob die Variablen im Definitionsblock mit INIT-Werten belegt oder als CONST-Variablen definiert sind, die Laufzeit beider Varianten ist gleich, sowohl unoptimiert als auch optimiert für alle Variablenformate. Deshalb sind in der Befehlsdauerntabelle (Abbildung 5.36) nur exemplarisch drei Meßeinträge mit CONST enthalten.

Von Bedeutung für die Durchlaufzeit der FOR-Schleifen ist das Variablenformat der Laufvariablen. Sobald eine der Steuerungsvariablen (*schrittweite, grenze-anfang, grenze-ende*) der FOR-Schleife angegeben wird, ist Format I4 am günstigsten, ebenso immer mit dem NATURAL OPTIMIZER COMPILER. Für den Fall einer nichtoptimierten festen FOR-Schleife ist Format P3 für die Laufvariable am besten.

```
DEFINE DATA LOCAL
01 I1    (format)
01 NUM1 (N9,3/1:7)
01 NUM2 (N9,3/1:7)
END-DEFINE
*
FOR I1 1 6                                          /* Test 36
   IF NUM1(I1) = 0  ESCAPE TOP        END-IF        /* Test 36
END-FOR                                             /* Test 36
FOR I1 1 6                                          /* Test 36
   IF NUM2(I1) = 0  ESCAPE TOP        END-IF        /* Test 36
END-FOR                                             /* Test 36
*
FOR I1 = 1 6                                        /* Test 37
   IF NUM1(I1) = 0                                  /* Test 37
      IGNORE                                        /* Test 37
   ELSE                                             /* Test 37
      IGNORE                                        /* Test 37
   END-IF                                           /* Test 37
   IF NUM2(I1) = 0  ESCAPE TOP        END-IF        /* Test 37
END-FOR                                             /* Test 37
END
```

Abbildung 5.37: Zusammenfassung von FOR-Schleifen (Bespiel 5.19)

Um die Zeit für den Schleifenoverhead zu verringern, sollten nacheinanderausgeführte FOR-Schleifen mit gleichen Endebedingungen zu einer Schleife zusammengeführt werden.

Die Durchlaufzeit der Schleifen kann durch Zusammenlegung um etwa 20 % verringert werden.

Beispiel 5.19	Kennzeichen	MCG	Format	Dauer in Mikrosek.	Platzbedarf Bufferpool	Platzbedarf MCG
Test 36	2 FOR-Schleifen	OFF	N2	225	952	0
			P3	203	956	0
			I1	283	956	0
Test 36	2 FOR-Schleifen	ON	N2	31	1280	328
			P3	22	1196	240
			I1	16	1192	236
Test 36	2 FOR-Schleifen	INDX, OVFLW	N2	40	1464	512
			P3	27	1324	368
			I1	21	1316	360
Test 37	1 Schleife, 2 IF	OFF	N2	169	860	0
			P3	158	864	0
			I1	196	864	0
Test 37	1 Schleife, 2 IF	ON	N2	23	1096	236
			P3	18	1044	180
			I1	14	1040	176
Test 37	1 Schleife, 2 IF	INDX, OVFLW	N2	29	1224	364
			P3	22	1144	280
			I1	17	1128	264

Abbildung 5.38: Befehlsdauern der Zusammenfassung von FOR-Schleifen

```
DEFINE DATA LOCAL
01 IND   (format)
01 NUM1  (N9,3/1:7)
01 NUM2  (N9,3/1:7)
01 NUMS  (N9,3/1:7)
01 VON   (format) CONST <1>
01 BIS   (format) CONST <6>
END-DEFINE
*
FOR IND = 1 6                                     /* Test 38
  ADD NUM1(IND) NUM2(IND) TO NUMS(IND)            /* Test 38
END-FOR                                           /* Test 38
END                                               /* Test 38
*
ADD NUM1 (VON:BIS) TO NUMS (VON:BIS)              /* Test 38
ADD NUM2 (VON:BIS) TO NUMS (VON:BIS)              /* Test 38
END
```

Abbildung 5.39: Addition in Tabellen (Beispiel 5.20)

Beispiel 5.20	Kennzeichen	MCG	Format	Dauer in Mikrosek.	Platzbedarf Bufferpool	Platzbedarf MCG
Test 38	Schleifenaddition	OFF	N2	199	832	0
			P3	186	836	0
			I1	220	836	0
Test 38	Schleifenaddition	ON	N2	29	1096	264
			P3	23	1060	224
			I1	18	1052	216
Test 38	Schleifenaddition	INDX, OVFLW	N2	39	1244	412
			P3	33	1176	340
			I1	25	1148	312
Test 39	Tabellenoperation	OFF	alle	79	788	0
		ON		16	964	176
		INDX, OVFLW		20	1004	216

Abbildung 5.40: Befehlsdauern von Additionen in Tabellen

FOR-Schleifen werden meistens zur Tabellenverarbeitung verwendet. Teilweise kann auf FOR-Schleifen durch den Einsatz von günstigeren Tabellenoperationen verzichtet werden. Für nichtoptimierte Tabellenadditionen wird der Zeitbedarf im Beispiel 5.20 auf etwa ein Drittel reduziert, optimiert um circa 20 %.

```
DEFINE DATA LOCAL
01 IND   (P2)   INIT <1>
01 IND2 (P2)
01 TEXT (A1/9)
01 TAB   (A1/1:4,1:9)
*
FOR IND2 1 9                                  /* Test 40
   MOVE TEXT(IND2) TO TAB(IND,IND2)           /* Test 40
END-FOR                                       /* Test 40
*
MOVE TEXT(1) TO TAB(IND,1)                     /* Test 41
MOVE TEXT(2) TO TAB(IND,2)                     /* Test 41
MOVE TEXT(3) TO TAB(IND,3)                     /* Test 41
MOVE TEXT(4) TO TAB(IND,4)                     /* Test 41
MOVE TEXT(5) TO TAB(IND,5)                     /* Test 41
MOVE TEXT(6) TO TAB(IND,6)                     /* Test 41
MOVE TEXT(7) TO TAB(IND,7)                     /* Test 41
MOVE TEXT(8) TO TAB(IND,8)                     /* Test 41
MOVE TEXT(9) TO TAB(IND,9)                     /* Test 41
*
MOVE TEXT(*) TO TAB(IND,*)                     /* Test 42
END
```

Abbildung 5.41: Zuweisungen in Tabellen (Beispiel 5.21)

Oft werden in den Programmen Tabellenelemente einzeln in FOR-Schleifen abgearbeitet. NATURAL bietet hierfür die performance- und schreibgünstigere
Verwendung der *-Notation an.

Beispiel 5.21	Kennzeichen	MCG	Format	Dauer in Mikrosek.	Platzbedarf Bufferpool	Platzbedarf MCG
Test 40	FOR-Schleife	OFF	N2	186	844	0
			P3	164	844	0
			I1	218	844	0
Test 40	FOR-Schleife	ON	N2	24	1056	212
			P3	16	984	140
			I1	8	976	132
Test 40	FOR-Schleife	INDX, OVFLW	N2	36	1212	368
			P3	27	1096	252
			I1	16	1092	248
Test 41	Einzelzuweisungen	OFF	N2	98	1004	0
			P3	96	1004	0
			I1	88	1004	0
Test 41	Einzelzuweisungen	ON	N2	9	1324	320
			P3	8	1260	256
			I1	6	1244	240
Test 41	Einzelzuweisungen	INDX, OVFLW	N2	11	1616	612
			P3	11	1536	532
			I1	8	1452	448
Test 42	Tabellenoperation	OFF	N2	20	764	0
			P3	19	764	0
			I1	19	764	0
Test 42	Tabellenoperation	ON	N2	21	812	48
			P3	21	784	20
			I1	20	784	20
Test 42	Tabellenoperation	INDX, OVFLW	N2	21	828	64
			P3	21	784	20
			I1	20	784	20

Abbildung 5.42: Befehlsdauern von Tabellenzuweisungen

Enthält die zu füllende Tabelle in Beispiel 5.21 nur drei Elemente, verringern sich
die nichtoptimierten Verweilzeiten auf 65 / 35 und 19 Mikrosekunden, dies
entspricht einem Verhältnis von etwa 40 % für FOR-Schleife oder Einzelmoves
und 60 % für MOVE * gegenüber den Zeiten für eine dreifach lange Tabelle.

Die Tabellen TAB und TEXT aus Beispiel 5.21 unterscheiden sich in ihrem Rang, deshalb wird die Zuweisung in einer Feldoperation nicht mit dem NATU-RAL OPTIMIZER COMPILER vollständig optimiert. Bei Ranggleichheit sind Einzelzuweisungen nicht besser als Zuweisungen in Feldoperationen. NATURAL braucht verhältnismäßig lange, um ein Einzelstatement zu positionieren.

Die Ergebnisinterpretation der Schleifentests führt zu folgenden Regeln:

Regel 5.14

Schleifenfusion

☞ Beziehen sich zwei benachbarte Schleifen auf die gleichen Daten, sollten die Operationen in einer Schleife zusammengefaßt werden.

Regel 5.15

Aufwendige Berechnungen in Schleifen vermeiden

☞ Arithmetische ARRAY-Operationen sind wesentlich günstiger als AR-RAY-Arithmetik mittels FOR-Schleifen. Dies gilt auch für Zuweisungen.

Regel 5.16

Schleifen abrollen, triviale Zuweisungen vermeiden

☞ Schleifen mit wenig, anzahlmäßig bekannten Wiederholungen sollten in Einzelbefehle aufgelöst werden (trotz möglichem Widerspruch zur Programmlesbarkeit). Triviale Zuweisungen lassen sich durch modifizierte Codewiederholung und Auflösung von Schleifenteilen verhindern.

Regel 5.17

Schleifeninvarianten

☞ Schleifeninvarianten, das sind Eigenschaften, die sich durch die Ausführung einer Schleife nicht verändern, sollten aus einer Schleife herausgezogen werden. Konstanten sollten außerhalb von Schleifen berechnet oder konvertiert werden.

Regel 5.18

Variablenformate

☞ Indizes sollten für die optimale Performance im Integerformat I4 definiert werden.

Nur aus Gründen der Lesbarkeit oder bei variabler Schrittweite sollten Variablen, die Schleifenendebedingungen darstellen, im Schleifenkopf als solche verwendet werden (Variante 2 in Beispiel 5.22). Feste Grenzen können schon zur Übersetzungszeit geprüft werden, der Schleifenoverhead zur Laufzeit ist wesentlich geringer (Variante 1 in Beispiel 5.22).

```
DEFINE DATA LOCAL
01 IND (format)      INIT <1>
01 ANZ (format)
01 TAB (A1/1:4,1:9)
*
FOR IND 1 9                                  /* Variante 1
   IF IND > ANZ OR TAB (IND) = ' '           /* Variante 1
      ESCAPE                                  /* Variante 1
   END-IF                                     /* Variante 1
END-FOR                                       /* Variante 1
*
FOR IND 1 ANZ                                 /* Variante 2
   IF TAB (IND) = ' '                         /* Variante 2
      ESCAPE                                  /* Variante 2
   END-IF                                     /* Variante 2
END-FOR                                       /* Variante 2
END
```

Abbildung 5.43: Zweites Abbruchkritierium in einer FOR-Schleife (Beispiel 5.22)

Regel 5.19

Tabellenoperationen

☞ Wenn die Funktionalität, die man mit FOR- oder REPEAT-Schleifenkonstruktionen erreichen möchte, als Tabellenoperation vorliegt, sollte diese benutzt werden. Tabellenoperationen werden intern besser umgesetzt als die gleiche Funktionalität in Schleifenkonstruktionen.

Die Verwendung von ESCAPE TOP zum Überspringen des Schleifenrests einer FOR- oder REPEAT-Schleife ist reine Geschmackssache. Die Schleifenverarbeitung wird für den aktuellen Wert beendet, die Verarbeitung wird mit dem nächsten Wert fortgesetzt. Dies kann auch über ein geschachteltes IF mit ELSE-Zweig erreicht werden. ESCAPE TOP arbeitet analog ACCEPT/REJECT einschließlich der Systemfunktionen, wobei ACCEPT/REJECT nur in READ- oder FIND-Schleifen erlaubt sind. Allgemein sollten bedingungslose Sprünge aus Schleifen entfernt werden.

5.1.5 Tabellenverarbeitung

In NATURAL werden zwei Tabellentypen unterschieden: Datenbanktabellen und Programmtabellen. Tabellen sind mehrdimensionale Felder mit bis zu drei Dimensionen. Datenbanktabellen werden definiert über MU- oder PE-Felder (multiple Felder oder Periodengruppen), Programmtabellen durch die Angabe einer oder mehrerer variabler oder fester Indizes nach dem Feldformat.

Mehrere Tabellen können nach bestimmten Regeln in einem Befehl miteinander oder mit Skalaren verarbeitet werden [*RM*]. Dies kann erfolgen mit verschiedenen arithmetischen Befehlen, Zuweisungen oder innerhalb von Entscheidungen. Die Dimensionen der Tabellen müssen nicht immer übereinstimmen, doch die Dimensionen der einzelnen Tabellenbereiche (die Wiederholungszahlen der ersten Dimensionen müssen jeweils gleich sein, die der zweiten und die der dritten). Ob die Dimensionen zueinander passen, wird vor der Ausführung einer Tabellenoperation geprüft. Alle maximal dreidimensionalen Tabellen können in Masken dargestellt und mit Tabellenoperationen bearbeitet werden. Während in einer arithmetischen Tabellenoperation höchstens zwei Tabellen miteinander verknüpft werden können, ist ein Direktvergleich auch mit mehreren Tabellen möglich.

```
DEFINE DATE LOCAL
1 A1       (N1/1:8)
1 A2       (N1/1:8,1:8)
1 A3       (N1/1:8,1:8,1:8)
1 B1       (N1/1:8)
1 B2       (N1/1:8,1:8)
1 I1       (I2)        INIT  <4>
1 I2       (I2)        INIT  <8>
1 K1       (I2)        CONST <8>
END-DEFINE
```

Abbildung 5.44: Tabellendefinitionen

Zuweisungen von Werten einer Tabelle zu einer anderen oder Vergleichsoperationen mit Feldern sind nur erlaubt, falls die Wiederholungszahlen beider verglichenen Dimensionen übereinstimmen oder undefiniert sind.

Feld 1	Feld 2	Begründung	Fehler
A1 (1)	B1 (I1)		
A1 (1:3)	B1 (6:8)		
A1 (1:3)	B1 (I1:I1+2)		
A1 (1:3)	A2 (1,I1:I1+2)		
A1 (*)	B1 (1:8)		
A1 (*)	B1 (1:K1)		
A1 (*)	A2 (1,*)	Wiederholungszahlen der betroffenen	
A2 (1,1)	B2 (1,1)	Dimensionen stimmen überein.	
A2 (1,1:3)	A1 (6:8)		
A2 (1:2,1:8)	B2 (1,1:8)		
A2 (1,*)	A1 (I1-3:I1+4)		
A2 (1,*)	A1 (1:K1)		
A2 (1,*)	B2 (I1:I1+1,*)		
A3 (1,1,*)	A2 (1,*)		
A3 (1,1,*)	A2 (1,I1-3:I1+4)		
A1 (1:I1)	B1 (5:I2)		
A2 (1,5:I2)	A1 (1:I1)		
A2 (1,1:I1)	B2 (1,I1+1:I2)	Wiederholungszahlen beider betroffenen	
A2 (1:I1,1)	B2 (1:I1,2)	Dimensionen sind undefiniert.	
A2 (*,1:I1)	A1 (5:I2)		
A3 (1,1:2,1:I1)	A2 (1,1:I1)		
A3 (1,*,I1:I2)	A2 (*,1:I1+1)		
A1 (1:I1)	B1 (2)		
A1 (I1:I2)	B1 (I1+2)		
A2 (1,1)	A1 (I1)		
A2 (1,I1)	B2 (1,1)	Die betroffene Dimension besteht aus einer	
A2 (1,*)	A1 (1)	einzelnen Wiederholung.	
A2 (1,*)	B2 (1,I1)		
A3 (1,1,1:I1)	A1 (1)		
A1(1:2)	B1(1:I2)	Eine Dimension undefiniert.	
A1(1:I2)	B1(1:K1)	Eine Dimension undefiniert.	
A1(*)	B1(1:I2)	Eine Dimension undefiniert.	
A2(1,*)	A1(1:I1)	Eine Dimension undefiniert.	
A2(1,1:I1)	A1(2,1:K1)	Eine Dimension undefiniert.	
A3(1,1,1:I2)	A1(*)	Eine Dimension undefiniert (A1(1,1,*)).	NAT0631,
A1(1:3)	A2(1:3,1)	Dimensionen unpassend (A1(1,1:3)).	NAT0629
A2(1:I1,1)	A1(1:I2)	Dimensionen unpassend (A1(1,1:I2)).	
A2(*,1)	A1(*)	Dimensionen unpassend (A1(1,*)).	
A2(*,1)	B2(1,*)	Dimensionen unpassend.	
A3(1,1,1:I1)	A2(1:2,1:I1)	Dimensionen unpassend.	
A2(1,1:I1)	B2(1,I1:I1+1)	1:I1 ist undefiniert, I1:I1+1 hat immer Occurence 2	

Abbildung 5.45: Feldoperationen

Tabellenzuweisungen mit Tabellen unterschiedlicher Dimensionen sind möglich, falls die Dimension, die einer anderen Dimension zugewiesen wird, aus einem einzelnen Tabellenelement besteht. Der Vergleich zweier Felddimensionen ist erlaubt, falls alle Bereichsdimensionen eines betroffenen Feldes einzelne Tabellenelemente sind.

In der Abbildung 5.45 sind eine Reihe von Kombinationen aufgelistet, die zu Fehlern führen oder unter anderem bearbeitet werden können [*RM*] mit

> COMPUTE *TABELLE1* = *TABELLE2*

oder

> IF *TABELLE1* = *TABELLE2*

Es ist möglich, die Anzahl der Wiederholungen eines Tabellenbereichs variabel anzugeben. Die bestimmende Variable kann mit einem konstanten Wert definiert (CONST-Klausel) werden. Dies hat zur Folge, daß der Wert der Variablen zum Übersetzungszeitpunkt des Programms zugewiesen und die Variable als Konstante behandelt wird. Die betroffene Dimension besitzt damit eine fest definierte Wiederholungszahl.

Bei einer Vergleichs-/Zuweisungsoperation zweier Felder unterschiedlicher Dimension wird die "fehlende" Dimension im Feld mit weniger Dimensionen als (1:1) angenommen. Wird beispielsweise *TABELLE1(1:2)* dem Element *TABELLE2(1:2,1:2)* zugewiesen, entspricht dies der Zuweisung *TABELLE1(1:1,1:2)* zu *TABELLE2(1:2,1:2)*. Zuweisungen und arithmetische Operationen eines Tabellenbereichs zu/mit einem anderen werden elementweise durchgeführt. Bei Zuweisungen und arithmetischen Operationen eines Skalars zu/mit einem Tabellenbereich wird der Skalar mit jedem Bereichselement verknüpft.

Arithmetische Feldoperationen

Folgende arithmetische Feldoperationen sind unter Beachtung der vorgenannten Regeln möglich:

```
1. ADD bereich TO bereich GIVING bereich.
2. ADD skalar  TO bereich GIVING bereich.
3. ADD bereich TO skalar  GIVING skalar.

4. MULTIPLY bereich BY bereich GIVING bereich.
5. MULTIPLY bereich BY skalar  GIVING bereich.
6. MULTIPLY skalar  BY bereich GIVING skalar2.
```

Die Bereichsdimensionen der Tabellen in den Punkten 1., 2., 4. und 5. müssen gleich sein.

Wird beispielsweise zu einer Tabelle der Definition (N3/1:3,1:4) und einer Belegung von (4,5,6,7) in der dritten Zeile mit

```
ADD 1 TO TABELLE (3,*)
```

der Skalar 1 addiert, ergibt dies aus Zeile3 die Belegung (5,6,7,8), die anderen Zeilen bleiben unverändert.

Vergleiche von Tabellenbereichen

In der Regel streten beim Vergleich von Tabellen zwei verschiedene Fragestellungen auf:

- Sind alle Elemente von $Tabelle_1$ gleich denen von $Tabelle_2$?

- Hat mindestens ein Element der $Tabelle_1$ ein entsprechendes Element in $Tabelle_2$?

Die Prüfung auf Gleichheit aller Elemente zweier Tabellen kann erfolgen mit der Abfrage:

```
IF  TABELLE1(*) = TABELLE2(*)     ...END-IF
```

Vergleiche zweier Tabellen mit *-Notation werden in AND-verknüpfte Einzelvergleiche aufgelöst. Die zweite Fragestellung, ob mindestens ein Tabellenelement gleich ist, kann am einfachsten doppelt negiert gelöst werden:

```
IF NOT (TABELLE1(*) NE TABELLE2(*))..END-IF
```

Prüfungen von Tabellen mit *-Notation gegen Skalare (Frage: Ist der Skalar gleich einem Tabellenelement) erfolgen intern über OR-verknüpfte Einzelvergleiche. Mit

```
IF   TABELLE(*) = WERT           ... END-IF
```

wird geprüft, ob ein Element der *TABELLE* gleich dem *WERT* ist. Sollen alle Tabellenelemente dem *WERT* entsprechen, kann dies mit einer doppelt negierten Abfrage verifiziert werden:

```
IF NOT (TABELLE(*) NE SKALAR))...END-IF
```

Aufgrund der genannten Regeln zur internen Auflösung der Abfragen, unterscheiden sich die Ergebnisse der zwei folgenden Ausdrücke [*RM*]:

```
IF  TABELLE1(*) NOTEQUAL TABELLE2(*) ... END-IF
```

entspricht

```
IF  (TABELLE1(1) NE TABELLE2(1))
AND (TABELLE1(2) NE TABELLE2(2)) ... END-IF
```

und liefert eine andere Antwort als

```
IF NOT TABELLE1(*) = TABELLE2(*) ... END-IF
```

welches entspricht

```
IF  (TABELLE1(1) NE TABELLE2(1))
 OR (TABELLE1(2) NE (TABELLE2(2))      ... END-IF
```

Nicht-Datenbanktabellen können auch für negative Bereiche definiert werden mit negativen Indexgrenzen. Nichtpositive Subskripte können nicht mit INIT-Werten belegt werden, Zuweisungen im Programm sind zulässig (auch Subskript 0).

```
DEFINE DATA LOCAL
01 FELD  (A1/-6,+6)
01 REDEFINE FELD
   02 VAR (A13)      /* INIT <'1234567890ABC'>
END-DEFINE
*
MOVE '1234567890ABC'  TO VAR
MOVE 'X'              TO FELD(0)
WRITE FELD(*)         /* 1 2 3 4 5 6 X 8 9 0 A B C
END
```

Abbildung 5.46: Negative Tabellengrenzen (Beispiel 5.23)

Darüberhinaus ist es möglich, Tabellen mit mehr als 999 Elementen zu definieren. Um Verwechslungen mit den Zeilennummern der Programme auszuschließen, darf das Subskript je nach Zusammenhang nicht vierstellig angegeben werden. Als Abhilfe kann ein Schrägstrich vor dem Subskript geschrieben oder das Subskript mit einer führenden Null versehen werden:

```
DEFINE DATA LOCAL
01 TAB1 (A1/1:2000)
01 TAB2 (A1/990:1010)
END-DEFINE

MOVE 'A' TO TAB1(1000:1010) /* Bereichsangabe normal
MOVE 'X' TO TAB2(/1005)      /* gezielter Index mit "/"
WRITE TAB1(1000:1010) TAB2(/1005)
END
```

Abbildung 5.47: Vierstellige Wiederholungszahlen (Beispiel 5.24)

Einzelne Tabellenelemente, die an mehreren Stellen im Programm zu Berechnungen anderer Werte herangezogen und selbst nicht verändert werden, können indirekt über ein Zwischenfeld adressiert werden, um Adressierungszeit einzusparen. Statt

```
COMPUTE mwst  = preis1(ind) * mwst
COMPUTE pmwst = preis1(ind) + pmwst
```

kann auch geschrieben werden:

```
MOVE preis1(ind) TO preis
COMPUTE mwst  = preis * mwst
COMPUTE pmwst = preis + pmwst
```

Das Zurücksetzen einer Tabelle auf einen Grundstellungswert kann grundsätzlich in drei Varianten erfolgen (siehe Beispiele 5.25 und 5.26) [*NAT_Tun*]:

```
DEFINE DATA LOCAL
01 TAB  (A10/1:30) INIT ALL <'ABC'>
01 WERT (A10)      INIT     <'ABC'>
END-DEFINE
*
. . .
MOVE ALL WERT TO TAB (*) /* Variante 1 (Test 43)
MOVE     WERT TO TAB (*) /* Variante 2 (Test 44)
RESET    INITIAL TAB (*) /* Variante 3 (Test 45)
. . .
END .
```

Abbildung 5.48: Grundstellung einer Tabelle (Beispiel 5.25)

Um Variante 1 mit gepackten Formaten durchführen zu können, ist eine Zwischendefinition erforderlich:

```
DEFINE DATA LOCAL
01 PTAB      (P7/1:30)   INIT ALL <1>
01 REDEFINE PTAB
   02 ATAB (A4/1:30)
01 PWERT    (P7)
01 REDEFINE PWERT
   02 AWERT (A4)
END-DEFINE
*
. . .
PWERT := 1                     /* Variante 1 (Test 46)
MOVE ALL AWERT TO ATAB (*)     /* Variante 1 (Test 46)

MOVE  1    TO PTAB (*)         /* Variante 2 (Test 47
RESET INITIAL PTAB (*)         /* Variante 3 (Test 48)
. . .
END
```

Abbildung 5.49: Grundstellung einer Tabelle (Beispiel 5.26)

Die Befehle in Beispiel 5.26 bewirken dasselbe, haben jedoch unterschiedliche Laufzeiten, die sich aus dem internen Aufwand ergeben:

- Mit RESET INITIAL wird zuerst das komplette Feld auf Grundstellungswerte zurückgesetzt, danach mit den Initialwerten gefüllt.

- Vor der Ausführung eines MOVE-Befehls müssen die Formate von Sende- und Empfangsfeld geprüft und verglichen werden.

- Bei MOVE ALL entfällt die Formatprüfung, da dieser Befehl nur für alphanumerische Felder zur Verfügung steht.

Beispiele 5.25, 5.26	Kennzeichen	MCG	Dauer in Mikrosek.
Test 43	MOVE ALL	OFF	26
Test 46	MOVE ALL	OFF	28
Test 44	MOVE	OFF	61
Test 47	MOVE	OFF	73
Test 45	RESET INITIAL	OFF	93
Test 48	RESET INITIAL	OFF	95

Abbildung 5.50: Befehlsdauern Grundstellung einer Tabelle

Die schnellste Möglichkeit, eine Tabelle mit Grundstellungswerten zu versehen, ist daher der Befehl MOVE ALL, gefolgt vom MOVE des Grundstellungswertes. Erst an letzter Stelle steht der eigentliche RESET-Befehl.

Die ineffiziente und veraltete "MOVE INDEXED"-Anweisung sollte durch Arrayverarbeitung ersetzt werden.

5.1.6 Ausgewählte Befehle

In diesem Abschnitt werden alle besonderen Befehle oder Besonderheiten einzelner Befehle vorgestellt, die in den vorangegangenen Abschnitten noch nicht oder nicht vollständig besprochen wurden. Es sind dies die Befehle MOVE, COMPRESS, SEPARATE, EXAMINE TRANSLATE.

MOVE

Ganz allgemein dient der MOVE-Befehl dem Werteübertrag eines Operanden (*sendefeld*) in eine oder mehrere Operanden (*empfangsfeld*), die Einzelfelder oder Arrays darstellen können. Für diesen Befehl stehen verschiedene Varianten zur Auswahl:

- **MOVE** {*sendefeld*, **SUBSTRING** (*sendefeld,startposition,länge*)}
  TO {*empfangsfeld*, **SUBTRING** (*empfangsfeld,startposition,länge*)}...

  Ohne die SUBSTRING-Option entspricht diese Variante dem klassischen MOVE-Befehl. Das vollständige Sendefeld wird in das Empfangsfeld übertragen (linksbündig bei alphanumerischen Empfangsfeldern, rechtsbündig bei numerischen Empfangsfeldern. Durch die Verwendung der SUBSTRING-Option kann zu übertragener Teilstring und/oder ein Teilstring des Empfangsfeldes bestimmt werden, in den übertragen wird.

- **MOVE** [ROUNDED] *sendefeld* **TO** *empfangsfeld...*

  Das Empfangsfeld der MOVE ROUNDED-Anweisung muß numerisch sein. Gerundet wird die letzte Nachkommastelle je nach Betrag der ersten abgeschnittenen Nachkommastelle, aufgerundet für Werte größer gleich 5, abgerundet für Werte kleiner 5.

- **MOVE BY** {[**NAME**], **POSITION**} *sendefeld* **TO** *empfangsfeld*

  MOVE BY NAME überträgt die Felder einer Datenstruktur in die namensgleichen Felder einer anderen Datenstruktur, unabhängig von Position und Struktur der Sende- oder Empfangsfelder.

  MOVE BY POSITION überträgt die Felder einer Gruppe in die Felder einer anderen Gruppe unabhängig vom Feldnamen. Dabei müssen Anzahl der Felder der Gruppen, Level und Arraydimensionen übereinstimmen.

- **MOVE EDITED** *sendefeld* **TO** *empfangsfeld* (**EM**=*editiermaske*)

  Mit MOVE EDITED wird dem Empfangsfeld oder dem Sendefeld eine Editiermaske mitgegeben, die beim Empfangsfeld nach dem Übertrag vom Sendefeld eingestellt wird, beim Sendefeld vor dem Übertrag ins Empfangsfeld.

- **MOVE EDITED** *sendefeld* (**EM**=*editiermaske*) **TO** *empfangsfeld*

  Bei Editiermasken auf alphanumerische Felder sind Zeichen vor dem ersten Feldwert erlaubt. Das erste Zeichen einer Editiermaske ist Platzhalter für das Füllzeichen anstelle führender Nullen (NATURAL-Sitzungsparameter FC), es wird bei nichtnumerischen Feldern ignoriert. Das zweite Zeichen einer Editiermaske wird als anführendes Zeichen verwendet:

Zielformat	Editiermaske (EM)	Ergebnis	Beispiel
(N9)	*$ZZZZ9999	$****zahl	1234 ⇨ $****1234
(A9)	*$XXXXX	$zeichen	Hallo ⇨ $Hallo

Abbildung 5.51: Aufbau einer Editiermaske

Aus diesem Grund liefert die Befehlsfolge (ALF*n* jeweils im Format A5)

```
MOVE 'ABC' TO ALF
WRITE ALF (EM=DEFXXX)
```

den Wert EFABC, nicht DEFABC, ebenso wie die Befehlsfolge

```
MOVE 'ABC' TO ALF1
MOVE EDITED ALF1 (EM=DEFXXX) TO ALF2
WRITE ALF2
```

- **MOVE {LEFT, RIGHT}[JUSTIFIED]** *sendefeld* **TO** *empfangsfeld*

MOVE LEFT und MOVE RIGHT JUSTIFIED sind nur möglich zum Übertrag in alphanumerische Felder. Die MOVE LEFT-Anweisung ignoriert wie der COMPRESS-Befehl Dezimalpunkte. In Verbindung mit Dezimalpunkten muß deshalb MOVE EDITED mit nullunterdrückter Editiermaske verwendet werden.

Vorsicht ist geboten beim MOVE RIGHT JUSTIFIED in zu kleine Felder. Abgeschnitten wird auf der rechten Feldseite:

```
DEFINE DATA LOCAL
01 ALF5 (A5)    INIT <'ABCDE'>
01 ALF3 (A3)
END-DEFINE
*
MOVE  RIGHT ALF5 TO ALF3
WRITE ALF3 /* ABC
END
```

Abbildung 5.52: MOVE RIGHT (Beispiel 5.27)

liefert "ABC", nicht "CDE". Dies liegt daran, daß vor dem Übertrag die nachlaufenden, nicht ins Empfangsfeld passenden Stellen abgeschnitten werden.

```
DEFINE DATA LOCAL
1 START (A4) INIT <  AB>
1 ZIEL  (A2)
END-DEFINE
*
MOVE  LEFT START TO ZIEL
WRITE ZIEL
END
```

Abbildung 5.53: MOVE LEFT (Beispiel 5.28)

Um Fehler zu vermeiden, müssen teilweise erst ausrichtende MOVEs im Startfeld durchgeführt werden. Die MOVE-Anweisung in Beispiel 5.28 liefert ' ' im Zielfeld, in Beispeil 5.29 ergibt sich 'AB' im Zielfeld.

```
   . . .
   MOVE    LEFT START TO START
   MOVE         START TO ZIEL
   WRITE ZIEL
```

Abbildung 5.54: MOVE LEFT (Beispiel 5.29)

COMPRESS

Mit dem COMPRESS-Befehl werden die Inhalte zweier oder mehrerer Operanden *(sendefeld)* in ein einzelnes alphanumerisches Feld *(empfangsfeld)* kombiniert übertragen, das heißt mehrere Teilstrings werden in eine Variable zusam-
mengeschoben. Der Übertrag erfolgt je nach Angabe mit oder ohne (LEAVING
NO) Leer- oder Trennzeichen *(delimiter)* zwischen den Sendefeldern [*RM*].

COMPRESS *sendefeld...* **INTO** *empfangsfeld* [{**LEAVING SPACE**,
LEAVING NO [SPACE], WITH [**DELIMITERS**] [*trennzeichen*]

Die Sendefelder können jedes beliebige Format besitzen, außer Format L oder C
(logisches Format oder Kontrollvariable). Dabei werden das Vorzeichen und alle
Dezimalzeichen eines im ungepackten numerischen Format (N) definierten Sendefeldes ignoriert.

Das Empfangsfeld wird mit dem COMPRESS-Befehl ohne weitere Optionen gefüllt, als wäre die Option LEAVING SPACE ausgewählt. Im Empfangsfeld sind
die Inhalte der einzelnen Sendefelder durch Leerzeichen voneinander getrennt.

Durch die Angabe der DELIMITER-Option werden die Inhalte der einzelnen
Sendefelder durch das angegebene, aus einem Zeichen bestehende Trennzeichen
geteilt. Mit DELIMITER-Option aber ohne Trennzeichenangabe werden die Inhalte der Sendefelder im Empfangsfeld durch das im Sitzungsparameter ID (input
delimiter character) angegebene Zeichen getrennt.

Der COMPRESS-Befehl wird beendet, wenn die Inhalte aller Sendefelder ins
Empfangsfeld übertragen sind, oder das Empfangsfeld gefüllt ist. Ist das Em-
pfangsfeld länger als die Kombination der Sendefelder, werden die restlichen
Stellen mit Leerzeichen aufgefüllt, ist es kürzer, wird der Rest abgeschnitten.

Vor dem Übertrag der Inhalte der Sendefelder in das Empfangsfeld werden führende Nullen von numerischen Sendefeldern und nachlaufende Leerzeichen alphanumerischer Sendefeldern unterdrückt. Soll die Unterdrückung führender
Nullen vermieden werden, muß ein numerisches Feld alphanumerisch redefiniert
und die Redefinition als Empfangsfeld benutzt werden.

In den folgenden Beispielen sollen drei Felder in ein Empfangsfeld geschoben werden, zwischen den ersten beiden Feldern soll ein Leerzeichen stehen, das dritte direkt an das zweite herangestellt werden:

```
DEFINE DATA LOCAL
01 ALF1 (A1) INIT <'A'>
01 ALF2 (A1) INIT <'B'>
01 ALF3 (A1) INIT <'C'>
01 LEER (A3) INIT <' '>
01 BINL (B3) INIT <' '>
01 ZIEL (A5)
END-DEFINE
*
COMPRESS ALF1 LEER ALF2 ALF3 INTO ZIEL LEAVING NO
WRITE    ZIEL                                              /* ABC
COMPRESS ALF1 BINL ALF2 ALF3 INTO ZIEL LEAVING NO
WRITE    ZIEL                                              /* A BC
COMPRESS ALF1 LEER ALF2 ALF3 INTO ZIEL
WRITE    ZIEL                                              /* A B C
COMPRESS ALF1 BINL ALF2 ALF3 INTO ZIEL
WRITE    ZIEL                                              /* A   B C
END
```

Abbildung 5.55: COMPRESS (Beispiel 5.30)

```
DEFINE DATA LOCAL
01 ALF1 (A1)  INIT <'A'>
01 ALF2 (A1)  INIT <'B'>
01 ALF3 (A1)  INIT <'C'>
01 ZIEL (A5)
END-DEFINE
*
COMPRESS ALF1 H'40' ALF2 ALF3 INTO ZIEL LEAVING NO
WRITE    ZIEL                                              /* ABC
COMPRESS ALF1 H'00' ALF2 ALF3 INTO ZIEL LEAVING NO
WRITE    ZIEL                                              /* A BC
END
```

Abbildung 5.56: COMPRESS (Beispiel 5.31)

Dies kann einfach nur erreicht werden durch Angabe eines Leerfeldes im Binärformat oder durch das Einfügen einer Hexkonstanten (siehe Beispiele 5.30, 5.31).

SEPARATE

Mit dem SEPARATE-Befehl wird der Inhalt eines alphanumerischen Operanden (Konstante oder Variable) in zwei oder mehr alphanumerische Operanden (oder mehrere Wiederholungen einer alphanumerischen Tabelle) übertragen [*RM*].

SEPARATE {*sendefeld*, **SUBSTR**ING (*sendefeld,startposition,länge*)}
    [LEFT [JUSTIFIED]] INTO *empfangsfeld*...
    [{IGNORE, REMAINDER *restfeld*}]
    [WITH [RETAINED]
      {INPUT [DELIMITERS], **DELIMITERS** *trennzeichen*}]
    [[GIVING] NUMBER [IN] *anzahl_gefüllter_empfangsfelder*]

Normalerweise wird das gesamte Feld in Teilfelder zerlegt, mit der SUB-STRING-Option kann ein Teilstring in Teilfelder zerlegt werden. Als Trennzeichen werden ohne Zusatzoption Leerzeichen oder andere beliebige Zeichen, die weder Alpha- noch numerische Zeichen sind, angenommen. Mit der Zusatzoption WITH INPUT DELIMITER werden als Trennzeichen Leerzeichen und das mit dem Sitzungsparameter ID angegebene Defaulttrennzeichen verwendet, spezielle Trennzeichen können mit der Option WITH DELIMITER ausgewählt werden, enthalten sie führende Leerzeichen, werden diese ignoriert. Die Trennzeichen werden gewöhnlich nicht in die Empfangsfelder übertragen, ein Übertrag kann mit der Angabe von RETAINED erzwungen werden.

Durch den Zusatz LEFT werden führende Leerzeichen zwischen dem Trennzeichen und dem nächsten nichtleeren Zeichen vom Empfangsfeld entfernt.

Die Anzahl der gefüllten Empfangsfelder kann in eine Variable eingetragen werden, sie entspricht dem Minimum aus (Anzahl der Trennzeichen plus 1, Anzahl der Empfangsfelder).

Falls die Anzahl der Zielfelder für die Unterteilung nicht ausreicht, wird eine Fehlermeldung ausgegeben, die mit der IGNORE- oder REMAINDER-Option vermieden werden kann. IGNORE bedeutet, daß NATURAL in diesem Fall keine Fehlermeldung ausgibt und nichts weiteres veranlaßt, mit der REMAIN-DER-Option wird der Teil des Sendefeldes, der nicht in den Empfangsfeldern untergebracht werden konnte, in das Restfeld übertragen.

```
DEFINE DATA LOCAL
01 KETTE   (A200)
01 FELD    (A20/1:10)
01 ANZAHL  (P3)
END-DEFINE
*
SEPARATE KETTE INTO FELD (*) GIVING NUMBER ANZAHL
END
```

Abbildung 5.57: SEPARATE mit Anzahl (Beispiel 5.32)

Von einem Textstring mit einer unbekannten, durch Trennzeichen getrennten Anzahl Teilstrings, soll der letzte Teilstring abgetrennt werden. Bei einer kleineren Anzahl möglicher Teilstrings und nicht allzu großen Teilstrings bietet sich eine einfache Lösung an (siehe Beispiel 5.32).

Der letzte Teilstring befindet sich in FELD(ANZAHL). Für größere Felder ist diese Lösung nicht vorteilhaft, da viel Platz benötigt wird. Dieses Problem kann gelöst werden durch:

```
DEFINE DATA LOCAL
01 KETTE   (A253)
01 LETZTES (A200)
END-DEFINE
*
SEPARATE KETTE INTO LETZTES LETZTES ...      /* 100 Wdh.
END
```

Abbildung 5.58: SEPARATE (Beispiel 5.33)

Nach dem SEPARATE steht in LETZES der letzte Teilstring.

EXAMINE TRANSLATE

Mit dem EXAMINE TRANSLATE-Befehl werden die in einem alphanumerischen Feld oder Teilfeld enthaltenen Zeichen in Groß- oder Kleinschrift, oder in andere Zeichen umgesetzt. Normalerweise erfolgt die Umsetzung des gesamten Feldes, ein Teilfeld wird mit der SUBSTRING-Angabe spezifiziert.

EXAMINE {*ursprungsfeld*, **SUBSTR**ING (*ursprungsfeld, startposition,*
endposition)}
[AND] **TRANSLATE** {INTO{UPPER, LOWER}[CASE], USING
[INVERTED] *übersetzungstabelle*}

Die zur Zeichenumsetzung herangezogene Übersetzungstabelle muß im Format A2 oder B2 definiert sein. Durch die Angabe des Schlüsselworts INVERTED kann eine umgekehrte Übersetzungsrichtung erreicht werden. Beispiel [*RM*]:

```
DEFINE DATA LOCAL
01 TEXT   (A50)
01 ALF    (A07)
01 NUM    (N02)
01 START  (N02)
01 TAB    (A02/1:10)
END-DEFINE
*
MOVE 'ABC   A B C   .A.  .B.  .C.    -A-  -B-  -C- ' TO TEXT
*
MOVE 'ABC' TO ALF
MOVE     6 TO START
EXAMINE SUBSTRING(TEXT; START, 9) FOR ALF GIVING NUMBER NUM
WRITE NOTITLE '=' NUM
/* NUM:    1
*
EXAMINE TEXT FOR PATTERN '*B' GIVING NUMBER NUM
WRITE NOTITLE '=' NUM
/* NUM:    4
*
MOVE 'AX' TO TAB(1)
MOVE 'BY' TO TAB(2)
MOVE 'CZ' TO TAB(3)
EXAMINE TEXT TRANSLATE USING TAB(*)
WRITE NOTITLE TEXT
/* TEXT: XYZ   X Y Z   .X.  .Y.  .Z.    -X-  -Y-  -Z-
*
EXAMINE TEXT TRANSALTE USING INVERTED TAB(*)
WRITE NOTITLE '=' TEXT
/* TEXT: ABC   A B C   .A.  .B.  .C.    -A-  -B-  -C-
END
```

Abbildung 5.59: EXAMINE TRANSLATE

IF SELECTION

Zur Sicherstellung, daß in einer Sequenz alphanumerischer Felder genau eines
einen bestimmten Wert enthält, kann der die Abfrage IF SELECTION verwendet
werden.

> **IF SELECTION** [NOT UNIQUE [IN [FIELDS]]] *zu_prüfende_felder*
> [THEN] {IGNORE, *befehl...*}
> [ELSE *befehl...*}
>
> **END-IF**

Die IF SELECTION-Abfrage ist auch möglich für Kontrollvariable, dann ist die
Bedingung wahr, wenn genau ein Statuswechsel zu "MODIFIED" stattgefunden
hat (siehe Abschnitt 4.4). Haupteinsatzgebiet der IF SELECTION-Abfrage sind
Auswahlfenster einer Bildschirmmaske, wie im folgenden Beispiel [*ProgII*]:

```
DEFINE DATA LOCAL
01 MARKIERUNG (A1/1:10)
END-DEFINE
...
INPUT USING MAP '...'
...
IF SELECTION NOT UNIQUE IN FIELDS MARKIERUNG (*)
   REINPUT 'kein oder mehr als ein Feld gefüllt'
END-IF
...
```

Abbildung 5.60: IF SELECTION-Abfrage

5.1.7 Gruppenwechselverarbeitung (PERFORM BREAK)

Zur nichtprozeduralen Gruppenwechselverarbeitung in durch FOR, REPEAT, CALL LOOP und CALL FILE initiierten Schleifen oder für benutzergesteuerten Gruppenwechsel bietet NATURAL den Befehl

PERFORM BREAK [PROCESSING] [(*r*)] **AT BREAK** *befehl...*

an. Die Prüfung auf Gruppenwechsel wird an der Stelle im Programmcode durchgeführt, an der sie steht und ist auch außerhalb von Schleifen oder innerhalb logischer Bedingungen zulässig, am Ende werden NATURAL Systemfunktionen ausgewertet. Der letzte Gruppenwechsel wird am Programmende durchgeführt.

Genauso wie beim AT BREAK (siehe Abschnitt 5.2) benötigt PERFORM BREAK einen alten und einen neuen Wert als Vergleich. Da beim ersten Durchlauf kein alter Wert existiert, wird kein Gruppenwechsel durchgeführt.

Mit PERFORM BREAK PROCESSING *referenz* (*referenz* = Zeilennummer der zugehörigen Prozeßschleife) führt NATURAL den letzten Gruppenwechsel nicht am Ende des Moduls, sondern am Schleifenende der referenzierten Schleife nach der letzten automatischen BREAK-Verarbeitung und vor den AT END OF DATA-Befehlen durch:

```
...
I1. FOR IND VON BIS
       PERFORM BREAK PROCESSING (I1.)
          AT BREAK OF IND WRITE 'Gruppenwechsel' IND
    END-FOR
```

5.1.8 Sortieren (SORT USING)

In Kapitel 2.1.9 wurden bereits die grundsätzlichen Sortiermöglichkeiten mit NATURAL vorgestellt, hier wird speziell auf den SORT-Befehl eingegangen. Der SORT-Befehl wird benutzt, um alle aktiven Sätze einer Prozeßschleife nach bis zu 10 Feldern zu sortieren. Die Länge des zu sortierenden Satzes darf 10240 Byte nicht übersteigen. Innerhalb eines NATURAL-Programms ist nur die Angabe eines einzigen SORT-Befehls erlaubt, geschachtelte SORT-Anweisungen sind verboten Sortiersequenzen müssen über Workfiles mit mehreren Programmen abgebildet werden.

Im Strukturmodus müssen vor dem SORT-Befehl alle aktive Prozeßschleifen mit END-ALL abgeschlossen werden. Mit der auf END-ALL folgenden SORT-Anweisung wird eine neue Prozeßschleife eröffnet, die mit END-SORT abgeschlossen werden muß.

END-ALL
[AND]
SORT [{THEM, RECORDS}][BY]
    {*sortierkriterium* [{**ASCENDING**, **DES**CENDING}]}...10
    {**USING** *sortierfeld*, **USING KEY**S}
    [GIVE {MAX, MIN, NMIN; COUNT, NCOUNT, OLD, AVER,
              NAVER, SUM, TOTAL}...
        [OF] {(*systemfunktionsfeld*...), *systemfunktionsfeld*...} [(NL=*nn*)]]
  befehle...
END-SORT

Als Sortierkriterium dürfen bis zu 10 Datenbankfelder (Deskriptoren und Nichtdeskriptoren) und/oder benutzerdefinierte Variablen angegeben werden, auch multiple Felder oder Felder einer Periodengruppe, aber keine Gruppe oder Tabelle. Die Summe der Feldlängen der Sortierkriterien darf 253 Byte nicht übersteigen. Ohne zusätzliche Angabe wird aufsteigend sortiert. Für jedes Sortierfeld kann eine auf- (ASCENDING) oder absteigende (DESCENDING) Sortierfolge angegeben werden.

Die Felder, die in den Zwischensortierbereich geschrieben werden sollen (*sortierfeld*), werden in der USING-Klausel genannt. Durch den Zusatz KEYS werden nur die Sortierkriterien in den Zwischensortierbereich überführt. Wird nach der Sortierung ein Feld referenziert, das nicht in den Zwischensortierbereich geschrieben wurde, wird für das Feld der Wert angenommen, der für das Feld vor dem Sortiervorgang galt.

In der ersten Phase des SORT-Befehls werden die in der GIVE-Klausel spezifizierten NATURAL-Systemfunktionen ausgewertet, die in der dritten Phase oder nach dem SORT-Befehl durch Voranstellen eines "*" referenziert werden können (siehe dazu auch Kapitel 5.2). Um einen arithmetischen Überlauf während der Auswertung der Systemfunktionen zu verhindern, kann die Ausgabelänge für die Systemfunktionen AVER, NAVER, SUM und TOTAL mit NL auf eine bestimmte Stellenzahl (*nn*) begrenzt werden.

5.1.9 READ/WRITE WORK FILE

Mit dem Befehl READ WORK FILE können Daten sequentiell von einem Workfile gelesen werden, mit WRITE WORK FILE wird ein Workfile sequentiell beschrieben. Ein Workfile im Sinne von NATURAL ist ein physisch sequentielles nicht-ADABAS-File. Das bearbeitete Workfile muß im NATURAL-Trägersystem bekannt sein:

System	Angabe
Batch (MVS)	//CMWKF03 DD DSN=

Batch (DOS)	//ASSIGN SYS003,DISK,VOL=
	//DLBL CMWKF03,'*dateiname*'
	//EXTENT SYS003,...

COM-PLETE	WORK=(,,*XYZTID30*)
TSO	ALLOC F (CMWKF03) DA('...')
CMS (CMS-Files)	NATURAL WORK=(,,AUSGABE) ⟹ CMWKF03 AUSGABE *A1*
CMS (OS-FILE)	FILEDEF CMWKF03 *Datei* NATURAL WORK=(,,OS) ⟹ *Datei*
TIAM	/FILE *Dateiname*,LINK=W03
WANG	WORK=(,,TN1*xxx*30) (ASCII) WORK=(,,NN1SHR30) (EBCDIC)

Abbildung 5.61: Workfiledefinitionen

Falls ein Workfile nicht mehr benötigt wird, kann es vom Programm aus mit dem Befehl

CLOSE WORK [FILE] *workfilenummer*

geschlossen werden, es wird automatisch geschlossen bei Erreichen des Kommandomodus.

Wie die Daten eines Workfiles gelesen werden, hängt davon ab, wie es beschrieben wurde [*RM*]:

WRITE WORK [FILE] *workfilenummer* [VARIABLE] *feldliste...*

Falls Sätze mit verschiedenen Feldern in das gleiche Workfile mit unterschiedlichen WRITE WORK FILE-Befehlen geschrieben werden sollen, muß der Zusatz VARIABLE angegeben werden. Der Satz wird ins externe File in variablem Format und, falls nichts anderes angegeben, variablen Blockgrößen geschrieben.

Der Befehl READ WORK FILE eröffnet eine Prozeßschleife zum Lesen aller Sätze des Workfiles, in der auch eine automatische Gruppenwechselverarbeitung durchgeführt werden kann [*RM*].

READ WORK [FILE] *workfilenummer*
  {RECORD *feldliste*,
  [AND][SELECT] {[{OFFSET *n*, FILLER *n*X}] *auswahlfeldliste*}...}
  [GIVING LENGTH *satzlänge*]
  befehl...
END-WORK

Die Befehle READ/WRITE/CLOSE WORK FILE beziehen sich immer auf die, gegenüber NATURAL definierte, Nummer des zu bearbeitenden Workfiles (*workfilenummer*). Abbildung 5.60 zeigt die Definition von Workfile 3.

Das Lesen eines Satzes vom Workfile und das Schreiben auf das Workfile kann in eine variabel definierte Tabelle erfolgen:

```
READ WORK FILE workfilenummer TAB (I1:I2)
```

Die *feldliste*, in die eingelesen wird, kann auch eine Datenbankview sein. Ist in dieser Datenbankview eine Periodengruppe angegeben, hängt die Folge der Felder beim Lesen von der Definition im READ WORK-Statement ab. Mit

```
READ WORK workfilenummer <view-name>
```

wird das erste Feld mit der Occurence der Gruppe gelesen. Durch den Zusatz der RECORD-Klausel wird die gesamte Gruppe gelesen (Normalfall):

```
READ WORK workfilenummer RECORD <view-name>
```

Alle Felder jedes gelesenen Satzes werden über die RECORD-Angabe zur Verarbeitung verfügbar gemacht. Die *feldliste* muß dem Satzaufbau entsprechen, die Angabe eines Gruppennamens ist möglich. NATURAL führt keine Prüfung der im Satz enthaltenen Daten durch, die richtige Beschreibung des Satzaufbaus liegt in der Verantwortung des Benutzers. Vor bestimmten Feldoperationen muß eventuell eine Feldprüfung erfolgen. Bevor der Satz gelesen wird, wird die *feldliste* mit Leerzeichen initialisiert, kurze Sätze werden mit Leerzeichen aufgefüllt.

Regel 5.20
READ/WRITE WORK FILE mit RECORD-Klausel

☞ Beim READ/WRITE WORK FILE sollte die RECORD-Klausel aus Performancegründen mitangegeben weren. NATURAL liest jeweils einen ganzen Datensatz in die bei der RECORD-Klausel angegebene Variable ein, intern wird nur ein Übertrag durchgeführt. Fehlt die RECORD-Klausel, bricht NATURAL den Datensatz zuerst in soviele Teilstücke auf, wie die Feldliste Elemente enthält. Dadurch vervielfacht sich die Übertragungszeit.

Mit der SELECT-Option werden nur die in der *auswahlfeldliste* angegebenen Felder, aus dem Datensatz zur Verfügung gestellt. Die Position der *auswahlfeldliste* im gelesenen Satz kann durch eine OFFSET und/oder FILLER-Angabe bestimmt werden, OFFSET0 zeigt das erste Byte des Satzes an. Eine bestimmte Anzahl Bytes (n) wird mit einer FILLER nX-Angabe übersprungen. Werden nicht alle Auswahlfelder gefüllt, setzt NATURAL die nichtgefüllten Teile der teilweise gefüllten Felder auf Nullen oder Leerzeichen zurück, vollständig nicht gefüllte Felder behalten ihre ursprünglichen Werte.

NATURAL weist die ausgewählten Werten den bestimmten Feldern zu und überprüft, daß selektierte numerische Felder ihrer Definition entsprechend gültige Daten enthalten. Durch diese Prüfung wird mehr Overhead erzeugt.

Beim Einlesen der Daten von einem Workfile prüft NATURAL nicht die ersten Byte auf Werte > 9, sondern nur das erste Halbbyte und das Vorzeichen. Eventuelle unsaubere Daten können so bei anschließenden Operationen zu Fehlern führen. Um dies zu vermeiden, kann mit der IS-Funktion (siehe Kapitel 4) auf eine gültige Eingabemaske abgefragt werden.

Die Feldlängen der Feldliste werden aus dem Bedarf der Daten eines bestimmten Formats im Datensatz bestimmt (siehe Kapitel 4). Die Bytezahl für A, B, I und F-Felder entspricht der internen Längendefinition, die Bytezahl numerischer Felder (N) errechnet sich aus der Summe der Vor- und Nachkommastellen. Datumsfelder (D) benötigen 4 Byte, Zeitfelder (T) 7 Byte, logische Variablen (L) 1 Byte und Kontrollvariablen 2 Byte. Die Anzahl benötiger Bytes für gepackte numerische Felder (P) ist gleich dem aufgerundeten Ergebnis der Berechnung (Vorkommastellen + Nachkommastellen + 1) : 2.

Falls mit der GIVING LENTH-Option gewünscht, gibt NATURAL die aktuelle Länge des gelesenen Satzes in einem Feld mit Format I4 an (*satzlänge*).

Mit der Zusatzoption ONCE wird nur ein Satz gelesen und keine Prozeßschleife eröffnet, deshalb darf der Schleifenabschluß END-WORK nicht geschrieben werden [*RM*].

>   **READ WORK** [FILE] *workfilenummer* **ONCE**
>   {RECORD *feldliste*,
>   [AND][SELECT] {[{OFFSET *n*, FILLER *n*X}] *auswahlfeldliste*}...}
>   [GIVING LENGTH *satzlänge*]
>   AT [END][OF][FILE] *befehl*... END-ENDFILE
>   *befehl*...

Der AT END OF FILE-Block kann nur in Verbindung mit der ONCE-Option genutzt werden. Er sollte benutzt werden, um das Verhalten im Falle eines Dateiendes zu beschreiben. Ohne diesen Block wird ein Dateiende als normale Schleifenendeverarbeitung verwendet.

5.2 Datenbankzugriffe

In diesem Abschnitt werden die Unterschiede zwischen den einzelnen NATU-RAL-Datenbankzugriffsbefehlen und ihre Einsatzmöglichkeiten, teilweise check-listenähnlich herausgearbeitet (Abschnitt 5.2.1).

Je nach Fragestellung können mehrere Befehle zum Erhalt der gewünschten Daten herangezogen werden. Abhängig vom Datenbankdesign, der benötigen Sortierung, verschiedenen Parametereinstellungen und Kosten-/Nutzenentscheidungen wird mal der eine, mal der andere Befehl favorisiert.

Daneben werden interne Abläufe geschildert zu Nachselektionen, Nichtdeskriptorsuche und Dateiverknüpfung (Abschnitte 5.2.2 bis 5.2.4).

Am Ende dieses Kapitels wird kurz nochmal auf multiple Felder und Periodengruppen (Abschnitt 5.2.5), Systemfunktionen und nichtprozedurale Blöcke (Abschnitt 5.2.6) und reine Datenbanksortierung (FIND SORTED, Abschnitt 5.2.7) eingegangen, die Besonderheiten von NATURAL SQL/DS werden angeschnitten (Abschnitt 5.2.8).

Alle Optimierungsmöglichkeiten im Bereich der Datenbankzugriffe sind nur so gut, wie die zugrundeliegenden Analysen. Bevor Codeänderungen durchgeführt werden oder vor der Neuerstellung von Programmen müssen Antwortzeiterwartungen und Anwendergewohnheiten berücksichtigt werden. Datenbankselektionen können durch Pflichteingaben eingegrenzt werden. Zusätzliche Informationen sind in den Abschnitten 2.2 (NATURAL und ADABAS) und 3.5 (Datenbankdesign) zu finden.

5.2.1 Auswahl eines Datenbankzugriffsbefehls

Wie schon in den Kapiteln 2.2 und 3.5 beschrieben, stellt NATURAL mehrere Datenbankzugriffsbefehle zur Verfügung. Die nachfolgende Tabelle gibt eine kurze Zusammenfassung der NATURAL-Datenbankzugriffsbefehle für ADABAS und ihrer Möglichkeiten hinsichtlich der Auswahlkriterien, Systemfunktionen und Systemvariablen. Die Möglichkeiten für andere Datenbanken können von den Angaben in dieser Tabelle abweichen.

NATURAL-Befehl	Befehl	Asso	AC	Data	Work	Schl. (4)	Anz.	Start	Where	Sort.	*ISN (8)	*C (8)	*N (8)
HISTOGRAM (3), (7)	L9	X				X	X	FROM (1)	X		X	(X)	X
GET (7)	L1		X	X							X		
READ BY ISN	L1		X	X		X	X	FROM (1)	X	ISN	X	X	
READ PHYSICAL	L2			X		X	X		X	phys.	X	X	
READ BY DE	L3	X	X	X		X	X	FROM (1)	X	DE	X	X	
FIND (6)	L1/S1	X	X	X	X	X	X	= (2)	(X)	ISN	X	X	X
FIND NUMBER (5), (6), (7)	S1	X			X				(X)			(X)	X

Abbildung 5.62: NATURAL-Datenbankzugriffsbefehle in ADABAS

ASSO hier: invertierte Listen
Schl.: Schleifeninitiierung
*C: Systemvariable *COUNTER
*N: Systemvariable *NUMBER

(1) Die Angabe "FROM" in der Spalte "Start" der Abbildung 5.62 steht für eine Bereichseinschränkung der Art

> *deskriptor* [{=, EQ, EQUAL TO, [STARTING] FROM} *startwert*]
> [[{THRU, ENDING AT}] *endwert*]

Diese Startwertoption ist eine ADABAS-Funktion. NATURAL entscheidet über den Eintritt der Endebedingung und zeigt ADABAS das Ende der Verarbeitungssequenz mittels RC-Befehl an. ADABAS liest bei dieser Mimik einen Satz mehr, als NATURAL benötigt.

In einer AT END OF DATA-Anweisung steht immer der zuletzt von der Datenbank gelesene Satz als aktueller Satz zur Verfügung, der in diesem Fall (außer es ist der letzte der Datei) außerhalb der Auswahlkriterien liegt. Um den von NATURAL gewünschten letzten Satz zu erhalten, kann die Systemfunktion OLD benutzt werden, Standardsystemfunktionen wie SUM oder AVER liefern in dieser AT END OF DATA-Anweisung keine Werte zurück.

(2) Die Angabe "=" in der Spalte "Startwert" der Abbildung 5.62 steht für eine Bereichseinschränkung der Art

> *deskriptor* [{=, EQ, EQUAL [TO]} *startwert*][{THRU *endwert*
> [BUT NOT *ausschluß* [THRU *ausschluß-endwert*]]}]

Start- und Endwertoption werden von ADABAS ausgewertet, ADABAS liest nur die Sätze, die das Selektionskriterium erfüllen. Der Datensatz, der in der AT END OF DATA-Anweisung zur Verfügung steht ist der letzte gültige. Damit gelten die Standardsystemfunktionen wie SUM oder AVER.

Für andere Datenbanktypen kann die Bereichseinschränkung nicht so umfassend geschrieben werden:

> VSAM   *deskriptor* {=, EQ, EQUAL [TO]} *startwert*
>   [THRU *endwert*]
>
> DL/I   *deskriptor* {=, EQ, EQUAL [TO]} *startwert*
>   [THRU *endwert* [BUT NOT *ausschluß*]]

HDAM-Datenbanken erlauben keine Bereichseinschränkung, nur die Angabe eines Startwertes.

(3) Die beim HISTOGRAM-Befehl verwendete Userview darf nur den benutzten Deskriptor vom Typ Sub-, Super- oder normaler Deskriptor enthalten. Auf andere Datenbankfelder außer den im Userview angegebenen kann nicht zugegriffen werden. HISTOGRAM initiiert eine Prozeßschleife. Mit NATURAL PROCESS und DL/I-Datenbanken kann HISTOGRAM nicht benutzt werden, bei VSAM-Datenbanken nur für KSDS und ESDS. Für DB2 und SQL/DS-Datenbanken gibt HISTOGRAM die Anzahl der Zeilen, die den gleichen Wert in einer bestimmten Spalte enthalten, zurück.

(4) Die eine Schleife initiierenden Datenbankbefehle werden mit den zugehörigen END-Befehlen abgeschlossen. Direkt nach dem Datenbankbefehl kann die Anzahl der Prozeßschleifendurchläufe durch die Angabe einer Konstanten oder Variablen begrenzt werden. Ist die gewünschte Schleifendurchlaufbegrenzung vierstellig, muß eine Null vorangestellt werden, damit NATURAL diese Anzahl nicht als Zeilenreferenz auf einen Befehl interpretiert (zum Beispiel READ (01000) ...).

Zur Durchführung eines UPDATE-/DELETE-Befehls muß der zu verändernde Datensatz gesperrt werden. NATURAL übernimmt diese Sperrung automatisch, falls sich die UPDATE-/DELETE-Anweisungen in einer Datenbankschleife befinden. Um einen mit GET gelesenen Datensatz zu verändern, muß die GET-Anweisung mit einem Label versehen und die UPDATE-/DELETE-Anweisung auf diesen Label referenziert werden.

(5) Beim FIND NUMBER-Befehl dürfen die Klauseln SORTED BY und IF NO RECORDS FOUND nicht, die WHERE-Klausel nur im Reportmodus verwendet werden. FIND NUMBER ist nicht verfügbar für NATURAL PROCESS und DL/1-Datenbanken.

(6) Die Suchbefehle FIND und FIND NUMBER werden in S1/S4-ADABAS-Befehle umgewandelt, die ISN-Listen erzeugen. Diese ISN-Suchergebnislisten werden beim FIND mit und ohne RETAIN-Klausel und beim FIND NUMBER mit RETAIN-Klausel unter einer generierten CID (Command-ID) auf der WORK-Datei abgelegt, was I/Os zum Auffüllen des ISN-Puffers bedingt. Bei genügend großem ISN-Puffer entsprechend dem ADABAS-Parameter NSISN werden die ISN-Suchergebnislisten in diesem gehalten. Die gespeicherte Liste wird beim FIND NUMBER nicht abgearbeitet, beim FIND wird von NATURAL eine L1/L4-Schleife initiiert. Die mit RETAIN-Option gespeicherten ISN-Ergebnislisten müssen mit einem RELEASE SET-Befehl freigegeben werden.

Jedes Suchergebnis ist standardmäßig aufsteigend nach ISNs sortiert. Eine andere Sortierreihenfolge (FIND SORTED BY ...) bedeutet eine zusätzliche Sortierung im Arbeitsspeicher durch ADABAS. Für jeden Sortierdeskriptor (Sub-/Superdeskriptor) werden die invertierte Liste eingelesen und die Suchergebnis-ISNs nach ihrer Reihenfolge in den invertierten Listen umsortiert. Nur bei wenigen Suchergebnis-ISNs, werden für die gefundenen Sätze die Sortierfelder vom Datenspeicher eingelesen und sortiert.

(7) *Für NATURAL PROCESS gilt:* Die Befehle GET, FIND NUMBER und HISTOGRAM können nicht verwendet werden. Nicht verfügbar sind die PASSWORD- und CIPHER-Klauseln beim READ und FIND, COUPLED und RETAIN beim FIND und die Systemvariable *ISN.

(8) Die Systemvariablen *ISN, *COUNTER und *NUMBER besitzen alle das Format P10. Ihre Inhalte der unterscheiden sich je nach Zugriffsbefehl.

	HISTOGRAM	FIND, FIND NUMBER	READ
* I S N	Nicht verfügbar mit FIND NUMBER sowie mit NATURAL PROCESS und für DB2, DL/I und SQL/DS-Datenbanken. Wird nach der Auswertung der WHERE-Klausel gesetzt.		
	Nummer der Occurrence, die den zuletzt gelesenen Deskriptorwert enthält, 0 sonst.	ADABAS ISN des ausgewählten Satzes. 0, falls kein Satz nach der Auswertung von WITH und WHERE verbleibt. VSAM-Datenbanken: Nicht verfügbar.	ISN des aktuell verarbeiteten Satzes. VSAM-Datenbanken: RNN (RRDS) oder RBA (ESDS). SESAM-Datenbanken: RNO aktueller Satz.
* C O U N T E R	Wird nicht erhöht bei der Abwehr eines Satzes durch WHERE, wird erhöht bei der Nachselektion eines Satzes mit ACCEPT/REJECT.		
	Zählt die in der Prozeß-schleife verarbeiteten Werte.	0, falls kein Satz gefunden wurde. FIND: Anzahl Schleifeneintritte. FIND NUMBER (nur mit WHERE-Klausel): Anzahl gefundener Sätze.	In der Schleife: Aktuelle Anzahl Schleifen-eintritte. (Anzahl der bisheri-gen Schleifendurchläufe ein-schließlich dem aktuellen.) Nach der Schleife: Anzahl der Schleifendurch-läufe.
* N U M B E R	DB2 und SQL/DS-Datenbanken: Bei HISTOGRAM und FIND NUMBER: Anzahl der gefundenen Zeilen Sonst: Irgendein beliebiger Wert ungleich 0. 0, falls keine Zeilen gefunden wurden. SESAM-Datenbanken: Bei FIND NUMBER nur ohne WHERE-Klausel. VSAM-Datenbanken: Bei FIND nur mit EQUAL TO im Suchkriterium. Mit jedem anderen Operator: 0, falls keine Sätze gefunden wurden, irgendein anderer beliebiger Wert sonst.		
	Anzahlfeld aus der invertier-ten Liste der Sätze, die die WHERE-Klausel erfüllen.	Anzahl der ISNs in der Tref-ferliste (mit WITH selektier-te Sätze), einschließlich den Nichtdeskriptorkriterien.	nicht verfügbar.

*Abbildung 5.63: Inhalt der Systemvariablen *ISN, *COUNTER und *NUMBER*

Besonderheiten der Systemvariablen *NUMBER für NATURAL SQL/DS

Die Systemvariable *NUMBER enthält mit NATURAL SQL/DS außer bei HI-STOGRAM und FIND NUMBER keine gültige Anzahl, da NATURAL diesen Wert von einem SQL SELECT-Befehl nur durch die Column-Funktion COUNT (*) erhalten könnte, die jedoch nicht verwendet werden darf, wenn innerhalb des SELECT normale Datenbankfelder gelesen werden. Innerhalb der "visible" SQL-

Befehle ist es möglich, mit einem einzigen sogenannten "search" UPDATE oder DELETE sowie mit einem INSERT-Befehl mehrere Datenbestände zu verändern. Um nach der Ausführung eines solchen Befehls die genaue Anzahl der veränderten, gelöschten oder hinzugefügten Sätze zu erhalten, steht das NATURAL-Subprogramm "NDBNROW" zur Verfügung, welches vom NATURAL-Programm aus mit CALLNAT aufgerufen werden kann. Dazu sollte NDBNROW in die SYSTEM-, eine Alternativbibliothek oder in die Bibliothek kopiert werden, von der aus dieses Subprogramm benötigt wird. Nach dem Aufruf

CALLNAT 'NDBNROW' *nummer*

enthält der Parameter *nummer* (I4) die Anzahl der bei den aufgeführten Befehlen betroffenen Zeilen. Diese wird aus dem SQL-Kommunikationsbereich (SQLCA) gelesen. Eine positive Nummer stellt dabei die Zahl aktuell betroffenen Zeilen dar, während die Nummer "-1" anzeigt, daß alle Zeilen einer Tabelle in einem segmentierten Tabellenplatz gelöscht wurden.

Interne Unterschiede der ADABAS-Befehle abhängig vom NATURAL-Befehl

Wie aus der Tabelle der NATURAL-Datenbankzugriffsbefehle (Abbildung 5.62) ersichtlich, werden die Befehle GET, READ BY ISN und FIND in den ADABAS-Befehl L1/L4 umgesetzt, der einen Satz mit vorgegebener ISN liest. Dabei wird zur ISN im Adreßkonverter die Adresse des Datensatzes gesucht und der Datensatz aus dem Datenspeicher (DATA) gelesen. Die NATURAL-Befehle GET, READ BY ISN und FIND rufen ADABAS mit unterschiedlichen Optionen im Kontrollblock (CB) für den L1/L4-Befehl, woraus sich Abweichungen in der genauen ADABAS-internen Verarbeitung ergeben.

Befehl	CD-Option 2	Vorgabe	Ablauf, falls Satz nicht gefunden
GET, GET SAME	nicht angegeben	ISN (Benutzer)	ADABAS-Responsecode 113 (NATURAL-Fehler 3113)
READ BY ISN	i	ISN (Benutzer)	ADABAS Nukleus sucht im Adreßkonverter den ersten Eintrag und gibt diesen zurück. [1]
FIND	n (GET NEXT-Option)	CB muß CID [2] enthalten	ADABAS-Responsecode 113 (NATURAL-Fehler 3113)

Abbildung 5.64: NATURAL-interne Unterschiede beim ADABAS-L1/L4-Befehl

(1) Beim READ BY ISN [STARTING ...] setzt NATURAL intern einen Startwert (Default-Startwert 1 oder Angabe in der STARTING-Option). Der L1/L4-Befehl mit i-Option liefert den Satz mit der kleinsten ISN $\geq$ der Start-

ISN ins Programm zurück. Der Startwert für den nächsten Schleifendurchlauf wird ermittelt aus

$$Startwert_{neu} = \text{ISN}_{\text{ADABAS}} + 1.$$

Sätze, die von der WHERE-Bedingung abgewehrt wurden, werden nicht gegen ein etwaiges LIMIT gezählt. Dies kann den internen Overhead weiter erhöhen. Die Leseschleife wird regulär beendet bei Dateiende, mit ENDING AT oder bei Erreichen des LIMIT.

(2) Die angegebene ISN-Liste muß existieren. Der L1/L4-Befehl holt sich die aktuell zu verarbeitende ISN aus dieser Liste.

Existiert der gesuchte Datensatz, unterscheidet sich der Zugriff mit READ (1) BY ISN vom Zugriff mit GET nur dadurch, daß NATURAL beim READ BY ISN noch die Schleife aufbauen und das Schleifenende bestimmen und abfragen muß. Kann der angeforderte Datensatz nicht gefunden werden, ist READ BY ISN aufwendiger, da ADABAS solange sucht, bis die im Adresskonverter folgende ISN gefunden oder das Dateiende erreicht wird. Der ermittelte (falsche) Datensatz wird an das Anwendungsprogramm zurückgegeben, mit Konsequenzen für das Programm. Beim READ-Zugriff verbleibt auch im Fehlerfall die Kontrolle in der Schleife, deshalb muß in der READ-Schleife abgefragt werden, ob die gewünschte ISN mit der erhaltenen ISN übereinstimmt. Ist der Datensatz nach einer Anforderung mit GET oder GET SAME nicht vorhanden, wird die Kontrolle an die Fehlerverarbeitung (ON ERROR, ERROR-TA, ...) weitergegeben.

In der Abbildung 5.65 werden die Aussagen der Abbildung 5.62 nochmals zusammengefaßt und die NATURAL-Datenbankbefehle mit dem Grobablauf in ADABAS und den gelieferten Daten aufgeführt.

Unterschiede zwischen logischem Lesen und Suchen

Neben der Sortierfolge unterscheiden sich die Befehle FIND und READ LOGICAL im ADABAS-Overhead der jeweils ersten und folgenden Zugriffe. Beim ersten Zugriff werden von FIND und READ die gleichen Assoziator- (ASSO) und Datenspeicher- (DATA) Blöcke (Formatkontrollblock (FCB), Felddefinitionstabelle (FDT), Oberer Index (UI), Hauptindex (MI), Normalindex (NI), Adreßkonverter (AC), Datenspeicher (DS)) benötigt [*PerfAnaly*]:

- Der FIND-Befehl baut intern eine ISN-Ergebnisliste auf. Eventuell müssen Überlauf-ISNs auf den dritten ADABAS-Arbeitsspeicher (WORK-III) ausgelagert werden (ADABAS-Parameter NSISN).

- Die Positionen in den Indexstufen werden vom READ in einem TBQ-Element festgehalten, um beim wiederholten Zugriff auf die gleiche READ-Sequenz mit dem nächsten Satz fortfahren zu können.

Die folgenden Zugriffe unterscheiden sich durch ihr I/O-Verhalten:

- Beim FIND wird im Adresskonverter positioniert. Solange die Treffermenge die im Puffer aufnehmbare Anzahl ISNs (ADABAS-Parameter NSISN) nicht wesentlich überschreitet, zeigt der FIND ein besseres I/O-Verhalten als der READ.

- Beim READ wird wieder über die Indexblöcke des Assoziators zugegriffen. Da diese immer wieder referenziert werden, ist die Puffereffizienz des ADABAS-Bufferpool höher als beim FIND.

NATURAL-Befehl	ADABAS- Pfad	Aufwand	Übergabe
HISTOGRAM	invertierte Liste	Lesen aufsteigend nach Deskriptor	Anzahl gefundener Sätze
READ BY ISN, GET	AC DATA	Ermitteln DATA-Adresse Lesen nach ISN	Sätze in ISN-Reihenfolge
READ PHYSICAL	DATA	Lesen physisch sequentiell	Sätze in physischer Folge
READ LOGICAL	invertierte Liste AC DATA	Holen ISN Ermitteln DATA-Adresse Lesen in Deskriptorfolge	Sätze aufsteigend nach Deskriptor
FIND	inv. Liste WORK < NSISN WORK < NSISN AC DATA	Holen ISNs Speichern ISN-Ergebnislisten, Lesen ISNs (nicht bei FIND (1)). Ermitteln DATA-Adresse Lesen in ISN-Reihenfolge	Sätze in ISN-Reihenfolge
FIND NUMBER	invertierte Liste WORK	Holen ISNs Ablegen ISN-Ergebnislisten	Anzahl gefundener Sätze

Abbildung 5.65:ADABAS-interner Aufwand der NATURAL-Datenbankbefehle

Regeln zur Auswahl der Datenbankzugriffsbefehle

Aus den aufgeführten Überlegungen lassen sich verschiedene Regeln zur Auswahl der Datenbankzugriffsbefehle ableiten:

> ### Regel 5.21
> ### Mengengerüst und Werteverteilung der Daten

☞ READ oder FIND sollten abhängig vom Mengengerüst und der Werteverteilung der Daten verwendet werden.

Bei kleiner Satzanzahl (kleiner als die Größe des ISN-Puffers) ist der Unterschied zwischen FIND und READ unbedeutend. Für ein oder zwei Sätze kann FIND schneller sein als READ, da beim READ dann ein Satz mehr gelesen werden muß. Standardmäßig kann der ISN-Puffer in NATURAL bis zu 51 ISNs halten, so daß selten extra I/O auf die WORK-Datei notwendig wird.

Werden mehrere Deskriptoren verwendet und steht kein verbindender Superdeskriptor zur Verfügung, ist FIND bei großer Ausgangsmenge und kleiner Ergebnismenge vorzuziehen, da beim logischen READ alle Sätze zu einen Deskriptors gelesen und in der WHERE-Klausel mit dem anderen Deskriptor nachselektiert werden müssen.

Der Wert der Systemvariablen *NUMBER ist beim FIND-Statement schon zu Beginn der Verarbeitungsschleife bekannt, beim READ erst nach Ende des Lesevorgangs. Erfolgt eine Verarbeitung nur in Abhängigkeit einer bestimmten Trefferzahl, ist deshalb FIND günstiger.

In den meisten anderen Fällen ist ein logisches Lesen einem FIND vorzuziehen.

> ### Regel 5.22
> ### Bereichsselektion mit Deskriptor

☞ Bei kleiner Antwortmenge (Treffermenge < ADABAS-Parameter NSISN) oder einer Stammdatei mit wenig Löschungen:

      FIND ist etwas besser als READ LOGICAL

☞ Bei größerer Antwortmenge, gewünschter Deskriptorsortierung oder stark zersplitterter Datei:

      READ LOGICAL statt FIND verwenden.

> **Regel 5.23**
> **Verhältnis zu bearbeitende Sätze : Sätze in der Datei**

☞ READ PHYSICAL mit anschließender Nachselektion sollte eingesetzt werden, falls mehr als 80 % aller Datensätze einer Datei in einem Vorgang verarbeitet werden müssen.

💣 Anomaliegefahr: READ PHYSICAL arbeitet nur bei exklusivem Zugriff oder bei READ-ONLY-Zugriff fehlerfrei. Werden gleichzeitig (von einem anderen Benutzer) Datenbankveränderungen auf der gleichen Datei durchgeführt, kann durch diese beispielsweise ein Datensatz mehrfach bearbeitet werden, falls dieser wegen einer durchgeführten Erweiterung physisch ans Dateiende verschoben wurde.

> **Regel 5.24**
> **Treffermenge bei Frage nach Anzahl "="**

Die Anzahl der Sätze, die genau ein Kriterum erfüllen, kann bestimmt werden mit den Befehlen

FIND NUMBER *view* WITH *deskriptor* = *wert*

oder

HISTOGRAM *view deskriptor* STARTING *wert* ENDING *wert*

☞ Ist die Treffermenge der Frage mit "=" kleiner als die Menge der ISNs, die in den vom ADABAS-Parameter NSISN bestimmten Puffer passen, gilt:

FIND NUMBER ist besser als HISTOGRAM.

☞ Bei gleicher Frage und einer sehr großen Trefferquote, gilt:

HISTOGRAM ist besser als FIND NUMBER,

da beim FIND NUMBER die ISN-Liste übergeben wird.

Bei der Frage nach "=" wird mit HISTOGRAM das Anzahlfeld aus der invertierten Liste gelesen. HISTOGRAM (1) erzeugt die ADABAS-Befehlsfolge (L9, RC), HISTOGRAM mit ENDING AT die Befehlsfolge (L9, L9, RC). HISTOGRAM initiiert eine Schleife, ohne Limit wird von ADABAS ein überschüssiger Satz an NATURAL übertragen. NATURAL muß zum Schleifenabbruch einen letzten RC-Aufruf absetzen. Beim FIND NUMBER wird ADABAS-intern ein

S1-Befehl durchgeführt. ADABAS liest mit FIND NUMBER eine Zeile aus der invertierten Liste und zählt die dortigen ISNs durch. Im I/O-Verhalten bestehen keine Unterschiede zwischen HISTOGRAM und FIND NUMBER.

Regel 5.25
Treffermenge bei Frage nach Anzahl " von ... bis"

Die Anzahl der Sätze eines Bereichs kann bestimmt werden mit der Befehlsfolge

> HISTOGRAM *view deskriptor* STARTING *startwert* ENDING *endwert*
>   ADD *NUMBER TO *zaehler*
> END-HISTOGRAM

oder mit

> FIND NUMBER *view* WITH *deskriptor* = *startwert* THRU *endwert*

☞ Bei größerem Bereich mit "schmaler" ISN-Liste (wenig ISNs pro Treffer) gilt, da ADABAS nur einmal gerufen wird:

> FIND NUMBER ist besser als HISTOGRAM

☞ Ist der Bereich kleiner, dafür aber die ISN-Liste breiter (große Anzahl pro Treffer), gilt, da ein ADABAS-Aufruf für jede Ausprägung erfolgt:

> HISTOGRAM ist besser als FIND NUMBER

Bei der Anzahlbestimmung für einen Bereich mit der ENDING AT-Klausel werden mit HISTOGRAM (n+1)mal ADABAS-L9-Befehle und ein RC-Befehl durchgeführt. Beim FIND NUMBER wird ein ADABAS-S1-Befehl nach dem Suchalgorithmus 2 ausgeführt, die Last wird von NATURAL auf ADABAS verlagert. In ADABAS wird zuerst die ISN-Liste intern sortiert und somit Platz im Workpool (ADABAS-Parameter LWP: Gesamtgröße Workpool, LS: Platz für die Ergebnismenge eines Suchbefehls) beansprucht. Bei Platzproblemen im Workpool werden WORK-I/Os durchgeführt.

Deskriptoren können mit HISTOGRAM oder FIND NUMBER auch auf Existenz geprüft werden:

> HIST. HISTOGRAM (1) *view deskriptor* STARTING *startwert*
>   ENDING *endwert*
>
>   ...
>
> END-HISTOGRAM
> IF *COUNTER (HIST.) = 0 ... END-IF

oder

FIND. FIND NUMBER *datei* WITH *deskriptor* = *startwert*
  THRU *endwert*
*

IF   *NUMBER (FIND.) = 0 ... END-IF

Werden die auf Existenz geprüften Sätze weiterverarbeitet, sollte der Satz gleich gelesen und weder HISTOGRAM noch FIND NUMBER verwendet werden.

Die Reihenfolge der Suchanfragen, wonach stärkste Selektionskriterien am Anfang einer Suchanfrage stehen sollten, ist unwesentlich.

Regeln zur Datenselektion (Kriterien)

Regel 5.26

Gewünschte Sortierfolge beachten

☞ Bei Zugriffen auf einen Wertebereich sollten die Befehle je nach gewünschter Sortierfolge ausgewählt werden:

- READ LOGICAL   - Deskriptorfolge
- FIND   - ISN-Reihenfolge
- READ BY ISN   - ISN-Reihenfolge

```
READ MITARBEITER BY WOHNORT.STARTING FROM START-WOHNORT
                              ENDING AT ENDE-WOHNORT
FIND MITARBEITER WITH WOHNORT = START-WOHNORT
                      THRU ENDE-WOHNORT
READ MITARBEITER BY ISN STARTING FROM START-MITARBEITER
                         ENDING AT ENDE-MITARBEITER
```

Zu beachten ist außerdem, daß durch den FIND-Befehl WORK-I/Os verursacht werden können, falls die Treffermenge größer ist als die Größe des durch den ADABAS-Parameter NSISN festgelegten Puffers.

Regel 5.27

Selektion eines Satzes über ISN

☞ GET *view* {*isn*, *ISN(r)*} ist besser als

☞ READ (1) {BY, WITH} ISN, ist besser als

☞ READ {BY, WITH} ISN FROM ... THRU ...

Der Zugriff mit GET ist nur für bekannte ISNs möglich (numerischer Deskriptor oder Satz schonmal gelesen und ISN ermittelt). Falls der Satz nicht vorhanden ist, kann dies direkt über den Adreßkonverter festgestellt werden.

Soll nur ein Satz mit READ gelesen werden (siehe auch Abbildung 5.64), sollte die Leseschleife mit (1) limitiert werden. Dann erfolgen nur zwei (L1, RC) anstelle von drei ADABAS-Aufrufen (L1, L1, RC).

💣 Ohne THRU(/ENDING AT)-Option muß die Grenze nachträglich manuell abgefragt werden. Falls der Satz fehlt, läuft in ADABAS die zuvor beschriebene Mimik ab, und ADABAS liefert den ersten auf das Startkriterium folgenden Datensatz oder Dateiende zurück. Fehlt der Datensatz des Startkriteriums, wird von ADABAS an NATURAL ein unpassender Datensatz übertragen und eventuell gesperrt.

Regel 5.28

Bereichseinschränkungen ADABAS überlassen

☞ Bereichseinschränkungen sollten mit

FROM ... THRU

vorgenommen werden, da ADABAS diese direkt verarbeiten kann. Sie sind dehalb performanter als Bereichseinschränkungen mit GE ... AND ... LE ....

Analog ist die Bereichseinschränkung mit FROM *startwert* THRU *endwert* besser als READ FROM ... mit nachträglicher IF-Abfrage, da die nachfolgende Bestimmung der Endebedingung von NATURAL durchgeführt werden muß.

Regel 5.29

Selektion eines Satzes mit (unique) Deskriptor

☞ FIND *view* WITH *deskriptor* = *wert* sollte vorgezogen werden vor

☞ READ *view* {BY, WITH} *deskriptor* {=, EQ, EQUAL TO, [STARTING] FROM} *wert* {THRU, ENDING AT} *wert*

Beim READ-Befehl wird eine L3-Lesesequenz in ADABAS mit Startwert eröffnet. Die Endebedingung wird von NATURAL überprüft. Es wird eine Lesesequenz eröffnet, die NATURAL mit einem RC-Kommando an ADABAS abbricht.

Damit ergibt sich die ADABAS-Aufruffolge (L3, L3, RC), mit READ (1) die Folge (L3, RC).

Aus der Abfrage mit FIND wird von NATURAL ein ADABAS S1-Befehl generiert, der den Satz gleich von der Datenbank liest und ein RC. Falls es keinen Satz mit dem angegebenen Wert gibt, wird dies beim FIND anhand der Indexeinträge erkannt, während beim READ von ADABAS der nächste Datensatz an NATURAL geliefert wird mit allen schon beim L1-Befehl beschriebenen Konsequenzen.

Regel 5.30

ADABAS: Ungleich-Abfrage vermeiden

☞ Eine Angabe von >, < oder <> im Suchausdruck sollte für ADABAS-Datenbanken vermieden werden, da ADABAS solch einen Suchausdruck nicht direkt verarbeiten kann. Besser ist ein Ausschluß über eine Formulierung der Form:

FROM *anfang* THRU *ende* BUT NOT *wert*

Da ADABAS keinen Ungleichoperator kennt, erzeugt NATURAL aus einer Ungleichabfrage einen Ausdruck der Art

suchbegriff FROM *anfang* THRU *ende* BUT NOT *wert*

oder einen komplexere Version. ADABAS-intern werden daraufhin mehrere S1-Befehle durchgeführt, und die Ergebnislisten mit einem S8-Befehl abgeglichen.

Aus einer Angabe mit FROM ... THRU ... BUT NOT kann direkt ein S1-Befehl erzeugt werden.

Regel 5.31

Klammerung

☞ Unnötige Klammern im Suchausdruck sollten vermieden werden.

Klammerausdrücke kann ADABAS nicht verarbeiten. NATURAL wandelt jeden Klammerausdruck in einen ADABAS-S1-Befehl um und mischt die erhaltenen Ergebnisse mithilfe eines ADABAS-S8-Befehls. Besser ist die Verwendung von OR =, THRU und BUT NOT. FIND-Befehle mit komplexen Kriterien sollten mit "TEST DBLOG" analysiert und danach optimiert werden.

Regel 5.32
Mehrfache Selektion gleicher Daten

☞ Wiederbenötigte ISN-Listen mit RETAIN AS sichern. Achtung: In der Zwischenzeit neu hinzugekommene oder veränderte Sätze, die das Kriterium nicht mehr erfüllen, werden nicht oder nicht richtig erfaßt. Beim Zugriff auf zwischenzeitlich gelöschte Sätze erfolgt eine Fehlermeldung.

Verknüpfte Selektionen der Form

$$auswahl = x \text{ OR } auswahl = y,$$

werden inzwischen vom Compiler erkannt und intern in eine Abgleichliste umgesetzt, wie dies erfolgt mit

$$auswahl = x \text{ OR } = y.$$

Regeln zur Datenveränderung

Regel 5.33
Sätze nachlesen

☞ Sätze sollten mit READ(1) BY ISN, GET ISN oder GET SAME nachgelesen werden, um nicht unnötig im Hold zu stehen.

Regel 5.34
Satzsperrungen aufheben

☞ END OF TRANSACTION oder BACKOUT TRANSACTION darf bei Datenbankänderungen nicht vergessen werden, da sonst der interne WORK-Bereich zur Aufnahme der Holdlisten überlaufen kann.

Mit Selektionen über ISN-Listen kann es bei der Nachbearbeitung der selektierten Sätze zu Inkonsistenzen kommen, falls sich der Datenbestand in der Zwischenzeit verändert hat und der Satz mit der ausgewählten ISN nicht mehr dem Auswahlkriterium entspricht oder Sätze nach der Selektion hinzugefügt wurden, die den Auswahlkriterien genügen aber nicht mit ausgewählt wurden. Beim einfachen FIND-Zugriff ist dies sehr selten, da die Zeitspanne zwischen dem Erstellen der ISN-Liste und dem Lesen der selektierten Sätze sehr klein ist. Durch die

Einführung der RETAIN-Klausel, mit der die ISN-Listen aufbewahrt und zu einem späteren Zeitpunkt verarbeitet werden können, steigt die Wahrscheinlichkeit für einen solchen Fehler an.

Um eine Veränderung des Datenbestandes aufzudecken, kann man die ISN-Liste der ersten FIND-Anweisung mit der RETAIN-Klausel sichern und nach der Verarbeitung der Schleife einen FIND NUMBER-Befehl mit RETAIN einer zweiten ISN-Liste absetzen. Durch Ausführung zweier weiterer FIND NUMBER-Befehle mit (Ergebnis 1 und nicht Ergebnis 2) sowie (Ergebnis 2 und nicht Ergebnis 1), die jeweils *NUMBER = 0 liefern müssen, wird sichergestellt, daß der Datenbestand nicht verändert wurde.

Während ein Datensatz von einem Benutzer zum Update verändert wird und vor dem Abschließen der Transaktion mit END TRANSACTION erhält ein anderer Benutzer schon diesen veränderten Datensatz. Dies kann zu einer Update-Anomalie führen, da der andere Benutzer die Veränderung auch erhält, falls diese mit BACKOUT TRANSACTION zurückgesetzt wird.

Wird ein bereits gesperrter Datensatz nochmals mit Hold gelesen, verhält sich ADABAS entsprechend der Einstellung des NATURAL-Parameters WH. Ist WH=OFF gibt ADABAS die Kontrolle an das lese-/sperrwillige Programm zurück mit dem Fehler 3145. Bei WH=ON stellt ADABAS den Lesebefehl in eine Warteschlange, bis der andere Benutzer den gesperrten Satz freigibt.

Regel 5.35

Sätze zwischenspeichern

☞ Wenn möglich, sollten Sätze, die für weitere oder sich wiederholende Verarbeitungsschritte genötigt werden, im Programm zwischengespeichert werden, um Datenbankaufrufe einzusparen.

Dazu ein Beispiel: Eine Artikeldatei ist nach Lieferantennummern sortiert. Zu jedem Artikel werden die Lieferantendaten benötigt. Anstatt generell zu jedem Artikel die Lieferantendaten neu aus der Datenbank zu lesen, sollten diese nur bei Lieferantenwechsel einmal gelesen und dann zwischengespeichert werden. Je mehr Artikel von einem Lieferant bezogen werden, desto mehr Datenbankaufrufe werden eingespart.

Regeln für Suchen und Sortieren

> **Regel 5.36**
> **Suchkriterium so einfach wie möglich**

☞ Je komplexer das Suchkriterium, desto aufwendiger der Suchalgorithmus. Die schnellste Suche erfolgt bei der Abfrage auf Wertegleichheit.

Kleinere Treffermengen sollten in äußeren, größere Treffermengen in inneren Schleifen ermittelt, komplexere Abfragen in äußeren Schleifen durchgeführt werden.

> **Regel 5.37**
> **Auswahl Sortierverfahren abhängig von der Dateigröße**

☞ Nur wenn Größe der zu sortierenden Datei sehr klein ist, könnte die SORTED BY-Klausel verwendet werden. Ansonsten ist ein Sortieren in NATURAL mit SORT BY besser als mittels SORTED BY.

Auch bei sehr große Daten- und sehr kleinen Ergebnismengen, kann der Einsatz eines FIND SORTED BY einem READ vorgezogen werden. Beim FIND SORTED BY ist zwar das Erstellen der ISN-Liste sehr aufwendig, aber es folgen nur wenige Lesezugriffe. Mit READ müssen viele Datensätze ge-/überlesen werden.

> **Regel 5.38**
> **Superdeskriptoren verwenden**

☞ Häufige Sortierfolgen sollten als Superdeskriptoren abgelegt werden.

Der verwendete Suchalgorithmus kann durch den Einsatz eines Superdeskriptors für AND-Verknüpfungen oder für Bereiche reduziert werden. Bei geeignetem Mengengerüst sollte die WHERE-Klausel verwendet werden.

> **Regel 5.39**
> **Befehle nach Performancevergleichen auswählen**

☞ Suchen mit Sortieren sollte nur nach Performancevergleich mit logischen Lesen realisiert werden.

> **Regel 5.40**
> **Dauer der Sortierung**

☞ Je mehr Sortierdeskriptoren und je größer die invertierte Liste eines Sortierdeskriptors ist, desto länger dauert die Sortierung.

5.2.2 Nachselektionen

Um die zu verarbeitenden Sätze über das Deskriptorkriterium hinaus einzuschränken, bietet NATURAL neben der Nichtdeskriptorsuche (siehe Abschnitt 5.2.3) Möglichkeiten zur Nachselektion von Sätzen nach der WITH- und/oder BY-Klausel an [*PG*]:

- WHERE-Klausel

- ACCEPT/REJECT-Klausel

Dabei muß das in den Klauseln angegebene Feld muß kein Deskriptor sein. Der Klausel folgt ein logischer Ausdruck der Art [*RM*]:

$$
op_1 \left\{ \begin{array}{c} \{=, \text{EQ,EQUAL [TO]}\} \\ \{\neg=, \text{NE, NOT} =, \text{NOT EQ,} \\ \text{NOTEQUAL, NOT EQUAL [TO]}\} \\ \{<, \text{LT, LESS THAN}\} \\ \{<=, \text{LE, LESS EQUAL}\} \\ \{>, \text{GT, GREATER THAN}\} \\ \{>=, \text{GE, GREATER EQUAL}\} \end{array} \right\} op_2
$$

Wobei op_1 und op_2 von beliebigem Format (außer C) oder Struktur (außer Gruppenstruktur, op_1 darf außerdem keine Konstante sein) sein können, auch arithmetische Ausdrücke sind erlaubt.

Außer über eine WHERE- oder ACCEPT/REJECT-Klausel können Datensätze direkt mit einem logischen Ausdruck (IF oder DECIDE-Konstruktion) nachselektiert werden.

Die Nachselektion der Datensätze bezieht sich jeweils auf die innerste Schleife. Sie wird für alle Nachselektionsarten von NATURAL nach dem Lesen des Datensatzes durchgeführt, aber für die Schleife zu unterschiedlichen Zeitpunkten:

Nachselektionsart	Selektionszeitpunkt
WHERE	Vor dem Schleifeneintritt
ACCEPT/REJECT	Nach dem Beginn der Schleifenverarbeitung
logischer Ausdruck	Nach dem Beginn der Schleifenverarbeitung

Abbildung 5.66: Selektionszeitpunkte je nach Art der Nachselektion

ACCEPT/REJECT

Mit der ACCEPT/REJECT-Klausel können Datensätze explizit akzeptiert oder abgewehrt werden. Die logischen Bedingungen einer ACCEPT/REJECT-Klausel können mit den boolschen Operatoren AND, OR und NOT verknüpft und mit Klammern logisch gruppiert werden.

Eine Schleife kann mehrere ACCEPT/REJECT-Befehle enthalten. Entscheidend ist, ob diese direkt hintereinander stehen oder durch verschiedene andere Befehle getrennt sind. Die Arbarbeitung erfolgt nach bestimmten Regeln :

(i) Folgen mehrere ACCEPT/REJECT-Bedingungen direkt ohne Zwischenbefehle aufeinander, werden diese intern als Gruppe behandelt, in etwa vergleichbar einer Oder-Bedingung. Ein Datensatz ist mit der ersten zutreffenden Bedingung akzeptiert/abgelehnt. Weitere folgende ACCEPT-/REJECT-Bedingungen werden übersprungen.

(ii) Stehen zwischen den ACCEPT/REJECT-Bedingungen andere Befehle, werden die Bedingungen einzeln abgehandelt und somit als boolsche Und-Bedingungen aufgefaßt.

Eine ACCEPT/REJECT-Gruppe bringt keine Performancevorteile gegenüber einer ACCEPT/REJECT-Anweisung mit OR-verknüpftem IF. Deshalb, und da direkt hintereinanderfolgende Anweisungen leicht mißverständlich wirken können, sollte die besser lesbare Schreibweise mit nur einer Anweisung vorgezogen werden. Eine Abfrage der Art

```
ACCEPT IF FAMILIENSTAND = 'ledig'
REJECT IF FAMILIENSTAND = 'ledig'
```

kann genausogut entfallen, da sie trotz Nachselektion alle Datensätze zuläßt (Oder-Verknüpfung). Bei veränderter Reihenfolge wird kein Datensatz mehr verarbeitet:

```
REJECT IF FAMILIENSTAND = 'ledig'
ACCEPT IF FAMILIENSTAND = 'ledig'
```

Nach dem Abweisen eines Datensatzes mit ACCEPT/REJECT wird kein weiterer Befehl für diesen Datensatz innerhalb der Schleife durchgeführt und sofort an den Schleifenanfang verzweigt.

Logische Ausdrücke

Funktional gleichbedeutend mit ACCEPT/REJECT ist die Anweisung

> IF *nachselektionskriterium_nicht_erfüllt* ESCAPE TOP
> END-IF

die aus Designgesichtspunkten vermieden werden sollte. Mit ESCAPE TOP wird an den Schleifenanfang verzweigt, die Verarbeitung nicht weiter durchgeführt und der nächste selektierte Satz untersucht. Die Prozeßschleife wird nicht verlassen.

Die Nachselektion nur mit einem logischen Ausdruck (auch mit ESCAPE TOP) ist performancemäßig leicht ungünstiger als eine ACCEPT/REJECT-Nachselektion, da intern die logische Anweisung erst abgeschlossen wird, während beim ACCEPT/REJECT sofort verzweigt werden kann.

Bei der Nachselektion mit ACCEPT/REJECT oder IF wird die Systemvariable *COUNTER nicht um die abgewehrten Datensätze reduziert.

WHERE-Klausel

Eine etwas bessere Performance kann mit dem Einsatz einer WHERE-Klausel erzielt werden, da die Verarbeitung für den abgewiesenen Datensatz nicht eröffnet wird. Daneben enthält die Systemvariable *COUNTER nur die Anzahl der Datensätze, die der WHERE-Klausel genügen und wird weniger oft hochgesetzt. Je mehr Sätze mit WHERE selektiert werden, desto geringer wird dieser Performancevorteil, da NATURAL intern über die mit WHERE selektierten Sätze buchführen muß.

Auswirkungen der verschiedenen Nachselektionsarten

Der AT END OF DATA-Block wird nur bei *COUNTER > 0 durchgeführt, deshalb gibt es Unterschiede in der Behandlung dieser Funktion zwischen den einzelnen Selektionsarten.

Die Systemfunktion COUNT zählt die Durchläufe einer Verarbeitungsschleife und liefert bei ACCEPT/REJECT und WHERE gleiche Ergebnisse, da in beiden Fällen die Schleife nur für die selektierten Datensätze ganz durchlaufen wird. Für mit IF nachselektierte Verarbeitungsschleifen liefert COUNT den gleichen Wert wie *COUNTER:

Selektion	*COUNTER	COUNT
ACCEPT/REJECT	Anzahl aller Datensätze	Anzahl selektierter Datensätze
IF	Anzahl aller Datensätze	Anzahl aller Datensätze
WHERE-Klausel	Anzahl verarbeiteter Datensätze	Anzahl selektierter Datensätze

*Abb. 5.67: Inhalt von *COUNTER und COUNT je nach Art der Nachselektion*

In Abbildung 5.68 werden die Auswirkungen auf Bedingungen wie BEFORE BREAK, AT BREAK, AT START OF DATA, AT END OF DATA verdeutlicht. Im Verarbeitungsblock des Datensatzes wird zuerst die Systemvariable *COUN-TER hochgezählt. Am Ende der Verarbeitung werden die benötigten Systemfunktionen ausgewertet. Für Datensätze, die in die Verarbeitung gelangen und dort mit ACCEPT/REJECT oder ESCAPE IMMEDIATE BOTTOM/ROUTINE abgewehrt werden, entfällt die Auswertung der Systemfunktionen, die Verarbeitungsschleife für diese Datensätze wird direkt beendet.

Die genannten Nachselektionen werden von NATURAL und nicht von der Datenbank ausgeführt, deshalb ist der jeweilige Selektionsaufwand für Selektionen ohne Limit schwer zu kalkulieren. Erfüllt die Mehrzahl der gelesenen Sätze die Nachselektionskriterien, sind keine besonderen Performanceprobleme zu erwarten. Bei unvorhersehbaren Treffermengen kann der in der Datenbank durch unnötig gelesene Datensätze entstehende Overhead sehr groß sein. In solchen Fällen sollten Nachselektionen vermieden werden [*PerfAnaly*].

Im Updatefall ist zu beachten, daß sich alle Datensätze aus dem gelesenen Bereich im Hold befinden. Gesperrt wird der Satz, der gerade ADABAS verläßt und in die Verarbeitung kommt. Die tatsächliche Anzahl gesperrter Sätze kann die zur Sperrung benötigte Satzzahl wesentlich übersteigen. Zur Begrenzung des möglichen Overhead sollte in Verbindung mit der Nachselektion ein Nachlesen mit GET und ein Update mit Referenzierung überlegt werden (siehe auch ADABAS-Parameter NH und NISNHQ (transaktionsbezogene Begrenzung der Satzanzahl), NATURAL-Parameter WH).

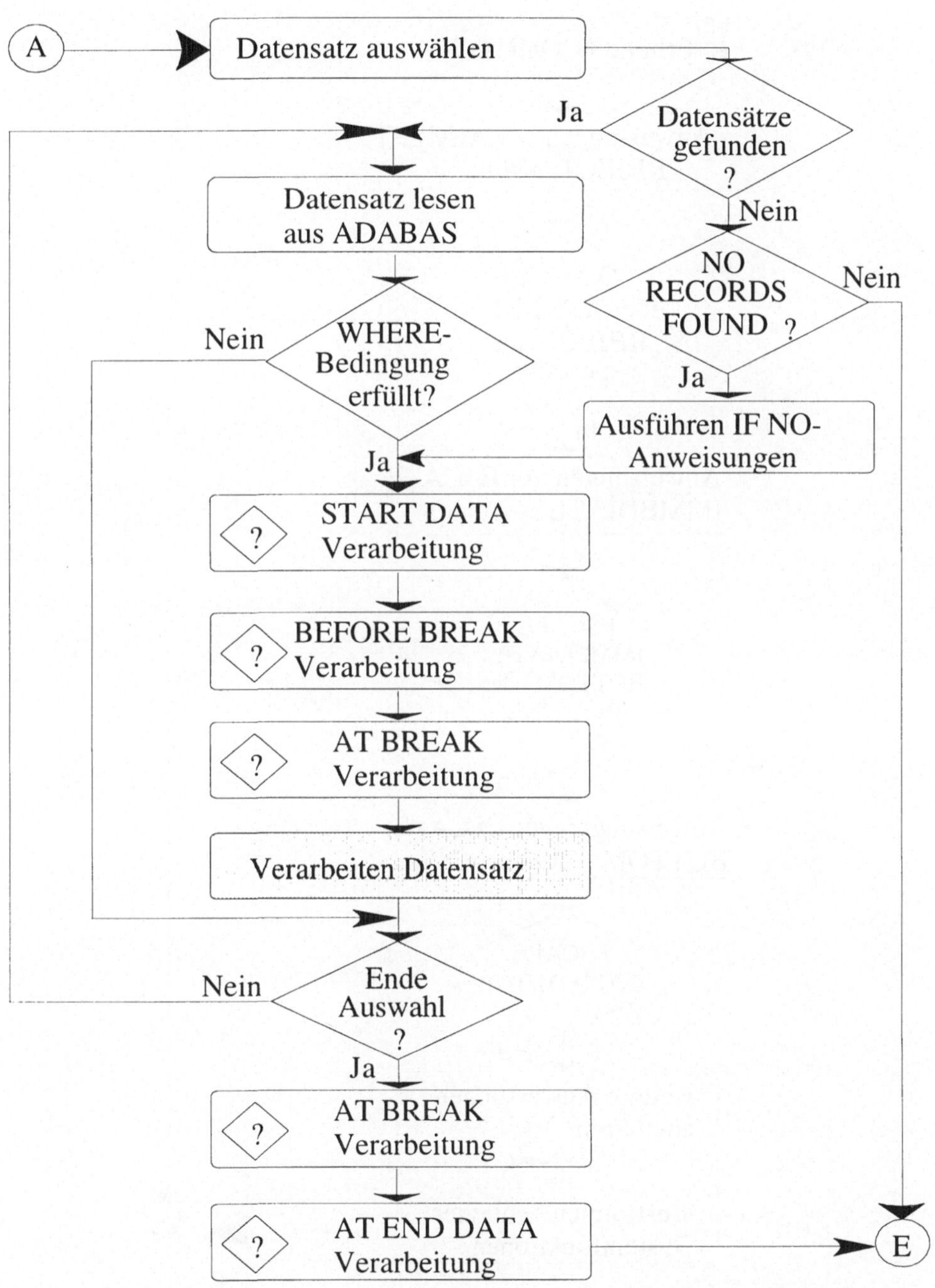

Abbildung 5.68: Ablauf innerhalb einer Datenbankprozeßschleife

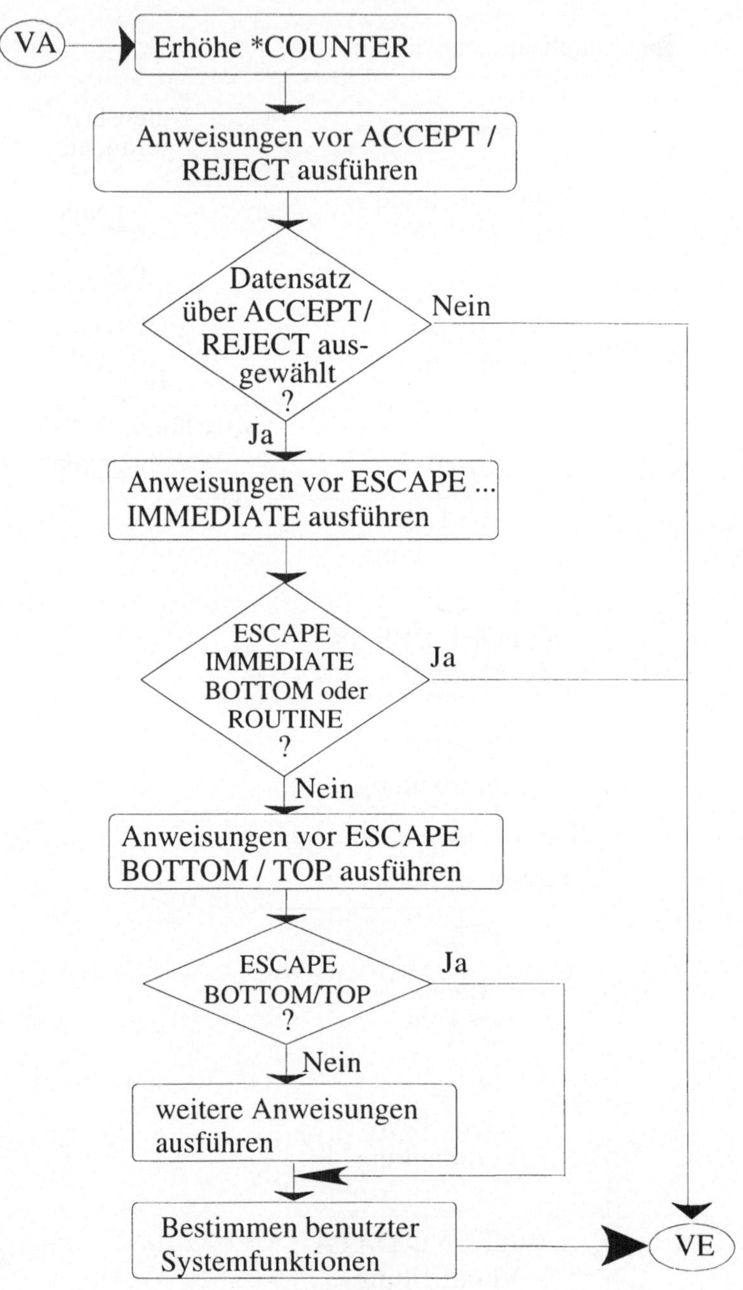

Abbildung 5.69: Ablauf Datensatzverarbeitung

5.2.3 Nichtdeskriptorsuche

Mit ADABAS ist es möglich, in Suchausdrücken auch Nichtdeskriptorfelder als erste Suchkriterien (Teile des Suchpuffers) zu verwenden. Dazu muß das gewünschte Feld im zum ADABAS-File gehörigen NATURAL-DDM als Deskriptor definiert werden, nicht im File selbst. Im DDM wird nicht unterschieden zwischen einem Originaldeskriptor und einem als Deskriptor definierten Nichtdeskriptor. Dies kann zu Problemen beim Programmieren führen, da die Zuordnung nur durch das ADABAS-File offensichtlich wird. Aus diesem Grunde sind Verarbeitungsrichtlinien für den Einsatz der Nichttdeskriptorsuche sehr wichtig. Die Nichtdeskriptorsuche birgt bei falscher Anwendung große Gefahren für die Performance in sich, richtig verwendet können viele ADABAS-Aufrufe eingespart und die Performance erheblich verbessert werden. Durchgeführt werden kann eine Nichtdeskriptorsuche mit den Befehlen FIND und READ.

```
FIND view WITH deskriptor = wert1
   AND nichtdeskriptor = wert2
END-FIND
```

Im weiteren steht *deskript* für Anzahl der Sätze, die das Kriterium der Deskriptorsuche erfüllen, *nondes* für die Anzahl der Sätze, die das Deskriptorkriterium und das Nichtdeskriptorkriterium erfüllen.

Was passiert in ADABAS, nachdem das Programm eine Suchanfrage an ADABAS mit beiden Suchkriterien abgesetzt hat?

1. ADABAS liest intern (*deskript* - 1 + *nondes* - 1) Sätze. (Der erste Satz einer Suchanfrage wird gleich mitgelesen.)

2. ADABAS gibt an das NATURAL-Programm den ersten gefundenen Satz und eine ISN-Ergebnisliste mit (*nondes* - 1) Sätzen zurück.

3.   Das Programm führt (*nondes* - 1) ADABAS-Aufrufe aus.

4. ADABAS liest (*nondes* - 1)mal.

```
FIND view WITH deskriptor = wert1
   WHERE nichtdeskriptor = wert2
END-FIND
```

Bei der Nachselektion von NATURAL mit WHERE ergibt sich folgender Ablauf:

1. Das Programm fordert ADABAS einmal für die Suchanfrage an.

2. ADABAS liest intern die ISNs von *deskript* Sätzen und den Satz mit der niedrigsten ISN.

3. ADABAS gibt an das Programm eine ISN-Ergebnisliste mit (*deskript* - 1) Sätzen zurück.

4. Das NATURAL-Programm ruft ADABAS (*deskript* - 1)mal zur Nachselektion auf.

5. ADABAS liest (*deskript* - 1) Sätze.

6. Intern prüft NATURAL jeden dieser Sätze gegen das zweite Kriterium ab und übergibt *nondes* Sätze an die Schleife.

Bei der Nichtdeskriptorsuche verlagert sich die Satzauswahl von NATURAL nach ADABAS, (*deskript* - *nondes*) ADABAS-Aufrufe werden eingespart und *nondes* Sätze doppelt gelesen. Die Nichtdeskriptorsuche bietet sich bei einem großen Übergewicht *deskript:nondes* an. Bestehende Altanwendungen mit normaler Deskriptorsuche können je nach Mengengerüst durch die Einführung der Nichtdeskriptorsuche beschleunigt werden.

Wie schon im vorigen Abschnitt 5.2.2 besprochen, kann innerhalb von NATURAL Last verschoben werden durch eine Nachselektion mit ACCEPT/REJECT statt mit WHERE, da NATURAL über alle mit WHERE selektierten Sätze buchführt, über die mit ACCEPT/REJECT ausgewählten Sätze nicht.

Wichtig für den Einsatz der Nichtdeskriptorsuche ist eine genaue Kenntnis der Daten und des Verhältnisses von *deskript* zu *nondes*. Als Richtlinie kann ein Verhältnis von 10 zu 1 angegeben werden. Bei noch größerer Differenz ist es immer günstig, die betroffenen Suchabfragen in Nichtdeskriptorsuchabfragen umzustellen [*In_NAT*], bei einem Verhältnis zwischen 10:1 und 10:2 muß die bessere Alternative durch Tests gefunden werden, über 10:2 bringt eine Codeänderung keine Einsparung.

Bei Anwendungen, in denen bisher in physischer Reihenfolge gelesen und nach einem Nichtdeskriptorfeld nachselektiert wurde, können ebenfalls durch den Einsatz der Nichtdeskriptorsuche Ressourcen eingespart werden. Die Anweisung

```
READ view IN PHYSICAL SEQUENCE WHERE auswahlkriterium
END-READ
```

bedingt (Anzahl der Sätze im File := *anzfile*)mal den Aufruf von ADABAS und ebensoviele Lesezugriffe. Die Anzahl der tatsächlich durchgeführten physischen I/Os entspricht etwa der Anzahl der gelesenen Blöcke. Wird das physisch sequentielle Lesen durch eine Nichtdeskriptorsuche ersetzt, liest ADABAS im Hintergrund die Datei physisch sequentiell, um die ISN-Ergebnisliste von (Anzahl der Sätze, die das Auswahlkriterium erfüllen - 1 := *anzauswahl*) Sätzen zu übergeben:

```
FIND view WITH auswahlkriterium
END-FIND
```

Danach ruft das Programm ADABAS (*anzauswahl*)mal zum Lesen der selektierten Sätze auf. Einem zusätzlichen Lesen von *anzauswahl* Sätzen und damit Kosten durch weitere I/Os und CPU-Zeit steht die Einsparung von (*anzfile* - 1) ADABAS-Aufrufen und damit CPU-Zeitersparnis gegenüber. Je nach Engpaß im Unternehmen fällt die Entscheidung für die eine oder andere Alternative.

Der gesamte Datenbestand auf drei verschiedene Weisen gelesen werden:

- READ *view* BY *deskriptor* STARTING FROM *deskriptorstartwert*
    WHERE *nichtdeskriptor* = *nichtdeskriptorwert*
  END-READ

- FIND *view* WITH *deskriptor* GE *deskriptorstartwert*
    AND *nichtdeskriptor* = *nichtdeskriptorwert*
  END-FIND

- READ *view* PHYSICAL
    ACCEPT IF *deskriptor* GE *deskriptorstartwert*
        AND *nichtdeskriptor* = *nichtdeskriptorwert*
  END-READ

Bei der Nichtdeskriptorsuche kann ADABAS das Suchkriterium nicht aufgrund einer invertierten Liste überprüfen und durchforscht stattdessen alle Sätze einer Datei nach dem Suchwert. Für die Treffer wird eine ISN-Ergebnisliste erstellt und mit L1-Befehlen abgearbeitet.

Wird die Nichtdeskriptorsuche zusätzlich zu einer Deskriptorsuche eingesetzt, untersucht ADABAS nur die Sätze vom Datenspeicher, die die Deskriptorbedingung erfüllen.

Beim Performancevergleich der Nichtdeskriptorsuche zur NATURAL Nachselektion sind verschiedene Faktoren zu berücksichtigen:

i) Mengenverhältnisse:

   Die Performance der Nichtdeskriptorsuche ist abhängig von der Treffermenge. Bei fast leerer Treffermenge ist die Nichtdeskriptorsuche schneller als eine Nachselektion mit NATURAL.

ii) Größe des ADABAS-Bufferpools:

Ist der Bufferpool zu klein, müssen bei der Nichtdeskriptorsuche die Blöcke aus DATA zweimal von der Platte gelesen werden, erstens zum Aufbau des Suchergebnisses und zweitens, wenn das Benutzerprogramm die Datensätze anfordert. Bei genügend großem Bufferpool können die DATA-Blöcke eventuell im Bufferpool bleiben, bis sie vom Benutzerprogramm benötigt werden.

Die Felder für eine Nichtdeskriptorsuche sollten möglichst weit vorne im Satz stehen, damit der Aufwand zum Lokalisieren des Suchfeldes minimiert wird.

```
File..: * MITARBEITER

Ty L      Field        F  Length    D U DB S Occ
-- -  ----------------- -- --------- - - -- - ---
   1  PERSONAL-NR       A      8.0 D U AA
GR 1  NAME                                AB
   2  VORNAME           A     20.0 N      AC N
   2  INITIALE          A      1.0        AD N
   2  NACHNAME          A     20.0 D      AE
GR 1  ADRESSE                             A1
MU 2  ADRESSZEILEN      A     20.0        AI N 8
   2  WOHNORT           A     20.0 D      AJ N
   2  PLZ               A     10.0 N      AK N
   2  LAND              A      3.0 N      AL N
GR 1  TELEFON                             A2
   2  VORWAHL           A      6.0 D      AN N
   2  RUFNUMMER         A     15.0        AM N
```

Abbildung 5.70: View MITARBEITER

```
. . .
READ MITARBEITER BY PERSONAL-NR ENDING AT '07000000'    /* Test 49
   WHERE VORWAHL = '06131'                              /* Test 49
END-READ                                                /* Test 49
*
FIND MITARBEITER WITH PERSONAL-NR = '00000001'          /* Test 50
                            THRU '07000000'             /* Test 50
   WHERE VORWAHL = '06131'                              /* Test 50
END-FIND                                                /* Test 50
*
FIND MITARBEITER WITH PERSONAL-NR = '00000001'          /* Test 51
                            THRU '07000000'             /* Test 51
   AND VORWAHL = '06131'                                /* Test 51
END-FIND                                                /* Test 51
```

Abbildung 5.71: Nachselektionen gegen Nichtdeskriptorsuche (Beispiel 5.34)

Die MITARBEITER-Datei im Beispiel 5.34 hat einen Gesamtbestand von 16.000 Sätzen. Sätze mit PERSONAL-NR kleiner als "07000000" gibt es etwa 9.500, davon circa 1.500 mit VORWAHL gleich "06131".

Beispiel 5.34	ADABAS Calls	Verweilzeit in Sekunden	CPU-Zeit (Sekunden)	Kennzeichen
Test 49	9.300	12,5	0,24	READ ... WHERE
Test 50	9.200	12,5	0,23	FIND ... WHERE
Test 51	1.700	5,3	0,04	FIND Nichtdeskriptorsuche

Abbildung 5.72: Meßergebnisse zu den Beispielen der Nachselektion

Beim FIND und Nichtdeskriptor-FIND werden aufgrund von großen ISN-Ergebnislisten ADABAS WORK I/Os verursacht.

Regel 5.41
Nachselektionsart abhängig vom Mengengerüst

☞ Erfüllen fast alle Datensätze einer Datei das Nachselektionskriterium und werden somit fast alle Datensätze verarbeitet, ist am günstigsten:

FIND oder READ mit WHERE-Klausel

Mit der WHERE-Klausel wird beim FIND nur eine ISN-Liste erzeugt.

☞ Fallen durch das Nachselektionskriterium fast alle mit dem Hauptselektionskriterium ausgewählten Datensätze wieder weg, ist die Nichtdeskriptorsuche vorzuziehen:

FIND *deskriptorkriterium* AND *nichtdeskriptorkriterium*

Die Last wird von NATURAL nach ADABAS verlagert.

Sinnvoll ist die Suche mit Nichtdeskriptorfeldern bei der Kombination mit einem Deskriptorkriterium. Es werden weniger ADABAS-Aufrufe als bei Nachselektion im Programm durchgeführt. Eine Programmänderung bei nachträglicher Definition von Deskriptoren ist nicht notwendig. Bei Datenbankveränderungen werden nur die Sätze gesperrt, die dem Deskriptor- und dem Nichtdeskriptorkriterium genügen [Neu]. Das Auswahlkriterium sollte stark einschränkend sein. Werden beim FIND (ohne AND) möglichst viele Blöcke einer Datei gelesen, benötigt die Nichtdeskriptorsuche zum Aufbau der ISN-Ergebnisliste des Nichtdeskriptorwertes nur wenige zusätzliche I/Os.

5.2.4 Dateiverknüpfung

In einer Anwendung werden auch Informationen darüber benötigt, ob zu einem Satz einer (physischen) Datei ein abhängiger Datensatz einer anderen (physischen) Datei existiert, ob also Sätze der einen Datei mit Sätze der anderen Datei verbunden oder auch gekoppelt sind. Je nach Kopplungsart stellt NATURAL mehrere Zugriffsarten zur Verfügung.

1. Logische Dateikopplung

Bei der herkömmlichen logischen Dateikopplung wird ein gefundener Wert der einen Datei zur Selektion einer weiteren Datei verwendet:

```
FIND view1 WITH suchkriterium1
   FIND view2 WITH suchkriterium2
    AND view2.verknüpfungsfeld = view1.verknüpfungsfeld
   END-FIND        .
END-FIND
```

oder

```
READ (1) view1 {BY, WITH} deskriptor1 [lesebereich]
   FIND view2 WITH suchkriterium2
    AND view2.verknüpfungsfeld = view1.verknüpfungsfeld
   END-FIND
END-READ
```

Die auf diese Weise verknüpften Dateien können sich auch in einem physischen ADABAS-File befinden. Von der zweiten Datei stehen die in der entsprechenden View spezifizierten Daten zur Verfügung.

Auf die Performance wirkt sich die Reihenfolge des Zugriffs in Verbindung mit der Treffermenge aus. Die Auswahl mit der kleineren Treffermenge sollte in die äußere Schleife gestellt werden.

Um Anomalien beim Update oder Löschen vermeiden zu können, sollte die logische Kopplung zweier Dateien in PREDICT oder einem anderen Dokumentationswerkzeug beschrieben sein. Scheidet beispielsweise ein Mitarbeiter aus dem Unternehmen aus, reicht es nicht, seinen Stammsatz aus der Mitarbeiterdatei zu entfernen, auch müssen seine Fahrzeuge in der Fahrzeugdatei einem anderen Mitarbeiter zugeordnet oder zusammen mit dem Stammsatz des ausgeschiedenen Mitarbeiters gelöscht werden.

2. Softkopplung

Die Softkopplung zweier Dateien wird von ADABAS dynamisch zum Zeitpunkt
des Dateizugriffs vorgenommen. Es sind keine Kopplungslisten erforderlich und
weniger ADABAS-Aufrufe als bei logischer Kopplung. Eine Softkopplung ist nur
möglich für physisch getrennte Dateien und kann in einem Ausdruck bis zu 42
mal durchgeführt werden:

```
FIND view1 [WITH] suchkriterium1 {AND, OR}
   COUPLED [TO] view2
      VIA view1.verknüpfungselement
         {=, EQ, EQUAL [TO]} view2.verknüpfungselement
            [WITH] suchkriterium2
END-FIND
```

Die Treffermenge zum zweiten Suchkriterium sollte möglichst klein sein. Verarbeitet werden können nur Felder der ersten Datei, auch Oder-Verknüpfungen sind
möglich.

ADABAS führt die Softkopplung nach folgendem Mechanismus durch:

i)   Eine ISN-Zwischenergebnisliste (I) für die Sätze der ersten Datei erstellen,
     die das erste Suchkriterium (*suchkriterium1*) erfüllen.

ii) Alle Sätze suchen, die das WITH-Kriterium der zweiten Datei erfüllen
     (*suchkriterium2*).

iii) Zu jedem gefundenen Satz aus ii) aus dem Datenspeicher das Verknüpfungs-
     element der zweiten Datei (*view2.verknüpfungselement*) holen, damit die zu-
     gehörige ISN aus der ersten Datei (*view1.verknüpfungselement*) suchen und
     diese in ein weiteres Zwischenergebnis (II) stellen.

iv) Die beiden ISN-Zwischenergebnislisten (I und II) werden miteinander ver-
     knüpft und eine ISN-Ergebnisliste für die erste Datei erstellt.

Gelesen werden können nur die Sätze der ersten Datei (view1), auf die Daten der
zweiten Datei ist kein Zugriff möglich.

Die Softkopplung ist häufig mit vielen I/Os auf Daten- und Arbeitsbereich
(DATA und WORK) verbunden. Ist die erste Datei relativ groß und die Menge
der entsprechenden Sätze der zweiten Datei verhältnismäßig klein, kann die Zu-
griffszeit deutlich reduziert werden. Die jeweiligen Verhältnisdaten hängen auch
von der Größe des ISN-Puffers (ADABAS-Parameter NSISN) ab und müssen
von Fall zu Fall neu ermittelt werden. Softkopplung bietet sich vor allem an,
wenn über mehr Dateien gesucht werden soll als Daten benötigt werden
[*In_NAT3/1*].

3. Physische Dateikopplung

Die physische Kopplung zweier ADABAS-Dateien wird über eine ADABAS-Möglichkeit erreicht. Dabei werden Kreuztabellen erzeugt und gepflegt, die die ISNs über Dateigrenzen hinweg verbinden. Ein gleichzeitiger Zugriff über physisch gekoppelte Dateien ist für maximal vier Dateien möglich:

```
FIND view1 [WITH] suchkriterium1 {AND, OR}
   COUPLED [TO] view2 [WITH] suchkriterium2
END-FIND
```

Wie bei der Softkopplung kann nur auf Daten der ersten Datei zugegriffen werden.

Das Hauptproblem bei der physischen Dateikopplung ist die aufwendige Pflege, die besonders bei sich stark veränderndem Datenbestand sehr teuer werden kann. Dagegen ist die Suche mit physischer Dateikopplung schneller als die mit logischer Dateikopplung.

5.2.5 Multiple Felder und Periodengruppen

Beim Arbeiten mit multiplen Feldern und Periodengruppen ist es wichtig, die Datenstruktur und die Auslastung der Feldgrenzen zu kennen. In NATURAL werden über die Datenviews den Randbedingungen entsprechende Definitionen für multiple Felder und Periodengruppen vorgenommen, auch ist die Definition von Ausschnitten aus dem DDM möglich. Die Angabe von

```
1 VIEW1 VIEW OF BEISPIEL
  2 FELD (A5/1:4)
...
```

ist gleichbedeutend mit

```
1 VIEW1 VIEW OF BEISPIEL
  2 FELD (A5/4)
...
```

wobei die erste Schreibweise vorzuziehen ist, da sie genauer ist. Bei der zweiten Schreibweise wird 1 als untere Indexgrenze angenommen. Die Bereichsgrenzen können innerhalb der Obergrenze im zugehörigen DDM beliebig gewählt werden. Sollen implizite Bereichsgrenzen verwendet werden, darf nur eine einfache Variable für die Unter- und Obergrenze eingesetzt werden:

```
1 IND     (P1) INIT <1>
1 VIEW1 VIEW OF BEISPIEL
  2 FELD (IND:IND+3)
```

Dabei muß die Indexdefinition physisch vor der Definition des Feldes stehen.

Je nach Belegung kann der Zugriff so gestaltet werden, daß ein erster Zugriff mit einer View durchgeführt wird, die in einem überwiegenden Teil der Fälle alle notwendigen Ausprägungen zur Verfügung stellt und nur bei Bedarf ein zweiter Zugriff mit einer View mit variablem Index erfolgt. Variable Indizes sollten aber nur nach sorgfältiger Abwägung der Vor- und Nachteile verwendet werden, da das für Zugriffe mit variablen Indizes erstellte ADABAS-Format keine Kennung erhält und deshalb nicht wiederverwendet werden kann. Eine andere Alternative ist das Lesen des vollständigen Satzes mit allen Wiederholungen und den Nachteilen, das aufwendigere Datenkomprimierungen und -dekomprimierungen durchgeführt werden müssen und mehr Platz benötigt wird. Welche Alternative die günstigere ist, hängt davon ab, wieviele Wiederholungen benötigt und wie häufig die benötigten Wiederholungen nicht beim ersten Mal miteingelesen werden. Sind immer alle möglichen Ausprägungen eines Feldes notwendig, ist es günstiger, diese in einem Lesezugriff einzulesen. Ansonsten kann der Platzbedarf durch geschickte Definitionen mimimiert werden [*IN_NAT1/3*]:

```
1 VIEW1 VIEW OF MITARBEITER
  2 C*LANG
  2 LANG (1:10)
1 START  (N2)
1 VIEW2 VIEW OF MITARBEITER
  2 LANG (START:START+9)
```

Abbildung 5.73: Multiple Viewdefinitionen

Feste Gruppenindices überprüft NATURAL zur Compilezeit. Der für Periodengruppen aus einer View generierte Formatpufferaufbau hängt von der Angabe des
Wiederholungsfaktors und des Gruppenbegriffs ab. Die Gruppenbegriffe müssen
in einer View nicht angegeben werden. Für eine im View mit

```
01 PE(1-3)
  02 P1
  02 P2
  02 P3
```

definierte Periodengruppe wird ein Formatpuffer der Art P1(1), P2(1), P3(1),
P1(2), P2(2),... aufgebaut, da NATURAL die physische Struktur der Periodengruppe nicht kennt. Eine Angabe der Art

```
01 PE
  02 P1(1-3)
  02 P1(1-3)
```

erzeugt den günstigeren Formatpuffer P1(1-3), P2(1-3). Aus dem DDM werden
Obergrenzen für Wiederholungsgruppen nur übernommen, falls diese direkt bei
dem Feld oder der Gruppenbezeichnung eingetragen sind, nicht für einer Wieder-
holungsgruppe zugeordnete Felder. Es sollte immer sichergestellt werden, daß in
der Generierung des Editors nicht zuviele Wiederholungen zugelassen werden, in
vielen Fällen werden nicht 99 Wiederholungen einer Periodengruppe oder 199 eines multiplen Feldes benötigt.

Arrays in Gruppenstrukturen werden von NATURAL feldweise, nicht zeilen-
weise aufgelöst.

```
1 GRUPPE (1:3)
  2 FA (A5/1:3)
  2 FB (A5/1:2)
  2 FC (A5)
```

wird mit WRITE GRUPPE (*) angezeigt als:

FA(1:1), FA(1:2), FA(1:3), FA(2:1), FA(2:2), FA(2:3), FA(3:1), FA(3:2), FA(3:3),
FB(1:1), FB(1:2), FB(2:1), FB(2:2), FB(3:1), FB(3:2), FC(1), FC(2), FC(3).

5.2.6 Systemfunktionen und nichtprozedurale Blöcke

NATURAL stellt für bestimmte oft benötigte Berechnungen und Bedingungen Systemfunktionen und nichtprozedurale Blöcke zur Verfügung, deren Arbeitsweise oft nicht so klar durchschaubar ist und die deshalb seltener als benötigt angewendet werden. Da die NATURAL-internen Befehle effizienter sind als handgeschriebene, werden hier ihre Besonderheiten herausgearbeitet:

- AT BREAK

  Ein AT-BREAK-Block ist ein beschränkter nichtprozeduraler Block, der zur Gruppenwechselverarbeitung eingesetzt wird.

  AT BREAK-Blöcke müssen innerhalb der Schleife, zu der sie gehören, geschrieben werden, egal an welcher Stelle, und können nur in Verbindung mit FIND, READ, READ WORK FILE (in einer Schleife), SORT und HISTO-GRAM verwendet werden. Stehen in einer Schleife mehrere AT BREAK-Blöcke, entscheidet deren physische Reihenfolge über die Abarbeitung. NA-TURAL ordnet physisch vorhergehende Blöcke logisch unter. Beim mehrstufigen Gruppenwechsel bezeichnet der erste AT BREAK-Block den innersten Gruppenwechsel. Übergeordnete Gruppenwechsel lösen untergeordnete aus.

  AT BREAK-Blöcke gelten nicht für logische Felder wie Super- oder Subdeskriptoren, können aber für redefinierte Viewfelder eingesetzt werden.

  Der Test auf Gruppenwechsel erfolgt nach dem Lesen des Satzes, nach einer WHERE-Klausel und nach einer BEFORE BREAK-Klausel, aber vor anderen Anweisungen innerhalb der Schleife und vor ACCEPT/REJECT (siehe Abbildung 5.68).

  Der erste gelesene Satz löst keinen Gruppenwechsel aus. NATURAL braucht zwei Werte OLD und NEW, die es gegeneinander vergleicht.

  Innerhalb eines AT BREAK-Blocks können Systemfunktionen benutzt werden. Zu beachten ist, daß die Systemfunktionen wie beispielsweise OLD nur am Ende der Verarbeitung aktualisiert werden (siehe Abbildung 5.68). Am Schleifenende ist für NATURAL die AT BREAK-Bedingung erfüllt. Sie wird vor einem AT END OF DATA-Block und vor Verlassen der Schleife durchgeführt.

Systemfunktion	Bedeutung	Reset
MAX/MIN	Maximal-/Minimalwert eines (alpha-)numerischen Feldes. Bei MIN ist 0 gültiger Wert.	Ja
NMIN	Minimalwert, 0 ist nicht gültig, negative Zahlen gelten.	Ja
AVER	Durchschnitt für numerische Felder, 0 gültiger Wert.	Ja
NAVER	Durchschnitt für numerische Felder, 0 unzulässig.	Ja
SUM	Summe eines numerischen Feldes.	Ja
TOTAL	Laufsumme für numerische Felder.	Nein
COUNT	COUNT benötigt irgendein Argument. COUNT irgendeines Feldes gibt die Anzahl der verarbeiteten Sätze nach dem letzten Gruppenwechsel an.	Ja
NCOUNT	NCOUNT benötigt ein Argument. NCOUNT zählt nur die Sätze für die das ausgewählte Argument nicht leer ist.	Ja

Abbildung 5.74: Systemfunktionen

AT BREAK, AT START OF DATA, AT END OF DATA können geschachtelt werden. Innerhalb einer AT BREAK-, AT START- oder AT END-Struktur ist ein zusätzlicher Datenbankzugriff möglich.

NATURAL bietet zur Gruppenwechselverarbeitung auch eine vereinfachte Befehlsversion an. In einer logischen Bedingung kann für Felder oder Feldteile vom Typ (A, N oder P) nach BREAK abgefragt werden:

IF BREAK [OF] *feld* [/*n*/] ... END-IF

Dabei steht /*n*/ für die Anzahl der Positionen (von links nach rechts), im in den Vergleich miteinbezogen werden. Die BREAK-Bedingung ist nur wahr, wenn eine Veränderung in den angegebenen Feldpositionen stattgefunden hat, nicht zusätzlich bei AT END OF DATA. Verglichen werden der Feldwert oder ein Teil davon mit dem im selben Feld enthaltenen Wert des vorhergehenden Durchgangs durch die Prozeßschleife. Systemfunktionen sind nicht verfügbar.

Mit PERFORM BREAK kann das Gleiche erreicht werden wie mit BEFORE BREAK (siehe Abschnitt 5.1.7):

```
DEFINE DATA LOCAL
1 PERSON VIEW OF MITARBEITER
  2 NAME
  2 VORNAME
  2 GEHALT
1 L-GEHALT   (N06)
1 REDEFINE L-GEHALT
  2 TAUSEND  (N03)
1 ZEILE1     (A65)
1 ZEILE2     (A65)
1 ZAEHLER    (P05)
1 ALT        (N05)
END-DEFINE .
*
R1. READ PERSON BY GEHALT
       L-GEHALT := GEHALT * 1.1
       PERFORM BREAK PROCESSING (R1.)
         AT BREAK OF TAUSEND
            NEWPAGE
            MOVE OLD(TAUSEND) TO ALT
            MOVE COUNT(NAME)  TO ZAEHLER
            COMPRESS 'Es verdienen' ZAEHLER
               'Personen zwischen' INTO ZEILE1
            COMPRESS ALT 'und' TAUSEND 'tausend DM'
         END-BREAK
     END-READ
END
```

Abbildung 5.75: Beispielprogramm für PERFORM BREAK

5.2.7 Sortieren (FIND SORTED)

Zum Sortieren von Datenbanksätzen nach einem bestimmten Kriterium gibt es neben den bereits in den Abschnitten 2.1.9 und 5.1.8 vorgestellten Möglichkeiten noch einen spezielle Erweiterung des Suchbefehls, die SORTED BY-Klausel:

FIND [{ALL, *prozeßlimit*, FIRST, NUMBER, UNIQUE}]
    [RECORDS] [IN] [FILE] *viewname*
    [PASSWORD=*passwort*]
    [CIPHER=*cipherschluessel*]
    [WITH][[LIMIT (*withlimit*)] *erstes_suchkriterium*
    [COUPLED-*Klausel*]...4/42
    [SORTED [BY] *sortierkriterium*...3 **[DESCENDING]**
    [RETAIN-*Klausel*]
    [WHERE-*Klausel*]
    [IF NO RECORDS FOUND-*Klausel*]
    Befehle...
  END-FIND

Mit der SORTED BY-Klausel kann die ISN-Ergebnisliste der ausgewählten Datensätze in der Reihenfolge von ein bis drei Deskriptoren sortiert werden, die sich von den im Suchkriterium angegebenen Deskriptoren unterscheiden können:

FIND AUTO WITH MARKE = MERCEDES SORTED BY FARBE

Normalerweise erfolgt die Sortierung aufsteigend, auf Wunsch (descending) kann auch absteigend sortiert werden. Die SORTED BY-Klausel ist nur verfügbar für ADABAS, DB2, SESAM und SQL/DS-Datenbanken und wird mit NATURAL PROCESS nicht unterstützt. Bei der Anwendung der Klausel sind die für die Sortierung eingegeben Beschränkungen aktiv (ADABAS-Parameter LS, NATURAL-Parameter SORTSZE).

Der Aufwand in der Datenbank hängt maßgeblich von der Treffermenge ab:

i)   *kleine Treffermengen:*

ADABAS sortiert direkt im Datenbereich.

ii) *große Treffermengen:*

Die invertierte Liste für den SORTED BY-Deskriptor wird solange durchsucht, bis sich alle ISNs einer Ergebnisliste in ihrer Sortierposition befinden. Dies hat zur Folge, daß ADABAS unter Umständen alle ASSO-Blöcke für die invertierte Liste des SORTED BY-Deskriptors durchsuchen muß, um eine in der Ergebnisliste vorhandene ISN zu finden. Nicht selten werden bei der Anwendung der SORTED BY-Klausel von ADABAS über 100 I/Os abgesetzt.

Die NATURAL Sortierung ist der ADABAS Sortierung vorzuziehen, falls die Treffermenge einer zu sortierenden Ergebnisliste nicht klar begrenzt ist.

5.2.8 NATURAL DB2 Visible SQL

Von NATURAL SQL/DS-Programmen aus können direkt SQL-Befehle generiert, statt NATURAL-Datenbankbefehlen können SQL-Befehle eingesetzt werden. Aus Performancegründen sollten die Befehle READ und FIND durch SELECT ersetzt werden:

- Searched Update

```
UPDATE MITARBEITER
SET GEHALT = GEHALT * 1.07
WHERE ABTEILUNG = 'COMP25'
```

- Searched Delete

```
DELETE FROM MITARBEITER WHERE PERSONALNR = '4711'
```

- Insert

```
INSERT INTO FAHRZEUGE (FAHRGESTELLNR,KENNZEICHEN,MARKE)
VALUES (2543232,'DA-XY 333','AUDI')
```

Nachfolgend sind die NATURAL-Befehle mit den entsprechenden SQL-Befehlen aufgeführt:

NATURAL-Befehl	SQL-Statement
FIND ALL	SECECT
FIND NUMBER	SELECT COUNT (*)
READ LOGICAL	SELECT ... ORDER BY
READ PHYSICAL	SELECT
READ BY ISN	-
STORE	INSERT
SORT USING/GIVING	-
UPDATE	UPDATE
DELETE	DELETE
HISTOGRAM	SELECT COUNT
BACKOUT TRANSACTION	ROLLBACK
END TRANSACTION	COMMIT
GET/...same/...record/ ...transaction data	-
SORTED BY ... [DESCENDING]	ORDER BY ... [DESCENDING]
WITH	WHERE
Relational Operators	same
Boolean Operators	same
EQUAL ... OR	IN (...)
EQUAL ... THRU ...	BETWEEN ... AND ...

Abbildung 5.76: NATURAL DML versus NATURAL SQL [SQL]

Im Gegensatz zu NATURAL/ADABAS muß der Transaktionsendebefehl bei NATURAL SQL/DS hinter Schleife stehen. Daneben gibt es spezielle Namenskonventionen, die eingehalten werden müssen.

5.3 Drucken

In diesem Kapitel werden die verschiedenen Befehle rund ums Drucken wie Druckausgabefehle und Befehle zum Seitenanfang, -ende und Seiten- und Zeilenvorschub beschrieben (Abschnitte 5.3.1 und 5.3.2). Die Möglichkeiten dynamischer Druckerzuordnung sind Thema des Abschnitts 5.3.3. Zum Abschluß des Kapitels werden die das Drucken betreffenden Sitzungsparameter und die relevanten Systemparameter zusammengefaßt (Abschnitte 5.3.4 und 5.3.5). Daneben sei auf die Abschnitte 3.2.5 (Möglichkeiten des Druckens) und 7.3 verwiesen.

Die vorgestellten Befehle beziehen sich auf NATURAL-Druckausgaben. Die Angabe von (*rep*) bezeichnet die Kennung des Reports aus der Definition beim NATURAL-Aufruf [0, 31] oder der logische Name aus der DEFINE PRINTER-Anweisung. Ohne Angabe von (*rep*) erfolgt die Ausgabe auf Report 0, das bedeutet, auf dem Bildschirm in der Dialogsitzung und in der Batchsitzung beim NATURAL-Ausgabeprotokoll.

Parameter	Format	Bedeutung
anzahl_zeilen	N, P, I	Anzahl verbleibender Zeilen vorm Seitenende.
anzahl_leerzeilen	N, P, I	Anzahl einzufügender Leerzeilen.
befehlsparameter	Parameter	Ein oder mehrere, in Klammern eingeschlossene Sitzungsparameter. Die Angaben von GLOBALS, SET GLOBALS oder FORMAT werden überschrieben.
text	Text-konstante	
attribute	AD, CD	Darstellungsattribut (AD): {B, C, D, I, N, U, V} Farbattribut (CD): {BL, GR, NE, PI, RE, TU, YE}
ausgabefeld	alle Formate außer C	Auszugebendes Feld.
parameter	Parameter	Wie *befehlsparameter*, Gültigkeit beschränkt auf *ausgabefeld*.

Abbildung 5.77: Beschreibung der in den Druckbefehlen verwendeten Parameter

Mit Kontrollvariablen und Formaten können für die Ausgabeeinheiten spezielle Darstellungen generiert werden. Terminaltypen, die diese Möglichkeiten nicht nutzen können, ignorieren sie oder simulieren sie mit anderen Techniken.

Format-notation	Bedeutung	NEWPAGE	DISPLAY	PRINT	WRITE		
						TITLE	TRAILER
lX	❏ Zwischen den Spalten oder Ausgabeelementen werden l Leerzeichen eingefügt, $l \neq 0$.	X	X	X	X	X	X
mT	❏ Tabulatorfunktion. Die Ausgabe des Feldes oder des Textes beginnt in Spalte m.	X	X	X	X	X	X
'='	❏ DISPLAY: Steht '=' direkt vor dem *ausgabefeld* wird, falls vorhanden, die im DDM oder in der Datendefinition hinterlegte Feldüberschrift benutzt, ansonsten der Feldname. ❏ WRITE, PRINT: Steht '=' direkt vor dem *ausgabefeld*, wird der Feldname direkt vor dem Feldwert ausgegeben.	X	X	X	X	X	X
/	❏ Steht das /-Zeichen zwischen zwei Feldern oder Textelementen, wird bei der Ausgabe zwischen ihnen ein Zeilenvorschub eingefügt. ❏ DISPLAY: Mit / wird auch ein Zeilenvorschub innerhalb eines Textelements erzeugt. Wird / zwischen Ausgabefeldern angegeben, werden diese senkrecht untereinander in der gleichen Spalte plaziert.	X	X	X	X	X	X
'text'	❏ WRITE, PRINT: Darstellung von *text*. ❏ DISPLAY: Steht '*text*' direkt vor dem *ausgabefeld*, wird die Spaltenüberschrift durch den *text* ersetzt. Mit '/' direkt vor dem *ausgabefeld*, wird dessen Standardspaltenüberschrift unterdrückt. Steht '*text*' '=' direkt vor dem *ausgabefeld*, wird *text* direkt vor diesem geschrieben.	X	X	X	X	X	X
'c'(n)	❏ Das Zeichen 'c' wird n mal direkt vor dem Feldwert dargestellt.		X	X	X	X	X
z/s	❏ Das nächste Element wird z Zeilen unterhalb der letzten Ausgabe plaziert, beginnend in Spalte s, $s \neq 0$.	X			X	X	X
T*feldname	❏ Das Feld wird an eine in einem vorangehenden DISPLAY-Befehl benutzte Stelle der Listausgabe positioniert.	X	X		X		
P*feldname	❏ Aus einem vorangehenden DISPLAY-Befehl werden die Druckposition und die Zeile eines Feldes für die Feldposition übernommen.	X	X		X		

Abbildung 5.78: Beschreibung der verwendeten Formatnotationen

5.3.1 Druckausgabebefehle

Zum Formatieren und Schreiben der Druckausgaben stellt NATURAL drei Befehle zur Verfügung, die unterschiedliche Möglichkeiten bieten:

1) **DISPLAY** [(*rep*)] [NOTITLE]
   [NOHDR] [[AND] [GIVE] [SYSTEM] FUNCTIONS]
   [(*befehlsparameter*)]
   { [/...]
     [[{ *lX*, *mT*, T**feldname*, P**feldname* }]
     [{ '*text*' [(*attribute*)], '*c*'(*n*) [(*attribute*)] }...]
     [{ **VERT**ICALLY
       [AS { '*text*' [(*attribute*)] [**CAP**TIONED], [**CAP**TIONED] }][/...],
     [**HORIZ**ONTALY] }]]
     [{ { '*text*' [(*attribute*)], '*c*'(*n*) [(*attribute*)] }..., *lX*, *mT* }] ['=']
     { *ausgabefeld* [(*parameter*)] } } ...

2) **PRINT** [(*rep*)] [NOTITLE]
   [(*befehlsparameter*)]
   { [{ *lX*, *mT* }] [{ { '*text*' [(*attribute*)], '*c*'(*n*) [(*attribute*)] }..., '=', /... }]],
   ausgabefeld [(*parameter*)] } ...

3a) **WRITE** [(*rep*)] [NOTITLE]
   [(*befehlsparameter*)]
   { [{ *lX*, *mT*, *z/s*, T**feldname*, P**feldname*, '=', /... }]
   { '*text*' [(*attribute*)], '*c*'(*n*) [(*attribute*)], *ausgabefeld* [(*parameter*)] }... } ...

3b) **WRITE** [(*rep*)] [NOTITLE]
   [USING] {FORM, MAP} *maskenname* [*feldname*]

Standardmäßig generiert NATURAL für jede mit einem DISPLAY-, WRITE- oder PRINT-Befehl erzeugte Seite eine einfache Titelzeile mit Seitennummer, Tageszeit (= Startzeit des Programms oder des Jobs) und Datum, die mit dem Befehl WRITE TITLE überschrieben oder mit der NOTITLE-Option unterdrückt werden kann. Die NOTITLE-Option wird auf alle DISPLAY-, PRINT- und WRITE-Befehle innerhalb desselben Objekts angewandt, die in dieselbe Liste ausgegeben werden.

Bevor die Unterschiede zwischen den Ausgabebefehlen genauer ausgearbeitet werden, werden die spezifischen Eigenheiten dieser Befehle vorgestellt.

DISPLAY

Die Ausgabefelder einer Liste können mit dem DISPLAY-Befehl in einem Spaltenformat angeordnet werden. Dabei wird für jedes Feld eine Spalte angelegt und über dieser eine Feldüberschrift plaziert.

Die Spaltenüberschriften für die im DISPLAY-Befehl angegebenen Felder können explizit mit

$$\text{DISPLAY '}ueberschrift_1\text{' } parameter_1 \text{ ... '}ueberschrift_n\text{' } parameter_n$$

angegeben werden. Ohne Angabe wird die im DDM spezifizierte Überschrift herangezogen, fehlt auch diese, der Variablenname selbst. Die Spaltenüberschriften werden unterstrichen, zwischen dem Unterstrich und den Daten wird eine Leerzeile erzeugt. Die Generierung dieser Leerzeile kann mit dem NATURAL-Parameter UC=OFF, die des Unterstrichs mit UC=ᵇ unterdrückt werden.

Bestimmend für die Überschrift einer Spalte ist der erste DISPLAY-Befehl innerhalb eines Programms, die Auswertung erfolgt bereits zur Übersetzungszeit. Die Spaltenüberschriften einzelner Felder können durch die Zeichenfolge '/', aller Felder mit der NOHDR-Option unterdrückt werden.

Um in einer Seitenendebedingung die NATURAL-Systemfunktionen AVER, COUNT, MAX, MIN, NAVER, NCOUNT, NMIN, SUM und TOTAL auswerten zu können, muß in genau einem DISPLAY-Befehl zu einer Ausgabe die Klausel GIVE SYSTEM FUNCTIONS angegeben werden. Die Systemfunktionen außer der Funktion TOTAL werden auf Seitenbasis ausgewertet und mit einer neuen Seite auf Null zurückgesetzt.

Mit DISPLAY erzeugte Ausgaben sind normalerweise im Batchmodus 132 Stellen breit und so breit wie die Zeilenlänge des Terminals im Dialogmodus. Die Breite kann mit dem NATURAL-Sitzungsparameter LS überschrieben werden. Im Terminalmodus beginnt die Ausgabe in der physikalischen Spalte 2, im Batchmodus in Spalte 1. Normalerweise wird zwischen zwei Ausgabefeldern ein Leerzeichen eingefügt, die Anzahl kann mit dem Parameter SF verändert werden. Falls nicht mit dem Parameter HC anders eingestellt, wird die Spaltenüberschrift zentriert, die Spaltenbreite wird durch die Feld- oder Überschriftenlänge festgelegt, entsprechend dem Parameter HW. Alphanumerische Felder werden standardmäßig linksbündig, numerische Felder rechtsbündig ausgegeben, dies kann mit dem Parameter AD verändert werden. Zum Ausdruck numerischer Felder ist eine Vorzeichenposition reserviert, die mit dem Parameter SG unterdrückt werden kann.

Mit DISPLAY können die Ausgaben zeilen- und spaltenorientiert erfolgen. Wiederholungen einer Gruppe oder Tabelle werden standardmäßig in einer Spalte untereinander dargestellt, mit der VERT-Klausel ist auch die Ausgabe verschiedener Felder in einer Spalte untereinander angeordnet möglich. Die Spaltenüberschrift einer solchen kombinierten Spalte wird gebildet entsprechend den zusätzlichen Angaben. Ohne die AS-Klausel wird keine Spaltenüberschrift erzeugt. Mit der Angabe AS *'text₁/text₂'*... werden mehrere Überschriftszeilen (maximal 15) generiert. Die Standardüberschrift für das Feld wird verwendet mit der Klausel AS CAPTIONED, zusätzlich kann mit AS *'text'* CAPTIONED ein weiterer Überschriftentext ausgegeben werden.

Spalten- und zeilenorientierte Ausgabe können miteinander kombiniert werden. In einer Spaltenausgabe mit VERT können einzelne Felder durch Angabe eines Querstriches '-' direkt vor dem Feldnamen horizontal ausgegeben werden.

WRITE

Bei Anwendung einer vordefinierten Ausgabemaske muß die Einstellung des Parameters LS um ein Byte größer sein als die in der Maske getroffene LS-Einstellung. Falls der *maskenname* als Konstante angegeben wird und die Liste der *ausgabeparameter* fehlt, werden die Felder von der Maskensource zur Übersetzungszeit übernommen.

DISPLAY und WRITE

Vor der Ausführung eines WRITE- oder DISPLAY-Befehls wird der Seitenüberlauf geprüft. Während der Befehlsausführung wird keine neue Seite mit Titel- oder Fußzeileninformationen erzeugt.

Seitentitel und Spaltenüberschriften können in beiden Fällen mit den Optionen NOTITLE und NOHDR unterdrückt werden. Der Standardseitentitel kann mit dem Befehl WRITE TITLE durch einen eigenen Seitentitel ersetzt und anstelle einer zentrierten, nicht unterstrichenen Darstellung linksbündig und/oder unterstrichen ausgegeben werden (siehe Abschnitt 5.3.2).

Die Befehle DISPLAY und WRITE unterscheiden sich in verschiedenen Punkten:

* *Zeilenüberlauf*

  WRITE unterstützt Zeilenüberlauf. Falls die Zeilenbreite nicht ausreicht, wird der nächste Text oder das nächste Feld vollständig in die nächste Zeile geschrieben und nicht zwischen den Zeilen getrennt. Ein Zeilenüberlauf im DISPLAY-Befehl führt zu einer Fehlermeldung.

- *Spaltenüberschriften*

  WRITE erzeugt keine standardmäßigen Spaltenüberschriften. Die Datenlänge bestimmt die Anzahl der Druckpositionen für jedes Feld.

- *Spalten- oder Zeilenorientierung*

  Die Felder eines Bereichs oder der Ausschnitt einer Tabelle werden mit DISPLAY untereinander, mit WRITE nebeneinander gedruckt.

WRITE und PRINT

Die Befehle WRITE (ohne USING-Klausel) und PRINT erzeugen Freiformatausgaben. Falls die Ausgabe die aktuelle Zeilenbreite erreicht, wird sie auf der folgenden Zeile fortgesetzt. Führende Nullen numerischer Werte und nachlaufende Leerzeichen alphanumerischer Werte werden unterdrückt. Der Sitzungsparameter AD bestimmt, ob numerische Werte links- (AD=R) oder rechtsbündig (AD=L) gedruckt werden.

Unterschiede zwischen den Befehlen WRITE und PRINT gibt es in den Punkten:

- *Ausgabenlänge eines Operanden*

  Beim PRINT-Befehl wird die Ausgabelänge jedes Operanden bestimmt durch die Länge seines Inhalts, beim WRITE-Befehl durch die Operandenlänge.

- *Zeilenüberlauf*

  Mit PRINT werden zu teilende Operanden werden vollständig in die nächste Zeile geschrieben, außer es handelt sich um alphanumerische Konstanten oder Felder ohne Editiermasken. Diese werden am äußersten rechten Leer- oder Sonderzeichen geteilt. WRITE schreibt unabhängig von Feldgrenzen bis zum Zeilenende und gibt die verbleibenden Zeichen in der Folgezeile aus.

5.3.2 Seitenanfang, -ende und -wechsel

Die Befehle, die NATURAL zur Seitenanfangs- und -endeverarbeitung zur Verfügung stellt, sind nichtprozedurale Befehle. Sie werden ausgeführt beim Eintreten der auslösenden Bedingung, unabhängig von ihrer Anordnung im Programm und dürfen nicht vor dem Datendefinitionsblock, in einem speziellen Bedingungsblock oder in einer Inlinesubroutine stehen. Die Befehle AT TOP OF PAGE, AT END OF PAGE, WRITE TITLE und WRITE TRAILER sollten stets im hierarchisch höchsten, eine Listausgabe erzeugenden Modul zu finden sein, sie dürfen pro Liste nur einmal angegeben werden. Ohne Angabe der Listnummer (*rep*) beziehen sie sich auf Liste 0. Ihre Plazierung ist im Zusammenhang mit den Parametern PS und LS zu beachten.

1)   [AT] **TOP** [OF] **PAGE** [(*rep*)]
        befehl...
     END-TOPPAGE

2)   [AT] **END** [OF] **PAGE** [(*rep*)]
        befehl...
     END-ENDPAGE

3)   **WRITE** [(*rep*)] **TITLE**

[LEFT [JUSTIFIED]] [UNDERLINED]
[(*befehlsparameter*)]
{ [{*lX*, *mT*, *z/s*}] {'*text*'[(*attribute*)], '*c*'(*n*) [(*attribute*)],
   ['='] *ausgabefeld* [(*parameter*)], /}...}...

[SKIP *anzahl_zeilen* [LINES]]

4)   **WRITE** [(*rep*)] **TRAILER**

[LEFT [JUSTIFIED]] [UNDERLINED]
[(*befehlsparameter*)]
{ [{*lX*, *mT*, *z/s*}] {'*text*'[(*attribute*)], '*c*'(*n*) [(*attribute*)],
   ['='] *ausgabefeld* [(*parameter*)], /}...}...

[SKIP *anzahl_zeilen* [LINES]]

Am Seitenanfang wird zuerst, falls vorhanden, der WRITE TITLE-Befehl ausgeführt und dann, falls die Seitenanfangsbedingung erfüllt ist, der AT TOP OF PAGE-Block. Die Verarbeitung am Seitenende erfolgt analog. Zuerst wird der WRITE TRAILER-Befehl durchgeführt, danach die Anweisungen des AT END OF PAGE-Blocks.

Darüber hinaus gibt es prozedurale Befehle zur Auslösung eines Seiten- oder Zeilenvorschubs, die teilweise zum Übergehen der Seitenanfangs- und/oder Seitenendeverarbeitung führen:

5) **EJECT** {ON, OFF} [(*rep*)]

6) **EJECT** [(*rep*)]
      [[{IF, WHEN}] [LESS][THAN] *anzahl_zeilen* [LINES][LEFT]]

7) **NEWPAGE** [(*rep*)]
      [{EVEN [IF][TOP][OF][PAGE],
      [{IF, WHEN}] [LESS][THAN] *anzahl_zeilen* [LINES][LEFT]}]
      [[WITH] TITLE

> [LEFT [JUSTIFIED]] [UNDERLINED]
> [(*befehlsparameter*)]
> {[{*lX, mT, z/s*}] {'*text*'[(*attribute*)], '*c*'(*n*) [(*attribute*)],
>   ['='] *ausgabefeld* [(*parameter*)], /}...}...

8) **SKIP** [(rep)] *anzahl_leerzeilen* [LINES]

Seitenanfang - *AT TOP OF PAGE*

Das Verhalten am Seitenanfang wird bestimmt durch die Anweisungen im AT TOP OF PAGE-Block. Eine neue Seite beginnt, wenn der interne Zeilenzähler die vom NATURAL-Sitzungsparameter PS festgelegte Seitengröße übersteigt oder eine NEWPAGE-Anweisung ausgeführt wird. Bei der Datenübergabe mittels STACK TOP DATA mit folgendem INPUT wird immer ein (unerwünschter) Seitenwechsel durchgeführt. Die Ausgaben am Seitenanfang erfolgen nach der Titelzeile und einer trennenden Leerzeile.

Mit der NEWPAGE-Anweisung wird nicht eine neue Seite angesteuert, sondern sofort in den AT END OF PAGE-Block verzweigt. Obwohl eine EJECT-Anweisung einen Seitenwechsel erzwingt, wird die AT TOP OF PAGE-Bedingung nicht erfüllt.

Seitenende - *AT END OF PAGE*

Die Verarbeitung am Seitenende wird in einem AT END OF PAGE-Block festgelegt. NATURAL übergibt die Kontrolle an diesen Block beim Erreichen des logischen Seitenendes entsprechend dem Parameter PS.

Die Überprüfung nach Seitenende erfolgt nach dem Abschluß einer DISPLAY- oder WRITE-Anweisung, weshalb die physische Seite überlaufen kann. Falls im Programm sichergestellt wird, daß es nicht zu einem physischen Seitenüberlauf kommt, kann die logische Seite so groß wie die physische Seite definiert werden, ansonsten besser kleiner. Die Verarbeitung der letzten Seite wird nur bei einer Beendigung des Hauptprogramms über ESCAPE, STOP oder END aktiviert, nicht bei Unterprogrammende. Falls im AT END OF PAGE-Befehl Systemfunktionen benutzt werden sollen, muß in genau einem zur Ausgabe zugehörigen DISPLAY-Befehl die GIVE SYSTEM FUNCTION-Klausel angegeben sein. Erfolgt innerhalb des AT END OF PAGE-Blocks eine INPUT-Anweisung, wird keine neue Seite eröffnet. Um zu vermeiden, daß die zusätzlich von der INPUT-Anweisung benötigten Zeilen nicht auf die gleiche physische Seite passen, sollte die Seitengröße (Sitzungsparameter PS) angepaßt werden [*RM*].

Kopf- und Fußzeilen - WRITE TITLE und WRITE TRAILER

Standardmäßig werden die Kopf- und Fußzeilen zentriert und nicht unterstrichen. Vor der Zentrierung der gesamten Zeile erzeugt NATURAL die Zeile mit allen Zeichenvorschub- und Tabulatordefinitionen. Die Standardvorgaben können mit den Angaben LEFT JUSTIFIED (linksbündig) und/oder UNDERLINED (unterstrichen) überschrieben werden. Falls angegeben, erfolgt die Unterstreichung mit dem Standardunterstrichzeichen oder dem im Sitzungsparameter UC eingetragenen Zeichen über die gesamte Zeilenbreite hinweg (Sitzungsparameter LS). Mit der SKIP-Option kann direkt nach der Kopf- oder Fußzeile ein Zeilenvorschub von *anzahl_zeilen* ausgelöst werden [*RM*].

Um sicherzustellen, daß die Fußzeileninformation (WRITE TRAILER) am Ende derselben physischen Seite ausgegeben wird, sollte die mit dem Sitzungsparameter PS (nicht zu verwechseln mit dem Profilparameter PS) festgelegte Größe der logischen Seite kleiner als die der physischen Seite sein.

WRITE TRAILER wird ausgeführt beim Auftreten einer Seiten- oder Dateiendebedingung oder infolge eines SKIP- oder NEWPAGE-Befehls, nicht nach einem EJECT-Befehl. Da die Seitenendebedingung vor der Ausführung eines gesamten DISPLAY- oder WRITE-Befehls geprüft wird, kann es vor Eintreten der Seitenendebedingung bei mehrzeiligen Ausgaben zu einem Überlauf der physischen Seite kommen.

Seiten- und Zeilenvorschub - EJECT, NEWPAGE und SKIP

Für den EJECT-Befehl gibt es zwei mögliche Formulierungen. EJECT ON/OFF ist im Onlinemodus nur mit Angabe der Listnummer (*rep*) erlaubt, im Batchmodus auch ohne Listangabe. Mit EJECT OFF (*rep*) wird die Seitenanfangsverarbeitung für die angegebene Liste außer Kraft gesetzt, mit EJECT ON (*rep*) aktiviert. Im Batchmodus erzeugt NATURAL mit EJECT ON einen Seitenvorschub zwischen dem Sourceprogrammlisting, der Druckausgabe und der

Meldung "EXECUTION COMPLETED", EJECT OFF unterdrückt die Seitenvorschübe [*RM*].

Der Befehl EJECT ohne ON/OFF-Zusatz kann verwendet werden, um einen Seitenvorschub ohne Titel- oder Kopfzeile für die nächste Seite und ohne Seitenanfangs- und -endeverarbeitung zu erzwingen. Erzeugt wird nur eine neue physische Seite, die Bedingungen für die Ausführung der Befehle AT TOP OF PAGE, AT END OF PAGE, WRITE TITLE oder WRITE TRAILER werden nicht erfüllt, die mit DISPPLAY GIVE SYSTEM FUNCTIONS ausgewerteten Systemfunktionen nicht betroffen. Während die NATURAL-Systemvariable *LINE-COUNT auf 1 zurückgesetzt wird, bleibt die Systemvariable *PAGE-NUMBER unverändert. Die Seitenvorschubsteuerung kann mit dem Zusatz IF LESS THAN *anzahl_zeilen* LINES LEFT in Abhängigkeit einer verbleibenden Anzahl freier Zeilen auf der Seite erfolgen.

Ein Seitenvorschub ohne Kontrolle über den NATURAL-Sitzungsparameter PS und unter Beibehaltung der AT END OF PAGE- und WRITE TRAILER-Bedingungen, sowie mit Ausführung der entsprechenden Befehle, kann mit der Anweisung NEWPAGE erreicht werden. Dies ist mit dem Zusatz EVEN IF TOP OF PAGE auch dann möglich, wenn gerade eine neue Seite initialisiert wurde. Falls nicht mit WRITE TITLE, WRITE NOTITLE oder DISPLAY NOTITLE eine spezielle Titelzeile ausgewählt wurde, wird die Standardtitelzeile ausgegeben.

Mit dem Befehl SKIP können in einen Ausdruck Leerzeilen (1 - 250) eingefügt werden. Wenn mit der Ausführung eines SKIP-Befehls die Seitengröße erreicht wird, werden darüberhinausgehende Zeilen ignoriert, falls der SKIP-Befehl nicht in einer AT TOP OF PAGE-Anweisung steht.

5.3.3 Druckerzuweisungen

Einer Ausgabenummer kann ein symbolischer Name zugewiesen und die Zuteilung eines Ausdrucks an eine logische Ausgabeeinheit kann kontrolliert werden mit dem Befehl

DEFINE PRINTER ([*logischer_druckername* =] *n*)
    [OUTPUT *ausgabeeinheit*]
      [{ PROFILE *drucksteuerzeichentabelle*,
    FORMS *form*,
    NAME *listname*,
    DISP *disposition*,
    COPIES *copienzahl*}...5]

Parameter	Format	mögliche Werte
logischer_druckername	A8	Name des logischen Druckers.
n	Konstante	1 - 31.
ausgabeeinheit	A8	Name eines logischen Druckers oder SOURCE, CONNECT, DUMMY, HARDCOPY, INFOLINE oder WORKPOOL.
drucksteuerzeichentabelle	A8	Name einer Escapesequenz aus dem NTCC-Makro.
form	A8	Bezeichnung eines Formulars.
listname	A8	Name der Ausgabeliste.
disposition	A4	DEL, HOLD, KEEP. Default: DEL
copienzahl	N	Anzahl Kopien.

Abbildung 5.79: Parameter zur DEFINE PRINTER-Anweisung

Damit wird eine zusätzliche Flexibilität bei der Erstellung von Ausdrucken für verschiedene logische Drucker erreicht. Ist der angegebene Drucker bei der Befehlsausführung bereits eröffnet, wird er implizit geschlossen. Ein reguläres Schließen des Druckers wird über den Befehl CLOSE PRINTER erreicht.

Derselben Druckernummer können mehrere logische Namen zugewiesen werden. Die Zuweisung des logischen Druckers mit *logischer_druckername* = *n* erfolgt zur Übersetzungszeit und ist unabhängig vom Programmfluß.

Die Zuordnung der *ausgabeeinheit* innerhalb des Online-Spoolingsystems findet zur Laufzeit statt. Angegeben werden kann die *ausgabeeinheit* als Konstante oder als alphanumerische Variable mit dem Format A8, sie enthält einen beliebigen, über Parameter oder in der JCL beim NATURAL-Startup mitgegebenen logischen Druckernamen.

Mit dem NTCC-Makro können Escapesequenzen für spezielle Möglichkeiten von Laserdruckern angegeben werden, deren Name in der PROFILE-Klausel des DEFINE PRINTER-Befehls verwendet werden kann. Es ist möglich, entweder NATURAL-Feldattribute in Escapesequenzen zu übersetzen oder spezielle Zeichen anzugeben, die in Escapesequenzen übersetzt werden. Darüberhinaus kann ein Openstring angegeben werden, der immer als erste Ausgabezeile nach dem Open an den Drucker gesendet wird. Der Benutzer kann so mit verschiedenen Profilnamen verschiedene Formulare und Drucksätze bedienen [*IM*].

Unter COM-PLETE muß der Druckername nicht definiert sein, es wird der erste sich im CLOSE-Status befindliche COM-PLETE-Drucker zugewiesen. Ohne Angabe der OUTPUT-Klausel hängt die Zuordnung der Ausgabeeinheit vom NATURAL-Profilparameter PRINTER ab [*RM*].

Zusätzliche Ausgaben können standardmäßig abhängig von einem in Hochkommata angegebenen Kennwort in weitere Medien erfolgen:

Kennwort	Ausgabe erfolgt in/auf
SOURCE	❑ den NATURAL-Sourcebereich.
CONNECT	❑ einen CON-NECT-Ordner.
DUMMY	❑ Ausgabe wird gelöscht.
HARDCOPY	❑ dem aktuellen Hardcopydrucker.
INFOLINE	❑ der NATURAL-Informationszeile (siehe Terminalkommando %X).
WORKPOOL	❑ den NATURAL ISPF-Workpool.

Abbildung 5.80: Zuordnung einer NATURAL-Druckausgabe

Beispiele:

- DEFINE PRINTER (1) OUTPUT 'INFOLINE'

  Zusatzinformationen werden in der Informationszeile ausgegeben.

- DEFINE PRINTER (1) OUTPUT 'DRUCKER1' PROFILE 'KYOCERA'.

  Die Druckparameter werden aus dem NATURAL-Programm heraus angesteuert.

- DEFINE PRINTER (1) OUTPUT 'WORKPOOL'

  Durch Definition der Drucker als Workpool können während der Programmausführung eines Programms in NATURAL ISPF verschiedene Listen in den Workpool geschrieben werden. Die Listen werden vom NATURAL ISPF-Hauptmenü aus gepflegt. Bei jedem neuen Programmlauf wird die bestehende Programmausgabe überschrieben.

5.3.4 Druckparameter

Für die Einstellungen zum Drucken gibt es NATURAL-Profilparameter und daneben NATURAL-Sitzungsparameter, die beim Aufruf der NATURAL-Sitzung oder über NATURAL-Befehle aktiviert werden.

Parameter	Beschreibung	Angabe
AL	Defaultausgabelänge alphanumerischer Felder. Ist das Feld länger als mit AL festgelegt, wird es rechts abgeschnitten. Befehls- und Feldebene.	mögliche Werte: 1 - n, Default: none n entspricht dem Wert des LS-Parameters - 1. Befehle: DISPLAY, FORMAT, INPUT, PRINT, WRITE
IC	Bis zu 10 Füllzeichen, die direkt vor dem ersten Zeichen der Ausgabe eines Feldwerts mit dem DISPLAY-Befehl stehen. Bei linksbündigen Feldern wird die gleiche Wirkung erzielt, wie mit dem LC- Parameter.	mögliche Werte: beliebige Zeichen Die Sitzungsparameter LC und IC schließen sich gegenseitig aus. Befehls- und Feldebene. Befehle: DISPLAY, FORMAT
LC	Bis zu 10 Füllzeichen, die direkt vor der Ausgabe eines Feldes mit dem DISPLAY-Befehl stehen. Die Breite der Ausgabespalte wird entsprechend vergrößert. Befehls- und Feldebene.	mögliche Werte: beliebige Zeichen Die Sitzungsparameter LC und IC schließen sich gegenseitig aus. Befehle: DISPLAY, FORMAT
NL	Defaultein-/ausgabelänge numerischer Felder. Ist das Feld länger, als mit NL festgelegt, wird es ohne Fehlermeldung links abgeschnitten. Befehls- und Feldebene.	mögliche Werte: $nn.m$, Default: none nn: Anzahl Vorkommastellen. m: Anzahl Nachkommastellen, max. 7. $nn + m$ muß kleiner als 29 sein. Befehle: DISPLAY, FORMAT, INPUT, PRINT, WRITE
SF	Leerzeichenfaktor. Anzahl Leerzeichen, die standardmäßig zwischen Spaltenfeldwerten von mit DISPLAY erzeugten NATURAL-Ausgaben stehen.	mögliche Werte: 1 - 30, Default: 1 Nur Befehlsebene. Befehle: DISPLAY, FORMAT, SET GLOBALS
TC	Bis zu 10 nachlaufende Zeichen, die direkt am rechten Feldrand der Ausgabe eines DISPLAY-Befehls angezeigt werden. Die Ausgabebreite wird entsprechend angepaßt.	mögliche Werte: beliebige Zeichen, Default: none Befehls- und Feldebene. Befehle: DISPLAY, FORMAT
UC	Unterstrichzeichen für mit DISPLAY generierte Spaltenüberschriften und für durch WRITE TITLE/TRAILER mit UNDERLINED-Option erzeugte Seitentitel/-fußzeilen.	mögliche Werte: bel. Zeichen, OFF, Default: - UC=OFF: Spaltenüberschriften werden nicht unterstrichen. Befehle: DISPLAY, FORMAT

Abbildung 5.81: NATURAL-Sitzungsparameter zum Ändern des Listlayouts

Parameter	Beschreibung	Angabe
FC	Füllzeichen, das links und rechts einer durch die Feldlänge bestimmten Spaltenüberschrift beim DISPLAY-Befehl ausgegeben und ansonsten ignoriert wird.	mögliche Werte: beliebiges Zeichen, Default: Leerzeichen Befehle: DISPLAY, FORMAT
GC	Füllzeichen für eine mit DISPLAY erzeugte Gruppenüberschrift über alle zur Gruppe gehörigen Felder.	mögliche Werte: beliebiges Zeichen, Default: Leerzeichen Befehle: DISPLAY, FORMAT
HC	Ausrichtung der Spaltenüberschriften, zentriert (HC=C), links- (HC=L) oder rechtsbündig (HC=R).	mögliche Werte: C, L, R, Default: C Befehle: DISPLAY, FORMAT
HW	Breite der Spaltenüberschrift im DISPLAY-Befehl. HW=OFF gilt nur mit der NOHDR-Option oder für nachfolgende DISPLAY-Befehle.	mögliche Werte: ON/OFF, Default: ON <u>HW=ON:</u> Breite$_{Überschrift}$ = max (Länge Überschriftentext, Feldlänge) <u>HW=OFF:</u> Breite$_{Überschrift}$ = Feldlänge. Befehle: DISPLAY, FORMAT

Abbildung 5.82: Sitzungsparameter zur Bestimmung der Spaltenüberschriftausgabe

Parameter	Beschreibung	Angabe
ES	Leerzeilenunterdrückung. Eine mit DISPLAY oder WRITE auszugebende Zeile, die nur Leerwerte enthält, wird mit ES=ON unterdrückt. Für numerische Werte muß zusätzlich ZP=OFF gesetzt werden.	mögliche Werte: ON/OFF, Default: OFF Befehle: DISPLAY, FORMAT, WRITE
IS	Der Ausdruck identischer Informationen in aufeinanderfolgenden, mit WRITE oder DISPLAY generierten Zeilen, wird unterdrückt. Kann für einen Ausgabesatz mit SUSPEND IDENTICAL SUPPRESS augesetzt werden.	mögliche Werte: beliebige Zeichen Kann mit den Sitzungsparametern ES und ZP kombiniert werden zur Unterdrückung von Leerzeilen. Befehle: DISPLAY, FORMAT, WRITE
ZP	Drucken von Feldern, die nur Nullen enthalten. Mit ZP=ON wird für jedes dieser Felder eine Null gedruckt, mit ZP=OFF wird es vollständig unterdrückt.	mögliche Werte: ON/OFF, Default: ON Der EM-Parameter überschreibt den ZP-Parameter. Befehle: DISPLAY, FORMAT, INPUT, PRINT, REINPUT, SET GLOBALS, WRITE

Abbildung 5.83: NATURAL-Sitzungsparameter zur Bestimmung der Datenausgabe

Parameter	Beschreibung	Angabe
AD	Auf Feld- oder Befehlsebene gültige Attributdefinition(en).	Befehle: CALLNAT, DISPLAY, FORMAT, INPUT, PERFORM, PRINT, REINPUT, WRITE
BX	Definition einer Ausgabebox. Um bestimmte Felder wird zur Anzeige und zum Sichtbarmachen der Feldlänge eine Zeile generiert. Nur möglich für bestimmte Terminaltypen.	mögliche Werte: T, B, L, R, ON, OFF, Default: none BX=T, (BX=B): obere (untere) Querlinie BX=L, (BX=R): linke (rechte) Längslinie BX=ON: entspricht BX=TBLR BX=OFF: keine Box. Befehle: DISPLAY, FORMAT, INPUT, REINPUT, WRITE
CD	Zur Darstellung eines Feldes benutzte Farbe.	Befehle: DISPLAY, FORMAT, INPUT, PRINT, REINPUT, WRITE
CV	Referenzierung einer Kontrollvariablen.	Befehle: DISPLAY, INPUT, PRINT, WRITE
DY	Dynamische Attributzuweisung zur Felddarstellung.	Befehle: DISPLAY, INPUT, PRINT, WRITE
EM	Angabe von Ein-/Ausgabe-Editiermasken für alphanumerische oder numerische Felder. Bei EM=OFF wird keine Editiermaske für das Feld benutzt, auch nicht, falls eine beim DDM definiert ist.	mögliche Werte: ON/OFF, Editiermasken, Default: none Überschreibt andere Parameter wie SG und ZP. Befehle: DEFINE DATA, DISPLAY, FORMAT, INPUT, MOVE EDITED, PRINT, WRITE
FL	Länge der Fließkommamantisse für die Ein- und Ausgabe. Die Gesamtlänge für Vorzeichen, Exponent und Dezimalzeichen ist FL+ 6.	mögliche Werte: 1 - 16, Default: none Überschreibt andere Parameter wie SG und ZP. Befehle: DISPLAY, FORMAT, INPUT, PRINT, WRITE
PM	Felddarstellung. Die Bedeutung dieses Sitzungsparameters unterscheidet sich etwas vom gleichnamigen Profilparameter, der mit dem SET GLOBALS-Befehl gesetzt werden kann. Es können auch mehrere Werte angegeben werden.	mögliche Werte: C, I, N, Default: none PM=C: alternativer Zeichensatz PM=I: inverse Schreibrichtung PM=N: von der Ausgabe kann keine Hardcopy angefertigt werden. Befehle: DEFINE DATA, DISPLAY, FORMAT, INPUT, PRINT, WRITE
SG	Dieser Parameter legt fest, ob eine Vorzeichenstelle für ein numerisches Feld angegelgt wird oder nicht. Mit SG=OFF werden auch negative Felder ohne Vorzeichen dargestellt.	mögliche Werte: ON/OFF, Default: ON Falls der EM-Parameter angegeben ist, überschreibt dieser den SG-Parameter. Befehle: DISPLAY, FORMAT, INPUT, PRINT; WRITE

Abbildung 5.84: NATURAL-Sitzungsparameter zur Felddarstellung

Parameter	Beschreibung	Angabe
EJ	Seitenvorschub bei logischem Seitenwechsel, Programmwechsel, "normalem Ende". Nur gültig für Report 0.	mögliche Werte: ON/OFF, Default: ON Kann mit dem EJECT-Befehl überschrieben werden. Befehle: SET GLOBALS
PS	Maximale Anzahl Zeilen pro Seite für mit DISPLAY-/WRITE-Befehlen erzeugte NATURAL Ausgaben. Mit PS=0 erfolgt keine NEWPAGE-Verarbeitung und kein automatischer Seitenwechsel.	mögliche Werte: 10 - 250, 0, Default: physische Seitengröße PS=0 kann nur in einer FORMAT-Anweisung angegeben werden. Für Report 0 wird die physische Seitengröße - 1 benutzt. Befehle: DISPLAY, FORMAT, INPUT, PRINT, SET GLOBALS, WRITE

Abbildung 5.85: NATURAL-Sitzungsparameter zum Seitenumbruch

Parameter	Beschreibung	Angabe
LS	Maximale Anzahl Zeichen einer Zeile für die Befehle DISPLAY, INPUT, PRINT und WRITE.	mögliche Werte: 2 - 250, mindestens 8 mit Defaultseitentitel, Default: physische Seitengröße Befehle: DISPLAY, INPUT, PRINT, WRITE
MP	Maximale Anzahl physischer Seiten für DISPLAY, PRINT und WRITE. Wird mit einer FORMAT-Anweisung bestimmt: FORMAT MP=*nnnnn*.	mögliche Werte: 1 - 99999, Default: 32767 Befehle: DISPLAY, FORMAT, PRINT, WRITE

Abbildung 5.86: Sonstige NATURAL-Sitzungsparameter zum Drucken

Ein Teil der aufgelisteten Sitzungsparameter ist fettgedruckt. Diese Parameter gibt es auch als NATURAL-Profilparameter, teilweise mit abweichender Bedeutung (siehe Abschnitt 7.3).

5.3.5 Druckrelevante Systemvariable

Zum Abschluß dieses Kapitels werden nochmals die druckrelevanten Systemvariablen mit ihren Besonderheiten aufgelistet:

Systemvariable	Format/ Länge	änder- bar	Inhalt	NATURAL-Befehle
*LINE-COUNT [(rep)]	P5	nein	Nummer der letzten (maximal 250) ausgegebenen Zeile, wird mit NEWPAGE oder EJECT auf 1 zurückgesetzt.	DISPLAY, WRITE, SKIP, PRINT, INPUT, EJECT, NEWPAGE
*LINESIZE	N7	nein	Physikalische Zeilenlänge der Ein-/Ausgabeeinheit, von der NATURAL gerufen wurde.	
*PAGESIZE	N7	nein	Physikalische Seitengröße der Ein-/Ausgabeeinheit, von der NATURAL gerufen wurde.	
*PAGE- NUMBER [(rep)]	P5	ja	Aktuelle Seitenzahl der List-ausgabe. Wird von NATU-RAL zum Zeitpunkt der For-matierung der ersten Liste definiert. Mit EJECT wird die Seitenzahl nicht erhöht.	FORMAT, WRITE, DISPLAY, SKIP, NEWPAGE

Abbildung 5.87: Druckrelevante Systemvariable

Die Systemvariablen *LINE-COUNT und *PAGE-NUMBER werden in den angegebenen Befehlen verändert (erhöht oder zurückgesetzt).

Kapitel 6

Besondere Techniken

6.1 Terminalkommandos

6.2 Fenstersteuerung

6.3 Cursorsteuerung

6.4 Bildschirmfarben setzen

6.5 Funktionen zum Kommandobereich

6.6 Ausgabefunktionen

6 Besondere Techniken

In diesem Abschnitt werden verschiedene Einsatzmöglichkeiten der Terminal-kommandos vorgestellt und entsprechende Alternativen mit NATURAL-Funktionen aufgezeigt.

Nach einer Übersicht über die vorhandenen Terminalkommandos, gegliedert nach Funkionsgruppen, werden im Abschnitt 6.1 noch zwei spezielle Terminal-kommandos mit Ihren Anwendungsmöglichkeiten herausgegriffen.

Die Steuerung von Fenstern bei der Bildschirmverarbeitung ist Bestandteil von Abschnitt 6.2. In den vorherigen NATURAL-Versionen konnten Fenster ausschließlich über Terminalkommandos bereitgestellt werden, mittlerweile gibt es auch spezielle NATURAL-Befehle, die dies komfortabel übernehmen.

Im folgenden Abschnitt 6.3 werden die Steuerung des Cursors auf dem Bildschirm mit Terminalkommandos oder Systemvariablen und die Anwendung cursorsensitiver Felder vorgestellt.

Abschnitt 6.4 beschreibt die Möglichkeiten der Farbzuweisungen zu Bildschirmfeldern.

Die Belegung der Funktionstasten und die Darstellung des Kommandobereichs sind Bestandteil von Abschnitt 6.5.

Das Kapitel wird abgeschlossen mit einer Zusammenfassung unterschiedlichster Ansätze unter der Überschrift Ausgabefunktionen. Darunter werden Funktionen verstanden, die eine bestimmte Ausgabe erzeugen und diese an die verschiedensten Stellen versenden (Abschnitt 6.6).

6.1 Terminalkommandos

Mit dem SET CONTROL-Statement können NATURAL-Terminalkommandos von Programmen aus ausgeführt werden. Die Terminalkommandos lassen sich in mehrere Gruppen einteilen:

Gruppe	Funktion	Terminalkommando
Bildschirmlayout	❏ Kontrolle über Fehler-, Statistik- und Funktionstastenzeilen ❏ Darstellung der einzelnen Feldtypen ❏ Terminaltypen ❏ Feldrahmen	%M, %X, %Y %=, %M=, %MP %T= %D=B
"Window"-Funktionen	❏ Fenstergröße ❏ Fensterposition ❏ Fensterrahmen ❏ Fensterverarbeitung	%WB, %WL.., %WC.. %WB, %Wlll/cc, %W... %WF=chv %W
Cursor-Positionierung		%T, %Tll/cc, %T*, %T+, %T-
Eingabe-funktionen	❏ Simulation von Bildschirmeingaben ❏ Simulation von Funktionstasten	%N %Kn, %KPm, %KN, %KO, %KS
Ausgabe-funktionen	❏ Kopierfunktionen ❏ Hardcopyfunktionen ❏ Screen-Funktionen ❏ Inhalt des Sourcebereichs löschen	%C, %CCC, %CSC, %CCLnn, %CSLnn %H, %Hdest, %H=$dest$, %H#$dest$ %Q, %R, %QS %Z
Dynamische Änderung von Profil- oder Session-Parametern	❏ Dateneingabe ❏ Datenumsetzung ❏ Datenausgabe (Modus)	%D, %F %L, %U %V
Hilfe	❏ Aufruf einer Hilferoutine ❏ Hilfe für Terminal Kommandos	%J$helproutine$ %?
Fehler-behandlung	❏ Aufruf Debugger	%E=OFF/ON %<TEST

Abbildung 6.1a: Übersicht der Terminalkommandos - Teil 1

Gruppe	Funktion	Terminalkommando
Batch-verarbeitung	❏ Fortsetzungszeichen für INPUT-Statements	%, %/ %
"ScreenPaging"-Funktionen	❏ "Screen Paging" aktivieren ❏ "Screen Paging" ausschalten ❏ "Screen Paging" wiederaufnehmen ❏ Gespeicherte Seiten anzeigen	%I, %P %O %S %E
"Recording"-Funktionen	❏ Aufzeichnung aktivieren ❏ Aufzeichnung beenden ❏ Aufzeichnung abrufen ❏ Start oder Ende einfügen ❏ Aktuellen Schirm austauschen ❏ Filmmodus einschalten ❏ Filmmodus ausschalten ❏ Filmmodus ein- oder ausschalten	%B*name*, %B*libname* %B %A*name* %B %R %GON %GOFF %G
Sonstige Funktionen	❏ ENTIRE CONNECTION ein-/ ausschalten ❏ Aktive NATURAL-Operation unterbrechen ❏ Blindeingabe ❏ Daten vom Stack lesen, ohne ihn zu ❏ verändern ❏ Löschen oberstes Element vom Stack ❏ Umschaltung Groß-/Kleinschrift ❏ Technische Informationen anzeigen ❏ Programmaufrufoptionen NATURAL/CICS	%+, %- %%, %. %* %.S %.P %U, %L %<TECH %P

Abbildung 6.1b: Übersicht der Terminalkommandos - Teil 2

Die einzelnen Terminalkommandos sind im NATURAL Referenzhandbuch genau beschrieben, hier wird nur auf einige näher eingegangen.

6.1.1 Anzeige besonderer Informationen

Die Anzeige der Statistik-/Informationszeilen kann mit den Terminalkommandos %X oder %XS kontrolliert werden.

Kürzel	Bedeutung
IO	Anzahl übertragener Bytes.
AIO	Durchschnittliche Anzahl übertragener Bytes seit Sessionbeginn.
MIN	Minimale Antwortzeit (ohne TP- und DC-System).
MAX	Maximale Antwortzeit.
AVR	Durchschnittliche Antwortzeit im vorangegangenen Dialogschritt.
LST	Letzte Antwortzeit im vorangegangenen Dialogschritt.
CLS	Anzahl NATURAL Programmaufrufe im vorangegangenen Dialogschritt.
ADA	Anzahl ADABAS Calls im vorangegangenen Dialogschritt.

Abbildung 6.2: Inhalt der Statistikzeile zum Messen der Antwortzeitkomponenten

Mit dem Kommando TECH, das auf eine Funktionstaste gelegt werden kann, oder dem Terminalkommando %<TECH werden technische Informationen wie USER-ID, Name, Aufruftiefe der aktiven Objekte und Informationen zum Systemumfeld angezeigt.

```
+------------------- NATURAL TECH Command --------------------+
! 10:45:23                                         93-08-03   !
!                                                             !
! Object     Type Level      User ............... SS0        !
! --------   ---- -----      Library ........... SSLIB       !
! TECH-P     P    1          Version / SM Level . 2.2 / 0006 !
! TECH-M     M    2          Startup Transaction. BEGINN     !
!                            NATURAL SECURITY ... Yes         !
!                            Operating System ... MVX/XA      !
!                            TP Monitor ........ COMPLETE     !
!                            Device Type ....... VIDEO        !
!                            Terminal ID         1      18    !
!                                                             !
!                            Last Error Number .. 3009        !
!                            Last Error Line .... 0210        !
!                            Last Error Type .... System      !
!                            Error Transaction ..             !
! Last Command .. R TECHMENU                                  !
+-------------------------------------------------------------+
```

Abbildung 6.3: Anzeige des NATURAL TECH Kommandos

6.2 Fenstertechnik

Ein Fenster (window) ist eine Maske oder der Ausschnitt einer von einem Programm erzeugten logischen Seite und kleiner als der physische Bildschirm. Mit dem Fenster wird die bestehende Bildschirmanzeige überblendet, der nicht überdeckte Teil der vorher angezeigten Informationenen bleibt sichtbar. Aktiv ist nur das zuletzt eingeblendete Fenster. Eingaben können nur ins aktive Fenster erfolgen (außer in die Systemvariable *COM). Eine unterhalb des Fensters liegende inaktive Maske kann nur durch erneute Ausgabe derselben aktiviert werden. Größe, Position und Darstellung der Fenster auf einem logischen oder physischen Bildschirm können mit Terminalkommandos oder der Befehlskombination DEFINE WINDOW / SET WINDOW verändert werden.

Die Systemvariablen *LOG-LS (Länge einer logischen Zeile) und *LOG-PS (Anzahl der Zeilen auf einer logischen Seite) bestimmen die Größe der logischen Seite.

6.2.1 Fenstertechnik mit Terminalkommandos

Terminalkommandos gibt es für logische (unterlegt) und physische Fenster:

Bestimmen	Funktion	Terminalkommando
Fenstergröße	❏ Fenstergröße = Bildschirmgröße ❏ Fensterbreite = *nn* (L = line size) ❏ Fensterlänge = *nn* (C = column size)	%WB %WL*nn* %WC*nn*
Position linke obere Fensterecke	❏ Die obere linke Fensterecke befindet sich in Zeile *lll*, Spalte *ccc* (physische Zählung). ❏ Das Fenster beginnt in der oberen linken Bildschirmecke.	%WB*lll/ccc* %WB0
	❏ Der Ausschnitt aus der logischen Seite, der sich in Zeile *lll*, Spalte *ccc* befindet, wird in die linke obere Fensterecke positioniert.	%W*lll/cc*
Fensterpositionierung am Cursor	❏ Die obere linke Fensterecke wird zum Cursor positioniert, die Fenstergröße angepaßt. ❏ Die untere rechte Fensterecke wird zum Cursor positioniert. Die obere linke Fensterecke verschiebt sich dabei nicht, die Fenstergröße wird entsprechend verändert.	%W# %W?
	❏ Der auf der logischen Seite durch den Cursor ausgewählte Punkt wird an die linke Fensterecke geschoben.	%W*
horizontale Verschiebung des Fensters	❏ Das Fenster wird auf der logischen Seite um Fensterbreite nach links (rechts) geschoben. ❏ Das Fenster wird auf den äußersten linken (rechten) logischen Seitenrand verschoben. ❏ Das Fenster wird auf der logischen Seite um *n* Spalten nach links (rechts) verschoben (0 < *n* < Spaltenzahl der logischen Seite).	%W< (%W>) %W<< (%W>>) %W<*n* (%W>*n*)
vertikale Verschiebung des Fensters	❏ Das Fenster wird auf der logischen Seite um Fensterlänge nach unten (oben) verschoben. ❏ Das Fenster wird an das untere (obere) logische Seitenende verschoben. ❏ Das Fenster wird auf der logischen Seite um *n* Zeilen nach unten (oben) verschoben (0 < *n* < Zeilenzahl der logischen Seite).	%W+ (%W-) %W++ (%W--) %W+*n* (%W-*n*)
Fensterrahmen	❏ Das Fenster wird in einem Rahmen angezeigt. Die Rahmung muß nur einmal eingeschaltet werden. ❏ Das Fenster wird ohne Rahmen angezeigt.	%WF %WM
Fensterabarbeitung	❏ "STAY"-Option. Die Kontrolle bleibt auf der aktuellen Seite bis zum logischen Seitenende. Nicht für INPUT-Statements. ❏ "STAY-Option ausschalten.	%WS %WN

Abbildung 6.4: Fenstertechnik mit Terminalkommandos

6.2.2 Fenstertechnik mit DEFINE WINDOW

Als elegantere Variante zur Definition eines logischen Fensters kennt NATURAL den Befehl DEFINE WINDOW mit der Syntax:

DEFINE WINDOW *fenster*
    [SIZE {**AUTO**, QUARTER, *zeilenzahl*spaltenzahl*}]
    [BASE {**CURSOR**, {TOP, BOTTOM} {LEFT,RIGHT}, *zeile/spalte*]
    [REVERSED [(CD=*hintergrund_farbe*)]
    [TITLE *ueberschrift*]
    [CONTROL {**WINDOW**, SCREEN}]
    [FRAMED {[**ON**] [(CD=*rahmen_farbe*)] [*positionsklausel*], OFF}]

Die Defaultwerte, falls eine der Klauseln weggelassen wird, sind fettgedruckt. Wird ein Fenster nur mit DEFINE WINDOW *fenster* definiert, gelten die nachfolgend dargestellten Werte:

Klausel	Default	Beschreibung des Defaultzustands

SIZE	AUTO	Die Fenstergröße wird automatisch von NATURAL zur Ausführungszeit berechnet. Felder mit (AD=A oder AD=M) können abgeschnitten werden, da NATURAL bei der Spaltenzahlberechnung nach dem rechtesten signifikanten Byte einer Zeile sucht.
		
		Zeilenzahl := Anzahl generierter INPUT-Zeilen
		    + mögliche Funktionstastenzeilen,
		    + Meldungszeile, Informations-/Statistikzeile
		
		Spaltenzahl := Länge der längsten INPUT-Zeile

BASE	CURSOR	Die linke obere Fensterecke wird an die aktuelle physische Cursorposition gesetzt. Ist dies aufgrund der Fenstergröße nicht möglich, positioniert NATURAL das Fenster automatisch in der Nähe der gewünschten Stelle.
CONTROL	WINDOW	Die Funktionstastenzeilen, die Rückmeldungszeile und die Statistikzeilen werden im Fenster angezeigt.
FRAMED	ON	Das Fenster wird mit einem Rahmen versehen.
POSITION	SYMBOL TOP RIGHT	Die Positionsinformation über die Lage des Fensters in der logischen Seite wird angegeben in der Form "Mehr: < - + >" (SYMBOL) in der oberen Rahmenzeile (TOP) rechts (RIGHT).

Abbildung 6.5: Default-Klauseln bei DEFINE WINDOW

Die AUTO-Option bezieht sich auf das Layout des Seitenpuffers zum Ausführungszeitpunkt des SET WINDOW-Befehls. Der Seitenpuffer enthält den letzten gesendeten Bildschirm. Hauptsächlich geeignet ist die AUTO-Option für den Aufruf des Fensters mit INPUT WINDOW = 'fenster'.

Die Positionsklausel wird nur benötigt, falls die logische Seite größer als das Fenster ist, ansonsten ignoriert. Aus der Angabe der Positionsklausel ergibt sich, welche Informationen über die Position des Fensters auf der logischen Seite im Fensterrahmen angezeigt werden.

[POSITION {**SYMBOL** [{**TOP**, BOTTOM}] [AUTO] [SHORT]
[{LEFT, **RIGHT**}], TEXT [MORE] [{LEFT,**RIGHT**}], OFF}]

In den folgenden Beispielen werden Fenster definiert und in eine bestehende Maske eingeblendet.

```
DEFINE DATA LOCAL USING BEISP-L
END-DEFINE
*
SET KEY PF3  NAMED 'Ende'
        PF11 NAMED 'Auto'
DEFINE WINDOW FAHRZEUG
*
REPEAT UNTIL *PF-KEY = 'PF3'
  F1. FIND MITARBEITER WITH NAME = 'SCHEU'
        INPUT USING MAP 'MITARBM'
        IF *PF-KEY = 'PF11'
           FIND AUTO WITH HALTER-NR = MITARBEITER.PERS-NR
             INPUT WINDOW = 'FAHRZEUG' USING MAP 'FAHRZ-M'
           END-FIND
        END-IF
     END-FIND
END-REPEAT
*
END
```

Abbildung 6.6: Definition eines logischen Fensters mit Defaultwerten (Beispiel 6.1)

Das Fenster 'FAHRZEUG' wird auf der Maske 'MITARBM' automatisch plaziert, die Fenstergröße selbsttätig angepaßt. Mit

```
DEFINE WINDOW BEISPIEL
   SIZE 15*28
   BASE 3/30
   TITLE 'Beispiel'
   CONTROL SCREEN
*
INPUT WINDOW = 'BEISPIEL' USING MAP 'BEISP-M'
```

Abbildung 6.7: Definition eines logischen Fensters mit Größen- und Positionsangaben

wird in die Maske 'BEISP-M' das Fenster 'BEISPIEL' in der Größe 15 Zeilen, 28 Spalten eingeblendet. Die linke obere Fensterecke wird auf dem physischen Bildschirm auf die dritte Zeile, Spalte 30 positioniert. Durch die Angabe CONTROL SCREEN werden die Rückmeldungszeile und die Funktionstastenleiste des Fensters auf der großen Maske angezeigt. Der Titel des Fensters wird automatisch zentriert.

Aktivierung eines Fensters

Ein Fenster kann direkt über einen INPUT-Befehl oder in Kombination mit dem Befehl SET WINDOW aktiviert werden:

> **SET WINDOW** {'*fenster*', OFF}

Nach der Aktivierung eines Fensters mit SET WINDOW '*fenster*' beziehen sich alle folgenden Befehle bis zur Deaktivierung des angegebenen oder Aktivierung eines anderen Fensters auf das aktive Fenster. Dieses kann mit SET WINDOW OFF deaktiviert werden.

Eine Aktivierung des Fensters mit SET WINDOW bedeutet, daß die Fenstergrösse auf Basis der Daten auf dem Bildschirm vor Aktivierung des Fensters bestimmt wird und auch nach Senden des Fensters aktiv bleibt.

In diesem Punkt unterscheiden sich die Wirkungen der Befehlskombinationen

```
SET WINDOW 'fenster'
INPUT ...
```

und

```
INPUT WINDOW = 'fenster'
```

Beim Aufruf des Fensters direkt über INPUT WINDOW erzeugt NATURAL vor dem Senden des Fensters ein Layout des Seitenpuffers. Die richtige Fenstergröße wird über die Angabe WINDOW bestimmt und gilt nur für den Zeitpunkt des INPUTS. Das im Befehl INPUT WINDOW '*fenster*' benutzte Fenster muß zuvor in einem DEFINE WINDOW-Befehl definiert sein.

Blättern im Fenster

NATURAL bietet eine automatische Blättermöglichkeit durch CURSOR-sensitive Symbole, Kommandos oder Funktionstasten an:

```
SET KEY PF7  = '%W-' NAMED '-'
        PF8  = '%W+' NAMED '+'
        PF9  = '%W<' NAMED '<'
        PF10 = '%W>' NAMED '>'
```

Dazu wird die logische Seite größer als die physische Seite definiert und das Fenster mit Terminalkommandos auf der logischen Seite verschoben (siehe Abschnitt 6.2.1). Mit dem REINPUT-Statement kann eine neue Position im Seitenpuffer gesetzt werden.

6.3 Cursorsteuerung

Unter dem Begriff "Cursorsteuerung" können in NATURAL zwei Steuerungsarten zusammengefaßt werden. Zum einen gehört dazu die Steuerung der Cursorposition über Terminalkommandos oder Systemvariablen (Abschnitt 6.3.1). Auf der anderen Seite ist es auch möglich, über die Cursorposition das ausgewählte Feld zu bestimmen und danach Programmabläufe zu steuern (Abschnitt 6.3.2).

6.3.1 Cursorpositionierung

Cursor können innerhalb und außerhalb eines aktiven logischen Fensters auf dem physischen Bildschirm verschoben werden. Dies ist möglich mit Terminalkommandos oder nur innerhalb des logischen Fensters durch Belegung der Cursor-Systemvariablen.

Cursorpositionierung mit Terminalkommandos

Die Positionierung des Cursors mit Terminalkommandos erfolgt über verschiedene Kombinationen von %T:

Variable	Funktion	Terminal-kommando
Cursorposition innerhalb des Fensters	❏ Bei der nächsten Bildschirmausgabe wird der Cursor in die linke obere Ecke gesetzt.	%T
	❏ Der Cursor wird bei der nächsten Bildschirmausgabe innerhalb des physischen Fensters auf Zeile *ll* (line) und Spalte *cc* (column) positioniert. Rückmeldungs-, Statistik- und Funktionstastenzeilen zählen nicht als Zeilen.	%T*ll/cc*
Cursorposition außerhalb des Fensters	❏ Fenster ist aktiv und enthält keine Eingabefelder: Normalerweise wird der Cursor in die linke obere Ecke gesetzt. Mit T* wird der Cursor auf *com Systemvariable gesetzt. ❏ %T* gilt nur für den nächsten INPUT. Zurück zum Normalfall mit %T*	%T*
Siemens-Terminals	❏ Cursor kann auf alle Felder des Bildschirms gesetzt werden, auch auf geschützte.	%T+
	❏ Kommando %T+ beenden.	%T-

Abbildung 6.8: Terminalkommandos zur Cursorpositionierung

Cursorpositionierung mit Systemvariablen

Der Cursor kann in einem aktiven Fenster mittels der Systemvariablen *CURS-COL und *CURS-LINE auf bestimmte Positionen gesetzt werden.

Systemvariable	Format	Inhalt
***CURS-COL**	P3	❐ Aktuelle Cursorspalte bezogen auf das aktive Fenster. Zugewiesen werden dürfen nur positive Werte und Null. Negative Werte zeigen an, daß sich der Cursor außerhalb des Fensters befindet.
***CURS-LINE**	P3	❐ Aktuelle Cursorzeile bezogen auf das aktive Fenster. Zugewiesen werden dürfen nur positive Werte. Nichtpositive Werte zeigen an, daß sich der Cursor außerhalb des Fensters befindet: 0: obere oder untere Rahmenzeile -1: Rückmeldungszeile -2: Statistikzeile -3/-4: Funktionstastenzeile
***CURSOR**	N6	❐ Cursorposition auf dem Eingabeschirm zum Zeitpunkt der Betätigung der ENTER- oder einer Funktionstaste (nicht veränderbar). Stellen 1-3: Zeile (dezimal, bei 1 beginnend.) Stellen 4-6: Spalte (dezimal, bei 1 beginnend.)

Abbildung 6.9: Cursorpostionierung mit Systemvariablen

Obwohl nur nichtnegative Positionen zugewiesen werden können, können *CURS-COL und *CURS-LINE auch negative Werte enthalten. Sind *CURS-COL und *CURS-LINE beide negativ, zeigen deren absolute Werte die Cursorposition auf dem physischen Bildschirm an. Rückmeldungs-, Statistik- und Funktionstastenzeilen gelten nicht als Datenzeilen auf dem Schirm.

6.3.2 Cursorsensitive Felder

Die Systemvariable *CURS-FIELD (Format (I4), nicht veränderbar) enthält die interne Position des Eingabefeldes, auf dem sich der Cursor befindet. *CURS-FIELD kann nur zusammen mit der Systemfunktion POS(*feld*) benutzt werden. POS(*feld*) enthält die interne Position des Feldes, das hinter POS definiert ist. Steht der Cursor nicht auf einem Eingabefeld, enthält *CURS-FIELD den Wert 0.

```
DEFINE DATA LOCAL /*
1 #BESCHREIBUNG (A20)  INIT <'+Beschreibung'>
1 #REISEN        (A20)  INIT <'+Reisen'>
1 #EIGNER        (A20)  INIT <'+Eigner'>
. . .
END-DEFINE

. . .
DECIDE FOR FIRST CONDITION
  WHEN *CURS-FIELD = POS(#BESCHREIBUNG) PERFORM BESCH-S
  WHEN *CURS-FIELD = POS(#REISEN)       PERFORM REISENS
  WHEN *CURS-FIELD = POS(#EIGNER)       PERFORM EIGNERS
  WHEN NONE IGNORE
END-DECIDE
END
```

Abbildung 6.10: Cursorsensitive Felder [AnwDsgn]

6.4 Bildschirmfarben setzen

Felder, bestimmte Zeilen und auch der ganze Hintergrund einer am Bildschirm dargestellten Maske können mit verschiedenen Farben belegt werden. Die Belegung von Felder mit Farben kann dabei wahlweise variabel über Terminalkommandos oder fest verdrahtet über Farbzuweisungen im Maskenlayout erfolgen. Die Farbgestaltung bestimmter Bildschirmzeilen (Rückmeldungszeile, Funktionstastenleiste) und die Darstellung mit Hintergrundfarben (Feld oder Maske) kann nur über Terminalkommandos erreicht werden. In den folgenden Abschnitten werden beide Alternativen vorgestellt.

Einzelne, mit Kontrollvariablen belegte Maskenfelder können darüberhinaus durch den Übertrag eines Farbattributs in die entsprechende Kontrollvariable farbig gestaltet werden. Auch ist eine Farbgestaltung über dynamische Attribute möglich (siehe Abschnitte 4.4 und 2.7).

6.4.1 Bildschirmfarben mit Terminalkommandos setzen

Die variable Farbzuweisung zu Feldern erfolgt über die Angabe deren Feldtyps in Verbindung mit dem Terminalkommando "%=ad=cd" (ad = Attributdefinition des Feldtyps, beispielsweise MU für modifizierbar und unterstrichen, BG für Hintergrund, cd = Farbdefinition). Mit "%==" kann die zugewiesene Farbe wieder zurückgesetzt werden (siehe Kapitel 4.4).

Farbzuweisungen an die Funktionstastenzeilen erfolgen mithilfe des Terminalkommandos "%Y=cd_1cd_2" für die erste und zweite Funktionstastenzeile. Die Farbe der Rückmeldungszeile wird mit dem Terminalkommando "%M=cd" bestimmt.

Mit einer variable Farbzuweisung über Terminalkommandos können viele verschiedene Farbprofile verwirklicht werden, sofern die Farben von den jeweiligen Terminaltypen unterstützt werden. Die notwendigen Informationen werden in bestimmten Kennsätzen oder Unterprogrammen hinterlegt und im Startupprogramm einer Applikation zum Einstellen benutzerspezifischer, applikationsspezifischer oder applikationsübergreifender Farben verwendet.

6.4.2 Bildschirmfarben in der Maske setzen

Im Maskeneditor, Unterfunktion MAP SETTINGS, wird jeweils einer eindeutigen Kombination von Feldklasse (T - Text, A - Eingabefeld, O - Ausgabefeld, M - modifizierbares Feld) und Feldattribut (blinkend, kursiv, intensiviert,...) ein Begrenzungszeichen (delimiter) zugewiesen. Zusätzlich kann solch eine eindeutige Kombination mit einer bestimmten Farbe belegt werden. Erlaubte Farben werden, falls eingetragen, gegen die im Standarddevice (device check) hinterlegten Farben geprüft.

Für einzelne Felder ist zusätzlich eine Farbzuweisung über den erweiterten Feldeditor möglich, die Farbe wird unter CD eingetragen.

6.5 Funktionen zum Kommandobereich

Unter Kommandobereich wird in NATURAL der für die Definition und Anzeige der Steuerungstasten vorgesehene, aus zwei Zeilen bestehende Bereich und die Rückmeldungzeile verstanden. Nachfolgend erklärt werden zum einen, wie die Steuerungstasten belegt werden (Abschnitt 6.5.1) und zum anderen, wie die Belegung dargestellt werden kann (Abschnitt 6.5.2).

6.5.1 Belegung der PA- und Funktionstasten

Zur Belegung und (De)Aktivierung der PA- und Funktionstasten während dem Programmlauf bietet NATURAL den Befehl SET KEY an. Durch eine SET KEY-Anweisung erhält NATURAL während der Programmausführung die Kontrolle über die aktivierten Tasten und benutzt die den Tasten zugewiesenen Werte. In einem Befehl können entweder alle (1) oder einzelne Tasten aktiviert (2) und einzelne Tasten mit Bezeichnungen versehen werden (3):

(1) **SET KEY** {ALL, ON, OFF, COMMAND {ON, OFF}, NAMED OFF}

(2) **SET KEY** {{PA*m*, PF*n*, CLR, DYNAMIC *funktionstaste*}
         [={ON, OFF, COMMAND {ON, OFF}}]}...

(3) **SET KEY** {{PA*m*, PF*n*, CLR, DYNAMIC *funktionstaste*}
         [={PGM, *kommando*, HELP, DATA *zeichenkette*}]
         [NAMED {*tastenbezeichnung*, OFF}],
         ENTR NAMED {*tastenbezeichnung*, OFF}}...

m = [1, 3]
n = [1, 24]

Die Systemvariable *PF-KEY enthält die zuletzt betätigte Taste, *PF-NAME die im SET KEY-Befehl mit NAMED zugewiesene Bezeichnung. Über den NATURAL-Profilparameter KEY kann die Verarbeitung der PA- und Funktionstasten für die NATURAL "NEXT"-Ebene bestimmt werden.

Wird eine Taste programmsensitiv gesetzt, bewirkt das dasselbe, als wäre die ENTER-Taste betätigt worden. Alle am Bildschirm eingegebenen Daten werden an das Programm übertragen, außer bei einer PA- oder CLEAR-Taste. Die Programmsensitivität gilt für die Ausführung des aktuellen Programms und für untergeordnete Module, falls sie dort nicht überschrieben wird [*RM*].

Eine Taste kann darüber hinaus mit einem Kommando, auch Terminalkommando, oder einem Programmnamen belegt werden. Bei Betätigung der so belegten

Taste wird das aktuelle Programm beendet und das zugewiesene (Terminal-)
Kommando oder Programm über den NATURAL-Stack ausgeführt.

Mit der Option SET KEY DATA *zeichenkette* wird bei Ausführung der betroffenen Funktionstaste die hinterlegte Zeichenkette in das Feld übertragen, auf dem
der Cursor positioniert ist.

Über die SET KEY DYNAMIC-Option kann eine Funktion einer Variablen zugewiesen und abhängig von der Programmlogik auf eine Taste gelegt werden,
beispielsweise:

```
IF ...
   MOVE 'PF4' TO #KEY
ELSE
   MOVE 'PF5' TO #KEY
END-IF
...
SET KEY DYNAMIC #KEY = 'SAVE'
```

Einer programmsensitiven Taste kann mit der NAMED-Klausel ein bis zu
10stelliger Name zugewiesen werden, der zur Anzeige der Funktionstastenbelegung herangezogen wird. In der Standardanzeige werden jedoch nur die ersten
fünf Stellen angezeigt (siehe nächster Abschnitt).

Das Betätigen programmsensitiver Tasten kann mit den Terminalkommandos
%Kn, %KPm, %KN, %KO und %KS simuliert werden (n = [1, 48]), die Betätigung der ENTER-Taste mit dem Terminalkommando %N (siehe Abschnitt 6.1).

6.5.2 Definition Kommandobereich

Die Funktionstastenzeilen können auf der Bildschirmmaske auf vielfältige Weise angezeigt werden, die Art der Anzeige wird bestimmt über ein oder aus der Kombination mehrerer Terminalkommandos (siehe Abbildung 6.4). Für bestimmte Masken ist es notwendig und auch möglich, die Funktionstastenzeilen vollständig aus der Bildschirmanzeige auszublenden. Dies erfolgt über die Angabe %Y*nn*, wobei *nn* eine Zeilennummer bezeichnet, die sich nicht mehr auf der physischen Bildschirmseite befindet.

Bei der Darstellung der Funktionstastenleiste wird je nach Standard zwischen zwei Darstellungsarten unterschieden, der Darstellung im SAA-Standard (siehe Abbildung 6.11) und im Software AG-Standard (siehe Abbildung 6.12):

```
PF1=Hilfe,PF3=Ende,PF4=Letzt,PF5=Abst,PF6=Umsch,PF7=-,PF8=+,PF9=Tech,PF10=<,
PF11=>,PF12=Abbr
```

Abbildung 6.11: Darstellung der Funktionstastenleiste im SAA-Standard

```
ENTER-PF1---PF2---PF3---PF4---PF5---PF6---PF7---PF8---PF9---PF10--PF11--PF12---
      Hilfe         Ende  Letzt Abst  Umsch -     +     Tech  <     >     Abbr
```

Abbildung 6.12: Darstellung der Funktionstastenleiste im Software AG-Standard

Zwischen diesen beiden Anzeigemodi kann mit den Terminalkommandos %YS (SAA-Standard) und %YN (Software AG-Standard) umgeschaltet werden. Beim SAA-Standard werden nichtbelegte Funktionstasten nicht angezeigt, alle belegten Funktionstasten könnten in einer Anzeige dargestellt werden. Die verbale Beschreibung der Funktionstaste erfolgt neben der Funktionstastennummer, beim Software AG-Standard unterhalb der Funktionstastennummer. Da die Funktionstastenbelegung beim SAA-Standard nicht immer an derselben Stelle aufzufinden ist, ist schwer zu erkennen, ob eine Dialogfunktion zur Verfügung steht.

Die automatische Anzeige der Funktionstastenleiste wird aktiviert über den NATURAL-Sitzungsparameter KD. Ist dieser Parameter eingeschaltet, werden die den Funktionstasten im SET KEY-Befehl zugewiesenen Namen selbsttätig in den zwei unteren Zeilen des physischen Bildschirms mit jeder durch die Befehle INPUT, WRITE, DISPLAY und PRINT erzeugten Ausgabe zweizeilig eingeblendet. Die logische, mit dem Sitzungsparameter PS eingestellte, Bildschirmgröße muß um zwei reduziert werden [*RM*].

Terminal-kommando	Anzeige der Funktionstastenzeilen
%YA	zweizeilig
%YH	einzeilig
%YN	im Software AG-Format
%YS	im SAA-Standardformat
%YP	im PC-Format (F1=...) ähnlich SAA
%YB	am unteren Bildschirmrand
%YT	am oberen Bildschrimrand
%Ynn	in der nn. Zeile vom oberen Rand
%Y-nn	in der nn. Zeile vom unteren Rand
%YF	PF1 - PF12
%YL	PF13 - PF14
%YX	wie %YF oder %YL (flipflop)
%YI	intensivierte Darstellung
%YV	Hintergrund unterlegt/normal
%Y=cd_1cd_2	1. Zeile in Farbe cd_1, 2. Zeile in Farbe cd_2
%YC	Funktionstastenleiste ist cursorsensitiv

Abbildung 6.13: Anzeige der Funktionstastenzeilen

Zum Kommandobereich gehört auch die Rückmeldungszeile, deren Position über den NATURAL-Profilparameter ML oder analog über Terminalkommandos bestimmt werden kann. Die Rückmeldungszeile kann mit %MP gegen Eingaben geschützt und durch %M=cd mit einem Farbcode belegt werden.

6.6 Ausgabefunktionen

Unter dem Oberbegriff "Ausgabefunktionen" zusammengefaßt werden hier verschiedene Funktionen zur Steuerung oder zum Kopieren von Seiten- und Bildschirmpufferinhalten.

In Abschnitt 6.6.1 wird das Terminalkommando %C vorgestellt, mit dem Inhalte des Seitenpuffers in den Sourcearbeitsbereich, den Stack oder die Systemvariable *COM kopiert werden können. Die Ausgabe der Seitenpufferinhalte auf den Drucker oder in andere Bereiche kann mit dem Terminalkommando %H erfolgen (siehe Abschnitt 6.6.2).

Den Abschluß dieses Kapitels bildet eine Zusammenfassung derjenigen Befehle, die für die Kommunikation mit dem Bildschirm und die Steuerung der Seiten- und Bildschirmpufferinhalte herangezogen werden können, die Terminalkommandos %N, %Q, %QS und %R (Abschnitt 6.6.3).

6.6.1 Kopierfunktionen

Aktuelle Inhalte des Seitenpuffers (die logische NATURAL-Ausgabe, stimmt nicht unbedingt mit dem sichtbaren Bildschirmpuffer überein) können mit dem Terminalkommando %C in die nächsten verfügbaren Zeilen des NATURAL-Sourcearbeitsbereichs oder, mit weiteren Zusätzen, in den Stack beziehungsweise nach *COM kopiert werden:

```
%C   {C, S}  {C  [{A, I, cd, 1, W}],  Lnn  [{A, I, cd}]}  [S]
--1--  ---2---    -3-  -----------4----------    --3--  -------4-------    -5-
```

1) *Teile des Bildschirms werden kopiert.*

2) *Stelle, an die kopiert wird:*

   C: in die Systemvariable *COM
   S: an die Spitze des Stack

3) *Zeile, von der alle geschützten Daten kopiert werden:*

   C: Zeile, in der der Cursor steht, beginnend mit dem Feld, auf dem er steht.
   Lnn: Zeile Nummer *nn*.

4) *Zusatzoptionen, welche Daten kopiert werden:*

    A: Alle Zeileninhalte, nicht nur die geschützten Daten.
          Die Zeile wird vollständig, mit Feldattributen, kopiert.

    I: Kopiert werden nur die intensiviert dargestellten Felder einer Zeile.

    cd: Kopiert werden nur die Felder der Farbe *cd* einer Zeile.

    1:    Nur das Feld, auf dem der Cursor steht, wird kopiert, unabhängig seiner
          Attribute (gilt nur für %CCC oder %CSC).

    W: Nur das durch Leer- oder Sonderzeichen begrenzte Wort innerhalb des
          Feldes, auf dem der Cursor steht, wird kopiert (nur für %CCC, %CSC).

5) *Verhalten nach dem Kopieren der Daten:*

    S: NATURAL verbleibt auch nach der Ausführung des Kommandos auf
          dem Bildschirm, von dem die Daten kopiert werden. Damit können vor
          der Verarbeitung mehrere verschiedene Daten vom Bildschirm kopiert
          werden.

Das Terminalkommando %C kopiert den gegenwärtigen Inhalt des Seitenpuffers einschließlich aller gemachten Eingaben in den NATURAL Sourcearbeitsbereich (Arbeitsbereich des NATURAL-Programmeditors). Diese Funktionalität kann verwendet werden, um Sourceprogramme dynamisch zu erzeugen (neben &-Variablen). %C sollte nicht im Editor benutzt werden, da der Editor Änderungen des Sourcearbeitsbereichs außerhalb seines Teilbereichs nicht erkennt. Der Seitenpuffer (die logische NATURAL-Ausgabe) muß mit dem am Terminal angezeigten Bildschirmpuffer übereinstimmen.

Wird das Kommando %C... direkt oder über eine zugewiesene Funktionstaste eingegeben, bezieht es sich auf den physischen Bildschirm. Kopiert wird somit vom vollständigen Bildschirm, unabhängig davon, ob die zu kopierenden Daten innerhalb oder außerhalb eines aktiven Fensters liegen [*RM*].

Bei der Eingabe des Kommandos über SET CONTROL bezieht es sich auf die logische NATURAL-Seite und bietet die Möglichkeit, in Verbindung mit der STAY-Option alle benötigten Daten von der gesamten logischen Seite zu kopieren. Mit dem Terminalkommando %CSC1S wird somit das Feld, auf dem der Cursor steht, auf den Stack kopiert. Diese Funktion kann auch zur Datenweitergabe zwischen Programmen benutzt werden.

6.6.2 Hardcopyfunktionen

Der gegenwärtige Inhalt des Seitenpuffers (die logische NATURAL-Ausgabe = das aktuelle Fenster ohne Rückmeldungs-, Statistik- und Funktionstastenzeilen, stimmt nicht unbedingt mit dem sichtbaren Bildschirmpuffer überein) kann mit Terminalkommandos in andere Bereiche kopiert werden, falls die Hardcopyfunktion implementiert ist (*destxxxx* = destination, 1 - 8 Stellen):

%H[*destxxxx*]	Der Inhalt der logischen Seite (NATURAL-Listen und Bildschirme) wird als Hardcopy auf dem Drucker *destxxxx* ausgegeben. Fehlt die *destxxxx*-Angabe, wird sie vom System ersetzt oder erfragt.
%H=[*destxxxx*]	Ausgegeben auf den Drucker *destxxxx* wird die gesamte logische Ausgabe. Diese Funktion kann beispielsweise zum Logging von Abläufen verwendet werden.
%H#*destxxxx*	Die Hardcopy geht zum im DEFINE PRINTER-Befehl angegebenen Drucker (beispielsweise in den NAUTRAL Sourcebereich, nach CON-NECT oder in die INFOLINE).

In Verbindung mit SET CONTROL gilt der Hardcopybefehl bis zum nächsten INPUT modifizierbarer Felder, zum nächsten FETCH oder zum Programmende. Besser als die Verwendung von SET CONTROL 'H' ist die Belegung einer Funktionstaste mit SET PF-KEY = '%H'.

Der standardmäßig eingestellte Hardcopydrucker kann über die Systemvariable *HARDCOPY erfragt werden:

Systemvariable	Format	Bedeutung
***HARDCOPY**	A8	❑ Ausgabedevice für mit %H erzeugte Ausgaben.
***PAGE-NUMBER**	P5	❑ Aktuelle Seitenzahl der Druckausgabe. Werden in einem Programm mehrere Druckausgaben erzeugt, müssen diese mit *PAGE-NUMBER (*rep*) referenziert werden.

Abbildung 6.14: Ausgabesystemvariablen

6.6.3 Bildschirmfunktionen

Für die Kommunikation mit dem Bildschirm und die Steuerung der Seiten- und
Bildschirmpufferinhalte gibt es mehrere Terminalkommandos:

Terminal-kommando	Bedeutung
%N	❐ sendet das logische Fenster vom Seitenpuffer in den Bildschirmpuffer. Die Kontrolle wird sofort an NATURAL zurückgegeben, ohne daß der TP-Monitor auf Antwort vom Benutzer wartet.
%Q	❐ überträgt den aktuellen Inhalt des Seitenpuffers (das nächste logische Fenster) nicht an den TP-Monitor und damit nicht in den Bildschirm. %Q wird bei interaktiver Verarbeitung ignoriert. Der Einsatz ist sinnvoll, um einen INPUT-Schirm nach einer Hilferoutine zu umgehen.
%QS	❐ sichert den Seitenpuffer. NATURAL ignoriert den Eintritt des nächsten Ereignisses (die Erfüllung der nächsten Bedingung), bei dem normalerweise das logische Fenster an den TP-Monitor geschickt wird. Die Kommunikation zwischen Programm und TP-Monitor kann damit umgangen werden. Hilfreich bei der Verwendung von Auswahlroutinen.
%R	❐ Zurückladen Originalstatus Bildschirm. Der Datenpuffer wird gelöscht. Dies bedeutet intern eine Wiederholung des INPUT-Befehls, dabei wird der Ausgabeschirm wiederhergestellt. %R sollte nicht auf eine Funktionstaste gelegt werden, da NATURAL vor der Funktionstastenprüfung Daten vom Bildschirmpuffer in den Seitenpuffer übertragt und die Wirkung des Befehls damit verlorengeht.

Abbildung 6.15: Terminalkommandos zu Bildschirmfunktionen

Mit WRITE, DISPLAY, PRINT oder INPUT erzeugte Informationen werden in
den Seitenpuffer, nicht in den Bildschirmpuffer eingetragen. Der Übertrag des logischen Fensters in den Bildschirmpuffer und weiter an den TP-Monitor erfolgt
ereignisgesteuert [*IN_NAT2/4*]:

- Beim Absetzen eines WRITE-, DISPLAY- oder PRINT-Befehls ist das Ende
  des Seitenpuffers, welches durch den Parameter PS festgelegt wird, erreicht.

- Beim Absetzen eines WRITE-, DISPLAY- oder PRINT-Befehls ist der
  Schalter zum Auslösen eines Seitenvorschubs (NEWPAGE) bereits gesetzt.

- Das logische Programmende ist erreicht, die Kontrolle geht an NATURAL
  zurück.

- Ein INPUT-Befehl wurde abgesetzt.

Normalerweise wartet der TP-Monitor auf eine Benutzeraktion in Form des Be-
tätigens einer Funktions- oder der ENTER-Taste. Vorher überprüft NATURAL,

ob bestimmte Schalter gesetzt sind, die von den Terminalkommandos %N, %Q und %QS kontrolliert werden.

Bei einem mit WRITE, DISPLAY oder PRINT generierten Bildschirm bekommt der Benutzer zusätzlich MORE oder VVVV in der Rückmeldungszeile dargestellt, bei einem mit INPUT generierten Bildschirm nur den Schirm.

Mit %N wartet NATURAL nicht auf Antwort vom Terminal, sondern fährt mit der Programmausführung fort. Der Einsatz von %N ist sinnvoll bei längerlaufenden internen Verarbeitungen, die nicht in asynchrone Prozesse ausgelagert werden können. In einer programmgesteuerten Schleife erhält der Benutzer nach der Durchführung verschiedener Verarbeitungsschritte eine Erfolgs- oder Statusmeldung und gerät nicht in Versuchung, das Programm infolge länger andauernder Pause als (fehlerhaft) beendet zu betrachten.

Der Einsatz des Terminalkommandos %Q ist vor allem sinnvoll in Verbindung mit einer Hilferoutine und einem vorher aufgetretenen Fehler. Da vor dem Aufruf einer Hilferoutine der Bildschirmpuffer nicht in den Seitenpuffer gelesen wird, bleibt normalerweise nach Beendigung des Hilfefensters die am Bildschirm angezeigte REINPUT-Meldung bestehen. Um dies zu umgehen, kann eine erneute REINPUT-Meldung mit Grundstellungswert oder Bestätigungsmeldung gesetzt und die Anforderung der nächsten Eingabe mit %Q unterdrückt werden.

Mit %QS kann der Bildschirm gelöscht werden:

```
SET CONTROL 'QS'
INPUT ' '
```

Sinnvoll ist die Generierung des Seitenpuffers mit einem Fenster in Mindestgröße, falls die Windowfunktionen mit AUTO-Option verwendet werden:

```
SET CONTROL 'QS'
INPUT zz/ss 'X' /* X wird vom Fensterrahmen überdeckt
SET WINDOW 'fenster'
WRITE 'text'
```

Kapitel 7

Effizienzmessung, Tuning

7.1   Effizienzmessung

7.2   Tuning

7.3   NATURAL-Parameter

7 Effizienzmessung, Tuning

Das vorliegende Kapitel ist unterteilt in die drei Teile Effizienzmessung, Tuning und NATURAL-Parameter. Vorgestellt werden zuerst Meßmöglichkeiten zum Aufzeigen der Tuningpotentiale, danach die verschiedenen Tuningpotentiale innerhalb und außerhalb NATURALs und am Ende genauere Einstellmöglichkeiten der NATURAL-Parameter.

7.1 Effizienzmessung

In diesem Unterkapitel werden eingangs die verschiedenen Antwortzeitkomponenten beschrieben, um eine leichtere Einschätzung der Tuningmöglichkeiten zu erhalten (Abschnitt 7.1.1). Danach werden mehrere Meßverfahren und -konzepte vorgestellt (Abschnitt 7.1.2).

7.1.1 Komponenten der Antwortzeit

Die Antwortzeit eines Benutzers setzt sich aus Wartezeiten und Servicezeiten für verschiedene Komponenten zusammen:

Ressource	Antwortzeit der Komponente
DC-System	Wartezeit, Übertragungszeit
TP-System	Wartezeit, Verarbeitungszeit
DB-System	Wartezeit, Zugriffszeit

Abbildung 7.1: Antwortzeitkomponenten je nach Ressource

Antwortzeiten der einzelnen Ressourcen können berechnet werden aus:

$$
\begin{aligned}
Antwortzeit \;\; &:= \;\; Servicezeit + \;\; Servicezeit * Wartezeitfaktor \\
&= \;\; Servicezeit * (1 + \;\; Wartezeitfaktor)
\end{aligned}
$$

Abbildung 7.2: Berechnung der Antwortzeit einer Ressource

Für die NATURAL/ADABAS-Umgebung ist eine weitere Unterteilung der Komponenten möglich (N/A: NATURAL/ADABAS):

```
Antwortzeit  =  Netzlaufzeit    + Systemzeit
Systemzeit   =  NATURAL-Zeit    + ADABAS-Zeit
N/A-Zeit     =  N/A-Pagingzeit  + N/A-CPU-Zeit
             +  N/A-I/O-Zeit    + N/A-Wartezeit
```

Abbildung 7.3: Komponenten der Antwortzeit

Die Komponente Netzlaufzeit (Übertragungszeit) wird weiter aufgeteilt in die Übertragungszeit zur Eingabe und zur Ausgabe:

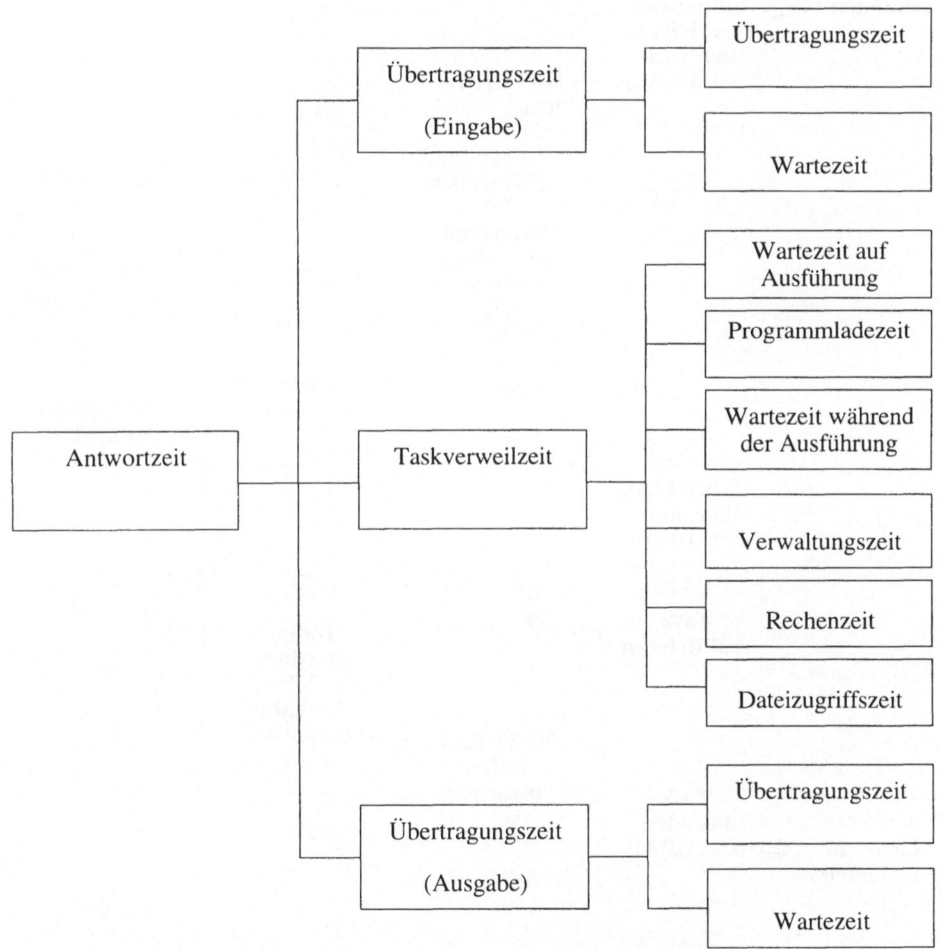

Abbildung 7.4: Komponenten der Antwortzeit [AnwDsgn]

Das nächste Schaubild zeigt den zeitlichen Ablauf der Verarbeitung auf und verdeutlicht damit, wann welche Antwortzeitkomponente anfällt:

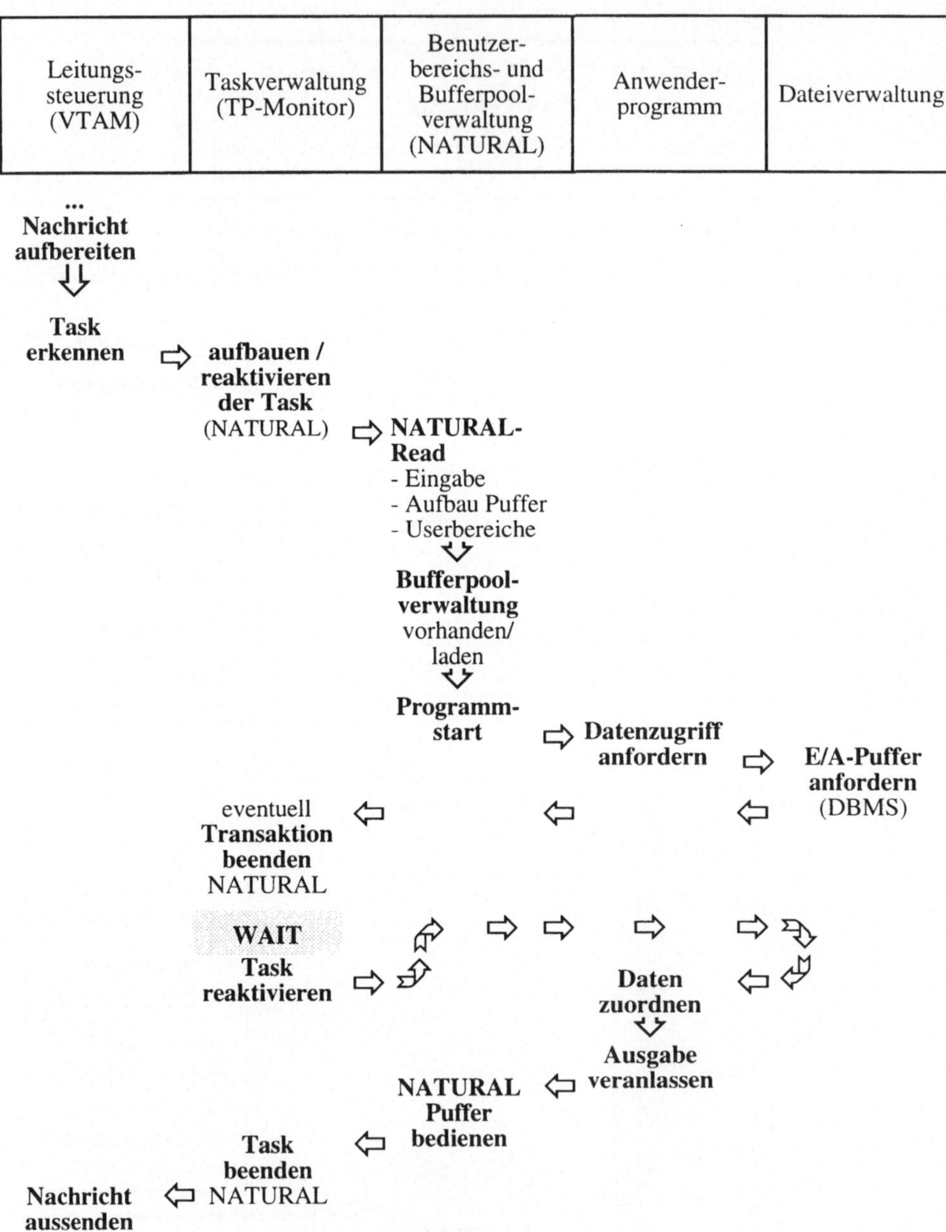

Abbildung 7.5: Zeitlicher Ablauf der Verarbeitung [AnwDsgn]

7.1.2 Zeitmessungen

Mit Hilfe der Zeitmessungen sollen Engpässe der einzelnen Ressourcen festgestellt, beseitigt und vermieden werden. Unterschieden werden zwei Meßarten: Trendmessungen und Engpaßanalysen.

Bei der *Engpaßanalyse* werden Momentaufnahmen einzelner Lastspitzen angefertigt. *Trendmessungen* zeigen die langfristige Entwicklung der Ressourcenbelastungen auf. Dazu werden meßrelevante Daten gesammelt und für spätere Auswertungen archiviert.

Im NATURAL/ADABAS-Umfeld stehen dazu mehrere Hilfsmittel zur Verfügung:

Hilfsmittel	Ergebnis
DBLOG	ADABAS-Zugriffe der eigenen Library (siehe TEST DBLOG).
REVIEW DB	ADABAS-Zugriffe auf eine Datenbank nach Kriterien.
ADABAS Command Log	Standardprotokoll aller ADABAS-Zugriffe auf eine Datenbank.
ADABAS Online Services	Online-Abruf der Nukleus-Statistiken.
Nukleus Endestatistik	ADABAS-Statistikinformationen.
Statistikzeile	Die NATURAL-Statistikzeile ist erhältlich mit dem Terminalkommando %XS (siehe Kapitel 6.1).

Abbildung 7.6: Hilfsmittel zum Messen der Datenbanklast

Meßwerkzeuge

Für Momentaufnahmen in einer ADABAS/NATURAL-Umgebung sind auf dem Markt sind mehrere Performancemonitore erhältlich:

- APAS   (Goal)
- REVIEW   (Software AG)
- TRIM   (TREEHOUSE Software)

Diese Werkzeuge messen unter anderem, wie oft ein Feld von ADABAS angesprochen wird, aber nicht, wie oft es tatsächlich benutzt wird.

REVIEW

Review kann verwendet werden für Messungen unter NATURAL/COM-PLETE und NATURAL/CICS. Angeboten werden mehrere Anzeigefunktionen, unter anderem sind Auswertungen erhältlich zu:

- Antwortzeiten in gewünschten Intervallen.

- Höchste Antwortzeiten nach Userid, NATURAL-Umgebung, Applikation, Programmname, Threadnummer und Terminalid mit Angabe der Anzahl der Transaktionen (RTS - Detail Records).

- Alle aktiven Benutzer mit Antwortzeiten und Anzahl Aufrufen.

- Anzeige nach Gruppenwechselkriterien

- Auswahl einzelner Befehle

Daneben stellt REVIEW mehrere Statistiken zur Verfügung:

- Zusammenfassung der Messungen je NATURAL-Programm mit durch-schnittlicher Anwort-, CPU- und Verweilzeit, Anzahl der ADABAS Aufrufe und COM-PLETE-Transaktionen, Operationen und -I/Os.

- Informationen darüber, aus welchen Bibliotheken die meisten ADABAS-Aufrufe stammen.

- Auflisten, woher die Aufrufe mit den meisten I/Os kommen.

SYSTP (UTM)

In einer Siemens-Umgebung unter UTM steht SYSTP als Monitor zur Verfügung. Dieser Monitor bietet Programm- und Terminalstatistiken an.

Zeitmessung mit *TIMESTMP

Den Kapitel 5 durchgeführten Messungen liegt folgendes Meßkonzept zugrunde: Die Durchlaufzeit der Programmfragmente wird zehnmal direkt hintereinander auf Mikrosekundenbasis (siehe Zeitmessung) gemessen. Nicht in die Berechnung der Mittelwerte mit einbezogen werden die jeweils ersten Messungen, da diese die Ladezeiten der Programme und Daten enthalten, die die Meßzeiten der Codestücke verfälschen. Ebenso nicht berücksichtigt werden extreme Außreißer in den Meßzeiten, da diese auf eine momentane extreme Maschinenbelastung zu-rückgeführt werden müssen. Durch diese Bereinigungen ist es möglich, von der Maschinenbelastung relativ unabhängige Meßwerte zu erhalten. Unbereinigte Zeitmessungen jeglicher Art bringen auf einem Großrechner oft keine größeren Unterschiede zwischen einzelnen Befehlen zu Tage, wohingegen Messungen, die auf dem PC durchgeführt werden, eindeutige Ergebnisse liefern.

```
* Programm MESSENP
DEFINE DATA LOCAL USING MESSENA
  LOCAL
  01 SUBPROG   (A08)
  01 IND       (I4)
  01 ZAEHL     (P9)
  01 SUMME     (P19.2)
  01 VERGLEICH (P19)
END-DEFINE
*
REPEAT
INPUT SUBPROG /* Eingabe des zu messenden Subprogramms
RESET ZAEHL SUMME VERGLEICH
FOR IND 1 20
    CALLNAT SUBPROG USING STAMP1 STAMP2 DELTA
    IF IND = 1
        VERGLEICH := DELTA - 1
    ELSE
        IF DELTA LT VERGLEICH
            ADD DELTA TO SUMME
            ADD 1      TO ZAEHL
        END-IF
    END-IF
END-FOR
IF ZAEHL GT 0
    COMPUTE SUMME = SUMME / ZAEHL
    WRITE SUBPROG 'Durchschnitt' SUMME 'von' ZAEHL
END-IF
END-REPEAT
END
```

Abbildung 7.7: *Beispielprogramm zum wiederholten Aufruf der Testsequenz*

```
DEFINE DATA LOCAL USING MESSENA
...
END-DEFINE
*
MOVE *TIMESTMP TO STAMP1
... /* Zu testende Befehle
MOVE *TIMESTMP TO STAMP2
*
CALLNAT 'MESSENN' STAMP1 STAMP2 DELTA
WRITE 'Befehlsdauer in Mikrosekunden:' DELTA
END
```

Abbildung 7.8: *Definitionen und Aufrufe im zu testenden Programm*

```
Parameter  MESSENA
1 STAMP1      B  8
1 STAMP2      B  8
1 DELTA       P 19
*
Local      MESSENL
1 MICRO-SEC1 P 19
1 MICRO-SEC2 P 19
1 OFFSET     P  7  INIT<4> /* Zeitdauer eines MOVEs
```

Abbildung 7.9: Parameterleisten

```
DEFINE DATA
  PARAMETER USING MESSENA
  LOCAL     USING MESSENL
END-DEFINE
*
CALLNAT 'USR1009N' STAMP1 MICRO-SEC1   /* Startzeit
CALLNAT 'USR1009N' STAMP2 MICRO-SEC2   /* Endezeit
DELTA := MICRO-SEC2 - MICRO-SEC1       /* Korrekturwert
DELTA := DELTA      - OFFSET           /*   berechnen
*
END
```

Abbildung 7.10: Meßunterprogramm

Um korrekte Zeitmessungen mit dem Zeitstempel durchführen zu können, muß die Zeit für eine einfache Variablenzuweisung als Korrekturwert bestimmt werden. Die Zeit für den Übertrag des Zeitstempels in die Meßvariable wird in Form dieses Korrekturwerts von den erhaltenen Meßwerten abgezogen.

Das Subprogramm "USR1009N" befindet sich in der Bibliothek SYSEXT und berechnet die verstrichene Zeit (elapsed time) mit *TIMESTMP.

7.2 Tuning

In diesem Unterkapitel werden vielfältige Tuningmöglichkeiten im NATURAL-Umfeld beschrieben. Reine Programmkorrekturen und Eingriffe in die Programmierlogik werden ausgeklammert, hauptsächlich betrachtet werden Parametereinstellungen, Pufferbereiche und Kommunikationsmöglichkeiten. Die nachfolgenden Abschnitte können in drei Gruppen eingeteilt werden:

- Tuningpotentiale NATURAL (Abschnitte 7.2.1 bis 7.2.3):

  Pflege des NATURAL-Bufferpool, NATURAL-Pufferbereiche und deren Nutzung, NATURAL-Swappool.

- Tuningpotentiale ADABAS (Abschnitte 7.2.4 bis 7.2.7):

  Tuningpotentiale ADABAS (CPU Parameter), ADABAS AUTOMATIC PREFETCH, ADABAS FASTPATH, ADABAS HPE.

- Tuningpotentiale im TP-Monitorbereich (Abschnitt 7.2.8)

Das reine Anwendungstuning innerhalb von NATURAL reicht nicht immer aus zum Erhalt befriedigender Performanceergebnisse. Oft liegen Performanceprobleme in der Kommunkation zwischen ADABAS und NATURAL begründet, und/ oder leiten sich aus der Zugriffsstruktur der NATURAL-Programme ab. Dazu gehören typischerweise [*ADAPerf*]:

- redundante Zugriffe auf Tabellen, Steuerinformationen, Profile, ...,

- große Transaktionen, langlaufende Jobs mit vielen ADABAS-Befehlen,

- überwiegend sequentielle Verarbeitungen.

Durch den Einsatz verschiedener ADABAS-Hilfsmittel können Performanceverbesserungen erzielt werden. Dies sind:

- *ADABAS Automatic Prefetch* (siehe Abschnitt 7.2.5)

- *ADABAS FASTPATH* (siehe Abschnitt 7.2.6)

Empfehlung: Nach neuen Versionen Testprogramme wiederholen, um zu sehen, ob die Performancebetrachtungen noch gelten.

7.2.1 Pflege des NATURAL-Bufferpool

Das Utility SYSBPM löst das veraltete NATURAL-Utility SYSTAT ab [*Neu*]. Es liefert statistische Information über den NATURAL Bufferpool und ermöglicht dessen Pflege und die Anpassung an die spezifischen Anforderungen.

Mit dem Utility SYSBPM stehen mehrere Statistiken über den Bufferpool zur Verfügung wie eine generelle technische Statistik (G), eine Lade- und Locate-Statistik (L) sowie Einzelstatistiken. Mit ihnen können häufig benutzte Objekte herausgefunden werden, die eventuell als statisch gelinkte Objekte zum NATU-RAL-Nucleus hinzugefügt oder im Bufferpool resident markiert werden. Außerdem ist es möglich, Objekte aus dem Bufferpool zu löschen.

Die generelle technische Statistik (G) enthält Angaben über Adressen und Größen von Bufferpool, Kontrollblock und Textblock, Anzahl der Sätze im Textblock, Initialisierungs- und Refreshdatum und -benutzer und Belegungswerte wie Anzahl, Maximalzahl, % und absolute Größe aktiver Objekte und Textsätze sowie durchschnittliche Verweilzeit eines Objekts im Bufferpool und dessen durchschnittliche Benutzung. *Die Standardgröße eines Textpoolblocks kann vom Systemadministrator verändert werden.* Wenn ein Objekt in den Bufferpool geladen wird, wird die notwendige Anzahl zusammenhängender Textpoolblöcke angelegt, um das Objektprogramm des angesprochenen Objekts aufnehmen zu können. Es ist günstig, die Größe der Bufferpoolseiten an die Modulgrößen anzupassen. Sind die meisten Objektprogramme kleiner als 2K, bietet sich eine Einteilung des Textpools in 2K-Blöcke an (Parameter BPTEXT).

Die Prozentzahlen der aktiven Textsätze (Buffer Pool Usage) und der durchschnittlichen Benutzung der Textsätze (Average Record Usage) geben Auskunft über die Belegung des Bufferpool. Liegen diese bei fast 100%, ist der Bufferpool fast voll. In diesem Fall sollte der Prozentsatz der aktuell benutzten Bufferpoolteile über 75 % liegen, was auf eine gute Bufferpooleinteilung und -auslastung hindeutet. Liegt der Prozentsatz der aktuell benutzten Bufferpoolteile unter 75 %, sollte die Größe der Textpoolblöcke reduziert werden.

Ebenso ein Maß für die Änderung der Satzgröße im Textpool stellt die absolute Textsatzgröße dar, die ermittelt wird aus:

---

absolute Größe des Textsatzes im -pool   := Anzahl aktiver Textsätze
*   * Größe eines einzelnen Textsatzes*

Abbildung 7.11: Berechnung der absoluten Größe des Textsatzes im Textpool

Der unbenutzte Teil des Textpools wird berechnet aus:

---

unbenutzter Teil des Textpool := absolute Textsatzgröße (total text record size)
                              − absolute Objektgröße (total object size)

Abbildung 7.12: Berechnung des unbenutzten Textpoolteils

und kann eine Veränderung der Textpoolblockgröße anzeigen.

Alle unalloziierten Bufferpoolblöcke sind in der Freiplatztabelle beschrieben.

In der Ladestatistik (L) enthalten sind Aussagen über die Anzahl Ladeaufrufe, abgeschlossene und gesamte Programmladevorgänge, durchgeführte Ladevorgänge nach den Algorithmen 1 und 2 und mißlungene Vorgänge, außerdem die Größen der größten geladenen Objekte und der mißlungenen Ladevorgänge. Die Algorithmen 1 und 2 sind die Suchalgorithmen im Bufferpool, nach denen bei einer Ladeanforderung eines Objektprogramms in den Bufferpool nach dem benötigten Platz im Textpool gesucht wird:

- Algorithmus 1 versucht, ein einzelnes Speicherstück im Textpool zu finden oder ein einzelnes Objektprogramm, das gelöscht werden kann, um den benötigten Platz zu erhalten. Die Suche beginnt am Anfang des Textpool und berücksichtigt das relative Alter oder die Priorität eines Objektprogramms um zu bestimmen, ob es gelöscht werden kann. Kann mit Algorithmus 1 nicht genügend Speicherplatz gefunden werden, wird Algorithmus 2 aufgerufen.

- Algorithmus 2 versucht, zwei oder mehr Einträge (Freispeicher und/oder Objektmodule) zu kombinieren, um den benötigten Platz zu finden. Das relative Alter der Objekte wird nicht mitberücksichtigt. Algorithmus 2 beginnt die Suche an dem Punkt im Textpool, an dem es ihn zuletzt verlassen hat und geht weiter bis zum Ende des Textpool. Bei Bedarf beginnt Algorithmus 2 mit der Suche am Beginn des Textpool erneut und geht nocheinmal bis zum Ende durch. Kann auch dann noch kein Platz gefunden werden, wird die Fehlermeldung NAT0777 ausgegeben.

Die Locate-Statistik informiert über die Anzahl der Locate-Aufrufe, aufgeteilt nach normalen und schnellen Locationen, jeweils mit der Anzahl erfolgreicher und mißlungender Versuche. Sie ermittelt die Summe der erfolgreichen Locate-Versuche (siehe Kapitel 2.1). Der Bufferpoolperformanceanzeiger faßt nochmals die Gesamtzahl der Ausführungen von Objektanforderungen zusammen und ermittelt das Verhältnis aus Bufferpoolaufrufen zu geladenen Programmen. Ein Wert größer als 1 zeigt, daß der Bufferpoolmanager die Anfrage nach einem

Objekt befriedigen konnte und das Objekt nicht vom NATURAL Systemfile laden mußte. Je größer der Wert ist, desto besser arbeitet der Bufferpool. Diese Verhältniszahl ist der erste Indikator für die Bufferpoolperformance.

Mit der individuellen Statistik (S) können einzelne Objekte aus dem Bufferpool entfernt (DE oder FO), freigegeben (CL), als resident markiert (RE) oder Objekt oder Statistikinformation angezeigt werden. Die individuelle Statistik bietet eine Übersicht über die Objekte im Bufferpool mit Library, Objektname, DBID, FNR, Größe und Größe im Bufferpool sowie Benutzungsinformationen über das Objekt wie aktuelle Anzahl der Benutzer, Maximalzahl konkurrierender Benutzer, Absolutzahl Benutzer und einer Kennzeichnung, ob das Objekt resident im Bufferpool verbleiben soll (R), gerade in diesen geladen wird (L), oder aus ihm gelöscht werden soll (D). Bei einem Programmabsturz sollten die Elemente aus dem Bufferpool entfernt werden (FO), da sonst das abgestürzte Objekt mit einem Benutzungszähler größer als 0 im Bufferpool verbleibt.

Neben den erwähnten Statistiken können aktuelle Bilder der Aufrufe des Bufferpoolmanager, der Bufferpoolfragmentierung oder bestimmter Bufferpoolobjekte angefordert werden. Außerdem bietet SYSBPM die Möglichkeit, NATURAL-Objekten vom Laden in den Bufferpool auszuschließen (Blacklist Maintenance) und somit eine Objektausführung zu sperren. Diese Funktion kann auch im Batch mit dem Programm BPMBLBAT aus der SYSBPM-Bibliothek ausgeführt werden.

Wenn der NATURAL-Parameter ADASVC beim NATURAL-Startup mitangegeben wurde, können über eine spezielle Auswahl andere globale Bufferpool neben dem aktuellen lokalen oder globalen Bufferpool gepflegt werden.

7.2.2 NATURAL-Pufferbereiche und deren Nutzung

Die NATURAL-Pufferbereiche wurden bereits in Abschnitt 2.1.2 detailliert vorgestellt. In diesem Abschnitt werden Möglichkeiten beschrieben, ihre Größeneinstellungen zu kontrollieren, und durch Optimierungdie Anzahl der Datenbankaufrufe zu vermindern und somit CPU-Belastung einzusparen. Die Auslastung des NATURAL-Bufferpool kann überprüft werden mit der Pufferbenutzungsstatistik (SYSBUS), der Platzbedarf einzelner Programme über das Anlisten der Directory-Einträge.

SYSBUS

Der NATURAL-Thread enthält Benutzerdaten und Kontrollinformationen. Die verschiedenen Datenbereiche werden nach jedem Dialogschritt gesichert. Mit dem NATURAL-Kommando BUS können Datenbereichsaufbau und -auslastung für den BUS-ausführenden Benutzer überprüft werden. Die "Buffer Usage Statistic" (SYSTP) zeigt die maximale Benutzung der einzelnen Arbeitsbereiche über alle Benutzer hinweg an.

```
12:20:25                ***** NATURAL DBA UTILITY *****              92-10-08
COMPLETE                   - Buffer Usage Statistics -                 MVS/XA


No !   Name    ! Offset   !   Size   !   Used   !  %  !  MaxUse  !  %  !
----+----------+----------+----------+----------+-----+----------+-----+
19 ! .OVERLAY  ! 0002B660 !     320  !      6  !   1 !     320  ! 100 !
20 ! .SCREEN   ! 0002B7A0 !    1928  !   1928  ! 100 !    1928  ! 100 !
21 ! .PAGEATT  ! 0002BF28 !   12000  !   4020  !  33 !    4104  !  34 !
22 ! .OVLYATT  ! 0002EE08 !     480  !     42  !   8 !     480  ! 100 !
23 ! .SCRNATT  ! 0002EFE8 !    8676  !   4308  !  49 !    4308  !  49 !
24 ! FSIZE     ! 000311D0 !   30752  !    416  !   1 !    1280  !   4 !
25 ! PRNTWORK  ! 000389F0 !    4192  !   3738  !  89 !    4192  ! 100 !
26 ! WORK05    ! 00039A50 !    1928  !      0  !   0 !       0  !   0 !
27 ! WORK06    ! 0003A1D8 !    1928  !      0  !   0 !       0  !   0 !
28 ! WORK07    ! 0003A960 !    1928  !      0  !   0 !       0  !   0 !
29 ! PRINT05   ! 0003B0E8 !    1928  !      0  !   0 !       0  !   0 !
30 ! PRINT06   ! 0003B870 !    1928  !      0  !   0 !       0  !   0 !
31 ! PRINT07   ! 0003BFF8 !    1928  !      0  !   0 !       0  !   0 !
32 ! NCPWORK   ! 0003C780 !    2080  !   2079  !  99 !    2079  !  99 !
```

Abbildung 7.13: SYSBUS-Anzeige

```
 12:20:25                  ***** NATURAL DBA UTILITY *****              92-10-08
 COMPLETE                      - Buffer Usage Statistics -                MVS/XA


 No !  Name   ! Offset  !   Size   !   Used   ! % !  MaxUse  ! % !
 ----+--------+---------+----------+----------+---+---------+----+
 33 ! TOTAL   !         !  249750  !  55488   ! 22!  87583  ! 35 !
 ----+--------+---------+----------+----------+---+---------+----+
 34 ! TOTAL  K!         !   244K   !   55K    !   !    86K  !    !
 35 ! Thread K!         !   246K   !          !   !         !    !
 ----+--------+---------+----------+----------+---+---------+----+
```

Abbildung 7.14: SYSBUS-Anzeige - Zusammenfassung

Beim Einsatz des NATURAL-Kommandoprozessor ist die Pufferdefinition des NCPWORK-Puffer in der SYSBUS-Anzeige interessant. Die genauen Inhalte des NCPWORK-Puffer können über die Print-Funktion in den Administrator Services der Applikation SYSNCP angesehen und ausgedruckt werden.

Das TP-System und NATURAL sichern ihre Datenbereiche in einer Datei. Um dabei möglichst wenig physische I/Os zu erhalten, können I/O-Puffer im Speicher eingerichtet werden.

Platzbedarf einzelner Programme

Die Einstellung der für die Programmgrößen bedeutenden Parameter (ESIZE, FSIZE, USIZE und DATSIZE) können mit dem GLOBALS-Kommando überprüft werden. Der Größenbedarf der einzelnen Programme ist ersichtlich aus deren Directory-Einträge, die über das Direktkommando LIST DIR oder mit der Funktion LD aus der Listübersicht angefordert werden können:

- Die Sourcegröße eines Programms entspricht dem ausgewiesenen Platzbedarf in der ESIZE.

- Als Modulgröße bezeichnet wird die Größe, die der Reentrantteil eines compilierten NATURAL-Programms zur Ausführung benötigt, ablesbar aus dem Platzbedarf im BUFFERPOOL.

- Die Größen der Programmdaten sind ersichtlich aus dem Platzbedarf in der DATSIZE (lokale und Parameterdaten) und der ESIZE (GDA-Daten).

Sollen in der Produktionsumgebung keine Module übersetzt, das bedeutet, kein STOW durch- oder Programme mit RUN ausgeführt werden, werden die Parameter ESIZE und FSIZE und ihre zugehörigen Bereiche nicht mehr benötigt, die USIZE kann verkleinert werden.

7.2.3 Der NATURAL-Swappool

Der NATURAL-Swappool ist ein Zwischenspeicherbereich für die NATURAL-Benutzerthreads (Arbeitsbereiche). Anstatt auf Rollfiles herausgerollt und von diesen eingelesen zu werden, werden die Benutzerthreads komprimiert auf den Swappool geschrieben und von diesem gelesen. Damit wird die Anzahl der physischen I/Os reduziert und konsequenterweise die Performance verbessert [*PG*]. Das Ausmaß der Reduzierung der physischen I/Os hängt ab von der Größe des Swappools (Parameter SWPSIZE im Makro SWTAB), der Größe jedes komprimierten NATURAL-Benutzerbereichs (Parameter MAXSIZE im Makro SWPRM) und der Anzahl Onlinebenutzer. Wenn die Arbeitsbereiche aller Onlinebenutzer resident im Swappool gehalten werden können, werden keine physischen I/Os durchgeführt [*OM*].

Die NATURAL Benutzerarbeitsbereiche werden in komprimierter Form in Swappoolslots gehalten, von denen sich mehrere identisch lange im Swappool befinden. Im Swappool liegt außerdem ein Kontrollblock (directory). Dieser enthält pro Swappoolslot einen Eintrag, der mit dem vorhergehenden und nachfolgenden Eintrag verbunden ist, außerdem sind der häufigste und der älteste Swappoolbenutzer bekannt. Im Statistikbereich des Kontrollblocks werden zwei Tabellen für die Swappoolreorganisation geführt. Bei Bedarf und je nach Einstellung wird die Länge der Swappoolslots über dynamische Swappoolreorganisation angepaßt (Parameter SWPTFIX, SWPTIM1, SWPTIM2, SWPUSER und SWPTACT im Makro SWTAB), um die aktuellen Anforderungen zu befriedigen. Für die erste Initialisierung des Swappools kann die Länge der Slots mit dem Parameter SWPSLSZ im Makro SWTAB des NATURAL-Parametermoduls angegeben werden.

Statistische Informationen über Inhalt, Lage und Auslastung des Swappools und der verschiedenen Arbeitsbereiche können über das Utility SYSTP abgerufen werden.

7.2.4 Tuningpotentiale ADABAS (CPU und Parameter)

Sind die Möglichkeiten des Tunings mit reinen NATURAL-Mitteln ausgeschöpft, oder ist von vornherein klar, daß die Schwachstellen bei der Datenbank liegen, müssen die Tuningpotentiale der Datenbank untersucht werden. Diese könnnen eingeteilt werden in zwei Gruppen: Verminderung der CPU-Belastung durch Organisation der Zugriffe und Veränderung der Parametereinstellungen von ADABAS.

- ADABAS-Befehle können vermindert werden durch das Zwischenspeichern von Daten im Benutzeradressraum, eine gute Auslastung des NATURAL-Bufferpool, den Einsatz von ADABAS FASTPATH, oder das Vermeiden wiederholter Zugriffe auf gleiche Sätze. Dazu gehört auch die Nutzung des Globalen Format-Idents, den NATURAL automatisch selbst verwaltet.

- Von ADABAS sollten nur im Programm verarbeitete Felder angefordert werden, das heißt, die benutzte View darf nur diese Felder enthalten.

- Durch die Positionierung vielbenutzter Felder eines ADABAS-Files an den Anfang der FDT können ebenfalls Zugriffe eingespart werden.

Die Größen der von ADABAS benötigten Arbeitsbereiche können performance-günstig eingestellt werden. Sehr großen (langen) Transaktionen kommen größere WORK-Blockgrößen entgegen, bei Anwendungen mit sehr vielen kleinen Transaktionen ist es besser, eine kleine WORK-Blocksize zu definieren. Bei den Größeneinstellungen der WORK-Datei ist zu beachtet, daß die WORK-Größe von der DATA-Größe (max. komprimierte Satzlänge) abhängt.

Daneben können die I/Os besser verteilt oder reduziert, Paging vermindert und Wartezeiten sowie CPU-Belastung mit verschiedenen weiteren Tuningmaßnahmen herabgesetzt werden (Siehe Abbildung 7.15):

Die Auslastung des Paddingbereichs in DATA kann mit dem ADABAS-Utility ADADCK ermittelt werden, mit den Funktionen DSCHECK USAGE unter anderem auch mittels einer Balkengraphik ermittelt werden.

Bereich	Grenzwert	Tuningmaßnahme	Gegen-/ Nebeneffekte
Paging	Page-IN ≥ 5 % / PDResp	verkleinern LBP	mehr I/Os auf ASSO und DATA
	immer	BS2000-START-ATTR = TP für ADANUC	Verlagerung des Paging

Abbildung 7.15a: Tuningmaßnahmen ADABAS - Teil 1 [PerfAnaly]

Bereich	Grenzwert	Tuningmaßnahme	Gegen-/ Nebeneffekte
I/O	Bufferefficieny ≤ 20 bzw. I/O-Zeitanteil zu hoch (> 50 %)	LBP vergrößern	mehr Speicherbedarf/ Paging
		Daten sortieren	Nicht der Sortierfolge entsprechendeVerarbeitungen dauern eventuell länger
		DEVICE vergrößern	mehr Speicherbedarf/ Paging
		DSREUSE=OFF / ISNREUSE=OFF	mehr Plattenplatzbedarf / häufiger reorganisieren
	viele WORK-Reads	vergrößern LS (LWP)	eventuell mehr Speicherbedarf
		vergrößern NSISN (LI)	
I/O-Verteilung	Hohe I/O-Last in kleinen Bereichen der Datenbank	Hardware mit hoher Zugriffsdichte einsetzen: Platten mit geringer Speicherkapazität, SSD, Write-Cache	keine
	weniger Platten als Threads aktiv	zusätzliche Platten	keine
	immer	WORK/PLOG alleine jeweils auf einer Platte	keine
	ungleiche Verteilung	I/Os gleichmäßig verteilen	keine
	immer	möglichst wenig Batch parallel	keine
CPU	immer	FEV=YES	keine
	immer, außer bei den NATURAL-Systemfiles und bei extremer Änderungshäufigkeit.	DSREUSE=OFF / ISNREUSE=OFF	mehr Plattenplatzbedarf / häufiger reorganisieren
	immer	Global-Format-Id verwenden	keine
	immer	Felder/Satzarten innerhalb der FDT in Reihenfolge der Zugriffshäufigkeit sortieren	keine
Wartezeiten	alle Threads aktiv	NT erhöhen	keine
	LWP = 100 %	LWP erhöhen	mehr Speicher/Paging
	LFIOP max. 25 % von LBP	asynchroner Bufferflush	ASP-Bedarf PAGING_RATE?

Abbildung 7.15b: Tuningmaßnahmen ADABAS - Teil 2 [PerfAnaly]

7.2.5 ADABAS Automatic Prefetch

Die ADABAS Automatic Prefetch-Option ist ein Bestandteil von ADABAS, die
für ADABAS/NATURAL-Batchverarbeitung eingesetzt werden kann. Sie gilt generell für alle sequentiellen Verarbeitungen (ADABAS-Befehle L1/L4, L2/L5,
L3/L6, L9), das heißt für logisch oder physisch sequentielles Lesen (READ LO-
GICAL, READ PHYSICAL, nicht: READ BY ISN), HISTOGRAM und FIND
(Abarbeitung der ISN-Liste mit L1-Befehlen). Die Prefetch-Option kann eingesetzt werden um:

- Kommunikation mit der Datenbank einzusparen (CPU-Zeit),

- Tasks zu synchronisieren (Scheduling entfällt),

wodurch sich die Systemwartezeiten reduzieren und sich eventuell leichte Vorteile im Bufferpool ergeben.

ADABAS Automatic Prefetch wird aktiviert durch den ADARUN-Parameter
PREFETCH=YES und gilt für eine komplette Datenbank. Die Prefetch-Option
kann mit zwei weiteren ADABAS-Parametern für bestimmte Datei-/Befehlskom-
binationen ausgeschlossen werden (siehe Abbildung 7.16), dies sollte für die
NATURAL-Systemfiles erfolgen:

ADARUN-Parameter	Gültigkeit	Bedeutung
PREFXCMD	befehl	(exclude command)
PREFXFIL	file	(exclude file)

Abbildung 7.16: ADARUN-Parameter zum Ausschluß der PREFETCH-Option

ADABAS Automatic Prefetch liest zu einer gegebenen Schleifensequenz Datensätze in einen Puffer vor. Der erste Datensatz einer Schleife wird jeweils ohne
Prefetch gelesen, ab dem zweiten Datensatz innerhalb einer Schleife wird der
ADABAS Prefetch-Puffer für die Sequenz zu 12,5 % gefüllt und abgearbeitet,
nach der Abarbeitung wird der Puffer zu 25 % gefüllt und abgearbeitet, danach zu
50 %. Parallel zur Verarbeitung der Datensätze im ersten 50 %-Puffer durch das
NATURAL-Programm werden asynchrone ADABAS-Aufrufe zum Füllen der
zweiten 50 % des Puffers durchgeführt. Nach Verarbeitung der ersten 50 % des
Puffers bearbeitet das NATURAL-Programm die Datensätze der zweiten
Pufferhälfte, ADABAS wird asynchron aufgerufen und füllt die erste Pufferhälfte.

Dieser Ablauf wird wiederholt bis zum Ende der Leseschleife und damit zum Auflösen der Verarbeitungssequenz.

Der ADABAS Prefetch-Puffer liegt im Adressraum des Anwendungsprogramms (im Adressraum eines Batch-NATURAL) und wird beim ersten ADABAS-Aufruf mit Automatic Prefetch entsprechend den Parametern aufgebaut. Die Größe des ADABAS Prefetch-Puffer wird festgelegt durch zwei weitere ADARUN-Parameter:

ADARUN-Parameter	Gültigkeit	Bedeutung
PREFSBL	jede einzelne Sequenz	(single buffer length)
PREFTBL	alle parallel laufenden Sequenzen	(total buffer length)

Abbildung 7.17: ADARUN-Parameter zum Ausschluß der PREFETCH-Option

Die Summen:

$$\Sigma \text{ Feldlängen der Felder in der View} + 16 \text{ Byte}$$

bestimmen der Platzbedarf eines Datensatzes im Puffer. Der Platzbedarf einer Sequenz berechnet sich aus der möglichen Anzahl Sätze in der Sequenz, multipliziert mit dem Platzbedarf eines Datensatzes im Puffer.

Die Hauptverwendung für ADABAS Automatic Prefetch liegt im FIND-Befehl, da die Sätze der selektierten ISN-Listen gleich in den Puffer eingelesen werden und unnötige ADABAS-Aufrufe zum Abarbeiten der ISN-Listen entfallen. Vorsicht ist geboten bei der Verwendung von inneren Schleifen, da mit der Automatic Prefetch-Option ein sehr großer Overhead durch unnötiges Lesen von Sätzen der inneren Schleife entsteht. Die Sätze werden vorgelesen, auch über die Schleifenendebedingung hinaus, da die Schleifenendebedingung von NATURAL und nicht von ADABAS geprüft wird.

Alle sich im ADABAS Prefetch-Puffer für einen Benutzer befindlichen Sätze sind bei einer offenen Transaktion gesperrt. Datenbankveränderungen gehen direkt an die Datenbank durch. Bei Transaktionsende werden nur die Sätze freigegeben, die vom Programm schon bearbeitet wurden.

Der Einsatz der ADABAS Automatic Prefetch-Option lohnt umso mehr, je länger die zu bearbeitenden Sequenzen sind. Performanceverbesserungen können vorwiegend erzielt werden bei Benutzerprogrammen, die sequentiell große Datenmengen verarbeiten. Im Batch ist beim Einsatz der Prefetch-Option das Abbrechen von Lesesequenzen durch NATURAL äußerst problematisch.

7.2.6 ADABAS FASTPATH

Im Gegensatz zur Prefetch-Option kann ADABAS FASTPATH (AFP) sowohl in einer Batch- als auch in einer Onlineumgebung verwendet werden und ist hauptsächlich für Referenzdaten, vorzugsweise mit UNIQUE-Deskriptoren geeignet. Hauptanwendungsgebiet ist eine Online-Mehrbenutzerumgebung.

Das kostenpflichtige AFP-Modul wird zum ADALINK-Modul gebunden und stellt direkt im Arbeitsbereich des Benutzers dem Benutzerprogramm einen AFP-Bufferpool (AFP-Puffer) zur Verfügung. AFP überträgt alle mit direkten Lesezugriffen ausgewählten Sätze in den AFP-Puffer. Dies sind Ergebnisse von:

* READ LOGICAL (1),

* HISTOGRAM (1),

* FIND, falls die ISN-Liste genau eine ISN enthält.

Die Sätze im AFP-Puffer werden nach einem Alterungsalgorithmus überschrieben. Ob der Einsatz von AFP für eine bestimmte Anwendung lohnt, kann durch die Analyse des ADABAS-Commandlog mit dem Utility AFPLOOK festgestellt werden. Sinnvoll ist der Einsatz von AFP bei zu hoher ADABAS-Pufferauslastung, die auf schlechte Programmierung hindeuten kann.

In der Verantwortung des DBA liegt es, den optimalen Ausgleich zwischen der Anzahl physischer I/Os und der Größen der I/O-Puffer zu finden. Jede Optimierung im Bereich der Roll-I/Os kann signifikant Zeit einsparen. Die Roll-I/Os können durch verschiedene Maßnahmen reduziert oder optimiert werden [*IM*]:

* Kein Rausrollen (Anzahl der Threads erhöhen).

* Rollen im Hauptspeicher (ESA, VSAM-Puffer).

* Verringern der NATURAL-Puffergrößen (Parameterwerte herabsetzen).

* Die NATURAL-Puffer komprimieren.

Die Ersparnis durch Pufferkomprimierung kann mit der BUS-Funktion (Buffer Usage Statistic) überprüft werden (siehe Abschnitt 7.2.2).

Intern legt NATURAL fast alle Puffer über einen Treiberaufruf an, bei dem Größe und Art des anzulegenden Puffers angegeben wird. Einige in der Pufferbenutzungsstatistik aufgeführten Puffer haben keinen extra Zeiger, sie werden angelegt als Teil einer größeren Anfrage. Der mögliche Zeiger kann im Makro CMIOCB gefunden werden.

7.2.7 ADABAS HPE

Normalerweise findet bei jedem ADABAS-Aufruf eine Kommunikation zwischen den Adreßräumen der Bereiche des Nukleus und des Anwendungsprogramms (hier: NATURAL) statt, auch als Interregion-Kommunikation (Cross-Memory-Services) bezeichnet. Diese Kommunikation zwischen den Adreßräumen läuft über das Betriebssystem und benötigt Zeit. Mit ADABAS HPE (high performance environment) wird die Interregion-Kommunikation über das Betriebssystem ausgeschaltet, indem Teile des TP-Monitors COM-PLETE, ADABAS TPF, NET-WORK und der ADABAS-Nukleus selbst als Subtask von ADABAS HPE im selben Adreßraum ablaufen (siehe Abbildung 7.18). Die dafür benötigte Region ist sehr groß, deshalb ist der Einsatz von ADABAS HPE nur unter den Betriebssystemen MVS/XA und MVS/ESA sinnvoll [*ADA_Eff*].

Batchprogramm	ADANUK$_1$	HPE		ADANUK$_2$
			TP-User	
			NATURAL	
			COM-PLETE	
ADALINK	ADAMPM	ADALINK		ADAMPM
Router-Funktionen	ohne Router-Funktionen			Router-Funktionen

Abbildung 7.18: ADABAS HPE

7.2.8 Tuningmaßnahmen TP/NATURAL

Neben den rein auf NATURAL oder ADABAS bezogenen Tuningmöglichkeiten können im Bereich der asynchronen Verarbeitungen über eine geschickte Jobklassenwahl performancegünstigere Laufzeiten erzielt werden (siehe Abbildung 7.19).

Bereich	Grenzwert	Tuningmaßnahme	Gegen-/ Nebeneffekt
Jobklassen	Batch parallel zum Online (< 128 sind feste Prioritäten)	Prioritätenänderung ADABAS, TP-Monitor	Zurückdrängen anderer Prozesse
		Parallellaufende Jobs radikal einschränken	keine
	immer	jeweils eigene CATE-GORY für ADANUC, TP-Monitor und Batch	keine
	testen/überprüfen	PREFETCH	eventuell werden zuviele Sätze gelesen
	falls nicht um gleiche Ressourcen (Platten, CPU) gestritten wird	Batch-Jobs während der Batchzeiten parallel	Überlastung einzelner Betriebsmittel (HSP, CPU, Platten)
	bei großen Datenmengen	ADABAS-Utilities statt eigener Programme	Files sind gesperrt
	immer	LFIOP nutzen	keine
	genügend HSP während Batchzeiten vorhanden	ADANUC mit größerem LBP starten	mehr Speicherbedarf / Paging

Abbildung 7.19: Tuningmaßnahmen Batch/Jobklassen-Design [PerfAnaly]

Darüberhinaus können in der Umgebung des TP-Monitors und der dort für NATURAL definierten Bereiche mögliche, zu Performanceverbesserungen führende Einsparungen vorgenommen werden (siehe Abbildung 7.20).

Bereich	Grenzwert	Tuningmaßnahme	Gegen-/ Nebeneffekt
I/O-Swapping	Hitrate ≤ 90 %	SWSLSZE optimieren	keine
	(Swaps / Dialogschritt < 0,1)	SWPSIZE vergrößern	mehr Speicherbedarf/ Paging
I/O	Batch	DELETE=OFF	erhöhter virtueller Speicherbedarf
Paging	immer	Swappool verkleinern	mehr I/Os (SWF)
		Bufferpool verkleinern	mehr ADABAS-Calls
		SYSNWR=NO, Ersparnis = Anzahl Tasks * MAXSIZE	I/Os auf SWF immer synchron
	mehrere Anwendungen gleicher NATURAL-Version	Shared/Global-NATURAL-Nukleus	Modul NATSWPUT zum Frontend linken
	gleiche NATURAL-Programme in diversen Umgebungen	Globaler NATURAL-Bufferpool	keine
CPU	viele Zugriffe auf FNAT, FUSER	Bufferpool vergrößern BPTEXT verkleinern	mehr Speicherbedarf/ Paging etwas mehr Verwaltungsoverhead
	viele Zugriffe auf FSEC (10 Limit)	NSC-Einträge Programme überprüfen	keine
	Batch	DELETE=OFF	erhöhter virtueller Speicherbedarf
	Gleiche NATURAL-Programme in diversen Umgebungen nutzen	Globaler NATURAL-Bufferpool	keine
	Programme mit wesentlicher NATURAL-Zeit (SYSMON)	NATURAL OPTIMIZER COMPILER nutzen	größere Programme
Online Wartezeiten	immer	WH=OFF	ADABAS-RspCode 145
	∑ Waittimes / Elapsed Time ≥ 5 %	zusätzliche Tasks	mehr Resourcenbedarf
	Unter Last gleichmässiger CPU-Verbrauch aller Tasks	zusätzliche Tasks	mehr Resourcenbedarf
	Langläufer vorhanden	Einsatz von Taskklassen	Langläufer werden verzögert
		Asynchrone Verarbeitungen und/oder Batchverarbeitungen	Langläufer drängen sich wieder in den Vordergrund

Abbildung 7.20: Tuningmaßnahmen TP-Bereich

7.3 NATURAL-Parameter

Für jedes NATURAL-System können über 100 Parameter eingestellt werden
[*OM*]. Diese werden zum Großteil im NATURAL-Parametermodul angegeben,
teilweise dynamisch überschrieben oder noch in der NATURAL-Sitzung durch
Kommandos oder Systemvariablen geändert.

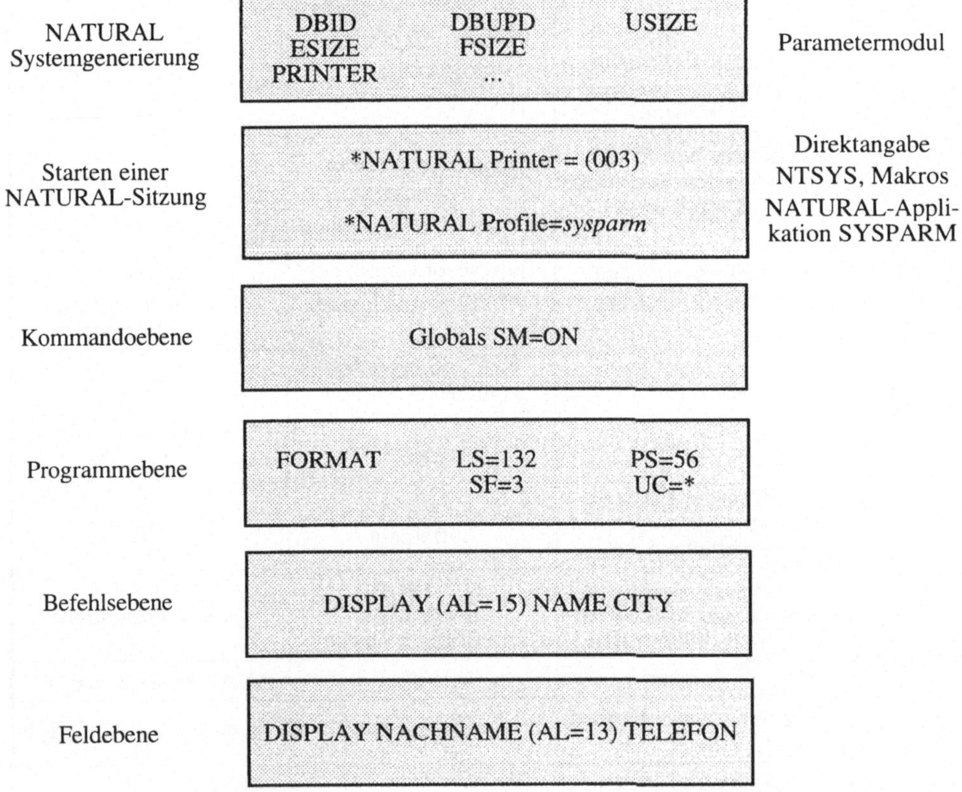

Abbildung 7.21: Ebenen der Parameterdefinition [ProgII]

Im Parametermodul wird die Standardeinstellung der Parameter vorgenommen,
untergeordnete Standards mit abweichenden Einstellungen können und sollten in
NTSYS-Makros zusammengefaßt werden. Aus den Anwendungs- und Wir-
kungsbereichen der Parameter ergeben sich mehrere Parametergruppen:

(1)   Puffergrößen   (Keine Änderung innerhalb einer Sitzung,
                                        Abschnitt 7.3.1.)

(2)   Globaler Bufferpool   (Siehe Abschnitt 2.1.6)

(3)   Systemfilezuweisungen   (Keine Änderung innerhalb einer Sitzung,
                                        siehe auch Abschnitt 2.2.1 und 7.3.2.)

(4)   Systemumfeld   (Abschnitt 7.3.2)

(5)   Programmierumfeld   (Abschnitt 7.3.3)

(6)   Begrenzungen   (Abschnitt 7.3.3)

(7)   Externe Programme   (Keine Änderung innerhalb einer Sitzung,
                                        Abschnitt 7.3.4.)

(8)   Datenbanken und Datenbankzugriffe   (Abschnitt 7.3.5)

(9)   Zugangsberechtigungen und Zugriffsschutz   (Abschnitt 7.3.6)

(10) Terminalkommunikation   (Fast alle Parameter können innerhalb einer
                                        NATURAL-Sitzung verändert werden,
                                        Abschnitt 7.3.7)

(11) TP-Monitore   (Abschnitt 7.3.8)

(12) Sortierprogramme   (Siehe Abschnitt 5.1.8.)

(13) Workfilezuweisungen   (Abschnitt 7.3.9)

(14) Druckausgaben   (Abschnitt 7.3.9)

(15) Zeichenzuweisungen   (Abschnitt 7.3.10)

(16) Datum-/Zeitdarstellung und-rechnung   (Abschnitt 7.3.11)

(17) Fehlerverarbeitung   (Abschnitt 7.3.12)

Nachfolgend sind die wichtigsten Profilparameter nach Gruppen geordnet aufgeführt, performancerelevante Parameter sind unterlegt dargestellt.

Abgeschlossen wird dieses Unterkapitel mit einer Zusammenstellung der
NATURAL-Makros (Abschnitt 7.3.13) und der Veränderungsmöglichkeiten der
Parameter auch mit Terminalkommandos (Abschnitt 7.3.14).

7.3.1 Puffergrößen

Die von NATURAL benötigten Informationen werden in verschiedensten Puffern abgelegt, deren Größen durch Parameter bestimmt werden und sich auch teilweise auf die Performance auswirken. Durch die Kombination einiger dieser Parameter werden die Größen weiterer Pufferbereiche bestimmt:

Parameter	Größenbestimmend für	Min. (KB)	Max. (KB)	Def.	Dyn.	?
AVERIO	Übliche Ausgabefeldlänge (geschätzt)	1	80	8	Ja	(4)
BPSIZE	Lokaler Bufferpool	100	16383	256	Nein	(1)
BPTEXT	Segment des Textpoolbereichs im Bufferpool	1	4	4	Nein	
CMPRTSZE	Kompressionstabellenpuffer	1	32	2	Nein	(2)
DATSIZE	Puffer für lokale Daten	10	256	32	Ja	(3)
DSIZE	Debugpuffer	2	64	0	Ja	
ESIZE	Eweiterter Benutzerspeicher	2	128	28	Ja	
FSIZE	Bereich für DDMs und Symboltabellen	2	64	0	Ja	
ISIZE	Initialisierungspuffer - nicht für alternative Parametermodule	4	32	4	Nein	
LS	Zeilenlänge für DISPLAY oder WRITE	35	250	0	Ja	(4)
PS	Seitengröße	5	250	0	Ja	(4)
RJESIZE	Initialisierung des NATRJE-Puffers	0	256	8	Ja	(5)
RUNSIZE	Laufzeitpuffer	10	64	16	Ja	
USIZE	Benutzerpuffer	8	64	32	Ja	

Abbildung 7.22: NATURAL-Puffergrößen

(1) Der Parameter BPSIZE kann nicht gesetzt werden unter COM-PLETE und für einen Globalen Bufferpool. Unter CICS wird der Parameter BPSIZE nicht beachtet, falls ein Programmspeicherbufferpool benutzt wird.

(2) Der Parameter CMPRTSZE wird in einem alternativen Parametermodul ignoriert.

(3) Mit dem Systemkommando LIST DIR kann der Pufferbedarf verschiedener Parameter für ein Programm ermittelt werden, sowie der DATSIZE-Verbrauch (Platzbedarf im Datenpuffer) des Objekts (ohne Kontrollinformation).

(4) Der Parameterwert von AVERIO kann mit dem Terminalkommando %X (siehe Abschnitt 6.1.1) ermittelt werden. Die Größen des Seitenattribut- und des Bildschirmattributpuffers werden mit dem Wert von AVERIO berechnet (PS*LS muß $\leq$ 32KB sein):

> *Größe Seitenattributpuffer:*   *PS*LS/(AVERIO + 1) * 12*
> *Größe Bildschirmattributpuffer:*   *Bildschirmgröße/(AVERIO + 1) * 12*

(5) Zur Laufzeit wird der NATRJE-Puffer je nach Bedarf um 8KB erweitert.

Parameter	Größenbestimmend für	Min. (KB)	Max. (KB)	Zusatzprodukt
ASIZE	Hilfspuffer für NATURAL PROCESS	0	64	NATURAL PROCESS
CSIZE	CON-NECT-Pufferbereich	0	64	CON-NECT
DBSSIZE	Benutzerpuffer NATURAL SESAM	0	64	NATURAL SESAM
DB2SIZE	Pufferbereich für NATURAL DB2 und NATURAL SQL/DS	0	64	NATURAL DB2 und NATURAL SQL/DS
DLISIZE	Pufferbereich für NATURAL DL/I	22	512	NATURAL DL/I
EXCSIZE	NATURAL EXPERT C Schnittstelle	0	256	NATURAL EXPERT C
EXRSIZE	NATURAL EXPERT Regeltabellen	0	256	NATURAL EXPERT
SSIZE	NSPF-Editor	0	64	NATURAL ISPF
TSIZE	Puffer, der für die Text-Retrieval-Einrichtung benutzt wird	0	64	NATURAL TRF
VSIZE	NATURAL VSAM-Puffer	0	512	NATURAL VSAM
XSIZE	ENTIRE CONNECTION-Puffer, Bereich für benutzergeschriebene externe Unterprogramme	0	64	ENTIRE CONNECTION
ZSIZE	Pufferbereich für ENTIRE DB	0	64	ENTIRE DB

Abbildung 7.23: NATURAL-Puffergrößen für Zusatzprodukte

Neben den allgemeinen Größenparametern für alle Umgebungen gibt es Parameter die nur gelten, falls das entsprechende NATURAL ADD-ON-Produkt installiert ist (außer XSIZE). Diese können nicht innerhalb einer Sitzung geändert und alle dynamisch überschreiben werden, ihre Defaultwerte sind jeweils 0 (siehe Abbildung 7.21).

Ohne ENTIRE CONNECTION kann der Parameter XSIZE zur Bestimmung des Pufferbereichs für von NATURAL-Programmen gerufenen Benutzersubsysteme verwendet werden. Mit ENTIRE CONNECTION und bei der Nutzung asynchroner Leitungen, ist der XSIZE-Parameter für interne Zwecke reserviert.

7.3.2 Systemfilezuweisungen und Systemumfeld

Lage, Größe und Zugriffsmöglichkeiten der NATURAL-Systemfiles können mit verschiedenen Parametern den äußeren Bedingungen der unterschiedlichen NATURAL-Umgebungen angepaßt werden (siehe Abbildung 7.24).

Parameter	Beschreibung	Angabe
LFILE	Dynamische Angabe eines logischen Files für Systemfiles (DDMs mit DBID 255). Sollte nur für Testzwekke verwendet werden, sonst Makro.	$LFILE=(FNR_{logisch},DBID_{physisch},$ $FNR_{physisch},passwort,cipher\text{-}key)$ Makro: NTFILE.
LFILMAX	Maximalzahl der LFILE-Angaben.	mögliche Werte: 0 - 255, Default: 8 Keine dynamische Angabe.
PD	Größe des NATPAGE-Pufferbereichs. Maximale Anzahl der Seiten, die gleichzeitig im NATURAL-Systemfile (FNAT) vom NATPAGE-Utility gespeichert werden können.	mögliche Werte: 0 - 255, Default: 50 Kann auch innerhalb einer NATURAL-Sitzung angegeben / verändert werden.
ROSY	READ-ONLY-Zugriff auf die Systemfiles FNAT, FUSER und FSEC.	mögliche Werte: ON/OFF, Default: OFF
SYSCIP	ADABAS-Datenschutzschlüssel für NATURAL-Systemfiles.	mögliche Werte: 1 - 8 Zeichen oder NO, Default: NO Nur für ADABAS.
SYSPSW	ADABAS-Paßwort für NATURAL-Systemfiles.	mögliche Werte: 1 - 8 Zeichen oder NO, Default: NO Nur für ADABAS.

Abbildung 7.24: Parameter für Systemfilezuweisungen

Ist der Parameter ROSY=OFF eingestellt, schreibt NATURAL den Bufferpoolinhalt auf das Systemfile (FUSER, FNAT) zurück:

1) Die Tabelle der Subroutines, die beim 1. Ausführen des Hauptprogramms aufgebaut wird und

2) betroffene Objekte bei RECAT=ON.

Ist ROSY=ON gesetzt, werden alle Systemfiles nur für Lesezugriffe (READ-ONLY) geöffnet. Damit sind weder Hilfsinformationen oder SETUP/RETURN noch Recording oder Screen Tracing verfügbar. Diese Informationen werden normalerweise auf das FNAT-Systemfile geschrieben. Alternativ kann NATURAL durch die Angabe LFILE=(212,*DBID*,*FNR*) oder mit dem NTFILE-Makro ein "Scratchpadfile" zur Verfügung gestellt werden zum Wegschreiben der RECORDING-, SCREEN TRACING- und SETUP/RETURN-Daten. Das Scratchpadfile ist von der Einstellung des ROSY-Parameters nicht betroffen.

Parameter	Beschreibung	Angabe
OBJIN	Das CMOBJIN-File wird für vom INPUT-Befehl angeforderte Eingabedaten benutzt (Y) / die Daten werden wahlweise (R) von CMSYNIN gelesen (N).	mögliche Werte: N, Y, R, Default: R Nur im Batch.
PC	Aktivieren der PC-Unterstützung, so daß die Befehle READ PC FILE und WRITE PC FILE benutzt werden können (ON), auch mit Optionen ohne Feldnamen (NONAM) oder mit Prüfsumme (CHECKSUM).	mögliche Werte: ON, OFF, (ON,NONAM,CHECK), Default: OFF Nur für ENTIRE CONNECTION. Kann mit dem Terminalkommando "%+", "%-" ein-/ausgeschaltet werden.
READER	Logische VSE-Systemeinheiten für den Input von CMSYNIN (SYSRDR) und bei Bedarf von CMOBJIN (SYSIPT).	READER=(0,SYSRDR,1,SYSIPT) READER=(*n,device*,...) *n*=0 (CMSYNIN) / *n*=1 (CMOBJIN) *device*=SYSRDR / *device*=SYSIPT Nur für VSE.
STACK	Daten/Kommandos an den Stack übergeben. Der Inhalt des Kommandostacks wird verarbeitet, bevor der Benutzer eine Eingabeaufforderung erhält, oder Daten von CMSYNIN / CMOBJIN-Files gelesen werden.	Default: HELLO STACK=OFF STACK=*kommando* STACK=(*kommando*:*daten*:...;...)
TF	Filenummer einer Applikationsdatenbank$_1$ in die einer anderen Applikationsdatenbank$_2$ umsetzen.	TF=(*DBID$_1$*,*FNR$_1$*,*DBID$_2$*,*FNR$_2$*) Nur dynamisch. Makro: NTTF.

Abbildung 7.25: Parameter zum Systemumfeld

Im Bereich des Systemumfelds können für die Aus- und Eingänge einer NATURAL-Umgebung weitere Parametereinstellungen vorgenommen werden (siehe Abbildung 7.25).

Datenbankident und Filenummer können statisch und/oder dynamisch (Parameter TF) geändert werden. Werden die NATURAL-Programme schon beim Erstellen mit der Ziel-DBID und Ziel-FNR katalogisiert und der NTTF-Eintrag aus der Produktionsumgebung entfernt, erspart sich NATURAL das ständige Durchsuchen der Tabelle.

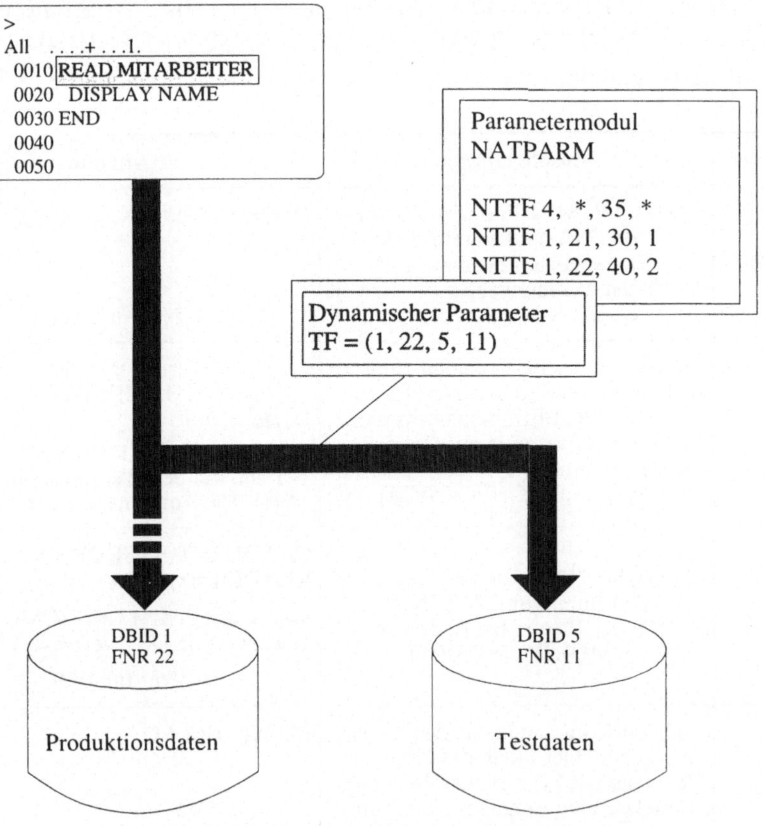

Abbildung 7.26: Wirkungsweise des NTTF-Makros

7.3.3 Programmierumfeld und Begrenzungen

Im Bereich der reinen Programmierung gibt es in NATURAL mehrere Parameter, die sich zu Laufzeit und/oder zum Übersetzungszeitpunkt der Programme auswirken. In diesem Abschnitt beschrieben werden zuerst unter dem Punkt Begrenzungsparameter (siehe Abbildung 7.27) die wichtigsten Laufzeitparameter der Programme, danach Parameter zum Systemumfeld.

Parameter	Beschreibung	Angabe
LE	NATURAL-Fehlermeldung und Programmende oder normaler weiterer Programmlauf beim Erreichen der Prozeßschleifenbegrenzung.	mögliche Werte: ON/OFF, Default: OFF Fehler bei LE=ON. Sollte nicht auf ON stehen, da im Fehlerfall kein ET mehr durchgeführt wird.
LT	Prozeßschleifenbegrenzung für mit READ, FIND, HISTOGRAM initiierte Schleifen. Alle gelesenen Sätze werden gegen dieses Limit gezählt.	mögliche Werte: 0 - 99999999, Default: 99999999 Vorschlag: LT=99999999 (Defaultwert).
MADIO	Maximale Anzahl von Datenbankaufrufen zwischen zwei Bildschirm-I/Os. Bei Verstoß gegen diese Beschränkung kommt es zu NAT1009.	mögliche Werte: 30 - 32767, 0, Default: 512 MADIO=0 entspricht MADIO=32767.
MAXCL	Maximale Anzahl von Programmaufrufen zwischen zwei Bildschirm-I/Os. Bei Verstoß gegen diese Beschränkung kommt es zu NAT1029	mögliche Werte: 10 - 32767, 0, Default: 50 MAXCL=0 entspricht MAXCL=32767.
MT	Maximale CPU-Zeit für ein NATURAL-Programm in Sekunden oder verstrichene Zeit, falls CPU-Zeitmessung nicht möglich.	Default: 60 (Sekunden) MT=0 bedeutet keine CPU-Zeitbeschränkung von NATURAL.

Abbildung 7.27: Begrenzungsparameter

Analog zum NATURAL-Parameter MT gibt es entsprechende Parameter im TP- und Datenbankbereich, deren Zeitbegrenzung enger oder weiter gefaßt sein kann. Relevant ist die jeweils engste Zeitspanne.

Die maximale Anzahl Datenbankaufrufe zwischen zwei Bildschirm-I/Os (MADIO) beinhaltet neben den direkt aus dem Programm ersichtlichen Zugriffen auch Ladeaufrufe von NATURAL-Unterprogrammen, falls diese aus der Datenbank in den Bufferpool geladen werden müssen.

Parameter	Beschreibung	Angabe
FS	Defaultformat- und -längeneinstellung benutzerdefinierter Variablen ist N7 (OFF). Fehler, falls nicht alle Variablen explizit definiert sind (ON).	mögliche Werte: ON/OFF, Default: OFF Nur im Reportmodus. Vorschlag: FS=ON.
KC	NATURAL überprüft beim Compilieren die Programme nach Schüsselwörtern, die in den Befehlen als Variablen verwendet wurden (ON).	mögliche Werte: ON/OFF, Default: OFF Vorschlag: KC=ON.
MCG	Ein-/Ausschalten des Machinencodegenerators (NATURAL OPTIMIZER COMPILER), auch mit verschiedenen Optionen. Mit MCG werden die Programme (teilweise) in Maschinencode umgewandelt.	mögliche Werte: OFF, ON, OVFLW, INDX, MIX, IO, Default: OFF MCG=ON/OFF: Ein-/Ausschalten MCG=(OVFLW,INDX,MIX,IO): Einschalten mit (mehreren) Optionen
MENU	NATURAL Menumodus erlauben und anschalten (ON) oder verbieten (OFF).	mögliche Werte: ON/OFF, Default: ON Kann mit dem Systemkommando MAINMENU überschrieben werden.
RECAT	Programme mit inkonsistenter GDA zur Laufzeit dynamisch rekatalogisieren (ON), oder eine Fehlermeldung ausgeben (OFF).	mögliche Werte: ON/OFF, Default: OFF Bei RECAT=ON werden die Systemkommandos CATALOG, PURGE und SAVE gesperrt.
SM	Ein-/Ausschalten Strukturmodus und verbieten/erlauben Reportmodus.	mögliche Werte: ON/OFF, Default: OFF SM=ON: GLOBALS SM=OFF verboten
SYNERR	Syntaxfehler werden an die Fehlertransaktion (ETA oder ERROR-TA) nicht (OFF) weitergegeben.	mögliche Werte: ON/OFF, Default: OFF SYNERR=ON sollte gesetzt sein, falls in der Produktionsumgebung Programme mit RUN aufgerufen werden.
ULANG	Für Datumseditiermasken, System- und Benutzermeldungen, Hilfetexte, -routinen und mehrsprachige Masken (Objekte mit "&") benutzte Sprache.	mögliche Werte: 1 - 60, Default: 1 Initialisierungswert der Systemvariablen *LANGUAGE, kann mit dieser und mit "%l=nn" verändert werden.
XREF	Aktivieren (ON) mit Gegenprüfung (FORCE) oder deaktivieren (OFF) der Crossreferenzen.	mögliche Werte: ON, OFF, FORCE, Default: OFF
ZD	Fehlermeldung bei versuchter Nulldivision (ON) oder "0" als Ergebnis einer Division durch "0" (OFF).	mögliche Werte: ON/OFF, Default: ON

Abbildung 7.28: Parameter zum Programmierumfeld

Bei RECAT=ON werden gerufene NATURAL-Programme für die Verwendung im Bufferpool rekatalogisiert durch Anpassen ihrer Zeitstempel an den der veränderten GDA. Dies führt aktuell zu Performanceverlusten, die durch Nichtkatalogisierenmüssen der gesamten Applikation aufgewogen werden. Für maschinencodecompilierte Programme (MCG≠OFF) kann die RECAT-Option nicht verwendet werden. Bei mit MCG übersetzten Programmen entscheidet der Compiler zum Übersetzungszeitpunkt über das Laufzeitverhalten bezüglich der Parameter ZP (Zero print bei MCG=IO) und ZD (Nulldivision bei MCG=ON).

7.3.4 Externe Programme

Unter dem Begriff "Externe Programme" werden Nicht-NATURAL-Programme verstanden, die entweder von NATURAL aus aufgerufen werden, oder nach Beenden einer NATURAL-Sitzung die Kontrolle erhalten. NATURAL werden sie durch verschiedene Parameter bekannt gemacht:

Parameter	Beschreibung	Angabe
CDYNAM	Anzahl der Nicht-NATURAL-Programme, die dynamisch während der Ausführung eines NATURAL-Programms geladen werden können.	mögliche Werte: 0 - 1024, Default: 5
CSTATIC	Liste von statisch an NATURAL gelinkten Programmen.	CSTATIC=*(program1,program2,...)* dynamische Angabe nur möglich, falls Parameter RCA=ON
DELETE	Löschen von dynamisch geladenen Nicht-NATURAL-Programmen am NATURAL-Programmende.	mögliche Werte: ON/OFF, Default: ON Vorschlag: DELETE=OFF
PROGRAM	Programm, das nach der NATRAL-Sitzung die Kontrolle erhält. Nicht verfügbar unter CMS.	PROGRAM=*nicht-NATURAL-programm* Daten können über das TERMINATE-Statement übergeben werden.
RCA	Adreßauflösung der beim NATURAL-Startup nicht gefundenen CSTATIC-Programme zum dynamischen Nachladen der Module (ON).	mögliche Werte: ON/OFF, Default: OFF

Abbildung 7.29: Parameter für externe Programme

Dynamisches Laden externer Module bietet Flexibilität für den Benutzer auf Kosten von Performance und Sicherheit. Um diese Nachteile auszugleichen, können externe Module statisch zum Nukleus gelinkt werden. Von Fall zu Fall, abgestimmt auf die Umgebung des Benutzers, steht dann eine Entscheidung zwischen dynamischen und statischen Aufrufen externer Programme an. Die statisch zum Nukleus gelinkten Module werden als Liste im Parameter CSTATIC aufgeführt.

Reicht die Liste der Programme im CSTATIC-Parameter nicht aus (maximal 256 Byte für OS, 127 Byte für DOS), können weitere CSTATIC-Namen, abgestimmt mit der Software AG, im interen Makro NTINV angegeben werden [*IM*].

Ist der RCA-Parameter (Resolve Cstatic Adresses) angeschaltet (RCA=ON), überprüft NATURAL beim Startup die CSTATIC-Liste und versucht, alle zu diesem Zeitpunkt nicht gelinkten externen Programme zu laden. Damit kann die Beschränkung für die Maximalgröße der Transaktionen im TP-Monitor (512KB bei CICS) umgangen werden. Die aufgelösten externen Programme können wie andere statisch gelinkten Programme behandelt werden und müssen unter anderem im gleichen Adreßmodus wie NATURAL laufen können.

7.3.5 Datenbanken und Datenbankzugriffe

Im Bereich der Datenbanken und -zugriffe stellt NATURAL mehrere Parameter - hauptsächlich zur Transaktionssteuerung - zur Verfügung (siehe Abbildung 7.30).

Dem NATURAL-Parameter WH für das Verhalten bei gesperrten Sätzen bei Datenbankänderungen steht der ADABAS-Parameter TT gegenüber.

Mit dem NATURAL-Parameter RI (Release ISN) kann NATURAL veranlaßt werden, jede gesperrte ISN, deren Satz nicht aktualisiert wird, wieder freizugeben. Damit kann ein Überlauf der Holdqueue im Fall einer Nachselektion mit WHERE und wenigen Treffern vermieden werden. Im Gegenzug muß ADABAS mehr für die Freigabe der ISNs arbeiten, deshalb sollte die Sperrproblematik beispielsweise durch ein Nachlesen des Satzes mit GET und einer Referenzierung des UPDATES auf den GET-Befehl gelöst werden.

Mit OPRB=OFF generiert NATURAL automatisch einen Transaktionsendebefehl bei Beendigung von Programmen auf Stufe 1. Dadurch kann eine FETCH-Anweisung intern ein Transaktionsende auslösen. Bei OPRB=NOOPEN wird kein automatisches Transaktionsende am Programmende durchgeführt. Dies ist von Bedeutung, falls sich eine logische Transaktion über mehrere NATURAL-Programme erstreckt. Darüberhinaus kann der OPRB-Parameter nicht datenbankspezifisch angegeben werden. Wird der Parameter OPRB dynamisch definiert, führt NATURAL den ersten Openbefehl an ADABAS mit den angegebenen Parametern durch [*IM*].

Parameter	Beschreibung	Angabe
DBCLOSE	Bei Sitzungsende schließt NATURAL automatisch die Datenbank.	mögliche Werte: ON/OFF, Default: OFF
DBUPD	NATURAL Datenbankveränderungsbefehle werden nicht (OFF) durchgeführt, eine Fehlermeldung wird erzeugt.	mögliche Werte: ON/OFF, Default: ON Die Angabe wirkt sich nicht auf die Ausführung von NATURAL-Systemkommandos aus.
ET	Transaktionsende (ET) oder Zurücksetzen einer Transaktion (BT), wird durchgeführt für alle seit dem letzten ET/BT angesprochenen Datenbanken (ON) / nur für betroffene Datenbanken (OFF).	mögliche Werte: ON/OFF, Default: OFF
ETDB	Datenbank, in der die mit END TRANSACTION erzeugten Transaktionsdaten gespeichert werden.	mögliche Werte: 0 - 254, Default: 0
ETID	Wert, der als Benutzerkennung für einen ADABAS-Open-Aufruf verwendet wird.	mögliche Werte: 1 - 8 Zeichen, Default: *INIT-USER Nur dynamisch.
EXTBUF	Vor dem ersten Datenbankaufruf wird derADABAS Formatpuffer in den ADABAS-4-Erweiterungsspeicher geladen.	mögliche Werte: 0 - 64 (KB), Default: 0 Nur für NATURAL unter MVS/XA.
OPRB	Kontrolle der Verwendung von Datenbank Open-/Close-Anweisungen in einer NATURAL Sitzung. Nur für ADABAS und VSAM Datenbanken. Falls der Parameter OPRB angegeben ist, wird das SYSPSW-Passwort für den ADABAS Open Call benutzt. Genauere Angaben siehe [*OM*].	OPRB=(*string*) OPRB=(DBID=*nn1*,*string*,DBID=*nn2*,...) OPRB=(*string*,DBID=*nn1*,*string*,DBID=*nn2*,.) *string*={ACC,EXU,UPD} OPRB=OFF oder OPRB=NOOPEN bei dynamischer Angabe, nur ADABAS. Makro: NTOPRB
RI	Freigeben der ISNs von Sätzen aus dem Holdstatus, die gelesen wurden und nicht verändert werden (ON).	mögliche Werte: ON/OFF, Default: OFF
UDB	Datenbankident der Datenbank, die zur Programmlaufzeit für Datenbankzugriffe benutzt wird, falls die DBID im DDM fehlt.	mögliche Werte: 0 - 254, Default: Datenbankident FUSER-File
WH	Warten auf gesperrte Sätze (ON) oder Erzeugen einer Fehlermeldung.	mögliche Werte: ON/OFF, Default: OFF

Abbildung 7.30: Datenbank- und Datenbankzugriffsparameter

7.3.6 Zugangsberechtigungen und Zugriffsschutz

Der Zugang in ein NATURAL-System kann über bestimmte Parameter gesteuert werden (siehe Abbildung 7.31).

Durch die dynamische Angabe des Parameters PARM wird ein neues Parametermodul geladen das alle Parameterwerte der vorgehenden Parametermodule und die Werte aller zuvor angegebenen dynamischen Parameter überschreibt [*IM*].

Parameter	Beschreibung	Angabe
AUTO	Ein Logon nach NATURAL wird automatisch mit dem Inhalt der Systemvariablen *INIT-USER (Userid TP-Monitorbenutzer) durchgeführt.	mögliche Werte: ON/OFF, Default: OFF Mit NATURAL SECURITY kann bei AUTO=ON kein Logon mit einer anderen Userid erfolgen.
DYNPARM	Dynamisches Überschreiben von Parametern erlauben (ON) / verbieten.	mögliche Werte: ON/OFF, Default: ON
NC	In einer NATURAL-Sitzung dürfen nur die Systemkommandos FIN, LAST, LOGOFF, LOGON, MAIN-MENU, RENUMBER, RETURN, SETUP und TECH verwendet werden (ON) oder alle (OFF).	mögliche Werte: ON/OFF, Default: OFF
PARM	Dynamische Angabe eines mit NTPRM oder NTFILE definierten alternativen Parametermoduls.	mögliche Werte: Modulname Nur dynamisch.
PROFILE	Aktivieren einer speziellen Parameterauswahl zum dynamischen NATURAL-Aufruf, Auswertung vor anderen dynamischen Parametern.	PROFILE={AUTO,TERMINAL,PROGRAM} Profilename= {*INIT-USER, *INIT-ID,*INIT-PROGRAM}
STEPLIB	Name der Default-Steplib.	mögliche Werte: 1 - 7 Zeichen, Default: SYSTEM
SYS	Ein im NTSYS-Makro definiertes Profil aktivieren. Die Verarbeitung dynamischer Parameter wird rekursiv gerufen und überlagert die bestehenden Parameter nicht vollständig.	mögliche Werte: 1 - 8 Zeichen Nur dynamisch. Kann beliebig oft angegeben werden.

Abbildung 7.31: Zugriffsschutz- und Zugangskontrollparameter

7.3.7 Terminalkommunikation

Über die Parameter für den Bereich der Terminalkommunikation wird festgelegt, welche Zeichen besondere Bedeutung als Steuerzeichen gewinnen, welche Felder vom Terminal aus an das Benutzerprogramm weitergegeben werden, oder in welcher Form Bildschirmeingaben erfolgen können und angenommen werden.

Parameter	Beschreibung	Angabe
CLEAR	NATURAL führt bei Betätigung der CLEAR-Taste im NEXT-Modus das Terminalkommando durch, das durch Anhängen des CLEAR-Zeichens an das CF-Zeichen entsteht.	mögliche Werte: beliebiges Zeichen, Default: % Keine Änderung innerhalb einer NATURAL-Sitzung möglich.
IKEY	Bei Betätigung einer nicht mit SET KEY definierten Taste wird diese durch die ENTER-Taste ersetzt (ON), oder eine Fehlermeldung generiert (OFF).	mögliche Werte: ON/OFF, Default: OFF
IM	Bildschirmeingaben werden defaultmäßig im Formularmodus (F) oder Trennzeichenmodus (D) durchgeführt.	mögliche Werte: F/D, Default: F
LC	Alle klein eingegebenen Zeichen werden (ON) nicht (OFF) in Großbuchstaben übersetzt. Dieser Parameter wirkt zusammen mit der Einstellung im TP-Monitor.	mögliche Werte: ON/OFF, Default: OFF Achtung: Die TP-Monitor-Einstellung der Groß-/ Kleinschrift sollte überprüft werden. Vorschlag: LC=ON.
RM	NATURAL überträgt alle veränderten Felder zurück (ON) oder nur die vom Benutzer veränderten (OFF).	mögliche Werte: ON/OFF, Default: OFF Keine Änderung innerhalb einer NATURAL-Sitzung möglich.

Abbildung 7.32: Parameter für die Terminalkommunikation

In Produktionsumgebungen sollte der Parameter CLEAR=R gesetzt werden (entspricht dem Terminalkommando %R). Die Anwender verbleiben dadurch im unabgefangenen Fehlerfall (somit aus dem NEXT-Modus) in ihrem Bild.

7.3.8 TP-Monitore

Die dem TP-Monitorbereich zugeordneten NATURAL-Parameter legen das Verfahren mit den NATURAL-Pufferbereichen fest, das Standardausgabemedium für Hardcopies und Primärausgaben asynchroner Prozesse, weitere Besonderheiten asynchroner Prozesse und das Speicherschutzverhalten der NATURAL-Task fest.

Parameter	Beschreibung	Angabe
CMPR	Die NATURAL Terminalein-/ausgabepuffer werden komprimiert (ON), oder unkomprimiert (OFF) auf ein Rollfile herausgerollt.	mögliche Werte: ON/OFF, Default: OFF Nur dynamisch. Nur für COM-PLETE, CICS, IMS/DC und UTM.
OUTDEST	Ausgabedestination für asynchrone Prozesse (Terminalid bei UTM) und Fehlermeldungen von asynchronen Prozessen.	mögliche Werte: 1 - 8 Zeichen, Default: Wert des SENDER-Parameters Nur dynamisch. Nur für COM-PLETE, CICS, IMS/DC und UTM
PSEUDO	Im pseudokonversationalen Modus (ON) wird NATURAL als Folge verschiedener CICS-Transaktionen angesehen, sonst (OFF) als eine CICS-Transaktion.	mögliche Werte: ON/OFF, Default: OFF Nur für CICS.
RELO	NATURAL-Puffer können nach einem Terminal-I/O in einen anderen Speicherbereich geladen werden, falls der originale Bereich besetzt ist.	mögliche Werte: ON/OFF, Default: OFF Nur dynamisch. Nur für CICS, COM-PLETE und IMS/DC.
SENDER	Bildschirmausgabedestination für Hardcopies und Primärausgaben von asynchronen Prozessen, unter UTM die Kennung der asynchronen Transaktion.	mögliche Werte: 1 - 8 Zeichen Nur dynamisch. Nur für COM-PLETE, CICS, IMS/DC und UTM
SKEY	NATURAL läuft (ON) nicht (OFF) unter demselben Speicherschutz-schlüssel wie COM-PLETE.	mögliche Werte: ON/OFF, Default: ON Nur dynamisch. Nur für COM-PLETE.

Abbildung 7.33: Parameter für die TP-Monitore

Die Werte der Parameter CMPR, RELO und SKEY sollten außer zu Testzwecken nicht verändert werden, da sie performanceoptimal eingestellt sind.

7.3.9 Workfile- und Druckerzuweisungen

Wann Workfiles geöffnet werden, welche Einstellungen bezüglich Blockgröße und maximaler Anzahl Workfiles pro NATURAL-Sitzung standardmäßig vorgenommen werden legen die NATURAL-Parameter für den Workfilebereich fest.

Parameter	Beschreibung	Angabe
WFOPFA	Öffnen aller Workfiles eines angesprochenen NATURAL-Objekts beim ersten Zugriff auf das Objekt (OFF), oder auf das Workfile mit READ/WRITE WORK FILE (ON).	mögliche Werte: ON/OFF, Default: OFF
WORK	Höchste Workfilenummer einer NATURAL-Sitzung / Anzahl möglicher SD-Filedefinitionen unter COM-PLETE oder CMS.	WORK=n Syntaxfehler, falls im Programm Workfile < n angegeben wird.
WORKBLK	Defaultblockgröße für alle von NATURAL benutzten Workfiles.	mögliche Werte: 20 - 32767, Default: 4627

Abbildung 7.34: Workfileparameter

Auch zur Druckersteuerung stellt NATURAL mehrere Parameter zur Verfügung (siehe Abbildung 7.35).

Ist der Druckmodusparameter PM auf PM=C gesetzt, wird ein alternativer Zeichensatz benutzt, der in der CMTAB1-Tabelle des NATCONFG-Moduls angegeben werden kann. Mit PM=P (Angabe nur dynamisch möglich) wird der Druckmodus auf Grundstellung zurückgesetzt und der Standardschriftsatz verwendet. Für Länder, in denen von rechts nach links anstatt von links nach rechts geschrieben wird, kann die Schreibrichtung mit PM=I und in Verbindung mit dem NATPM-Modul invertiert werden. Diese wird mit PM=R wieder auf Normalmodus (Angabe nur dynamisch möglich) gesetzt. Für weitere Informationen zum Parameter PM steht in der NATURAL-Sourcebibliothek das Modul NATPM zur Verfügung.

Der Parameter TS regelt das Übersetzen der Programmausgaben der Systembibliothek mittels Übersetzungstabelle (Tabelle CMTABL im Modul NATCONFG).

Parameter	Beschreibung	Angabe
BPRINTD	Überschreiben Defaultwerte von Druckern - nur für VSE.	BPRINTD=($nr_{drucker}$, $nr_{logisch}$, $zeilenlänge_{physisch}$,....)
ECHO	NATURAL druckt (ON) nicht (OFF) die im Batch gemachten Eingabedaten. Bei ECHO=ON werden die Eingabemasken mit ausgegeben.	mögliche Werte: ON/OFF, Default: ON Nur im Batch. Auch mit "%*".
EJ	Seitenvorschub bei logischem Seitenwechsel, Programmwechsel, "normalem Ende".	mögliche Werte: ON/OFF, Default: ON Kann mit dem EJECT-Befehl überschrieben werden.
INTENS	Anzahl der Drucke für intensivierte oder unterstrichene Felder	mögliche Werte: 1 - 10, Default: 3
LS	Zeilenlänge für DISPLAY oder WRITE. Bei LS=0 wird die Zeilenlänge des Ausgabegeräts benutzt.	mögliche Werte: 35 - 250, 0, Default: 0 Bestandteil der Berechnung der Seitenpuffergröße, PS*LS muß ≤ 32KB sein.
MAINPR	Überschreiben Defaultdrucker für alle NATURAL-Ausdrucke, die im Batch zu CMPRINT oder Online an ein Terminal geschickt werden.	mögliche Werte: 0 - 31, Default: 0 Zur angegebenen Druckernummer muß ein physischer Drucker definert sein.
PCNTRL	Zeilenvorschubsteuerzeichen, Defaultwert sollte für TIAM und IBM-Umgebungen nicht verändert werden.	UTM und TIAM: "X'404142434445464747494A4B4C4D4E4F'" IBM-Umgebungen:" 0-" UTM: Sollte auf "XL1'40'" gesetzt werden.
PM	Darstellung der Felder.	mögliche Werte: C, I, P, R, Default: PR
PRINTER	Druckerzuweisungen. Verbindung Programmoutput zu Drucker.	mögliche Werte: 1 - 31, *terminal-id*, Default: OFF
PRTBLK	Defaultblockgröße und Satzformat für Sätze mit variablem oder festem Format. Gilt nicht für Drucke auf CMPRINT.	mögliche Werte: 141 - 32767, Default: 1016 PRTBLK=(*bbbbb*) oder PRTBLK=(*bbbbb,lll*), lll ≤ LS + 1
PS	Seitengröße, bei PS=0 wird die Standardseitengröße des Ausgabemediums angenommen.	mögliche Werte: 5 - 250, 0, Default: 0 Bestandteil der Berechnung der Seitenpuffergröße, PS*LS muß ≤ 32KB sein.
TQ	Umsetzung von Anführungszeichen beim Schreiben von Textkonstanten.	mögliche Werte: ON/OFF, Default: ON
TS	Übersetzen Programmausgaben von Systembibliotheken mit einer Übersetzungstabelle (lower case character set). Nur für CMPRINT-Output.	mögliche Werte: ON/OFF, Default: OFF Bei TS=ON werden die Parameter LC=OFF und AD=T ignoriert.
ZP	Drucken von Feldern, die nur Nullen enthalten.	mögliche Werte: ON/OFF, Default: ON

Abbildung 7.35: Parameter für Druckausgaben

7.3.10 Zeichenzuweisungen

Zur Bestimmung der Sonder- und Kontrollzeichen und zum Festlegen von Sonderfunktionen für Zeichensätze gibt es in NATURAL weitere Parameter (siehe Abbildungen 7.36, 737).

Parameter	Beschreibung	Angabe
CF	Kontrollzeichen für NATURAL Terminalkommandos.	mögliche Werte: jedes Sonderzeichen, OFF, Default: %
DC	Dezimalzeichen.	mögliche Werte: jedes Zeichen außer Ziffern, Default: .
FC	Füllzeichen für mit AD=A definierte Felder von mit INPUT gerufenen Masken, auch für AD=M-Felder.	Default: X'00' bzw. X'40' im Batch oder für TTY.
HI	Zeichen zum Hilfeaufruf. Bei HI=' ' muß eine Hilfetaste definiert werden.	mögliche Werte: jedes Sonderzeichen, blank, Default: ?
IA	Zuweisungszeichen für die Eingabeparameterverarbeitung in INPUT-Statements im Schlüsselwort-/ Begrenzungszeichenmodus.	mögliche Werte: jedes Sonderzeichen, Default: =
ID	Eingabebegrenzungszeichen.	mögliche Werte: jedes Sonderzeichen, blank, Default: , "." sollte nicht verwendet werden.
SF	Standardanzahl Leerzeichen zwischen Feldwerten beim DISPLAY.	mögliche Werte: 1 - 30, Default: 1
SI	Bestimmen der Stelle bei Doppelbytezeichensätzen (DBCS), ab der die Zeichendarstellung vom Doppelbytemodus auf Normalmodus umgeschaltet wird.	mögliche Werte: 0F, 29 0F: IBM, 29: Fujitsu
SO	Bestimmen der Stelle bei Doppelbytezeichensätzen (DBCS), ab der die Zeichendarstellung vom Normalmodus auf Doppelbytemodus umgeschaltet wird.	mögliche Werte: 0E, 27 0E: IBM, 28: Fujitsu

Abbildung 7.36: Zeichenzuweisungen

Die Zeichenzuweisungsparameter CF, DC, HI, IA und ID werden gesetzt durch die Angabe *Parameter='zeichen'*. Die Zeichen der verschiedenen Parameter dürfen oder sollten nicht übereinstimmen. Die nachfolgende Matrix zeigt, welche Zeichen nicht übereinstimmen dürfen (dargestellt durch $\neq$) und welche nicht übereinstimmen sollten (dargestellt durch <>):

	CF	DC	HI	IA	ID
CF	%	<>	$\neq$	$\neq$	<>
DC	<>	.	<>	$\neq$	$\neq$
HI	$\neq$	<>	?	<>	<>
IA	$\neq$	$\neq$	<>	=	$\neq$
ID	<>	$\neq$	<>	$\neq$	,

Abbildung 7.37: Mögliche Gleichheiten der Zeichenzuweisungsparameter

Wurde das INPUT-Statement im entsprechenden Programm mit KD=ON generiert, können die Parameter im INPUT-Befehl als Schlüsselwortparameter übergeben werden mit dem mit dem Parameter IA definierten Zuweisungszeichen.

7.3.11 Datum-/Zeitdarstellung und-rechnung

Datums- und Zeitvariablen wurden bereits in Kapitel 4.3 behandelt. Die Parameter für die notwendigen Defaulteinstellungen werden in Abbildung 7.38 aufgelistet.

Parameter	Beschreibung	Angabe
DD	Anpassen des aktuellen Maschinendatums durch Addition/Subtraktion einer beliebigen Anzahl Tage.	mögliche Werte: - 32767 bis + 32767, Default: 0
DTFORM	Default-Datumsformat, das NATURAL für die Ein-/Ausgabe von Datumswerten verwendet.	mögliche Werte: E, G, I, U, Default: I
TD	Anpassen der aktuellen Maschinenzeit durch Addition/Subtraktion einer beliebigen Anzahl Stunden.	mögliche Werte: -23,30 bis + 23,30, AUTO, Default: 0 AUTO $\Rightarrow$ TD=(phys. - log. Maschinenzeit)

Abbildung 7.38: Parameter zur Datum-/Zeitdarstellung und -rechnung

7.3.12 Fehlerverarbeitung

Das Verhalten von NATURAL bei einem Fehler während der Programmausführung oder einer NATURAL-Sitzung wird über die Parameter CC, DU und
ETA bestimmt (siehe Abbildung 7.39), auf genauere Einzelheiten wird in Kapitel
8.2 eingegangen.

Parameter	Beschreibung	Angabe
CC	NATURAL versucht bei einem Fehler während der Programmausführung, das nächste Programm oder Kommando der Eingabe zu verarbeiten (OFF) / ignoriert alle SYNIN-/ OBJIN-Eingaben bis zu einer mit "%%" beginnenden Zeile (ON).	mögliche Werte: ON/OFF, Default: OFF Nur im Batch.
DU	Bei einem abnormalen Ende einer NATURAL-Sitzung wird ein Speicherdump (ON) oder einer der Fehler NAT0954, NAT0955, NAT0956 (OFF) erzeugt.	mögliche Werte: ON/OFF, Default: OFF Im Batch bei DU=OFF Verhalten entsprechend dem Parameter CC.
ETA	Name des Programms, das im Fehlerfall die Kontrolle erhält [*SM*].	mögliche Werte: 1 - 8 Zeichen

Abbildung 7.39: Fehlerverarbeitung

7.3.13 Makros

Die in den vorhergehenden Abschnitten vorgestellten Parameter können in der
Regel statisch im Systemparametermodul NATPARM (NVSPARM für NATU-
RAL VSAM, NDLPARM für NATURAL DL/I) im NTPRM-Makro angegeben
werden. Ausgenommen sind wenige, nur dynamisch zu definierende Parameter
(ASYNNAME, CMPR, ETID, LFILE, OUTDEST, PARM, RELO, SENDER,
SKEY, SYS und TF [*OM*]). Um das NTPRM-Makro zu erweitern oder (teilweise)
zu überschreiben, können je nach Bedarf weitere Makros für die Systemumgebung definiert und mit zum Systemparametermodul gelinkt werden. Die Parameter BPSIZE, BPTEXT, ISIZE, LFILMAX, LIBNAM, SORTOPT und XSORT
können im NTPRM-Makro nur statisch ausgewählt werden. Werden zum Makro
NTPRM noch weitere Makros definiert, müssen sie danach angeführt werden.

Die einzelnen Makros und deren Zusammenspiel werden kurz in den Abbildungen 7.40 und 7.41 vorgestellt.

Makro	Bedeutung	Angabe
NTPRM	Die meisten Parameter können als Standardparameter angegeben werden.	NTPRM $parameter=wert,...$
NTALIAS	Nur verfügbar, falls RCA=ON. Aliasname externer für interne Programme.	NTALIAS $pgmname_{intern}, pgmname_{extern},...$
NTBP	Wird benötigt bei Benutzung mehrerer Bufferpools. *SVC* entspricht dem Parameter ADASVC, *ID* dem Parameter BPID, *größe* entspricht BPSIZE und *text* BPTEXT.	NTBP $typ,SVC,ID,größe,text$ typ=SORT - Sortierbufferpool typ=DLI - DL/I-Bufferpool typ=SWAP - globaler Swappool
NTDB	Wird benötigt, falls NATURAL andere Datenbankmanagementsysteme außer ADABAS 5 benutzt. Bestimmt den Typ und damit den Datenbankhandler der jeweiligen Datenbank.	NTDB $datenbanktyp$ NTDB $datenbanktyp,DBID$ NTDB $datenbanktyp,(DBID,...)$ $DBID=[1, 254]$
NTFILE	Entspricht dem Parameter LFILE. Wird benötigt für Software AG-Produkte mit eigenen Systemfiles, um eine physische DBID und FNR zuzuweisen. Sonst ruft NATURAL ADABAS mit DBID=255.	NTFILE $ID=FNR_{log.},DBID=DBID_{phys.},$ $FNR=FNR_{phys.},PASSW=passwort,$ $CIPH=cipher\text{-}key$
NTOPRB	Alternative zum Parameter OPRB, falls die bei OPRB maximal verfügbaren 256 Byte nicht ausreichen.	NTOPRB $DBID,'zugriff_1=FNR_1,...'$ NTOPRB $DBID,'zugriff=FNR_1,FNR_2,...'$
NTSERV	Dieses Makro kann eingesetzt werden zur Übergabe zusätzlicher Parameter für Software AG-Produkte, die die Client-Server-Schnittstelle benutzen.	NTSERV $TABNUM=nnn,MAXSERV=mmm,$ $SRVPARM=kkk,TRANSID=ttt$ nnn=Zahl der Servertabelleneinträge mmm=Max. freie Server pro -typ kkk=SYS oder kkk=PROFILE ttt=Transaktions-ID zum Serverstart.
NTSYS	Dieses Makro kann in Verbindung mit dem Parameter SYS benutzt werden zum Übertrag dynamischer Parameter beim Aufruf einer NATURAL-Sitzung.	NTSYS $profilename,'parameter=wert,...'$
NTTF	Alternative zum Parameter TF: Umsetzen DBID/FNR einer Benutzerdatenbank$_1$ in DBID/FNR von Benutzerdatenbank$_2$. Mehrere Angaben müssen in mehreren Makros gemacht werden.	NTTF $DBID_1,FNR_1,DBID_2,FNR_2$

Abbildung 7.40: Makros für Parametermodule

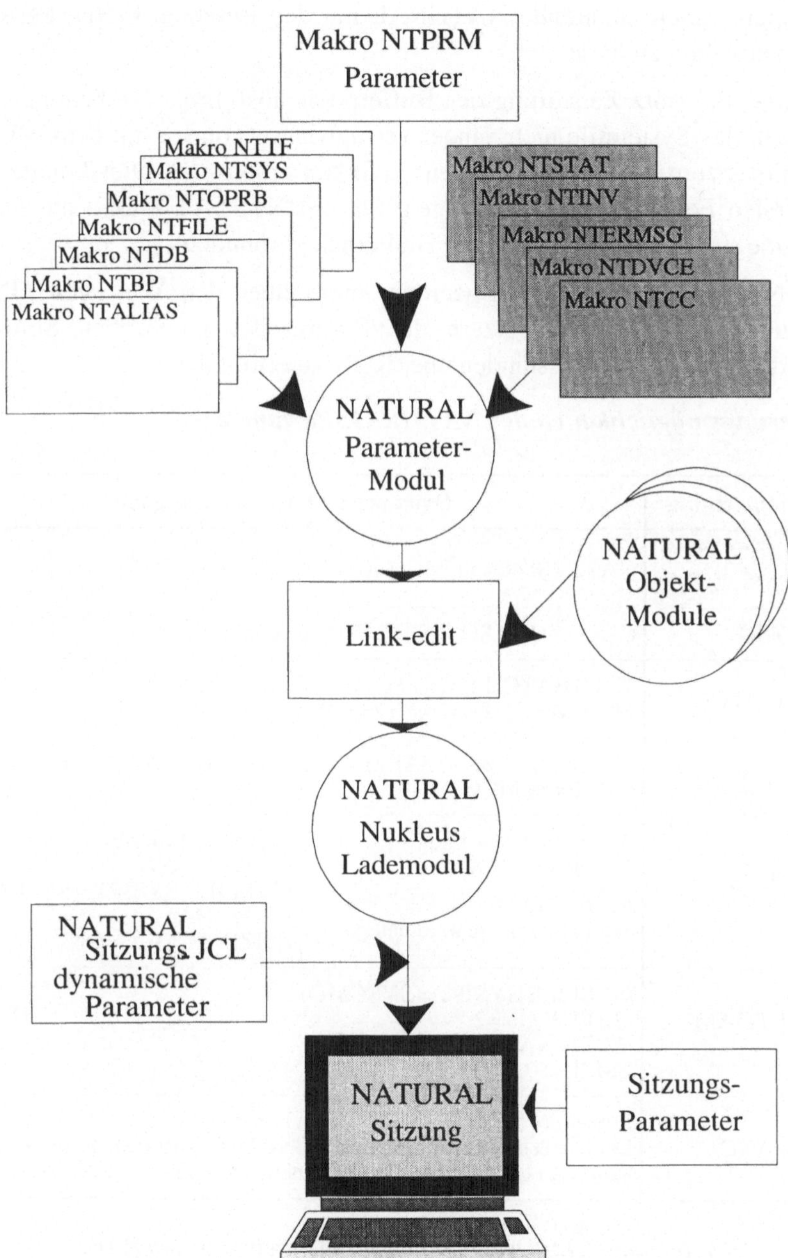

Abbildung 7.41: NATURAL Parameterzuweisungen

Das NTDB-Makro unterstützt den Datenbanktyp USER. Damit kann ein Benutzer seinen eigenen Datenbankhandler schreiben, beispielsweise um eine große

Hauptspeichertabelle innerhalb NATURAL mit den Befehlen FIND, READ und STORE verwalten zu lassen.

Programme, die trotz Zerstörung des Bufferpools ausführbar bleiben sollen oder auch, wenn das Systemfile nicht länger verfügbar ist, können mit dem NTSTAT-Makro direkt zum NATURAL Nukleus gelinkt werden [*IM*]. Dies könnte mit einer zentralen Fehlertransaktion erfolgen. Die im NTSTAT-Makro angegebenen Programme sind mit keiner speziellen Bibliothek verbunden.

Mit RUN gestartete Programme werden intern über den Wert von *INIT-ID verwaltet, um mehreren Benutzern das Starten der identischen Source mit verschiedenen Entwicklungsständen über RUN zu ermöglichen.

Veränderungsmöglichkeiten der NATURAL-Parameter

Systemumgebung	Dynamische Parametereingabe	
COM-PLETE, CICS, IMS, CMS, UTM	NAT2 ESIZE=50, MCG=ON	
TSO	CALL 'NATTSO' 'ESIZE=50,MCG=ON'	
Batch (MVS)	//NATBATCH EXEC PGM=NATBATCH, //PARM='ESIZE=50,MCG=ON'	

Batch (VSE)	//EXEC NATBAT, PARM='SYSRDR', SIZE=NATBAT
	 ESIZE=50,MCG=ON	

TIAM	Assembly Front-End DYNPAR=YES /EXEC NATF ⇒enter dynamic Parameters	Assembly Front-End DYNPAR=NO /SYSFILE SYSIPT=(SYSCMD) /EXEC NATF ESIZE=50,MCG=ON
Batch (TIAM)	/SYSFILE SYSIPT=(SYSCMD) /SETSW ON=2 /EXEC NATBAT ESIZE=50,MCG=ON	
WANG	Procedure Declare &*parm* string(64) initial 'NATPARMS ESIZE=50,MCG=ON' Run NATURAL in NAT22L06 using &*parm*	

Abbildung 7.42: Dynamische Parametereingabe [OrgVerw]

Neben den Einstellungen im NATURAL-Parametermodul oder in Makros kann ein Teil der Parameterwerte auch dynamisch (siehe Abbildung 7.42) oder als Sitzungsparameter mit dem GLOBALS-Systemkommando, dem SET GLOBALS-Befehl (nur im Reportmodus) oder direkt im Programm verändert werden.

Die Anzahl der Parameter, die dynamisch mitgegeben werden können, ist unbeschränkt. Parameter können mehrfach angegeben werden. Es gilt nur die letzte Parameterangabe, außer bei Parametern, die akkumuliert werden können wie beispielsweise der Parameter LFILE. Die Länge der meisten Parameter ist nicht begrenzt.

Beim Aufruf einer NATURAL-Sitzung wirken die mitgegebenen Parameter in der Reihenfolge ihrer Angabe:

- dynamische Parameter (*parameter=wert,...*)

- PROFILE=*sysparm-profilname*

- PARM=*parametermodulname*

- SYS=*ntsys-profilname*

- Parameter des dazugelinkten Parametermoduls.

Zusammenfassend ist die Hierarchie der Parametereingaben in Abbildung 7.43 dargestellt. Die Alternativen beim Aufruf einer NATURAL-Sitzung gelten nur, falls im zum Nukleus gelinkten NATURAL-Parametermodul der Parameter DYNPARM=ON gesetzt ist.

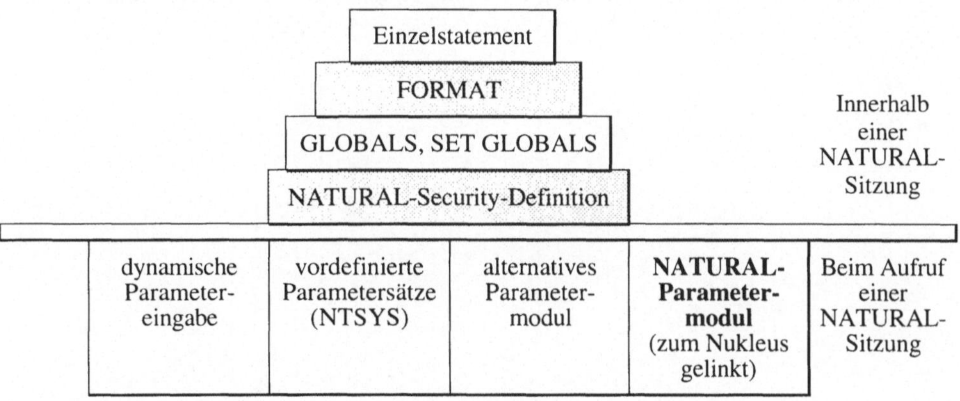

Abbildung 7.43: Parametereingabe Übersicht

7.3.14 Dynamische Änderung mit Terminalkommandos

Einige der Profil- und Sessionparameter können direkt mit Terminalkommandos
verändert werden (siehe Abbildung 7.44).

Parameter	Funktion	Terminalkommando
IM=D	❏ Aktivieren des Trennzeichenmodus. Die Werteeingabe wird durch Trennzeichen (delimiter) oder mit Angabe von Schlüsselwörtern getrennt (vorzugsweise im Batch).	%D
IM=F	❏ Aktivieren des Formularmodus.	%F
LC=OFF	❏ Eingegebene Kleinbuchstaben werden nicht automatisch in Großbuchstaben umgesetzt.	%L
LC=ON	❏ Eingegebene Kleinbuchstaben werden in Großbuchstaben umgesetzt.	%U
PM=I, PM=R	❏ Die Schreibrichtung wird umgesetzt von PM=I (invers) auf PM=R (links nach rechts) und umgekehrt.	%V

Abb. 7.44: Dyn. Parameteränderung Druckausgaben und Terminalkommunikation

Kapitel 8

Pflege der Systemumgebung

8.1   Wartung

8.2   Fehlerbehandlung

8.3   Benutzerexits

8 Pflege der Systemumgebung

In diesem abschließenden Kapitel werden drei Punkte zusammengefaßt, die teilweise schon in anderen Kapiteln behandelt wurden oder immer wieder in einer Fragestellung auftauchen:

- Wartung   (siehe Abschnitt 8.1)

- Fehlerbehandlung   (siehe Abschnitt 8.2)

- Benutzerexits   (siehe Abschnitt 8.3)

8.1 Wartung

Im NATURAL-Umfeld müssen Wartungsarbeiten durchgeführt werden für das NATURAL-System selbst (siehe Abschnitt 8.1.1) und die NATURAL-Applikationen.

Die notwendigen Wartungs- und Pflegearbeiten für das NATURAL-System selbst sind bereits in Kapitel 2 unter dem Aufbau eines NATURAL-Systems beschrieben, Aufwendungen zum Erhalt der Lauffähigkeit eines NATURAL-Systems wurden bereits in Kapitel 7 (Effizienzmessung, Tuning) besprochen.

Erforderliche Wartungs- und Pflegetätigkeiten einer Applikation werden im Abschnitt 8.2 (Fehlerbehandlung) und in Abschnitt 8.1.2 besprochen, verwiesen sei auch auf die Kapitel 3 bis 5, besonders auf den Abschnitt 3.6 (Qualitätssicherung).

Die Aktiven Referenzen stellen ein wichtiges Hilfsmittel für die Wartung und Qualitätssicherung einer Applikation dar. Sie sind zugehörig sowohl zu NATURAL als auch zu PREDICT.

8.1.1 Wartung des NATURAL-Systems

Zur Erfassung des aktuellen Stands und zur allgemeinen Kontrolle der NATU-RAL-Systemumgebung, stehen verschiedene NATURAL Hilfsprogramme oder Kommandos zur Verfügung. Diese können auch als Hilfe zum Erfassen der wichtigsten Daten im Falle eines NATURAL-Fehlers zur Weitermeldung an die Software AG verwendet werden:

- SYSPROD

  SYSPROD steht für Produktinformation über im NATURAL-Umfeld installierte Software AG-Systeme und bietet eine Übersicht über diese Produkte mit Produktname, Versions-/Releasenummer, SM-Level und Installationsdatum.

- TECH

  TECH bietet technische Informationen zur aktuellen NATURAL-Sitzung mit Angabe von UserID, Library und aktuelle Steplib, NATURAL Version/SM-Level, Startuptransaktion, NATURAL SECURITY-Umgebung, Betriebssystem, PT-Monitor, Terminaltyp und -ID, Angaben über den letzten Fehler und das letzte Kommando (siehe auch Kapitel 6.1).

- SYSUPD

  Kontrolle über die Veränderungen in der NATURAL-Systemumgebung mit SAGSIS-Nummer, Datum und Änderungsgrund.

- DUMP ZAPS

  Liste aller für NATURAL eingespielten Zaps.

- SYSDBA RECOVER

  Löscht die zum Abbruchzeitpunkt nicht gesicherte Source und stellt diese aus der in *EDITWORK* gesicherten Source wieder her.

- SYSDBA ROUTINES

  Anzeige der Externen Subroutinen.

8.1.2 Nutzung der Aktiven Referenzen

Aktive Referenzen sind Querverweise für NATURAL- und PREDICT-Objekte, die auf aktiven Ständen aufgebaut werden. Sie werden von PREDICT oder NA-TURAL aus erzeugt und auf dem PREDICT-Systemfile abgelegt. Für ein NA-TURAL-Objekt werden die Aktiven Referenzen beim Katalogisieren aufgebaut, für PREDICT-Einträge bei der Codegenerierung (Generieren DDM, Statusände-rung Verarbeitungsregel in FREE) oder durch Zuweisen eines Implementations-zeigers bei dokumentierten PREDICT-Membern.

Der Einsatz der Aktiven Referenzen ist sinnvoll und hilfreich zum Soll-/Ist-Ab-gleich zwischen Dokumentation und Implementierung der Module, zur Nachdo-kumentation und zur Bereinigung der Modulstände. Die Dokumentation der NA-TURAL-Module in PREDICT kann durch einen Schalter in NATURAL Security erzwungen werden, wird aber nicht automatisch nachgezogen, es erfolgt kein selbsttätiger Abgleich von Dokumentation (was soll sein?) und Implementierung (was ist?). Dieser Abgleich liegt in der Verantwortung der Anwendungsentwick-lung und der Qualitätssicherung.

NATURAL	Beziehung	PREDICT
Library	n:1	System
View (DDM)	n:1	File
Feld	1:1	Elementarfeld
Member	1:1	Programm
Verarbeitungsregel (automatic, free)	1:1	Verarbeitungsregel (automatic, free)

Abbildung 8.1: Abgleich von Dokumentation und Implementierung

Den in PREDICT dokumentierten Objekten werden über Implementierungszeiger (*implementation pointer*), die den NATURAL-Modulnamen enthalten, die NATURAL-Module zugewiesen. Die Verknüpfung vom PREDICT-Dokumenta-tionsobjekt zum NATURAL-Modul erfolgt nur über den Implementierungszeiger, daher kann sich die PREDICT-Namensgebung von den NATURAL-Modulnamen unterscheiden. In den Aktiven Referenzen betrachtet werden nicht die Dokumentationen der Module, sondern ihre Implementierungen, also ihre aktiven Verknüpfungen und die Verwendung der Variablen.

Erzeugung der Aktiven Referenzen

In NATURAL werden die Aktiven Referenzen nur erzeugt, wenn der XREF-Schalter eingeschaltet ist. Der XREF-Schalter kann gesetzt werden nur für eine NATURAL-Sitzung über das Direktkommando XREF=ON oder das entsprechende Menu. Mit dem Profilparameter XREF=ON oder über NATURAL Security (XREF=Y oder YREF=F) kann der Schalter bereits für die Sitzung oder Applikation eingestellt werden.

Je nach Art der Aktivierung werden die aktiven Referenzen für einen Benutzer und alle Applikationen (Direktkommando, Menu), für alle Benutzer und alle Applikationen (Parameter XREF) oder für alle Benutzer und ausgewählte Applikationen (NATURAL Security) erzeugt. Die Informationen, die in den aktiven Referenzen beim Katalogisieren eines NATURAL-Programms gespeichert werden, sind in Abbildung 8.2 aufgelistet.

Informationen über	Inhalt
Benutzer	User-ID, Terminal-ID
Programm	Katalogisierungszeitpunkt, Programmgröße, Modulgröße, DBID, FNR, Library
Variablen	benutzte Datenbereiche, verwendete Variablen mit Verwendungsart
Unterprogramme	aufgerufene NATURAL-Programme mit Aufrufart (FETCH, STACK, INPUT, HELP, PERFORM, ...)
Userviews	benutzte Userviews und darin benutze Felder mit Verwendungsart: A - Definiert im Bereich O - Read-Only U - Verändern nur für Userviews: nur für Felder: D- Löschen C - Zähler M - Modifizieren S - Suchen
Sonstiges	Copycode, Fehlernummern, Drucker, Workfiles, Retainsets, Verarbeitungsregeln und deren Verwendung

Abbildung 8.2: Aktive Referenzen eines NATURAL-Programms

Anzeige der Aktiven Referenzen

Auswertungen über NATURAL-Objekte können nur durchgeführt werden, falls für die zu betrachtenden NATURAL-Objekte XREF-Daten existieren. Je nachdem, ob die Aktiven Referenzen von NATURAL aus mit LIST XREF oder von PREDICT aus aufgerufen werden, sind verschiedene Sichten auf die Daten möglich. Von NATURAL aus sind nur anwendungsspezifische Auswertungen (Programmierersicht) über implementierte Objekte möglich. Der Aufruf des Menüs zur Aktivierung der Auswertungen erfolgt über das Direktkommando LIST XREF (L X) und gilt nur für die aktuelle Bibliothek. PREDICT bietet die Sicht des Systemanalytikers und des Administrators und ermöglicht aktives Retrieval, ausgehend von den in PREDICT dokumentierten Objekten. Es können die Dokumentationsobjekte und ihre Verbindung zu implementierten Objekten anwendungsübergreifend - auch über Bibliotheksgrenzen hinweg - ausgewertet werden.

Vor jeder Auswertung sollte die Konsistenz der auszuwertenden Referenzdaten sichergestellt werden. Es ist wenig sinnvoll, Auswertungen auf eine Applikation durchzuführen, deren Objekte nicht alle Referenzdaten enthalten, weil der XREF-Schalter zwischenzeitlich nicht aktiv war.

Sowohl in NATURAL als auch in PREDICT sind Operationen auf Objektmengen (*Sets*) möglich, wobei von NATURAL aus alle Objekte einer Applikation und von PREDICT aus alle Applikation zu einem Objekt(typ) gesehen werden. Die Ergebnismengen ausgewählter Abfragen können durch Setzen des "Save as Set"-Schalters auf "Y" von PREDICT oder NATURAL aus gesichert und als Sets direkt in den Applikationsbibliotheken abgelegt werden. Von PREDICT aus können Sets über verschiedene XREF- und COMPARE-Funktionen gebildet werden, von NATURAL aus mit allen LIST XREF-Funktionen oder durch manuelle Selektion. Pro Benutzer und Applikation können 12 Sets abgelegt werden. Erfolgt die Setbildung aus PREDICT heraus, muß der erzeugende Benutzer deshalb für alle betroffenen Applikationsbibliotheken berechtigt sein.

Code	Operation	Beschreibung
U	Union	Vereinigung.
I	Intersection	Schnittmenge.
X-Y	Difference	Differenzmenge.
C/W	Catall	Catalog/Stow.
D	Display	Anzeige Ergebnisliste.
L	List	Listen NATURAL-Source.
S	Send	Versenden.
E	Edit	Aufruf NATURAL-Editor für selektierte Sourcen.

Abbildung 8.3: Setoperationen

Sets können mit Mengenoperationen bearbeitet werden (siehe Abbildung 8.3). So ist ein Bilden von Schnitt-, Vereinigungsmenge oder Ausschlußmenge ebenso möglich wie Löschen oder Versenden. Die in einer Objektmenge enthaltenen Member können mit Selektionskriterien angezeigt und sortiert werden. Die im

Set gebildeten NATURAL-Member können katalogisiert (CAT), gesichert und katalogisiert (STOW), editiert (EDIT) oder aufgelistet (LIST) werden.

Der Aufruf der Aktiven Referenzen aus NATURAL erfolgt über LIST XREF (invoked programs) mit den in der Spalte Code eingetragenen Anforderungen. Abbildung 8.4 enthält die Informationen, die von den Aktiven Referenzen für NATURAL-Programme zur Verfügung gestellt werden können. Die Suche kann erfolgen sowohl vom Programm aus zu seinen übergeordneten Modulen (↑), als auch zu den vom Programm gerufenen (untergeordneten) Modulen (↓), ebenso ist eine Einschränkung über bestimmte Parameter möglich (siehe Abbildung 8.5).

Code	Bedeutung	↑↓	Ergebnis
C	❐ Anzahl der Programme, von denen das katalogisierte NATURAL-Programm gerufen wird.	↑	Anzahl
R	❐ Programme, die das katalogisierte NATURAL-Programm rufen.	↑	Programme
I	❐ Programme, die das katalogisierte NATURAL-Programm (auch rekursiv (Eltern, Großeltern,...)) rufen, mit Strukturinformation.	↑	Programme
Y	❐ Zusammenfassung der Programme, die das katalogisierte NATURAL-Programm rufen, ohne Strukturinformation.	↑	Programme
D	❐ Anzahl der NATURAL-Programme (H, M, N, P, S), die das katalogisierte Programm ruft.	↓	Anzahl
U	❐ NATURAL-Programme (H, M, N, P, S), die das katalogisierte Programm ruft.	↓	Programme
E	❐ NATURAL-Programme, die das katalogisierte Programm ruft, auch rekursiv (Kinder, Enkel,...) mit Strukturinformation,.	↓	Programme
X	❐ Zusammenfassung der NATURAL-Programme, die das katalogisierte Programm ruft, ohne Strukturinformation.	↓	Programme

Abbildung 8.4: XREF-Funktionen für Programme (invoked programs)

Für die Haupteinsatzgebiete der Aktiven Referenzen

- Wartung,

- Erfassen des aktuellen Projektstands einer Anwendung,

- Qualitätssicherung und

- Bereinigung von PREDICT-Altlasten

werden am Ende dieses Abschnittes einige Beispiele behandelt.

Parameter	Einschränkung	↑↓
using program	❑ Membername des katalogisierten NATURAL-Programms, das andere Programme ruft (*-Notation möglich).	↓
program type	❑ NATURAL-Programmtyp, für den die "using program"-Funktion ausgeführt wird.	↓
referenced program	❑ Membername des katalogisierten NATURAL-Programms, das von anderen Programmen aufgerufen wird (*-Notation möglich).	↑
program type	❑ NATURAL-Programmtyp, für den die "referenced program"-Funktion ausgeführt wird.	↑
via	❑ Aufrufart: FETCH, RUN, STACK, Transaction, Invoke Return, Investigate, FETCH RETURN (FR), PERFORM, CALL, CALLNAT (CN), Help, Map, Static SQL (SQ), Key.	↑
Function. External	❑ Nicht-NATURAL: Entry-Point einer externen Routine. ❑ NATURAL: Function (DEFINE SUBROUTINE-Statement) einer mit PERFORM gerufenen NATURAL-Subroutine. Anmerkung: Erscheint beim Verify der Applikation ein Function-Aufruf beim Programm, könnte dies auch auf einen Fehler (Tippfehler,...) hinweisen.	↓
Rec. depth	❑ Rekursionstiefe (1 - 7) für die Funktionen E, I, X und Y.	↑↓

Abbildung 8.5: Einschränkende Parameter für LIST XREF Programme

Wartung

Vor oder nach der Änderung eines abhängigen NATURAL- oder PREDICT-Objekts können die betroffenen Module gesucht und in Sets zur Weiterverarbeitung abgelegt werden. Damit können im Vorfeld der Änderungsaufwand für den betreffenden Fall abgeschätzt oder im Nachhinein die durchgeführten Änderungen auf Vollständigkeit überprüft werden. Nachfolgend aufgeführt werden häufig vorkommende Fragestellungen und Beispiele für deren Lösung:

- Das Format eines existierenden Feldes ist zu ändern und/oder in ein bereits bestehendes DDM soll ein neues Feld miteingetragen werden. Beides zieht eine DDM-Veränderung nach sich.

   Welche DDMs sind durch die Formatänderung betroffen?

   ◆ Diese Frage kann durch die PREDICT-Funktion

     R → List files referenced by members

     beantwortet werden. Danach wird mit einer weiteren Abfrage bestimmt, welche NATURAL-Datenbereiche (lokal und global) NATURAL-Views der betroffenen Files enthalten.

- Eine Verarbeitungsregel mit dem Status FREE wurde geändert oder soll verändert werden.

  Welche Masken in welchen Applikationen müssen neu katalogisiert werden?

  - ◆ Übergreifend über alle Anwendungen wird die Abfrage aus PREDICT gestartet mit der Funktion ACTIVE VERIFICATION und der Unterfunktion

    R → List verifications referenced by maps mit Save Set = Yes

  - ◆ Auf eine Anwendung bezogen erfolgt die Abfrage von NATURAL aus mit der Funktion LIST XREF, R (R - Processing Rules) und der Unterfunktion

    R → Rules referenced by maps mit Save Set = Yes

  Die erzeugten Sets werden pro Applikation in NATURAL weiterverarbeitet mit LIST XREF, O (O - Operate on sets) und der Unterfunktion STOW SET.

- Die GDA wurde geändert und neu katalogisiert, eine Parameterleiste erweitert.

  Um den Betrieb der Anwendung schnell wieder sicherzustellen können die betroffenen Module aus NATURAL gesucht werden mit der Funktion LIST XREF, D (D - Data areas) und der Unterfunktion

  R → Data areas referenced in programs mit Save Set = Yes

Erfassen des aktuellen Projektstands einer Anwendung

- Welche Programme sind dokumentiert und noch nicht implementiert? Welche Programme sind implementiert, aber nicht dokumentiert?

  Diese Fragestellungen können von PREDICT aus beantwortet werden mit den Direktkommandos

  - ◆ ACTIVE PROGRAM

    N → List programs not implemented

  - ◆ ACTIVE MEMBER

    D → List members not documented

Qualitätssicherung

Vor der Übernahme einer Applikation in Produktion können mit Hilfe der Aktiven Referenzen Konsistenzprüfungen durchgeführt und Dateileichen ermittelt
werden. Dazu wird nach nicht benutzten Ressourcen gesucht, die Implementierung mit der Dokumentation verglichen, die Vollständigkeit der Implementierung
(Existenz) und die Konsistenz zwischen Source, Objekt und aktiven Referenzen
überprüft [*NutzXREF*].

Die wichtigsten Konsistenzprüfungen werden in einem Suchlauf durchgeführt mit
der Funktion LIST XREF, VERIFY ALL oder LIST XREF, A (A - Verify
Application), Unterfunktion X - Consistency of Application. Dazu gehören:

- Die Konsistenzprüfung von Sourcecode, Objektcode und XREF-Daten mit
  der Frage, wo Sourceänderungen stattfanden, ohne daß die Programme erneut
  katalogisiert wurden.

- Ein Zeitstempelvergleich der NATURAL-Objekte mit den zur Katalogisie-
  rungszeit benötigten Resourcen mit der Frage, welche Datenbereiche/
  Copycodes/Verarbeitungsregeln nachträglich geändert wurden.

- Die Suche nach nicht implementierten Objekten. Darunter werden verstanden
  gerufene Programme, die sich nicht in der Applikation befinden, und
  verwendete Fehlernummern, zu denen keine Texte in der zentralen Mel-
  dungsverwaltung SYSERR existieren.

  (I → Objects not implemented but referenced)

  (verify prog implementation (*))
  (verify error text)

- Die Suche nach nicht benutzten Objekten. Dazu gehört die Suche nach zwar
  definierten, aber nicht benutzten Variablen und eine Auflistung der nicht
  verwendeten Datenbereiche, Copycodes, Fehler und Programme.

  (R → Objects implemented but not referenced).

Es ist wegen der langen Laufzeit und der gleichzeitigen Protokollmöglichkeit
sinnvoll, die "Verify all"-Funktion in einem Batchlauf durchzuführen:

```
L X VER ALL
```

Bereinigung von PREDICT-Altlasten

Um die Metadaten aktuell zu halten, müssen die Metadaten ständig der Realität
angepaßt werden [*PRD_Eins*].

Durch wiederholte Umstellungen der Anwendungen ohne genügende Konsistenzabgleiche können in PREDICT Altlasten in Form nicht mehr benötigter Metadaten entstehen, die gelöscht oder ausgelagert werden müssen. Unterstützt werden können diese notwendigen Wartungsarbeiten durch die Suche nach

- Files, die nicht mehr existieren, aber die noch von Programmen benutzt werden. Diese werden gefunden über die Abfrage

  → List files not documented

- Files (DDMs), die existieren, aber nicht mehr oder nicht mehr vollständig benutzt werden:

  → List files not referenced by members

- NATURAL-Sourcen und -Objekte, die nicht mehr existieren, aber für die noch Einträge in den Aktiven Referenzen vorhanden sind.

  Normalerweise werden beim Löschen der Sourcen und Objekte von der NATURAL-Applikation aus auch die Daten der Aktiven Referenzen vernichtet. Erfolgen die Löschungen aus der Applikation SYSMAIN, können die zugehörigen Aktiven Referenzen bestehenbleiben. Diese "Leichen" werden in der vom "Verify" der XREF-Daten erzeugten Liste als Progamme mit ungültigen XREF-Einträgen (XREF invalid) angezeigt. Gelöscht werden können diese ungültigen Einträge über die von PREDICT angebotenen Sonderfunktionen (Special Functions), Unterfunktion "Maintenance Active References" und "Delete NATURAL-Data". Diese Funktion erzeugt gleichzeitig eine Liste der untersuchten/gelöschten NATURAL XREF-Daten.

8.2 Fehlerbehandlung

Die Bereiche Qualitätssicherung, Wartung und Fehlerbehandlung überschneiden sich in einigen Punkten, deshalb wurde bereits schon zum Teil auf die Behandlung und Einteilung der Fehler eingegangen. In diesem Kapitel zusammengefaßt vorgestellt werden nochmals die Punkte

* Fehlerarten   (siehe Abschnitt 8.2.1)
* Fehlerabfangmechanismen   (siehe Abschnitt 8.2.2)
* Fehlerrelevante Systemvariable   (siehe Abschnitt 8.2.3)
* Fehlerrelevante NATURAL-Parameter   (siehe Abschnitt 8.2.4)
* Fehlerdiagnose   (siehe Abschnitt 8.2.5)
* Ausgewählte Fehler   (siehe Abschnitt 8.2.6)

8.2.1 Fehlerarten

Zur Laufzeit oder Übersetzungszeit eines Programms können verschiedene Fehler unterschiedlichster Herkunft auftreten (siehe dazu auch Kapitel 3.6 - Qualitätssicherung).

Fehlerart	Beispiele
Syntaxfehler (vom Compiler entdeckt)	❐ Schreibfehler, fehlende Trennzeichen, fehlende oder falsch gruppierte Klammern, nicht deklarierte oder falsch deklarierte Variablen,...
logische Fehler (funktionale Fehler)	❐ Anforderungsfehler ("Thema verfehlt"), Entwurfsfehler (ungeeignete Lösungsansätze, Datenstrukturen), Implementierungsfehler (falsche Umsetzung eines richtigen Entwurfs)
Laufzeitfehler	❐ Variablenüberlauf, Indizierungsfehler, numerischer Überlauf, Nicht-numerische Daten, Nulldivision,...
Dokumentations- fehler	❐ Benutzerdokumentation beschreibt das Programmverhalten nicht korrekt
Leistungsfehler	❐ Zeit- und Speicherplatzanforderungen zu hoch, Anwortzeiten nicht akzeptabel, zu geringer Durchsatz
Hardware-, Systemfehler	❐ Systemparameter mit Programm nicht kompatibel (queue-, buffer-overflow) File gesperrt,...

Abbildung 8.6: Fehlerarten

Neben durch falsche Eingaben verursachten Anwenderfehlern, können die Fehler in Fehlerarten eingeteilt werden (siehe Abbildung 8.6), die je nach Ursache behoben werden können.

Fehlertyp	Fehlerart	Fehlererkennung durch
feldbezogene Fehler	❐ Syntax, Semantik ❐ Datenbankkonsistenz	❐ Freie Regeln oder Inlineregeln ❐ Automatische Regeln
feldgruppen- bezogene Fehler	❐ Plausibilität ❐ Datenbankkonsistenz	❐ Freie Regeln oder Inlineregeln ❐ Automatische Regeln
masken- bezogene Fehler	❐ Steuerungsfehler (Funktionstaste ungültig)	❐ PF-KEY-Regel

Abbildung 8.7: Anwenderfehler

Anwenderfehler sollten vollständig durch die Programme abgefangen sein. Die Fehler können direkt in den Masken erkannt werden durch die Verwendung von

Verarbeitungsregeln. Sie werden programmgesteuert oder durch den Benutzer korrigiert. Die typischen Anwenderfehler und deren Erkennungsmöglichkeiten sind in Abbildung 8.7 dargestellt [*ProgII*] (siehe auch Kapitel 2.4 und 3.4).

8.2.2 Fehlerabfangmechanismen

Zur Behandlung eines zur Laufzeit aufgetretenen Fehlers gibt es in NATURAL mehrere, sich ergänzende Möglichkeiten mit unterschiedlichen Auswirkungen auf den weiteren Programmlauf. Fehler können abgefangen werden:

- im ON ERROR-Block eines NATURAL-Programms

- mit einer ausgewählten Fehlertransaktion.

Beim Auftreten eines Laufzeitfehlers im NATURAL-Programm wird zuerst der ON-ERROR-Anweisungsblock des Programms ausgeführt. Pro Programm darf nur ein ON ERROR-Block vorhanden sein. Existiert im gerufenen Programm kein ON ERROR-Block so wird der entsprechende Block des rufenden Programms aktiviert, fehlt dieser auch beim Programm in Stufe 1, wird die eingestelle Fehlertransaktion aufgerufen.

Der normale Programmlauf wird im Fehlerfall unterbrochen und kann auch nicht wieder aufgenommen werden, außer beim Fehler 3145 ("Datensatz von anderem Benutzer gesperrt") mit RETRY. Der ON ERROR-Block kann nur mit FETCH, STOP, TERMINATE oder RETRY verlassen werden. Fehlt dieser Block im Programm, wird das Programm auf jedem Fall beendet.

Mit dem Profilparameter ETA oder der Systemvariablen *ERROR-TA kann ein Programm angegeben werden, welches bei einem Fehler während dem NATURAL-Programmlauf die Kontrolle erhält. Ist in der Umgebung NATURAL Security installiert, greift der Parameter ETA nur beim Erstaufruf der NATURAL-Sitzung oder, falls in der gerufenen Applikation keine Fehlertransaktion eingetragen ist, sonst wird die im Securityprofil hinterlegte Fehlertransaktion gerufen.

Wo es möglich ist, sollten statt ON ERROR-Blöcken die Standardfehlerroutinen (*ERROR-TA) verwendet werden. Damit können die Benutzerinformationen vereinheitlicht und ein durchgängiges Fehlerlogging erzielt werden.

Der SYNERR-Parameter legt die Kontrolle von Syntaxfehlern fest. Ist er gesetzt (SYNERR=ON), so wird bei Syntaxfehlern die mit dem Parameter ETA oder mit NATURAL Security eingestellte Fehlertransaktion gerufen.

8.2.3 Fehlerrelevante Systemvariable

Im Fehlerfall legt NATURAL an der Spitze des Stacks verschiedene Informationen ab, die als Eingaben von einer Fehlertransaktion verwendet werden können:

Bezeichnung	Format	Inhalt, Sonstiges
Fehlernummer	(N4)	falls SG=OFF.
	(N5)	falls SG=ON.
Zeilennummer	(N4)	= 0 bei Fehlerstatus "C" oder "L".
Fehlerstatus	(A1)	
		C Fehler bei der Kommandoausführung
		L Fehler beim LOGON
		O Laufzeitfehler
		S Syntaxfehler
Programmname	(A8)	
Level	(N2)	

Abbildung 8.8: NATURAL-Informationen im Fehlerfall

Einige dieser Fehlerinformationen werden darüberhinaus als Systemparameter zur Verfügung gestellt:

Systemparameter	Format	Inhalt
*ERROR-LINE	(N4)	❐ Zeilennummer des fehlerauslösenden Statements. Kann nicht verändert werden.
*ERROR-NR	(N7)	❐ Fehlernummer, wegen deren die Fehlerverarbeitung angestoßen wurde. Enthält normalerweise die Nummer des NATURAL Systemfehlers. Kann vom NATURAL Programm verändert werden. Bei "REINPUT WITH TEXT *nnnn" wird die applikationsspezifische Fehlernummer eingetragen. Eine Veränderung von *ERROR-NR löst den Aufruf der ON ERROR-Bedingung aus.
*ERROR-TA	(A8)	❐ Im Fehlerfall ausgeführte Fehlertransaktion. Enthält den Namen des Programms, das im Fehlerfall die Kontrolle erhält, kann vom Programm aus verändert werden.

Abbildung 8.9: Fehlerrelevante Systemparameter

8.2.4 Fehlerrelevante NATURAL-Parameter

Zur Steuerung des Verhaltens bei bestimmten Fehlerarten oder bei einem Fehler
während eines Batchlaufs stellt NATURAL mehrere Parameter zur Verfügung
(siehe Abbildungg 8.10).

Parameter		Bemerkungen
CC		Dieser Parameter bestimmt das Verhalten im Fehlerfall während der Kompilierung/Ausführung eines NATURAL-Programms. Nur verfügbar im Batch.
	ON	❏ NATURAL übergeht die Eingabedaten für "SYNIN" und "OBJIN", bis eine "End-of-file"-Bedingung erreicht ist oder bis "%%".
	OFF	❏ NATURAL versucht, das nächste Programm oder Kommando der Eingabe auszuführen.
DU		Erzeugen THREAD-Dumps.
	ON	❏ Dump erzeugen. Die NATURAL Session wird beendet.
	OFF	❏ Online: Systemfehlermeldung. ❏ Batch: Systemfehlermeldung und/oder Verhalten entsprechend dem Parameter "CC", falls der Fehler bei der Übersetzung oder Ausführung eines NATURAL-Programms auftritt.
LE		Legt fest, wie beim Erreichen der Grenze für Verarbeitungsschleifen ("LT"-Parameter) verfahren wird.
	ON	❏ Das NATURAL-Programm wird beendet, eine Fehlermeldung ausgegeben.
	OFF	❏ Das NATURAL-Programm wird normal beendet an dem Punkt, an dem die Grenze überschritten wurde.
WH		(Wait Hold.). Legt die Aktion fest, falls ein gewünschter Datensatz nicht zum Verändern oder Löschen verfügbar ist.
	ON	❏ Benutzer wird in Wartestatus versetzt bis der gewünschte Satz verfügbar ist oder ADABAS sendet eine Fehlermeldung.
	OFF	❏ Fehlermeldung, falls einer der gewünschten Datensätze nicht gesperrt werden konnte.
ZD		(Zero Division.) Was passiert bei einer Nulldivision?
	ON	❏ Fehlermeldung beim Versuch einer Nulldivision.
	OFF	❏ Jede Nulldivision erhält als Ergebnis den Wert "0".

Abbildung 8.10: Fehlerrelevante NATURAL-Parameter

8.2.5 Fehlerdiagnose

Bei einem aufgetretenen Fehler versucht NATURAL, die NATURAL-Sitzung aufrecht zu erhalten und den Fehler mit möglichst vielen Informationen darzustellen. Eine Fehlerzeile ist gegliedert in 4 Abschnitte, die Auskunft geben über Herkunft, Ursache und Schwere des Fehlers [*OrgVerw*]:

```
ALIST     3240    NAT1009  Program interrupted after too many ADABAS calls
Programm- Zeilen-  Fehler-  Fehlertext
name      nummer   nummer
```

Abbildung 8.11: Inhalt einer NATURAL-Fehlerzeile

Die Auswirkungen des Fehlers und die zu ergreifenden Maßnahmen können über das Hilfesystem in einem Langtext angezeigt werden.

Außerdem hilfreich bei der Fehlersuche ist das Systemkommando LAST, mit dem die letzten ausgeführten NATURAL-Kommandos aufgelistet werden können (siehe Abbildung 8.12).

Kommando	Bedeutung
LAST*	listet die letzten neun Kommandos auf
LAST	setzt das letzte Kommando in die Kommando-Line
LAST-	ein Kommando zurück
LAST-*nn*	*nn* Kommandos zurück

Abbildung 8.12: Das Systemkommando LAST

Aus den Fehlernummern können auf die Herkunft und die Schwere eines Fehlers gezogen werden, da die Fehler in Bereiche aufgeteilt sind. Bei einigen Fehlern kann NATURAL die NATURAL-Sitzung nicht mehr aufrecht erhalten, falls der Parameter DU=ON gesetzt ist. Damit wird die Unterstützung der Abbruchverarbeitungsroutinen quasi deaktiviert, ein Dump wird erzeugt. Einige dieser Fehler werden bei DU=OFF angezeigt als

- NAT0954 *Abnormal termination during program execution.*
- NAT0955 *Abnormal termination during program compilation.*
- NAT0956 *Abnormal termination during command analysis.*

Beim abnormalen Abbruch einer NATURAL-Sitzung wird immer ein Threaddump (Speicherabzug) erzeugt, zum Erhalt eines echten Speicherabzugs muß der

Parameter DU=ON gesetzt sein. In diesem Fall werden der Bufferpool aufgeräumt, aktive Programme eventuell mit in den Dump geschrieben.

Dumpanalyse

In einem Speicherabzug sind vielfältige Informationen enthalten. Ein Hilfsmittel zur Selbstanalyse eines durch den Abbruch einer NATURAL-Sitzung erzeugten Dumps, der NATURAL-Dump-Analysierer SYSNDA kann kostenfrei bei der Software AG angefordert werden.

Ein Speicherabzug (Dump) ist in mehrere Register mit unterschiedlichen Bedeutungen aufgeteilt. Das Register 12 im Dump zeigt auf den Beginn des NATURAL-Benutzerbereichs (USIZE). Je nach Adresse im Benutzerbereich können aus dem Dump die in Abbildung 8.13 dargestellten Informationen ermittelt werden.

Offset	Länge	Bedeutung
014	2	Nummer des zuletzt ausgeführten Statements
080	8	aktuelle Library
090	8	UserID
0F0	8	aktuelles Programm
100	8	Name der Error-Transaktion
128	8	aktuelle Steplib
2FC	2	letzte Fehlernummer
480	90	letzte Fehlermeldung
4F0	80	letztes Kommando

Abbildung 8.13: Adressen im Benutzerbereich zur Dumpanalyse

Der Benutzerbereich beinhaltet neben Größe und Maintenancelevel:

- Aktuelle Informationen zu aktiven Objekten (siehe Abbildung 8.13):

  Letzte Statementnummer, Programmtiefe, -bibliothek, Benutzer, -name, Bibliotheksbezeichnung, Objektname, Fehlertransaktion, GDA-Name.

- Adressen von:

  LDA, GDA, PCB, Systemfiles, IOCB, FSIZE, Print-/Workfilepuffer.

- Zeiger auf:

  Aktives Directory (DIRACT), aktueller Savebereich, GDA, PF-Key-Tabelle, Sourcebereich, Directory.

- Außerdem:

Stackinformationen (*DATA), ADABAS-Aufrufzähler, letzte Fehlermeldung und letztes NATURAL-Kommando.

Im Dump außerdem enthalten ist ein Abzug des IOCB-Puffers mit:

- Adressen von:

Seitenpuffer, Overlaypuffer, Bildschirmpuffer, physischer Ausgabe- und physischer Eingabepuffer, NATURAL-Ladeprogramm und Bildschirmhandler.

- Größenangaben:

Bildschirmeingabelänge, logische und physische Zeilenlänge, logische und physische Seitengröße und NATURAL-Codelänge.

- Grundstellungen der Systemvariablen:

*INIT-ID, *INIT-USER, *INIT-PROGRAM, *DEVICE und *COM.

- Debuginformationen:

Letztes Programmstatuswort (PSW) und die Inhalte der Register 0 - 15 im Abbruchfall sowie den Titel des letzten Fensters.

8.2.6 Ausgewählte Fehler

Nachfolgend aufgelistet werden oft auftretende NATURAL-Fehler, gegliedert nach Fehlerursachen. Die häufigsten Gründe zum Auftreten eines Fehlers werden in Beispielen aufgeführt.

Feldverarbeitung

- NAT0281 *Indexangabe für Arrays fehlt oder ist falsch.*
  NAT0285 *Falsche/fehlende Referenzierung eines Feldes.*
  NAT0287 *Kein Zugriff auf DB-Feld oder Variable bereits definiert.*

  Die Angabe von Indizes mit mehr als drei Stellen erfolgt häufig vierstellig und so, daß eine Verwechslung mit der Angabe einer Zeilenreferenz erfolgen kann:

  MOVE 'X' TO FELD(1005)

  Um dies auszuschließen, kann den Indizes entweder eine führende Null oder der Gesamtindexangabe ein Schrägstrich vorangestellt werden:

  MOVE 'X' TO FELD(/1005)
  MOVE 'A' TO FELD(/1000:1010)

- NAT0294 *Zwischenspeicherüberlauf bei arithmetischem Ausdruck.*

  Dieser Fehler erscheint meist in Verbindung mit Feldern. Feldoperationen mit Bereichsangabe sind nur für zwei Grundfelder und ein Zielfeld erlaubt:

  ADD *feld$_1$(von:bis)* TO *feld$_2$(von:bis)*   oder

  feld$_1$(von:bis) := *feld$_1$(von:bis)* + *feld$_2$(von:bis)*   beziehungsweise

  ADD *feld$_1$(von:bis)* TO *feld$_2$(von:bis)* GIVING *feld$_3$(von:bis)*   oder

  feld$_3$(von:bis) := *feld$_1$(von:bis)* + *feld$_2$(von:bis)*

- NAT0303 *Seitenüberlauf, da zu viele Ausgabefelder untereinander.*

  Kann auftreten, falls in einem mit variablem Array gerufenen Subprogramm eine Ausgabe mit Angabe *array* (*) erfolgt.

- NAT0629 *Inkompatible Indexbereiche in relationalem Ausdruck.*

  Siehe Abschnitt 5.1.5 (IF).

- NAT0631 *Unzulässiger Index in arithmetischem oder ASSIGN-Statement.*

  Siehe Abschnitt 5.1.5 (ASSIGN, COMPUTE,...).

Pufferüberläufe

- NAT0777 *Der NATURAL-Bufferpool ist voll.*

  Dies kann zwei Gründe haben [*IM*]:

  1) der Bufferpool ist zu klein.

  2) der Bufferpool ist gefüllt mit nicht mehr benötigten Objekten (totem Code.

  Nicht mehr benötigte Objekte können im Bufferpool noch eingetragen sein, falls eine mit DU=ON geöffnete NATURAL-Sitzung bei diesen Objekten abgebrochen ist. Mit DU=ON erhält NATURAL keine Kontrolle, um das Objekt aus dem Bufferpool zu entfernen oder als unbenötigt zu kennzeichnen. Besonders gefährdet sind über RUN gestartete Programme. Diese können während einem Bildschirm-I/O oder einem anderen Objektaufruf nicht gelöscht, weil keine Kopie in irgendeinem Systemfile verfügbar ist. Das gleiche gilt, wenn benutzergeschriebene externe, von NATURAL gerufene Programme die Kontrolle nicht an NATURAL zurückgeben, oder wenn Bildschirm-I/O-Fehler auftreten und TP-Monitoren- oder VTAM-Abbrüche erfolgen [*IM*]. Nach solchen Abbrüchen sollten die Verantwortlichen den Inhalt des Bufferpools überprüfen und die betroffenen Programme entfernen. Intern werden die mit RUN gestarteten Programme mit dem Wert von *INIT-ID verwaltet, um mehrern Benutzern das Starten der identischen Source mit verschiedenen Entwicklungsständen über RUN zu ermöglichen.

- NAT0886 *Überlauf der ESIZE.*

Die Befehle CAT und STOW aus dem NATURAL-Dateneditor können leicht zu einem ESIZE-Überlauf führen, da der Katalogisierungsvorgang eines Datenbereichs doppelt soviel Platz im erweiterten Benutzerpuffer benötigt, als im Kontrollblock des Datenbereichs angegeben ist.) Die mit dem Editorkommando .E eingegebenen Initwerte der Felder werden zusammen mit einem Zeiger auf die zugehörigen Felder im Sourceseitenpuffer hinterlegt und von diesem beim CAT, STOW oder SAVE direkt hinter die Source für die Generierung des DEFINE DATA-Befehls bereitgestellt.

- NAT1132 *Interner Fehler; der Attributpuffer wurde zerstört.*

Dieser Fehler kann vermieden werden, wenn bei übergroßen Masken die Formatanweisungen LS und PS im Programm angegeben werden.

Datenbankzugriffe

- NAT0104 *Mehr als ein schleifenauslösendes Statement pro Zeile.*

Tritt auch auf, wenn in einer Zeile zwei GET-Anweisungen geschrieben werden.

- NAT3041 *Error detected in format buffer.*
  NAT3061 *An error was detected in the search buffer.*

Nur bei HISTOGRAM darf ein Hyperdeskriptor im NATURAL-View definiert werden. Ansonsten generiert NATURAL ihn in den Formatpuffer des ADABAS-Aufrufs, was zu einem ADABAS-Responsecode 41 oder 61 führt.

- NAT3145 *Record not available at the moment.*

Dieser Fehler wird erzeugt beim Zugriff auf einen gesperrten Datensatz, falls der NATURAL-Parameter WH (wait hold) ausgeschaltet ist. Eine Rückkehr ins Programm ist möglich über den Befehl RETRY. Mit WH=ON (sinnvoll nur für Batchverarbeitungen) wird keine Fehlermeldung erzeugt, stattdessen wartet NATURAL, bis der Datensatz frei ist.

Entladen/Laden NATURAL-Daten im Batch mit NATUNLD/NATLOAD

- NAT52*nn*

  Beim Abbruch von NATUNLD oder NATLOAD im Batch mit einem Fehlercode ungleich 0, entspricht dieser Fehlercode *nn* dem Fehler mit der Nummer
  52*nn*.

  Tritt ein Fehler während der Ausführung von NATUNLD oder NATLOAD
  auf, beendet das entsprechende Utility mit dem Conditioncode 40.

  NATUNLD/NATLOAD endet mit einem Conditioncode ungleich 0, falls
  eine Bibliothek nicht erfolgreich ent-/geladen werden konnte oder NATU-
  EX01/NATLEX01 (siehe Abschnitt 8.3, Benutzerexits) während der Beendigung von NATUNLD/ NATLOAD gerufen wurde.

Fehler zum NATURAL-Kommandoprozessor

- NAT6900 - NAT6909 *Syntax und Compiler*

- NAT6910 - NAT6918 *Runtime I*

- NAT6919 - NAT6925 *Security*

- NAT6925 - NAT6939 *Runtime II*

- NAT6940 - NAT6949 *NCPWORK*

Sonstige Fehler und -quellen

Beim Unterdrücken einer Maskenausgabe können leicht Laufzeitfehler auftreten.
Wird die Maskenausgabe unterdrückt, müssen die übertragenen Felder format-
kompatibel sein, das bedeutet in Format und Länge zum Zielfeld passen.

In einer Addition, Subtraktion, Multiplikation oder Division tritt ein Fehler auf,
wenn die maximale Stellenzahl (Vor- und Nachkommastellen) des Ergebnisses
größer als 31 ist. Bei einer Exponentialfunktion wird ein Fehler nur in den folgenden Situationen ausgegeben [RM]:

- Die Basis besitzt gepacktes Format und entweder das Ergebnis hat mehr als
  16 oder ein Zwischenergebnis mehr als 15 Stellen.

- Die Basis besitzt Fließkommaformat und das Ergebnis ist größer als ungefähr
  $7 * 10^{75}$.

8.3 Benutzerexits

Zu besonderen, auf den jeweiligen Benutzer zugeschnittenen Verarbeitungen oder Prüfungen gibt es für NATURAL und ein Teil der weiteren Software AG-Produkte Benutzerexits (user exits). Diese Benutzerexits werden auf den Installationsbändern in Sourceform mitgeliefert, meist als Subprogramme, teilweise auch als Assemblerstümpfe, immer mit klar beschriebener Parameterleiste. Die NATURAL-Subprogramme werden bei jedem INPL überschrieben, es sei denn, beim Laden wird die "Load except"-Option genutzt.

Für NATURAL befinden sich die wichtigsten Benutzerexits in der Bibliothek SYSLIB, für die untergeordneten Applikationen wie SYSMAIN oder SYSSEC in den zugehörigen Systembibliotheken. Zur Aktivierung werden die Sourcen dieser Exits in eine beliebige Bibliothek kopiert, dort angepaßt, gesichert und katalogisiert und deren Objekte in die jeweilige Systembibliothek gestellt.

Ein weiterer Teil der Benutzerexits wird in den Bibliotheken SYSEXT und SYSEXTP vorgehalten. Zu jedem dort aufgelisteten Benutzerexit gibt es ein Beispielprogramm, das den Einsatz des Exits veranschaulicht. Die Exits werden aktiviert, indem sie in die Bibliothek SYSLIB oder SYSTEM kopiert werden.

Im folgenden vorgestellt werden die Einsatzmöglichkeiten eines Teils der großen Vielfalt an Benutzerexits, gegliedert nach Einsatzgebieten. Diese sind:

- Logonexits   (siehe Abschnitt 8.3.1)

- Exits zum Zugriffsschutz   (siehe Abschnitt 8.3.3)

- Exits für Batchanwendungen   (siehe Abschnitt 8.3.3)

- Exits zur Sortverarbeitung   (siehe Abschnitt 8.3.4)

- Verschiedene ausgewählte Benutzerexits (siehe Abschnitt 8.3.5)

Darüberhinaus gibt es Subprogrammschnittstellen (APIs), die auf NATURAL-Systemanwendungen zugreifen und unter anderem für Zugriffe auf CON-NECT und PREDICT zur Verfügung stehen.

Die Verwendung von Benutzerexits ist trotz aller Vorteile genau zu überlegen, da bei neuen NATURAL-Versionen auch diese Module angepaßt werden müssen. Um den Verwaltungsaufwand zu minimieren, sollten nur die absolut notwendigen Benutzerexits eingesetzt und gleichzeitig zentral verwaltet werden.

8.3.1 Logonexits

Logonexits kontrollieren die Ein- und/oder Ausgänge zu NATURAL selbst oder in die einzelnen Applikationen. Bei ihrem Ersteinsatz oder bei Änderungen muß sehr sorgfältig gearbeitet werden und ein Rückweg offen bleiben, damit das NATURAL-System arbeitsfähig bleibt.

Das wichtigste Logonexit ist das Exit NATUEX1, das als Assemblerprogramm reentrant geschrieben sein muß und zum NATURAL-Nukleus gelinkt wird. Es wird immer bei einer Aktivierung einer Benutzersitzung aufgerufen. Mit ihm kann festgelegt werden, ob der Benutzer NATURAL überhaupt aufrufen darf, abhängig von den Definitionen im darunterliegenden Securityssystem (RACF, ACF2 oder weitere). NATUEX1 unterliegt Standardaufrufvereinbarungen. Verwendet werden die Register 15, 14, 13 und 1. Diese enthalten [*OM*]:

15) die Eingangsadresse von NATUEX1,

14) die Rückkehradresse von NATURAL,

13) die Adresse eines Sicherungsbereichs von 18 Worten,

1)   die Adresse der Parameterleiste.

Die Parameterleiste enhält zwei weitere Adressen, die auf jeweils 8 Byte lange Felder mit folgenden Inhalten zeigen:

- Das erste Feld enthält den Wert, mit dem die NATURAL-Systemvariable *INIT-USER gefüllt wird.

- Das zweite Feld enthält die Transaktionskennung für ADABAS.

Diese Inhalte können durch das Benutzerexit NATUEX1 verändert werden. Zur normalen Verarbeitung muß die Kontrolle an das Benutzerexit mit "0" in Register 15 übergeben werden. Enthält Register 15 einen Wert ungleich "0", wird die NATURAL-Sitzung mit dem Wert von Register 15 als Conditioncode beendet.

Besonderheiten für NATURAL unter CICS

Unter CICS kann NATURAL das Benutzerexit NATUEX1 nicht direkt verwenden, stattdessen gibt es ein Modul NCIUIDEX mit Standardaufrufvereinbarungen analog dem Modul NATUEX1 (Register 13, 14, 15 und 1). NCIUIDEX gibt die CICS-bezogenen Adressen in andere Register (R9 (CSA), R6 (TCTTE), R4 (EIB), R5 (EISTG) weiter. Aufgerufen wird NCIUIDEX vom CICS-Interface NCIUEX1.

NATURAL/UTM

Exit	Makro	Bedeutung	Aktivierung
ACCEXIT	NATUTM	❏ erhalten Accountinginformationen	Am Ende eines Dialogschritts / bei Applikationswechsel
ACCINIT	NATUTM	❏ sammeln Accountinginformationen	Am Anfang eines Dialogschritts
INPTEX	Programm FREXIT		Beim Lesen einer Eingabemeldung
RP2PRNT	NURENT	❏ Spoolinterface zu Spoolingsystemen anderer Hersteller	
RMSPOOL	NATUTM, NURENT	❏ selbstgeschriebenes eigenes Interface-programm, kann zum Reentrantteil oder Frontendteil der NATURAL/UTM-Applikation gelinkt werden.	
SHUTALL	NATUTM	❏ Aktivierung des mit dem SHUTALL-Parameter im NATUTM-Makro fest-gelegten Exits. Default: SHUTEX1.	Am Ende der UTM-Task
SHUTLST	NATUTM	❏ Aktivierung des mit dem SHUTALL-Parameter im NATUTM-Makro fest-gelegten Exits. Default: SHUTEX2.	Am Ende der letzten UTM-Task
STRTALL	NATUTM	❏ Aktivierung des mit dem SHUTALL-Parameter im NATUTM-Makro fest-gelegten Exits. Default: STARTEX.	Beim Start einer UTM-Task
STRTFST	NATUTM	❏ Aktivierung des mit dem SHUTALL-Parameter im NATUTM-Makro fest-gelegten Exits. Default: STAPPLX.	Beim Start der ersten UTM-Task
TRMIOEX	Programm FREXIT		Mit jeder formatierten Ein- oder Ausgabemeldung
UINPEX	NURENT	❏ Aktivierung des mit dem SHUTALL-Parameter im NURENT-Makro fest-gelegten Exits. Default: INPSCR.	Nach Senden einer Terminalmeldung
UOUTEX	NURENT	❏ Aktivierung des mit dem SHUTALL-Parameter im NURENT-Makro fest-gelegten Exits. Default: SHUTEX2.	Vor Senden einer Terminalmeldung
UVGEXIT	NATUTM	❏ Der Ident der aktuellen Task wird an die Exitroutine übergeben	Beim Start, Restart, Ende einer UTM/DC-Transaktion
WHCEXT	NURENT	❏ Ändern der Ausgabe vor dem Über-trag über FPUT nach UTM. Muß reentrant sein.	

Abbildung 8.14: Benutzerexits zum NATURAL/UTM-Interface

Im NATURAL/UTM-Interface werden mehrere Benutzerexits zur Verfügung gestellt (siehe Abbildung 8.14). Zum Gebrauch eines Exits (außer dem Exit RP2-PRNT) muß das zugehörige Benutzerprogramm zum Eingangsteil der NATURAL/UTM-Applikation gelinkt werden. Die Benutzerexitroutinen werden mit den üblichen Registervereinbarungen aufgerufen [*OM*].

Logonbezogene Benutzerexits

Ist das NATURAL-System mit NATURAL SECURITY geschützt, stehen drei Benutzerexits in Form von Subprogrammen zur Verfügung, die sich in der Bibliothek SYSLIB befinden und vom NATURAL SECURITY-Logonprogramm aufgerufen werden.

Das Benutzerexit LOGONEX1 wird bei jedem Logonversuch in eine Applikation aufgerufen und sendet ohne Veränderung den NATURAL SECURITY-Anmeldeschirm. LOGONEX1 kann angepaßt werden zum Aufruf eigener Anmeldeschirme, Prozeduren oder zur Implementierung von Schnittstellen zu anderen Securitysystemen wie beispielsweise RACF. Eingabe für LOGONEX1 sind die Daten Applikationsident, Benutzerident, Passwort und neues Passwort.

LOGONEX2 wird beim Logonversuch in eine Applikation aufgerufen unter folgenden Bedingungen [*SM*]:

- Das Exit wurde verändert und

- als Applikationsident wurde "#" eingegeben oder von LOGONEX1 übergeben, oder

- es wurde kein Applikationsident zum Logon übergeben, und weder eine Defaultapplikation noch eine private Applikation können aufgerufen werden.

Beim Aufruf von LOGONEX2 wurden bereits der Benutzerident und das Passwort überprüft und die Systemvariable *USER enthält einen gültigen Wert [*SM*].

Das NATURAL SECURITY Logonprogramm übergibt beim Aufruf an die Benutzerexits LOGONEX1 und LOGONEX2 die Parameter #USERDUMMY1 und #USERDUMMY2, jeweils mit Format/Länge A8. Diesen Parametern können Werte zugewiesen werden, die ohne Veränderung von einem zum anderen Subprogramm gereicht werden.

LOGONEX3 wird aufgerufen beim Logonversuch in eine Applikation, falls

- Mailboxes zur Anzeige anstehen,

- einer der Parameter #USERDUMMY1 oder #USERDUMMY2 nicht den Leerwert enthält, oder

- der Schalter "Transition period logon = Y" gesetzt ist. Abgefragt wird der Inhalt der Systemvariablen *APPLIC-NAME.

Der Aufruf von LOGONEX3 erfolgt direkt nach einem erfolgreichen Logon und bevor die Kontrolle vom Logonprogramm an die gerufene Applikation weitergegeben wird.

Die Benutzerexits LOGONEX1, LOGONEX2 und LOGONEX3 sind in Sourceform verfügbar. Bei ihrer Änderung muß sichergestellt werden, daß sie vor dem Überschreiben der Originalausgaben durch erneuten INPL geschützt werden [*SM*].

Angewandt werden können diese Logonexits beispielsweise zum Umsteuern eines aktiven NATURAL SECURITY mit dem Hintergrund, daß Benutzer mit NATURAL in einer speziellen, definierten und geschützten Bibliothek arbeiten können sollen, ohne in NATURAL SECURITY definiert zu sein. Diese Bibliothek steht auch Benutzern zur Verfügung, die in NATURAL SECURITY bekannt sind. Dieses Problem kann durch Modifizierung der 3 vorgestellten Benutzerexits (LOGONEX1, LOGONEX2 und LOGONEX3) und der im General Options Menu eingetragenen Option "Transition period Logon = Y" gelöst werden.

8.3.2 Exits zum Zugriffsschutz

Zugriffe auf Informationen aus NATURAL SECURITY

Im Profil einer Bibliothek kann in NATURAL SECURITY der Name eines Benutzerexitsubprogramms eingetragen werden, das von SYSSEC aufgerufen wird, wenn bei einer Bibliothek als Zusatzoption "User Exit" gleich "Y" gesetzt ist, oder das von einer Applikation selbst gerufen werden kann.

Das eingetragene Benutzerexit kann vier Subprogramme aus SYSSEC aufrufen, die jeweils 250 Byte Parameter als EXITDATA bereitstellen, um Daten vom Benutzerexit zu lesen oder zu speichern:

- SNAAREXT - Applikationsdaten lesen;

- SNAASEXT - Applikationsdaten speichern;

- SNAUREXT - Daten vom speziellen Link lesen;

- SNAUSEXT - Daten vom speziellen Link speichern.

Soll das Benutzerexit von der Applikation selbst aufgerufen werden, müssen diese Subprogramme mit Hilfe von SYSMAIN in die Applikationsbibliothek kopiert werden. Beim Aufruf von einer Applikation aus stellt jedes Subprogramm sicher, daß nur die Daten der betreffenden Applikation oder des speziellen Links gelesen oder gespeichert werden [*SM*].

Zugriffe auf Informationen von SYSMAIN-Objekten

Zum SYSMAIN-Utility gibt es Benutzerexits, die Zugriffs- oder Lesemöglichkeiten von Informationen zu jedem zu verarbeitenden Objekts bereitstellen [*UM*]:

- MAINEX01 - Erstes Exit zur Objektbearbeitung

  Zeigt die aktuelle Belegung der mit einem Objekt verbundenen Datenelemente an, bevor das Objekt von SYSMAIN verarbeitet wird. Verändert kann nur der Parameter RESP-CODE (B1).

- MAINEX02 - Zweites Exit zur Objektbearbeitung

  Zeigt die aktuelle Belegung der mit einem Objekt verbundenen Datenelemente an, nachdem das Objekt von SYSMAIN verarbeitet wurde. Verändert kann nur der Parameter RESP-CODE (B1).

- MAINEX03 - Exit zur Kommandoprüfung

  Untersucht jede durch Direktkommando oder über das Onlinemenüsystem eingegebene Anforderung an SYSMAIN vor der Verarbeitung des Kommandos durch SYSMAIN. Verändert kann nur der Parameter RESP-CODE (B1).

- MAINEX04 - Exit zum Überschreiben der Filezuweisungen

  Bietet eine Möglichkeit zum Überschreiben der Werte von Datenbankident, Fileident, Passwort und Verschlüsselungscodes für die NATURAL Systemfiles. Wird vor der Verarbeitung oder Validierung einer Anforderung durch SYSMAIN aufgerufen.

- MAINEX05 - Exit zum Prüfen der Direktkommandos

  Prüft jedes online eingegebene SYSMAIN-Direktkommando. Zusätzlich können die ein Kommando anzeigenden Sonderzeichen überschrieben werden.

- MAINEX06 - SYSMAIN Aufruf-Exit

  Erhält die Kontrolle bei der Initialisierung einer SYSMAIN-Sitzung.

- MAINEX07 - SYSMAIN Termination Exit

  Erhält die Kontrolle bei der Beendigung einer SYSMAIN-Sitzung.

Durch die Anwendung dieser Exits erhöht sich der Overhead des SYSMAIN-Utilities. Eventuell ist es notwendig, den ADABAS-Parameter für die Transaktionszeitbegrenzung (TT) hochzusetzen, da SYSMAIN mit ET-Logik arbeit. In jedem Fall muß bei Beendigung der Exitverarbeitung die Kontrolle an SYSMAIN zurückgegeben werden [*UM*].

NATURAL unter ADABAS

Mit dem Aufruf ADACALL können ADABAS-Direktzugriffe auch von NATURAL aus auf beliebige Datenbanken durchgeführt werden. Zur Einschränkung dieser Zugriffe kann das Benutzerexit ADAEXIT in der Bibliothek SYSDBA nach Anforderung angepaßt werden. An ADAEXIT wird als Parameter der ADABAS-Kontrollblock übergeben. Innerhalb von ADAEXIT können durch Programmcode dessen Inhalte verändert und somit ADABAS-Direktzugriffe durch Umsetzen von Datenbankident oder Filenummer oder Änderung des Kommanodcodes auf "XX" abgewehrt werden.

NATURAL/VSAM

Für jedes angesprochene VSAM-File kann ein Exit definiert werden über das NVMEXIT-Makro in NVSPARM. Die Exits müssen nach dem Makro angegeben werden und alle reentrant sein.

Die Kontrolle kann vor oder nach einem NATURAL VSAM-Aufruf an ein Exit übergeben werden. Bei den Zugriffsarten STORE und UPDATE wird die Kontrolle vor dem Aufruf, bei FIND, GET und READ nach dem Aufruf weitergegeben.

8.3.3 Exits für Batchanwendungen

Beim Laden/Entladen einer NATURAL-Bibliothek mit NATLOAD/NATUNLD wird normalerweise auch bei nicht erfolgreicher Verarbeitung einer Bibliothek der Batchjob mit dem Conditioncode 0 beendet. Um einen selbstgewählten Conditioncode eintragen zu können, erhalten die Benutzerexits NATLEX01/ NATUEX01 in diesem Fall vor Beendigung der Programme NATLOAD/ NATUNLD die Kontrolle, um NATLOAD/NATUNLD mit einem Conditioncode ungleich 0 beenden zu können [*UM*].

8.3.4 Exits zur Sortverarbeitung

Für die Sortverarbeitung hält NATURAL die beiden Benutzerexits NATSREX2 und NATSREX3 bereit, die sowohl mit dem NATURAL-eigenen Sortierprogramm, als auch mit dem Sortierprogramm des Betriebssystems verwendet werden können. Diese Module werden zum NATURAL-Nukleus gelinkt und müssen deshalb reentrant sein. Format und Struktur der Sortiersätze dürfen nicht verändert werden.

Dabei wird NATSREX2 aufgerufen bei der Übergabe eines Satzes von NATU-RAL an das Sortierprogramm, NATSREX3 bei der Rückgabe des Satzes an NA-TURAL nach Beendigung des Sortierlaufs [OM].

Zum Zeitpunkt der Aktivierung dieser Exits müssen die Register folgende Inhalte aufweisen:

15) Anfangsadresse von NATSREX2/NATSREX3.

14) Rückkehradresse von NATURAL.

13) Adresse des 18 Wörter umfassenden Sicherungsbereichs.

1)   Adresse des zu sortierenden Satzes.

3)   Länge des zu sortierenden Satzes.

Die Benutzerexits müssen diese NATURAL-Register sichern und vor der Rückgabe der Kontrolle an NATURAL zurückladen.

8.3.5 Verschiedene ausgewählte Benutzerexits

Mit dem Kommando SYSEXT kann die Applikation SYSEXT aufgerufen werden. Diese enthält verschiedene NATURAL-Benutzerexits. Für jeden Benutzerexit gibt es [RM]:

- ein Benutzerexitprogramm (Objektform),

- ein Beispielprogramm (Sourceform) zum Aufruf des Subprogramms,

- ein Textelement zur Erklärung der Exitfunktionalität.

Nachfolgend aufgeführt sind zwei nützliche Benutzerexits, die sich in der Applikation SYSEXT befinden:

- USR0020P

  Dieses Exit liest Meldungen von den Systemfiles FNAT oder FUSER. Verwendet werden kann es beispielsweise für die Anzeige der Langtexte in einer Applikation innerhalb eines benutzereigenen Hilfesystems ohne den Aufruf von SYSERR.

- USR0070P

  Benutzerexit für den Editor [UM]. Mit diesem Exit können die Parameter-einstellungen im Defaulteditorprofil SYSTEM verändert werden.

Kapitel A

Anhang

A Anhang

A.1 Allgemeine Begriffe

call by value (Wertparameter) [*Duden_Inf*]: Übergabeart für Parameter einer Prozedur, bei der beim Prozeduraufruf nur der Wert des aktuellen Parameters übergeben wird, nicht jedoch der Name oder die Adresse, unter welcher der Ausdruck im Speicher steht. Die Übergabe mit call by value verhindert unerwünschte Seiteneffekte. Sie sollte - wo immer möglich - gegenüber anderen Übergabearten bevorzugt werden, insbesondere bei Funktionen.

call by reference (Referenzparameter) [*Duden_Inf*]: Wird für einen Parameter in einer Prozedur die Übergabeart "call by reference" angegeben, so wird beim Prozeduraufruf die Adresse des aktuellen Parameters, unter welcher der Ausdruck im Speicher steht, übergeben. Veränderungen von Referenzparametern haben Auswirkungen auf die übergebenen aktuellen Parameter. Diese sogenannten Seiteneffekte sind insbesondere bei Prozeduren erwünscht und zum Teil notwendig.

Ergonomie [*Duden_Fremd*]: Wissenschaft von den Leistungsmöglichkeiten und -grenzen des arbeitenden Menschen sowie der besten wechselseitigen Anpassung zwischen dem Menschen und seinen Arbeitsbedingungen.

Metadaten: (Informations-)Daten über tatsächliche Daten, auch Zwischendaten genannt. Metadaten werden meist in einem Datendiktionär abgelegt.

Modul: Ein Programmteil, welches einer nicht weiter zerlegten Teilaufgabe zugeordnet wird.

Modularisierung: Der Prozeß der Zerlegung in Module = Entwurf und das Ergebnis dieses Prozesses.

Nichtprozedurale Blöcke: Die Anweisungen in den Blöcken werden nicht an den Stellen in den Programmen durchgeführt, an denen sie sich physisch befinden, sondern zu dem Zeitpunkt, an dem die den Block einschließende Bedingung erfüllt ist. Unterschieden werden beschränkte und unbeschränkte nichtprozedurale Blöcke. Beschränkte nichtprozedurale Blöck müssen sich physisch innerhalb der Schleife befinden, zu der sie gehören. Unbeschränkte nichtprozedurale Blökke können an beliebiger sinnvoller Stelle im Programm kodiert werden.

Objektorientierte Programmierung: Darunter wird eine Programmiermethode verstanden, die die Datenkapselung, Vererbung und den Polymorphismus unterstützt. Damit hängt das Design einer Applikation nicht ab von dem Weg, mit dem ein bestimmtes Ergebnis erzielt werden kann, sondern vom gewünschten Ergebnis ansich. Das Design einer Applikation ist nicht länger beeinflußt durch den Prozeßstrom innerhalb ihrer Komponenten, die Verarbeitungseinheiten einer Applikation werden unabhängig voneinander, somit wird die Pflege der Applikation leichter, schneller und wesentlich effizienter. Applikationen können leicht durch hinzufügen weiterer unabhängiger Verarbeitungseinheiten erweitert werden. Konsequenterweise können Applikationen deshalb nicht nur so benutzerfreundlich, sondern auch so programmiererfreundlich wie möglich werden.

Objektorientierte Programmiersprachen [*Duden_Inf*]: Bei diesen Sprachen werden alle zum Lösen eines Problems notwendigen Informationen (Daten und Anweisungen bzw. Regeln) als Objekte aufgefaßt. Objekte können durch Senden von "Nachrichten" (Mitteilungen an andere Objekte) miteinander Informationen austauschen. Für jedes Objekt sind die Nachrichten, die es verstehen kann, festgelegt. Empfängt ein Objekt eine Nachricht, so antwortet es mit einem anderen Objekt. In einer objektorientierten Programmiersprache sind z. B. die ganzen Zahlen Objekte. Für ganzzahlige Objekte ist festgelegt, daß sie die Nachricht "*" verstehen. Dieser Nachricht muß ein anderes ganzzahliges Objekt als Parameter mitgegeben werden. Empfängt eine ganze Zahl M die Nachricht "*" mit der ganzen Zahl N als Parameter, so antwortet es mit einer ganzen Zahl K, welche identisch ist mit dem Produkt aus M und N. Empfängt z. B. das Objekt "6" die Nachricht "*" mit dem Parameter "5", so antwortet es mit dem Objekt "30".

Transaktion [*Anw_Dsgn*]: *Technisch orientierte* Transaktionen sind Verarbeitungseinheiten, in denen dem Terminalbenutzer die Ressourcen zur Verfügung stehen. Danach werden die Ressourcen für andere Benutzer freigegeben (aus Sicht des TP-Monitors auch *Task* genannt). Da die verbreitetste TP-Technik ihre Transaktion an der Terminalausgabe orientiert, werden die Begriffe *Bildschirmausgabe, Terminalausgabe* und *Transaktion* in der Literatur häufig synonym verwendet. *Vorgangsorientierte* Transaktionen sind Verarbeitungseinheiten, deren Begrenzung am logischen Zusammenhand einer vom Benutzer zu bewältigenden Aufgabe orientiert ist. Der Programmierer arbeitet in NATURAL mit vorgangsorientierten Transaktionen. Die Umsetzung in technisch orientierte Transaktionen sowie die Haltung von notwendigen Informationen bis zur nächsten Ressourcenzuteilung wird ausschließlich von NATURAL erledigt.

A.2 Literaturverzeichnis

Im folgenden aufgelistet wird die direkt verwendete und die nahe Begleitliteratur zum vorliegenden Buch. Stellen aus den mit einem [*Kürzel*] dargestellten Titeln wurden im Buch direkt oder indirekt zitiert.

A.2.1 Software AG (Hrsg)

Kürzel	Handbücher - NATURAL	Form-Nr.
[*EM*]	NATURAL Error Messages Manual.	NAT-221-060
[*IM*]	NATURAL Internals Manual.	
[*OM*]	NATURAL Operations Manual.	NAT-221-110
[*PG*]	NATURAL Programmer's Guide.	NAT-221-020
[*RD*]	NATURAL Reference Data.	NAT-224-130
[*RM*]	NATURAL Reference Manual.	NAT-224-030
[*UM*]	NATURAL Utilities Manual.	NAT-224-080

Kürzel	NATURAL - Trainings- und weitere Unterlagen	Form-Nr.
	NATURAL Version 2.2 Planning Guide.	NAT-220-005
[*AnwDsgn*]	NATURAL Anwendungsdesign.	TRA304-12D
[*Neu2.2*]	NATURAL2 Erweiterung des Leistungsumfangs und neue Funktionalität der Version 2.2.	TRA303-13D.
[*OrgVerw*]	NATURAL2 Organisation und Verwaltung.	TRA306-12D
[*Perf*]	Performance in der NATURAL/ADABAS-Programmierung.	TRA311-12D
[*ProgI*]	NATURAL2 Programmierung I.	TRA301-23D
[*ProgII*]	NATURAL2 Programmierung II.	TRA302-23D

Kürzel	Handbücher - Sonstige Produkte	Form-Nr.
[*ISP*]	NATURAL ISPF User's Manual.	ISP-131-020
[*NAF*]	NATURAL ADVANCED FACILITIES 2.2 Manual.	NAF-224-030
	NATURAL OPTIMIZER COMPILER VERSION 2.1.1 Release Notes.	NOC-211-008
[*NOC*]	NATURAL OPTIMIZER COMPILER Manual.	NOC-211-030
[*NQD*]	ENTIRE TEST CLIENT Reference Manual.	NQD-111-030
[*NSC*]	NATURAL Security Manual.	NSC-221-030

Kürzel	Sonstige Prod. - Trainings- und weitere Unterlagen	Form-Nr.
[*ADA_Dsgn*]	ADABAS DB Design.	TRA103-12D
[*ADA_Perf*]	ADABAS Performance. Anwendungsunabhängiges Tuning der Systemumgebung.	TRA112-31D
[*ESS_Conc*]	ENTIRE SECURITY SERVER Concepts and Facilities.	CUS-100-006
[*PerfAnaly*]	<u>Müller, Friedhelm u. a.:</u> Leitfaden zur "Vorgehensweise bei einer Performance-Analyse von ADABAS und NATURAL im BS2000-Umfeld".	
	<u>Schmidt, Markus:</u> NATURAL für DB2 Performance.	NDB-SCM-10/92
	<u>Yandall, Chris:</u> NATURAL 2 under CICS - Performance Tips. International Users' Conference, San Antonio, Texas: 1990.	SAG Presents #66.

A.2.2 Software AG Training (Hrsg)

Kürzel	Abhandlungen - NATURAL	Erschienen
[*KommPro*]	Der NATURAL Kommandoprozessor.	Nov. 1993
	Diagnose von Programmfehlern mit dem NATURAL Debugger.	Nov. 1992
	Erfahrungen aus NATURAL/ADABAS Performance Analysen.	Nov. 1992
	Fenstertechnik mit NATURAL. Einsatz des DEFINE WINDOW Kommandos.	Nov. 1992
	Intelligenter Printersupport mit NATURAL.	Nov. 1992
	NATURAL im Batch und Remote Job Entry.	Nov. 1992
[*PortProg*]	Portable Programmierung mit NATURAL.	Nov. 1993

Kürzel	Abhandlungen - sonstige Produkte	Erschienen
[*XREF*]	Erstellung und effektive Nutzung der Aktiven Referenzdaten.	Nov. 1992
	Grundlagen der Daten- und Funktionsmodellierung.	Nov. 1992
[*DownRight*]	Downsizing, Rightsizing.	Nov. 1993
[*RemCNAT*]	Verteilung von Programmfunktionalität mit dem Remote-CALLNAT.	Nov. 1993

A.2.3 Produktnahe Literatur

[*ADA_Eff*]   Storr, Dieter W.:
Effizienter DB-Einsatz von ADABAS.
Braunschweig, Wiesbaden: Vieweg, 1994.
(Zielorientiertes software development)

[*In_NAT*]   S. L. Robinson & Associates Inc.:
Inside Natural Vol. 1/0, 1/1, 1/2, 1/3, 1/4, 2/2, 2/3, 2/4, 3/1, 3/2, 3/3.
S. L. Robinson & Associates Inc., 28 Teal Drive, P.O.Box L1235,
Langhorne, Pennsylvania 19047, Tel. (215) 741-0820, Fax. (215) 741-1351.

[*NAT_Tun*]   KRUPP MaK (Hrsg.):
ADABAS/NATURAL Performance und Tuning.
Kiel, 1991.

Fedtke, Stephen:
Effizienz-Betrachtung des physischen ADABAS-Datenbank-Entwurfs.
Darmstadt, 1992.

Hansen, Skip:
NATURAL V2.2 Performance Issues.
Skip Hansen, U-Compute Services, Inc., 36 Staten Drive, Hockessin,
DE 19707, Tel. USA (302) 239-5747, Fax. (302) 451 5033

TREEHOUSE Software (Hrsg.):
Treetips.
MaK DATA SYSTEM Kiel GmbH, Falklandstr. 1-3, 24159 Kiel.
Ansprechpartner: Herrn Eggert Gotthard, Tel. 04 31 / 39 95 - 134.

A.2.4 Allgemeine Literatur

[*DBSys_Mod*] Schlageter, Gunter/Stucky, Wolffried:
Datenbanksysteme: Konzepte und Modelle.
Stuttgart: Teubner, 1983.

[*Einf_SE*]   Kimm, Reinhold/Koch, Wilfried/Simonsmeiser, Werner/Tontsch, Friedrich:
Einführung in Software Engineering.
Berlin: de Gruyter, 1979.

[*Inf_Dud*]   Claus, Volker/Schwill, Andreas:
Duden "Informatik".
Mannheim, Wien, Zürich: Dudenverlag, 1988.

[*Prog_Meth*] Stucky, Wolffried:
Programmiermethodik.
Begleitschrift zur gleichnamigen Vorlesung an der Universität Karlsruhe,
WS 1983/1984.

Koch, Günther/Rembold, Ulrich:
Einführung in die Informatik für Ingenieure und Naturwissenschaftler.
Teil 1. Grundlagen und Technik der Datenverarbeitung.
1. Aufl. 1977 - München, Wien: Hanser, 1980.

Koch, Günther/Rembold, Ulrich/Ehlers, Lars:
Einführung in die Informatik für Ingenieure und Naturwissenschaftler.
Teil 2. Programmsysteme, Anwendungen und technologische Perspektiven.
München, Wien: Hanser, 1980.

Mahnke, Hans:
Software Engineering kurz und bündig:
Planung, Methoden, Darstellungstechniken.
1. Aufl. - Würzburg: Vogel, 1986. - 111 S.: graph. Darst. - (Chip-Wissen).

Martin, James:
Einführung in die Datenbanktechnik.
(Übersetzt und teilweise überarbeitet von Helmut Clemm und Eberhard
Wildgrube). - München, Wien: Hanser 1981.

McMenamin, Stephen M./Palmer, John F.:
Strukturierte Systemanalyse.
(Vorwort von Tom DeMarco, übersetzt von Dr. Peter Hruschka).
München, Wien: Hanser, London: Prentice Hall International, 1988.

Sneed, Harry:
Software Entwicklungsmethodik.
5., völlig überarbeitete Auflage.
Köln: R. Müller, 1986. (Rudolf-Müller-online-DV-Praxis).

Spitta, Dr.-Ing. Thorsten:
Software Engineering und Prototyping
- Eine Konstruktionslehre für administrative Softwaresysteme.
Berlin, Heidelberg, New York, London, Paris, Tokyo: Springer 1989.

Zimmermann, Peter A.:
Test-Techniken: methodisches Testen von Systemen und Programmen.
1. Aufl. - Vaterstetten: IWT, 1987.

A.3 Abbildungsverzeichnis

Das folgende Verzeichnis enthält alle im vorliegenden Buch enthaltenen Abbildungen. Die Abbildungen sind innerhalb eines Kapitels fortlaufend numeriert. Dabei entspricht die erste Stelle der Kapitelnummer, getrennt durch einen Punkt folgt die fortlaufende Abbildungsnummer.

Nr.	Bildtext	Seite

8 Pflege der Systemumgebung

A.4 Sachwortverzeichnis

CMPRT*nn* 184
CMS 39; 184; 241; 433; 439; 446
CMSYNIN 184; 429
CMWKF*nn* 184
Codeoptimierung 3; 263; 265
Commandlog 420
COMPARE 454
COMPOSE 48
COMPRESS 48; 266; 310; 311; 312
COMPUTE 48; 245; 249; 257; 266-272; 275; 304; 306; 307; 407; 468
COM-PLETE 63; 185; 190; 381; 413; 414
COM-PLETE SECURITY 63
CONNECT 370; 371
CON-NECT 151; 158; 371; 399; 427; 471
COS 275
COUNT 125; 317; 326; 341; 342; 356; 363; 369
CPU 186; 347; 349; 403; 406; 409; 413; 416-418; 422; 423; 431
CREATE 112; 215
CSIZE 427
CSTATIC 23; 433; 434
Cursorpositionierung 3; 388; 389
Cursorsensitive Felder 390
Cursorsteuerung 377; 388
CV 120; 121; 125; 256; 374

D

DATA 35; 36; 48; 52; 61; 75; 130; 132; 133; 210; 217; 323; 324; 327-329; 341; 342; 348; 351; 367; 393; 394; 416; 467
Datasets
　CMOBJIN 184; 429
　CMPRINT 184; 440
　CMPRT*nn* 184
　CMSYNIN 184; 429
　CMWKF*nn* 184
Dateikonzepte 209
Dateiverknüpfung 322; 350
Dateiverwaltung 404
Dateizugriffszeit 403
Daten
　Datendefinitionen 17; 106; 190; 191
　Datenmodellierung 7
　Datentypen 3; 106; 233; 239; 240
　　globale Daten 75; 77; 84; 106; 108; 111
　　lokale Daten 45; 77; 106; 108; 111; 119; 426
　　Parameterdaten 45; 76; 108; 111; 230; 414
Datenanalyse 206; 207
Datenbankadministration 216; 234
Datenbankdesign 3; 155; 205; 206; 209; 322

Datenbanken 19; 54; 186; 208; 218; 225; 323; 324; 325; 326; 425; 434; 435; 477
Datenbankorganisation 225
Datenbanksysteme
　ADABAS 16; 18; 21; 34; 39; 53-56; 58-61; 71; 109; 112; 127; 137; 138; 140; 160; 161; 163; 170; 177; 186; 206; 210; 212; 214-222; 224; 225; 322-335; 337; 342; 345-353; 381; 402; 403; 405; 406; 417-423; 428; 434; 435; 444; 464; 465; 467; 469; 472; 476; 477
　DB2 39; 160; 215; 246; 257; 324; 326; 427
　SESAM 326; 427
Datenbankzugriffe 2; 3; 45; 46; 48; 49; 52; 60; 84; 137; 165; 173; 197; 214; 225; 263; 322; 356; 425; 434; 469
Datenbankzugriffsparameter 435
Datenbereiche
　GDA 27; 29; 31; 45; 74; 75; 77; 79; 80; 86; 88; 106; 107; 108; 109; 110; 111; 112; 113; 161; 169; 170; 171; 189; 190; 196; 201; 414; 432; 433; 457; 466
　globale Datenbereiche 75
　LDA 29; 74; 106; 161; 170; 189; 466
　lokale Daten 45; 77; 106; 108; 111; 119; 426
　Parameterbereiche 75; 79; 106; 162; 169
Datendefinitionen 17; 106; 190; 191
Datendefinitionsmodule 37; 112
Dateneditor 106; 112; 123; 469
Datenhaltung
　ideale 205
Datenmodell 6; 205-208
Datensicherung 61
Datenspeicher 52; 325; 327; 328; 347; 351
Datenstack 75
Datentransfer 75; 248; 258
Datentypen
　besondere 239; 240
　integer 206; 274; 279
　Kontrollvariable 3; 121; 239; 240; 255; 256; 264; 311; 315; 391
Datenzugriffe 60; 69; 213; 215; 225
DATSIZE 27; 30; 31; 85; 108; 141; 190; 414; 426; 427
Datum/Zeit 40; 239; 243; 245
　Datum 3; 40; 112; 161; 162; 190; 193; 239; 240; 243-253; 261; 264; 362; 425; 442; 451
　DTFORM 36; 243; 244; 245; 247; 248; 251; 442
　Time 18; 146
DB2SIZE 427
DBCLOSE 435
DBCS 441
DBID 29; 34; 39; 41; 109; 112; 138; 412; 424; 428-430; 435; 444; 453
DBLOG 27; 136; 137; 138; 139; 142; 335; 405